行政學 Handbook of Public Administration

B. Guy Peters / Jon Pierre　著

邱明斌、任文姍、鄭錫鍇、詹靜芬、陳恆鈞
潘競恆、林子倫、方凱弘、陳志瑋、李長晏　譯

序言

　　本書的出版，要感謝許多人的大力幫助。作者及各章節編者的努力，是顯而易見的，但仍有許多人的努力，雖然不容易被發現，但他們的重要性，卻不可忽視。身為本書的編者，我們想藉此向那些協助我們完成此計畫並得以出版這本不僅在學術的研究上，在公共行政實務的領域，都帶有重要貢獻的專書，我們必須對所有人的協助，表達心中萬分的感謝。

　　首先我們要感謝美國權威學術出版社Sage的Lucy Robinson和David Mainwaring，兩人的大力幫助。我們從來沒有想到，能夠接下此一計畫出書的重責大任。若不是Lucy的鼓勵與提議，我們不敢大膽地接下此一重大挑戰。從一開始，我們的希望是，能夠出版此一公共行政實用手冊的書籍，如此才能讓更多的學生容易取得，也感謝David的協助，讓我們將此希望化身為一豐碩的成果。Lucy、David及Sage出版社的其他職員，從一開始就竭心盡力地提供我們出版此書所需的任何幫助。他們不僅慷慨地提供有用且高度專業化的建議，也給我們充分的空間，盡情的發揮，並讓此計畫得出最佳的效果。也感謝他們一路走來，對於我們無止盡的耐心與支持，當然本書的部分文稿並不如想像中來得充實且成熟。我們預期能持續與Sage出版社保持長久的良好關係。我們也希望對下列編輯顧問委員會（Editorial Advisory Board）的成員，致上十二萬分的謝意。他們分別為：

Geert Bouackert，比利時天主教荷語魯汶大學
Hans-Ulrich Derlien，德國班貝格大學
H. George Frederickson，美國印第安納大學
John Halligan，澳洲坎培拉大學
Christopher Hood，英國牛津大學萬靈學院
Jose Luis Mendez，墨西哥墨西哥學院
Akira Nakamura，日本明治大學
Donald Savoie，加拿大麥克頓大學

多謝這群卓越學者的協助，讓我們能成功地完成此書的計畫相關設計，段落章節的編者與作者的挑選，以及當文稿提出時，每個人對於各個章節的專業評估與意見。我們深深感受到他們所投入的心力與時間並衷心感謝他們的協助。

　　最後，罕見地，我們希望對此表達感謝。本書乃是一個高度協力合作的成果，參與此計畫的每個人，當其他人因為別的工作，或是個人事務的耽擱而分身乏術時，隨時必須接替其工作以避免產生任何的空窗期。本書也是一個學術性的合夥關係，我們不僅合作良好，甚至從中取得諸多的樂趣。我們也衷心地希望，讀者在完成此書的閱讀之後，能同樣地從中享受如我們所擁有的樂趣。

BGP　JP

作者簡介

Marleen Brans is Lecturer in Public Management Institute, Catholic University of Leuven, Belgium.

Gary C. Bryner is Director of the Natural Resources Law Center, School of Law, University of Colorado at Denver, USA.

Paul Craig is Professor in English Law, Department of Law, University of Oxford, UK.

Linda deLeon is Associate Professor and Associate Dean, Graduate School of Public Affairs, University of Colorado, Denver, USA.

Morten Egeberg is a Professor at the Department of Political Science and Director of the ARENA Program, University of Oslo, Norway.

Robert Gregory is Associate Professor of Public Policy and Administration, School of Government, Victoria University of Wellington, New Zealand.

John Halligan is Professor of Public Administration, School of Business and Government, University of Canberra, Australia.

Thomas H. Hammond is Professor, Department of Political Science, Michigan State University, USA.

Carolyn J. Heinrich is Professor of Public Affairs, Robert M. La Follette School of Public Affairs, University of Wisconsin – Madison, USA.

Rita M. Hilton is Senior Economist in the Office of the Vice-President for Environmentally and Socially Sustainable Development, The World Bank.

Philip G. Joyce is Associate Professor of Public Administration, School of Business and Public Management, The George Washington University, USA.

Jack H. Knott is Dean, USC School of Policy, Planning and Development, University of Southern California, USA.

Leonard Kok is Deputy Permanent Secretary at the Ministry of Justice, The Hague, Netherlands.

Martin Lodge is Lecturer in Political Science and Public Policy, Department of Government, London School of Economics and Political Science, UK.

Laurence E. Lynn, Jr is George Bush Chair and Professor of Public Affairs, George Bush School of Government and Public Service, Texas A&M University, USA.

Helen Margetts is Professor of Political Science and Director of the School of Public Policy, University College London, UK.

Marcia K. Meyers is Professor, School of Social Work, University of Washington, Seattle, USA.

Jorge Nef is Professor, Department of Rural Extension Studies, University of Guelph, Canada.

Laurence J. O'Toole, Jr is Golembiewski Professor and Head, Department of Public Administration and Policy, School of Public and International Affairs, University of Georgia, USA.

B. Guy Peters is Professor, Department of Political Science, University of Pittsburgh, Pennsylvania, USA.

Jon Pierre is Professor, Department of Political Science, University of Gothenburg, Sweden.

Beryl A. Radin is Scholar in Residence, School of Public Affairs, American University. Washington D.C., USA.

Bo Rothstein is August Röhss Professor of Political Science, Department of Political Science, Goteborg University, Sweden.

Luc Rouban is Director of Scientific Research at CEVIPOF (CNRS and IEP Paris) and Institut d'Etudes Politiques, Paris, France.

Fabio Rugge is Professor of Administrative History, Department of Political Science, University of Pavia, Italy.

Sally Coleman Selden is Associate Professor of Management, School of Business and Economics at Lynchburg College, USA.

Andy Smith is a Research Fellow, Fondation nationale des sciences politiques, CERVL research centre, Sciences-Po Bordeaux, France.

Jean-Claude Thoenig is Senior Research Fellow, Groupe d'Analyse des Politiques Publiques, CNRS and Ecole Normale Superieure de Cachan, Paris, and Professor of Sociology, INSEAD, France.

James R. Thompson is Assistant Professor of Public Administration, College of Planning and Public Affairs, University of Illinois, Chicago, USA.

Theo A.J. Toonen is Professor of Public Administration, Leiden University, The Netherlands.

A.J.G. Verheijen is Senior Public Sector Management Specialist, Poverty Reduction and Economic Management Network, The World Bank, Washington, DC.

Susan Vorsanger is Lecturer, School of Social Work, Columbia University, New York, USA.

Søren C. Winter is Research Professor, Danish National Institute of Social Research, Copenhagen, Denmark.

Lois R. Wise is Professor of Policy and Administration, School of Public and Environmental Affairs, Indiana University, Bloomington, USA.

Jacques Ziller is Professor of Comparative Public Law, Department of Law, European University Institute, Florence, Italy.

譯者簡介

譯者（依章節順序排列）

● **邱明斌**
現職：國立中興大學國家政策與公共事
　　　務研究所副教授
學歷：美國克萊蒙研究大學政治經濟學
　　　博士

● **任文姍**
現職：專業譯者
學歷：美國喬治華盛頓大學國際企管研
　　　究所碩士

● **鄭錫鍇**
現職：聖約翰科技大學企業管理研究所
　　　所長
學歷：國立政治大學公共行政學博士

● **詹靜芬**
現職：國立臺北大學公共行政暨政策學
　　　系助理教授
學歷：國立政治大學公共行政學博士

● **陳恆鈞**
現職：國立臺北大學公共行政暨政策學
　　　系教授
學歷：美國密蘇里大學政治學博士

● **潘競恆**
現職：國立中興大學國家政策與公共事
　　　務研究所助理教授
學歷：美國南加州大學公共行政學博士

● **林子倫**
現職：國立台灣大學政治學系助理教授
學歷：美國德拉瓦大學都市事務與公共
　　　政策博士

● **方凱弘**
現職：銘傳大學公共事務學系助理教授
學歷：美國匹茲堡大學公共與國際事務
　　　博士

● **陳志瑋**
現職：淡江大學公共行政學系助理教授
學歷：國立台灣大學政治學博士

● **李長晏**
現職：國立中興大學國家政策與公共事
　　　務研究所副教授
學歷：國立政治大學公共行政學博士

行政學 目錄 CONTENTS

政府公共行政治理的角色

B. Guy Peters and Jon Pierre
任文姍 / 譯

> 進入官僚體系，才是共和國的真正領導者。
>
> 帕爾帕亭參議員，星際大戰，第一集

　　此一公共行政手冊，試圖探討公共行政領域的主要議題，以及各種不同的面向。對於此書所研究的主題，經由廣泛各國的學者及智慧性的傳統，以國際性的方式加以處理。此外，雖然本計畫主要大部分的參與者多來自學術界，此書卻也試圖討論實務性的議題，以及與政府行政每日所可能產生的問題，進行相關的學術性研究。公共行政雖為一實質性的學術活動領域，但同時也是重要的實務工作焦點，而政府公僕所擁有的豐富行政經驗，則是了解公共行政不可或缺的重要因素。沒有任何單一的文章，能夠將公共行政的所有範圍，以全面性的態度涵蓋在內。然而，我們堅信，本書已經試圖將此領域的重要議題加以提出並闡明，同時對於那些希望針對此一領域，更進一步地探索並充分加以實踐的讀者，作為一重要的研究起點。

為何行政是如此地重要？

　　本書最重要的論點在於，其對公共行政重要性的肯定。在一般大眾，甚至在政府部門的學者之間，多傾向於將政治與政府，以及重大的政治事件，如選舉，或是形成主要政策發展的政治人物之間，所存在的可見衝突等劃為等號。對於政府的治理，這些行為的確有其重要性，但還有許多其他的行政行為，包含了由政治人物將法律與政令轉換成行動，以及將公共的計畫提供給市民等。此類的工作，雖然社會的能見度較低，但卻是政府行政的重要使命。立法機關與政府行政首長，也許可以通過所有他們希望通過的法律，但是除非官僚體系 [1] 能夠有效的管理並執行這些法律，否則法律的立意再好，最終

可能也是一事無成。對於新聞媒體的主流作家與政治人物而言，官僚體系往往成為其最喜愛的攻擊目標，然而，若是沒有行政單位的存在，政府治理將會如空殼子一般。

公共行政管理人員的職務，包含大量政府員工的聘雇與相關活動。在英國倫敦的中央政府裡，下議院（the House of Commons）設有650位議員，上議院（the House of Lords）設有數百位議員，而在行政執行的相關部門裡，也有上百位政治任命人員，以及數千位法官，但相對的，卻有上萬名的行政管理人員（public administrators）；此外，地方的行政部門以及蘇格蘭與威爾斯等地方政府，也有上萬名政府員工的編制。大多數的政府員工，並不是我們經常與公共行政往來的文書官僚（the paper-pushers），其職務反而是負責向社會大眾執行政府的服務。中央政府的許多公共行政管理者，其工作的職務是負責提供服務，但一般而言，地方與省轄區的政府員工，其工作的職責則不僅如此。

公共行政的主要行為乃是將政府的立法付諸實行，但除此之外，仍有許多其他的重要工作。其中之一是政策的制定，在本質上而言，就是法律的制定。由立法單位通過的法律，多屬於一般性質的法律，仍需有行政管理單位的苦心經營才能成功（Kerwin, 1999; Page, 2000）。而由官僚單位所產生的衍生立法（secondary legislation），不只讓法律的定義更為清晰，同時也使得職業的行政官員（career administrator），可將其專業付諸於政府政策的施行。此一形態的政策制定，可能會引起民主責任（democratic accountability）上的相關問題，但也幾乎讓政策得以更為專業地、合乎環境地實行，並且讓政策有更大的彈性空間。而雖然能見度遠低於規則的制定（Rule-making）行為，官僚單位同時也是相當重要的評判員（adjudicators）。

除了制定衍生立法，行政官員藉由正式地向政治人物提出法律制定責任的建議，同樣也對政策產生某種程度的影響。政治領袖也許具有諸多的才能，但是，大部分的政治領袖，對於他們所負責的政策領域，卻不具有廣泛性的專業知識。於是，在法律的撰寫與政策的設定上，他們需要尋求專業的協助。傳統上，資深行政官僚的主要角色，就是提供部長所需的專業諮詢與相關資訊（請參考Plowden, 1984）。然而，公共行政的角色，卻因政治人物日漸對官僚單位所產生的不信任感，轉而尋求本身政黨的顧問協助，因此而受到極大的衝擊（Peters and Pierre, 2001）。此外，由於過去數十年來，政府部門的改革，多強調於資深政府官員的角色乃為專業的經理人，而非政府的政策顧問，這也相對地改變了資深的政府部門經理原有的職業傾向（career incentives）。

---

1 官僚體系往往代表嚴屬譴責的字語，但我們在此的使用則是以一較中立的態度，詮釋政府部門中正式政府單位的結構。

　　雖然在本書中，一般多認為公共行政的工作，也許遠不及政府的其他領域來得受到重視，但同時，卻是國家與人民主要接觸的機會。一般人民遇見郵局的工作人員、稅務人員及警察等的機會，遠高於他們所選出的民意代表。上述國家與人民的接觸機會，對於政府帶來兩個重要的結果：其一是，由政府最低層的部隊進行法律施行，將法律對人民真正的意義加以定義。國家的法律，就是其施行的內容，而較低階的政府職員——如警察、社工人員與教師等——往往對於法律施行如何的產生，以及究竟是誰真正從政府取得服務等等，帶有重要的考量。

　　由政府的較低階職員進行法律的實施，其第二個衝擊則是，這些面對面的交流，往往是人民心中對政府定義的所在。政府如何替人民服務？政府是否提供公平、有效率及合乎常情的服務？或者，政府就像其被認定的舊有形象，乃是既模糊又官僚性（以輕蔑的感覺形容）的組織？於是，在社會大眾的心中，對於政府形象的建立，官僚體系多扮演極重要的角色。好消息是，這些面對面交流的證明，多傾向於具有相當的正面性。然而，壞的一面是，許多人民仍然對於政府與官僚組織，持有極為負面的看法。

公共行政與其社會

　　本書的作者仍一貫地認為，公共行政乃是深植於其環繞的社會之觀點。當此一觀點顯現出一極明確的出發點，但其所採用的方法卻往往忘記了公共行政乃是一集體利益的解釋（explication）。公共行政這門學問是否具有重要性的正當性基礎，取決於其對吾人追求公眾利益的過程中，能扮演一定的角色。近期的諸多討論，新公共管理與政府服務的市場型模式，雖然只提供了相關的範例，卻傾向於將政府官僚描繪成一類屬的結構（generic structure），然而，諷刺的是，在公共服務生產中的市場機制解決方法（market-based solutions），對於公共行政與其所在的社會，兩者之間關係的造成及重大的效果，我們將在下面進一步加以討論。

　　此外，強調公共行政嵌入的本質，將有助於我們了解公民社會與公共行政之間連結的建立原理，或是更廣泛的說，其與國家之間的連結。政府官僚體系的治理面向，特別強調這些連結，乃是因為這些連結是服務的生產與遞送，具廣泛性策略的元素並為一系列服務產生的方法提供機會。藉由社會參與者（societal actors）加入服務的傳遞，官僚體系得以提昇其行動能力，並且能夠事半功倍（'do more for less'），誠如高爾報告（the Gore Report）內容所述。

　　最後，以社會為中心觀念的公共行政，將政府官僚體系描繪成一個群體政治壓力

的潛在目標。公共行政控制了極大的資源，並且經常與民選官員在持續增加的距離（at an increasing distance）下進行運作，同時也是立法的一個主要來源。所有的這一切，使得政府官僚體系，對於廣大的社會團體，其範圍從商業工會與職業工會，甚至到地方的環保團體與相關鄰近組織等，都具有相當的吸引力。若能就政府官僚體系與其外在環境之間的交換情形達到相當程度的了解，對於我們廣義的官僚體系分析，具有舉足輕重的地位。

政治、行政與社會

　　為了解政府官僚體系如何與社會相互連結，我們需要對於社會上的公私交換（public-private exchanges in society），產生更廣泛性的認識。介於政治、行政與社會之間的三角關係，毋庸置疑的，具有各式各樣且極其複雜的面貌。從政治－行政之間的連結開始來說，今日，大部分公共政策與行政等領域的觀察者都同意，此乃一個錯誤的二分法假設。而來自於學者Friedrich和Finer之間的傳統辯論──「政策在制定時便已完成，而當政策完成時，便已制定」的論點──似乎比較能正確地代表今日對於政治－行政之間關係的了解。如果發生這樣的情形，那麼從1940年代起，此一說法，對於今日政府部門的行政改革與結構變化等，已出現更為廣泛的傳播。對於如何更加活力化較低階層的政府部門職員，以及針對組織層級更為審慎的處理等改革，只是再次一個最近變化的例子支持學者Friedrich的論點（Peters, 2001; Peters and Pierre, 2000）。

　　於是，政治與行政應該被認定為，政策的制定與完成相同流程的不同元素。但是政治與行政，在如何與社會相關聯的名詞上仍有所不同；當兩者都是民主化治理的關鍵元素時，今日對於「政治」的定義乃是代表與責任，而「行政」則是政策的施行，以及政治力與法律的實施。人民、群體的利益、民營企業，以及其他的社會參與者，同時與政治及行政相互交流，雖然各自是以不同的原因在進行。然而，若從較大範圍來看，我們則希望就國家與社會之間的界面，發掘其真正的本質，而如果不考慮那些主要經由政黨路線的資訊，我們現在需要更仔細地審視，政府官僚體系與社會之間的連繫。

　　當我們從歷史的面向來看，公共行政的主要責任是，實施政治性的決策，並將這些決策向社會大眾進行溝通，而在過去十年內所發生的主要改變之一是人民有日益增加的機會，可直接向政府官僚體系提出他們的個別要求。在法國，對於政府部門（maison services publiques）的試驗；德國於1990年代，所實行的行政改革，而對於公共行政（Burgernahe）的理念；則在斯堪的納維亞（Scandinavian）國家中，甚至強調更為透明的政府行政，以及在美國採用不同的方法客制化，以調整公共服務的品質等等，在在都是測試此一全球化趨勢，以降低政府官僚體系與個別人民之間的距離（實體與精神上而

言）。反過來，此一模式，正是希望加強公共部門機構合法性的強烈需求之最佳證明。誇張的說，在之前合法性乃是衍生自公共行政的政府與法律的本質，如今，合法性則愈來愈偏向於取決官僚體系能否快速且正確地提供人民及社會團體等制式化的服務。

關於連結人民與政府服務之間的距離，也許最強有力且全面性的策略，是在政府服務的產生，各種不同類型消費者選擇基礎的模型（customer-choice-based models）之內。在此，全面性的目的不見得是，要將人民（在此我們以消費者稱之）在實體上與服務的生產更為接近，而是經由市場選擇，賦予消費者更大的權力。藉由此一選擇的實踐，消費者能夠依其不同的喜好，更適切地接收政府所提供的服務。此外，消費者的選擇，也告訴政府部門，一個關於消費者特殊喜好的訊息，總結起來就能夠通知資源分配。若以稍微不同的方法加以描述，此消費者選擇的模式，便能提供社會、政府官僚體系所做的決策等相關資訊，其重要的差別在於，這些資訊並不是經由政黨所提供，而是直接從個別的人民，立即地傳達至官僚體系。

公民社會

在公共行政的定義裡，公民社會的角色由許多不同的形式出現，也許公民社會的參與，其最引人注目的安排是，在瑞典機關中所長期建立的體系，所謂的民間監督評議會（laymen boards, lekman-nastyrelser），但是，在不同的國家體系下，公民社會扮演許多不同的角色，例如：在許多歐陸國家裡，公民社會在傳達政府——或半政府——的服務上，則扮演一極為重要的角色。而介於公共行政與公民社會之間的諸多合作，尤其在地方性的政府層級。

1990年代期間，對於政府治理日益增長的興趣，特別強調對於國家與公民社會之間合作的形式。政府治理的觀點，利用了跨越公私界限，關於資源動員的廣大策略。此一模式早已長期建立於西歐的階級合作主義民主（the 'corporatist' democracies）之中。同樣地，資源的動員其對於公民社會的重點，也具有一民主的元素，其與群體的關係則是提供了來自於社會的理念、合法化及對於政府的回饋。這些限制治理自治（the autonomy of government）的關聯，潛伏著真正的危險，但卻是避免讓人民覺得行政機關遙不可及的方法之一。

差距的結束：行政新模式—公民的意見交換

在過去的10年至15年中，所進行的許多行政改革，都是在一個弱化合法性的公共行政，也就是整體的公共部門背景下所完成。尤其在1980年代，更是深信市場乃為資源配

置的工具之黃金時代，並造成對政府機制日益減少的支持。此外，那個年代所出現的新
自由主義下，選舉出的各國領導者，尤其是美國的雷根總統、英國柴契爾（夫人），
以及加拿大莫羅尼首相（Mulroney）等皆是不受限制地表達出，他們對於公共部門以及
相關的員工的關注，並成為他們政治上所主導的主題（Leitmotif）（Hood, 1998; Savoie,
1994），於是，公共部門的預算因而被大幅度地削減。一切似乎看起來，只能藉由證明
公共部門所提供的服務，與民營企業之間並沒有太大的差別，才能重新確立公共部門的
合法性，也就是說，組織與客戶之間的密切連繫，其目的是提供適合個別客戶對於服務
的特殊需求與預期。換句話說，此一策略似乎變成了公共部門機制的未來合法性，而不
該太過依靠傳統的價值觀念，如全球性、公平與法律安全性（legal security），而應該著
重於工作績效的改善與服務的傳遞。

　　在1980年代至1990年代，我們所見證的諸多行政改革，其特點就在於這些目的。如
果我們更仔細地檢視介於公民與政府部門之間的接觸點時，就能總結出兩大趨勢。首
先，其特別強調的是透明化與容易接近，政府官僚體系的結構化改變，其目的在於提昇
個人與政府部門間的意見交換。在整個西歐國家裡，政府著手進行一地方分權的計畫，
部分目的是希望能藉此拉近政治與行政決策，其與人民之間的距離。除此之外，許多公
共服務的功能更進一步的衍生，於是便更為拉近其與客戶，即人民之間的距離。

　　行政改革的另一個趨勢，亦即為了讓人民與政府官僚體系之間的交換，能更加地
容易。很明顯的，諸如地方分權等結構性的改變，是不可或缺的一部分，雖然，對於此
類型的改革，這樣的改變仍是不夠。在此，一般的想法是在人民與政府部門員工之間，
發展出非正式卻較為容易接近的交換方法。在許多國家之中，並紛紛推出所謂的一站式
（one-stop shops）服務點，其常常都是以實驗的性質為基礎。而在最近，我們則發現，人
民可經由網路，建立相當多不同的管道與政府部門進行意見的交換。此一現象，正好就
與我們所見到的「電子化政府」（e-government）萌芽現象極為相似。

　　總結的說，這些結構性與程序上的變化，已經大幅度改變了政府官僚體系與其客
戶之間的關係。今日，更為強調的是——即使不是從實體方面，至少從技術的層面上而
言——拉近政府部門與客戶（即人民）之間的距離，也許更為重要的是，這些意見交換
的進程，已傾向於朝較為不具形式，並且以服務為導向的溝通模式進行改變。

變化的公共行政角色

　　當代公共行政的某些面向，也許看起來與數世紀前的政府運作極為相似，而其他的
面向，則經歷了基本上的轉型。當這許多變化出現之際，其中有兩點值得我們在此特別
提出討論。其一，接續之前的議題，就是持續性地強調，公共行政作為管理經理人的角

色，而其對於合適管理工具的需求則與民營企業極為相似。此一朝向本質的管理精神，當然幾乎提昇了工作的效率，甚至可能改善整個政府部門的效能，但對此持反對意見者則認為，此一走向同時也低估了政府獨特的公共管理之本質，以及公部門必須思考的重點，應該不光是提昇經濟效率的需求（Stein, 2002）。

公共行政第二個主要的改變則是，政府與社會間日益增強的公共服務之連結。對於政策[2]的施行，政府不再採取主動的角色，反而經常性地仰賴於民營部門，及／或第三部門來負責完成政策的實行。此一政府與社會的連結，可能提昇政府的效能與合法性，但同時也讓政府對責任的承擔與政策施行等掌控面臨了未知的困境。將政府與社會結合，所產生的意義是，公共行政必須經由各種不同的工具，如契約等，以提昇其談判的能力，而不僅僅是直接仰賴於本身的權力，以達到政府應盡的職責。

最後，如今的官僚體系，不再是中央集權且等級制度式的結構。官僚體系地方分權的程度與政府的政策，各個國家皆有所不同，但幾乎所有的國家裡，其中央部會都不再如往日般具有至高無上的權力。與公民社會的合作，可能與單純的政府治理相比較，需要具有不同的技能，同樣地，也將更密切的與地方性政府合作，或是與半自治型的組織，其名目上與部會主管雖是相互連結，但卻可自行進行工作進度的完成。

弱國的強權行政？

根據Bert Rockman的觀察發現，「如果我們一方面將費用之間，而另一方面則是將人事與組織的結構加以分別，未來就可能產生的現象是，擁有體積極為龐大的公共部門，但卻又是極小的政府」（Rockman, 1998: 38）。Rockman認為，如果新公共管理改革範例，持續主導未來行政改革的方向，可能很快便會發現，我們已陷入一空洞的行政結構，負責處理巨大的轉換，但隨著服務的提供，日漸變成經由市場參與者的贊助所進行。上文已提及，針對政府官僚體系與其外部環境之間的交換，其變化的路線，以及在1980年代後期至1990年代期間，所進行目標範圍極廣的行政改革。

Rockman對於行政改革將能縮短政府聘雇與官僚體系的範圍之想法，也許太過樂觀。我們之前提過，對於政府的許多接觸點都不是與民選的代表，而是官僚體系的前線職員，如警察、收稅員、護士或社會工作人員等。也許對於上述的基層人員，其人數會有些削減，但是其擔負的功能，卻不能被加以自動化；相對的，政府人員的削減進行則是

---

2 傳統的政府治理模式中，政府官僚體系所享有的自治程度往往被過於誇大，但是在民營部門的參與之後，則出現了一顯著的轉變。

藉由將其所擔負的全部功能，從政府轉換至市場，如火車、電信與郵務等服務。政府部門仍維持其具有相當程度的勞力密集部門，尤其是因為其所傳遞的服務本質。

在此，岌岌可危的是強度與外在方向的關係，尤其是從歷史的角度來看，對於「強勢官僚」（strong bureaucracy）往往引發一自我服務與自我指涉的官僚形象。對於強勢官僚，一個更為現代的定義則是，能夠配合人民個別的需求，快速地提供各種不同類型的政府服務，除此之外，一個強勢官僚則是根據法規（the rule of law）描繪其特性。法制（law-governed）本質的公共行政，是對抗侍從主義、貪腐及晉用親信（favoritism）的最佳防衛。值得討論的是，介於服務遞送（service-delivery）面向與官僚體系法制本質之間，仍存有潛在性的矛盾。在此，所指的是，在保持彈性與服務的提供方面，政府官僚體系很可能永遠都無法與民營企業相抗衡，但是，正如同本章後面將討論的，公共行政的原始設計，正是為了達到彈性化與提供服務等目標。

公共行政所顯現的強度，幾乎總是反應政府強度的一面鏡子。內部的強度，不論政府占用社會的程度如何，對於政府官僚體系是否有能力完成其在社會上所需扮演的角色，具有關鍵性的因素，還有，唯有強有力的政府官僚體系才能維持核心的民主價值，諸如平等、法律安全與公平的待遇。基於這些理由，一個弱國裡的強大官僚體系，不需要被安排成是不能夠長期地被維持住的體系。

公共部門的管理

我們已經針對公共行政的重要面向之一，即其與社會及政治體系之間的連結。現在，讓我們將重心轉向這些組織（或是整體組織）的內部動力（internal dynamics），尤其是內部的管理。過去數十年來的公共行政改革，多集中於政府的管理層面，以試圖讓政府的表現更具效率、高效能且符合經濟效益。這三E的訴求，已然促使公共部門出現一巨大的改變，而許多的改變則是集中在市場的角色，作為良好管理的典範。

官僚的等級制度不再

許多行政改革之實施，是一系列對於公共行政等級制度結構的改革。行政等級制度之所以被詬病的主要原因，在於其過於嚴格且速度緩慢、應變能力不足、缺乏效率且無法吸引專業人才進入政府組織所致。除此之外，據說等級制度式結構，不僅無法有效地對客戶的需求加以關聯，也不能提供社會大眾客戶協調的服務。究竟此一評論的正確性如何？而對於行政機關的等級制度式結構，有哪些解決的方案？以及此類型組織所結合

的價值與規範為何？為了找出這些問題的答案，並且尋求更廣泛的公共行政等級制度式結構的未來發展，首先，如果考慮到社會對政府行政官僚的期盼，我們必須探討的是等級制度所代表的力量。從這一觀點來看，我們能夠開始討論公共行政應扮演的角色程度已經出現變化，以及這些發展對官僚體系的結構造成什麼樣的衝擊。

　　在大多數的國家裡，政府官僚體系發現，其組織形式曾經是這些組織作為法律實施者的主要角色。我們今日所知道的公共服務生產規模，其實並不存在；而極大的程度，乃是20世紀下後半期的特色。於是，等級制度結構在之前，就成為優先選擇的組織模式，因為此結構對於法律的施行乃是一個極具效率的工具，而且具有重要的價值，如一致性、責任性與可預期性等等。公共部門服務，最初的成長並沒有明顯地挑戰政府官僚體系等級制度式的結構。若引用當代的概念來看，政府所提供的服務，在特色上相當地一致，只有極少甚至沒有彈性或是「配合客戶的需求」（customer-attuning）。介於政府官僚體系與其客戶之間，特定限制且單向的交換，等級制度能夠站在上風，反而，在1980年代至1990年代期間，對於政府部門的大量攻擊，使得等級制度結構面對重大的威脅。政府部門的等級制度，無法在巨大的預算削減與客戶所預期高程度彈性等累積的挑戰下存活。於是，政府官僚體系的結構，便成為1990年代行政改革的重大議題（Peters, 2001）；許多評論認為，如果政府組織等級制度的本質，被其他扁平式且具彈性的組織形式所替代，讓第一線職員的工作擁有較大幅度的自治性，那麼缺乏合法性與無效率等許多問題都將能迎刃而解。

　　若是說，這些關於政府官僚體系的惰性與缺乏彈性等評論缺乏足夠的正當性，那就是大大的錯誤了。然而，從某些方面來看，這些其實並非真正的重點所在。政府組織的設計目標，從來不是為了發揮效率、彈性及以客為尊等精神的極致，而是希望確保一致性，且能夠毫無偏差地完成法律的施行。於是，在某種程度以內，對於過去數十年的評論，所運用的是毫不相關的評判標準，以針對政府組織進行評估。除此之外，此一評論只看到現代官僚的其中一面——亦即產生服務的一面，而忽略了另一面，那就是法律的行使與完成。雖然如此，但我們很清楚地知道，等級制度與結構的減輕對政府部門具有舉足輕重的重要性，而的確此類的組織變化，已經在大多數國家中開始施行。

　　這是否代表應向等級制度道別的時候呢？正如我們用不同的文字所指出，等級制度的功用不僅只是作為政府治理的工具而已（Pierre and Peters, 2000）。諷刺的是，較具彈性且市場類型的政府組織，往往也伴隨不少的問題出現，如責任的承擔，以及無法快速的反應政府單位的要求，則常被歸類為等級制度模式的優點所在。於是，政府組織的長期設計，所面臨的挑戰則是，如何設計出同時具有效率與提供服務能力的分散性組織，並且享有等級制度組織的一致性與合法的本質。

市場化乃是唯一的解藥？

　　同樣反對等級制度角色的論點，則是強調市場的重要性，作為政府部門傳統形式的組織與管理的另一個選項。此假設認為，如果政府同時利用市場的原則，亦即在個別計畫的設計與政府計畫的內部管理方面，那麼政府就能夠將其所擔負的工作做得更好。市場理論的支持者認為，採用市場原則將讓政府更具有效率，並且能夠降低政府部門對於賦稅者之計畫所需花費的成本。

　　雖然市場已經變成一個常用來改革政府部門的模範（examplar），然而，仍有許多對市場非議的看法存在。也許從最基本來看，政府部門不應該將「效率」作為其基本的價值，反而應該著重於「有效」及「責任的承擔」。相關聯地，市場機制也許藉由內部管理的強調，而非與其他政治體系內其他單位的關係，以降低政府計畫所擔負的責任。最後，許多政府部門所做的，是無法配合市場的規定，或者可能完全沒有將政府放在第一位，於是任何試圖採用市場規定的行為，看來就變得有些不合理。雖然，任何一個欠缺考慮就直接採納市場的規則，是不可能得到所有之前所承諾會出現的優點，但可以確定的是，仍可從這些方法的使用，從中取得某些利益，因為政府部門所涵蓋的範圍實在太廣，其真正的訣竅，可能是找尋不同方法之間的平衡點。

政治力的參與，愈少愈好？

　　有一些建議將民選的政府官員，包含在行政體制內的情況，並無法幫助行政體系極大化其工作績效。而對於太多政治人物的參與，其最重要的論點則是，此一做法代表的是，沒有嚴肅地看待「管理」，或者沒有像投入選舉般來得認真。經營大規模的行政運作，無論是公部門或私部門，都需要有管理技巧的協助，而此一特點，卻不是民選辦事處本身所能保證，其選出的政治人物都將擁有類似的技能。的確，大多數民選官員的職業，極少會與任何大型規模的企業管理有任何關聯。在過去數十年以來，行政改革的部分箴言則是「讓真正的管理者，進行管理的工作」；而部分來說，也對於治理過程的公共管理者，要求扮演較強大的角色。

　　對於如何區分民選官員與公共行政的組織經理人所扮演的角色，加以澄清是非常重要（Peters, 1987; Peters and Pierre, 2001）。對於職業官員的期待是，提供持續性、專業與忠誠度。而對於民選的官員，則期盼他們能提供合法性且政治性的判斷，以及政策方面的指引。有時候，政府的官僚人員會被控訴他們藉由本身的專業，以及對於政府流程的控制，試圖壟斷政策的制定，而政治人物則被譴責，其鉅細靡遺的干涉性管理型態（micro-management），試圖將組織與人事上，進行每天的管理政治化。當然，公共行政無法忽略其名義上的政治「大師」，但仍必須確定維持本身政府治理的正當性。

公共行政的方法

我們已經指出，公共行政的發展，正處於理論與實務的交叉點。在此一研究領域裡，對於理論與實務，兩者之間究竟孰輕孰重，比重應該如何，不時出現熱烈的討論。此領域的實務者，多覺得學術理論者，在理論探討的世界中，是無藥可救的過於興奮，而實際上卻很少做出，或是完全沒有任何成功的計畫。相對的，理論者則認為，實務工作者已經深深陷入「計算檢修孔數目」（manhole counting）的行為，而無法看到那些將會影響其實務工作，更為重大的議題。

站在理論與實務的交互影響中，公共行政同樣也處在許多學術理論的交叉點，並且有各自獨特的參考文獻。先不提現在，這些被標籤為「純粹的」公共行政、政治學、經濟學、社會學、心理學、法律、管理、哲學，以及其他領域的文獻，對於公共行政的研究，將產生某種程度的影響。政治學可能與公共行政，是具有最為悠久的關係，不僅考慮到官僚體系在政府治理的重要性，以及民主國家裡讓官僚體系必須對民選官員負責的方法等基本考量。然而，我們都知道，在許多歐陸國家裡，法律乃是公共行政的基礎，而在近期，經濟學與管理學則分別在公共行政的思考上，逐漸扮演主導性的角色，其原因乃是因為政府部門的改革，多傾向於仰賴民營企業所提供的處理流程。

當理論與實務，以及一連串的學科領域，都競相爭取公共行政研究的掌控權，使得基本上應該強調的重點，成為所有的這些面向都將有助於闡明公共部門的行政工作。政治學的重點，在於強調公共行政的角色，而根據法律的規定，同時也強調實施官僚體系責任制的重要性，而哲學則強調的是，公共行政道德架構的不可或缺；經濟學則指出，公共行政在賦稅與消費的決策上所扮演的角色，並提供一理論性的框架，以對官僚體系有所認知（Niskanen, 1971; Breton, 1996）；社會學則提出傳統的組織理論，以及對於政府與社會之間連結的考量（Rothstein, 1996）。過去數十年以來的行政改革，特別強調對於公私部門管理的相似度及借鏡於商業管理，以協助政府轉型。

公共部門的特別之處？

讀者此時將注意到，即使是一簡短的版本，本書所涵蓋的內容，也有高達上千萬以上的文字。公共行政為何如此受到的矚目，尤其當大多數的人民，似乎樂於避免與政府官僚體系進行任何接觸，其原因究竟為何？而這樣的矚目，是否會將焦點過度集中在一般性的管理問題，而非公共部門的行政管理？而對於此一領域的詢問，究竟什麼才是真

正的特殊？也許更為重要的是，對於此一領域的人類行為，究竟何者才是特別？

我們從之前的討論，可明顯地看出，上述的問題從某種程度來說，絕不是簡單就可以加以回答的。從最基本的層面上來說，公共行政乃是治理社會過程的中心點，無論治理所採取的是哪一種形式。如果沒有公共行政的存在，即使立法機關能任意的制定所有他們希望制定的法律，但是，除非在立法機關有高度的運氣，而人民也極度的願意合作，否則所立下的任何法律，仍將只是空談而最後終將一事無成[3]。在Bagehot的術語裡，官僚體系乃屬於政府中較具效率的一部分，而且是政府應社會大眾期盼的服務之主要提供者。

公共行政，是不可能在國家的發展中缺席，而其較具關鍵的問題是，當公共行政無法提供效能，達到效率或是不具道德性時，將會產生什麼樣的狀況？各種不同形式的失敗政府，每個對於其行政單位與社會，可能產生各自不同的負面結果。而幾乎可以確定的是，一個不具道德而且攀附型的政府，將是最糟糕的失敗形態，尤其在一個仰慕民主與合法的政府裡而言（請參考Chapman, 2000）。誠實與負責任是否建立一個令社會大眾尊敬的政府，一個極具關鍵的因素，而且甚至可能對於建立一個有效率且具效能的政府非常的重要。一個被認為公正、公平的政府；相對的，對其人民所建立起的信賴感，將有助政府更能有效率的運作。

隨著政府日漸被社會大眾，根據其提供服務的能力加以評估，而有效的流失也是相當的重要，當代對於績效管理的強調，則為政府的工作表現，提供重要的量化性指標（Bouckaert and Pollitt, 2003）。儘管新公共行政管理所展現的強調處，對於政府部門而言，效率可能是最不重要的價值，尤其是在社會大眾的眼裡。對於社會大眾而言，他們可能比較在意的是服務的傳送，以及政府的服務是否以負責任及人道的態度傳送，而不是在乎服務傳送的成本。但這並不代表，公共行政就不應該注重效率，反而，我們應該說，效率不必然是主流的價值。

公共行政手冊——實用與教學

我們希望將此一公共行政手冊，做為學生進入此領域門檻的基本工具。此書介紹了

3　某位保守的美國政治人物曾經做出評論，希望如果能的話，國會將會是處在一條郵輪上，而必須將所有的法律拉到船底，以漂流回路上。只有當船底的這些法律被發現時，才能真正生效。如果沒有公共行政的存在，政府治理可能就會像郵輪底的那些法律一般。

對於公共行政的各種不同研究方法，以及廣範圍的面向，以讓讀者能從中根據其本身的研究興趣，加以選擇。因為所有的章節都提供了全面性的參考段落，於是讀者就能依此作為憑藉，就其感到興趣的部分，探索公共行政的研究方法。

　　而公共行政的教學，則是比其他的學科領域，有更高的要求。首先，公共行政描寫了許多其他本身要求就極高的學科教育，但是公共行政不僅將這些主題加以整合，並根據彼此的觀點加以相互運用。於是，公共行政領域裡，任何好的學生必須對於政治學、經濟學、社會學、組織學、管理與道德，還有可能更多其他的領域，都必須擁有基本的知識。除此之外，公共行政站在學術探討的交叉點上，而更為實際的嘗試形成政府治理的「真實世界」。如果一位學者或是學生，忘了此學科領域探索的兩種面向，那麼就很可能對於政府的了解方面，做出嚴重的錯誤。

　　本書反應出公共行政領域的複雜性，並且意圖為有效的教學，提供重要的立基點。本書的章節，除了對於多個重要公共行政的理論性研究進行介紹，同樣也對於政府內，所應用的管理功能加以檢視，尤其是特別強調人的管理。除了以政治的背景找出公共行政的定位，並且就其與正式的政治機構的關係，以及公民社會中的參與者進行討論。對於改變，官僚體系受到了極大的壓力，而我們也在本書中涵蓋了公共行政改革的多種面向。最後，關於如何針對政府組織，實施負責任的精神等重要的問題，本書也做了重要的探討。

　　本書中，較簡要版本的章節裡，探討公共行政廣範圍的議題，並且提供清晰且容易討論的議題。無論是本文或與其他文章的結合，本書將提供讀者，對公共行政取得全面性且最新發展的簡短認識。而對於國際議題的涵蓋，以及引述廣範圍的作者文章，對於有志於研讀公共行政領域的學生來說，更是提供一強有力的基礎。

參考文獻

Bouckaert, G. and Pollitt, C. (2003) *Public Management Reform: A Comparative Analysis*, 2nd edn. Oxford: Oxford University Press.

Breton, A. (1996) *Competitive Government: An Economic Theory of Politics and Public Finance*. Cambridge: Cambridge University Press.

Chapman, R.A. (2000) *Ethics in the Public Service for the New Millennium*. Aldershot: Ashgate.

Hood, C. (1998) *The Art of the State: Culture, Rhetoric and Public Management*. Oxford: Oxford University Press.

Kerwin, C. (1999) *Rulemaking*. Washington, DC: CQ Press.

Niskanen, W. (1971) *Bureaucracy and Representative Government*. Chicago: Aldine/Atherton.

Page, E.C. (2000) *Government by the Numbers*. Oxford: Hart.

Peters, B.G. (1987) 'Politicians and Bureaucrats in the Politics of Policy-making', in J.-E. Lane, (ed.), *Bureaucracy and Public Choice*. London: Sage.

Peters, B.G. (2001) *The Future of Governing*, 2nd edn. Lawrence: University Press of Kansas.

Peters, B.G. and Pierre, J. (2000) 'Citizens Versus the New Public Manager: The Problem of Mutual Empowerment', *Administration and Society*, 32: 9–28.

Peters, B.G. and Pierre, J. (2001) *Politicians, Bureaucrats and Administrative Reform*. London: Routledge.

Pierre, J. and Peters, B.G. (2000) *Governance, Politics and the State*. Basingstoke: Palgrave.

Plowden, W. (1984) Ministers and Mandarins. London: Royal Institute of Public Administration.

Rockman, B.A. (1998) 'The Changing Role of the State', in B.G. Peters and D.J. Savoie (eds), *Taking Stock: Assessing Public Sector Reforms*. Montreal and Kingston: McGill-Queen's University Press. pp. 20–44.

Rothstein, B. (1996) *The Social Democratic State: The Swedish Model and the Bureaucratic Problems of Social Reform*. Pittsburgh: University of Pittsburgh Press.

Savoie, D.J. (1994) *Reagan, Thatcher, Mulroney: In Search of A New Bureaucracy*. Pittsburgh: University of Pittsburgh Press.

Stein, J.G. (2002) *The Cult of Efficiency*. Toronto: Ananasi Press.

第一章　公共管理

Laurence E. Lynn, Jr
邱明斌 / 譯

他喜歡組織、競爭、經營；別人能按照他的意志工作，並且相信他，爲他開路也爲他辯護。如同他們所說的，這是管理，也是藝術。

Henry James, The Portrait of a Lady

設計一套制度讓那些不完美的人運用錯誤的方法去處理難以解決的問題，可謂公共管理。

James Q. Wilson (Bureaucracy: What Government Agencies Do and Why They Do It)

公共管理不論在其國際化的規模上或是在其多面向的內容上來說均爲迅速增長的學科。[1]公共管理於一般的認知上是相對易懂的。好的公共管理者，無論他們處於什麼樣特別的地位或職責，都具備某種特質和技巧可以去組織、激勵、指導他人行動，在政府內、外部創造、達成目標，以確保公權力的運作。法律或公共政策很少是自我執行的，就形式上來說，他們均從管理上的洞見（insight）以及經驗傳承中受益匪淺。任何政治哲學或方式就實際上，政府欲達成目標需要能夠承擔責任且有能力勝任的政府管理者來執行公權力。

然而這種對公共管理一般性的認知，模糊了公共管理從它成為一種學科、實務以來的核心議題。如果欲達成的目標，與其可能帶來的成本及結果之間的關連性不清楚，或相互衝突的話會怎麼樣呢？又若是公共管理者根本就沒有被賦予足夠的權力、資源和工具來組織、激勵和監控那些他們份內所必須努力完成的目標的話，又該怎麼辦？有效的

---

1 如同在這一章裡頭提到的，遍及各國的公共管理呈現多樣化的特性，各國的法律與政治傳統不盡相同。公共管理的文獻，包括：Peters（1996）、Kickert（1997）、Kettl（2000）、Pollitt and Bouckaert（2000）、Christensen and Lregreid（2001）等，他們的研究提供了比較性的觀點。Pollitt and Bouckaert（2000: 8-16）的研究，是從歐洲的角度對公共管理不同的定義作調查與分析。

管理在重要性上如何跟好的政策設計、理性組織、足夠的資源、有效的監控以及許可哪些受到影響的公部門作比較？什麼樣的管理實務是起得了作用的，它是如何遍及多種不同的系絡，落實於哪一種公共管理？而公共管理是如何在立法委員、執政者及司法當局三者之間發揮它的作用，而某項特定的管理改革或策略，又是如何影響政府的績效？

　　公共管理學科的目標即在於提供一個理論與實務的基礎去滿足上述問題，以及政府各部門、局處、辦公室在履行他們管理責任時所引發的大量問題，包括：手段與目的的合理性；政治合法性的限制角色；適當程度的裁量權、資源；行政控制事前監測與事後課責的對張；對公部門的課責；對行政評估的準則；還有行政的革新。而本章的目的在於提供一個關注這些議題的回顧與評論。

　　在本章一開始就把一些觀點界定清楚是十分重要且有用的。美國公共行政的經典文獻把管理解釋為，公共行政官員能夠回應責任並且符合法律正當活動的裁量權。就這個觀點來看，公共管理是一種治理的「結構」（Scott, 1998），是一種基於憲法適當的管理裁量權，能夠讓政府影響人民的意志。對照之下，近來的文獻已經趨向把公共管理視為一種「技術」的觀點，即在實務上相當地熟練，是個人在管理角色上的展現。申言之，公共管理者盡責地鍛鍊他們的技術，他們遵守憲政的限制，並且按照規定堅持合法性和適當性（不至於有太強硬的黨派色彩或自我主義）的價值，使公共管理進而演變成一種憲政治理的「制度」（Weimer, 1995）。把公共管理視為一種制度，奉行「業務上的規則」，就事實上，是對行為的一種限制或指導，確保他們在憲政的正當性，或是法律上的一種統治方式。更進一步釐清，公共管理是結構、技術和制度：即「管理」、「管理者」和「具回應性的實務」。

　　在本章的開頭，我們首先界定在公共管理學科和實務領域上的兩個議題：「公共行政」和「公共管理」的關係，以及「公共管理」和「私部門管理」兩者之間的異同處。在這背景之下，把公共管理視為一種結構、技術、制度，會在接下來的三個節次裡有詳細的介紹。倒數第二節則把重點擺在公共管理和治理兩種概念的關係，以及對這個長期以來在公共管理理論與實務上受到質疑的焦點加以探討。最後則是本章的摘要。

管理與行政

　　當我們談到「公共管理」或「公共行政」時，究竟我們是在談論同一個主題還是不同的主題？長期以來，美國的文獻針對他們兩者之間有著根本性不同之爭論是一直存在

的，然而這種分野常讓人覺得過於武斷。[2]很多這樣的評論免不了會把管理歸類到居於次要、過度專業化或者甚至因此蒙上污名，從而忽略掉從公共管理的結構和制度觀點來了解憲政治理中的重要性。

　　許多早期的評論不是把公共管理與公共行政視為同義詞，就是把管理當作是更普遍的概念。[3]1926年出版的公共行政最早教科書，作者Leonard D. White抨擊公法律做為公共行政首要基礎的看法，他指出「公共行政的研究應該從管理的基礎上發展而不是從法律的基礎開始」（White, 1926: vii）。[4]Henri Fayol（1930）的看法則認為「把行政和管理兩者的混淆分辨清楚是很重要的。管理……就是運用所有可支配的資源帶領（組織）朝向最好的可能發展……，保證工作中本質的功能可以平順地進行。而行政就是這些功能中的一項」（quoted in Wren, 1979: 232）。Roscoe C. Martin（1940）的看法則認為，「行政等同於管理」，但是他也有提到，一般比較少談到「技術的本質」的情況（Martin, 1965: 8）。Paul Van Riper（1990）分析先前在19世紀中晚期1887年Woodrow Wilson提出的研究，他說「注意……行政與管理的字眼在這裡是視為同義詞的」（p. 8）。Dwight Waldo如此評述，「或許和當時很多其他的事情一樣，『管理』這個思想的變遷、運動已經塑造出兩種觀點，某些人認為公共行政是獨立的探究，也有人認為是那些定義好的管理箴言」（Waldo, 1984: 12）。

　　然而誠如許多公共行政學者的看法，行政是原先的和主要的概念，而公共管理則是比較新穎和次要或專業化的概念。（Perry and Kraemer, 1983）「公共管理做為當代公共行政的特別關注焦點是全新的」，Rainey（1990: 157）的觀點也回應到：「在過去二十年，公共管理的主題已經強而有力地來到對政府行政感興趣的那些事情上面」，他認為也許這是因為政府普遍不得人心的關係。Hyde and Shafritz（1991）兩位在他們的《公共管理重要論文集》（*Public Management: The Essential Readings*）一書中提出，「公共管理是廣域公共行政中最主要的一部分……公共管理把公共行政的焦點放在技術上，並且認為公共管理者是這個技術的實踐者」（p. 1）。

2　牛津英文字典沒有提供區別「行政」與「管理」的準則。兩者的定義相互參照。

3　Barry Karl（1987）有提到，「對美國的行政革新者而言，「行政」這個專有名詞是適用在治理過程中著重務實面的那一種。行政這個名稱演變成菁英們在改革上的用語」。（p. 27）

4　「從管理的觀點研究行政」，White認為，「1920年代開始有系統地規劃，從都市的局、處、室作調查」。想要正確地了解公共行政的知識歷史必須排除來自都市行政問題所帶來的干擾以及大量「科學管理」這種非政治的理論應用所衍生的問題，此外，還有全國性的行政問題，像是立法的分權、遵從司法、管理課責這幾點是較為突出的且必須排除的。

這樣的觀點似乎代表著1970年代和1980年代在哈佛大學、加州大學、普林斯頓大學和其他地區新成立的公共政策系所對公共管理這個詞被投機取巧挪用的一個回應。[5]根據Joel Fleishman的說法，Mark Moore的努力是這些系所把焦點擺在公共管理的關鍵，並且認為「重新調整這項議題在政治與組織面的分析，同時在策略上具有明確性的一種觀點」（1990: 743）。Donald Stokes則做出以下的評論，「政治的策略思考讓那些有能力的公共管理者，能夠促使（推動）機關在保守的處境中前進……這些重要的管理者要在機關每天例行公事中抓住為數不多的好時機，一步一步地引導組織邁向明確的目標……」（1986: 55）。Moore在1984年摘要了若干新興公共管理的說法：

在「公共管理」這個概念中，我們為傳統公共行政的責任加入了目標設定以及政治管理的任務。……在公共管理這個概念中，我們也加入了一些典型行政上的功能，像是確定用途、維持監督者的可信性、局處長的權威與資源，以及在適當的政治環境下把某人放在組織中適當的位置，當作是一位公共管理者核心的工作要素。

就Moore的意思，公共管理的要旨即是「在充分了解政治與制度情況下建構、執行公共政策」（1984: 3），他在稍後把它稱為「公共價值」（public value）（Moore, 1995）。正是脫離行政的傳統，Moore的觀點是一種新的看法，因為它似乎推翻了對公共管理背景的關注，而轉為強調在行為和心理的面向。

新行為學派的公共管理有更以行動為取向且遵循規定的趨勢。就其本身而論，公共管理比起傳統多了些也少了些概念。簡單地說，公共管理就是行政裁量權的一種回應，這是早先的看法。較新的看法則是加入了如同Roscoe Martin所說的「技術的觀點」，這是關注於判斷、行動與產出，而管理者的政治能力可以在特定的管理角色下有效地表現出來。然而，在適當政治與制度情況底下，公共管理者重要的政治角色，這種較為新穎的概念所強調的是更為直接的、務實的，並且重點放在政府組織裡主管層級的管理者。

5　Lynn（1996）也認為，公共行政的學者有正當的理由主張公共管理是屬於他們的領域範圍，而且持續十幾年了。其證據包括有，除了教科書所引證的之外，國際市政管理協會（ICMA）的雜誌在1927年採用了「公共管理」作為刊名。1940年Fritz Morstein Marx的著作，《新民主的公共管理》。1954年John Millett一本耀眼的著作，《公共服務的管理》（Millett, 1954）。1955年由Catheryn Seckler-Hudson所著的《研究公共管理的基礎概念》，是公共行政的經典之一（Shafritz and Hyde, 1992）。

誠如Robert Behn所言「任何對於公共管理者在實務面的強調，將會是近期關注的焦點」
（Behn, 1991）。管理者對於發展制度的能力以及對民主價值永久的擁護——即是把公共
管理視為制度的觀點——以及對行政機關中、低層的管理等面向，反倒成為次要優先的
順序。

　　關於在行政與管理之間精確的區別不只是引發早先研究的興趣而已。[6]因為把公共
管理視為裁量權的一種回應，這至少隱含著是在公共行政這塊領域理性的發展，公共行
政的文獻也就是公共管理的文獻。同時，公共管理以技術為取向的新舊文獻，為結構、
技術、制度的觀點奠下基石。因為這三個觀點都強調符合憲政結構與價值之下的實踐，
因此他們提供了一種評估的分析架構，評估特定公共管理改革的提案、結果，這包括了
布朗婁報告、新公共行政、黑堡宣言、政府績效與成果法（US Government Performance and
Results），柯林頓政府的國家績效評鑑，抑或是新公共管理等。就這些提議而言，我們希
望了解它們在結構，技術和制度的含意以確保這些提議是否符合憲政的要求。

　　然而，關於行政與管理的區隔，有一特定的論據需要做進一步的審視，「那些把公
共管理定義為管理的人」，David Rosenbloom指出，「會傾向於把公、私行政之間的分野
減到最少」（1998: 16）。從這個角度來看，行政這個詞傳達了一種在治理當中對憲政與
政治基礎的尊重，而在某種程度上，管理則不是這麼一回事。

公與私的管理

　　公私部門的管理有何相似、有何不同？政府可以或者應該變得更企業化嗎？管理是
否是一種總稱？在某種程度上公、私部門的管理有著相似的性質、技術與手段，而且有
關企業成功的大量想法和實務可以應用於公共管理的問題，原則上公部門也能藉由與私
部門管理者的合作以滿足他自己在管理上的需求。若就結構或技術的角度出發，他們是
不同的，公部門應該要具備知識、手段和技術來源的管道，以配合它獨特的需求。

　　在早初把公共行政視為一種專業的時候，權威人士即已著手處理這項議題。Frank J.
Goodnow在1893年時指出，「政府在處理各項事務的時候，不在於想辦法去獲得更多，而
是在於促進整個社群的福祉。這是公私經營之間最大的差別所在」（[1893]1902: 10）。在

6　這在美國是更為特殊的，因為美國結合了憲政的權力分立與傳統的習慣法這兩者，進而奠定了權力的慣
　例，就公共管理而言，可以在傳統的文獻裡找到些蛛絲馬跡。

更精細的層次上，Goodnow同時指出「對行政的授予……巨大的裁量權力意謂著……人們不斷地嘗試在國家主權的運用過程中控制行政裁量權」（[1893]1902: 10, 11）。Leonard D. White在1926年時把一致性原則的考量加進去──即今天我們所說的公平（equity）──公共行政的指導並不奉行企業管理（White, 1926; cf. Stamp, 1923）。

　　認為公部門與私部門管理在根本上不同之論點，乃基於以下幾點基本要素：（1）公益與私利不同；（2）公務人員，他們行使國家的主權，不是針對任何特定的團體或其他有形的利益，而是必須對民主的價值負責；（3）憲法要求平等地對待個人，有利於社會群體利益的時候應該平等，排除選擇性的對待。此外，關於兩個部門之間的差別程度在許多實證研究上已獲得驗證（Rainey, 1997）。

　　持質疑態度的人則指出，列舉這些公私的管理差異會讓人產生誤解，因為它掩蓋了兩者間重要的相似點。Barry Bozeman於1987年指出「所有組織都具有公共的特質」，他的意思是，不論是政府的、營利或非營利的組織，或多或少都受到政治權威的影響；「公共管理者可以存在於所有形式的組織中」因為公共管理者包含任何部門中「那些處理公共性事務的人」，不僅僅侷限於政府的職員。然而，這同樣也有反對的看法，即所有的組織都是「私營的」，因為履行組織任務的那些專家，是基於專業的或技術官僚的權威在管理，而不是利害關係者的利益。Goodnow（1900: 85）首先認同這項觀點，即行政上的「半科學」、「準司法」、「準企業或商業」的功能，然而稍後Don Price則提出警告，「專家很可能會去利用其專業知識來證明極度權威的正當性」，這個危險對所有需要特殊專業知識的組織來說是很普遍的。

　　我們可以從結構、技術和制度的角度來定義公部門與私部門管理上的差別。這兩種部門滿足著各種不同種類的社會利益，它們也適用不同的技術和價值來達成目的。然而，在特定組織分析特定管理的責任、功能和任務時，兩者的差別往往模糊或不存在。這個論點意味著，跨部門的經驗汲取和知識分享很可能是有用的，並且絕不能被意識形態的原因拒絕。

公共管理是結構

　　如同先前所提到的，公共管理最早的概念是作為一個治理的架構，即為正式手段、工具，目的在限制和監督公共管理者使用國家公權力的作為。從結構的視角出發，公共管理包含兩種相互聯繫的要素：合法授權的權力以及對這些權力運用的外部控制。這兩者之間權衡的設計構成公共管理典範性問題，也就是所謂治理的結構（Bertelli and Lynn, 2001）。

　　把公共管理視為一種治理結構所面臨到的第一個挑戰即在於，要克服立法與司法部門不願意把權力委託給那些非民選的行政官僚。1893年，Goodnow即聲稱「必須給予行政職權大量的裁量權，讓行政職權能夠適應許多法規以滿足人們的需求」（[1893] 1902: 28）。他更進一步直言「當行政機關主要的任務是執行來自立法機關的法令、法規時，……行政機關在這塊領域的行動中掌握了大量的行政裁量權，而且它的權力來源是依據憲法，不是立法機關」（[1893]1902: 33）。John Dickinson（1927: 156）則問到，「如果我們認為『行政機關』（administrative agencies）主要是用來……根據法規做裁定、判斷，那麼我們不正是等同於放棄行政正義這種體制所擁有的特殊優點和特性嗎？即結合立法機關、行政機關和司法審判功能於一個個體以保障行動的機敏，以及基於政策作成判斷的自由？」

　　然而，裁量權仍應受到控制，因此第二個出現的挑戰是：確保公共管理受到適當的立法、司法與公民的監督。誠如法律學者Ernest Freund提出的，「行政權增加的同時也要增加他們濫權的預防措施，只要他們可能在公務上出現錯誤、偏袒或過分地喜愛某一方，對個人權利（private right）的保護是和履行某些政府政策相同重要的」（引用自White, 1926）。Leonard D. White在他1926年出版的著作中詳細地揭露「行政控制」的問題。他指出，「問題已經逐漸發展成要去找到一種方法，確保行政官員的行為不僅應該符合法律，同時也要與社會公民的期待和意向一致」（1926: 419）。Paul Appleby（1952: 145）在稍後提出了他的看法，「一個民主的社會狀態中，對專家的依賴卻是不斷增加，公共行政是否能夠應付這種情況，讓彼此能和諧共存，或許已不是單一的問題了」。（嚴防專業主義對民主原則的傷害）

　　立法機關的授權與監督，以及行政官員對法院的服從，是現在憲政治理公認的特徵。然而，能力（capacity）與控制（control）兩者之間權力的平衡在公共管理上仍是爭論的焦點，如果一旦失衡常會讓實現公共管理改革的努力受到挫敗。如同Kettl（1997）提到的，「促使管理者管理」和「給予管理者管理」兩者之間仍存在緊繃狀態，前者意指在管理的裁量權上給予實質的事前和事後控制；而後者意指讓公共管理者對他們的表現負有責任，會比要他們順從正式的法規和程序來得好。Kettl（1997: 449）特別提到這兩個策略「需要在文化上有180度的轉移」，這不是提倡公共管理改革者所能完全接受的一個現實。

公共管理是技術

　　近十幾年來，把公共管理視為技術，即特定的個人相當熟練地在某個特定管理的

角色上，已愈來愈受到重視。這個思想的動向在學術上的重要發展首現於1938年Chester Barnard的《行政部門的功能》（*The Functions of the Executive*, 1968）一書中，奠定了後續新觀點的根基，包括了Herbert Simon之管理的職責。Frederick Mosher如此詮釋，Barnard「把行政的職責定義成一個道德問題，或是更明確地說，像是一個為達成個別的決策而產生社會規範、法律、技術、私人、專業以及組織上的競爭、衝突的解決方案（Mosher, 1968: 210）。

John Millett顯然受到了Barnard的影響，他在1954年出版的書名《公共服務的管理》（*Management in the Public Service*），構成了早期對技術觀點的範例：

　　想辦法克服障礙，了解主要的癥結，運用想像力和洞見為公共服務設計新的目標，這是所有行政官員必須面對的挑戰。行政官員不能以做為一個好的管理看護者而自滿。而是要對組織化努力的成果作檢討讓行政的目標得以精進，為的是不斷求進步的公共服務。

Millett在某種程度上從政策的學派預示了他稍後的見解：

　　在一個民主的社會，這個問題不僅僅從行政官員各自認為值得追求的社會目標來看。行政官員必須要去說服其他人。他必須和利益團體、立法機構、行政首長以及其他屬於自己機關的員工們協力工作，並且說服他們某一項政策或計畫是值得去做。

　　總體來說，這些較新的文獻是奠基於對特定管理實務個案的細心研究和分析。[7] 如同Graham Allison在他具有代表性的文章裡所提到的，「發展公共管理成為一門學問，其努力的重點應該始於公共管理者每天會面臨到的問題」（Allison, 1979: 38）。研究的焦點放在管理者於特定環境下要做或應該要做的事情。從更關鍵性的角度來看管理者的事務，代表的是「不間斷地努力，為公共管理創造新的「迷思」（myth）……強調政治與行動主義者的取向——英雄和企業家就如同在這類個案研究中的股票與交易」，所必須支付的代價即是制度（Dobel, 1992: 147）。許多具有代表性的例子，包括了Heymann的《公共管理的政治》（1987）、Reich的《民主社會的公共管理》（1990）、Behn的《領

---

7 更進一步的文獻可參閱Lynn（1996: 55-88）。

導的意義》（*Leadership Counts*）（1991）及Moore的《創造公共價值》（1995）。

激發公務員能確信「管理的重要價值」（management counts），具有企業家精神、前瞻性的精神，這種源自於公共政策學派的技術觀點已經變成是指導方針（Lynn, 1996）。Light的《*Sustaining Innovation*》（1998）與Bardach的《*Getting Agencies to Work Together*》（1998），兩者是這方面文獻的翹楚，他們謹慎地鑑識公共管理現有的挑戰，企圖從仔細觀察到的成功案例中推論出最佳的實務。其他的成果，像是Cohen和Eirnicke的《*The New Effective Public Manager*》（1995）以及 Haass的《*The Bureaucratic Entrepreneur*》（1999），都是基於經驗和那些令人印象深刻的實務者，進而帶出明確的教導方針與許多的指示原則。

許多技術取向的公共管理學者已經把公共管理中結構的因素假設在外，而專注於他們自己對於自我性格與心理層面的認知。這個取向大大地減少公共管理採納較早期對領導特性與管理性格的看法。成功的管理者是具有積極進取與企業家的精神，並擁有冒險、決心、富想像力和直覺的傾向，然後會實踐它。其他則是強調簡單、一般化的程序——建構並反覆演練清楚的目標、走動式管理（managing by walking around）——或是堅持完美無缺的原則——把發展聚焦在範圍狹窄的日常工作，尋找機會行動之類的。Behn這麼說：「大多數的管理概念都是簡單的，這些簡單的管理概念必須要言簡意賅以發揮影響效果」（1988: 651）。Haass在提出成為一個具有影響力管理者的五個無懈可擊原則之後，斷言道：「公共管理要有效果聽起來很簡單，但做起來卻很難」（1994: 230）。

然而，至少在原則上，把它過度單純化的那些擁護者不應該懷疑技術成為公共管理一個重要原素的重要性。在考量結構因素之外，行為和理智的挑戰是所有好的管理者都應該要慎思的。這讓Barnard也稱為「非邏輯」（non-logical）上的觀點引發了管理者即時的反應、直覺的洞見和極好的判斷力。就技術的角度來說，一些公共管理者比別人來得好。雖然在管理有助於促進政府績效的實證研究上相對較為缺乏（Lynn et al, 2001），但可以合理地假設是，公共管理會是唯一和公共管理者一樣給人印象深刻的技術大師。

公共管理是制度

公共管理者應如何鍛鍊其管理技術？這其中又代表何種價值？這個問題的直接解答於前面討論過，「給予管理者管理」的可行性以及履行憲政治理的重要性。

公共管理者內在或自我控制是否適當，從1940年開始Friedrich-Finer兩人的辯論就已經是個不斷被重複討論（recurring）的議題（Finer, 1940; Friedrich, 1940）。Finer的看法認為，

公共管理者應該受到立法機構的控制，Friedrich卻認為確保管理能對國家作回應，是管理者需具有專業主義。更重要的是，Rohr指出「行政官員應該運用他們的裁量權，在保障個體權利下維持憲政權力的平衡」（1986: 181）。Denhardt則主張公共管理者應有責任承擔與「自由、正義，以及公共利益等概念有關的價值」（1993: 20）。Wamsley堅持主張「推動治理的唯一可能來源是透過必須的專業主義、專心致力、自信心以及具合法性的公共行政，扮演著憲政引力重心的角色，以避免讓我們複雜的政治系統，陷入危險的集權或是相反的導致無能與自毀。」（1990: 26）。為了確立公共管理者「應該抵抗、反對或拒絕執行那些與國家根本或美國國家價值相衝突的公共政策」，George Frederickson幾近著急地發表行政無效的學說（Frederickson, 1997: 229）。

　　公共管理應該是自我調整、控制的制度，這概念是來自於責任感，正是另一個傳統公共行政典範的價值。誠如Woodrow Wilson所言「能承擔責任的權力是沒有危險的」（1887: 213）。Morstein Marx則指出，「行政責任的核心是一個工作本分的統一概念，其受到意識形態與專家的規則（precepts）所影響」（1940: 251）。Frederick Mosher認為，「職責（職務所需回應的責任）（responsibility）應是公共行政和企業管理中最重要的一個字彙」，他稍後也補充，「職責（回應性）似乎是民主國家首要的必要條件」（1992: 201）。

　　應該怎麼定義一個具有責任感的公共管理？Rohr、Denhardt、Wamsley等學者從信奉自由主義者的政治哲學的角度來定義。Mosher（1968）則從客觀與主觀兩種面向來看職責，前者的意思即某人的行為是有責任的，為結構觀點；而後者的意思近似於一種認同感、忠誠感和道德上的良善，為技術觀點。更明確地說，Bertelli和Lynn（2001）從公共行政的經典文獻中界定出四個清楚區隔的概念——課責（又譯責信）、判斷、均衡、合理——這同時也是組成管理責任箴言（precept of managerial responsibility）的要素，就管理的實務來看，當機關是訴訟中的被告時，其必須要服從司法的審判，並且把它當作是職責的普遍規範。下列說明這項箴言的邏輯。

　　課責（Accountability）一般定義為「是方法、程序、支配力，用以決定使用那些價值來反省行政的決策」（Simon et al., 1950: 513）。事實上，課責的概念在美國的行政、立法、司法三權中複雜地交錯著，他們彼此競爭想要控制公共管理。然而，他們三者「沒有任何一方，也沒有一起，提供給公共管理者在作他們的決策時有完全的價值」（p. 539）。有責任感的公共管理者不是那種由幻想或意識形態授權的「自由代理人」（free agent）：「管理是受到『能夠承擔績效責任的價值』所指導，對個人用他自己的聰明才智，還有對外在事物方向、限制的認知，所帶來的獨斷權威感到厭惡」（Millett, 1954: 403）。

　　然而，把所有外在事物列入考慮後，公共管理者依然「有許多在判斷、決定問題上

的自由，基於他們自己的道德良心（Simon et al., 1950: 539）。因此，判斷（judgment），這個從公共管理延伸出來的要素，並無法從強化行政責任整合的機制中排除它。那在管理上什麼樣的判斷是符合管理的責任呢？Schuyler B. Wallace認為，除了「那些國會最主要的功能與目的之外」，良好的判斷「在處理一些理想化甚至不切實際的目的（ideal purpose）上會比國會更為全面」（1941: 89）。然而，關於理想主義（idealism）這個見解，是在判斷上一個開放式的標準，讓人沒辦法接受，因為它似乎允許公共管理者制定一個無法反映社群政體的政治哲學。以下讓我們再看得更明確一點。

因為公共管理者必須在一定的政治環境下對多數的利害關係人負責任，所以一個良好判斷的首要特徵即為均衡（balance）。Morstein Marx認為，公共管理者應該「仔細地考量立法機關的權力均衡、政府首長在發布訊息或預先行動的偏好、公眾反應的可能結果。理想上，政治與行政的思維應當彼此整合在聯合過程（joint process）中」（1959: 102）。Emmette Redford把均衡的行動叫作「調整的活動」（adjustive activity），他也指出：「這種把行政視為調整活動的概念，『公共管理』成為一種多元利益調解的政治過程的延伸」（1969: 188）。因此，公共管理者應該在競爭的利益、政治的哲學與事實的詮釋中保持平衡。Ott、Hyde和Shafritz把公共管理真正的待議事項解讀為，「關注於平等（equity）、正義（justice）、公平（fairness）這幾個關鍵項目在政治、經濟社會中的平衡，同時也是在複雜、高度分歧、競爭與不公平的環境中，為了讓『公共利益』更好的一種整合觀點（1991: xvi）。」

良好的判斷第二個特徵即是合理性（rationality）。Marshall Dimock把管理上的裁量權概念化成「選擇及決定替選方案的自由」（1936: 46）。判斷主要關注在許多可供選擇的策略或行動的優點，無論是否由公共管理者或其他利害關係人所策劃，應當是合乎邏輯或理性，政治平衡也是。一個理性的行為意味著，管理者對於想要如何達成目的與手段間的關係，跟實際上達成目的與手段間的關係是一致的（或者也可透過獨立的分析加以檢證）（Aron, 1998: 121）。此外，公共管理者也必須探索、精通手段與目的兩者之間的關係，包括理論和實證。然而，無可避免地，Nicholas Rescher稱為「理性的困境」（the predicament of reason），或是「理性需求與實際可能結果之間的緊張關係無法紓解」（Rescher, 1998: 169）。實際的情況是，公共管理者沒辦法預料或計算他們的行動所帶來的全部後果，但是這卻不會損害到管理決策是意圖理性（希求理性）（intentional rationality）的論點。

從制度的觀點看公共管理也許會有以下的總結：行政的結構觀點提供了一個達到均衡的合適架構，即行政權在於追求公共目標以及公民控制行政權兩者在司法權力需求上的平衡（Lynn, 2001）。在這個架構之下，若管理技術的觀點是把重點擺在職責、回應

性，那麼公共管理會成為一個最重要的制度，它將維持政府實現公共利益以及公民要求政府首長課責，這兩者之間的權力均衡。Goodnow對此一議題下了很好的註解：

　　對行政權做複雜的立法與司法控制仍不足以保證他們之間的互動是和諧的，他們是國家意志的表示，由政府的權威執行國家的意志。行政首長也許會或也許不會執行立法機關所通過的法令。司法官員，在對行政官員控制的過程中，可以採用或可以不採用與立法機關所通過之法律相同的法律觀點。對於國家意志的表示與執行兩者之間，政府組織不保證提供一個穩定的平衡。人民是一個能得人心的政府最終極的主權來源，必須……能夠對這些官員做控制，不但是執行人民意志的，同時也包括表示人民意志的。（1900: 97-98）

　　和1900年代一樣，當代民主制度中如何均衡各種競爭價值的問題，包括公共管理的制度，是最顯而易見的課題。

公共管理與治理

　　若公共管理者能遵守法律約束，依法管理、行政，並且對政策制定與結構改革的機會有創造性地回應，那麼公共管理就展現了它制度的角色。但是公共管理在維持憲政制度平衡上不是唯一的制度選擇。誠如前述Goodnow認為影響公共利益的能力，不只存在於政府行政機關，也不僅是強調維持控制的立法與司法部門。能力與控制，兩者之間的制衡，端視行政、立法、司法機關與公民在他們能發揮的能力而定。這種複雜的情況，我們可以用「治理」這個詞彙來表示。從公共管理的角度來看，治理的定義是，它是統治的方式，代表公共利益行使公權力的行動受到了來自法律（laws）、規則（rules）、司法判決（judicial decisions）與行政實務（administrative practices）的限制與規定，同時也是它們讓公權力得以運行（Lynn et al., 2001）[8]。

8　根據Pollitt和Bouckaert（2000）的看法，「導航」、「指導」、「管理主義」這些專有名詞，在美國比較喜歡拿來用在對外的「治理」上面（例外的情況可參考Heffen, Kickert and Thomassen, 2000）。這些名詞之間複雜的交互關係也可以透過Pollitt和Bouckaert與其他作者運用輸入／輸出模型的解釋來了解。

對於任何自治管轄權來說，更廣泛的議題是，分配權力給合法的組織與制度去建構一個治理方式，藉此確保多元競爭利益、價值間可以維持良好的平衡。政黨政治的本質就是要達成這項平衡，就其本身而論，這當中摻雜了團體的利益（Pollitt and Bouckaert, 2000）。Terry Moe認為，政治行動者的任務就是要去「著手一個治理的架構以保護……公共組織不被對手控制」（Moe, 1995: 125）。然而，他自己也提到，利益團體和政客會不斷、蓄意地設計有效率的官僚政治（bureaucracy），這和官僚政治在結構上是不一致的（1995: 328）。如同James Q. Wilson提到的，美國憲政的權力分立（separation of powers），「美國政府一向就不是以效率或強大的取向來設計，但是還算是可以讓人接受並具有適應性」（Wilson, 1989: 376）。這對於把公共管理視為一種制度持續是個挑戰。受限於制度與政治的現況，公共管理者必須在有限的資源、非理性或不切實際的工作量、前後矛盾的領導，或幾乎無法達成的任務，這些情況下處理事務。

雖然公共管理中治理形成的方式所產生的結果是與每個實際的管制、政策和計畫息息相關，這些結果已在企圖增進整體政府績效的行政改革提案中被仔細地討論。從1990年代早期開始，美國已經對政府績效與結果法案（Government Performance and Results Act）以及柯林頓政府執行國家績效評鑑（National Performance Review），在治理上展開熱烈的討論、對話。這項議題隨著新公共管理風潮在國際上蔓延開來。在一定程度上他們已經實際執行，這些改革希望從各種不同方面來測量績效，包括資源的分配、授權公部門員工致力於公共計畫與經營的改善、利用市場理論的優點增進效率，這些都意指著公共管理可視為一種制度（Pollitt, 2000）。

然而，這些暗示仍不足以定義兩者，因為在改革提案的過程中他們受到政黨要求的影響而顯得不明確，而且大多數情況下這些被廣泛地接受用來評估政黨要求的標準也十分欠缺。本章的目的，如同前面討論過的，就是要更清楚地聚焦在公共管理的結構、技術與制度面向，並且證明這些討論對促進評估的能力是有幫助的。例如：在這章所討論過的公共管理傳統概念，比起顧客導向的管理主義（customer-oriented managerialism）或大眾導向的市民哲學（populist-oriented civic philosophies），傳統的概念更著重在法律、政治、公民與民主價值的處理，因為他們具有協調、調和上的困難度；其納入的是對於員工、社群和公民授權的促進，而不是那些不可避免的事情，像是黨派之爭、黨派偏見，而這些全都在《The Federalist》這本書作者的預料之中。許多管理的改革不認同或看輕立法機構、法院和民選首長在憲政架構下的角色，還有預測政治鬥爭的情況也被忽略。這種不重視國家基本制度的治理改革值得我們深切地反思。

結論

　　儘管政治上的變化無常，如果在可能的情況下，公共管理做為一種制度，公共管理者做為個人、個體，應企圖在困境中表現得最好，即使是在比「混亂應付過去」（muddling through）或「應付」（coping）的情況還好一點時（Lindblom, 1959; Wilson, 1989）。嘗試做到最好，毫無疑問地是取決於做的技術，它可以透過對特定個案的分析、研究而從培訓、實務中得到成果。同樣地，或許更根本的，取決於公共管理者的制度化、內在化、價值，有自我意識地受到管理責任的箴言所指導。雖然組織、政府層級以及擁有不同法律與政治傳統的國家之間其結構、技術、制度的特定特徵各有所不同，但我們可以大膽的推論一個有效用的公共管理和成功的行政改革，與上述所提的概念普遍相關的。

　　最後，公共管理也是一種常識。政府授權給不完美的人運用有瑕疵的方法去處理難以解決的問題。而他們努力的成果卻是明顯地發揮效果，同時也扮演著一種迫切需要的角色。負責的公共管理對良善治理而言是不可或缺的。

參考文獻

Allison, Graham T., Jr (1979)'Public and PrivateManagement: Are They Fundamentally Alike in AllUnimportant Respects?', *Proceedings for the Public Management Research Conference*, 19-20 November. Washington, DC: Office of Personnel Management. pp. 27-38.

Appleby, Paul (1952) *Morality and Administration inDemocratic Government*. New York: Greenwood Press.

Aron, Raymond (1998) *Main Currents in Sociological Thought*, Vol. 2. New Brunswick, NJ: Transaction Books.

Bardach, Eugene (1998) *Getting Agencies to Work Together: The Practice and Theory of Managerial Craftsmanship*. Washington, DC: Brookings Institution.

Barnard, Chester I. (1968) *The Functions of the Executive*. Cambridge, MA: Harvard University Press.

Behn, Robert D. (1988)'Managing by Groping Along', *Journal of Policy Analysis and Management*, 8 (3): 643-63.

Behn, Robert D. (1991) *Leadership Counts: Lessons for Public Managers from the Massachusetts Welfare, Training, and Employment Program*. Cambridge, MA: Harvard University Press.

Bertelli, Anthony M. and Lynn, Laurence E., Jr (2001)'A Precept of Managerial Responsibility: Securing Collective Justice in Institutional Reform Litigation', *Fordham Urban Law Journal*, 29 (1): 317-86.

Bozeman, Barry (1987) *All Organizations are Public: Bridging Public and Private Organization Theories*. San Francisco, CA: Jossey–Bass.

Christensen, Tom and Lagreid, Per (2001) *New Public Management: The Transformation of Ideas and Practice*. Aldershot: Ashgate.

Cohen, Steven and Eimicke, William (1995) *The New Effective Public Manager: Achieving Success in a Changing Government*. San Francisco, CA: Jossey-Bass.

Denhardt, Robert B. (1993) The Pursuit of Significance: Strategies for Managerial Success in Public Organizations. Belmont, CA: Wadsworth.

Dickinson, John (1927) *Administrative Justice and the Supremacy of Law in the United States*. Cambridge, MA: Harvard University Press.

Dimock, Marshall E. (1936) 'The Role of Discretion in Modern Administration', in John M. Gaus, Leonard D. White and Marshall E. Dimock, *The Frontiers of Public Administration. Chicago*, IL: University of Chicago Press. pp. 45-65.

Dobel, J. Patrick (1992) Review of Impossible Jobs in Public Management. *Journal of Policy Analysis and Management*, 11 (1): 144-47.

Fayol, Henri (1930) *Industrial and General Administration*, translated by J.A. Coubrough. Geneva: International Management Institute.

Finer, Herman (1940) 'Administrative Responsibility in Democratic Government', *Public Administration Review*, 1 (4): 335-50.

Fleishman, Joe L. (1990) 'A New Framework for Integration: Policy Analysis and Public Management', *American Behavioral Scientist*, 33 (6): 733-54.

Frederickson, H. George (1997) *The Spirit of Public Administration*. San Francisco: CA: Jossey-Bass.

Friedrich, Carl Joachim (1940) 'Public Policy and the Nature of Administrative Responsibility', in *Public Policy: A Yearbook of the Graduate School of Public Administration*, Harvard University, 1940, edited by C.J. Friedrich and Edward S. Mason. Cambridge, MA: Harvard University Press. pp. 3-24.

Goodnow, Frank J. ([1893]1902) *Comparative Administrative Law: An Analysis of the Administrative Systems National and Local, of the United States, England*, France, and Germany. New York: G.P. Putnam's Sons.

Goodnow, Frank J. (1900) *Politics and Administration*. New York: Macmillan.

Haass, Richard N. (1994) *The Power to Persuade: How to Be Effective in Government, the Public Sector, or Any Unruly Organization*. New York: Houghton Mifflin.

Haass, Richard N. (1999) *The Bureaucratic Entrepreneur: How to Be Effective in Any Unruly Organization*. Washington, DC: Brookings Institution.

Heymann, Philip B. (1987) *The Politics of Public Management*. New Haven, CT: Yale University Press.

Karl, Barry D. (1987) 'The American Bureaucrat: A History of a Sheep in Wolves' Clothing', *Public Administration Review*, 47: 26-34.

Kettl, Donald F. (1997) 'The Global Revolution in Public Management: Driving Themes, Missing Links', *Journal of Policy Analysis and Management*, 16 (3): 446-62.

Kettl, Donald F. (2000) *The Global Public Management Revolution: A Report on the Transformation of Governance*. Washington, DC: Brookings Institution.

Kickert, Walter J.M. (ed.) (1997) *Public Management and Administrative Reform in Western Europe*. Cheltenham: Edward Elgar.

Light, Paul C. (1998) *Sustaining Innovation: Creating Nonprofit and Government Organizations that Innovate Naturally*. San Francisco, CA: Jossey–Bass.

Lindblom, Charles E. (1959) 'The Science of Muddling Through', *Public Administration Review*, 19 (1): 79–88.

Lynn, Laurence E., Jr (1996) *Public Management as Art, Science, and Profession*. Chatham, NJ: Chatham House.

Lynn, Laurence E., Jr (2001) 'The Myth of the Bureaucratic Paradigm: What Traditional Public Administration Really Stood For', *Public Administration Review*, 61 (2): 144–60.

Lynn, Laurence E., Jr, Heinrich, Carolyn J. and Hill, Carolyn J. (2001) *Improving Governance: A New Logic for Empirical Research*. Washington, DC: Georgetown University Press.

Martin, Roscoe C. (1965) 'Paul H. Appleby and His Administrative World', in Roscoe C. Martin, (ed.), *Public Administration and Democracy: Essays in Honor of Paul H. Appleby*. Syracuse, NY: Syracuse University Press.

Millett, John D. (1954) *Management in the Public Service*. New York: McGraw–Hill.

Moe, Terry M. (1995) 'The Politics of Structural Choice: Toward a Theory of Public Bureaucracy', in Oliver E. Williamson (ed.), *Organization Theory: From Chester Barnard to the Present and Beyond, expanded edn*. New York: Oxford University Press, pp. 116–53.

Moore, Mark H. (1984) 'A Conception of Public Management', in Teaching Public Management, 1–12 Boston, MA: Public Policy and Management Program for Case and Course Development, Boston University.

Moore, Mark H. (1995) *Creating Public Value: Strategic Management in Government*. Cambridge, MA: Harvard University Press.

Morstein Marx, Fritz (1940) *Public Management in the New Democracy*. New York: Harper & Brothers.

Morstein Marx, Fritz (ed.) (1959) 'The Social Function of Public Administration', in *Elements of Public Administration*. Englewood Cliffs, NJ: Prentice–Hall. pp. 89–109.

Mosher, Frederick C. (1968) *Democracy and the Public Service*. New York: Oxford University Press.

Mosher, Frederick C. (1992) 'Public Administration Old and New: A Letter from Frederick C. Mosher', *Journal of Public Administration Research and Theory*, 2 (2): 199–202.

Ott, J. Steven, Hyde, Alkbert C. and Shafritz, Jay M. (eds) (1991) *Public Management: The Essential Readings*. Chicago, IL: Nelson Hall.

Perry, James L. and Kraemer, Kenneth L. (1983) *Public Management: Public and Private Perspectives*. Palo Alto, CA: Mayfield.

Peters, B. Guy (1996) *The Future of Governing: Four Emerging Models*. Lawrence, KS: University Press of Kansas.

Pollitt, Christopher (2000) 'Is the Emperor in His Underwear? An Analysis of the Impacts of Public Management Reform', *Public Management*, 2 (2): 181–99.

Pollitt, Christopher and Bouckaert, Geert (2000) *Public Management Reform: A Comparative Perspective*. Oxford: Oxford University Press.

Price, Don K. (1959) 'The Judicial Test', in Fritz Morstein Marx (ed.), *Elements of Public Administration*. Englewood Cliffs, NJ: Prentice–Hall. pp. 475–99.

Rainey, Hal G. (1990) 'Public Management: Recent Developments and Current Prospects', in Naomi B. Lynn and Aaron Wildavsky (eds), *Public Administration:The State of the Discipline*. Chatham, NJ: Chatham House. pp. 157–84.

Rainey, Hal G. (1997) *Understanding and Managing Public Organizations*, 2nd edn. San Francisco, CA: Jossey–Bass.

Redford, Emmette S. (1969) *Democracy in the Administrative State*. New York: Oxford University Press.

Reich, Robert B. (1990) *Public Management in a Democratic Society*. Englewood Cliffs, NJ: Prentice–Hall.

Rescher, Nicholas (1998) *Complexity: A Philosophical Overview*. New Brunswick, NJ: Transaction Books.

Rohr, John A. (1986) *To Run a Constitution*. *Lawrence*, KS: University Press of Kansas.

Rosenbloom, David H. (1998) *Understanding Management, Politics, and Law in the Public Sector*. New York: McGraw–Hill.

Scott, W. Richard (1998) *Organizations: Rational, Natural, and Open Systems*, 4th edn. Upper Saddle River, NJ: Prentice–Hall.

Shafritz, Jay M. and Albert C. Hyde (eds) (1992) *Classics of Public Administration*. Pacific Grove, CA: Brooks/Cole.

Simon, Herbert A., Smithburg, Donald W. and Thompson, Victor A. (1950) *Public Administration*. New York: Knopf.

Stamp, Josiah C. (1923) 'The Contrast Between the Administration of Business and Public Affairs', *Journal of Public Administration*, 1: 158–71.

Stokes, Donald E. (1986) 'Political and Organizational Analysis in the Policy Curriculum', *Journal of Policy Analysis and Management*, 6 (1): 45–55.

van Heffen, Oscar, Kickert, Walter J.M. and Thomassen, Jacques J.A. (2000) *Governance in Modern Society: Effects, Change and Formation of Government Institutions*. Dordrecht, NL: Kluwer Academic Publishers.

Van Riper, Paul P. (1990) 'Administrative Thought in the 1880s', in Paul P. Van Riper (ed.), *The Wilson Influence on Public Administration: From Theory to Practice*. Washington, DC: American Society for Public Administration. pp. 7–16.

Waldo, Dwight (1984) *The Administrative State*, 2nd edn. New York: Holmes and Meier.

Wallace, Schuyler C. (1941) *Federal Departmentalization: A Critique of Theories of Organization*. New York: Columbia University Press.

Wamsley, Gary L. (1990) 'The Agency Perspective: Public Administrators as Agential Leaders', in Gary L. Wamsley et al. (eds), *Refounding Public Administration*. Newbury Park, CA: Sage.

Weimer, David L. (1995) 'Institutional design: an overview', in David L. Weimer (ed.), *Institutional Design*. Boston, MA: Kluwer Academic Publishers.

White, Leonard D. (1926) *Introduction to the Study of Public Administration*, New York: Macmillan.

Wilson, James Q. (1989) *Bureaucracy: What Government Agencies Do and Why They Do It*. New York: Basic Books.

Wilson, Woodrow (1887) 'The Study of Administration', *Political Science Quarterly*, 1 (2): 197–222.

Wren, Daniel (1979) *The Evolution of Management Thought*, 2nd edn. New York: Wiley.

第二章　測量公部門的績效與效率

Carolyn J. Heinrich
邱明斌 / 譯

PART *1*

　　《超越馬基維里：政策分析時代的來臨》（*Beyond Machiavelli: Policy Analysis Comes of Age*）一書中，Beryl Radin（2000a: 168）提到：如果說1990年代有個形塑公部門的單一課題，即是指對績效的需求。在這段期間，各層級的政府部門彷彿被施了咒語，要求績效的考證及政府行動的明確結果。為回應對績效文獻需求的增加，美國、加拿大、西歐、紐西蘭、澳洲及一些亞洲、非洲和拉丁美洲國家政府將績效測量作為公共管理革新的核心成分（Behn, 2001; Kettl and Dilulio, 1995; Pollitt and Bouckaert, 2000）。雖然這些革新廣泛的目的為提供「效率、效能及負責任的政府」，跟一個世紀前發生的革新十分相似，但他們的不同之處在於範圍及複雜性的增加、績效測量活動更具外部透明度、要求政府為結果負責的立法需求之推動（Gore, 1993: xxiii; Pollitt and Bouckaert, 2000）。對於公共方案正式委任、結果導向的績效測量受到學者及實務者的質疑，以及來自於新公共管理對於地方層級「以市場力量為公部門負責」此一說法的反對。（Kaboolian, 1998: 191; Lregreid, 2000; Radin, 2000b）

　　課責——對於立法機構本身、納稅人及方案利害關係人而言——是公部門績效測量的主要目標。在《國際公共政策與行政百科全書》中Romzek和Dubnick（1998: 6）將「課責」定義為一種「關係」，在這種關係中，「個人或單位在被授權的行動中，有義務向授權者回答有關授權行動績效的問題。在這個定義之下，特別是當這些個人或單位可以代表公眾的時候，課責性要求對於績效進行測量及評估。從公部門績效測量的一個歷史觀點來看，我們發現其最初的重點放在要求行政部門及機關的管理者為財政績效或效率負責。Behn（2001）描述：「財政課責性」有如「法規、程序及標準」這幾種形式的課責性，在新公共管理及其他近來的革新中，與早先強調「推廣對顧客服務」、「市場導向管理」、「結果課責」的途徑只有表面上的不同，且他們都一樣關切「節流」及「產出及分配效率」（或者是減少政府的成本）。（Kaboolian, 1998; Pollitt and Bouckaert, 2000; Terry, 1998）

　　然而，如果我們認為新公共管理非常強調「績效主導行政」，如同Lynn（1998: 232）

所說的增加了公共管理的藝術，那公部門的績效測量必須包含不只是財務面和「為績效負責」而已。誠如John Kamensky（1993: 395）曾說——政府已經做了夠多的紙上作業了。我們需要發展可以達到告知目的且被公共管理者使用的評量，引導他們提昇服務品質及結果，而且不僅只針對那些課責者——像是立法及監督機關。但這規避了一項問題：對於想要增加政府績效的公共管理者而言，什麼樣的資訊是最有用的？例如：在美國政府績效與成果法或英國續階計畫下，公共管理者如何使用這些將績效測量與績效目標作比較性年度方案的績效報告？單純知道他們對於達到目標及標準的成功或失敗並不能讓公共管理者了解此一層級的績效為何是如此，公共管理者也無法得知如何使績效產生有效的改變。像Hatry（1999: 6）說的：績效測量最主要的用途在於提出問題，它很少，甚至說幾乎不曾自己提出解決的方法或是告訴我們應該怎麼做。

公共管理者所能回答的問題種類仰賴所蒐集到的績效資訊類型。例如Kamensky（1993）和Hatry（1999）將績效資訊的種類區分為：（1）輸入資訊：如資源和幕僚；（2）過程資訊：如工作量和工作複雜性；（3）效率資訊：如生產率和單位成本；（4）產出：產品及服務的傳遞；（5）結果：與中介或最終目標有關的，包含了品質評估；（6）影響資訊。在理想化的績效測量系統中，公共管理者依照邏輯，使用所有範圍的資訊：從輸入到結果或影響，並將績效監測（對於進行中的過程、效率及產出）連結到績效評估（對於方案結果或影響）與績效管理；這所指的是使用績效資訊引導方案計畫且提昇未來績效（Osborne et al., 1995）。

在公共管理革新的支持及資訊科技進步的支援下，一些測量績效活動的期望逐漸轉變為提供公共管理者更多有關於「該如何做以及方案的哪些範圍對結果產生影響」的資訊（Abramson and Kamensky, 2001）。本章大部分把焦點集中在這些「最先進」的績效測量途徑，雖然我們也討論一些較廣泛的績效測量途徑。在接下來的部分，則是有關公部門績效測量途徑的跨學科觀點，並結合文獻有關績效測量及管理／組織效能的討論。「最先進」的途徑則在接下來討論，並包含了提昇績效測量、增加對各層級政府公共管理者的實用性之挑戰及展望。結論部分將主要觀點及持續推行公部門績效測量的展望做總結。

依時間序之文獻回顧及績效測量系統

歷史上及當代的跨學科績效測量概念突顯了此一主題多元化的訓練觀點及途徑。例如：人力資源管理學者，可以追溯到19世紀以心理學為特色之產業心理學對就業率的績

效測量（Scott et al., 1941）。至少自19世紀末起美國聯邦文官即使用此類型之績效測量，侷限於專注個人表現（Murphy and Cleveland, 1995）。

對於公部門績效測量更普遍的觀點，也是源自於19世紀末期，可以追溯到學者及專家要求政府如同私部門一樣更具理性及效率。此一觀點最早在Woodrow Wilson（1887）的書中出現，他提出一個新的「科學化」或更「商業化」的行政途徑，在20世紀初出現的「科學化管理」中而更臻完備。科學化管理對工人的工作內容及工作的安排提出謹慎的分析，以極大化效率為目標，並使用「根據科技邏輯設定的程序，設定標準，使用某些控制以確保程序依照標準進行」（Taylor, 1911; Thompson, 1967: 5）。1910年，美國最先成立針對改善政府行政管理及績效的委員會之一——塔夫特經濟與效率委員會——即受到科學管理概念深深影響。近來對績效測量的倡導，如美國政府績效與成果法、續階計畫；台灣的研究、發展與評估委員會，都可以看到科學管理理性及科技邏輯的影子，他們都要求機關部門提出為達到特定量化目標所擬定之策略計畫，及比較實際績效與績效目標或標準間差異的年度績效報告。

在1930年代，行政管理的學者如Gulick和Urwick（1937），將探討層面從微觀的生產及任務工作效率設計躍升到行政系統的結構面。行政管理的著作影響主要的政府再造計畫，包括1936年到1937年間的行政管理布朗勞委員會報告。就如科學管理，這些革新的中心信念在於提昇政府效率，布朗勞委員會報告也將行政管理與科學管理作出區分，表示行政效率不僅僅是那些資料夾、打卡鐘和標準化的經濟動機……應該將它建立在政府結構中，有如運轉體系中的一環（1937: 16）。在結構再造方面，委員會要求層級節制結構授權給具「行政專業知識」的管理者。如Feldman和Khademian（2000: 152）所說「這些專業知識會運用在法規、管制和政治監督者所建立的行政結構上」。在行政管理時期中，績效測量活動主要包含了針對輸入及產出的稽核與部門——或更高層級組織的財政課責性，這些部門或組織通常採行集中管理並且其行政決策往往受到檢驗（Rosenbloom, 1986）。

同時，從行政管理面向中分流而出的組織理論學者Chester Barnard（1938）主張應該更注重組織中激勵（如金錢、地位、權力、自主性）所扮演的重要整合角色，以及合作系統的「社會特徵」。Barnard認為一個人在獎酬階級制中的社會互動及相對地位，比起層級節制中，上級權威及法規過程更能有效影響產出的績效。（Pfeffer, 1990）

然而，在40年代和緊接著的第二次世界大戰期間，Barnard對於社會關係的重要性和激勵的理念在正式組織中對政府績效管理的影響依然不明顯。相對的，對於政府大小和效率持續的探討衍生出兩個更重要的委員會——第一（1947-1949年）和第二（1953-1955年）次的胡佛委員會——來推廣經濟、效率和增加公共事務處理服務（Hoover Commission

Report, 1949: xiii）。委員會對於美國行政部門組織結構和績效的在（再）檢視反應了前胡佛總統的信念，忠於某些科學管理的原則，認為「管理研究技術人員」應宣揚政策並執行機關決策（Moe, 1982）。隨後產生的一系列管理革新包含了60年代的方案計畫與預算系統（PPBS），此系統以對中心計畫「系統性分析」途徑為特色，對方案的目標分析基於研究和評估及多年性的計畫和預算。其他國家的中央政府，如紐西蘭（1976年政府預算法）快速的採納了PPBS或績效預算途徑，直至今日，績效預算評估仍然以某些形式持續著。

　　同樣在這段時間受到肯定的是Drucker（1954）所提出的目標管理（MBO）途徑，他有別於行政及科學管理途徑，而用績效測量系統來總括組織及個人層級的績效測量，並且在之後被尼克森總統所採納。現今許多公私組織仍使用目標管理途徑將組織計畫、財政、科技及策略性績效目標與員工透過他們在參與過程的投入、管理和組織方案獎勵的分配之回饋而產生的行動和目標作連結。與由上而下、規範式的行政管理有所不同，行政管理被社會心理學者批評過於「機械思考」，目標管理則可調和組織中高低不同層級的目標，且明確地考慮到員工對目標的了解程度及增加績效的獎勵（Campbell et al., 1970）。

　　然而，雖然方案計畫與預算系統、目標管理和其他相似的系統，如零基預算（ZBB）在一開始成功地吸引了政府改革者的注意，但管理者日漸明白其窄化了財政、科技及策略性績效目標的界定及測量。Thompson（1967: 4-6）將這些類型的績效測量系統稱之為「封閉式系統」策略。在一個封閉或理性模型的系統中，管理者可以控制一小部分互相關聯的變項，並且確實地預測他們之間的關係。目的與生產任務是已知的，組織目標可以被檢驗，資源可有效取得且員工對於動機易產生回應（亦即受利己主義所支配）（Simon, 1957）。於是當管理者們明確了解組織的目標，如：經濟績效和服務傳遞的效率，意見相符且貫徹始終時，整個系統會變得更有效能。目標管理這一類的績效測量途徑在今日地方政府層級使用得更為頻仍，因地方的預算會計及服務效率是大眾優先關注的焦點（Rivenbark, 2001）。

　　因認為這些績效評估的理性模型途徑仍有所不足，組織及管理理論發展出更開放且具包容性的系統模型，不同於以往的封閉式系統，此模型假設「系統包含了更多我們無法一次了解或是無法預測及控制其影響的變項」（Thompson, 1967: 6）。Thompson（1967）以「非正式組織」之研究做為一開放性系統途徑的例證，並參考Barnard（1938）之研究，描述如黨派、不成文的社會控制及影響績效和組織存續狀態的這些變項。這些「開放性系統」及權變理論——認為組織的結構和功能與他們的背景和環境有其關聯性——將變項影響的範圍擴大，在管理組織績效和測量公共管理者對組織結果的貢獻具

有一樣的重要性。

　　這段期間內，更開放兼容的績效分析途徑最明顯的例子是W. Edwards Deming的全面品質管理（TQM）。Deming（1986）挑戰理性管理中過於重視數字（量）的管理，以及MBO管理下過於「狹隘又單純」的聚焦於成本底線和效率目標，要求管理者相對地應致力於「質」的測量（Kelly, 1998: 202; Walton, 1986）。全面品質管理的特色在於長期委託頂尖管理者持續進行品質的改善，成員廣泛的納入各層級員工，對品質採用共享的觀點及顧客導向，對數據有系統的搜集與分析，以期發現增進品質的潛在因素（Halachmi, 1995: 266）。因了解到評估品質所面臨的難度，包括衡量管理績效品質所需具備的高度知識與資訊，以及員工所無法掌握的重要因素，因此Deming強烈的建議使用統計分析來了解系統和情勢／環境對績效的因果及影響。

　　全面品質管理的理念以及其對於品質或結果的注重，削弱了相對較狹隘、著重於產出及效率的測量系統（如PPBS）的生存空間，並促使公部門的績效測量朝結果導向邁進。例如在80年代早期，雷根政府的新聯邦主義下，職業訓練法（JTPA）引介了一個被稱之為「先鋒」的結果導向績效測量系統（Barnow, 2000）。[1]職業訓練法的績效測量系統與其他系統的不同在於它著重於方案的結果（如工作的分布及受訓者其後的所得）而非產出（受訓的學員數），以及管理者藉由結果為基礎使用預算激勵員工，並將績效測量的連結橫跨至聯邦、州和地方政府。同時它結合了迴歸模型和績效數據的使用，依地方人口型態和經濟環境條件校正統計的績效指標。

　　另一個公部門績效測量朝「品質」改善邁進、著重結果或「物有所值」的例子是英國1983年的財務管理專案。如Osborne等人（1995: 20）所描述的，財務管理專案以測量「經濟、效率、效能」（三E）進行評估，但特別明確的關注組織結構和過程對「三E」的影響；管理相對於行政，是屬於高階幕僚的任務，而分權——特別是對於預算控制——需要整個組織規模等級的完整設計。雷根和柴契爾所提倡的政策至少反映了四分之三個在1990年代政府再造及NPM革新中所浮現的公共管理革新理論：（1）測量結果；（2）顧客導向；（3）市場導向；（4）分權（Gore, 1993）。

　　對於績效測量發展歷史和公共管理革新的探討告訴我們：公部門績效測量的發展逐漸背離理性、科技化的程序過程效率以及由上而下、層級節制的組織輸入——產出課責途徑，朝向更多方參與、結果導向並更廣泛考慮不同要素的多元系統邁進。Barbara

---

1　因為JPTA中相對長期的結果導向標準和它前瞻性的使用統計分析衡量績效，在整個章節中我增加了JPTA績效標準經驗的額外案例。

Romzek（1998）將這些泛稱為「專業課責」，是指跟隨管理者在廣泛的管理方針下的裁量自由，而不是一味地緊迫盯人來確保員工順服基本規範和組織方向。這些屬於21世紀中，公部門績效測量系統的廣泛管理方針指的是結果，而公共管理的中心挑戰在於有效的使用不同類型的資訊，並透過績效測量活動來增加對自身行動與組織目標和結果間連結的了解。

最先進的績效測量：挑戰和期許

在了解引言及本章前段所介紹的觀點後，我們發現在橫跨地方與國家層級中，公部門績效測量系統的演化有一些重要的共通性。較顯著的特徵包含：
1. 績效測量著重品質、結果或成效。
2. 正規報告要求實際績效與績效目標或績效標準的比較。
3. 分權方案中多層次的績效課責性。
4. 市場導向提供績效的財政預算激勵，如同在職業訓練法中，使用績效資訊提供持續的改善並增加公民（顧客）滿意度。

然而，同樣明顯的是公共管理者仍然在為創造一個「最先進的」績效衡量系統而努力。

挑戰

公共管理者在擴張績效測量的範圍，使其更容易著手並專注於結果底限目標（如效率）的同時，面臨的挑戰在於如何使組織及管理的所有層級有明確界定、可證的公共目標上達到共識。美國審計部（US GAO, 1999: 6）在機構績效計畫中聲稱「任務分裂和方案重疊在聯邦政府中蔓延」。有時候這些目標的分裂來自立法本身，使得公共管理者更不易讓幕僚及利害關係人了解他們的行動如何連結到結果，例如職業訓練法聲稱此一方案應服務「可以從方案中獲益且最需要」的勞動人口和訓練服務。Heckman和Smith（1995）於實證上為職業訓練法建立了一套兼顧品質及效率目標的權衡方式，他們發現當以這些最需要者（技能分配在尾端20%）為標的人口，將會顯著的降低了方案參與的附加價值。

Behn（2001）則指出公共管理者可以藉由選擇一個模糊、不會引起爭論、不重要或容易達到的目標來跳脫這個框架且避免目標的衝突。在Lindblom（1959: 576）經典的漸進主義中，提到「大部分的組織理論提出的都是普世價值及贊成組織的目標」，但是當行

政官員們不全然同意這些價值或目標，對於多元意見及分裂決策的維護，如部分組織中部門之間相互稽核彼此，是管理這複雜問題的可行策略。

　　機關績效目標的選擇，特別是針對複雜的量化績效測量目標之選取，具有重要的意涵。然而，如果目標模糊又空泛，或是多元目標彼此衝突，要精確的量化測量績效將更加複雜且具挑戰性。例如美國榮民總醫院榮民事務部將它的目標設定在「改善榮民健康狀況」，並以減少每位病人的邊際成本和病人取得服務的量作為績效測量的衡量標準（US GAO, 1999: 23）。健康品質和輸入、效率的績效測量是截然不同的兩回事。Anne Khademian（1995）在他1995年對聯邦存款保險公司（FDIC）做的研究中指出，FDIC有一項明確且可用來測量組織績效的目標——銀行保險基金的償付能力，其對機構官員及管理者的重要性在於不僅是一項激勵且在面臨危機時可以協助他們改善情況。

　　在FDIC的案例中，測量銀行保險基金償付能力與組織的中心目標——維護銀行體系的健全——具有直接相關；就像Khademian（1995）描述的：某種程度上，透過有效的審查和監督可以預防銀行破產發生，使保險基金制度維持健全。Gormley和Weimer（1999: 9）指出既然對結果的直接測量是操作一種概念性的價值，就不必要有關聯理論的背後支援。當測量與結果變得漸行漸遠，並且與假設關係、代理人或數據變項（例如以考試成績代表學校績效、以死亡率代表健康照護服務績效）產生關聯，驗證就變得更加複雜，且績效分析的不確定程度也增加。

　　另一項對公共管理者的挑戰在於績效的需求可能造成Bouckaert（1993: 403）所謂的「短視近利」（time-shortening disease），使組織追求短期而非中長期的效用。機關藉由行政報告將長程任務或策略目標化為短期的年度績效來展現成果事實上相當困難（US GAO, 1997a; Cabinet Office, 1998）。在能源部門工作的前高階官員John Ahearne形容政府績效與結果法案對績效的要求，看在執行核能廢物清理的美國政府部門眼裡是一種災難；他們可以讓管理者將注意力轉移到短程目標，而忽略了長期下來核廢料清理的問題和對環境及健康的影響。

　　如果短期績效目標和測量與長程方案目標的影響具有強烈相關，公共管理者可能會去避免這樣的兩難發生。然而對於公共方案的研究指出，人們很有可能錯誤地假設短期績效測量和長程組織績效是呈現正相關之關係。在聯邦職業訓練方案研究中，Heckman和Smith（1995）以及Barnow（2000）指出：對於參與者的就業率和收入等級的短期績效測量與長程的就業和收入影響的關連性極小，甚至負相關。屬於美國National Job Corps Study的學者Burghardt和Schochet（2001）利用教育與收入結果實驗研究比較了高、中、低工作培訓中心所帶來的影響，研究發現工作培訓績效測量系統無法區別出何種程度的中心效能較佳。此外，在探討學校辦學成效的研究中，我們發現某些老師用學生的考試成績作

為績效標準，而這些老師對績效負責的方式是「考試會考」，這對學生長期的教育成果可能有負面影響（Gormely and Weimer, 1999; Koretz, 1999）。

　　最後一個案例是美國審計部報告（1997b）建議以增加績效的影響評估數據資料來對方案效果取得更深入了解，並檢驗（或反證）短期測量和長程目標間的關係。國家職業訓練法及工作培訓研究即是這類型評估的案例，實驗影響評估主要好處在於它們可以界定因果關聯及組織對於結果所做的「特殊貢獻」。（Hatry, 1999; Bloom et al., 2001）而它的缺點在於多方的實驗常常所費不貲，且可能破壞方案的運作。雖然他們不一定能產生公共管理者所希望得到的即時且規律的回饋，以用來增進績效的報告和修正（預算分配、服務策略以及管理實務等方面），但他們確實使管理者對慣用的績效測量系統進行再度審視（如同 Job Corps 方案所示）。

　　最後鑲嵌在這討論中的議題或挑戰，為績效測量系統中的課責性和分析層級。在組織理論和公共管理文獻中，常將績效的課責性分為「由上而下」及「由下而上」兩個途徑。例如紐西蘭政府僅在政策制定的最高層級設立方案結果課責機制，讓公共管理者及部門員工不用為績效負責（Hatry, 1999）。另一種由下而上的方式著重於組織基層下屬的績效測量活動，例如全面品質管理即是採用由下而上提昇組織績效的途徑，基層員工的全面品質管理訓練、工作表現和社會互動會隨時間影響組織結果。然而事實上，在大多數的組織中績效分析可能發生在不只一個層級中。就像DeNisi（2000: 121）所言，績效測量是「多元層級也是跨層級的現象」；組織中多元層級的公共管理者所衡量的績效可能是明確（例如職業訓練法的績效測量系統）或是非正式的，某個層級的行動或反應可能影響到另外一個層級。Bouckaert（1993: 38）將其描述為一個「由上而下且由下而上的互動」。他認為基層及中層管理者在績效測量活動中參與的愈多，也將為績效付出愈多心力。

　　對公共管理者和研究者的挑戰在於查明及了解績效測量系統中的效力為何？是多層次或跨層級？是依計畫產生或出於意外產生的？在政府績效及結果法（GPRA）執行的研究中，Radin（2000a）和Mintzberg（1996）認為不如放任公共管理者將焦點放在結果上，因為對績效的要求已經增加了行政的限制，升高了多元層級對方案管理的衝突，引發機關和立法者的猜忌不信任和操弄測量。在Courty和Marschke（1997）對職業訓練法（JTPA）的研究中，以實證展現一些地方計畫管理者如何「操弄」聯邦績效指標，使自身機關被測得的績效比實際成果更高。在考慮公共管理者對組織結果有限或非直接的影響，以及區分組織中多元政策及管理參與者們影響效力的困難度之下，管理者對於操縱績效測量的渴望以增進「測量」的而非「實際」的績效，這樣的做法雖不能被接受，但是可以被理解的。

期望（前景）

本章的中心理論在於與其簡單的提供績效結果相關文件，公部門績效測量活動和研究更應該要幫助公共管理者了解他們的政策及管理決策如何與結果做連結，以及可能限制或干涉績效的系統及環境要素。順著這樣的期許，Laurence E. Lynn, Jr（1998: 236）審視了新公共管理所遺留給世人的概念，主張以「理論為基礎的研究程序」處理有關制度、領導和管理如何及在什麼範圍影響政府績效，或「創造有效率且負責的民主政府」之問題。Rainey和Steinbauer（1999）檢視了有關政府效能的文獻，認為政府績效研究需要一個更理論性的途徑——特別將組織、管理、資源和機關外部利害關係人與效能做連結的理論。就像Bouckaert（1993）期許「績效測量必須對組織本身的維持或發展有所貢獻」。「堆砌」績效測量理論的工作仍在持續；與之相對的挑戰是將這些多元學說的智慧結晶合併在一個分析架構中，使公共管理者可以獲得持續進步且有用的資訊和洞察力。

背景，過程和分析層面

對於績效課責性和公共管理者身分的主要關切在於他們的責任和權威並不相稱（Mintzberg, 1996）。就像Laurence E. Lynn, Jr（1998: 236）所說，公共政策和方案在日益複雜及分權的政府結構——包含了網絡、合作及夥伴關係、非營利和營利機關——中執行。包羅萬象的機關在不同社會、政治和財政背景下進行績效測量，公共管理者需要在現實與分析的嚴謹和準確性中取得平衡。再者，如果公布結果導致機關因績效而受到獎勵或懲處，機關或管理者就必須將績效標準列入對結果與方案附加價值的影響或貢獻能力的計算標準中。

在一些公共管理革新循環中常用的策略是將焦點放在單一、相對簡單的績效測量方式，如公民滿意度的量化測量。那些被稱之為「由下而上的課責」讓政府對公民（投票者）負責，看起來就像是複製了市場導向的優點（Gormley and Weimer, 1999: 198）。此途徑假設公共管理者可以忽略背景和層級因素，也假設公民獲得充分的資訊以提供可靠的回饋。研究公民態度決定性因素及他們對公共行動和服務的評估，指出民眾是矛盾又反覆無常的，且對所付出的稅金及所取得的服務要求前後矛盾，反映了他們對自身態度、價值和觀念的衝突（Beck et al., 1990: 71-72）。因此僅透過對公民滿意度的測量，公共管理者未必可以明確地掌握政府的績效是否增加。

另一個極端是學者和公共管理者可能合作創造及採納一個跨學科、跨理論且將所有潛在相關因素列入計算——包括組織、員工和市民自身的影響和交互影響，政治及環境要素——的模型。例如社會學者和社會心理學者界定了一些系絡要素——如組織複雜性、協調、組織氣候、文化和價值、單位內或單位間的競爭、個別成員的特徵、認知和社會行為——都影響了組織的績效（Marcoulides and Heck, 1993; Murphy and Cleveland,

1995）。政治學家則突顯了人民委託的立法者和政黨、官僚的裁量及控制權、政治意識形態和價值以及其他動態的政治過程有其重要性。經濟學者著重於資訊不對稱的角色、交易成本、金錢誘因和競爭對公部門績效管理的影響高過於其他變項（Dixit, 1999）。在設計一套績效測量的模型時，因考慮到包含了廣泛來自政府組織和結構不同層級的變項，吾人將面臨到許多概念上和方法論上的挑戰。

面對這棘手的挑戰，公共行政／管理學者與公共管理者致力於闡述「中層」的公部門績效測量。雖然我們找不到一個所有公共管理者都可以接受並採納的策略或型態，但事實上卻存在著大量清楚明白的理論及分析模型可供其選擇，以發展更有效的政府績效測量管理系統。不同功能和不同層級政府機關在蒐集及分析績效數據的能力和需求上也不相同，當然他們所採用的績效測量執行策略或途徑所隱含的意涵也不會一樣。在下面所討論的模型明確的考慮了背景、過程、分析層次及公共管理者在測量績效和評估管理與結果間關係所可取得的資料。

公部門績效測量的模型及其應用

Hatry（1999）提供績效測量系統一個「相關要素」的「邏輯模型」——連結了輸入、行動、輸出和結果——且描述這些不同績效資訊間的關係。這一簡易的模型並未正式的界定背景或環境要素的影響，也未提及不同層級政府或不同層級分析的績效測量間產生的關聯。然而，他要求公共管理者要從績效資料中獲得「解釋性的資訊」——從方案的質化評估深入到可以產生可靠統計資訊的方案評估——來解釋資料並界定問題、找出可能的處理方法或回應。

在「績效評估的修正理性模型」中，認為公共管理者、政治利益和其他背景或催化影響是「有限理性」的，Osborne等人（1995）合併了與Hatry（1999）具有相同要素的模型，發產出一個更複雜的模型或架構來了解Hatry所謂「解釋性」要素的角色和影響。與Hatry的模型相同的，他們在架構中描述不同績效監測／測量活動、績效指標和測量所需資料的種類和目的。[2]他們也界定公共方案中監測／測量的不同層級和頻率，將不同類型的績效資訊結合於三個層級的測量——企劃／團隊層級、方案層級和策略（地方或國家高階管理）層級——以創造一個多元的「矩陣架構」來評估在組織不同層級所監測／測量到的績效。將此一模型用在英國農村發展委員會的社會方案中，他們重新計算

---

2 關於績效監測和測量的類型，Osborne 等學者提出了包含：背景監測（例如改變社經跟制度要素）；三種輸入／過程評估（「策略」、「過程」和「行動」監測）；質化和量化的「影響」測量，用以衡量「實際的和目標上」最高層級的績效；且針對更廣泛的服務取得系統對其他機關或人群產生的作用及影響進行「催化監測」。

所有監測和測量類型缺乏的資訊，以及把來自多元層級的績效合併在「績效測量的全面架構」下的挑戰（Osborne et al., 1995: 30）。對公共管理者而言，此一模型主要的優點在於它可以概念性地組織並規劃一套績效資料蒐集系統。

在一個朝解釋性績效方案評估的靠攏途徑中，Mead描述「績效分析」是一套聚焦於「方案施行及績效測量間關係」之策略。之前他所用以為例的績效文獻，在控制統計結果、經濟條件及其他背景要素下，使用統計模型聯結方案特徵和績效結果。Mead極力主張研究者使用對方案管理者的田野調查，來獲得更深入了解方案如何執行並引導統計分析假說的發展。擁有此一資訊的公共管理者需要發展可用以進行監測的組織行為、組織能力和其他方案層級變項的操作化定義及測量，並用於統計分析。在Mead用來評估績效的概念化統計模型中，依變數是方案層級績效的指標。他的途徑可能是最受矚目的，如同他自己所描述，將量化過程研究方法論加入特定層級的分析中。[3]

Mead的途徑將過程和方案行動以及他們與績效測量間關係統計模型化，經Lynn、Heinrich和Hill（2001）發展成更深遠的多元組織架構績效分析。他們的架構以立法和政治選擇（即執行公法的責任）、治理結構、管理策略、核心技術和組織功能、結果和顧客／市民調查為主體，描繪出一個層級節制（跨政府不同層級）關係。Heinrich和Lynn（2000）提出一系列此一架構的運用——有關公立學校績效、福利和職訓方案結果、健康照顧服務結果的研究——在辨識績效分析不可測量之潛在影響要素的同時，使用多層次統計模型來界定層級節制範圍內和跨層級，以及甚至更廣泛背景下的因果關係。例如：Bloom、Hill和Riccio（2001）近期以多層次途徑重新分析了多方工作機會和基本技能（JOBS）評估資料。在分析地方辦公室的方案管理、服務、經濟環境和顧客特徵對取得服務對象的效率，他們發現管理的選擇和施行與目標、顧客和員工的接觸、服務的策略在統計上對於顧客的結果和衝擊有顯著的影響。

一些公共管理者及學者對於使用更進一步分析的統計途徑感到興趣，此種績效分析途徑可能受限於所需資料和資料蒐集及分析的成本。管理者用以維持績效分析進行可得的最佳資料，通常是為了支持組織功能運作而定期、穩定蒐集的行政資料。行政資料一般包括有關公共方案顧客、方案服務結果進行的詳細資料，且蒐集不同方案資料所需邊際成本通常不高。Goerge（1999）指出，幾乎是每個美國境內聯邦及州的方案都有個資料庫可供行政或績效管理。

近期對於實驗資料（用來衡量方案影響）、方案操作及結果的經常性行政資料之比

---

3 在威斯康辛，Mead將他的「績效分析」途徑運用於一項有關福利革新結果的研究上。

較研究，助長了公共管理者發現使用行政資料進行績效管理的潛能（Hill, 2001; Heinrich, 2002）。Hill和Heinrich都發現仰賴行政資料產生有關如何增加方案績效的資訊，並不會將管理者帶離方案影響目標，雖然結果重要性的評估可能與影響大小不同。如果具有行政資料系統的政府可以合併跨區域或地方的政策及過程管理資料庫，公共管理者可更有效的運用行政及績效資料來了解在管理及傳遞政府服務過程中，不同政策及途徑所產生的效果。

　　這邊所強調的分析模型及他們在測量及管理公部門績效的運用，已經朝向更深入的探討結果是如何產出。如Hatry（1999: 8）所說：「績效管理可說是方案評估中的一部分」，方案評估不僅審視了方案結果，同時也辨識了許多「為什麼」，其中這些「為什麼」也包含了方案導致結果的程度。隨著資訊科技的進步，績效測量所需的時間及成本日益遞減，提供公共管理者更多、更有用的績效資訊的能力則與日俱增。

結論

　　與1990年代公部門理論要求政府對結果要有詳盡的文件資料佐證有所區別，本章描述的是另一種理論，要求的是結果文件資料以外的績效管理。新的理論認為績效資訊的蒐集及使用有助於公共管理者了解其決定與行動如何與結果做連結，以及什麼樣的環境或背景要素會限制或增加管理效率。

　　績效測量的歷史觀點和組織效能的文獻指出，學者及管理者長期以來都從事組織、個人層級影響及組織績效背景要素的辨析。直到最近，區分政策與管理的角色和影響以及其他要素的關聯性所面臨的分析性挑戰，並非是現今績效分析技術能力所能及的。隨著資料蒐集和保存的技術、理論與統計模型、估算能力的進步，在當前的系絡與環境下，我們有義務更了解公共管理者對組織績效及對結果的現實期望有什麼貢獻。

　　本章所描述的績效測量模型對未來的研究和績效測量活動提供一個遠大的理想，也指出政府組織中不同功能、層級、能力、來源和目標影響了他們選擇用來衡量績效策略和途徑。當我們無法充分取得績效資訊，則應使用Hatry（1999）所提出的途徑，有節制的使用績效資訊。例如在北卡羅萊納州，地方政府們合作進行資料蒐集活動，因此產生對服務效率和財政績效的比較性測量。接著地方政府辦公室參與了促進「解釋性要素」共享及討論的對話——管理的施行、服務過程和地方環境、人口特徵——以幫助他們了解績效觀察的不同與差異。雖然至今仍沒有正式的理論模型來說明可能解釋變數和績效測量間的關係，但本方案替不同類型的討論建立一套支持結構，使跨部門的績效資料得

以在更廣泛的管理背景下繼續使用。如Rivenbark（2001: v）所指出的，「許多參與北卡羅方案的城市和鄉村，無法忍受整天從事資料蒐集、整理和為報告而報告的挑戰。在他們的信念中，績效測量和設定基準才是提昇服務和過程的催化劑」。

在1990年代公共管理革新的背景下，增加政府對行政資料的使用，並將這些資料跨方案或跨資料庫與經濟／環境／其他背景資料（如地方勞動市場）做連結是不容忽視的工作。近期一項加州大學針對美國26個州及9個不同社福方案區域所做的資料研究，界定出超過一百種跨方案或層級資料庫互聯，促進多方和／或多元方案行動及績效分析的案例（DC Data, 1999）。在Gormley和Weimer（1999）對組織「成績單」（report cards）的討論中，描述了許多其他案例，這些案例中國家、州及地方政府組織經常性的蒐集資料並將其「轉換」為可被外部接收者取得並用來評估和增進績效的資訊。

同時，本章也提到一些績效測量一直以來都存在的挑戰和交易，這些挑戰和交易來自於廣泛地界定目的與測量的精確性間之權衡；應選擇短期可測的目標或方案長期的目的？是否應採用簡單直接的途徑證明及解釋績效結果，或是用複雜的績效分析統計策略，來界定影響績效的系統化及環境上的因果要素？公共管理者和學者必須依照他們所在意的績效管理問題、可取得的資料和分析資料的能力來決定如何在這些交易中做取捨。即使是我們一般大眾，對於這些挑戰和複雜性也需要了解到量化，而非高度正確或正式的方案價值或績效測量會是最好的指示劑。我們「對績效的渴求」應該更專注於公共管理者可以學到什麼來增加績效，而不是過度強調精確的「績效程度」或「針對由下而上的方案結果」的測量。

參考文獻

Bardach, Eugene (1998) *Getting Agencies to Work Together: The Practice and Theory of Managerial Craftsmanship*. Washington, DC: Brookings Institution.

Barnard, Chester I. (1968) *The Functions of the Executive*. Cambridge, MA: Harvard University Press.

Behn, Robert D. (1988) 'Managing by Groping Along', *Journal of Policy Analysis and Management*, 8 (3): 643–63.

Behn, Robert D. (1991) *Leadership Counts: Lessons for Public Managers from the Massachusetts Welfare, Training, and Employment Program*. Cambridge, MA: Harvard University Press.

Bertelli, Anthony M. and Lynn, Laurence E., Jr (2001) 'A Precept of Managerial Responsibility: Securing Collective Justice in Institutional Reform Litigation', *Fordham Urban Law Journal*, 29 (1): 317–86.

Bozeman, Barry (1987) *All Organizations are Public: Bridging Public and Private Organization Theories*. San Francisco, CA: Jossey–Bass.

Christensen, Tom and Lagreid, Per (2001) *New Public Management: The Transformation of Ideas and Practice*. Aldershot: Ashgate.

Cohen, Steven and Eimicke, William (1995) *The New Effective Public Manager: Achieving Success in a Changing Government*. San Francisco, CA: Jossey–Bass.

Denhardt, Robert B. (1993) *The Pursuit of Significance: Strategies for Managerial Success in Public Organizations*. Belmont, CA: Wadsworth.

Dickinson, John (1927) *Administrative Justice and the Supremacy of Law in the United States*. Cambridge, MA: Harvard University Press.

Dimock, Marshall E. (1936) 'The Role of Discretion in Modern Administration', in John M. Gaus, Leonard D. White and Marshall E. Dimock, *The Frontiers of Public Administration*. Chicago, IL: University of Chicago Press. pp. 45–65.

Dobel, J. Patrick (1992) Review of Impossible Jobs in Public Management. *Journal of Policy Analysis and Management*, 11 (1): 144–47.

Fayol, Henri (1930) *Industrial and General Administration*, translated by J.A. Coubrough. Geneva: International Management Institute.

Finer, Herman (1940) 'Administrative Responsibility in Democratic Government', *Public Administration Review*, 1 (4): 335–50.

Fleishman, Joe L. (1990) 'A New Framework for Integration: Policy Analysis and Public Management', *American Behavioral Scientist*, 33 (6): 733–54.

Frederickson, H. George (1997) *The Spirit of Public Administration*. San Francisco: CA: Jossey–Bass.

Friedrich, Carl Joachim (1940) 'Public Policy and the Nature of Administrative Responsibility', in *Public Policy: A Yearbook of the Graduate School of Public Administration*, Harvard University, 1940, edited by C.J. Friedrich and Edward S. Mason. Cambridge, MA: Harvard University Press. pp. 3–24.

Goodnow, Frank J. ([1893]1902) *Comparative Administrative Law: An Analysis of the Administrative Systems National and Local, of the United States, England, France, and Germany*. New York: G.P. Putnam's Sons.

Goodnow, Frank J. (1900) *Politics and Administration*. New York: Macmillan.

Haass, Richard N. (1994) *The Power to Persuade: How to Be Effective in Government, the Public Sector, or Any Unruly Organization*. New York: Houghton Mifflin.

Haass, Richard N. (1999) *The Bureaucratic Entrepreneur: How to Be Effective in Any Unruly Organization*. Washington, DC: Brookings Institution.

Heymann, Philip B. (1987) *The Politics of Public Management*. New Haven, CT: Yale University Press.

Karl, Barry D. (1987) 'The American Bureaucrat: A History of a Sheep in Wolves' Clothing', *Public Administration Review*, 47: 26–34.

Kettl, Donald F. (1997) 'The Global Revolution in Public Management: Driving Themes, Missing Links', *Journal of Policy Analysis and Management*, 16 (3): 446–62.

Kettl, Donald F. (2000) *The Global Public Management Revolution: A Report on the Transformation of Governance*. Washington, DC: Brookings Institution.

Kickert, Walter J.M. (ed.) (1997) *Public Management and Administrative Reform in Western Europe*. Cheltenham: Edward Elgar.

Light, Paul C. (1998) *Sustaining Innovation: Creating Nonprofit and Government Organizations that Innovate Naturally*. San Francisco, CA: Jossey–Bass.

Lindblom, Charles E. (1959) 'The Science of Muddling Through', *Public Administration Review*, 19 (1): 79–88.

Lynn, Laurence E., Jr (1996) *Public Management as Art, Science, and Profession*. Chatham, NJ: Chatham House.

Lynn, Laurence E., Jr (2001) 'The Myth of the Bureaucratic Paradigm: What Traditional Public Administration Really Stood For', *Public Administration Review*, 61 (2): 144–60.

Lynn, Laurence E., Jr, Heinrich, Carolyn J. and Hill, Carolyn J. (2001) *Improving Governance: A New Logic for Empirical Research*. Washington, DC: Georgetown University Press.

Martin, Roscoe C. (1965) 'Paul H. Appleby and His Administrative World', in Roscoe C. Martin, (ed.), *Public Administration and Democracy: Essays in Honor of Paul H. Appleby*. Syracuse, NY: Syracuse University Press.

Millett, John D. (1954) *Management in the Public Service*. New York: McGraw–Hill.

Moe, Terry M. (1995) 'The Politics of Structural Choice: Toward a Theory of Public Bureaucracy', in Oliver E. Williamson (ed.), *Organization Theory: From Chester Barnard to the Present and Beyond, expanded edn*. New York: Oxford University Press, pp. 116–53.

Moore, Mark H. (1984) 'A Conception of Public Management', in *Teaching Public Management*, 1–12 Boston, MA: Public Policy and Management Program for Case and Course Development, Boston University.

Moore, Mark H. (1995) *Creating Public Value: Strategic Management in Government*. Cambridge, MA: Harvard University Press.

Morstein Marx, Fritz (1940) *Public Management in the New Democracy*. New York: Harper & Brothers.

Morstein Marx, Fritz (ed.) (1959) 'The Social Function of Public Administration', in *Elements of Public Administration*. Englewood Cliffs, NJ: Prentice–Hall. pp. 89–109.

Mosher, Frederick C. (1968) *Democracy and the Public Service*. New York: Oxford University Press.

Mosher, Frederick C. (1992) 'Public Administration Old and New: A Letter from Frederick C. Mosher', *Journal of Public Administration Research and Theory*, 2 (2): 199–202.

Ott, J. Steven, Hyde, Alkbert C. and Shafritz, Jay M. (eds) (1991) *Public Management: The Essential Readings*. Chicago, IL: Nelson Hall.

Perry, James L. and Kraemer, Kenneth L. (1983) *Public Management: Public and Private Perspectives*. Palo Alto, CA: Mayfield.

Peters, B. Guy (1996) *The Future of Governing: Four Emerging Models*. Lawrence, KS: University Press of Kansas.

Pollitt, Christopher (2000) 'Is the Emperor in His Underwear? An Analysis of the Impacts of Public Management Reform', *Public Management*, 2 (2): 181–99.

Pollitt, Christopher and Bouckaert, Geert (2000) *Public Management Reform: A Comparative Perspective*. Oxford: Oxford University Press.

Price, Don K. (1959) 'The Judicial Test', in Fritz Morstein Marx (ed.), *Elements of Public Administration*. Englewood Cliffs, NJ: Prentice–Hall. pp. 475–99.

Rainey, Hal G. (1990) 'Public Management: Recent Developments and Current Prospects', in Naomi B. Lynn and Aaron Wildavsky (eds), *Public Administration: The State of the Discipline*. Chatham, NJ: Chatham House. pp. 157–84.

Rainey, Hal G. (1997) *Understanding and Managing Public Organizations*, 2nd edn. San Francisco, CA: Jossey–Bass.

Redford, Emmette S. (1969) *Democracy in the Administrative State*. New York: Oxford University Press.

Reich, Robert B. (1990) *Public Management in a Democratic Society*. Englewood Cliffs, NJ: Prentice–Hall.

Rescher, Nicholas (1998) *Complexity: A Philosophical Overview*. New Brunswick, NJ: Transaction Books.

Rohr, John A. (1986) *To Run a Constitution*. Lawrence, KS: University Press of Kansas.

Rosenbloom, David H. (1998) *Understanding Management, Politics, and Law in the Public Sector*. New York: McGraw–Hill.

Scott, W. Richard (1998) *Organizations: Rational, Natural, and Open Systems*, 4th edn. Upper Saddle River, NJ: Prentice–Hall.

Shafritz, Jay M. and Albert C. Hyde (eds) (1992) *Classics of Public Administration*. Pacific Grove, CA: Brooks/Cole.

Simon, Herbert A., Smithburg, Donald W. and Thompson, Victor A. (1950) *Public Administration*. New York: Knopf.

Stamp, Josiah C. (1923) 'The Contrast Between the Administration of Business and Public Affairs', *Journal of Public Administration*, 1: 158–71.

Stokes, Donald E. (1986) 'Political and Organizational Analysis in the Policy Curriculum', *Journal of Policy Analysis and Management*, 6 (1): 45–55.

van Heffen, Oscar, Kickert, Walter J.M. and Thomassen, Jacques J.A. (2000) *Governance in Modern Society: Effects, Change and Formation of Government Institutions*. Dordrecht, NL: Kluwer Academic Publishers.

Van Riper, Paul P. (1990) 'Administrative Thought in the 1880s', in Paul P. Van Riper (ed.), *The Wilson Influence on Public Administration: From Theory to Practice*. Washington, DC: American Society for Public Administration. pp. 7–16.

Waldo, Dwight (1984) *The Administrative State*, 2nd edn. New York: Holmes and Meier.

Wallace, Schuyler C. (1941) *Federal Departmentalization: A Critique of Theories of Organization*. New York: Columbia University Press.

Wamsley, Gary L. (1990) 'The Agency Perspective: Public Administrators as Agential Leaders', in Gary L. Wamsley et al. (eds), *Refounding Public Administration*. Newbury Park, CA: Sage.

Weimer, David L. (1995) 'Institutional design: an overview', in David L. Weimer (ed.), *Institutional Design*. Boston, MA: Kluwer Academic Publishers.

White, Leonard D. (1926) *Introduction to the Study of Public Administration'*, New York: Macmillan.

Wilson, James Q. (1989) *Bureaucracy: What Government Agencies Do and Why They Do It*. New York: Basic Books.

Wilson, Woodrow (1887) 'The Study of Administration', *Political Science Quarterly*, 1 (2): 197–222.

Wren, Daniel (1979) *The Evolution of Management Thought*, 2nd edn. New York: Wiley.

第三章　人力資源管理實務的創新與全球的趨勢

Sally Coleman Selden
任文姍 / 譯

PART 2

　　過去一個世紀以來，世界各國政府部門如何進行人力的資源管理（HR），已然經歷
了極大的變化。隨著電信科技的創新，資訊的快速流通，以及密切合作關係的建立等，
打破了人與人溝通上所產生的屏障，而政府部門的人力資源管理，此一領域，也愈來愈
朝向全球化的方位發展。無論是受到政治上、行政機關，或是科技創新等因素的影響所
啟動的政府部門人力資源管理改革，已經將各國政府的人力資源管理系統，從傳統的制
定式、反應性的刻板印象，轉化成具策略性且主動性的人力資源管理系統。而當世界各
國對政府部門的改革，紛紛被貼上不同的標籤，如政府再造、政府改革、政府民營化或
是政府組織化的再學習等，各國政府所面對的挑戰，其實是極為的相似。而我們必須了
解的話題則是，究竟政府部門的人力資源管理以及政策的改變，如何才能改善政府目前
及未來的運作？

　　當今世上許多國家，無論是中央或地方政府的人力資源管理，都先後相繼地採取
地方分權（decentralize）的模式，以提供實際管理者更多的空間與責任。他們不僅勇於
嘗試創新，以求改善人力資源服務的效率及品質，同時也大幅度地重新定義人力資源
管理所扮演的角色（OECD, 2001a）。環顧全世界，即使做了諸多的改變，各國政府在
人力資源管理上，所面對的嶄新挑戰，仍然無法找到絕對的正確答案。政府部門改革者
傾向於從最適合其國家或地方上的狀況，以及改革的目標中，找出合宜的解決方法。
雖然人力資源管理改革的目的，其間差異性可能極為相似——畢竟，無論是人民或政
策制定者，他們所希望的不外是，政府部門的公僕，能提供他們實際上真正需要的服
務，而且是更具效率的服務——但實際上，各個政府之間，仍有其各自特別不同的需
求。有些政府可能是為了其行政部門的民主化而進行改革變化，而有些政府進行行政改
革的目的，卻是希望能藉此降低政府行政的成本（World Bank, 2001a）。根據經濟合作
暨發展組織（OECD）最近的報告，明確反應出此一政府部門人力資源管理改革的現象
（2001a: 2）：隨著社會愈來愈多元化，複雜且片段等趨勢的發展，社會大眾的需求也快
速地產生變化。科技的日新月異，以及人民知識水準日漸地提昇，因而創造出嶄新的機

會與期盼。政府部門人力資源改革的進度因而出現前所未見的速度。簡單來說，政府行政部門的人力資源改革，針對政府本身如何順應大環境的變化需求，創新的人力資源管理，尤其是如何就其獨特的需求，所做出的應變能力，具有高度的一致性（World Bank, 2001c）。

　　本章主要有三重目標：第一，就大環境的變化需求，如何全球性地影響政府部門的人力資源管理，做一詳細的描述；第二，從全球性的角度，描述政府部門人員的聘雇、酬庸及工作績效管理等相關的趨勢發展與改革創新；第三，將目前各國政府所採用的改革模式與策略，詳細加以描述，尤其強調美國政府的人力資源管理系統的改革及變化。

世界各國政府的人力資源環境：員工聘雇的統計資料與勞工市場的未來趨勢

　　今日，全世界的政府部門組織，都努力於優秀員工的招聘工作，並且留住現有的員工（Ingraham et al., 2000; PUMA/HRM, 2000e）。造成此一現象的主要因素有三：政府部門的人力精簡、人力市場的萎縮及人力的老年化。由於世界各國的政府部門，如：芬蘭、盧森堡、瑞典、英國、澳大利亞、義大利、匈牙利、奧地利及韓國等，在1990年代紛紛因應世界潮流，先後出現組織瘦身的現象，許多經濟合作暨發展組織國家的政府部門，在1990年代中期，大幅度減少員工的聘雇（PUMA/HRM, 2000e）。於是不久之後，勞工市場狀況的變化，更造成許多國家，像是法國、德國、奧地利、挪威、瑞典等，必須與民間企業相互競爭，以求能聘雇到優秀的人才至政府服務（OECD, 2000）。舉例來說，法國在最近幾年以來，便出現許多資深的政府人才，被民間企業所招聘，其原因之一，不外是民間企業提供較高的薪資報酬所影響（PUMA/HRM, 2000c）。而此一現象，已逐漸成為全球性的趨勢，世界各國政府也不約而同地面臨關鍵人才的短缺等危機，尤其是在高科技領域類的人才聘雇，情況更是嚴重（Ingraham, 2000a）。

　　而在經濟起飛的荷蘭，由於人力供給有限，於是那些失業人士便可在諸多的工作機會中，做出選擇（PUMA/HRM, 2000a）。荷蘭政府也和其他的國家一樣，因勞力市場的老年化，而面臨人力的短缺。也就是說，離開就業市場的人數，遠超過每年加入就業市場的年輕人力。根據一份最近的報告顯示，「到了2004年，政府部門就業的人力市場中，每四個人裡面，就有三人以上他（她）們的工作壓力將愈來愈加繁重」（PUMA, 2000a）。這些政府職位包括了：警察、軍人、消防員、圖書館員、法官、檢察官、社會工作人員、經濟學家、會計人員、工程人員、建築師、電腦科學家以及環境與農業方面

的專家等等。而在芬蘭，預估大約會有42%的公職人員，在未來的十年以內，因年齡而必須退休（PUMA, 2000d）。就以上的種種趨勢顯示，政府的主要考量之一將是，「如何增加並維持政府部門的競爭力，以吸引優秀的人力從事公職而不會流入民間就業」（OECD, 2001a）。

政府部門人力資源管理實務的趨勢與創新

聘雇並且留住優秀的人才

　　毫無疑問的，人才的聘雇被認為是人力資源管理中最重要的一個環節。因為必須擁有特殊工作技能與能力的優秀人才，才能完成政府部門的服務工作。直至目前為止，當市場出現低失業率的狀況時，各國的政府部門必須與民間企業相互競爭，以爭取優秀的技術人才。尤其當人們普遍對於工作本身，甚或所屬機構或企業，都不再似傳統般地具有高度的認同感或是忠誠度，此狀況將更為嚴重。每一年，各國的政府部門皆有上百名公職人員的空缺，必須進行聘雇的工作。而當民營企業積極找尋最合格且能力最佳的員工時，政府部門也不例外。就荷蘭來說，如何找到合格的公職人員，對政府而言，就是一項極為艱鉅的挑戰（OECD, 2000）。根據2000年的報告顯示（PUMA/HRM, 2000d），「由於公職人員在社會上的聲望不再，而日常的工作內容又繁瑣平淡，已經導致許多年輕的畢業新鮮人，以及資深優秀的公職人員，紛紛放棄追求公職而選擇加入私人企業……，此一情況尤其在韓國、荷蘭、挪威、美國及瑞典等國家，更是明顯」。而為了提昇公職作為終身職業的意願，許多國家的政府單位，如加拿大、荷蘭及葡萄牙等國，紛紛先後到各個大學校園，積極地尋找並聘雇新的優秀人才（PUMA/HRM, 2000d）。

　　直至最近，美國明尼蘇達州州長，就像其他國家的政府單位一般，也不得不承認其州內的文官聘雇體系，從1939年開始採用以來，從未順應時間的變化而加以革新，他說：

　　　就像我一直不斷告訴大家，政府部門人才的聘雇方式已經不合時宜。那只能適用於1939年的舊社會狀態。在今日，這樣的一個高競爭人力市場中，政府必須和其他的民營機構一樣，在有限的人才庫中，找到合適的人才。所以政府部門的人才聘雇過程，必須以更新的速度，加快腳步（Minnesota Survey Response, 1998）。

　　了解政府部門的缺失之後，一些公家人力資源部門的經理，便將他們的工作重點，著重於人才的聘雇與人力資源的發展。舉例來說，科羅拉多州政府的人事部門便將其工作的目標設定如下：

　　我們的工作目標是讓政府機關藉由人力資源系統的改善，以求吸引最優秀、最聰明的員工，讓他們在工作上有發展的空間，提供工作動機以提昇工作表現，並且不為民間企業的豐厚待遇所吸引，如此才能順利完成公職人員應盡的職責。同時，也希望藉由人力資源系統的改革，提供專業的人力資源管理系統，帶領潮流，並提供諮詢，以保護政府的人力資產。

　　在政府人才的聘雇方面，英國、法國及瑞典等國家所採取的是中央化政策與程序的標準聘雇流程。即使是地方機關的聘雇，也都採取中央式的標準化流程。例如美國的北卡羅納州政府，便成立一個全州性的人才聘雇網絡。政府機構或各公立大學的人力招聘部門，必須與州政府的人事部（the Office of State Personnel），以合作的關係，共同訂定人才招聘的需求，設計出一套適用於全州的聘雇計畫，推銷州政府的工作機會，不讓人才資源流失，並且讓現有的資源，達到最佳的使用效果。而在美國鳳凰城，州政府的人力資源部門則是藉由與其他營運部門的合作關係，扮演人力招聘居中協調的角色。州政府指派專業的人力資源分析師，進駐到個別的政府部門，以尋求改善人員聘雇的服務品質，並且藉由共同合作聘雇部門的新進人員，培育良好的合夥工作關係。此外，在世界其他地方，如德國、丹麥及挪威等國的政府部門，其人員聘雇，則是完全下放至各個地方政府部門獨立執行。例如：美國德州奧斯汀市政府的人員聘雇流程，便是由各單位根據本身部門的實際需求，自行訂定人員的聘雇計畫。

　　面對就業市場上，專業人員需求大幅度增加，許多職務開出空缺，以及員工離職率日增等困境，尤其是較為冷門的職務，更是不容易找到合適的人才，有些政府部門不得不將其人力聘雇的流程加以改善，並藉由科技化的革新，以改進人員的篩選過程，並且採用公關策略，以提昇政府的形象及人員聘雇的成效。

　　過去五年內，政府部門的人員聘雇流程上的種種條件，可堪稱大變革的代表時期。在美國諸多州裡，如愛荷華州、德拉威爾及馬里蘭等州，都不約而同地通過立法，去除所謂人員聘雇的「諸多規定」（Rule of X）（如條文3、條文7、條文10等限制），或是在聘雇人員的評分單上，增加新的評分標準或代表分數。而為了讓聘雇人員的評分條件內容，充分因應時事的變化，愛達荷州及密蘇里州採取降低合格應聘人員登記的有效時間限制，而印第安那州則是將所有部門機關的聘雇權責，交由專業聘雇機關（agencies）

全權負責。愛荷華州、印第安那州及堪薩斯等州則是取消聘雇人員的考試項目。威斯康辛州則是廢止對於聘雇人員必須是本州人的限制，並且取消對於外州人才聘雇的所有設限，更進一步地，對於適合的求職人員，取消面試人數的限制。康乃迪克州則是立法通過法案，要求所有的測試結果，必須簡化成只有通過與不通過兩種結果。俄亥俄州與威斯康辛州則是採用隨到隨試的彈性做法，任何人只要走進政府人才招募辦事處，並填寫申請表格，就能在同一時間內，進行相關的測試。此外，有些國家，如瑞士與日本等，也都先後立法通過，設立較簡單的規定，以求讓政府的聘雇人員，能彈性地遊走於公家機構與私營企業。

　　科技的進步同樣地改善了政府聘雇人員的能力。當今，美國各州州政府都已將人員的聘雇機會等資訊放在網際網路上，更有45個州政府提供線上的申請表格。南卡羅那州人力聘雇機會的網際網路，最高的記錄，更是曾經在一個月內，出現高達上百萬的人數點選瀏覽。目前，23個州政府已經有足夠的電腦科技能力，接受網路的線上求職申請。佛羅里達州的政府職缺網路申請系統，更允許申請者在線上直接輸入他（她）們的申請資料，並可同時多重選擇申請不同的政府工作機會。田納西州的就業申請監視系統（Tennes請參考 Employment Application Monitoring System, TEAMS）上，申請者不僅可直接在線上進行工作機會的搜尋，提出申請，並且直接就能在線上接受聘雇測試。申請者更能在當天之內，得到測試的成績結果。全美共有19個州設有線上的政府就業履歷資料庫，而有12個州政府在網際網路上，舉行線上虛擬的就業展覽會。馬里蘭州的人員聘雇方法，除了使用州政府本身的網站，同時也在其他民營人力網站上進行。除了上述諸多新的聘雇方式，全美更有15個州政府，利用州內所設立的各個多媒體導覽機（kiosks），刊登州政府的工作機會等相關資訊。亞立桑那州政府的電腦系統更將申請者的履歷表加以掃描，一一儲存在政府的中央資料庫內。當各單位需要招聘特殊技能的人員時，便可將所需條件輸入電腦，加以比對，以加快政府人員招聘的流程。

　　有些政府單位則是採用新的策略，藉由提昇政府形象等活動，以改變社會大眾對政府部門工作的傳統刻板印象，並產生正面的看法，如芬蘭、荷蘭、英國、紐西蘭等國家，都不約而同地舉辦諸多公關活動，以吸引年輕的國民就業者參與公職的行列，並更新社會大眾對政府部門服務的觀感（PUMA/HRM, 2000d）。法國的政府服務部門便發現，在政府針對1999年所發生的嚴重暴風雪，提供當地居民提供需要的協助之後，政府的形象，得到極大地提昇。而美國的馬里蘭州政府，更特別投注經費在電視廣告，以提醒社會大眾，政府公職人員工作價值的重要性，印第安那州政府的品牌推廣活動，則是藉由平面廣告、廣播及電視廣告、宣傳手冊、網站及多媒體等媒介，向老百姓宣傳，推銷政府公職人員所代表的正面形象等。鳳凰城州更是以議題為導向，推出諸多廣告，希

望能藉此吸引更多優秀的人才加入政府公職。舉例來說，政府人事部門便與警察部門合作，找出警察工作的特色與態度，像是「社區意識」，便是擔任警察職務成功的一個重要特質，並使用這些特質，作為吸引類似人才的動機。而在加拿大國內，為了吸引且留住優秀人員，由一群領導階層所發行的雜誌，名叫《我在加拿大擔任公職的一天》（*A Day in the Life of the Public Service of Canada*），則是將許多擔任政府公職，真實且動人的故事，一一呈現，顯示出這些人對於擔任政府工作，他們的使命與滿足感。

薪資酬勞 —— 工作激勵

世界各國政府機關紛紛改變公職人員的薪資酬勞系統，以求成為更具競爭力的雇主，並且獎勵員工優秀的表現（PUMA/HRM, 20000b）。然而，如何才能真正獎勵員工優異的表現，仍是未知的答案。為了尋找真正的答案，各國政府採取不同的策略，其中包括以績效表現作為獎勵員工的方式，依照員工的技能及工作能力等級支薪，或是根據市場行情作為薪資的比例根據（PUMA, 2000b）。

包括冰島、瑞士及英國等國家所採取的策略是，彈性化的獎勵員工表現的薪資機制（PUMA, 2000d）。而在美國州政府部門中最常見的薪資酬勞計畫，就是以年度性調薪的方式增加員工薪水，而目前也有許多的州政府，是根據員工的表現，調整員工薪資的增加幅度。在2000年的政府表現計畫（Government Performance Project, GPP）內容中，對於激勵個人及部門表現所使用的獎金制度，其對員工總薪資的比例，遠遠高於1998年。在2000年，大約有64%的州政府允許發放員工個人績效獎金，而有38%的州政府使用部門績效獎金，以提昇政府員工及部門的工作效能。相較之下，1997年，以上兩者的數字僅僅只有14.3%及2%而已（Selden, 2001）。而日本則是修改其年資加薪的內容計畫，讓員工職務的升職及薪資，根據員工的能力與績效加以考量（PUMA, 1997）。當工業化國家的趨勢走向，是朝著以績效為決定薪資的多少之際，發展中國家卻沒有出現相同的狀況（World Bank），僅有少數的開發中國家，例外地採取績效決定薪資。如新加坡與中國每年發放一次年度獎金的方式，而在泰國，各個不同階級的政府官員，僅有15%的名額，能因其優異的表現，得到額外的加薪。

在過去的幾年以來，愈來愈多政府對於公職人員的薪資待遇，是針對特殊的技能提供獎賞，或是以工作表現為基本的薪資結構（Ingraham and Selden, 2001）。在1990年代中期，首先由愛爾蘭開始，針對公職人員，根據員工的技能，訂定薪資水準（European Foundation, 2001）。而在美國的印第安那州，舉例來說，就允許政府機關，自行決定制定化文官的獎賞策略，無論是根據工作能力、特殊技能、績效獎金或以工作表現為基準，設置適合本身單位的獎賞計畫。一份對於印第安那州政府財務部（financial Institution）的

人力分析顯示，大部分的財務金檢人員，都在進入政府部門工作第四年至第七年左右之後，相繼選擇離開，並進入民營機構。因為這些政府人員的工作性質需要，州政府必須安排每個人定期接受高階且昂貴的專業訓練，所以當他（她）們在州政府內工作四至七年以後，每個人都擁有相當豐富的專業實務技能。而他們的離去，使得政府的投資完全沒有得到足夠的回報，於是，政府部門便設計出一套以能力為主的彈性薪資計畫，特別是針對這些年資達到四年至七年的專業員工，希望能藉此改善人才流失的狀況。

　　政府所採用的第三種策略，如德國、奧地利及韓國等國家，則是根據市場的行情，設定政府員工的薪資（PUMA/HRM, 2000d）。在美國國內，許多州政府紛紛調整員工的薪資水準，以求提昇政府公職的競爭力，不讓人才流失到民營機構，調整並增加新進員工起薪的彈性空間，甚至提供簽約獎金等等。佛羅里達州則是根據其對人力市場，年資的調查結果，決定各個政府層級的薪資水準；而在愛達荷州，則是定期更改薪資的發放日程，以配合人力市場上的薪資狀況；在密蘇里州，則是規劃出一長程計畫，將員工的薪資比照人力市場的薪資水準進行調整，以改善人員的聘雇狀況並且避免人才流失；奧立岡州則是自行選擇市場上管理標竿的工作（benchmark jobs）作為根據，自行開發一套決定員工薪資的市場價格系統（market pricing system）；而肯塔基州則是准許聘雇機關與新進人員直接協商起聘薪資；維吉尼亞州則是依據新進人員的教育程度，特殊技能的訓練及工作經驗，在起薪的訂定上給予較大的彈性空間（比之前的薪資高達15%的數字）。另外，如比利時及匈牙利等國家的政府部門，則是降低政府部門與民營企業的薪資差距，以吸引優秀的人才至政府單位服務。

績效管理

　　常見的工作績效獎勵員工方式，不外乎是由主管，根據員工的工作表現進行評估，然後排出不同的等級差別。目前，此一趨勢是走向以員工的工作結果為導向（result-oriented），並且具有參與性及發展性質的績效管理系統（World Bank, 2001b）。舉例而言，馬爾他政府根據員工與單位主管對於員工本身的工作，所提出的計畫內容，進行每年四次的績效考察。而為了協助個別員工針對工作內容的發展，所需接受的員工訓練計畫，也包含在此一考察的過程中。而有些政府，如韓國，其政府單位則是對於員工採取360度全方位的考察，必須投入多方面的資源，才能進行員工的績效評估（PUMA/HRM, 2000d）。

　　政府人事體系的最新改革，包括發展出以績效導向為主的績效管理系統（support a performance-driven culture）。一套完整的績效管理系統，首先必須得到員工與機關主管的通力合作，將績效評估的項目先後順序一一列出，決定工作的目標及實際上希望達成的

結果，並且明確規定員工或工作小組應該達到哪些組織的目標，以辨識出員工個人工作表現的優缺點，再依此為根據進一步地確認，獎賞優異的績效表現。換句話說，第一步就是由高階主管明白地將政府機關的工作使命與目標白紙黑字的列出。然後，再由中高階主管與計畫主持者朝此方向努力，以決定該單位必須達到何種的策略性及可評量的目標（measurable objectives）。再從這些明確的目標列表中，主管與員工通力合作，建立小組與個人的工作績效目標。

此一結合員工及工作小組的工作目標與政府機關的目標，所建立的員工績效管理方法，乃是假定各個層級的員工，將會因此而對政府機關的目標具有較大的認同感。因為員工將因此而以績效成果作為工作的目標為導向，政府機關就能因此而受益。而員工則是藉由達到具意義的目標以及根據他（她）們的工作績效得到嘉獎，感受到更大的成就感而得利。在美國的許多州立政府機關裡，如馬里蘭、紐澤西、科羅拉多、喬治亞、路易斯安那及德拉威爾等州，便可明顯地發現，政府機關試圖將員工的績效表現，與政府機關的目標加以連結。

美國奧斯汀市政府的成功戰略業績評估（Success Strategy Performance Reviews, SSPR）則是一個複雜且綜合性的人力績效管理系統的例子。此系統共分成三個不同的階段，分別為合作性的績效規劃，持續性的績效評估與輔導，以及全年度的績效評估。一個標準化的績效基準，其所採用的方法是將評估標準化，使之得以適用機關內的每份工作。而員工的評估會議，則是配合市政府的業務規劃週期，以確保員工及其單位主管能夠根據機關單位本身的業務要求，擬出實際可行的績效目標。而持續性的績效管理系統，包含了在目標建立的一年以內，針對這些績效目標的發展進度，不停的加以討論並改進。除此之外，部門的主管也必須負責督導此一成功戰略業績評估（SSPR）的執行成果。

在丹麥，有些政府部門的員工，尤其是資深員工等層級，便必須根據聘雇契約上所訂立的工作內容，進行年度的績效考核。同樣的，紐西蘭政府部門的主管也必須在每年一度的考核評估階段時，簽署一份績效合同。

美國科羅拉多州的人力頂尖績效系統，則是根據州政府原本的績效評估系統進行修改，並且連結員工的薪資酬勞計畫。員工的績效評估，將個別員工的工作目標，與州政府的業務與策略相連結，同時將員工的薪資酬勞計畫，直接根據員工的績效表現而決定。在配合州政府領導者的整體規劃及策略方面，機關單位必須根據個別單位的業務需求做出規劃，並且納入員工的績效管理規定及程序。於是，在評估階段一開始，機關主管必須針對每位員工，白紙黑字的將績效管理的計畫明白列出，並準備一份完整的績效評估表格，然後根據此表格進行員工的績效考核。所採用的績效評估系統必須轉化成三個不同的評比：尚待改進、充分適任及優秀表現。在這些評比參數裡，政府機關可自

行開發適合本身單位的單一評估系統。而就實質上金錢的獎賞,則是根據兩個項目:一是員工的工作表現評比(job rate)是否達到或是高於整個團體表現的水準(occupational group),其次就是員工的績效評比水準。如果員工的工作表現評比低於團體的水準,那麼該員工便有可領取基本薪給,及/或非基本薪(non-base building)的獎賞。而對於績效表現高於工作表現評比的員工,便可以領取非基本薪的獎賞,但此一獎賞必須每年針對員工當年度的表現評估,決定是否可以領取。

愛爾蘭政府採用的是,根據績效表現系統,對於政府機關各層級的員工進行監督與績效的考核。此一系統的績效考核規劃乃是根據員工的職位基本資料(亦即在聘雇員工的時候,便白紙黑字將其工作的職責明白列出),擔任各個職務的員工所需有的工作能力,以及相關的訓練及發展做為主要的考量(PUMA, 2001)。

許多政府對於員工績效考核所採取的新方法,多需要職員與所屬長官之間相互合作,以建立員工的預期表現,並且能直接與政府所設立的工作目標相符合。而政府也鼓勵機關單位的主管,對員工的表現持續觀察,並定期提供報告;有些政府甚至要求主管能每年提供一份以上的正式員工績效評估報告。有的績效考核系統設計,是讓其他的相關人士,如社會大眾及其下屬,參與員工的考核評比。對於績效管理系統的成功與否,其關鍵在於能否藉由在職訓練或口頭指導等方式,針對員工表現較差的領域,提供改善與發展的機會。最後,對於政府機關優異表現,員工所投入的心力,應該在金錢方面對員工加以獎賞。各國政府對於獎賞金額的計算程式也各不相同,例如美國喬治亞州的政府機關,對於員工的優異表現所提供的獎賞便包含兩項:其一,員工若是達到,甚或超越其工作績效的期盼,則可依據市場行情進行調薪,以增加政府工作的競爭性,不會流失人才到民營企業;其二,根據員工的表現等級,提供不固定的分紅獎賞。

政府部門人力資源管理系統的建立與革新──文官錄用制度

傳統上的文官錄用制度(MERIT–SYSTEMS),也另稱為文官就業系統,或是人事系統。文官就業系統,其立意在於針對畢業後進入政府機關工作的新進員工,他(她)們在政府部門內的職務所產生的升遷及調動等。而另一方面,以職務為基準的人事系統(Position-based systems),則是著重於選擇適合職務的最佳人選,不管此人選是政府內部人員,或是在外的民營企業工作者,針對此一職務,以求對初任者的遴選有較大的彈性與空間。前者所描述的封閉式文官就業系統,其相關的例子,如比利時、法國與日本等國家,其政府部門的所有職務聘用,只能經由銓敘部,從文官內部挑選人員進行升遷

（World Bank, 2001d）。而其他則有些國家採用兩者混合的方式，例如在西班牙政府的基層公務人員，多半經由參加機關基層人員考試而錄取進入政府單位工作，但若針對某一特定職務，則須進一步詳加檢視，以確保符合職務的需求（World Bank, 2001d）。另一方面，美國政府機關建立以職務為基準的人事系統，其對於政府機關人員的聘雇，容許較大的操作空間。

除此之外，政府部門的員工與民營企業相比，通常享有較大的工作保障。然而，在喬治亞的政府部門，則是停止採用銓敘系統進行人員的晉用，而公務人員的聘任，已不再享有此一保障。而澳洲、加拿大、法國、愛爾蘭、瑞士、土耳其及英國等國家也立法通過，決定高級公務人員的聘任，政府有權隨時停止。

有些國家公務人員的聘用方式，尤其是高階官員的職務，已開始採用不定期與定期制的聘雇合約（World Bank, 2001d）。在一份針對21個國家所作的調查顯示，有10個國家的政府對於高階公務人員的聘用，提供聘雇契約式的制度（PUMA/HRM, 2000b）。例如在紐西蘭政府部門內，所有的行政首長及高階經理，其受聘的方式皆採用合約制的聘任為基礎——典型的方式是，前者為定期式的合約，而高階經理，則是不定期的合約制度（PUMA/HRM, 2000b）。根據估計，大約23%的政府高階經理，其合約期限的設定，最長不會超過5年（PUMA/HRM, 2000b）。而在瑞典，大部分政府機關首長的聘雇合約，期限多設為6年（PUMA/HRM, 2000b）；在瑞士則針對職員與政府機關之間，做出明文規定，對於公務人員的聘任方式，必須簽訂開放式的聘雇合約；而合約雙方，無論是員工本人，或政府機關本身，皆可逕行停止合約的繼續（PUMA/HRM, 2001）。近期，根據歐盟的一份指令規定，定期契約的員工應該與正式員工享有相同的待遇（Sinclair, 2001）。接著我們將討論的是，世界各國的政府部門，以及美國聯邦政府、州政府及地方政府等人力資源管理實務上的諸多變革，並沒有發現對於當代的文官錄用制度提出任何改革的方法。

全球化的人力資源改革

大部分關於政府部門人力資源管理系統的改革提議，不外乎包括以下五大領域：1. 建立一個具有自由聘雇制度，根據資格進行遴選，而獨立於政治及行政單位影響的文官銓敘體系（如阿爾巴尼亞、愛沙尼亞、匈牙利及波蘭等國家）；2. 現代化現有的政府文官銓敘系統，讓優秀人才能夠更加容易進入政府機關工作，確保員工的獎賞具有市場競爭力，並且提供未來工作所需的相關技能之培訓發展（如加拿大、丹麥、挪威及義大利等國家）；3. 讓政府機關現有的銓敘制度具有更大的彈性，以求改善機關主管的能力，尤其是減少人事的規定，降低職稱分類的數目（classification titile），並且提供足夠

的績效獎金或獎勵，以提昇文官的工作績效——前提則是維持基本主要的文官錄用原則（如冰島、瑞士及美國維吉尼亞州政府）；4.下放中央的職權至地方機關，並且發展人事部門相關的聘雇權力，委託地方機關及主管負責（如澳洲、義大利及美國南卡羅納州政府）；5.廢除政府文官的銓敘功能（如美國喬治亞州）。

　　不論政府部門採取上述何種方法，其目的都是希望藉由採取創新的技能與科技，以求改善政府人事聘用的流程及效率。

美國政府銓敘部門的改革[1]

　　美國的政府部門，對於文官服務的概念，從原本所採取單一體系的雇用、徵募、分類，以及獎賞等模式，已逐漸朝向更具彈性且多元的結構。政府銓敘部門所採用的新策略是，將權力下放至地方機關，或者將人事部門功能的職權，由中央及地方機關與主管共同負責的方式（Ingraham and Selden, 2001）。此一改革的模式範圍，包含了美國羅德島與紐約州所採取，持續傳統上，由中央集權的文官銓敘系統，以及將人力資源管理系統大量分散到各個地方機關單位，如德州與北達科他州（Ingraham and Selden, 2001）。而其中更有逐漸增加的許多州政府，既不是由中央主控人事的聘雇，也不是由地方機關主管，反而是由一個獨立機關，以及由中央和地方機關主管等共同負責的人事單位。上述的人力資源管理模式，奠定了政府部門的人力資源管理改革與變化的基礎，也提供對於未來的發展，各個不同的方向。

傳統的中央人事系統

　　當美國各個州立政府建立銓敘系統之時，多認為只有由中央嚴謹地掌控政府人事的聘任，才是杜絕黨派對於文官錄用系統造成不佳影響與壓力的唯一方法。根據此理念所建立的人事系統，其絕大部分，在中央集權化的交互影響下，建立成一多層級式的結構，並且受到法律、章程及法規條例等所規範。舉例來說，評分的權威結構（graded authority structures）與政府部門的報酬系統（compensation systems），強化了中央集權與階級組織的原則。就州政府的立場而言，採用集權式的分級人事組織結構，有助於人事的標準化，穩定性及可預期性，然而，州政府卻沒有建立或認同各個政府單位人事權的選擇與彈性，而這些重點，目前卻為諸多公家單位與主事者認為，是帶來長期人事效率的關鍵因素。

1　本章所擷取相關資料，出處為Patricia W. Ingraham和Sally Coleman Selden （2001）在Caroly Ban和Norman Riccucci所合著的*Public Personnel Management*. New York: Longman Press。

　　中央集權與層級分明的人事制度，其特色之一是，人事的招聘、測驗與聘雇，完全由中央政府所控制。傳統的人事系統，州政府文官職位的分類系統及分類總數目，其重要性的原因在於，不僅反應出文官聘雇系統的複雜性，以及針對文官聘雇需求的變動，具有相當程度的彈性空間與能力進行適度的應變。同時也顯示出，文官制度的標準化能對個別機關的人事需求及聘雇環境做出某種程度的調整，紐澤西州就是一個中央集權的最佳範例。其管轄下的自治機構（municipality），文官分類系統都是由州政府統一控管。

　　即使這些最初採用傳統嚴格模式的人事系統各州政府，已經適時地做了若干改革，許多州政府在人事層級的分類上，卻仍保留相當程度的複雜性。在2000年時，紐約州全州總共設有15萬8,000名的政府員工裡，就有4,000種不同的職務分類名稱（最高曾達到7,000種職務名稱）。而費城賓州，號稱是最為傳統中央控管人事系統的強烈支持者，在其8萬9,000名政府文官中，則是隸屬於2,838個不同的職務分類名稱。相較之下，傾向於地方分權的明尼蘇達州，則在33,773名文官的名額下，保留了2,152個職務分類名稱，相對來說，南卡羅納州雖然將近有72,000名職員，卻僅需要452個職務分類名稱即可。而有趣的地方是，那些將人事聘雇權限分散發展到極度的州政府，所建立的職務分類名稱的數目，竟然和採取傳統型人事系統的州政府極為相近。在過去的兩年內，佛羅里達州與喬治亞州所增加的職務分類名稱，其數目百分比分別為84.65%及56.22%。

　　對於強力採取中央人事集權控管系統的州政府而言，另一個重要的指標是，持續仰賴中央統一舉行人員聘雇測試，並且對於測試所採取的類型設下極多的限制。也就是說，中央統一舉行的聘雇筆試測試，僅僅針對某一特定的技能或技術進行筆試測驗，而且只在特定的地方及有限的時間內進行。這些極為設限且嚴格的測試，正好符合上述複雜的職務分類系統的需求。在美國已經陸續有許多的州政府，如印第安那州、堪薩斯州、蒙他那州、北卡羅納州及南達科他州等，已經先後取消相關的測驗，而採取傳統式職務分類系統的州政府，其人事獎賞條例標準，取得的資格及程序同樣也是極為嚴苛。舉例而言，傳統型的政府人事系統，其員工薪資的增加幅度不大，而且僅是一年一度，甚至即使員工的表現優異，也無法跳級獎賞，如阿拉斯加州、內華達及新罕布夏州等州政府的人事制度，正是標準的例子，員工的獎賞完全是採年度制，而且以階梯式方式增加。傳統式人事系統，其相關因素之間相互的交錯複雜及僵化不具彈性，往往在勞工與管理階層的合約中被更加地放大，因而在州政府人事上的聘雇、升遷、規律及分紅獎賞方面，增加更多的限制與約束。

分權化的文官聘雇制度

　　與上述的政府人事完全由中央集權控制迥然不同的另一種制度，也就是分權化的文官聘雇制度，其最經典的代表就是美國德州。德州政府完全沒有中央控制的人事機構。

雖然其職務的分類系統，是屬於中央單位訂定的功能，但卻是落在向立法院報告的州政府主計室所主管的範圍內。雖然有相當多的學者專家提倡，根據彈性所建立的人事部門機關，能大量地提昇政府效能，許多政府部門的主管卻提出相反的意見，認為就競爭力或考核評估方面來說，不容易取得全州性的資訊。中央部門的人力規劃，雖然有其可能性，但卻具有相當的高難度（Barrett et al., 2000）。

雖然美國採取全面性分權式的人事系統有限，卻仍採納了諸多分權式相關的特色。首先，分權式的人事銓敘制度所提供的系統，能夠及時地針對政府機關各部門對於人事的個別需求做出適當的調整。同時讓政府機關與行政主管有足夠的彈性空間，面對多變的工作環境；其二，此模式對於人事的聘雇與解雇，責任的歸屬一清二楚。中央部會人事主管將責任分散至各部門單位、主管，甚至員工。而分權式的人事系統更是密切地將相關的責任與義務聯結，並朝此一方向發展；其三，贊成採用分權式人事系統者多認為，由於此模式提供較大的彈性，部門主管在人事的調配方面，也有較多的自主空間，因而人力資源也能因此而善加運用，並且更能確切地符合部門機關的實際需求。

然而，正如同之前的分析所示，美國的各州政府也同樣發現人事銓敘的分權化，對於人力資源管理所帶來諸多的缺失。其一，一個高度分權化的人事制度，其對人員的工作績效與實際需求等相關的觀察與評估，有極大的困難度。因為政府中央部門並沒有蒐集任何相關的資訊或是進行適當的評估。在此一情況裡，人事聘雇的計畫，很少能夠從州政府的立場出發，同時也缺乏用來鼓勵員工提昇合作的相關激勵或動機。進一步地說，分權制度的人力資源管理，中央政府極可能會對部門主管提出他們部門本身沒有能力或技能做到的工作要求。舉例而言，根據1988年的政府績效評比（GPP）調查顯示，許多州政府發現，「管理」分權化的人事制度，是一份極為艱難的挑戰。

中央與地方——責任共享制

根據上述的諸多理由，我們發現，美國許多州政府所建立的人力資源管理系統，是採取中央與地方機關，權力義務平衡或共享的制度。而在中央與地方的中間地帶（middle ground），其對人事銓敘的權限或是責任分享的程度，各州之間有極大的不同。此一由中央與地方共同承擔責任的制度，極可能造成政府持續進行總體方面，如資產等的考量。而人力資源的規格化，則被認為是達到政府優良表現的原因。

根據政府績效評比的研究發現，時下的潮流發展，既不是完全朝向分權，也非極度的中央管理，而是採用權責分享的人事制度（根據中央政府設計的人事系統所規劃的工作職責）。換句話說，策略性的責任與設計，以及政府總體價值的永續保護，乃由中央的觀點出發；而特殊任務的策略與任務的完成則是以地方機關的角度為主。如此所建立的一個完整的政府系統，其職責是由中央與地方共同分擔。

　　南卡羅那州就是一個很好的例子。在州政府所規劃主要的人力資源架構內，地方機關對於員工的福利發放與考績獎勵計劃的認定享有極大彈性，而且對於員工紀律的要求限制，也有相當程度的靈活性。印第安那州政府，對於員工福利的設計，便採用中央制定策略／地方做出選擇的模式，而美國便有26個州政府，其實際上的文官聘雇決策，是交由地方機關與主管經理全權負責。拿喬治亞州來說，從其州政府正在學習極度地方分權的課程，並且逐漸朝向以中央政策為指引，發展平衡式的地方分權人事制度。例如：喬治亞州政府於近期內通過立法，要求地方機關單位根據中央所設計的架構，進行人力資源的規劃。此外，州政府也承認，將政府分類職稱的職權下放到地方機關，造成了職稱過於冗餘，甚至造成機關之間功能的重複。事實上，喬治亞州目前正苦惱著要如何解決此一麻煩問題。

　　猶他州政府則是經由簽署合約的方式，將人事制度的功能，委託交由人力資源管理部（the Department of Human Resource Management, DHRM）與個別的機關負責。依照合約的規定，政府人事制度的執行，「必須完全配合州政府的法規，其中包括了人力資源管理部的規定、標準、政策及流程」。雖然州政府將相關的職責委託至其他單位，人力資源管理部仍將經由培訓練習、使用手冊及技術上的協助等，提供簽約機關所需的支持。北卡羅納州州政府的中央人事辦事處，將此一制度的評估計劃，指派單一的部門專門負責。於是州政府派遣一個小組前往委託機關，進行檢視此人力資源計畫的整體實際執行成果，包括是否符合政府的法規及聯邦民權法等規定。

美國中央政府人事部門扮演的角色與使命

　　隨著美國政府人事相關功能的日漸分權化，下放到地方機關，以及中央與地方職責共享的形式等，人力資源管理部門也轉變成扮演諮詢師的角色，以提供客戶協助性與專業化的意見（Selden et al., 2001）。印第安那州在1998年的政府表現計畫（GPP）中，便做了以下的評論：

　　隨著愈來愈多人事相關的功能，逐漸由地方機關取而代之並負責執行，中央主管單位必須提供這些機關更多的協助，進而指導協助完成相關的職務。本（印第安那）州的許多地方機關——大約100人，甚至更多員額的機關單位——其人事編制數目卻是非常小，甚至根本沒有一個人員專職負責機關的人力資源管理。於是有時就由機關主管的秘書，或主管本人負責相關的人事問題，他（她）們其實並不具有專業的技能，於是必須得到許多的專業指導——而目前許多的地方機關，都是在人數極少的機制下，自行設法進行人事方面的職務，而不是由中央政府執行。

　　上述的評論，清楚描繪出政府人事部門組織分權化之後，所產生的一個重要現象。中央政府期待地方機關與主管去執行並完成的人事相關職務，其所需要的專業技能、經驗或相關的訓練，可能是地方機關或主管所不具備的。於是許多的政府人事部門官員不得不承認，他（她）們必須花費相當的時間，去面對此一結構性轉變的現實，並且調整心態至一個不同的角色扮演。例如：俄亥俄州中央政府的人事部門就發現，即使經過分權化的結構改變，「我們還是會對各個機關進行稽核考察，要求他們必須上繳60頁的人事報告，甚至確保報告上的英文字母沒有任何錯誤，例如每個 "i"，上面的點都有加上，而每個 "t" 字母上的一橫也有劃上」。事實上，中央人事部門仍是將其所指派出去的人事職權，緊緊地抓在手中不放。於是，人事部門逐漸調整其制式性的考核程序，從過去強調「不管是何種要求，都只說『不』」的態度，變成針對改善機關實務上的效率，朝向分析流程的方式為主，而往往只要在人事職責方面出現一個改變，其伴隨的就是人事部門使命的改變。

　　美國政府部門先入為主所採取的人事功績制度，已逐漸轉移成以廣範圍的政府人力資源為主要重心。人事部門的使命與目標，朝向改革發展的口號。諸如工作彈性，流程順暢、商業考量、成本效益、合作關係及以客為尊等口號標題，都紛紛出現在政府人事部門所訂定的工作目標或使命。舉例來說，愛達荷州政府的人事部門，其工作使命便明白寫著：

　　我們的目的是提供世界級的人力資源管理服務，其主要內容包含：協助州政府的員工維持其工作競爭力，以確保不在本世紀中被世界潮流所淹沒；提供一個高科技、高速率、以顧客的需求為導向，並且著重員工的生涯發展等良好基礎的工作環境，以求吸引新進員工，避免優秀文官流向民間企業，並且讓員工的才能順利地發展。其最終目的，則是希望能讓愛達荷州政府的員工，在今日的職場上，維持最佳的競爭能力。

　　而新墨西哥州的人事部門，其工作使命則如下：

　　成為州政府發展的領導者，建立一個具有彈性的人事行政系統，並簡化政府的服務流程，以求符合現今人民對政府日益變化的需求，同時以負責任的態度，運用現今的高科技技術，在成本效益的考量上，保護社會大眾的利益。

　　上述的聲明告訴我們，政府部門的人事系統所產生的一個結構性的經典改變。州政府將傳統上由官僚體系主導政府人事部門文化的模式（由官僚性、控制及階級等組成的人事部門），轉變成提供人民服務至上，並且重視第一線的員工，以維持優異的工作表現，一流的競爭力，同時強調結果而非過程，並讓政府機關成為一個理想的雇主選擇。在近一波的人事改革風出現之前，全美各州的政府文官銓敘結構與職責的設定，幾乎大同小異，沒有什麼差異（Tolbert and Zucker, 1983）。而無論上述的政府文官制度所出現的諸多新潮流，究竟是否會在美國蔚為流行，並得到普遍性的接受，進而加以採取且制度化等等，仍有待未來持續加以觀察。

結論

　　「一體適用」（one-size-fit-all）的人力資源管理系統（HRM）改革的策略，其實並非適用於每一個政府。相較之下，最重要的其實是，改革必須具有策略性。然而，只有經由了解本身真正的希望與需求，政府才能建立出一套切合實際的策略性方法以進行改革。政府應該依據相關的理論，並參考世界其他國家政府的經驗與得到的教訓，仔細的考量各種不同的人力資源管理策略之優缺點，然後再做出最合適本身的決策。例如：提昇政府工作的吸引力，其方法之一是，強調在政府部門工作的有利之處。有些國家，如波蘭、挪威、紐西蘭等，其政府部門採取每週較短的工作時間及彈性上下班的制度，設立員工托兒所等相關設施，以吸引並留住優秀的員工（PUMA/HRM, 2000d）。這諸多策略的施行，便能讓廣大的群眾對於政府工作的優點及成本等，產生更深的認識。

　　我們不禁要問，上述的發現，是否提供了政府部門人力資源管理系統未來的發展方向？不可否認的，未來政府部門的人事系統，無論是管理上的問題，系統的彈性與現代化等因素，都必須與系統的問題相互配合與一致化。而隨著人事部門所擔負的功能職責，逐漸從中央獨自承擔，轉變成與地方機關共享之後，中央政府人力資源管理辦公室所扮演的角色，將必須進行相當程度的變革，以求符合其合作對象，即地方機關與服務對象（受雇的員工與人民）的實際需求。對於諸如職務的重新分類或人員的資格測試等「微小」（micro）的議題等，中央部門的人事辦事處，將下放給地方機關及主管進行控管，而將較多的心力投注在「總體」（macro）方面的議題，如人員的總體規劃、管理方式的改變、員工生涯的發展與訓練，以及領導發展的方向等。然而，總而言之，中央部門人力資源管理辦事處最重要的貢獻是，持續扮演關鍵性的角色，以協助地方機關增加其競爭力，並且聘雇合適的文官，進而發展成具有高超技能的優秀人才。

參考文獻

Barrett, Katherine, Greene, Richard with Marian, Michelle (2001) *Grading the States*. Governing Magazine, February 2001. Available online: http://governing.com/gpp/gplintro.htm

European Foundation (2001) *Variable Pay in Europe*. Internet 6 July 2001. Available: www.eiro.eurfound.ie/2001/04/study/TN0104201S.html

Ingraham, Patricia W. and Selden, Sally Coleman (2001) 'Human Resource Management and Capacity in the States', in Carolyn Ban and Norma Riccucci (eds), *Issues in Human Resource Management*, 3rd edn. New York: Longman Press. pp. 210–24.

Ingraham, Patricia W., Selden, Sally Coleman and Moynihan, Donald P. (2000) 'People and Performance: Challenges for the Future Public Service – the Report from the Wye River Conference'. *Public Administration Review*, 60: 54–60.

Minnesota Survey Response (1998) *Minnesota Survey Response for the Government Performance Project*.

OECD (2000) *Summary Record of the Expert Meetings on Human Resources Management*, 25–26 January 2000. Internet 29 June 2001. Available: http://www.olis.oecd.org/olis/2000doc.nsf/LinkTo/PUMA-HRM(2000)12

OECD (2001a) *Government of the Future, OECD Public Management Policy Brief No. 9*, June 2001. Internet 29 June 2001. Available: http://www.oecd.org//puma/pubs/Govt_FutureE.pdf

OECD (2001b) *Human Resources Management: Key Issues*. Internet 29 June 2001. Available: http://www.oecd.org/puma/hrm/issues.htm

PUMA/HRM (1997) *The Setting: Changing the Scope, Role, and Structure of Government*. Internet 6 July 2001. Available: http://www.oecd.org/puma/gvnance/minister/session1.htm

PUMA (2001) *Country Web Pages*. Internet 7 July 2001. Available: http://www.oecd.org//puma/sigmaweb

PUMA/HRM (2000a) *Emerging Issues – In Search of Employees: The Case of the Dutch Public Service*. HRM Working Party Meeting Paris 3–4 July. Internet 29 June 2001. Available: http://www.olis.oecd.org/olis/2000doc.nsf/LinkTo/PUMA-HRM(2000)9

PUMA/HRM (2000b) *Managing the Senior Public Service: A Survey of OECD*. HRM Working Party Meeting Paris 3–4 July. Internet 29 June 2001. Available: http://www.olis.oecd.org/olis/2000doc.nsf/LinkTo/sps9

PUMA/HRM (2000c) *Recent Developments in the Field of Professionalism and Ethics in the Public Administration: The Case of France*. HRM Working Party Meeting Paris 3–4 July. Internet 29 June 2001. Available: http://www.olis.oecd.org/olis/2000doc.nsf/LinkTo/PUMA-HRM(2000)8

PUMA/HRM (2000d) *Recent Developments and Future Challenges in Human Resource Management in OECD Member Countries: Background Paper by the Secretariat*. HRM Working Party Meeting Paris 3–4 July.Internet 29 June 2001. Available: http://www.olis.oecd.org/olis/2000doc.nsf/LinkTo/PUMA-HRM(2000)6

PUMA/HRM (2000e) *Summary of the PSPE Data Analysis and Future Directions for HRM Data Collection*. Internet 29 June 2001. Available: http://www.olis.oecd.org/olis/2000doc.nsf/LinkTo/PUMA-HRM(2000)7

Selden, Sally Coleman, Ingraham, Patricia Wallace and Jacobson, Willow (2001) 'Human Resource Practices in State Governments: Findings from a National Survey', *Public Administration Review*, 61 (5): 598–607.

Sinclair, Diane (2001) 'EU Directive Set to Change Face of Fixed-Term Employment Contracts', *People Management*, 7: 12.

World Bank (2001a) *Engaging Support for Reform*. Internet 18 June 2001. Available: http://www1.worldbank.org/publicsector/civilservice/engaging.htm

World Bank (2001b) *Individual Performance and Management*. Internet 18 June 2001. Available: http://www1.worldbank.org/publicsector/civilservice/individual.htm

World Bank (2001c) *Public Officials and Their Institutional Environment: An Analytical Model for Assessing the Impact of Institutional Change on Public Sector Performance*. World Bank Policy Research Working Paper No. 2427. Internet 18 June 2001. Available: http://www1.worldbank.org/publicsector/civilservice/posconceptual.htm

World Bank (2001d) *Recruitment and Promotion*. Internet 18 June 2001. Available: http://www1.worldbank.org/publicsector/civilservice/recruitment.htm

World Bank (2001e) Rewards and Incentives. Internet 18 June 2001. Available: http://www1.worldbank.org/publicsector/civilservice/agency.htm

第四章　勞資關係與合作關係：是否再創新機？

James R. Thompson
任文姍 / 譯

政府部門勞資關係的處理，其結果對於一般階層的公務人員、管理階層、政治人物，以及社會大眾等來說，都是極為重要且不可忽略的。就公務人員而言，他（她）們所在意的不外是薪資待遇及工作的環境，而管理階層則在意的是員工的工作能力與品質，以及在工作場合中，員工是否服膺主管的權威，而對政治人物而言，最重要的考量因素則是選民的支持或反對，以及公務人員的薪資對於國家財務所可能造成的結果。最後，對於社會大眾來說，他（她）們所關心的則是，他（她）們本身的工作，每年必須繳交的賦稅，以及政府服務的品質等因素。這些將因公務人員的待遇與服務品質等決策而影響。前兩者與政府公職人員的待遇決策相互地關連，而後者則受到公務人員的能力與工作動機所影響。

戰後，在西方的許多國家，其政府所採取的勞資關係，多半著重於政治人物與公務人員的需求考量。政治人物單方面擁有決定政府文官銓敘聘雇的期限與條件之權利，而同時，公務人員則享有組織工會的權利，並且擁有極高度的工作保障及相當優渥的待遇條件。相較之下，管理階層與社會大眾卻未享有如此的待遇；中高階主管通常對於屬下的薪資水準與工作環境的決定權有限，而社會大眾所要求政府文官所提供的高服務品質，卻很少被擺在第一優先。

上述模式所提及的勞資關係與薪資的決策等實務，其相關的特色如：

‧根據政府法規設立的工作選擇、升遷及待遇條件等相關規定；
‧中央政府主導的薪資協商；
‧薪資協議所涵蓋的範圍包括了整個政府部門，甚至全部的政府單位；
‧當政府與勞工代表的協商陷入膠著時，政府單方面地保留其制裁的權利；
‧管理階層對於薪資方面的彈性受到相當的侷限；
‧就薪資的設定而言，維持內部的公平乃是政府最主要的考量；
‧加薪與否，完全取決於年資，而非個別員工的工作能力或表現等其他因素。

就上述的特別狀況，各國政府文官的勞資關係平衡，在1980與1990年代，開始出現

變化。許多國家的政治人物，由於經濟蕭條所帶來的收益降低，使得他們在面對薪資的上升與擴張的社會福利開始出現捉襟見肘的窘境。而全球化的影響造成許多工業化國家原有的競爭力不再，失業率上升以及國家的經濟錯亂。社會大眾也逐漸了解並接受，政府行政部門的瘦身及降低政府行政成本等提議，將能提昇整體國家競爭力的想法與建議。受到民營企業產品品質的提昇影響，社會大眾開始出現許多要求，希望政府公共組織改善服務的諸多壓力。

民間對於公共部門的勞資關係所出現大幅度的轉變，產生相當直接的衝擊與影響。如果希望降低行政成本，卻要提昇服務效率，並且改善品質，政府部門工作的流程改變是不可避免的。根據這些趨勢潮流所蘊藏的「經濟理論」邏輯分析，政治人物與高階政府文官不得不向民間企業學習，找尋新的管理模式。而新公共行政管理模式（New Public Management, NPM），就是其中一個師法民營企業，並得到特別的認可。而近期多個已開發國家（OECD）政府部門的勞資關係的發展，其產生的討論，正是此一新型的公共行政管理模式與其相連的變革方法所提供的架構。

在市場競爭壓力下，新公共行政管理（NPM）的特色之一是，國家企業的私有化。藉由國家企業的私有化，便能快速地減少政府部門不需要的冗員，並且提供切實的便民服務。政府訴求民營化的程度，將受到不同的因素影響而產生各別的考量，其包括了國家經濟與政府財政的困難程度，國營企業是否適合民營化，以及執政黨受到意識形態的影響下，對於文官服務的提供方式，傾向於以民營化取代公營化的程度不同而有所差別。綜合上述等因素，在英國前首相柴契爾夫人執政下的政府部門，便採取廣泛性民營化的改革。[1]

然而將民營企業的管理模式，全面性地套在政府的組織架構，卻是一相當衝動的改革。其往往可能出現公職人員與其代表，因為反對改革而產生激烈的抗議行動，而且這些改革通常不符合政府本身應提供的「基本」服務，如賦稅行政的服務，以及提供社會公益與社會福利的保障等等。於是各政府必須訴諸於各種不同的方法，以求達到較高的行政生產能力，並且改善政府主要部門所需提供的服務。對於新公共行政管理模式所採用的方式包括：[2]

---

1 「私有化」名詞，在此則是定義為，將轉移成私人所有。意思就是經由外包的方式，交由民營部門。
2 此一列表乃根據學者Hood（1991）所列。Masseys（1997）的列表包含下列：
　1. 官僚性規定與層級的減少。
　2. 預算透明化以及明確指出投入與產出的成本（costs of inputs and outputs）。
　3. 明確使用合約網絡，而非委託人的關係。
　4. 確實分解組織及其所扮演的功能，並且分別指出採購者與供應者之間的差別。
　5. 增加供應者的競爭力。
　6. 經由改善退出與補償所涵蓋的範圍（scope for exit and redress），以增加消費者能力。

・具實際經驗的專業管理；

・對於政府文官工作的績效表現，列出清楚的標準與衡量方式；

・注重於成果的控管；

・清楚地將政府部門各單位區分，包含所應盡的職責與權力；

・注重政府部門競爭力的提高；

・強調民營化的管理經驗；

・注重政府資源使用的原則，並且厲行儉約的精神。

　　雖然上述政府部門勞資關係，其相關的實務改革方式與人力資源管理並沒有直接的關聯性，人力資源管理與勞資關係所產生的新公共行政管理，兩者所服膺的相同性，卻是不異而合。

・「具實際經驗的專業管理」，其意含至少在某種程度以上，表示對於人力資源管理流程與方法的職權，從政治人物的手中轉移，由專業的經理人取而執行。

・「政府部門各單位職權明顯區分」，其代表的是公務人員的職權清楚分割，各部門人事系統的發展，根據不同單位所設定的目標而加以修改。

・「注重政府部門競爭力的提高」以及「注重政府資源使用的原則，並且厲行儉約的精神」，則凸顯出政府部門的民營化走向，部門人事的瘦身，以及抑制公務人員薪資任意增加。

・「強調私營化的管理經驗」，則是在人事的管理方面，尋求在人員的聘雇與獎賞，提供更大的彈性空間。

　　以上的分析顯示，使用新公共行政管理的模式，針對勞資管理實務近期的發展趨勢進行分析，並且確保其較傳統的管理方法，更能展現足夠的深度與涵蓋範圍。改革運動本身則是此研究的另一個焦點。值得注意的是，採用新公共行政管理模式，其改革的幅度究竟如何，進而討論到底有哪些改革，真正落實了政府的行政實務。最後，此一新公共行政管理模式的架構，提供社會大眾進一步去探討，改革所可能面對的諸多限制。無論勞資關係所採取的民營化方式以及改革的程度，是否適用於政府本身的改革，不可否認的，這樣的改革，卻是提供我們檢視政府本身適用性與否的極佳方法。

　　接下來，我們將在本章中進一步去討論許多的相關問題。首先，在過去的15年來，許多的已開發國家（OECD），其政府部門內的勞資關係發展出現了哪些趨勢？第二，是否有任何的證據顯示，這些勞資關係的發展與改變，確實是從傳統的「封閉式」政府服務模式，朝向結合「外包」及「區分性」的結構以及較高層次的自主管理原則，一種較為開放的「市場」模式？第三，類似的改革活動，究竟發展至何種程度？其涵蓋範圍有

多少？以及這樣的改革架構，是否能配合所謂的「整合」的假設情況？最後則是檢驗政府部門勞資管理過程如何的變革，如此將能讓我們對於整個公共行政管理動力下所隱藏的關鍵問題，產生重要的見解；進而了解在以政府層級負責主導為組織原則的行政系統中，究竟可能出現何種程度的實質地方分權化。

政府勞資關係的跨國發展趨勢

　　過去兩個世紀以來，各國政府的公共行政管理實務上所出現的變化，大致可分為下列數個因素。其中最為廣泛使用的解釋原因之一，以及浮現在政府行政實務的高層發酵現象就是，全球化所造成的經濟全球化以及激烈的競爭壓力。此一動態的改變，其最明顯的一個例子就是馬斯垂克條約（the Maastricht Treaty），亦即歐洲國家自行提出承諾，願意降低本身的行政營運赤字，並且減低國家整體的債務，以尋求歐洲共同貨幣的通用無暢。學者Keller（1999: 58）提出評論認為，「歐洲貨幣同盟（European Monetary Union）的整合標準，產生了極大的壓力，其壓力不僅在於維持政府文官雇用的水準，必須保持穩定的狀態，同時也在於公職人員的數目必須逐年降低，尤其在地方政府與次級自治機關（municipal）等層級，以及引進政府部門的改革計畫等」。此外，對於要求降低員工數目，以及改善政府部門服務績效等壓力的其他因素還包含有，社會大眾普遍對於政府部門的服務感到不滿，以及在許多國家出現「新右派」（New Right）的權力日漸增加，還有就是對於國家發展極為重要的教育與健康部門，其給老百姓的觀感極為不佳等。（Bach, 1999; Barlow et al., 1996; Farnham and Horton, 2000）

　　目前各國政府所接續發生的勞資關係改革，讓公職人員感覺到他們的權利受到剝奪。常見的干涉及影響包含有：文官的薪資待遇變成根據其實際的績效表現而決定；主管部門對於員工的工作狀況；具有較大的裁決權，以及薪資待遇等系統的切割，對於不同的職位領取不同的薪資，以適時反應市場的變動，並且增加聘雇人員（contingent workforce）的名額，取代專職公務員的工作等。此一趨勢，使得許多地方的工會紛紛採取防禦式的態勢，尤其當那些充斥著所謂的「右派政府」的國家，如1990年代初中期的英國、1990年代 [3]中晚期的澳洲及1990年代中期的紐西蘭等國家。接下來，無論我們是對新公共行政管理模式的典範案例，尚未進行任何的改革，或是改革當中的案例國家

3　雖然在這些同樣的國家中，左翼政府的改革策略多是大同小異，其所採用的方法，通常能減緩對於政府工會與其會員的不利影響。

加以檢視時，我們將發現，隨著改革的程度差別不同，公職人員對於上述等各項感受程度，其差異性也隨之增加。[4]

新公共行政管理模式案例

包括英國、紐西蘭及瑞典等國家都普遍被認為是施行新型公共行政管理模式實務的典範國家（Hood, 1996）。在過去的15年內，這三個國家根據新公共行政管理模式的概念，針對政府的勞資關係，進行大幅度的變革。而在每個案例裡所作的改變，其對於政府部門員工的特質與工作的執行，皆帶有極為重大的意涵。針對勞資關係的改革，這三個國家的政府部門不約而同地採取所謂的雙向策略（two-pronged approach）：包括藉由國營企業的私有化，進行政府部門的瘦身，以及針對主要部門進行重組，以尋求提供地方機關層級，更多實際操作上的彈性空間。

紐西蘭

1986年訂定的國有事業法（State-owned enterprise Act）以及1988年的政府部門法（State Sector Act），可稱得上為紐西蘭政府部門改革的重要里程碑。根據國有事業法的規定，許多具商業性的國營「貿易」事業組織，如紐西蘭國家航空公司、紐西蘭國家煤氣公司及紐西蘭電力公司等，都是自動地以國有事業的形式建立而成，並且被要求必須在企業營利的基礎上經營。而有些國營「企業」，如郵政銀行與國家電信，則是相繼地轉變成民營企業所有權的形式。[5]於是，受到上述改變的影響，部分政府部門服務的公職人員，其數目從1983年的66,000人，減低到1994年的34,500人的水準（Boston et al., 1996）。

根據1998年的政府部門法，提供服務的政府單位得以享有類似「政府執行機構」（executive agencies）的半自治（semi-autonomous）地位。雖然此一做法的立意是為了讓每個地方機關的主管單位，在員工的管理上，享有高層次的自主權，以求改進工作效率與服務水準，而員工就業條款的協商事宜，一開始則仍是由紐西蘭國家服務委員會（the state service commission, SSC）進行緊密的掌控。依照波士頓諸學者的說法（Boston et al., 1996: 230）「政府希望確保談判不會因為談判員沒有具備足夠的經驗，而對政府的財政狀況產生負面的影響」。1991年，紐西蘭國家服務委員會（SSC）便指派談判專家進駐，協

4　Hood（1996）將多個國家分類成「高度」、「中度」或「低度」新公共行政管理改革的國家。一般而言，本章大致上根據他的分類，但仍有例外，其中包含澳洲，雖然Hood的分類為「高度」新公共行政管理改革的國家，但在本章，澳洲卻被歸類為「中間」，而為Hood分類為「中度」的法國，在此則分類為「落後者」。

5　Boston等學者（1996）所提供的是從1987到1995年，公共部門改成「國營」企業的一個綜合性名單。

助執行單位機關的主管，然而這些談判權威卻仍須向國家服務委員會諮詢，才能進行相關的談判，而有時候，國家服務委員會甚至有權撤回這些權威專家的任命。此外，協商的結果，仍須確保對於國家的財政，不會造成任何的影響（Boston et al., 1996）。

上面的諸多變化，雖是根據政府部門法（SSA）所加以規定，但1983年至1990年執政的紐西蘭工黨政府（the Labor government），仍然保留傳統上勞資關係體系的諸多特色。例如：就政府部門公務人員的協商過程中，工會仍保持絕對的排他性權力，以及對於代理人職場（agency shop）的規定，公務人員必須強迫性的繳交會員費等條款，皆包含在制式的政府公務人員的工作條約內容。然而，在1991年，新任的紐西蘭國家黨（National government）卻訂立就業契約法（the Employment Contract Act, ECA），移除了工會原本所享有的特別權利。紐西蘭工黨強烈地反對就業契約法的施行，因為此法案，基本上是禁止所謂代理人職場的規定，而且使得紐西蘭政府公務人員的就業契約，從集體式轉變成個人式的就業契約模式。公職人員的談判能力，因諸多的立法而被大幅度的削減：紐西蘭國家服務委員會（SSC）認為，紐西蘭公務人員的薪資在1992年到1997年，減少6%的幅度（New Zealand state service commission, 1998）。而在2000年時，新工黨則是恢復了某些被就業契約法（ECA）所削減的公務人員集體談判權利。

瑞典

長久以來，由於瑞典的公務人員，占據極大部分的國內生產毛額（gross domestic product）比例，瑞典堪稱擁有全世界最大的公共部門組織。在1990年，其政府員工數約為全國總工作人數的31.7%（Wilks, 1996）。而面對日益困難的財政，瑞典政府在1990年代初期，便採取各種不同的步驟，以求能同時降低公共部門的員工人數，並且改革行政流程，以期能提昇公務員工作效能及效率。而在1990年至1996年期間，總計高達13個行政機關，陸續轉型成為上市公司，讓政府部門的員工減少大約18%的人數。[6]

雖然長久以來，瑞典的政府組織，多採取半自治的服務機構性質，而且直到1989年，其公務人員薪資待遇的決定流程，都是高度地由中央政府加以控管。瑞典的就業事務局（national agency for government employers, AgV）[7]與其主要政府部門的貿易聯合會（trade unions）達成協議，決定廢除統一的薪資等級系統，並以私人企業早已採用的受薪僱員制度取而代之，亦即「個人化的薪資系統及差別化的薪資制度（differentiated pay）」。（Andersson and Schager, 1999）

6　根據已開發國家（OECD）的公共管理服務（2000）統計顯示，在1990年瑞典政府部門所有的員工人數為1,275,000人，而到了1995年，則減少為1,044,000人。
7　AgV代表瑞典就業事務局。

根據瑞典政府部門中，前三名的貿易聯合會與就業事務局之間所成立的框架協議（frame agreement）內容來看，目前瑞典每個行政機構或地方政府，皆配置有所謂的薪資基金，用來支付公職人員所增加的薪資。在每一個行政機構的公職人員，他（她）們薪資的增加，皆須經由當地相關單位進行協商的過程。中央政府對於協商過程的影響，僅保留在決定薪資基金的金額（此一金額能有效地對於薪資的增加進行設限），以及確保最低薪資增加的規定。根據Roness的說法（2001: 181），即使工會「對於任何可能對薪資造成結構性改變的特定提議有所疑慮……但與其強烈的為整合進行反對，他們比較在意的仍是，在新型態的企業型態中，會員們是否能保有穩定的工作與良好的工作環境」。政府員工的薪資水準設定，通常是比照民營單位的類似職務所領取的薪資而決定。而每個行政機構皆有權選擇是否採用所謂的績效薪資（pay-for-performance）制度。

英國

如同紐西蘭與瑞典等國家，英國政府部門的勞資改革同樣地也是採取雙向策略的特色。首先就是藉由國營企業的私有化，進行公職人員數目的降低；其二則是重組政府主要部門的人事組織，以求在行政機構或地方單位，提供較大的行政彈性空間。在英國，隨著各個國營企業陸續的私有化，大約有80萬名的公職人員從政府部門轉移到民營機構（Pollitt and Bouckaert, 2000）。而根據統計顯示，英國政府部門的公職人員從1981年到1997年，總人數所減少的比例，竟高達約30%（Winchester and Bach, 1995）。

英國文官制度最主要的改革，就是將分權式的管理階層權限，改成半自動的政府服務單位，並稱為「續接計畫」的行政機關（'Next Steps' agencies）。正如同紐西蘭與瑞典等國家的文官制度改革，其目的不外乎是希望能藉由提供直線主管在工作實務上，享有更多的自主裁量權，以求能引發較大的服務效率，及提昇員工的工作績效。同樣的，也像紐西蘭與瑞典的發展一般，英國中央政府各單位對於文官薪資決定的控管權，也逐漸放手，只維持扮演重要的觀察及監督者角色。

雖然英國政府的「續接計畫」（Next Steps）早在1988年即開始採用，但直到1992年的公務人員法（the Civil Service Act）通過，銓敘部部長才得到授權，得以指派相關機關單位設定文官的薪資計畫與工作內容。而直到1996年，英國保守黨政府才停止與公務人員（service-wide）的交涉談判事宜（Fredman, 1999; Winchester and Bach, 1995）。從那時起，相關政府權限的指派，所涵蓋的內容變得極為廣泛，從規定國內文官聘用的期限與內容，甚至包括文官職務的分類、薪資的給付、職務津貼、人事費用、休假日、工時、出勤，兼職及其他相關工作安排，績效、升遷、退休年齡、冗員及部門之間員工的調度等等（Fredman, 1999: 56）。此一做法的立意，亦即所謂的「策略性人力資源管理」的概念，希望能讓每個行政機關根據「本身業務」的實際需求，設計出合適的人力資源政

策。雖然中央政府將諸多的權限，都紛紛委託交由地方機關或其他單位負責，中央與地方之間，就人事管理方面的控管與預算的控制，隱然卻仍存在有相當的緊張關係。地方機關與工會之間所達成的協議，仍然必須維持在中央所規定的「運轉成本」限制以內，同時也必須得到中央財政部的核可。[8]

伴隨著上述的諸多變化，接踵而來的就是以績效為基準的薪資模式的採用。雖然之後就陸續因工黨的執政而被加以擱置。根據學者Corby與White的說法，「自從1997年之後，基本上所有公務人員的薪資，至少有一部分的因素是依照個人的工作表現的評估而加以決定」。然而，學者Horton則認為，在英國工黨的執政之下，地方機關已經得到足夠的授權，可自行決定是否採用績效為主的薪資制度。

非新公共行政管理模式案例

學者Bach與Della Rocca認為，法國、德國與西班牙等國家，屬於「傳統公共行政管理模式」的忠實信徒。而所謂的新公共行政管理模式對於這三個國家，所造成的影響有限。其可能的原因不外是因為其企業組織模式（Corporatist Mode）的政府治理以及凡事依據法律的行政方法所致。

法國

法國之所以算是「傳統公共行政管理模式」的忠實信徒，除了以上的原因以外，還有就是學者Clark於1998年所指出的下列現象，才會造成僅有少數的法國地方機關施行新型公共行政管理模式。

- 法國是一個傳統的強權國家（strong state），其經濟的發展完全由國家所主導（'dirigisme'）；
- 法國的公職人員，尤其是所謂的菁英文官團（the elite grands corps）享有極高的社會與政經地位；
- 長久以來，法國的官員制度（the prefectoral system）皆是以中央為主的行政系統。[9]

---

8 包含國家健康醫療服務單位（the National Health Service）的醫療員工在內，政府部門員工的主要小組，仍是經由全國性的薪資審議機關（national pay review bodies），進行員工薪資的設定。藉由薪資審議機關向政府提出增加薪資的建議，並且多半都會得到政府的核准。於是，不同於改革文官制度的重點便在於，即使政府將員工的薪資設定權力下放至地方機關，國家健康醫療服務部門仍是由中央所掌控，而地方性的健康醫療服務機關，仍隸屬於一全國性架構之下，並允許地方機關享有適度的彈性空間（White, 1999）。
9 最好的狀況就是扮演每個部門的中央政府代表，而「執行監督的權力或是對於地方選出的政治人物的決定，事先取得核准」（Clark, 1998: 99）。

　　正如同法國政府行政部門悠久的傳統歷史，其公職人員薪資的設定，是高度地由中央所掌控。無論是與中央部會內的員工，地方機關，以及公立醫院的職員所屬的七大主要員工工會（public employee unions）之間的談判協商，都是由中央所主導進行。而上述所有三大部會的員工，所適用的皆是相同的一套薪資福利配套。雖然法律上員工的薪資必須經由協商談判的過程，但如果雙方無法達成協議，政府仍然保有單方面即可做出裁定的權利。除了警察等特定公家職務為例外，其他政府部門的員工都享有罷工的權利。

　　雖然法國政府部門的員工薪資級別是由中央所設定，而薪資的晉級增加則是根據年資依序累進，此一津貼與紅利分發的系統，讓政府員工的薪資調整得以適時地根據市場狀況，享有某種程度的彈性空間。平均來說，津貼與紅利所包含的，大約20%是基本底薪，而不同的專業領域，則會有相當大差異的比例（OECD, 1997）。根據學者Burnham（2000: 110）的意見，「薪資的調整，主要仍是根據工作的年資，採取漸進式增加等級的方式……。政府部門員工，大部分的津貼與紅利，與其職務所需的特別技能表現沒有任何的關係」。

　　雖然法國政府的行政，多是由中央所集權控管，並設有極為嚴格的規定，法國政府偶爾仍會依據新型公共行政管理模式的概念，試圖嘗試進行現代化的改革。1991年，法國政府提供郵政與電信服務等國營企業進行私有化的轉型，並成功地將公共部門的聘雇人數降低大約440,000人（Guillotin and Meurs, 1999）。此外，根據法國的法律，政府員工有權經由「協和商議」（concertation）的進行，參與本身工作狀況的決定過程（Bazex, 1987）。

　　學者Clark（1998）、Flynn和Strehl（1996）等對於法國政府的行政改革做了以下的描述。比如說，在1980年代晚期，羅卡爾總理（Prime Minister Rocard）發起一行政現代化的活動，藉由在地方設立207個「責任中心」（Centres de Responsabilites, CDR）（Clark, 1998; Postif, 1997）的系統，將人事的控管權從中央下放，由區域機關負責，以求「更新」（renovate）政府內部行政的工作關係。而類似目前在英國、紐西蘭、瑞典等國政府的各部門間所常規施行的「契約化概念」（contractualization）體制，法國地方機關所設立的責任中心（CDR），其執行主管的工作就是「代表單位內的員工，向中央政府進行協商，以設定員工的工作目標與內容，同時進行對話以協議出相關所需的預算」（Flynn and Strehl, 1996: 113）。此外，並在1995年試圖將各部會（ministries）轉型成為控股公司（holding companies），將其角色設限在「負責政策的設定，資源配置，以及績效的監督與評估」（Clark, 1998: 107）。然而，引用Fialaire（1993）的文章所示，Flynn和Strehl（1996）認為，「法國政府所設立的責任中心並未達到之前預期所能帶來的管理自主性」，也就是說，「實際上，法國的財政部仍然將大部分的預算控制權抓在手上，因為

財政部擔心本身的權力會因此受到挑戰，而不願放手改革成為全球性的運作經費預算系統」。

　　此外，包括高階公務員以及政府員工的工會，也都不贊成地方分權制度的採用。根據學者Burnham（2000）所言，工會仍然支持採用中央決定的薪資決議流程系統（the centralized pay setting process），因為唯有如此，「才能保障他們權力的主要來源」，於是工會便成為「政府部門人力資源管理無法彈性化的一個主要的原因」。

德國

　　學者Keller（1999）認為，由於德國並未高度地採用新公共行政管理模式，於是讓聯邦政府在服務提供改革方面，僅能扮演有限的角色，並使得國會公務員代表比率過高，以及高度中央化結構的集體談判。根據學者Bach和Della Rocca（2000: 93）等學者的觀察發現，「德國政府所精心設計的共同決定權，稀釋了政府對於管理文化發展的可能性」，而學者Naschold 和 Arnkil（1997: 285）則評論表示，德國政府本身，乃是屬於一群「拒絕以結果作為施政導向……以及藉由競爭性的工具與私有化的計畫，選擇性的降低政府掌管的範疇」等類型的國家。

　　不論是公務員或是非公務員（包括Angestellte──約聘雇職員（nonmanual）與Arbeiter──工友（manual）），此兩者公職人員的薪資設定，普遍仍由中央政府所控管，並一致化員工的聘雇條件。雖然德國禁止公務員對於本身的薪資，有任何談判的權利，而其他佔了政府公職人員大約60%比例的非公務員（包括約聘雇職員及工友），卻可就其薪資與工作狀況，與政府雇主進行協商談判。代表公職人員進行談判的工會，主要涵蓋聯邦，邦（Lander）與地方等三種層級。一般來說，公務員所增加的薪資，與非公務員（the Angestellte and Arbeiter）所協商而得的金額是相同的（OECD, 1993）。正如同法國一樣，特殊津貼提供了德國公職人員，在薪資的決定上，有些許程度的彈性空間。學者Keller（1999），引用Tondorf（1995）的說法，認為「由於具有絕對集體性與一致性等特色，員工薪資的給付與個人的工作表現不具關聯，還有就是高度的工作保障，在在讓德國政府的人事薪資系統，被普遍批評為高度僵硬，不具任何彈性」。

　　即使德國政府普遍受到「行政規例所主導」，然而新公共行政管理的理念對於德國所造成的影響，仍是十分地明顯。某些由政府所獨佔的事業，如郵政與鐵路服務等國營事業，根據1997年通過的文官改革法（the Civil Service Reform Law）相續地轉形成民營化的公司。這些民營後的獨占事業，「已立法將較多比重放在員工的工作表現與績效，以評估與管理員工」（OECD, 1997: 55）。政府部門的勞資關係，也逐漸與民營企業出現相同的特色，亦即員工的工作狀況與內容，由員工事務委員會（staff council）與雇主「共同協商決定」（codetermination）。藉由共同協商決定的過程，遴選出的員工事務委員會享

有「『共同協商決定』的法定權利，其涵蓋的部分極為廣泛，除了經濟事務之外，委員會對於社會性與人事性等相關事務，具有全面資訊權利的否決權（如：聘雇、升遷、轉職等）」（Keller, 1999: 75）。

而與新公共行政管理理念一致的改革活動，則是在邦與地方的層級展開進行。有些德國的自治區，包括與紐西蘭及英國的執行機關類型相同的「特別化部門」，開始施行所謂的模範城市提爾堡模式（The Tillburg model）（Klages and Loffler, 1996）。在德國的一些地方，由「與工作場所相關的參與模式」已逐漸導致作為員工代表的「工會角色的消失」（Keller, 1999）。此外，政府部門的兼職員工，其數目也出現相當程度的增加（Keller, 1999）。

西班牙

長久以來，西班牙的公共行政皆是朝著「尊重法律」的方向發展。也就是說，西班牙的公共行政是，「極為強調法律的規定及法典編纂，以確保所有事件處理上的一致性與公平性」。此外，西班牙諸多的公務單位，其最高行政首長，都是具有律師的專業背景（Parrado, 1996: 260）。西班牙與法國極為相似之處在於，皆是由文官團（administrative 'corps'），主導中央政府組成的文官系統。而此一現象，便成了妨礙政府組織現代化的障礙物。而除了負責行政與管理職務的政府職員所組成的常任文官團（the general corps），還有就是由經濟專家、會計師、外交官及教授等在內的特別文官團（the special corps），此兩者對於西班牙公務員的招募與選拔相關流程，都具有決定性的掌控權（Parrado, 1996）。

對於代表西班牙中央機關高達50%人力比例的非公務員類政府員工而言，他（她）們與民營企業的員工一樣，同樣享有充分的協商談判權利。相對的，公務員的談判權卻必須受到特殊法律所規範。此法律規定，產業工會得以代表員工，並進行協商的程序。然而，就如同法國的狀況，協商的開放程度，仍然受到政府的規範，如果協商出現僵局，政府依然享有單方面就可決定員工的工作條件等相關權利（Jodar et al., 1999）。

協商可分成兩種層次，即一般性與個別的協商。一般性的聯合委員會，針對所有中央政府公務員的一般性就業狀況進行協商。而個別的協商則針對如教育、健保、郵政與法院等個別部門的聘雇狀況進行協商。而除了某些特定的部會，如軍隊與警察等例外，其他的公務員皆有權利為了維護本身的權益而採取集體罷工的方式。

正如同法國對於政府職員採用「薪資津貼」的制度，西班牙所謂的「補助金」（supplements）制度，也兼具相似的功能，提供政府薪資系統某種程度上的彈性空間。補助金制度包含了「針對需要付出特別的奉獻，或是擔負特別責任，或擁有特別工作技能等相關的特別職務所設計」的「特別」補助金，以及年資補助金（seniority supplement）與

生產力補助金（Productivity supplement）（Albert et al., 1999: 234）。

　　根據學者Parrado（1996）所闡述，開始於1980年代末期的西班牙政府改革，所達到的成效並不是太令人滿意。其改革的內容，當然不外於新公共行政的管理模式；也就是說，其所包含的內容為，提供所有的「地方自治組織機關」，在人力與預算資源管理方面，享有高度的自治空間。而負責管理這些單位機關的主管必須，「在不受到中央單位對於預算與人力進行詳盡的控管狀況下，事先設立機關本身的工作目標，並使用合適的資源，尋求目標的達成」（p. 268）。然而，根據Parrado的認定（p. 268），此一理論卻是「受到其他平行部會強烈的抗議，尤其來自經濟部與財政部會最為激烈，因為如此的做法，將對這些部會的權力產生負面的影響」。

介於新公共行政管理模式與非新公共行政管理模式之間的案例

　　對於澳洲、義大利與美國等國家所實施的公共行政改革，其程度雖高於法國、德國與西班牙等國家，然而所達到的成效卻遠低於紐西蘭、瑞典或英國。

澳洲

　　過去十年以內，澳洲公共行政管理的變革，包括勞資關係等因素，充分反應出受到新型公共行政管理模式影響的影子。首先，對於國營企業的民營化，如澳洲衛星系統（Aussat）、澳洲聯邦銀行（the Commonwealth Bank）、澳洲航空（Qantas Airlines），以及澳洲鐵路局（Australian National Railways）等，出現「政府職員的聘雇人數，減少的幅度極為明顯」（Fairbrother and MacDonald, 1999: 351）。雖然沒有採用半自助的政府服務機關制度，澳洲政府卻能夠經由其他多種類型的機制，順利地將政府部門職員的薪資設定權限下放，交由地方機關主管全權負責。

　　澳洲工黨（the Labor Party）的執政期間（1983-1992年），對於聯邦政府職員的薪資與其他相關工作情形，進行極為廣泛的諮詢與協商過程。然而自從聯盟黨（the Coalition Government）在1996年取得執政後，澳洲政府文官的聘雇制度，卻從集體式合約簽訂，轉變成為個人式合約，於是便不得不連署，尋求由工會代表個別員工，進行合約的簽署（O' Brien and Fairbrother, 2000）。

　　之後的發展，雖然無法得到參議院的同意通過，執政聯盟黨卻從行政方面，執行1997年的公共服務草案（the Public Service Bill）條文。根據此一法規，政府人事與薪資相關事宜，其主管的權限，大幅度地委託至地方公共部門。學者Fairbrother和MacDonald（1999: 352）便評論認為，根據「公共服務草案」的設計，「政府部門人員的招募權力

（主觀決定）主要應該由行政主管或是行政首長（Secretaries (or Chief Executive)）為主負責，而政府與職員之間主要的聘雇關係，應該隸屬地方機關的層級（澳洲公共服務暨功績保障委員會Australian Public Service and Merit Protection Commission, 1999: 14）權限範圍……根據此一新的人事體系，包括雇用、升遷及轉職等一般聘雇關係，仍將維持在澳洲公務員服務（APS, Australian Public Service）的政府聘雇架構下，而至於員工的工作職責與其工作地點，將由部門行政主管所決定」。

然而，即使澳洲政府進行上述的諸多改革，關於政府員工的薪資設定，中央部會幕僚單位，仍持續扮演重要的角色。而勞資關係與中小企業部門（The Department of Workplace Relations and Small Business, DWRSB）所被賦予扮演的角色，則是監督（即看門狗，watchdog）的角色。以求能確保所有聯邦政府公職人員的聘雇，皆能夠完全符合規定的程序。而地方機關的所有聘雇合約，皆須得到勞資關係與中小企業部門（DWRSB）的許可，對於基金、職位分類與績效管理等條約內容，也必須符合既定政策等相關準則。

義大利

義大利政府部門職員的薪資決定，長久以來都是相當片段，並且由中央所掌控。包含中央行政單位、國營企業、地方行政單位、國營組織單位（parasstal bodies）以及國家健康醫療服務單位（the National Health Service）等8個個別部會，分別採用個別協商的方式以制定員工的薪資。各個工會與政府之間的協商，皆是在中央部會進行，而薪資給付的相關指導，則由較低階級的行政機關執行，其目的仍是為了不讓薪資的變動有太多的彈性。而根據1983年的93法案（Act 93），所有政府員工的合約，必須經由部長理事會（the Council of Ministers）的核可通過，以求符合政府的預算限制（Treu, 1987）。

在1993年，為了配合歐洲貨幣聯盟（the European Monetary Union）的規定，義大利政府開始進行行政方面的相關改革。根據1993年的第29條法規，公共部門的勞資關係，必須與民營部門相互一致。而一個新的機關（ARAN）[10]，便是為了能夠在中央與地方部會，代表政府員工與政府進行適當協商而誕生。根據Bordogna、Dell'Aringa和Della Rocca（1999: 115）等學者，「以往關於政府職員薪水與工資的決定，多半受到國會或行政法院所干預。如今此一決定權則幾乎完全交由專門的部會進行集體性的協商」。根據中央集體協議條約，各個部門中，即使是不同等級的員工，其基本薪資都是固定的，但在地方機關的管理階級方面，有相當的權限允許在基本薪資以外，「根據員工的個人表現，分次給付員工小金額的紅利」的自治空間（Bach and Della Rocca, 2000: 89）。

根據新公共管理模式的概念，義大利政府在1993年所進行的改革，「重新對政府部

---

10 ARAN所代表的是Agenzia per la rappresentanza sindacle nel pubblico impiego。

門管理階層應負的責任加以定義。有別於以往僅著重確保形式化行政程序的合法，如何就員工的效率與效能的結果加以衡量，才是必須重視的……」（Bordogna et al., 1999: 115）。然而，Bach 和 Della Rocca（2000: 93）則提出警告認為，受限於行政架構與法律規定持續的設限規定，如人員的聘雇與升遷等人事政策等法規，「義大利政府雖然試圖做出諸多『人事管理授權』的改革嘗試，卻不見太大的成效」。

美國

在美國總統柯林頓執政下所成立的全國績效評鑑（National Performance Review），此機關雖然結合部分新公共行政管理形式的改革，然而在公共部門所產生的效果卻是有限。美國聯邦政府通常不與各個工會進行薪資的協商，如此便限制了工會代表的角色。[11] 柯林頓總統尋求藉由1993年的第12871號行政命令（Executive Order 12871），讓工會在勞資關係與政府的合作模式中，扮演更具實質化的角色。正如同新公共行政管理對於聘雇的授權所強調，根據第12871號行政命令要聯邦員工工會的領袖，以及高階與執行層級的管理官員所組成。此委員所應擔負的責任是，與總統及副總統通力合作，進行政府行政執行部門的改革，監督主要聯邦部會與地方機關間的合夥關係委員會的建立，並做出法定上的建議，以促進產生更好的職場關係（workplace relations）。

在1994年至1995年間，美國政府試圖在文官系統所作的改革，卻冒犯了共和黨，引起共和黨更加厭惡工會在職場上角色的提昇（Thompson, 2001）。然而，根據第12871號行政命令的規定，在沒有國會的參與情況下，就能夠達成上述的改革。尤其是此一行政命令特別要求相關機關主管，「針對第5 U.S.C. 7106(b) (1)節法案所提出的主題進行協商，並且指導下級官員作同樣的協商」。第7106(b)節設定可以直接進行管理，但不需要進行協商的議題。[12] 然而直到柯林頓政府後期，此一規定普遍都被地方機關所故意忽略，最後在政府員工的工會提出強力要求，相關的協商才得以進行。當員工工會在1999年，試圖讓法院命令地方行政機關，針對相關的事項進行協商，此一議題已到了嚴重的關頭。經由法院判決，規定此一行政命令只能由總統藉由其職權加以執行，指派並開除地方機關的主管。而一般的情況下，在面對管理階層與地方機關的抗拒下，柯林頓總統並不願意採取法院所作的判決（Friel, 1999）。

---

11 郵政總局（the Postal Service），估計約有超過80萬名的員工，便是一個重要的例外。根據1970年郵政總局組織重整法案（the Postal Service Reorganization Act）的規定，郵局得以與其職員進行薪資的協商。

12 7196(b)(1)條例規定，「本條例不得排除任何的機關或是勞工組織，進行下列相關的協商」：
    1. 機關進行選舉時，對於員工的人數，類型，等級或是指派到任何組織分會的職位，工作計畫，或是職務（tour of duty），或是工作執行的技能，方法，或手段等協商；
    2. 根據此節法令，機關的主管對於所有相關當局進行監督的流程等協商；
    3. 對於員工因此節法令，針對任何管理權利的執行所造成的負面影響，協商以提供合適的安排。

　　美國在2001年由人事管理局委託，對上述的合夥關係計畫開始進行評估，才發現諸多成功的指標；針對調查的政府管理階層與工會代表中，有55%的比例贊同，國家夥伴關係委員會所扮演的是一個重要的決策體。[13]而調查的結果顯示，合夥關係已經改善了勞資雙方的溝通與勞資關係。然而，相對上卻只有少數的參與者認為，此一合夥關係的確減少相當程度的成本，或是達到生產力的改善（Masters, 2001）。

　　美國副總統高爾曾經試圖效法英國的「續接計畫」（Next Step），藉由推薦遴選的政府服務部隊，成立「績效基礎組織」（performance-based organization, PBOs）。此一類似英國與紐西蘭的執行機關，其機關單位的負責主管，必須享有額外的管理空間，並且負責達到特定的績效目標。寬幅待遇的結構，顧名思義就是讓政府員工的待遇，能夠和員工個人的表現，產生直接的關聯，以求能在薪資方面，提供較多的彈性空間。而在這12個由行政單位所提議，賦予「績效基礎組織」法定地位的執行機關，國會僅核准成立2個，而沒有一個享有設定寬幅待遇的薪資結構（Thompson, 2001）。

已開發國家的勞資關係趨勢

　　隨著經濟全球化與競爭力提昇的壓力日趨增益，直接的結果就是造成各國政府，陸續地結合新公共行政管理模式，革新政府的行政管理。經濟自由化的支持者認為，政府部門的管理實務，應可作為經濟表現的一個重要指標，而引領著政府必須提昇競爭力的市場邏輯，則必須應用在政府部門官僚的管理方面。彈性（flexibility），是政府部門在未來的改革上，所需追尋並達到的一個正字標記（hallmark）。政府部門以往改革所使用的傳統工具，多半成效不彰而且也不適合，尤其不見得適宜現今多變的經濟環境。政府的行政部門，應該如何增加其競爭力，並面對多變的環境，這一切皆需採用更為靈敏的制度與方法。同樣的，這也暗示了，政府官僚體系行政的民營化與地方分權，是在所難免的。只有結果成功才是最重要的，毋需注重枝微末節等僵硬的法規，才是政府負責任的做法。

　　政府革新中最受影響的，不外乎是政府行政管理實務中的勞資關係與薪資設定。表4.1針對新公共管理模式／市場邏輯，就勞資關係方面，列出了各個主要的面向。正如同新公共行政管理模式所強調，分權化的動態管理，地方執行機關在包括薪資系統等資

---

13 位於54區的八大機關中，總共有651位合夥關係委員會參與者接受進行研究的調查（Master, 2001）。

源管理上，必須得到較大的置喙空間，才有能力將個別的薪資系統修製成適合機關本身個別的需求。而對於績效表現的要求，地方機關面對外在的市場，必須在聘雇與升遷方面，具有足夠的競爭力，才能吸引具特殊技能的文官，以求達到高水準的工作表現。在薪資規定上，則必須能夠在聘雇與升遷時，將員工個人的特色與長處加以考量。新公共行政管理模式，所蘊含的經濟學邏輯，更進一步地要求執行經理必須享有適當的權力，藉由薪資作為獎賞或約束員工的基礎。各別的執行機關，各自設定不同的薪資系統，這也代表薪資的規定完全由地方所設定，而地方機關的主管，也擁有極大的協商權力，員工的聘雇以簽訂合約的方式，而非依照法令辦理，對於派遣員工（兼職員工）的人力方面，也有較大的運用空間。

　　表4.1顯示出在1985-2000年期間，各國政府在行政管理的改革上，勞資關係／薪資設定等實務上，相關選項可供採用的程度。如表所示，行政改革的方向其實極為廣泛，尤其對那些高度採用新公共行政管理模式的國家而言。雖然實際上的改革程度，在實施時受到其他因素影響而落後進度，但正如上述所討論的，即使對那些並未大幅度採用新公共行政管理模式進行改革的國家來說，新公共行政管理模式的概念，也得到相當的益處。像是法國的「責任中心」（Centres de Responsabilites, CDR）、德國的「提爾堡模式」，以及西班牙所試行的官僚現代化（bureaucratic modernization）政策等，都是很好的範例。

　　世界各國政府廣泛地採用新公共行政管理概念，進行其國內政府部門的行政改革，甚至只要對於此概念進行探討，都更加地有助於匯流假設（convergence hypothesis）的支持。然而，當行政改革得以正式地採用新的方法進行時，我們卻發現，在改革過程中所出現的各種干涉現象，其所控制的程度，將帶來更多的問題。行政改革施行的時候，任何輕微的因素，都可能破壞改革計畫所欲達成的目標。舉例來說，美國聯邦政府員工的薪資，表面上直接與員工的工作表現有關；大部分政府部門裡的協商單位的員工，其薪資的「階級」晉陞（'step' increases），極少數是根據工作表現評估而決定。然而，只有相當小規模的政府員工，其工作表現會被評為不佳，導致所謂的「階級」晉陞，其實根本就是自動性的晉陞。而同樣的，雖然義大利政府採用的是以工作表現決定員工的薪資制度，但根據Ruffini（2000）的評論，因為政府的資金不足，此一制度的施行事實上並未達成太多的效用。

表4.1　已開發國家政府部門勞資關係的變化與薪資訂定等實務，1985-2000

	新公共行政管理模式案例			介於新公共行政與非新公共行政管理模式案例			非新公共行政管理模式案例		
	紐西蘭	瑞典	英國	澳洲	義大利	美國	法國	德國	西班牙
薪資的決定									
薪資協商：集權>分權	xx	xx	xx	x	x				
部門機關間的薪資規定：一致性>多變	xx	xx	xx	x	x	x			x
薪資架構的設定：內部的公平>外部的均衡性	xx	xx	x	x					x
薪資單位：集體式的>個人的	xx	x	x						
薪資級數：年資>工作表現	x	x	x	x	x			x	
聘用制度									
人力配置：永久性／專職>彈性式／約聘	x	x	x	x	x	x	x	xx	
聘用的法定基礎：法規式>契約式	x	x			x				
合夥關係									
結果的決定：單方面的>雙方面的		x			x			x*	
協商的範圍：狹隘的>寬廣的		x					x	xx*	x

xx：主要的重點／變化；x：其次的強調／變化

＊：僅包含Angestellte 與Arbeiter（非政府專職人員）

　　上述所描述的案例，其表象下所隱藏的真實狀況，通常有時就是政府行政改革的特有性質。然而，在工作上，同樣也存在著政府治理結構上多層級的迫切性與新公共行政管理下的地方分權，具彈性且市場導向的邏輯之間的一個基本上的衝突。而關於政府員工薪資的決定過程，讓此一衝突尤其更加明顯。因為員工薪資的決定過程中，政府本身必須對於費用維持緊密的控管，此舉是直接地與新公共行政管理概念所提倡，將員工薪資與工作條件等協商的權力下放的理念相互衝突。一般而言，預算控制對政府的重要性，遠高於要求官僚系統改善工作表現的考量。

　　即使像是那些奉行實施「新公共行政管理」理論的政府部門，仍然對中央預算，維持緊密的控制。比如像英國的案例中，學者Winchester和Bach（1995: 30）的報告便顯示認為：

　　英國政府已經援引複事業部公司（multidivisional company）型態的模式。由政府部門中心（即「總部辦事處」）負責大部分的戰略性決策以及監督個別組織單位的財務績效表現與服務水準；而這些個別組織單位的高階主管，則負責追求實際操作上的效率提昇。

　　正如上述模式所顯示，「貿易工會協商代表與高階主管……表示，財政部對於協商達成的結果，仍發揮強有力的影響」。學者White（1999: 85）則證實，「建立新的薪資制度，其空間大小，仍然受到中央政府嚴格的控管，而所有的改變皆須取得財政部的認可，才算生效。即使是薪資給付的問題，在與工會協商開始之前，都須經由財政部接受才可以進行」。

　　澳洲的聯盟黨政府，在1990年代後期，以極為積極的態度實施新公共行政管理模式的改革。學者Fairbrother和MacDonald（1999: 352）的報告便顯示：

　　雖然在總理霍華德執政下的澳洲政府，亟欲針對政府部門的勞資關係（industrial relations），採用朝向地方分權（如果不是解除管制（deregulated））的改革模式，中小企業、職場關係部門（the Department of Workplace Relations and Small Business, DWRSB）便負責扮演重要的看門狗角色，其目的乃是為了確保所有聯邦政府人員的招聘程序，完全符合政府的程序規定。此外，人員招聘的認證協定（Certified Agreement），必須得到中小企業、職場關係部門，分別在「第一階段」（即提案階段）與「第二階段」（事前推薦階段）的許可，才符合接受工會會員或職員投票通過的資格。而為了得到許可，此一招聘程序必須遵守十二條法令以上的規定，其中包含了基金招募、職務分類結構、員工績效管理、獎賞、其他協定與立法等關係。

組織的合夥關係與工作場所

　　當政府部門希望維持中央的掌控權，以確保責任歸屬，而新公共行政管理理念，則主權力下放的重要性，此兩者之間的明顯衝突，讓我們不得不對新公共行政管理概念的長期發展與生存性，提出質疑。學者Naschold（1996）將「以規定為導向」（rule-steering）的傳統行政管理方法，與新公共行政管理理論的「以結果為導向」（result-steering）相互結合。他認為（請參考p. 129），「無論是以結果為導向，或是以規定為導向，兩者之間的不平衡是沒有穩定的可能性。而已開發國家的政府行政現代化經驗則已經明確顯示出……結果管理（management by results, MbR）的行政管理制度，極為容易受

到以規定為導向的傳統管理方法所帶來的壓力影響，而若是無法藉由政治動員（political mobilization）的方法，取得適當的激勵並跨越固定的門檻標準（threshold level），那就會退化成呆板的官僚公文作業流程（bureaucratic paperwork）」。同樣的，根據學者Massey（1997: 6）的觀察發現，將此新舊兩種方法相互結合的嘗試，乃是「不可能成功的任務」。因為每一種方法「各有其本身的邏輯，而如果將其中一種方法，使用達到極端的情況，就可能會毀滅另一方法的所有可能性」（Hood, 1995）。

　　於是，關鍵在於，究竟不同的公共行政管理方法，其特色能否同時達到責任歸屬與績效的需求。就學者Naschold（1996）的立場認為，主要的關鍵在於公共行政管理與「工作組織」的變化，兩者相互結合的程度，是否有助於員工發展其相關的工作能力，並改善工作生涯的品質。於是，其蘊藏的理念所衍生而出，如全面品質管理（Total Quality Management）等計畫，就是替員工的參與，以及引發員工潛力等概念加以背書。而支持這些理念的人則深信，「人道主義」的理論，認為政府組織若能重視員工的社會與心理的需求，員工對於組織的目標，就能達到較高層次的承諾。（Abrahamson, 1997; Walton, 1980）

　　種種資料顯示，除了少數的國家例外（如瑞典），大部分國家的政府部門，其行政改革都不是以「人道主義」的理論為出發點。而一般來說，員工的分級或是歸類，也不是由上述所提及的這些變化所造成的。學者Horton（2000: 230）認為，在英國「的確有證據顯示，員工對政府普遍存在有高度的不滿與壓力，而某些政府職員，尤其像國家衛生福利部（NHS）與教育單位的員工，其所顯現的低士氣，似乎達到前所未有的高潮」。而根據勞資關係評比與報告期刊（the Industrial Relations Review and Report, 1993: 5）所述，「所有公職人員的工會與全國文官聯盟（The Council of Civil Service Unions, CCSU），對於全國性薪資協約的終止，薪資協商的地方分權，以及其他工作服務狀況的指派等變化，都是採取抵抗的態度。尤其特別反對的是，薪資委託的引用與適用性上的延伸」。根據Winchester和Bach（1995: 41）的報告顯示，在他們從事研究的6個歐洲國家裡，貿易工會與雇主之間的權力平衡（the balance of power），斷然地已成為有利於後者的現象。Naschold（1996: 55）則針對英國的強制性競標（compulsory competitive tendering, CCT）所作的研究中發現，「大部分的研究案例，無論是超過或低於基本薪資的額外附帶利益（additional fringe benefits）都被縮減，而工作條件日益惡化，工作機會也相當程度地減少」。Naschold（P. 59）更引述Walsh（1993）的研究發現指出，「在大多數的研究案例中，受到（英國政府部門所引進的現代化計畫）所影響，使得政府部門生產力增加的主要原因為，政府官員層級的縮減，薪資水準的減少，以及工作條件的惡化」。

　　而在美國，政府部門的組織與個人化發展的方法包括有，團隊的形成、員工參與、

合夥關係、擴大就業，以及工作流程再造等方法，都屬於國家績效評審委員會（National Performance Review, NPR）官方正式採用的部分。然而，Doeringer等學者（1996: 184）卻指出，「美國政府行政管理部門與職員的心聲，此兩者之間長久以來的衝突」，主要是由於「原本希望將更多員工的心聲轉移到功績模式（merit model）的方法」，然而功績模式卻受限於管理特權，而產生一個「長期性系統上的問題」。

學者Fairbrother和MacDonald（1999: 353）指出，1980年代澳洲執政工黨，開始諸多的改革以促進產業民主（industrial democracy）與員工參與（employee participation）。然而，到了1990年代中期，這些嘗試大多陸續停止，其部分的原因乃在於強迫性的參與實驗以及企業協商的採用，兩者之所間出現的競爭性需求。

學者Naschold（1996）指出，在11個已開發國家（OECD）中，只有四個國家認同「工作組織」乃屬於改革計畫的一部分。這四個國家分別為丹麥、瑞典、挪威與荷蘭。而根據Naschold（1996: 34）的認定，英國與紐西蘭都顯現出，「新泰勒主義」的結構及「低落的人力資源水準」等特色。他認為，重要的部分在於，勞動過程的改變，將會讓「文官管理改革續漸脫鉤（decoupling）」，如此「便能讓官僚性分工的傳統形式永存不朽……或是在民營部門的市場模式架構下，造成管理上大量生產力的新泰勒主義」。Naschold（P. 62）並強調，「政府公共部門現代化，其最重要的挑戰就在於，如何共同開發管理階層與勞動階級等過程」。

學者Naschold（1996）所作的分析所帶來的意涵認為，如果政府部門的組織，缺少更多基本面的重新調整，那麼，即使那些奉行新公共行政管理改革的國家，如紐西蘭及英國等，都極有可能退步到「以規定為導向」（rule-steering）的傳統性行政管理方法，作為政府行政管理的基礎。並使得上述的諸多國家中，只剩下瑞典，還能夠持續政府的行政改革。其原因在於，對於新公共行政管理的支持者而言，問題在於瑞典改革的成功似乎某種程度上，歸功於其特殊的歷史與文化等方面，包括統合主義（corporatist）及共識型（consensual）的方法，有助於治理瑞典這個國土小且人口統計同質性高（demographic homogeneity）的國家。

結論

本章的研究顯示，就政府部門勞資關係的實務而言，新公共行政管理的改革理念，在世界各國受到高度的採用。尤其值得注意的是，新公共行政管理所力倡的，下放政府員工的薪資決定權，交由地方機關負責，使得薪資不再是一成不變，而是與員工的績效

表現相關聯，以及擴大範圍採用約僱人員的方法，並且對於薪資的制定，不光是以內部為參考基準，同時也參考外在民營部門的實際薪資水準。而即使那些並未積極採用新公共行政管理改革的國家來說，雖然受到諸多歷史的前後因素，妨礙其改革的施行，新公共行政管理方法，對於政府治理的優點，卻是顯而易見的。

　　這樣的結果顯示，大多數歸因於奉行經濟邏輯支持者，認為經濟生產力的增加與繁榮，將能產生前所未有的優異表現。而此一邏輯所隱含的機構性分解（institutional disaggretation），已漸漸破壞了類似文官服務等集體主義組織的發展，同時對於地位較低的族群，包括了普通職員（rank-and-file）在內，原本所應享有的工作權利之保障。然而，此經濟邏輯的延伸，對於國家權力本身，造成極大的的挑戰。直至今日，許多國家的政府部門，在面臨類似的挑戰時，只有選擇在改革的實質內容上進行妥協。

　　對於行政改革者而言，長途的挑戰將形塑出另一種模式，讓改革得以容納政府對於工作績效與責任歸屬，兩個互相衝突的需求。如果，如同Naschold所提的建議顯示，「工作組織」的面向，才是問題的真正重點，那麼「勞資關係」，將在政府行政改革的策略上，扮演更加重要的角色。

參考文獻

Abrahamson, E. (1997) 'The emergence and prevalence of employee management rhetorics: the effects of long waves, labor unions, and turnover, 1987 to 1992', *Academy of Management Journal*, 40: 491–533.

Albert, C., Jimeno, J. and Moreno, G. (1999) 'Pay determination in the Spanish public sector,' in R. Elliott, C. Lucifora and D. Meurs (eds), *Public Sector Pay Determination in the European Union*. New York: St Martin's Press.

Andersson, P. and Schager, N. (1999) 'The reform of pay determination in the Swedish public sector', in R. Elliott, C. Lucifora, and D. Meurs (eds), *Public Sector Pay Determination in the European Union*. New York: St Martin's Press.

Australian Public Service and Merit Protection Commission (1999) 'Agreement Making'. www.psmpc.gov.au/publications98/apsreformsummary.pdf, 16/7/99.

Bach, S. (1999) 'Europe: changing public service employment relations', in S. Bach, L. Bordogna, G. Della Rocca and D. Winchester (eds), *Public Service Employment Relations in Europe: Transformation, Modernization, or Inertia*? Routledge: London.

Bach, S. and Della Rocca, G. (2000) 'The management strategies of public service employers in Europe', *Industrial Relations Journal*, 31 (2): 82–96.

Barlow, J., Farnham, D., Horton, S. and Ridley, F. (1996) Comparing public managers, in D. Farnham, S. Horton, J. Barlow and A. Hondeghem, *New Public Managers in Europe: Public Servants in Transition*. London:Macmillan Business.

Bazex, M. (1987) 'Labour relations in the public service in France', in T. Treu et al. (eds), *Public Service*

Labour Relations: Recent Trends and Future Prospects: A Comparative Survey of Seven Industrialised Market Economy Countries. Geneva: International Labour Office.

Bordogna, L., Dell'Aringa, C. and Della Rocca, G. (1999) 'Italy: a case of coordinated decentralization', in S. Bach, L. Bordogna, G. Della Rocca and D. Winchester, *Public Service Employment Relations in Europe: Transformation, Modernization, or Inertia*? London: Routledge.

Boston, J., Martin, J. Pallot, J. and Walsh, P. (1996) *Public Management: The New Zealand Model*. Auckland: Oxford University Press.

Burnham, J. (2000) 'Human resource flexibilities in France', in D. Farnham and S. Horton (eds), *Human Resource Flexibilities in the Public Services: International Perspectives*. London: Macmillan.

Clark, D. (1998) 'The modernization of the French civil service: crisis, change and continuity', *Public Administration*, 76: 97–115.

Corby, S. and White, G. (1999) 'From the New Right to New Labour', in S. Corby and G. White, *Employee Relations in the Public Services: Themes and Issues*. London: Routledge.

Doeringer, P., Watson, A., Kaboolian, L. and Watson, M. (1996) 'Beyond the merit model: new directions at the federal workplace?' in D. Belman, M. Gunderson and D. Hyatt (eds), *Public Sector Employment in a Time of Transition*. Madison, WI: Industrial Relations Research Association.

Fairbrother, P. and MacDonald, D. (1999) 'The role of the state and Australian public sector industrial relations: depoliticisation and direct intervention', *New Zealand Journal of Industrial Relations*, 24 (3): 343–63.

Farnham, D. and Horton, S. (2000) 'The flexibility debate', in D. Farnham and S. Horton (eds), *Human Resource Flexibilities in the Public Services: International Perspectives*. London: Macmillan.

Farnham, D., Horton, S., Barlow, J. and Hondeghem, A. (1996), *New Public Managers in Europe: Public Servants in Transition*. London: Macmillan Business.

Fialaire, J. (1993) 'Les strategies de la mise en oeuvre des centers de responsibilite', *Politiques et Management Public*, 11 (2).

Flynn, N. and Strehl, F. (1996) 'France', in N. Flynn and F. Strehl (eds), *Public Sector Management in Europe*. London: PrenticE-Hall.

Fredman, S. (1999) 'The legal context: public or private?', in S. Corby and G. White (eds), *Employee Relations in the Public Services: Themes and Issues*. London: Routledge.

Friel, B. (1999) 'Daily Briefing: Court rules managers can't be legally forced to bargain', www.govexec.com. 30 June 1999.

Guillotin, Y. and Meurs, D. (1999) 'Wage heterogeneity in the French public sector: some first insights', in R. Elliott, C. Lucifora and D. Meurs (eds), *Public Sector Pay Determination in the European Union*. New York: St Martin's Press.

Hood, C. (1991) 'A public management for all seasons?', *Public Administration*, 69: 3–19.

Hood, C. (1995) 'Contemporary public management: a new global paradigm?', *Public Policy and Administration*, 10: 104–17.

Hood, C. (1996) 'Exploring variations in public management reform of the 1980s', in H. Bekke, J. Perry and T. Toonen (eds), *Civil Service Systems in Comparative Perspective*. Bloomington, IN: Indiana University Press.

Horton, S. (2000) 'Human resources flexibilities in UK public services', in D. Farnham and S. Horton (eds), *Human Resource Flexibilities in the Public Services: International Perspectives*. London: Macmillan.

Industrial Relations Review and Report (1993) 'Agenda for delegation in the civil service', *Industrial Relations Review and Report*, 549: 4–11.

Jodar, P., Jordana, J. and Alos, R. (1999) 'Public service employment relations since the transition to democracy', in S. Bach, L. Bordogna, G. Della Rocca and D. Winchester (eds), *Public Service Employment Relations in Europe: Transformation, Modernization, or Inertia*? London: Routledge.

Keller, B. (1999) 'Germany: negotiated change, modernization and the challenge of unification', in S. Bach, L. Bordogna, G. Della Rocca and D. Winchester (eds), *Public Service Employment Relations in Europe: Transformation, Modernization, or Inertia*? London: Routledge.

Klages, H. and Loffler, E. (1996) 'Germany', in N. Flynn and F. Strehl (eds), *Public Sector Management in Europe*. London: Prentice-Hall.

Massey, A. (1997) 'In search of the state', in A. Massey (ed.), *Globalization and Marketization of Government Services: Comparing Contemporary Public Sector Developments*. New York: St Martin's Press.

Masters, M. (2001) 'A Final Report to the National Partnership Council on Evaluating Progress and Improvements in Agencies Organizational Performance Resulting from Labor Management Partnerships'. Copy provided by author.

Naschold, F. (1996) *New Frontiers in Public Sector Management: Trends and Issues in State and Local Government in Europe*. Berlin: Walter de Gruyter.

Naschold, F. and Arnkil, R. (1997) 'Modernization of the labour market organization: Scandinavian and Anglo-Saxon experiences in an international benchmarking perspective', in J. Dolvik and A. Steen (eds), *Making Solidarity Work? The Norwegian Labour Market Model in Transition*. Oslo and Stockholm: Scandinavian University Press.

New Zealand State Services Commission (1998) *Assessment of the State of the New Zealand Public Service*. Occasional Paper No. 1.

O' Brien, J. and Fairbrother, P. (2000) 'A changing public sector: developments at the Commonwealth level'. *Australian Journal of Public Administration*, 59 (4): 59–66.

Organisation for Economic Co-operation and Development (1993) *Pay Flexibility in the Public Sector*. Public Management Studies. Paris: OECD.

Organisation for Economic Co-operation and Development (1995) *Trends in Public Sector Pay in OECD Countries*. Paris: OECD.

Organisation for Economic Co-operation and Development (1997) *Trends in Public Sector Pay in OECD Countries*. Paris: OECD.

Organisation for Economic Co-operation and Development (2000) *Summary of the PSPE Data Analysis and Future Direction for HRM Data Collection*. Paris: OECD.

Parrado, S. (1996) 'Spain', in D. Farnham, S. Horton, J. Barlow and A. Hondeghem (eds), *New Public Managers in Europe: Public Servants in Transition*. London: Macmillan.

Pollitt, C. and Bouckaert, G. (2000) *Public Management Reform: A Comparative Analysis*. Oxford: Oxford University Press.

Postif, T. (1997) 'Public sector reform in France', in J. Lane (ed.), *Public Sector Reform: Rationale, Trends and Problems*. London: Sage.

Roness, P. (2001) 'Transforming state employees unions', in T. Christensen and P. Laegreid (eds), *New Public Management: The Transformation of Ideas and Practice*. Aldershot: Ashgate.

Ruffini, R. (2000) 'Employment flexibilities and the New People Management in Italy', in D. Farnham and S.

Horton (eds), *Human Resource Flexibilities in the Public Services: International Perspectives*. London: Macmillan.

Thompson, J. (2001) 'The Civil Service under Clinton: the institutional consequences of disaggregation', *Review of Public Personnel Administration*, 21: 87–113.

Tondorf, K. (1995) *Leistungszulage als Reforminstrument? Neue Lohnpolitik zwischen Sparzwang and Modernisierung*. Berlin.

Treu, T. (1987) 'Labour relations in the public service in Italy', in T. Treu et al. (eds), *Public Service Labour Relations: Recent Trends and Future Prospects: A Comparative Survey of Seven Industrialised Market Economy Countries*. Geneva: International Labour Office.

Walsh, K. (1993) *Contracting Out and Compulsory Competitive Tendering*. Berlin: WZB.

Walton, R. (1980) 'Establishing and maintaining high commitment work systems', in J. Kimberly, R. Miles and Associates (eds), *The Organizational Life Cycle: Issues in the Creation, Transformation, and Decline of Organizations*. San Francisco: Jossey–Bass.

White, G. (1999) 'The remuneration of public servants: fair pay or new pay?', in S. Corby and G. White (eds), *Employee Relations in the Public Services: Themes and Issues*. London: Routledge.

Wilks, S. (1996) 'Sweden', in N. Flynn and F. Strehl (eds), *Public Sector Management in Europe*. London: PrenticE-Hall.

Winchester, D. and Bach, S. (1995) 'The state: the public sector', in P. Edwards (ed.), *Industrial Relations: Theory and Practice in Britain*. Oxford: Blackwell Business.

第五章　領導力與政府高階文官：比較面向的研究

John Halligan
任文姍 / 譯

PART 2

　　受到公共部門改革時代的環境趨勢使然，以及對於政府文官體系的執行所出現的嶄新思維等諸多影響，政府高階文官的領導力，也產生極大的變化。除了那些特別反應民主化治理的例外情況，一般而言，曾經相當穩定的政府組織工作環境，已變得更具競爭性，而公－民營部門之間的差別也逐漸地縮減，另外，政府部門長久以來支配公共部門組織特色的諸多限制與規定，也愈來愈不具重要性。政府高階文官的態度更加開放，管理能力提昇，以及具有多方面知識和經驗的（generalist）背景等特色，同時對於領導能力的發展也更加地強調其重要性。

　　然而，對於高階文官之間及各個國家系統之間，仍持續有極大的差異性存在。政府高階文官的本質與其領導力發展的重要性，在在受到政府行政的傳統、社會的因素、政府機制，以及改革的程度而有所不同。我們可以清楚的劃分出兩種不同的類型：第一，政府高階文官雖然歷經過現代化改革，但仍受限於國家本身的傳統，相對上仍極為保守，在某些程度上，甚至無法達成廣泛性的變革；其二，政府的高階文官更能適應新的變化，其中包含了管理及新領導等概念，行事也更加的開放。

　　領導力的新概念並沒有在世界各地普遍性的被接受，也未以相似的方法加以應用。領導力的架構，在許多國家已經發展有年，並且經過測試，而其中許多的國家，甚至建立起所謂的高階文官菁英團（senior executive corps）的制度。但是仍有其他的國家，其政府高階文官仍遵循原有的行政傳統。

　　諸多關於領導力的議題，仍值得我們在此特別提出並加以探討，以反應公共部門組織的特色，新領導力需求的挑戰，管理試驗的結果（通常來說，是不確定的）及中立者與具有反應能力者之間，所無法解開的糾葛。本章將一一審視政府高階文官領導力改變方法的各種面向，及從比較性的觀點，檢視高階文官，以了解其不同的型態與制度性因素（institutional factors）所扮演的角色。

高階文官

高階文官的定義

　　政府的高階文官，包含政府部門總部（department）、局（bureau）及政署（agency）等單位的負責人——或又另稱為部長或常務次官（departmental or permanent secretaries）、行政長官（chief executive），或首長（director-general）等名稱，以及世界各國中央政府所指派的其他高階官員。在盎格魯一美國的文官體系裡，「高階文官」所占政府文官總數的比例，約從0.13%到2.1%的範圍，一般而言，1%的比例，是最理想的狀況（Hede, 1991: 505）。

　　對於各個國家體系的差異性及不同高階文官之間，所存在極大的不同有所認知，是極為重要的事。所謂的高階文官所組成的份子，可能包含了一系列的通才與專才，分別負責政策的制定、管理、執行、規章制定，以及技術方面的工作。而主流的政府公僕，可能亦具有民營部門的技術官僚與政治技工的能力共存。資深公職人員的工作職責，多已經明確地白紙黑字加以定義（例如：施政政策的諮詢建議）或是組合了包含政治／行政／管理等諸多性質因素的角色扮演。政府文官體系內的專業技術以及所謂的菁英團，則令公職人員的組成更為複雜。比如在法國的高階文官，則是「由各種不同性質的成員所組成。其中的成員，既來自不同的行業，也不具有相同的聲望，或是同樣的專業背景」（Rouban, 1999: 65）。

　　公務人員因所屬個別獨特文化的專門政府組織，而負責不同專職的功能，使得公務人員的差異性更大。就英國的公務人員而言，幾乎80%的比例，皆隸屬於特別政署機關。而根據統計，英國公務人員與政署機關執行長，此兩者之間的顯著差別在於，前者所處的環境令其不容易因環境而進行變革，但卻是實用主義的信服者（也就是說，前者非常願意適度地調整法規，以尋求工作目標的達成）。而後者則是重視狀況的掌控，並著眼於以未來為導向的行動（Dawson, 2001: 265; Mellon, 2000）。此外，對於中階與高階管理階層的文官之間，也存有極大的差異性。若是與其他的體系相比較，有些政府體系似乎都以空降部隊的方式，如高階的高階文官多以政治任命的方式外調，而非從文官體制本身晉級。

　　總計上述總總原因，以及對於那些不見改革的政府體系的複雜程度，往往令人無法明確地將政府高階文官加以定義，或是以簡單的名詞，針對其特質進行描述。而問題在於，究竟其他的系統中是否存有美國的高階公務人員，而經由多個系統所衍生出的形象，是否能同時被視為是「由政策、政治與行政等鬆散小組的人員所合併成的巨大組合體」（Heclo, 1984: 8-9）。我們或許可以如是說，在改革的體系中（職務分類系統已經

簡單化，以及組織亦已經合理化），有助於確認其高階文官的認定。而所謂已經定義的高階文官，如「高階主管制」（senior executive service, SES），的確存在無誤（雖然在一個改革的政治體制，如紐西蘭，其大多數高階主管的指派，都是在高階文官體制外所進行）。

高階文官的類型

　　高階文官大致可分成兩種類型：一是在國家的體制內，經由現代化所產生的高階文官，此類文官相對上而言，多半維持一貫性的封閉態度，無法對於外界的巨大變化，做出立即性的應對；而另外一種類型，就是願意接受管理上的改變以及領導力的概念，並逐漸形成開放的觀念。就反對的面向而言，我們可以從政府高階文官各個面向分析的趨勢中，找到支持上述兩種類型的不同聲音：如中央制與分權制的兩種不同領導力發展的方法（OECD, 2001），人員招募制度中，功績相對於贊助（Peters, 2001），職位招募相對於職業招募（OECD, 1997），部門主管與部長的二分化特質（Rhodes and Weller, 2001），以及「公權力」的兩種廣義的概念（根據權利與特權的區別性服務）與「服務提供」（與民營部門的比較做為根據）（Page and Wright, 1999）。然而，上述的這些高階文官的特色，並不必然可以相互吻合，其間的例外則是指出了更大的複雜程度。

　　法治國（Rechtsstaat）（或是法治（rule of law））與公共利益（public interest）系統的標準差別，持續提供上述兩種類型存在的基礎。其間的差異乃是植基於不同的行政文化與聯合的架構。第一種類型——中央制的高階文官發展，則是受到行政的法律規定，司法審核，以及歐洲體系以強有力的國家傳統行政制度等特色所主導，而具較大彈性的西敏寺模式（Westminster）以及傾向民營管理模式的行政制度的盎格魯—撒克遜（Anglo-Saxon）國家，則屬於第二種類型。此兩種類型之間，存在有許多的差異性，而在歐洲有數個規模較小的國家，其政府的行政制度，所顯現的則是包含了這兩種特色在內，也許我們可稱之為第三類型。此外，韓國與日本則採取菁英主義與律法主義的組合，而直到近期所出現的，稱之為閉鎖型任用制度（closed career system）。

高階文官的比較與管理

　　關於高階文官的重要課題，主要集中於其構造組成，以及政府對於較高階服務的系統性處理的提供。政府文官體制的概念與組織，兩者間的關係相對地影響高階文官所扮演的角色（以及其所能發揮的潛在空間）。其中特別影響領導力的形成與能力掌控的三個因素則是，政治人物與官僚體系之間的關係，高階管理的角色定義，以及政府服務的組織內容。

　　就政治人物與高階文官之間的關係而言，大致上可經由三種方法進行比較。第一就是，政策角色的方法。此方法乃是尋找政治人物與政府官僚所必須擔負的責任，同時也注重政府內外部的其他相對上極為重要的角色（Aberbach et al., 1981; Peters and Pierre, 2001）。對於政治控管方面，我們可得出三種截然不同的選項：中立的高階文官（英國的模式），採取「制高點」的方法（經由對最高階文官指派的控制，及／或經由政治顧問的方法），以及經由政黨黨員的服務政治化的方法（Page and Wright, 1999）。而任用制度的方法所產生的各種可能性，其涵蓋的範圍：從混合式任用制度（法國），至獨立式任用制度（盎格魯國家），還有介於此兩者之間的其他制度（如美國）。在類似美國的截斷式的階層制度（truncated hierarchy），其任用制度下的官員，是沒有辦法在任何一個政府機關裡，晉陞到最高的職位（Peters, 1988）。

　　對於高階文官的政府組織中，若進行獨特性的比較，可大約分成多種不同的面向。首先，究竟是否存在有所謂的性向測驗，以及人員招募所採取的方法是對外開放？或僅從內部圈選？政府的高階文官招募制度可以分成專業與職位兩種體系（OECD, 1997: 5）。傳統的標準性高階文官制度，乃是根據其所涵蓋的範圍，職業的差異性以及區別性等因素加以區別。許多的文官制度，採取開放外界進行人才招募，並且對於政府部門與民營部門之間所存在的差異，也進行適當的修正（有時甚至將此差異性減至最小）。舉例來說，瑞典政府就沒有提供人才招募的服務，也沒有任何一個政府機關，公開廣告招募人才並指派政府職務。而相對的，有些政府單位的人才招募體系，長久以來都是封閉並不對外招募人才，只有控制少數的名額（往往人數有限）從外界招募。

　　其二，則是對於公共管理的承諾程度，尤其在工作表現方面。就此方面而言，也許必須仰賴不同類型的合約，以及績效激勵與獎賞。而對於高階文官來說，個人績效合約的採用，已成為標準化的方法。

　　第三，則是高階文官管理的責任歸屬：究竟是隸屬於中央控管，還是地方分權負責，或者是中央地方共同分享制？此一面向的相關問題，就是整合的程度與模式（包含是否使用特別部隊（special corps），我們之後將進一步討論），以及結構、文化、社會風氣（ethos）和菁英的招募等相對上極為重要的議題。與高階文官所扮演的多種角色，相關的職務包含了公務人員的招募、訓練、系統維修，以及公務員對於自我工作價值的保存與提昇。這些文官的角色扮演，可能是介於單一或多個中央政府機關，以及位於中央與地方政策執行機關（line agency）之間。高階文官的相關法規制定，也許是中央政府應擔負的職責，但是地方行政官署，仍享有相當程度的決定權（OECD, 1997）。

　　雖然有些的國家設有高階主管職位，但是大多數的已開發國家並沒有在中央行政機關進行任何高階文官的招募（OECD, 1997: 18-20）。雖然有些國家例外地，在中央行政機

關設有高階文官的職位。然而，即使設有標準的招募流程，但是高階文官的招募仍是下放至地方，並委託地方相關政府機構負責。然而當缺乏明確的高階文官管理系統時，高階文官的招募，仍然受到政府人員招募的特別條例以及狀況所約束。中央人事訓練機構所仰賴的是政府的制度，而這些制度往往是由地方所設置（如德國，OECD, 2001）。

　　在高階文官的招募過程中，中央部會機構扮演一系列系統性的角色。荷蘭的高階人事行政局所扮演的角色便是，藉由包含了跨部會連結的發展以及整體服務等目的，進行高階文官的招募，以尋求更大的政府組織整合（Korsmit and Velders, 1997）。而紐西蘭的國家公務人員委員會（State Services Commission），則是其中一個極端的例子。一旦國家的政府人員，晉升擔任地方政策執行機關（line agency）的行政首長（chief executives）時，紐西蘭的國家公務人員委員會，便直接放棄培植高階文官的責任，但在最近，紐西蘭政府已開始重新評估此一做法的正確性。

　　最後我們要討論的是，高階文官的疏失以及公職的核心價值之提倡（Ingraham, 1998: 177）。制度化的領導（institutional leadership）是否可以經由中央機關系統性的責任制以及／或是政府部門特別首長所產生。而傳達政府核心價值的最佳方式，則是經由人員的招募，訓練，或是學習典範領導等方法達成。

領導概念的改變

　　在此我們要討論的範圍包括：領導的概念與方法之改變；及作為高階文官成員；領導者的本質與領導力（我們將在下段就此此部分詳加討論）。行政執行領導者（Campbell and Wyszomirski, 1991）基本上並不在我們高階文官的討論範圍，但是派任及民選領導者之間的關係，卻有高度的相關性（相關例子，請參考Peters and Pierre, 2001）。

　　就我們在此討論的目的，關於領導力的傳統學術性問題，可分成兩個重要的類型。第一，對於組織的領導力究竟是由哪些因素所形成，仍然存在有許多的疑問。我們比較熟悉的答案是，領導力來自於擔任最高職位者，其異於常人的特質所形成。然而，另外還有一個答案（或者可以說是另一個選項，或是另一個互補的結果），那就是，領導力其實是組織的歷史背景環境下的產物，例如：「行政管理能力的密度」（James March引用自Doig和Hargrove（1987: 3）。第二個問題則是，領導力究竟有多重要？其相關的答案範圍，從與領導完全無關緊要的職務（Kaufman, 1981），或者究竟是環境決定領導力的變化，以及那些個人的領導力，是否造成任何重大影響等論述（Doig and Hargrove, 1987; Sanders, 1988），但是其重要性也許不大（舉例而言，如英國的Rayner Theakston, 1999所提出的例子）。另一個較融合性的方法則是，認為領導力（採用Rockman, 1991: 37）所相互

關聯並依賴的是如行政文化、制度化形式及政治領導者的議程（agenda）等環境性的因素。

　　對於政府領導力的本質及潛力等相關問題，我們尚未找到標準的答案。其中一個受到大眾強烈討論的案例是，因為憲法的內容與政治脈絡（political context）等理由（它們是否不服務政治領導者？）政府文官服務的領導力仍是大不相同於民營企業的領導力，而且根據商業管理相關文獻而言，就連最高階的政府文官，也不能被評等為領導者，因為他們只能算是管理人或職員（績效與革新小組Performance and Innovation Unit, PIU, 2001; Theakston, 1999）。然而，有些管理學的研究，則注重於公營與民營部門對於企業的變化，以及領導者依據結合不同工作性質的型態所展現出的各種類型（相關案例請參考，Stace and Dunphy, 2001）。

　　對於政府文官領導力的概念與分析，跟過去有所不同。而一般討論的重點，也傾向於針對特定的領導者，而非政府文官的領導力。這裡所提及的領導者，指的是對政府服務做出特殊貢獻的優秀人才。而更新的分析則是採取比較性的自傳，以及領導力對於機關制度性發展與績效表現等案例研究的連結等形式（Chapman, 1984; Theakston, 1999, 2000），視其是否展現「傑出合理行為」的「企業家精神」或是具有極高效率領導力等特質（Riccucci, 2000）。[1]

　　接下來，我們的重點，則是領導力的發展，其主要的推動力在於多變化的環境中，所產生的新類型領導力（OECD, 2001: 13-15）。關於領導力的多項主張，已逐漸為大眾所接受。首先，是政府行政部門對於領導力的認可。此一現象反應在，從傳統性行政管理的模式，主導對政治領導人提出政策建言，流程的實施，大幅度地轉變成，信服於管理名詞大量使用的領導力，並且往往在一較寬廣的治理環境為範圍。這樣的變化包括了期待領導者將權力下放，讓行政團隊能更具效率（舉例而言，歐洲聯盟對於人事管理的重視，Maor, 2000）。

　　其二，對於各種不同類型的領導力，產生更多的認識與了解，而且此乃屬於一情境性的問題。對於不同的組織背景架構與需求，其會不斷採用特殊的領導力類型。領導力類型的定義，可能根據其變化的範圍（從漸進式至轉換型領導）、變化的類型（從諮詢式到指導型領導的範圍），以及對於政府公職服務的承諾（舉例而言，誓言扮演保護者與衛護者的角色）（Stace and Dunphy, 2001; Theakston, 1999）。

---

1 對於如何培植與管理高階文官方面，一直存有學術與實務兩方面的形成上的重要差異（e.g. Dawson, 2001; OECD, 2001; PSMPC, 2001）。

　　第三，則是採取較為激烈的領導者地位，從中國滿清官吏特色的領導類型，轉變成只要擁有特殊的技能，人人皆能成為領導者。針對此現象的實際例子就是，英國政府前特首的假定，認為領導者可以經由栽培而成，而且領導者的技能可以經由學習取得（Wilson, 200）。於是，領導力變得不再是獨特且排他，而是具有更高度的融合性。此外，另一個相關的層面則是，領導力可適用在多個不同階層。根據OECD的研究發現，要求政府單位「各個階層展現領導力，乃是一個革命性的舉動，其所帶來潛在性的影響，同時也是促進政府部門領導力重新定義的一個重要驅動力」（2001: 15）。政府部門組織內部的領導，已經取得嶄新的面向，現今甚至延伸到整個負責資源管理的政府職員，都必須具備的條件之一。

　　為了領導政府部門的改革以及集中重點在複雜的組織部門，新流程的採用是不可或缺的。其中的一個範例就是，採用Kotter的建議，結合一個小組——使之成為一個具有高度整合能力，並且領導變革的「規劃聯盟小組」（Guiding Coalition）——以應用在澳洲大型複合功能（multi-purpose）的服務機構——即澳洲服務部（Centrelink）。由60位高階主管（senior executive service, SES）組成的一個公司董事會（corporate board）定期會面，對於策略性的議題進行討論，並且制定管理方針的未來走向（Kotter and Cohen, 2002; Vardon, 2000）。

變革中的高階文官制度

　　國際上多變的環境與政府反應等相關議題，學界已經有相當幅度的討論與論述（例如Ingraham et al., 1999; Pollitt and Bouckaert, 2000）。這些變革的推手，可以從不同的面向加以分類。全球經濟上與科技上等改變所造成外在衝擊，代表了政府服務的應變能力必須比往常更為快速。隨著變化的速率增加，使得領導力是否變得更為重要，以及變革所擔負的責任是否必須擴大至組織內部等現象，引起更多的討論。

　　政府服務的優劣受到社會更詳盡的檢視，也反應出許多國家中，社會大眾對於主要關鍵的政府組織與民間機構，逐漸降低的支持，而社會對於政府，尤其是對於政治人物的表現，愈來愈失去信賴感，對於經常受到改革壓力的政府體制，更是開始出現疑問。同時根據OECD（2001）的調查也確定，長期以來許多個所謂菁英治國的政府，已經逐漸面臨到社會大眾對於他們的治國合法性，支持度下降的窘境。

　　針對此點，社會大眾已經對政府提出更大的壓力，要求增加政策的多元性及改善對於政府部門服務的預期效果。這些壓力，產生兩個不同的結果。一個是這些壓力轉換

成增加政府部門提供服務的需求，而另一個則是政治人物，因為假定公職人員的能力不足，便轉而向其他單位尋求協助。

當許多國家的政府都普遍面臨這些壓力時，各個單位所產生不同的反應，正代表了政府變革將出現的障礙（如工會、政府的組織以及憲法架構等）。而不同的行政文化與傳統，就會衍生出不同的優先選擇（OECD, 2001; Pollitt and Bouckaert, 2000）。

對於政府服務變革的方向及範疇的定義，大體上可區分出幾個不同的趨勢。如高階文官的改革更加開放，更加地仰賴通才，擴大文官的管理角色與職責，並且在特別的情況下，培植領導力的發展（OECD, 1997, 2001）。此外，另一個趨勢則是要求更多的組織專業（如對部長提供關於生產力與政策方面的建言），以及建立更強大的執政方針。然而，雖然新公共行政管理理論可能會對政府部門造成極大的衝擊，但在中央政府部會的高階文官，受到原有的強烈政府公權力等概念，卻往往感受不到上述的改變（Page and Wright, 1999: 275）。

高階文官的角色

高階文官的角色隨著時間的變遷而進化，現今，其變革的速度不但加快，所承擔的責任更是不同於以往傳統上公共行政所扮演的角色。今日的高階文官，對於他們扮演政府體制管理文化領導者，所必行使的職務，有更深刻的自覺感（如領導者漸漸不以掌控的方式，也減少規定的應用，取而代之的則是，以增加鼓勵與支持下屬的立場行使領導者的職務，Strand, 1993）。民營企業的精神價值與技術的注入，讓政府部門開始注重商業規劃，具企業精神，甚至採用公司治理的原則來領導行政部門。高階文官如今對外的管理，多半定義為面對客戶、委託人客戶及利益相關者，並提供應有服務。這些關係的特色顯示出，契約管理的重要性，以及在較大範圍的政府治理安排中，逐漸延伸成聯盟與合夥的關係。

不同於傳統的地位，高階政府文官的政策角色所涵蓋的範圍，經歷了持續性的縮減。1980年代所出現的管理主義，便是反應出對於政策工作的強調與管理技能的缺乏。同時，政務首長也傾向於愈來愈仰賴其他選項的建議來源以及本身民營辦事處的職員，作為政府部門以外提供諮詢的管道。隨著部長辦事處政策決定的權力日益增強，政府公僕的角色也相對地縮減。

隨著受爭議的諮詢出現，高階文官的競爭對手也日益發增加。雖然高階文官仍然維持續對公共利益提出重要諮詢的發聲，卻不是對政府行政提出諮詢的唯一來源。政府高階文官也許不再是提供政策諮詢的唯一角色，而是必須與政務首長共享，或者，他們的角色重要性，已被一系列政府內外部中，競相爭取社會大眾注目的其他對手而分散。

於是，隨著時間的演化，高階文官公僕的角色，已經出現各種不同方式的轉型。舉例來說，在德國，愈來愈少新的政策有機會得以開啟與推行，其結果便產生了「高階文官的資歷，從議程的設定者與政策推手的角色，逐漸改變成身段柔軟，高度政治敏感的政策協調者」（Goetz, 1999: 149）。如今他們的角色所強調的，比較像是政策經紀人，協調者，以及其他的政策微調者，同時也帶有一點「政治素人」（political craft）的特色（Barberis, 1998; Campbell and Halligan, 1992; Goetz, 1999: 149; Ingraham, 1998）。

上述的角色變化，所代表的含意與彼此之間所產生新的關係，以及職業與專業結合的特色等，對於高階文官而言，都帶有極為重要且影響久遠的意義，我們將在之後的文章中，再進一步地加以探討。在此我們可以發現，美國的高階文官職務，長久以來所扮演的角色，多大部分設限在經理人或是技術人員的角色（但不是直接對政務首長提出專業建議，以及容易捲入「政府宮廷官僚內鬥」的角色），亦即，開始愈來愈和其他民營體系較為相似（Rockman, 1995）。

領導力的特性

在已開發國家中，大部分的高階文官都是從政府行政部門直接拔擢提昇（而且大部分都是從原本的機關中提昇），但仍有少數是從政府以外的地方招募人才（其比例有的國家高達25%，而有的則低於10%）（OECD, 1997: table 6, 8）。

對於高階文官公僕的年齡，雖然在有些國家中，已經有下降的趨勢，但仍有些許的國家，其高階文官的年齡層變化仍維持相當的穩定度。對於許多的國家而言，具有資深年資的高階文官，仍是相當的重要，尤其在歐洲更是如此。而對於人員的流動率與終身制等，大體上都有極多的變動。至於高階文官的背景，在大多數國家中，律師仍是主要的組成份子。（OECD, 1997; Page and Wright, 1999; Peters, 2001）

高階文官職務的女性成員，其比例雖然出現極大的增加，但在大部分的已開發國家中，女性的比例仍然低於20%（其中例外的國家僅有丹麥、法國、紐西蘭、挪威及葡萄牙等）（OECD, 1997; OECD, 2001: 28）。而對照於部會首長的女性人數，則是令人驚訝的少，有些國家（如澳洲），其女性首長的人數竟然是零。

從過去三十年來，各國政府部門的秘書長生涯經歷我們可以發現，歐洲國家與英語系國家（Antipodean countries）之間的差異最大。其中，後者所招募的對象，多是年紀較輕，聘雇時間較短，而且會提早派遣其職務。而就歐洲國家而言，若是從許多不同的面向來看，法國的情況則又異於丹麥及荷蘭（Rhodes and Weller, 2001: 232）。

當政府便民的服務內容，隨著時間而有所改變之際，菁英團（elite corps）卻仍普遍被加以保留。舉例來說，在英國，雖然文官特色朝多元化發展的趨勢極為明顯，但就其

集體特色而言，仍相當程度地保持固定的水準（包含都具有牛津大學學歷的背景）。而即使政府行政目前傾向於經營管理的模式，但高級文官仍然是政府主要部門的部長人選（Barberis, 1998）。而令人驚訝的是，包括日本與韓國，其政府文官體制中的高階首長都畢業於同一所大學的比例，可能是其他已開發國家都無法相提並論（Kim and Kim, 1997: 177-178）。

在各國的高階文官體制中，普遍存在有許多極大的差異模式，例如當法國的高階文官多自視為高級知識份子，而非一般的管理人士；又如在今日的英國，政府部門的秘書長傾向於自許為「專業經理人，而不是所謂的官吏」等狀況（Dargie and Locke, 1998: 179; Rouban, 1999: 66）。

領導力的發展

在今日變化快速的環境中，政府領導力的發展受到特別的重視。然而它的重要性程度，仍隨著各個國家不同的傳統、社會因素、政府制度的結構及改革的幅度而有所不同。許多國家長期以來，對於高階菁英的招募與培養，都維持著特定的安排，當社會更為多元化，政府的權力下放至地方，公共行政不再是一成不變，而且當全面性的改革也陸續地成功之際，領導力的發展變得更具重要性（OECD, 2000: 2）。

領導力的發展可明顯分成兩種方式：不是高度地集權中央化，就是地方分權化（OECD, 2001: 19-20）。所謂集權中央化的領導力，包含了早期就針對特定具發展潛力的文官，經由篩選、訓練及生涯管理等過程加以培植。此種方法的最佳範例不外就是法國的國家行政學院（Ecole Nationale d'Administration, ENA），而日本與韓國也是很好的例子。至於地方分權化的領導力發展，則被認定為是以市場為導向的方法。而紐西蘭，最能代表此方法所謂「純粹形式」（purest form）的國家，卻已經針對此狀況進行檢討，其相關的討論如下：[2]

在政府行政實務上，紐西蘭政府的領導力發展計畫，同時包含了集權式與分權式兩種成份（Maor, 2000）。其所採用的方法措施則有綜合性策略（如挪威），設立領導力發展機構（如瑞典與美國），並且在文官公職生涯的初始，就鎖定那些快速展現能力與發展作為特定人選（如新加坡與英國等國家），以及其他形式的高階文官培植方法。而新的領導力架構，也陸續在多個國家中發展並且開花結果，也同時成功地接受了相當的考

---

2 但是請注意紐西蘭政府對於部門機關首長，中央人事機關的主要功能，以及國家服務委員會（the State Services Commission）等相關的實務方面，一直維持最為激烈，且具系統性的工作績效評估計畫。

驗（其中有些國家如今則是強調核心能力的重要性）（Bhatta, 2001; Dawson, 2001; OECD, 2001; PSMPC, 2001）。

高階主管制度

　　高階主管菁英團乃是發展領導力的另一種方法，雖然此菁英團同時也是為了達到其他的目的所設計而成。此一制度的焦點，大部分（僅有少數為例外）是針對盎格魯─撒克遜（Anglo-Saxon）國家，而且也可稱為高階主管制度，或是其他的名稱。

　　高階主管制度（senior executive service, SES）首見於1970年代晚期與1980年代的澳洲、紐西蘭與美國等國家（同時也出現在這兩個聯邦系統的其他州政府）。加拿大的「管理分類」（management category）也同樣稱得上為相同的制度，即使其中有些許的差異（Hede, 1991）。在這些制度裡，地方機關政署（agency）的首長們，則從來不屬於高階文官的成員，而在美國的例子裡，這些首長則多屬於政治意涵的職務。

　　源自於1978年的美國，並為了反應民營部門所引起的動機與實務上的需要，高階文官制度的設計，其目的乃在於發展高階管理人才勇於負責與能力的培養。從那時開始，對於高階文官的標準認定就是：具有通才的菁英、強調績效、適應各種職務調換的能力、工作表現的評價，以及績效導向的待遇制度（merit pay）。受到多種原因的影響，有些高階文官制度脫離了美國最初的內容，而且無法達到在一個講求績效文化的制度裡，追求高流動性、合宜的待遇，以及成為通才軍團的專業經理人等目標。然而，高階文官制度在政治層面上，卻因為協助了政府提昇施政的反應能力而達到相當成功的效果。雖然普遍上，對於文官體制改革的精神仍有相當程度的保留，但對於政府行政服務核心價值的承諾，卻是顯而易見的（Aberbach and Rockman, 2000: 95; Ingraham and Moynihan, 2000: 109; Ingraham et al., 1999）。

　　澳洲和紐西蘭則是兩個極端的例子，前者相對上，採取的是極為正面的立場，而後者的態度則是相當的負面。澳洲的改革計畫，其主要內容乃是於1984年時，開始針對政府的資深人員，進行重新改造，量身訂做高階主管。遵循美國與澳洲維多利亞政府（the state of Victoria）原有的改革規劃，基本原則是以服務為主的行政執行小組的概念，藉由提昇內部的流動性，以及招募政府以外的專業人員，逐漸激勵並活化員工士氣，並且將更多的重點，強調在管理技巧的發展，以及讓部門首長在人員的調動上，有更大的彈性（Halligan, 1992; Renfrow et al., 1998）。高階主管制度長期以來發展的結果，已證明實施上所達到的合理性成功（如果與其他的改革計畫相比較的話），人員不但具有高度流動性，也能穩定地從外部注入新血，而且也享有相當程度的企業識別性，以及定期採用績效考評與（此點可能比較容易產生問題）績效獎酬（performance pay）等制度。

　　高階主管制度，同時也出現於紐西蘭的政府架構中，其對於高階主管的約聘期限高達五年之久。高階主管制度設立的用意，在於建立統一化的公職專業人員，然而此一目標卻無法在紐西蘭的契約型模式及高度分權的政治系統下實現。高階主管制度在紐西蘭從未能發展成潮流（ethos），或是產生綜合性的成員代表。其主因乃是受限於公職人員薪資上限的設定，使得高階主管的制度中，原本希望從政府外部招募專業的優秀人才之美意大打折扣。建立於1988年，經濟合作發展組織（OECD）的制度設計，高階人才人員的聘雇多是採取契約的方式，而在1992年時，此制度卻普遍被宣布失敗，甚至在2000年起，就已經壽終正寢（Bhatta, 2001; Scott, 2001）。從那時起，契約式的高階主管制度便已停止，取而代之的則是，由中央採取強力主導發展的執行首長規劃。

　　對於高階文官菁英團概念的第二代實驗，則是出現於1990年代中期的英國（高階公務員—Senior Civil Service, SCS）以及荷蘭（高階文官團—Senior Public Service, SPS）兩個國家。這兩者相對上，都極為強調人員的流動性、跨部會合作及其他標準高階主管制度的考量（例如擴大管理技能）。荷蘭的高階文官從開放型，以工作為導向且分權的模式，朝向1995年所建立的，以提供前三等級的整合型服務為主的高階文官團模式。其基本的理由乃是由於日益增長的政策複雜性以及國際化等趨勢所導致（Korsmit and Velders, 1997）。此一系統的優點在於，能夠將一群「鬆散的」官員們，整合成具領導力的團隊，並且享有同樣的價值觀及執政願景（OECD, 2001: 27）。

領導力等相關議題

　　政府組織特色領導力的趨勢走向，所造成的長期衝擊，其對於政府執政的獨立性，對工作價值與方針的處理方式，以及經由新型態的管理試驗，培養出近似商業組織的能力等特質，產生了相當的意涵，另外還有就是對於政府角色改變的隱喻。於是政府治理所面臨的挑戰更為激烈，其中包含了帶領行政團隊在競爭性高的環境中奮鬥，而此環境中，存在著隨時在旁虎視眈眈的可替代對手，以及可議性高且分散的協議。

　　於是，一連串的問題主要集中於政府高階官員，在不同法律性的官僚制度及管理體制等工作環境下，將會產生什麼樣的工作表現。至少對於後者——管理制度而言，當管理系統的環境變得更為複雜，政府也許就可能會逐漸強調結果，因而對比較性的工作績效產生特殊的洞察力。在合約制及相互衝突的激勵等管理方式下，對於政府高階官員產生了綜合性效力的結果，而那些以工作績效協議的盎格魯美洲體系國家中（如加拿大，請參考美國國會總審計局（United State General Accounting Office, 2002）），其對於工作績

效管理系統已經投入相當高的投資，但卻沒有針對工作效力進行實際的分析研究。如何衡量員工的工作表現並加以獎賞，其實混合了各種不同意見的報告（Ingraham, 1998），而雖然對於績效待遇的制度，各方的評論相互矛盾，其施行的效果不全然稱得上成功，卻是普遍性地受到許多政府所採納實施。

其二，對於新領導力方法的實驗結果，其成功與否仍是個未知數。在針對高階官員採取廣泛性的能力測試之後，諸多不同的計畫也加以實施，並對不同階級的高階官員，對領導力加以承諾，然而，在缺乏獨立評估的情形下，這些領導力等理念如何能成功地轉移到政府行政部門，仍持續存有高度的不確定性。於是，便點出了第三個論點，也就是說，對於政治回應性的需求，其代表了領導力範疇的縮減及改變。當類似的需求增強時，領導力的潛在發展就有限制。而我們在許多類似的例子裡發現，領導力與政治人物的關係，值得我們特別的注意，例如：高階文官較以往更容易受到外在的攻擊而脆弱（如澳洲）、受到政治顧問日益增長的壓力（如英國），變得政治化（如法國與德國），或是較常見的，以炒短線的方式，回應壓力的需求。此一關係變得愈來愈模糊，甚至可能需要「以溝通及引導來取代單一面向的指導與領導力」（Ingraham, 1998: 181; Halligan, 2001; Heclo, 2000: 229; Pierre and Peters, 2001; Rouban, 1999: 66）。

這些趨勢與相關議題的重要性，讓我們開始對於長期高階文官制度所表現的特色有了疑問。在最近幾個世紀裡，對於高階文官關係的重新調整，正是政務首長對於高階文官制度曾經一度被認為太過獨立且具有影響力，所產生出來的反應。然而究竟此一權力重分配的現象是否只是一個循環過程，而且無法逆轉？當其產生的結果是，過度的政治影響時，一個新的失衡現象可能又會出現，並且在此一關係的調停過程中，產生更大的模糊現象。

就此一面向而言，比利時政府似乎嘗試以另一種可能的方法，試圖反轉歷史的型態。傳統上，比利時政府多仰賴部長級的內閣官員，並被歸類成高度政治化的行政體制，而公職人員在政策的形成上，所扮演的角色也多被邊緣化。最近比利時政府開始制定所謂的政策諮詢會（policy boards），讓此單位作為部長級政務首長與行政部門之間的媒介，其目的乃是為了強化政府文官對於政策諮詢的產生，所扮演的角色（Brans, 2002）。

從諸多的背景內容來看，究竟這些趨勢的出現，是否代表了原本對於高階文官基本價值定義的喪失與否，引發許多不同意見的探討。而伴隨著政府行政的核心關係，高階文官的專業立場，部長級首長的責任與行政治理的概念等諸多變化，進而威脅了行政模式的存在（請參考Campbell and Wilson, 1995）。而在行政系統的適應前景普遍被看好的情況下，行政傳統的持久便是確保核心價值不被扭曲的最好證明。

此外，對於高階文官的角色及國家傳統的重要性等各種不同的觀點，也持續受到社會大眾的競相討論（其涵蓋的範圍包括了，例如從公眾利益的維護到政治工具的使用等）。這一切的基礎則在於，究竟什麼是領導力，以及如何與高階文官的廣義概念相關連結（Denhardt, 1993; Hunt and O' Toole, 1998）。對於那些尋求將政府的核心價值與工作理念注入組織內部，而非只是單調固定的日常工作等國家，如美國而言，其所關切的則是制度化領導力的不足。面對缺乏提倡高階文官價值的管道與發聲的苦惱，此一現象也同樣出現在其他的國家體系裡（Heclo, 2000: 227-228）。而在那些有應必答的政府公僕的舊日時光，其執政首長可能會因為此職務的存在，忙於服務政府短期的利益，而忽略了傳達並保護政府文官的重要價值，更妄言作為部屬的模範楷模（Theakston, 1999）。

但是政府文官制度或許能因此失而復得。一份針對領導力強化等議題的英國研究，採用平衡的方法，對政府文官的本質進行研究。此研究認為，不同於政府領導者，源自於營運環境所展現的政府部門領導力，其真正的特質在於責任的承擔、社會風氣的改善，以及政府服務提供的合作。[3]經濟合作發展組織等國家的研究報告顯示，公共利益與政府服務文化之間缺乏了一個重要的成份：「常見的抱怨就是，政府文官本身，對於政府的服務態度與民眾的利益等基本價值，缺乏奉獻的精神。於是，伴隨著促進公共利益的制度化改變等方法，提昇了政府部門領導力的進步，同時也包括了支持所謂「公共精神」的基本價值（OECD, 2000: 7, 12）。

結論

高階文官制度是政府行政所必須面臨的主要議題，也是行政工具變革的傳輸及方向等關鍵機制的第一線。政府的服務，雖然包含了許多不同的形式，我們仍可大致分成兩種廣義的基本型態，並希望藉此幫助解釋各種體系之間所存在的基本差異性。雖然其間存有許多的差異，但是各種系統彼此之間仍不斷探索何者為最適切的類型。希望能定位出較具管理精神，而且更為開放的高階文官制度，同時對於領導力，進行審視並尋求中央領導與地方實施兩者之間最大的平衡。

---

3 與之前針對澳洲公僕與民營企業相比較的研究調查發現（Korac-Kakabadse and Korac-Kakabadse, 1998），澳洲公僕的表現相當的不好（即使對於比較的方式，其使用的方法等議題仍具有極大的爭議性），此一結果被政府引用作為未來進行變革的基礎。

　　高階文官的角色與地位經歷了許多的變化，而高階文官原有獨立且具特色的文官服務等特權，以及菁英的地位也逐漸消失不見。來自政府外部的影響，如商業管理等理念的整合，也提昇了政府部門與民營單位之間的相似度（及整合）。值此同時，地方分權、內部差異與外包等功能的組合，往往降低了政府服務的傳統觀念與特性。

　　由於資源的短缺及民眾擴大的期盼等壓力影響之下，與政治首長為界面的行政操作，一直受到政治領導者對於績效表現提高的需求所管制。而模糊的管理方式已成為高階文官的行政操作上，面對政治與行政之間的協議，聲明維持中立與專業的立場，同時在實務上又缺乏對這些原則提供足夠的支持，所能使用的技能。

　　政府部門領導力的重要性，反應了管理階層的想法，以及必須更為有效地傳達政府行政部門應做出的改變與績效。雖然大體上的環境與需要都普遍已認定無誤，在各個政府體系之間，根據政府文官的承諾，其對於高階文官制度的領導力發展，多變的概念與方法，更加強了其間的差異性。領導力的再定位，其重點也從對內關注的強調，轉移到從外部，對部門間的管理工作，比如對企業與社會團體等關係的經營。

　　對於定義政府部門的服務，信賴的期盼與提供更廣大的包容，及提倡領導者的角色等核心價值，出現了嶄新的重要性。然而究竟能否因此建立起高階文官更大的自我辨識度、區別性及專業性等，仍是個未知的問號。因為有許多不確定的因素，尤其是，政治人物所扮演的角色，最終將決定以上的期盼是否得以實現。如今，在強調政府治理與工作績效的時代裡，官僚主義與政府文官菁英的黃金期，確定將沒有再度重現的機會。

參考文獻

Aberbach, Joel D. and Rockman, Bert A. (2000) 'Senior Executives in a Changing Political Environment', in James P. Pfiffner and Douglas A. Brook (eds), *The Future of Merit: Twenty Years after the Civil Service Reform Act*. Washington, DC: Woodrow Wilson Centre Press. pp. 81–99.

Aberbach, Joel D., Putnam, Robert D. and Rockman, Bert A. (1981) *Bureaucrats and Politicians in Western Democracies*. Cambridge, MA: Harvard University Press.

Barberis, Peter (1998) 'The Changing Role of Senior Civil Servants Since 1979', in Michael Hunt and Barry J. O' Toole (eds), *Reform, Ethics and Leadership in the Public Service: A Festschrift in Honour of Richard A. Chapman*. Aldershot: Ashgate.

Bhatta, Gambhir (2001) 'A Cross-Jurisdictional Scan of Practices in Senior Public Services: Implications for New Zealand'. *Working Paper* No. 13, State Services Commission, Wellington.

Brans, Marlene (2002) 'Abolishing Ministerial Cabinets for RE-inventing Them? Comparative Observations on Professional Advice and Political Control'. *Paper for 63 Annual Conference of American Society for Public Administration*, Phoenix, Arizona, 23–26 March.

Campbell, Colin and Halligan, John (1992) *Political Leadership in an Age of Constraint: The Australian Experience*. Pittsburgh: University of Pittsburgh Press.

Campbell, Colin and Wilson, Graham K. (1995) The End of Whitehall: Death of a Paradigm? Oxford and Cambridge, MA: Blackwell. Campbell, Colin and Wyszomirski, Margaret Jane (eds) (1991) *Executive Leadership in Anglo-American Systems. Pittsburgh: University of Pittsburgh Press. Chapman, Richard (1984) Leadership in the British Civil Service*. London: Croom Helm.

Dargie, Charlotte and Locke, Rachel (1998) 'The British Senior Civil Service', in Edward C. Page and Vincent Wright (eds), *Bureaucratic Elites in West European States*. Oxford: Oxford University Press. pp. 179–204.

Dawson, Malcolm (2001) 'Leadership in the 21st Century in the UK Civil Service', *International Review of Administrative Sciences*, 67 (2): 263–71.

Denhardt, Robert B. (1993) *The Pursuit of Significance: Strategies for Managerial Success in Public Organizations*. Belmont, CA: Wadsworth Publishing.

Doig, Jameson W. and Hargrove, Erwin C. (1987) '"Leadership" and Political Analysis', in Jameson W. Doig and Erwin C. Hargrove (eds), *Leadership and Innovation: Entrepreneurs in Government*. Baltimore, MD and London: Johns Hopkins University Press.

Goetz, Klaus H. (1999) 'Senior Officials in the German Federal Administration: Institutional Change and Position Differentiation', in Edward C. Page and Vincent Wright (eds), *Bureaucratic Elites in West European States*. Oxford: Oxford University Press. pp. 146–77.

Halligan, John (1992) 'A Comparative Lesson: The Senior Executive Service in Australia', in Patricia W. Ingraham and David H. Rosenbloom (eds), *The Promise and Paradox of Bureaucratic Reform*. Pittsburgh: University of Pittsburgh Press.

Halligan, John (2001) 'Politicians, Bureaucrats and Public Sector Reform in Australia and New Zealand', in B. Guy Peters and Jon Pierre (eds), *Politicians, Bureaucrats and Administrative Reform*. London: Routledge.

Heclo, Hugh (1984) 'In Search of a Role: America's Higher Civil Service', in Ezra N. Suleiman (ed.), *Bureaucrats and Policy Making: A Comparative Overview*. New York: Holmes and Meier. pp. 8–34.

Heclo, Hugh (2000) 'The Future of Merit', in James P. Pfiffner and Douglas A. Brook (eds), *The Future of Merit: Twenty Years after the Civil Service Reform Act*. Washington, DC: Woodrow Wilson Centre Press. pp. 226–37.

Hede, Andrew (1991) 'Trends in the Higher Civil Services of Anglo-American Systems', *Governance*, 4 (4): 489–510.

Hunt, Michael and J. O' Toole, Barry (eds) (1998) *Reform, Ethics and Leadership in the Public Service: A Festschrift in Honour of Richard A*. Chapman. Aldershot: Ashgate.

Ingraham, Patricia W. (1998) 'Making Public Policy: The Changing Role of the Higher Civil Service', in B. Guy Peters and Donald J. Savoie (eds), *Taking Stock: Assessing Public Sector Reforms*. Montreal and Kingston: McGill–Queen's University Press. pp. 164–86.

Ingraham, Patricia W. and Moynihan, Donald P. (2000) 'Evolving Dimensions of Performance from the CSRA Onward', in James P. Pfiffner and Douglas A. Brook (eds), *The Future of Merit: Twenty Years after the Civil Service Reform Act*. Washington, DC: Woodrow Wilson Centre Press. pp. 103–26.

Ingraham, Patricia W., Murlis, Helen and Peters, B. Guy (1999) *The State of the Higher Civil Service after Reform: Britain, Canada and the United States*. Paris: OECD.

Kaufman, Herbert (1981) *The Administrative Behavior of Federal Bureau Chiefs*. Washington, DC: Brookings Institution.

Kim, Bun Woong and Kim, Pan Suk (1997) *Korean Public Administration: Managing the Uneven Development*. Elizabeth, NJ and Seoul: Hollym.

Kim, Pan S. (2002) 'Civil Service Reform in Japan and Korea: Toward Competitiveness and Competency', *International Review of Administrative Sciences*, 68 (3): 389–403.

Korac-Kakabadse, Andrew and Korac-Kakabadse, Nada (1998) *Leadership in Government: Study of the Australian Public Service*. Aldershot: Ashgate.

Korsmit, J.C. and Velders, B. (1997) 'Action Plan for the Development of a Senior Public Service in the Netherlands'. *Dutch Ministry of the Interior Senior Public Service, The Hague, The Netherlands*. Paper presented at the Civil Service Systems in Comparative Perspective Conference 5–8 April 1997, Indiana University.

Kotter, John P. and Cohen, Dan S. (2002) *The Heart of Change*. Boston, MA: Harvard Business School Press.

Lagreid, Per (2001) 'Transforming Top Civil Servant Systems', in Tom Christensen and Per Lagreid (eds), *New Public Management: The Transformation of Ideas and Practice*. Aldershot: Ashgate.

Maor, Moshe (2000) 'A Comparative Perspective on Executive Development: Trends in 11 European Countries', *Public Administration*, 78 (1): 135–52.

Mellon, Elizabeth (2000) 'Executive Agency Chief Executives: Their Leadership Values', in Kevin Theakston (ed.), *Bureaucrats and Leadership*. Basingstoke: Macmillan. pp. 200–21.

Organization for Economic Co-operation and Development (1997) *Managing the Senior Public Service: A Survey of OECD Countries*. Paris: OECD.

Organization for Economic Co-operation and Development (2000) 'Developing Public Service Leaders for the Future'. *Background Paper by the Secretariat, HRM Working Party Meeting*, Paris, 3–4 July.

Organization for Economic Co-operation and Development (2001) *Public Sector Leadership for the 21st Century*. Paris: OECD.

Page, Edward C. and Wright, Vincent (1999) 'Conclusion: Senior Officials in Western Europe', in Edward C. Page and Vincent Wright (eds), *Bureaucratic Elites in West European States*. Oxford: Oxford University Press. pp. 266–79.

Performance and Innovation Unit (2001) *Strengthening Leadership in the Public Sector: A Research Study by the PIU*. Cabinet Office, London.

Peters, B. Guy (1988) 'The Machinery of Government: Concepts and Issues', in Colin Campbell and B. Guy Peters, *Organizing Governance and Governing Organizations*. Pittsburgh: University of Pittsburgh Press. pp. 19–53.

Peters, B. Guy (2001) *The Politics of Bureaucracy*, 5th edn. London and New York: Routledge. Peters, B. Guy and Pierre, Jon (eds) (2001) *Politicians, Bureaucrats and Administrative Reform*. London: Routledge.

Pierre, Jon (1995) 'Comparative Public Administration: the State of the Art', in J. Pierre (ed.), *Bureaucracy in the Modern State: An Introduction to Comparative Public Administration*. Aldershot: Edward Elgar.

Pollitt, Christopher and Bouckaert, Geert (2000) *Public Management Reform: A Comparative Analysis*. Oxford: Oxford University Press.

PSMPC/Public Service and Merit Protection Commission (2001) *Leadership Project: Information on the Senior Executive Leadership Capability Framework*, Canberra. http://www.psmpc.gov.au/leadership

Renfrow, P., Hede, A. and Lamond, D. (1998) 'A Comparative Analysis of Senior Executive Services in Australia', *Public Productivity and Management Review*, June, pp. 369–85.

Rhodes, R.A.W. and Weller, Patrick (2001) 'Conclusion: "Antipodean Exceptionalism, European Traditionalism"', in R.A.W. Rhodes and Patrick Weller (eds), *The Changing World of Top Officials: Mandarins or Valets?* Buckingham and Philadelphia: Open University Press. pp. 228–55.

Rockman, Bert (1991) 'The Leadership Question: Is There an Answer?', in Colin Campbell and Margaret Jane Wyszomirski (eds), *Executive Leadership in Anglo-American Systems*. Pittsburgh: University of Pittsburgh Press. pp. 35–56.

Rockman, Bert A. (1995) 'The Federal Executive: Equilibrium and Change', in Bryan D. Jones (ed.), *The New American Politics: Reflections on Political Change and the Clinton Administration*. Boulder, CO: Westview Press.

Riccucci, Norma M. (2000) 'Excellence in Administrative Leadership: an Examination of Six US Federal Execucrats', in Kevin Theakston (ed.), *Bureaucrats and Leadership*. Basingstoke: Macmillan. pp. 17–38.

Rouban, Luc (1999) 'The Senior Civil Service in France', in Edward C. Page and Vincent Wright (eds), *Bureaucratic Elites in West European States*. Oxford: Oxford University Press. pp. 65–89.

Sanders, Ronald P. (1998) 'Heroes of the Revolution: Characteristics and Strategies of Reinvention Leaders', in Patricia W. Ingraham, James R. Thompson and Ronald P. Sanders (eds), *Transforming Government: Lessons from the Reinvention Laboratories*. San Francisco: Jossey–Bass. pp. 29–57.

Scott, Graham (2001) *Public Management in New Zealand: Lessons and Challenges*. Wellington: Business Roundtable.

Stace, Doug and Dunphy, Dexter (2001) *Beyond the Boundaries: Leading and RE-creating the Successful Enterprise*, 2nd edn. Sydney: McGraw–Hill.

State Services Commission (2001) *Annual Report for Year Ended 30 June 2001*. Wellington: SSC.

Strand, Torodd (1993) 'Bureaucrats and Other Managers: Roles in Transition', in Kjell A. Eliassen and Jan Kooiman (eds), *Managing Public Organizations: Lessons from Contemporary European Experience*. London: Sage. pp.157–73.

Theakston, Kevin (1999) *Leadership in Whitehall*. London: Macmillan.

Theakston, Kevin (2000) *Bureaucrats and Leadership. Basingstoke: Macmillan. United States General Accounting Office (2002) Results-Oriented Cultures: Insights for U.S. Agencies from Other Countries' Performance Management Initiatives*, Washington, DC: GAO.

Vardon, Sue (2000) Centrelink: 'A ThreE-stage Evolution', in Gwynneth Singleton (ed.), *The Howard Government: Australian Commonwealth Administration 1996–1998*. Sydney: University of New South Wales Press.

Wilson, Sir Richard (2000) 'A New Civil Service'. *FDA/Shareholder Conference*, 11 April.

第六章　從組織的觀點論述官僚結構的重要性

Morten Egeberg
鄭錫鍇 / 譯

PART *3*

　　本章重點在於分析政府機器中官僚結構與實際決策行為間的關係，並不論述整體政治系統中的行政角色，故焦點在於探討政府官僚體系中的組織結構如何影響政策過程及形塑最終的產出，其間的關係實具有關鍵影響性。組織或制度究竟會影響個別行動者的利益及偏好至何種程度，向來吸引學術界的討論與爭辯。同時，此一議題同樣受到政府實務界的注意，實務界一直想要確切了解在個別部門或政府機構中，組織設計或組織重組如何影響議程設定、協調、決策及執行。然而，就現有相關文獻而言，卻明確顯示未達應有的學術性重視（Egeberg, 1999）。實際的情況似乎是我們很容易找到官僚結構的研究、官僚結構產生的由來、行政行為研究等，但探討結構與實際決策行為間關係的文獻較為缺乏（Derlien, 1992; Farazmand, 1994; Hesse, 1995; Page, 1995; Bekke et al., 1996; Nelson, 1996; Peters and Wright, 1996; Farazmand, 1997）。

　　本章理論途徑著重「有限理性」（bounded rationality）（March and Simon, 1958; Simon, 1965）觀念，強調人類心智認知和計算能力的有限性，即任何事情不可能同時兼顧。我們雖存在於一個資訊豐富的環境，但在資訊被應用前往往受到瓶頸篩選作用，亦即在決策制定前，一個多面向事務往往只受到單面向的關注（Simon, 1985: 302）。於是，既然決策者的決策多基於簡化模式，則了解決策機制及篩選機制就益顯重要。從組織的觀點，即藉由關注組織結構、人口統計變項狀況、組織定位及體制化情況，去突顯決策者所處組織環境系絡角色的重要性。

　　學者似乎多同意組織及制度會影響個別行為者的策略，及為達成目標所採取的方法。但卻不同意其對利益及目標本身之形塑與重塑的影響。就理性決策之制度論模型而言，偏好的資訊是外生的，其他制度論者則辯稱利益實際是內在蘊育的（March and Olsen, 1996; Peters, 1999）。從組織的觀點，只要特定組織特質能夠呈現，則組織與制度確實能夠賦予個別行動者目標與利益。決策者所知及所信仰者，部分決定於其所處的組織地位（Simon, 1999: 113），既然偏好與認同的形成是政治生活不可或缺的面向，則政治與行政的研究就不能倚賴未將上述現象考量進去其模型之研究途徑。

下一節將從組織觀點提出本人所認為之重要變數，雖然本章之經驗性部分將著重於官僚（組織的）結構的影響，但同時提出其他關鍵變數亦有其價值，因為它有助提供吾人得以詮釋所觀察現象之堅實基礎。

組織的關鍵變數

組織結構

　　所謂組織結構是指各種規則以及任務明確、程序導向的專業角色所構成之規範性結構（Scott, 1981），故結構在大體上已限定了組織所要追求的利益與目標，相關措施與方案也必須與之配合，各種銘印在對角色期待的「相關標準」（relevance criteria）將引導資訊蒐尋過程及揭示偏差的資訊，於是，規範性結構鍛造（forge）了議程、方案及學習發展的資訊網路。既然決策者無法同時事事兼顧，考量所有可能方案及其結果（即所謂「有限理性」），那麼自然會希望在決策者簡化決策的需求端及組織所提供的篩選機制間達成完美的配合（Simon, 1965; Augier and March, 2001）。故結構不可能是中立的，它往往代表作為行動準備的偏差動員（mobilization bias）（Schattschneider, 1975: 30）。

　　究竟係何種理由使我們必須預期人們從進入組織那一刻起便會順從組織的規範？首先，他們會覺得遵守組織規範是一種道德義務，當代文化的組織生活中強調非個人性的一般關係及理性化的行為準則，以協助個人得以將私人利益與做為一般員工或組織代表所需具備之條件做區別；其次，人們可能發現順從是符合自身利益的。組織就是一個誘因系統，提示基層員工將來可能的職涯發展願景，引導其自願符合角色期待及行為準則，主管也可應用獎懲手段促使下屬順服；最後，社會控制與同儕審查也被期待能減少偏差行為。但上述機制的存在並不意謂組織成員從進入組織之初即放棄私人利益。由於可得報償的原因，個人政策偏好常被撇開不談，且在解釋組織行為時也常被視為不重要因素。即使上述機制失敗，可能仍有人辯稱在大部分議題領域中，組織參與者仍無法以任何有意義且一貫的方式去界定及運作其真正私人的利益，但有個明顯的例外存在，即當決策過程可能直接影響其職業前景時，如組織重組。

　　現在將轉而論述組織結構的各種面向。就規模（size）而言，其意指組織所有職位（角色）補滿時之員額數，其可彰顯組織發起政策、發展方案或執行最終決策之能力。其次，就「水平分化」（horizontal speciation）而言，其意指不同議題及政策領域（如交通與環境）如何被歸類或適當重組。同一組織管轄各種政策領域比起不同單位分層管轄各種政策領域較易被協調（Gulick, 1937）。在層級節制體系中（如水平與垂直分工的

組織），低階議題的分工僅意謂協調責任移至上級指揮層級。根據Gulick（1937）的看法，組織的任務可以依四種基本方式水平分配到各個單位，此四種方式分別為：依地域（territory）、目的（purpose）（部門）、功能（function）（流程）及服務對象（clientele served）。例如：假使一個組織根據服務地區進行內部分化，代表各單位將被導向著重地域性觀點，且鼓勵決策者為了「內部—地方」（intra-local）政策的一致性，應將焦點置於特殊的地區性考量及需求。在這個例子中，組織結構反映了整體系統的地方性特質，且交會點是順延著地域的分界線。另一方面，如果組織分化是基於目的原則，是希望在決策者間形成部門的界線及在各地域性單位間進行政策標準化工作。

　　組織結構可以反映層級節制的（hierarchical）「協調」性（coordination）；也可以反映「學院式」（collegial），「學院性」（collegiality）通常意謂決策須經由辯論、協商或表決來達成，而非透過命令。大部分政府組織在設置之初都基於層級節制原則，而學院式團體型態常見者如委員會、任務小組、專案團體等，逐漸被設計作為層級結構的補充功能。既然當代組織內部單位不論在垂直或水平面向，以上述方式更緊密編織在一起，可預期者，一種網絡行政的新型態將會產生（Kickert, 1997; Bogason and Toonen, 1998; Rhodes, 2000）。委員會成員的聚合是在臨時性的基礎上，大部分成員與其他組織多僅限於初步接觸，故有理由相信委員會成員的行為在某種程度上會因接觸（exposed）新議程、新方案及行動者而受到影響，但這樣的影響應不及來自其所依附之原始組織的影響大。最後，有的組織結構比起其他組織結構較為模糊且鬆散聯結，此有助促進革新行為、彈性因應及更廣大的政策動力（Landau, 1969; March and Olsen, 1976; Hood, 1999），透過模糊設計途徑，持續的緊張狀態及難解的衝突有被智慧性解決的可能（Olsen, 1997）。

組織人力結構

　　根據Pfeffer（1982: 277）的看法，人力結構（demography）是指有關組織內部人力之組成內容，以基本屬性而言，即指性別、種族、教育及服務年資等。儘管其潛在影響的強度取決於組織結構（如對人力的要求情形），這些人力結構變數常被視為影響決策行為的重要因素（Meier and Nigro, 1976; Lægreid and Olsen, 1984）。即使有來自多樣的社會化經驗之人力組成，也不一定導致政策爭辯，亦不一定顯示有代表性的連結（representational linkage）（Selden, 1997: 65）。吾人可以說人力結構的觀點是強調人力的職涯與進程（flows of personnel），例如人力的來源、人力的現在與未來的職涯，會對其決策行為產生影響。其實組織結構影響的發生不須仰賴人員的社會化，人力結構因素的影響卻與社會化緊密地聯結。「社會化」（socialization）通常意指價值、規範及角色期待已經內化到個人身上。新進人員在組織中的特殊社會、地理及教育機制中，透過經年累月的時間

效果，會獲得先入塑成（pre-packed）的組織意象及工作態度，隨著服務年資的增長，他們即被社會化了。已社會化的組織成員對所在組織會產生強烈認同，而且會採取一種態度，即不需要進一步深思熟慮，便視組織利益為理所當然且正當，並自動地擁護它。不過，組織必須依賴誘因或懲罰等外控機制到何種程度，端視決策者在組織中的社會化程度。

　　若以個人屬性而言，在嚴格觀點下，上述提及的各種人力特性中，只有服務年資夠格作為真正的組織影響變數。不過，如果我們觸及特定組織人口的比例問題，例如不同區域及專業，則問題就會變得不同，群集（clusters）或內部王國（enclaves）的形成現象常使得特定團體較能滿足其利益（Selden, 1997）。

組織的地理位置

　　在既有文獻中，少有論及組織生命中之物理面向者（Goodsell, 1977; Pfeffer, 1982: 260-271），然而，事實上每一組織均位處於特定地理位置與建築中。首先，地理屬性及物理空間對員工生活、角色觀念與認同及組織角色與認同間產生區隔作用；其次，在空間區隔但又具重疊性的組織結構提供了可能引發不同角色與認同問題的線索，而空間的集中性也易使得員工角色認知與認同產生單位間轉移的問題（March, 1994: 70-73）；第三，政府單位建築的空間距離似乎會影響接觸模式與協調行為（Egeberg, 1994）。簡而言之，組織的地理位置（例如組織結構）會為決策者的注意焦點構築界線，也有助於其應付複雜的實務。此外，可能引發相當的不確定性、不可預測性及意外的流程或程序，也需要透過面對面接觸與團體對話取得必須的資訊交換，故在某種意義上這些流程是高度空間倚賴的（Jönsson et al., 2000: 186）。

制度化

　　從組織的觀點及組織研究的傳統，所有制度化的機構都算是組織，但並非所有的組織都是機構，「制度化」（institutionalization）是指組織增添重要特質的一種面向。而若以制度化現象觀之，當今對所有規則、政權及組織的分類趨勢，對我們在理解制度的概念上助益不大。根據Selznick（1957）的論點，制度形成是耗費時日的，因為組織是隨著非正式規範與實務的加添而逐漸增加其複雜性。此增加的複雜性也產生自組織與環境的持續互動（如資訊交換、人力甄補），同時也提供用以面對挑戰的劇本（repertoire）。這些非正式規範獨立存在於超越不同時間點的具體組織成員身上，以此觀點而言，它們是非個人性的（impersonal）。

　　要成為真正的機構（制度化），Selznick（1957: 17-22）辯稱即使發展成熟且具複雜

性的組織，同樣必須注入超越日常業務技術性需求之價值，在此，其認為組織需要一個自我的、獨特的認同，包括對價值、行為方式、信念的承受，這些價值、行為方式及信念皆被組織視為重要者。對直接參與組織的人而言，組織儘管可能取得許多制度化的價值，即使這些組織在較大社群中將隨時準備被取代。從政治的觀點，當組織最後能象徵社群的期望時，組織即成為真正的制度了，此即認同的觀點。真正的機構（制度化）可以體現社會價值，而且努力在社會上實現這些價值。制度化也有另外一種含意，即並非只有特定組織機構與非正式規範適合價值與意義的灌注，組織特殊的人力組成（如專業團體）及所在位置及建築亦然（Goodsell, 1998），故叛亂團體經常占領總統府或國會大廈就不足為奇了，這些行動可被解釋為象徵性的行動，其起初的目的並不在於制定政治性的決策。

　　一個意義已被高度分享的廣大情境系絡對機構內部溝通有相當大的助益，它可以提昇促進續效與協調的能力，尤其在遭遇危機或威脅時更顯得重要（Selznick, 1957: 18; Brunsson and Olsen, 1993: 5）。與組織相比較，機構可能不必倚賴同層度的外在控制機制（如獎懲）。制度化的另一個意涵是在於處理計畫性變革及組織重組的可能性：「當組織已獲得高度分享的象徵性意義，有助向所在社群釋放出避免被清算或純粹技術或經濟面向移轉的聲明。」（Selznick, 1957: 19）機構天生的強韌性在當代相關文獻中似乎已被廣為認同，推動與機構認同相符的變革，便會被視同例行業務之執行。對認同產生破壞之驟然且巨大的變革顯少發生，即使發生也會被視為是重大續效危機的必然結果（March and Olsen, 1989; Brunsson and Olsen, 1993: 5-6）。另有一種不同的詮釋觀點，即挑戰認同（identity-challenging）的改革即使真正被執行，也多是在高度歷史與路線依賴（history-path-dependent）及扭曲的方式下進行（Christensen and Lægreid, 2001）。既然機構比組織更為複雜，那麼就改變機構的組織結構或改變組織的結構而言，兩者對實際決策行為的影響將有所不同。

方法論的補充說明

　　本章經驗研究部分主要限於國家層級之中央政府機關，研究焦點置於結構對其實質決策的影響，所謂「實質決策」（substantive policy making）是指大部分官僚在大部分時間都應該從事的一種決策類型，在另一方面，「行政決策」乃是針對行政機構本身面向而言，例如結構、人力組成、物理結構與位置等。

　　究竟應採取何種標準來進行相關經驗研究？首先，一個研究如果要獲致有價值的結

論，必須明確聚焦於組織結構與官僚實際決策行為間的關係，雖然不必然要單獨集中在此一獨立變數；第二，作者應明確陳述研究的資料來源及資料分析的應用方法；第三，從理論的觀點，所觀察的關係應該是其有意義及可被理解的，亦即其應可能被涵蓋於一個特定的理論面向，政府革新的評估報告經常無法符合上述標準，部分社會科學家的研究也是如此。吾人須在意經驗本質的陳述應至何種程度才真正符合其係奠基於系統性研究的基礎，或只基於薄弱的基礎，亦或只不過是一種假設。為了經驗性地將基本假定（postulates）具體化，學者太常在未清楚明辨哪些文章章節內容是真正經驗性研究，及那些只是純理論或是印象式（impressionistic）本質，即直接參考引用。

　　有關探討組織結構與實際決策行為間關係的研究，似乎一直是與當代此領域的研究主流背道而馳，檢視現階段公共行政的文獻，不管是成卷或單一文章，對此一關係的研究少之又少（Derlien, 1992; Farazmand, 1994; Hesse, 1995; Page, 1995; Bekke et al., 1996; Nelson, 1996; Peters and Wright, 1996; Farazmand, 1997）。Hood和Dunsire（1981）在所著《官僚公制途徑》（*Bureaumetrics Approach*）一書中總結說道，此一關係的研究是下一個階段應被重視的議題。十四年後Martin J. Smith等人（1995: 50）在其檢視英國中央政府的相關研究中，發現許多研究者樂於以執行面的角度描述結構變遷與問題，較少觸及結構變遷對部門內部政治現象與政策過程的影響。Thomas Hammond（1990）曾辯稱官僚結構與決策行為間關係的研究之所以缺乏系統性經驗研究的理由，實可追溯到Herbert Simon對所謂行政理論傳統學派的大量批評。有關Simon在1940年代已贏得之二元爭論的廣泛認同，對於缺乏正式結構及內涵之研究的當時確實是有幫助的（Augier and March, 2001）。另外一個理由可能是因為行為主義在當時已普遍進入社會科學領域。

經驗證據

組織規模的影響（組織能耐）

　　認定大部分官僚似乎相當順應組織中正式角色期待之事實，對於論證組織結構設計之影響性是相當重要的基礎（Egeberg, 1999），其隱含的意義為組織中不同的利害關係所在及利益一旦要獲得確保，那麼至少在政策過程中要得到鑲含在內部各單位中並表現出來的系統性與持續性的關注與支持。

　　一些針對跨國環境政策制定與執行的比較研究強調了組織結構能耐（structural capacity）的重要性：如許多在環境政策領域被視為先驅者的國家，傾向分別建置不同的環境部門及機關（Underdal, 1996; Weale et al., 1996）。在單一國家內的比較上顯示了有其

他更重要的變數，在跨時研究上，制度能耐（institutional capacity）的變異並無法解釋德國、英國及挪威等國相關政策的現象。

　　一份對於挪威公路與鐵道建設計畫的研究，揭示了不同組織結構能耐如何實際影響政府之非預期的政策產出。為了解決1991年至1992年之失業問題，一份追加的補助案從其他部門轉移到交通部門，且由於公路單位的規劃能耐遠大於鐵路部門，大部分的額外預算在公路部門即已用完。公路單位的董事會有能力從政府急於提昇對抗失業的努力中獲得政府利益，但在此情況下，將道路建設的投資列為優先順序卻非內閣的原意（Egeberg, 1995）。

水平分化的影響

　　理論上，結構設計是希望能規範資訊交換、協調程序及衝突解決的路徑，故組織界線的劃定方式即決定了決策者須關注哪些問題及解決方案；也決定了各種關注事項應在層級節制體系的何種層級中被同時考量，或允許不被其他利益所侵犯。但組織的界線真的那麼重要嗎？可能吾人必須先檢視垂直分化的面向。

　　有研究顯示，互動模式及資訊交換在很大程度上反映了行政系統的組織結構。資訊流會在跨越組織界線時縮減（Lægreid and Olsen, 1984; Larsson, 1986; Gerding and Seven huijsen, 1987; Petterson, 1989）。Læreid（1998）發現真正的互動模式也只反映了正式的組織圖，即使官僚體系中有促進人員社會化與提昇專業的潛在作為亦是如此。1990年代對電子郵件的廣泛使用情形，似乎也沒有改變結構與行為間的緊密關係（Christensen and Egeberg, 1997）。Scharpf（1997）在對德國聯邦政府所屬交通部的研究中發現，部本身認知到跨單位的協調是客觀且具體的需求，在較低層級組織單位間也反映了實際資訊交換及參與模式。進一步的經驗分析顯示，既有的分工結構對實質政策的影響就如同司法裁決一樣，會引起嚴重的資訊不足與衝突現象。資料亦顯示單位間互動時所認知的資訊不足感將四倍於單位內的互動，對政策實質內容的衝突會是單位間互動的兩倍；對於單位間司法性裁決引起衝突之可能性甚至會比單位內高過50%（1977: 62）。Scharpf總結認為組織的界線可能不致於妨礙溝通，但似乎會成為一道妨礙資訊流的半透明（semi-permeable）牆（不論在資訊的需求端或供給端），其亦可能在較實質與司法裁決性的衝突中降低了衝突解決的能量。

　　組織界線與內閣內部的界線劃定一樣，都會在關注的偏重及偏好與認同的形成中產生偏差效果（Allison, 1971; Rhodes and Dunleavy, 1995）。對於必須與首相辦公室或財政部密切聯繫的官員而言，內閣閣員間的廣泛互動即是一種典型（Campbell and Szablowski, 1979）。一般而言，跨組織間的官員接觸對於其所參與的工作團隊或其地位有強且正向

的關聯（Stigen, 1991; Lægreid and Olsen, 1984; Jablin, 1987; Christensen and Egeberg, 1997）。

　　嚴格來說，到目前為止如欲以現有的相關研究設計來推論結構與決策間的因果關係仍存在一些問題，但幸運的是，我們也發現在部分研究中「行為」已被發現是「組織重組」（reorganization）的後續變數，如果能夠追蹤行為在這種情況下的後續變化，較可能證實真正因果關係的存在。

　　在層級節制體系中進行割裂式的分工，在理論上仍意謂著將協調過程與衝突解決機制在組織中向上遞移，使得較高領導階層必須涉入其中，但就另一方面而言，組織合併則是將上述過程與機制向下延伸，以減輕高階層主管的工作負擔（但其結果可能使得組織的高層在某些議題領域的洞見不足）。吾人從一項對內閣組織的研究成果中得到了部分的支持。Egeberg（1994）觀察到：參與截然性分工部門間事務協調的官員經歷的衝突較少；相反的，合併後的部門卻經歷較多的衝突。其實在第一個案例中衝突並沒有消失，而是外部化了，也就是向上遞移了；在第二個案例中，衝突是被內化了，也就是向下延伸了。Hult（1987）在一項有關官僚機構合併的研究中支持了上述的發現，她亦發覺了部門合併對於既有顧客群體會產生影響，當新的合併單位需考量較多利益及付出較多關注時，意味其外部網絡關係也會變得較具分殊性，且原先建立的「鐵三角」（iron triangles）關係也會較為鬆脫。

　　Mortensen（1993）曾對一個更改分部化原則的交通部所屬單位研究其所生影響。此部門結構先前是以程序導向原則進行專業分化，故部門功能包含預算單位、規劃與裁決單位。新的組織結構分化原則則採目標導向原則，故每一種交通與傳播事務與形式都獲得自身完整的分工單位。針對航空單位而言，他觀察到了一個新的部門取向的誕生及如何取代先前部門內部導向的預算觀點，或者「整合式基層結構的規劃觀點」（integrated infrastructure planning perspective）。這種改變的發生並沒有解構官員先前的任務，那些在舊結構時期處理航空運輸事務的官員在新的單位中亦負責同樣的業務。這種新的制度安排同時也降低了下級單位在內閣部門決策過程的接近性，因為原先任何機構必須透由內閣中與議題相關的各個部門才能接觸內閣的決策，但在組織重組後，任何機構可以與內閣中向自身所屬的部門相互交涉。Hult（1987）的研究指出，這種由目的或部門導向官僚機構所產生的割裂式權力結構可以經由回歸到以過程為導向的結構來調合。

　　如同聯邦國家一樣，單一制國家的中央政府通常會以目的（部門）或流程（功能）導向來對行政系統進行專業分化。英國政府在其目的及功能部門中引進了兩組地域導向的分化制度（如蘇格蘭與威爾斯政府當局），一種廣泛存在的假設認為這樣的制度安排有助發展較密切連結的政策，即使在柴契爾時代各轄區之干涉主義的政策亦同（Griffiths, 1999）。Griffiths（1999: 803）在其針對威爾斯的教育與住宅政策個案研究中，他總結指出

幾乎沒有顯著例外且一致性地，威爾斯的運作實務是全英國中最顯著的。對以地域為取向化分的部門而言，其看似溫和的影響主要原因可能是因為以部門及功能劃分的原則仍然主導著英國行政部門組織的建制。

地方政府可以藉由設計反應內閣結構的專業分工部門來代表中央政府的各項功能，或者設立綜合式政府以替代整體制度的區域組織。英國改革者藉由設置區域性政府辦公室來增進英國政府各部門之地區辦公室間的協調工作，且滿足單點接觸原則，不過這也違反了傳統文官制度的專業劃分原則。研究顯示GORS實際上在地區間產生了較大的協調功能，而且已成為發展「全觀治理」（holistic governance）的最重要機制（Mawson and Spencer, 1997; Rhodes, 2000）。

類似的研究也證實了這些結論，如Bonesvoll（1997）曾針對一個以目的為基礎設立的地區層級行政單位之重組案進行研究，此單位將被重組為以地區為基礎（如地方首長制）之新制度，在本案例中，挪威農業部所屬之區域單位原則上將轉而從屬於新的地方政府部門，而非原屬之農業部，可以預期者，對一個高度制度化的官僚組織進行了正式的結構重組，但卻不變動其各所屬行政單位之內部結構情形下，其對決策過程的影響是有限的。然而，卻仍有一些變化被觀察出來：自組織重組後，有官員報告指出新的互動模式已產生了，此互動模式使他們與已納入新地方政府的其他行政單位之互動更為緊密。其關注的重心逐漸移到地區，對全國一致性的要求標準之重視度也降低了。

垂直分化的影響

內閣各部門內部的垂直分化也很重要，官員的職位層級及其與政治領導的接觸是相互關聯的，尤其是政治訊息的接收上，職位層級同樣與水平互動密度具有相關性（Aberbach et al., 1981; Christensen, 1991; Aberbach and Rockman, 2000）。高階官員對中央政府的認同感高過較低層級，低階層人員較視自身為所屬單位與專業分工代表（Egeberg and Sætren, 1999）。這種模式並非不無道理的：那些較少水平互動及自視為較低層級的單位，通常被設定來處理範圍層面較窄的公共問題、解決方案及影響；而那些與層峰有高度一體認同感且有較廣水平關係的單位較可能處理範圍較大的議程、相競需求及系統性的關注。

中央政府官僚機構也可以在國家層級上進行專業的垂直分化，例如內閣部門及其所指揮之中央級機構（外部之垂直分化）。「機構化」（angencification）在許多國家有日益增加的趨勢（Kickert and Beck Jørgensen, 1995）。研究指出隨著垂直分化的現象，共同類型的任務可以在不同行政層級執行，例如所屬單位可藉由目標設定實質涉入決策，又如預算編列、立法及建立導引、高階文官的獲得及建立行政結構等（Christensen, 1982;

Jacobsson, 1984; Greer, 1994）。政策決擇不可能不受決策之相關組織情境的影響，中央機關的官員相對於其在內閣層級部門的同僚，在行使裁量權上較能夠獨立於內閣進行中的政治過程（Wood and Waterman, 1991; Greer, 1994），他們幾乎很少與內閣的政治領導者接觸，與其他內閣部門的互動亦少於其所屬的內閣部門。他們最重視對專業的依附與考量，而較少關切使用者及顧客的利益，對於內閣政治領導釋放的訊息之重視度，在其心中只被列為第三優先順序。他們從內閣部門中所具有之相當的自主性，同時也意謂其在此一層級中很少有機會去影響決策者；另一方面，在內閣部門中，最優先的重視順序是閣員釋放的訊息及專業關注，而較少關心來自使用者及顧客群體的訊息（Christensen, 1982; Back Jørgensen, 1991; Christensen and Egeberg, 1997）。

Egeberg（1995）對英國一項交通基礎建設案的過程研究所得結果顯示，即使是單位導向的觀點，仍可看出受到交通部行為的影響軌跡，因此不可誤認其言行只是所屬機構的代言人。部門是本位性質的組織，其觀點偶而會與所屬機關相異，如鐵道運輸部門就不可能批准鐵道公司所提的昂貴投資計畫，公路運輸部門也會在大部分公路效益已經達成時，提醒閣員對新建道路的投資可能會減少經濟效用。如果我們考量其結構地位，內閣部門之所以採取分歧的觀點是有意義的，作為同一內閣部門的所屬單位，其畢竟同時臣屬同一行政與政治的領導，而在單一內閣部門的所屬單位，與其他相關部門間仍有關聯性，如財政部。這些條件使得在內閣部門中的官員，比其他所屬機構的官員有更寬廣的視野。

一般而言，垂直分化似乎縮小了政治領導與控制的潛在影響，但有研究指出上述政治引導力量的喪失有部分可以藉由在內閣部門中設置一個負責相同事務的單位來彌補（Jacobsson, 1984）。更進一步，也可把機關整併到內閣，或將機關轉型至內閣部門，即進行垂直性的去分化（vertical despecialization），這些做法顯示出有利於增加政策部門的政治影響施力點（Hult, 1987; Desveaux, 1995）。

臣屬的及獨立性的機關有時也有附屬於其領導的學院式結構，如執行性與諮詢性會議，成員代表可來自利益團體（顧客、使用者、利害關係團體等）、政黨代表及獨立專家。機構頂端的執行會議似乎可以同時調節平衡各方利益。他們不只是來自上頭的政治力量之競技場，也是相關利害團體及專家評議的競技場。這樣一個會議形式的存在會模糊了由上而下進行的政治訊息，但卻提供了機構較大的自主性（Egeberg, 1994）。一項對美國堪薩斯州一個集權式衛生行政單位組織重組案所做的研究指出，在這項包括了移除其自身執行會議的組織重組案中，造成了原來得以確保的政治過程保護作用也一併喪失了（Maynard-Moody et al., 1986）。

在所謂的「新公共管理」（New Public Management）時代，外部的垂直分化過程也在

特定觀念下被迫跟進，即許多國家中已有無數商業機構企業化了（Wright, 1994）。為了要提昇效益與競爭力，已有一些公共服務單位被重組為「外部」（outside）政府。透過跨國研究觀之，浮現了一個主要的課題，即權力的退移（devolution）造成了政治駕控與權威的減退，對於被權力拆解（decoupled）的企業，也較少付出政治考量的關注（Boston et al., 1996; Pollitt and Bouckaert, 2000; Christensen and Lægreid, 2001; Zuna, 2001）。然而，以行政機構為例，公共企業的政治控制能力大小很大成分取決於其在內閣層級中組織資源之可得程度（Christensen and Lægreid, 2001）。

結論

政府行政權如何被組成只是用來解釋與了解公共政策結果的諸多因素之一，本章目的雖不在衡量各項解釋因素的相對重要性，不過卻指出了有助釐清各組織結構因素影響權重的理論成份，也系統化介紹各種經驗研究發現，這些發現闡明了行政結構如何影響中央政府實質決策過程。直到目前為止，似乎仍有大多數研究公共行政的學生一直聚焦於行為與態度的研究，忽略關注其與組織結構的關聯性，他們也往往聚焦於結構之描述及組織變革的前置過程。不管從學術或實務的觀點，更重要的是去學習了解不同機制設計之行為與政策結果。組織結構的諸面向（如規模、垂直與水平分化、學院化），不管在操作上或理論上，都可以被充分的界定，同時，所有面向之抽象層次也足以允許經驗觀察結果在不同情境下被移轉應用及彙總。

實質的政策制定作為一種依變數，未來仍需進一步發展，「程序考量」（procedural considerations）是有實質意義的，例如決策中對忠誠依附或專業自主依附的不同需求便會有不同影響。同樣的道理，決策過程中的實質考量會受到組織分化原則、資訊交換、實際的協調及衝突解決的影響，這些變數皆與官僚層級的結構化方式具有關聯性，傳統階段論的決策過程理論（如資訊蒐集及執行）是可能需要修正的。既然傳統上視決策與執行是分立的過程，則執行只是去承接一個已經完成的政策計畫或一項法規，那麼官僚結構在執行階段的實質影響力就小於政策制定階段。有關在同一情境下探討組織結構與決策間關係之研究設計與同步研究，應該藉由跨時空的觀察研究去補足知識的不足。

參考文獻

Aberbach, J.D. and Rockman, B.A. (2000) *In the Web of Politics. Three Decades of the US Federal Executive*. Washington, DC: Brookings Institution.

Aberbach, J.D., Putnam, R.D. and Rockman, B.A. (1981) *Bureaucrats and Politicians in Western Democracies*. Cambridge, MA: Harvard University Press.

Allison, G.T. (1971) *Essence of Decision*. Boston, MA: Little, Brown.

Augier, M. and March, J.G. (2001) 'Remembering Herbert A. Simon (1916–2001)', *Public Administration Review*, 61: 396–402.

Beck Jorgensen, T. (1991) 'Moderne myndigheder. Generel profil af danske direktorater, styrelser og statslige institutioner'. *Working Paper*. Copenhagen: Department of Political Science.

Bekke, H.A.G.M., Perry, J.L. and Toonen, T.A.J. (eds) (1996) *Civil Service Systems in Comparative Perspective*. Bloomington, IN: Indiana University Press.

Bogason, P. and Toonen, T.A.J. (1998) 'Introduction: networks in public administration', *Public Administration*, 76: 205–27.

Bonesvoll, B. (1997) *Fra sektor- til omradeorganisering: Effekter av reorganiseringen av fylkeslandbrukskontorene inn under fylkesmannsembetene*. Thesis. Oslo: Department of Political Science.

Boston, J., Martin, J., Pallot, J. and Walsh, P. (1996) *Public Management. The New Zealand Model*. Auckland: Oxford University Press.

Brunsson, N. and Olsen, J.P. (1993) *The Reforming Organization*. London: Routledge.

Campbell, C. and Szablowski, G.J. (1979) *The Super-Bureaucrats: Structure and Behavior in Central Agencies*. Toronto: Macmillan of Canada.

Christensen, J.G. (1982) 'Den administrative ledelsesfunktion i centraladministrationen', *Nordisk Administrativt Tidsskrift*, 63: 317–47.

Christensen, T. (1991) 'Bureaucratic roles: political loyalty and professional autonomy', *Scandinavian Political Studies*, 14: 303–20.

Christensen, T. and Egeberg, M. (1997) 'Sentraladministrasjonen – en oversikt over trekk ved departement og direktorat', in T. Christensen and M. Egeberg (eds), *Forvaltningskunnskap*. Oslo: Tano.

Christensen, T. and Lagreid, P. (2001) 'New public management – undermining political control?', in T. Christensen and P. Lagreid (eds), *New Public Management. The Transformation of Ideas and Practice*. Aldershot: Ashgate.

Derlien, H.-U. (1992) 'Observations on the state of comparative administration research in Europe – rather comparable than comparative', *Governance*, 5: 279–311.

Desveaux, J.-A. (1995) *Designing Bureaucracies*. Institutional Capacity and LargE-Scale Problem Solving. Stanford, CA: Stanford University Press.

Egeberg, M. (1994) 'Bridging the gap between theory and practice: the case of administrative policy', *Governance*, 7: 83–98.

Egeberg, M. (1995) 'The policy–administration dichotomy revisited: the case of transport infrastructure planning in Norway', *International Review of Administrative Sciences*, 61: 565–76.

Egeberg, M. (1999) 'The impact of bureaucratic structure on policy making', *Public Administration*, 77: 155–70.

Egeberg, M. and Satren, H. (1999) 'Identities in complex organizations: a study of ministerial bureaucrats', in M. Egeberg and P. Lagreid (eds), *Organizing Political Institutions*. Essays for Johan P. Olsen. Oslo: Scandinavian University Press.

Farazmand, A. (ed.) (1994) *Handbook of Bureaucracy*. New York: Marcel Dekker.

Farazmand, A. (1997) *Modern Systems of Government*. Exploring the Role of Bureaucrats and Politicians. Thousand Oaks, CA: Sage.

Gerding, G. and Sevenhuijsen, R.F. (1987) 'Public managers in the middle', in J. Kooiman and K.A. Eliassen (eds), *Managing Public Organizations*. London: Sage.

Goodsell, C.T. (1977) 'Bureaucratic manipulation of physical symbols: an empirical study', *American Journal of Political Science*, 21: 79–91.

Goodsell, C.T. (1988) *The Social Meaning of Civic Space*. Studying Political Authority through Architecture. Lawrence, KS: University Press of Kansas.

Greer, P. (1994) *Transforming Central Government*. The Next Steps Initiative. Buckingham: Open University Press.

Griffiths, D. (1999) 'The Welsh Office and Welsh autonomy', *Public Administration*, 77: 793–807.

Gulick, L. (1937) 'Notes on the theory of organization. With special reference to government', in L. Gulick and L. Urwick (eds), *Papers on the Science of Administration*. New York: Institute of Public Administration, Columbia University.

Hammond, T.H. (1990) 'In defence of Luther Gulick's "Notes on the theory of organization"', *Public Administration*, 68: 143–73.

Hesse, J.J. (1995) 'Comparative public administration: the state of the art', in J.J. Hesse and T.A.J. Toonen (eds), *The European Yearbook of Comparative Government and Public Administration*. Baden-Baden: Nomos.

Hood, C. (1999) 'The garbage can model of organization: Describing a condition or a prescriptive design principle?', in M. Egeberg and P. Lagreid (eds), *Organizing Political Institutions*. Essays for Johan P. Olsen. Oslo: Scandinavian University Press.

Hood, C. and Dunsire, A. (1981) Bureaumetrics. London: Gower. Hult, K.M. (1987) *Agency Merger and Bureaucratic Redesign*. Pittsburgh: University of Pittsburgh Press.

Jablin, F.M. (1987) 'Formal organization structure' in F.M. Jablin, L. Putnam, K. Roberts and L. Porter (eds), *Handbook of Organizational Communication*. An Interdisciplinary Perspective. Newbury Park, CA: Sage.

Jacobsson, B. (1984) *Hur styrs forvaltningen?* Lund: Studentlitteratur.

Jönsson, C., Tägil, S. and Törnqvist, G. (2000) *Organizing European Space*. London: Sage.

Kickert, W.J.M. (1997) 'Public governance in the Netherlands: an alternative to Anglo-American "managerialism"', *Public Administration*, 75: 731–52.

Kickert, W.J.M. and Beck Jorgensen, T. (1995) 'Introduction: managerial reform trends in Western Europe', *International Review of Administrative Sciences*, 61: 499–510.

Landau, M. (1969) 'Redundancy, rationality, and the problem of duplication and overlap', *Public Administration Review*, 29: 346–58.

Larsson, T. (1986) *Regeringen och dess kansli*. Lund: Studentlitteratur.

Lagreid, P. (1988) *Oljebyrakratiet*. Om statsadministrasjonen i en oljealder. Oslo: Tano.

Lagreid, P. and Olsen, J.P. (1984) 'Top civil servants in Norway: key players – on different teams?', in E.N. Suleiman (ed.), *Bureaucrats and Policy-Making*. New York: Holmes and Meier.

March, J.G. (1994) *A Primer on Decision Making*. How Decisions Happen. New York: Free Press.

March, J.G. and Olsen, J.P. (1976) *Ambiguity and Choice in Organizations*. Bergen: Scandinavian University Press.

March, J.G. and Olsen, J.P. (1989) *Rediscovering Institutions*. The Organizational Basis of Politics. New York: Free Press.

March, J.G. and Olsen, J.P. (1996) 'Institutional perspectives on political institutions', *Governance*, 9: 247–64.

March, J.G. and Simon, H.A. (1958) *Organizations*. New York: John Wiley.

Mawson, J. and Spencer, K. (1997) 'The Government Offices for the English regions: towards regional governance?', *Policy and Politics*, 25: 71–84.

Maynard-Moody, S., Stull, D.D. and Mitchell, J. (1986) 'Reorganization as status drama: building, maintaining, and displacing dominant subcultures', *Public Administration Review*, 46: 301–10.

Meier, K.J. and Nigro, L.G. (1976) 'Representative bureaucracy and policy preferences: a study in the attitudes of federal executives', Public Administration Review, 36: 458–69.

Mortensen, R. (1993) 'Formell struktur et styringsverktoy? En case studie av en reorganisering i Samferdselsdepartementet'. *Thesis*. Oslo: Department of Political Science.

Nelson, B.J. (1996) 'Public policy and administration: an overview', in R.E. Goodin and H.-D. Klingemann (eds), *A New Handbook of Political Science*. Oxford: Oxford University Press.

Olsen, J.P. (1997) 'Institutional design in democratic contexts', *Journal of Political Philosophy*, 5: 203–29.

Page, E.C. (1995) 'Comparative public administration in Britain', Public Administration, 73: 123–41.

Peters, B.G. (1999) *Institutional Theory in Political Science. The 'New Institutionalism'*. London: Continuum.

Peters, B.G. and Wright, V. (1996) 'Public policy and administration, old and new', in R.E. Goodin and H.-D. Klingemann (eds), *A New Handbook of Political Science*. Oxford: Oxford University Press.

Petterson, O. (1989) Maktens netverk. Stockholm: Carlssons. Pfeffer, J. (1982). *Organizations and Organization Theory*. Boston, MA: Pitman.

Pollitt, C. and Bouckaert, G. (2000) *Public Management Reform*. A Comparative Analysis. Oxford: Oxford University Press.

Rhodes, R.A.W. (2000) 'The governance narrative: key findings and lessons from the ESRC's Whitehall programme', *Public Administration*, 78: 345–63.

Rhodes, R.A.W. and Dunleavy, P. (eds) (1995) *Prime Minister, Cabinet and Core Executive*. Houndmills: Macmillan Press.

Scharpf, F. (1977) 'Does organization matter? Task structure and interaction in the ministerial bureaucracy', in E. Burack and A. Negandhi (eds), *Organization Design*. Kent State University Press.

Schattschneider, E.E. (1975) *The Semisovereign People*. Hinsdale: Dryden Press.

Scott, W.R. (1981) *Organizations: Rational, Natural, and Open Systems*. Englewood Cliffs, NJ: Prentice–Hall.

Selden, S.C. (1997) *The Promise of Representative Bureaucracy*. Diversity and Responsiveness in a Government Agency. Armonk, NY: M.E. Sharpe.

Selznick, P. (1957) *Leadership in Administration. A Sociological Interpretation*. Berkeley, CA: University of California Press.

Simon, H.A. (1965) *Administrative Behavior*. A Study of Decision-Making Processes in Administration Organization. New York: Free Press.

Simon, H.A. (1985) 'Human nature in politics: the dialogue of psychology and political science', *American Political Science Review*, 79: 293–304.

Simon, H.A. (1999) 'The potlatch between economics and political science', in J.E. Alt, M. Levi and E. Ostrom (eds), *Competition and Cooperation*. Conversations with Nobelists about Economics and Political Science. New York: Russell Sage Foundation.

Smith, M.J., Marsh, D. and Richards, D. (1995) 'Central government departments and the policy process', in R.A.W. Rhodes and P. Dunleavy (eds), *Prime Minister, Cabinet and Core Executive*. Houndmills: Macmillan.

Stigen, I. (1991) 'Avbyrakratisering og modifisert forhandling? Om bruk av prosjektorganisasjon i norsk sentraladministrasjon', *Norsk Statsvitenskapelig Tidsskrift*, 7: 173–91.

Underdal, A. (1996) 'Comparative analysis: accounting for variance in actor behavior', in K. Hanf (ed.), *The Domestic Basis of International Environmental Agreements: Modelling National/International Linkages*. Final Report to the European Commission.

Weale, A., Pridham, G., Williams, A. and Porter, M. (1996) 'Environmental administration in six European states: secular convergence or national distinctiveness?', *Public Administration*, 74: 255–74.

Wood, B.D. and Waterman, R.W. (1991) 'The dynamics of political control of the bureaucracy', *American Political Science Review*, 85: 801–28.

Wright, V. (1994) 'Reshaping the state: the implications for public administration', *West European Politics*, 17: 102–37.

Zuna, H.R. (2001) 'The effects of corporatisation on political control', in T. Christensen and P. Lagreid (eds), *New Public Management*. The Transformation of Ideas and Practice. Aldershot: Ashgate.

第七章　制度論與公共制度：傳統與適切性的論述

Jean-Claude Thoenig
鄭錫鍇／譯

舊制度論：前科學的觀點

　　過去有超過一打以上的思想學派在討論公共制度（Peters, 1998），本章將詳細介紹其中的四種思潮：歷史制度論（historical institutionalism）、社會制度論（sociological institutionalism）、新制度論（new institutionalism）與地方秩序制度論（local order institutionalism）。每一種思潮均以經驗為基礎發展出一套理論性的詮釋，在針對制度如何形成的核心課題上，也在不同議題面向彼此支持及互補。政治及行政制度是有發展途徑可循的，它們鑲嵌在社會環境之中，它們也發揮特定社會系統的功能，此外，它們也會形塑規範及認知的參考架構。

　　一直到1960年代晚期，正式法律途徑（formal-legal）仍是這個學科的主導者，例如美國公共行政學理論及受羅馬法影響的歐洲國家。儘管有些例外（Langrod, 1996; Cherallier, 1986），這些途徑具有一些共同特點，即同被歸屬於「舊制度論」（old institutionalism）（March and Olsen, 1984）。

　　做為一個特定領域而言，公共行政往往是由現時治理著公共事務、法律體制、組織及程序的政治實體及行政結構所界定，這些政治實體與行政結構所提供的「概念膠」（conceptual glue）會形塑公共行政的統一性及限制。制度的存在就如「現象」一樣被視為當然。他們既非知識議題也非行動問題，也因為這種特殊本質，正式的設計可以為制度這種原始素材提供科學研究途徑。

　　為了避免經驗性的觀察，舊制度論靈敏地回應理性化原則，在討論官僚結構時，其參採的規範性論述多圍繞在原則適用性或法律哲學及來自理論的定理，硬生生把政體（polity）從社會中切開（將社會學排除於公共行政之外），也把政治與行政明確二分（意謂官僚體制是與特定共識理性型態相連結）。公部門被視為同質且一致性的行動者，它是由各個特殊實體（如部門、機構）所緊密結合而成，並聽命於領導者的意志，它亦能夠界定一般的利益準則，法律權威及政治合法性提供其治理的基礎。

制度優越性的確保有賴三種因素：一種是將民選官員的決策權與受指派代理官員的行政權區分開來（Wilson, 1887）；另一種為純粹官僚模式的工具優越性（Weber, 1978）；最後為諸如專業化、集權化、標準程序化或命令統一等行政原則（Fayol, 1916）。制度的意義界定或分類多是依據一些基本的構成要素，如依其型態（morphology）（Darbel and Schnapper, 1972）或其發展程度（Riggs, 1971）。公共制度建構了一種秩序的圖解架構（iconography of order）（Orren and Skowronek, 1994），其對於一個政體的基本特質、歷史及未來發展扮演決定性的關鍵要素，它們同樣也協助政體的穩定性。舊制度論與盛行於1950年代及1960年代政治科學界的行為科學主流分享一個共同的觀點，即選民、遊說者及政治企業家是願意遵守既定規則及合法的國家領導。制度常被視為存在於穩定的狀態，除非是遭遇危機或政權中斷時期，並引發快速且明顯的變動性適應。制度本身不會以內生的方式產生變遷，社會演化與行政改革間的互動關係是不被舊制度論所觸及的。

變遷社會中的公共制度：新議程的產生

在1970年代及1980年代早期，社會科學界對行為主義及結構功能論的不滿與日俱增。公共行政作為一個學術領域，應對歷史、經濟及組織社會學採開放態度。對於重新將制度視為獨立變數或明顯因素，則反映了一般趨勢。

一些福利國家的失敗經驗，如成本增加、統合主義、都市街頭抗爭或專業官僚的傲慢等，皆不斷引發爭議。不只是新自由主義與社會主義思想，各種社會運動亦不斷以效率及社會正義來質疑國家及地方政府管理社會政府的能力。

重新找回公共制度論述後，社會科學即設定了新的議程，如制度對市場、政體及社會所造成的結果上扮演何種角色？福利國家在提供及分配勞貨及服務上的途徑是否兼具效率及效能？這時有組較為鬆散的思想學派產生，其中有兩個強調社會對公共制度的影響上扮演先驅的角色：即歷史制度論（historical institutionalism）及社會邏輯制度論（socio-logical institutionalism）。

歷史制度論

歷史制度論成為理論潮流始於1980年代早期（Hall, 1986），之後即被以此名稱冠之，此觀點界定公共行政為政治生活的一部分，對視國家功能為單一且不干涉（hands-off）之代理人觀點提出批判。政治的本質乃出自於敵對團體及利益間對稀少資源的競爭過程，國家不是一個費心處理共識性妥協的中立代理人，它較像新馬克思主義者所強調的是一個複查且分殊制度的組合（Katzenstein, 1978; Evan, 1985），新統合主義者

（Anderson, 1979）或多元主義者（Dupuy and Thoening, 1985）也有同樣的強調。如英國財政部被化分成數個政策社群，每個社群集合了共享觀點及涉入共同問題處理的公共官僚及私人協會（Heclo and Wildavsky, 1974）。

　　為何公部門會以不均等的方式分配資源及權利？為什麼以慣例為基礎的舊議題及解決方法會以如此強大的方式來影響現在的議程？歷史制度論試驗上述假設的論點為公共政策的現今結果並不只反映現今最優勢競爭者的偏好或利益，而是受現存及過去競爭場域所處的制度安排所引導。過去所做的政策決定會形塑今日的政策決定。政治與行政組織、會議及程序會規範經濟行動者與國家間的關係，這些規範是途徑依賴的（path dependent），衝突與合作的模式及結果的結構是永恆一致的。

　　在此情境下，試圖對公共行政進行激進改變是徒勞無功的，現存的制度框了決策本身的設計及內容，未來的行動只是經驗的反射。這樣的觀點可以解釋在美國與英國的工會如何及為何有如此分歧的世界觀。國家間不同的制度情境係反映自實質司法權力、多元偏好的模式及來自勞工運動組織對行動的詮釋（Hattam, 1993）。

　　以混合深度訪談及縱向時間的跨國比較研究途徑相當受歡迎，學者重新將政治衝突與社會紛歧概念帶入公共行政的研究，並研究許多公部門與社會間互動的集體行動機制。

　　許多公共機關的影響力大於其他機關，它們也運用了可能相牴觸或導致衝突的鬆散連結程序。公部門是被建構圍繞在不對稱的權力關係中，其他如工會、雇主或農人的經濟性組織也會創生公共秩序及政治的正當性（Rose and Davies, 1994），特定團體或聯盟也一貫地成為贏家，其他則老是變成輸家。

　　公共制度以兩種方式影響行政及「社會－政治」（socio-political）的行動者。它們首先提供有關討論議題之一定程度的可預期性；其次，它們亦限定行為模式及相當格式化且立即可用之協定樣式。公共機關提供道德與認知架構，以供其他成員及第三者在特定情境下認知事件及行動。它們也供應資訊，亦形塑認同、自身形象及行政行為的偏好。

　　制度設計並不反映意圖，公共政策與組織在設計之初所使用的標準會快速消失，政治籌碼及結盟遊戲將取而代之並影響結果。斷續平衡（punctuated equilibrium）模式就斷定制度不過是反映社會中權力平衡關係的變遷（Krasner, 1984），變遷的壓力是外力加諸的。

　　舊制度論主張制度形塑政策與政治，歷史或時間縱向研究途徑強調政治與政策形塑制度的事實。公共制度被視為當然且是提供集體行動的基礎建設，作為一種社會建構，它們抗拒任何單一行動者所推動的漸近變遷或改革（Graftstein, 1992）。

社會邏輯制度論

另外一種深深影響公共行政的知識實體及研究途徑則聚焦於制度的環境取向（environment-oriented）觀點，其對通常將「理性」（rationality）與「文化」予以區分的正確性提出批評。理性意謂官僚可以提供一致或理想的「目標－手段」連結；文化是指受規範及價值所決定的社會實務（social practices），它不只反映社會屬性也具有跨國差異性。

這一觀點可回溯到Philip Selznick對田納西流域管理局的先導性研究（Selznick, 1948, 1949）。其界定公共組織本身及內部就是一個社群（community），而非為了達成目標而精心設計的集體。就如田野觀察所提議，公共機關實際達成或希望達成者與所宣稱的目的往往不一致，除生產性的目標外，它也追求自給與自我維持的目標，它會轉變成為多形態（polymorphous）系統，求生存的動機促使其忽略或扭曲原目標。組織不是消極性的工具，它掌握自己的生命且甚至可變成積極的企業家（entrepreneurs），參與其中的人不單只根據所受限規則來行動。

公共管理並非被視為以設計正式結構來規範績效及協調行為之藝術，它所處理者乃是藉由非正式結構去建立一種影響、轉變及導引參與來完成結局的方式。在官僚體系底層負責執行國家政策之草根單位的實務，其重要性在某些個案中更甚於高層。

一個機關必須處理來自其所處社會系絡的限制及壓力，於是它必須發展自身的組織特質。制度化（institutionalization）的概念是在界定機構成員獲取價值的過程，且這些價值往往超越組織任務的技術需求。沒有一個組織能完全自外於這個過程：「所謂制度化就是去注入超越日常業務之技術需求的價值」（Selznick, 1957: 17）。其發生過程是依賴選擇性的人力甄補，及經由吸納（cooptation）過程與外在團體建立強力聯結或聯盟。

較深厚的制度化之達成時機通常是在規則或程序被正當化時；或部分單位或成員變成權力的半自主中心及發展其既得利益，或已存在行政儀式、符號及意識形態，或期望、行為、信念已被引導及穩固了，或道德性的社群也建立了。一套制度是在漸進的狀態下發展，背後並無明確設計的力量存在。它會在較大社會系統時的特定場域中受成員及外在既得利益者所珍視。

Selznick的觀點意外地被忽視了好幾年，當時研究焦點主要置於企業主題，較少置於公共行政，在美國，制度環境論的影響經歷的一次重生是社會邏輯制度論在1970年代末期的出現。這個較晚發展的途徑雖來自Selznick的觀點，但卻加入了新奇性與廣博性。

本途徑將制度化過程視為一組社會性的合法化活動，其長期的結果是形成社會生活的特定面貌（Scott, 1995）。當Selznick強調團體衝突及外部吸納企圖等政治過程，新世代者卻忽略其重要性。不過它強調其他限制的重要，如順服及合法命令。它也點出了

正式結構本身的不理性非只存在於非正式互動中。制度化就是一種認知本質（cognitive nature）的過程（Powell and DiMaggio, 1991）。

　　研究焦點較少置於特殊情況背景的單一組織，而多置於受情境影響導致結果之組織群體。制度社會學家不只指出施於特殊組織的壓力，他們也研究其所謂的組織場域（organizational fields）（DiMaggio, 1983）。這些領域由不同實體組成，從公共組織（醫院、老人中心等）到專業活動（醫師、教師等）。此一被公共系統所鑲嵌於內的場域被檢視為一整體，且是一種制定規則、監督或調察的活動，它負責界定制度情境，以使單一組織藉以安排行動方向：如公立美術館（DiMaggio, 1983）、市政府（Tolbert and Zucker, 1983）、私立及公立小學或健康照護計畫（Scott and Meyer, 1994）。組織的實體（reality）在理論上被框架為一種象徵性的建構（symbolic construction），文化訊息藉由特殊型態（sets）傳達。制度化的迷思（myths）提供解釋上的重要意義，正式結構既是迷思也是儀式（Meyer and Rowan, 1977）。

　　與歷史制度論相較，社會邏輯的觀點是以相當鉅觀（macro）的方式界定制度的意涵，除了正式規則與程序，制度尚包括象徵、道德模範及認知體系（cognitive schemes）。制度所提供的意義架構有助引導人們表現與文化系統相符的行動。它們影響公共行政人員行為的方式不僅在於指示其該做什麼、何時該做、在哪裡做及如何做，也為行動者在未來情境中塑造了方案選擇的想像。作為一個整體，社會或文化同時形塑行動、非行動（non-acts）、公部門的結構及價值。在某種程度上，行動是可以不靠特定行動者來運行的。

　　不論公部門或私部門，為什麼有那麼多的組織採用同一的正式結構、程序及象徵？如一特定國家中的大部分都市在一些年內放棄了思蔭制度（patronage），且採用當代人力資源方式以運作其公共機關。世界上大部分國家的教育部採用相當類似的正式結構及功能模式，其擴散過程被視為制度的同形化變遷（DiMaggio and Powell, 1983）。革新之所以被採用，是因為它提供一致性（conformism）。在運行中的同形化機制有：強制性的同形化（isomorphism）——即變遷係導致於政治響影所施予的壓力或外在合法化的組織；另一種是模仿性的同形化（mimetic isomorphism）——即目標或科技的不確定性與模糊性會增加採用模仿行為；另外一種為規範性的同形化（normative isomorphism），即實存於各種組織中的個人屬於同一種專業或經由同樣教育過程，會加速不同組織的相似性。既存的組織會提供新成立組織參考依據及模範。設計與現存組織差異甚大的制度會成為一種幻想，這會限制組織在選擇上的自由度及行動導向的想像力。

　　究竟在何種條件下公共組織會相互模仿且較不採取革新途徑？在短期間內，同形化的壓力是強大的，增強政治合法性及增進成員的社會形象是公共組織進行同形化的主要

　　理由，外在環境所認知的價值對其轉變的驅力會更甚於提高效率的工具理性考量。但就長期而言，不同組織模式的分歧性或相競情況是可能發生的。即在一個已經既定的組織架構下，同形化的壓力就會趨弱（Kondra and Hinings, 1998）。

　　原型（archetype）的概念常用來操作化組織的轉型。原型是指結構的配置及在共同取向或基礎的詮釋體系下所組織的系統。演化式的變遷既緩慢又漸進，就如同是在一個既存原形的參數中進行的微調過程（Greenwood and Hinings, 1996）。組織的轉型或演化變遷的快速發生會同時影響組織中的各個單位，它與外生動力（制度情境）及內生的利益、價值、權力依賴等之動力間的互動相關聯。變遷壓力是在兩種條件下所促進的。就內部而言，團體對於因組織化而形成既定模版（template）的利益有適應上的不滿，而此不滿與價值承諾相連結；就外部而言，因外生動力的存在，也可能促使新模版的產生。解制化（deinstitutionalization）過程的情形也可以被確認出來，如許多實務在歷時久遠後腐敗，或遭遇中斷或遭否決。

視制度為政治生活的決定因素：規範性理論

　　「新制度論」成為明確的思想學派源自兩位政治學者所發表的論文（March and Olsen, 1984）。文中聲稱公共行政領域應該是行動導向而且是有行動能力的（actionable）。一種規範性或治理性取向的觀念應該將學者動員起來。當代社會政府的基礎為何？有無可能去對抗官僚並同時以志願性的方式發展民主？公共制度應被視為解決上述問題的關鍵因素。

　　政府的工作是在形塑環境而非適應環境。公共行政是被社會願景或政治計畫所驅使。故負責公共事務的組織應該被「概念化為制度而非手段」（Brunson and Olsen, 1997: 20）。它們所頒布及執行的命令即限定了遊戲規則：決定了誰有參與的正當性，什麼是可接受的議程，違失案件處罰的應用方式及可以導致變遷發生的程序等。人們思考、詮釋事實、行動及衝突處置，皆受到公共行政的影響及簡化效果。民主治理隱含對政治制度本質、建構過程及真正功能模式的善知，學院派人士須經驗性觀察兩個面向：公共行政改革是否符合社會需求？它們是否也有助奠基民主參與？

　　新制度論認為公共組織可被改革及控制的想法是危險且無效率的。比起現今流行用來解釋組織及制度之新公共管理（New Public Management）及理性選擇理論所提之公理（axioms）或假設，社會科學研究必須闡明細微之處。

　　以情境論（contextualism）為例，其認定政治是一種社會的組成，此組成只是諸多因

素的產物，如社會階級、文化或人口統計變項，沒有例子顯示它是這些因素的成因。化約論（reductionism）主張政治現象只是個人行為的結果：公共機構的功能可以藉由單獨官僚行為模式來解釋。經濟效用理論（Economic utilitarianism）則認為個人行為基本上受自利性所驅使：沒有人主管集體利益。功能主義途徑接受達爾文觀點：歷史演化自然會選擇能適應環境需求之組織型態，並淘汰不適應者。一種工具性的觀點聲稱政治生活所要實現的核心角色就是去分配稀少的性資源，其正當性也在於合理化政府及預算應用的決策標準。

新制度論的創始者卻提供了不同的觀點與假設。新制度論質疑組織化的行動之可管理性究竟有多大，及在多元社會中公共秩序維護可以獲致到何種程度。公共制度可以體現較大程度的自主性及追隨自身的邏輯，並自外於外界的影響或需求。歷史過程也發生過沒有效率的組織經天擇而存續下來。比起立即性、狹隘性及自利的經濟或權力利益，象徵、迷思及儀式對於政治及行政事件的影響更大。

一貫性邏輯只是一種幻境，組織中的行動不會有很大程度的工具導向性，事實上不可能有絕對或純粹的理性去主導行為，只有有限理性（bounded rationality）較為實際，公共行政人員的決策是根據滿意的標準，此標準是一種妥協的表現，表現在他們所處理的問題內涵及他們所面對當時的不確定性程度。

為了要了解政策制定在組織內的真實運作情況，有三個面向須加以考量：1.不同單所追求的真正目標；2.資訊、機會及支援的建立及完成的方式；及3.選擇或決定的過程，根據觀察指出有四個主要機制會產生：衝突的避免、不確定性的降低、做為方案尋求先鋒之問題解決、經由先前經驗及關注焦點分配規則之組織學習。

事實上，公共組織的運作功能就像政治競技場，權力議題及權力遊戲會形塑其功能及政策。集體性目標可提供包含個人目標或特殊偏好之共同偏好，但其沒有存在的必要性，故制度的設計對於導引投機行為及確保集體穩定性是必須的。

有兩個基本的社會化機制可以使行為變得可預測：即組織的例行公事及制度，它們可以導引（channel）個人所呈現的潛在風險因素。行動者會根據正確性或一致性的邏輯來決定行為（March and Olsen, 1989），其意指過去例行公式或慣例是整合的有力來源，而且會為集體行動創造對抗風險的條件。透過制度化過程擴散的價值及認知模式也是一樣。行動可以動員文化因素，行動者是藉由遵守被他們視為符合情境的規則來達成共識。新制度論者提出一種在曖昧環境中的學習理論，它提供一個可以預測及解釋個人及組織試圖獲致之一定了解程度的架構，以及他們所面對情境系絡的資訊形式（form of intelligence）（March and Olsen, 1975），以及如何在既定時間內分配重心到特定主題及如何蒐集及利用資訊（March and Olsen, 1976）。

　　March和Olsen於1988為一個研究團隊設計一研究平台，此團隊包括美國北歐學者。這個研究對公部門組織進行超過30個以上的田野調查，尤其是針對瑞典及挪威（Christensen and Lægreid, 1998b）。他們觀察不同的改革類型，例如引進中央政府與卅機關間的合作性策略規劃，以分權方式及市場導向經營國有鐵道公司、於中央政府中導入三年期的預算方式，以及建立積極性及參與式的城鎮會議（county councils）（Brunsson and Olsen, 1997）。一群樣新世代的社會科學研究者持續保有對國家行政改革（Christensen and Lægreid, 1998a）、複雜公共預算計畫（Sahlin-Andersson, 1998）、歐盟憲政改革（Blichner and Sangolt, 1998）、自治市的會計改革（Bergevarn et al., 1998）或中央政府人事改革（Egeberg and Sætren, 1999）等現象的興趣。

　　如證據所顯示，任何廣泛性改革途徑皆失敗了。政府不可能以歪打正著的方式重新建構制度，政治人物的行動是抄短線的，真正的行政改革看起來較像組織化行動的過程（Lægreid and Roness, 1999）。時間、精力及注意力等對政府領導而言是稀少性資源，他們以間接方式影響改革政策，如掌控程序中的行動者角色以控制情境（scene），而非實質性地運用層級、事業化及隨機的控制。

　　公共管理是人類活動的結果，而非應用技術的結果。不同於大部分新公共管理支持者所倡導者，領導者並無完全控制權，組織也非積極性的，政策選擇也並非基於共識的。不論成敗，真正的行政改革具有低度單純性及明確性的特質。目前仍缺乏為混亂的現實帶來秩序的規範標準，亦無明確的單一面向能允許一組價值系統被視為正當。許多承諾是著眼於未來，但立即性結果的產物卻是與之不相干。意圖常是曖昧的，公共行政組織不可能經由純粹思想予以控制或改變，發動改革容易，但很少有能被完成的（Brunsson and Olsen, 1993），改革者只是心智圍牆中的囚犯。

　　改革會導致更多的改革但卻較少的改變，且它們會例行化。組織的易忘性允許了改革的加速及有助人們的接納性。應避免由上而下的改革，因它們與變遷結果的關係是有問題的，它們弔詭性地增進穩定性且亦避免變遷的發生。

　　真正的組織變革如果非基於計畫性或全面性，經觀察結果認為其結果反而是豐富的，公共行政並非反改革的，它們會跟隨一連串反映外在因素的轉變，例如勞工市場動態或內部低層單位非正式發起的行動。當真正的大改變發生時，往往並無前置的思想或討論，在較無爭議的領域中執行改革也會較容易。而在爭議性的情境中，改革企圖常是為了求穩定，高度爭議的議題則不會受制於任何太大的變遷。

　　規範性的制度論對公共行政變遷的發生提出了兩個主要指示：首先，在規則、認同及情境間一定要相配合（match），成功的改革必須有文化的敏感性；第二，情境系絡很重要，因為它是分歧且多元的，故所謂「好的措施」是有問題的。

視制度為共構的地方秩序：一種挑戰

當制度論已經在盎格魯撒克遜國家成為主導的思想學派，其在歐陸地區的影響卻較不顯著。在法國、德國及義大利等國，對於理性工具在政府中的應用之懷疑論發展得甚早。另一種理由為所認知的社會科學研究傳統在1980年代以前已健全地存在。當盎格魯撒克遜的政治科學家仍持續挑戰行為主義及理性決策理論時，歐洲社會學家早就拋除如馬克思的國家社會學之鉅視理論（Mèny and Thoenig, 1989）。公共制度本身在社會或政體中可能自有其豐富性的觀念早就是一種常識，如法國傳統的「社會源自組織」（sociologie des organisations）觀念，其視制度現象既是依變數也是自變數（Thoenig, 1987b）。

Michel Crozier對幾個公共機構進行先導行研究（Crozier, 1963），認為官僚制度是被如教育系統、國家文化模式或社會階層等社會因素所塑造，公務人員唯獨只在ENA及Ecole綜合技術學院受訓，但卻控制整個國家的公共議程（Suleimam, 1978），制度與制度化容許中產階級（bourgeois）穩固其文化及社會支配（Bourdieu, 1989）。

公共制度形塑社會及政體，用在都市發展與住宅政策之效率與效能標準是內部行政實務與價值之制度性的結果（Thoenig, 1987a），界定公共利益的認知性內涵是由組織中的小團體所社會性建構而成。

組織的變遷過程是用以作為啟發性的切入點，當盎格魯撒克遜學者正爭辯於市場化及公共選擇的經濟化之際，法國社會學家已對中央政府能夠藉由理性工具協助管控整個國家、整合社會及引導經濟發展的想法產生質疑，如經濟性規劃、社會指標或設計計畫預算制度（PPBS）（Crozier et al., 1974）。正式結構的再造只徒留化妝遊戲（cosmetic game），閣員及官僚會被俘虜於變革的惡性循環中。

吸納（cooptation）機制常廣泛擴散於公部門間，兩個團體皆被以不對稱之互賴關係所連結，規範會傳播及分享於國家機構及公民社會的領導者，相互社會化也會發生，國家機關首長的思維及行動就像是為其管轄的代表利益進行倡導，市長的行為就如同國家與選民間的掮客，內閣所屬各地方機關 —— 250萬中央公務員中的95%遍及全國鄉野地區，皆深深鑲嵌在國家的次級社群中。他們的合法性得自於環境，尤其是地方民選政治人物，在其座落於巴黎代表性總部間的關係中，常可利用上述資源來增加本身的自主性（Grèmion, 1976）。

吸納過程會將非正式且穩定的關係模式結構化，此模式可以將國家機構連結到特殊環境，如地方的政治與經濟領袖（Crozier and Thoenig, 1976）。一個不同於層級模式及忽略國家與地方當局間正式權力關係的「政治－行政」系統，將橫跨整個法國的公共治理予以結構化，國家中央機構就像片斷式的組織結構，次級單位在其中的合作關係不如其

與地方環境中領導者的合作關係。複雜的交互管制措施會在夥伴間發展開來，否則彼此
會視為敵對者，它們創生及合法化交換的默契規則及穩固的利益聯盟，默會的安排在國
家政策的執行階段即已被設定，在巴黎所訂的嚴苛規則會在地方性協商的彈性安排後予
以中和（Dupuy and Thoenig, 1985），一種次級的執行規範勝過正式的順從原則及平等對
待原則，此規範內涵會因時空而有差異，但也被視為具有合法性。國家機關會生成例外
並成為地方規範，它們會強化結果的分殊性，地方政體及政治會被兩種方式所形塑。

官僚的行事方式會影響社會團體的認知及期望，例如：只要交通違規廣泛被警察及
法院所容忍，其就會被視為正常（尤其是卡車司機）。這種大規模的舞弊情況會產生外
部化成本並由第三者所承擔（Ocqueteau and Thoenig, 1997）。

對國家機構的易接近性也會使特殊社會單位分得較多資源且從中獲利，如地方政治
人物可應用其在國家機器中的網絡來圖利選民。無此接近管道的團體將付出完全代價或
者被邊緣化，常見者如住在較大都市近郊的低收入家庭，他們會感受政治疏離及缺乏公
民性的關注（Peyrefitte, 1976）。

法國觀點同樣視公共制度為眾多介入公共事務中的夥伴之一，交通運輸及農業事務
（Jobert and Müller, 1988）已有前車之鑑，有關政府議程如何設定，如何推敲決策及如何執
行的研究結果指出，在每個政策後面都有一個有其自身邏輯的組織化行動系統存在，即
使巴黎的內閣或地方當局扮演支配性角色，其行動與非行動（non-acts）仍受到其他公共
機關、企業或自願性團體的影響。儘管水污染防治是由國家法律所管制且由國家機關所
管理，但其結果也是工業區所肇始及居民團體關注的延續。公共事務並非由公共制度以
獨裁方式予以治理，它們是制度性與功能性地同時鑲嵌在鉅視與微觀的社會構造中。

公共行政自1960年代即經歷鉅大的變革（Duran and Thoenig, 1996）。中央政府機關
不再扮演支配性角色，如透過分配補助款及精心設計的技術性規則來治理中央及地方事
務。一種不同的政治及行政系統誕生了，展開了對地區或地方當局的大規模支持性分權
行動，新的私人、協會的或公共的參與者，如歐洲委員會（European Commission）等在政
策制定上也扮演一定角色。公共議題愈來愈不符合國家次級轄區及行政管轄劃分方式，
集體的問題具有水平的本質且往往以不確定的方案來處理。

當挑戰是來自於分辨集體問題本質或設定公共議程時，跨域管制往往會導致不良結
果。國家機關會採用另外一種政治整合途徑：建構式政策（constitutive policies），新的
制度架構可以整合多元夥伴的觀念及心智模式，使他們對於做什麼、如何做、何時做及
為誰做等等有共同的語言及分享共同觀念。面對一個分歧的、活力的且無共識的政體，
一個弱化的國家卻發掘了制度化與制度的設計。一個相當嚴謹的分析架構刻劃了法國的
學術途徑，田野調查與深度訪談產生了豐富的經驗資料，互賴現象被詮釋為是行動者在

權力場域運作之策略行為的結果（Crozier and Friedberg, 1980）。社會管制——即不同行動者如何建立規範性的協定及使其個別行動邏輯能共容，及這些社會的共同建構（co-constructions）之系統性意涵等，一直是研究焦點。如要研究公共機關的社會影響，其關鍵點在於了解其內部功能運作（Thoenig, 1987b），屬於此一傳統的學者便質疑新制度論提出有力證據的能力（Friedberg, 1998）。

對談（discourses）不是行為研究的有效指標，公共代理人會帶著規範或認知，但可能不會應用於相關情境及決策過程中。制度會留下超越行動的信念（beliefs）。新制度支持一種民主秩序的觀點，在此觀點中，責任是屬於個人性的制度之結果，公民是自由的、平等的，專業導向的代理人及治理可以被啟蒙而且是受法令約束的（Olsen, 1998），他們歐陸的同僚卻較為悲觀，他們接受較為嘲諷（cynical）或馬奇維利主義的政治觀點，視制度為政治設計的產物，政治的本質就是權力，成為好人（do-gooders）是一種稀少性資源，個人行為多是投機式的。

法國社會學家將公共制度詮釋為行動系統，行動者的做為甚為重要。做為特殊的社會安排，它們是一種脆弱的建構，因為它們是永久之集體性拙劣修補（permanent collective tinkering）的非預期結果，時間的不連續性刻劃了公共行政與社會秩序的本質。許多制度理論指出一些形塑社會制度的鉅視邏輯，他們低估中觀（meso）的變數，公共組織應被視為地方性的社會秩序，如作為中觀或中介的社會建構，既不消極也非具企圖性者，但卻不停地在社會規範及成員性（membership）上重新被建構。政府是屬於較集體性的本質，公共制度在公共問題上並無獨占性，公共事務是共同建構的。

美國的制度論者，如強調教育制度實際上是同質性者，部分是因為他們否定行動者的重要性。不論是從正式的或論證的角度，同一國家內的學校看起來都相似，甚至不同國家間亦同。歐洲學者則主張在表象之下，學校在真正的功能運作模式會有市場性的差異。地方秩序的存在會產生空間的異質性，如同法國之民族國家（nation-state），其創建價值結合了統一性與平等性，而且公權力是以中央集權方式執行，公共制度並不相同。在國家機關間至少有四種不同功能運作模式：內部取向的官僚（inward-oriented bureaucracies）、環境感應性（environment-sensitive）的制度、外在驅使（outward-driven）的組織及組際系統（interorganizational system）（Thoenig, 1996）。

在Renate Mayntz影響下，有一學派已在德國發展開來，Mayntz是組織理論的社會學家，曾寫過一本完整的公共行政論著（Mayntz, 1978）。在帶領了有關政策執行的研究後（Mayntz, 1980），她及Fritz Scharpf已經建立了一種名為行動者取向（actor-oriented）的制度論（Mayntz and Scharpf, 1995）。制度因素並非作為公共實務及規範的肇因，它們在合作性的行動者間（無論公或私部門）提供協商場域及互動資源，各種行動及行動者的星

宿（constellations）存在於真實生活中以處理集體的議題，許多針對歐盟及德國的研究皆
強調了這一點（Mayntz et al., 1988）。

結論

　　以經驗為基礎的理論以三種角度思考公共制度：做為政治秩序的棟柱（pillars）；做
為社會價值的結果；或做為自我建構的社會系統。公共行政作為一種專業，面臨極大的
挑戰，如全球化的變遷過程及經濟發展議題都指出政府組織也是社會政治認同的工具，
而不只是消極的技術官僚機構。在一個不穩定及片斷的世界，要調解績效需求與社會共
識、或社會規範產物或民主多元主義間的關係，仍有雙重觀點留待制度理論家持續加以
探索。

參考文獻

Anderson, C. (1979) 'Political design and the representation of interests', in P. Schmitter and G. Lehmbruch
    (eds), *Trends towards Corporatist Intermediation*. Beverly Hills, CA: Sage. pp. 145–73.
Bergevarn, L.E., Mellomvik, F. and Olson, O. (1998) 'Institutionalization of municipal accounting – a
    comparative study between Sweden and Norway', in N. Brunsson and J.P. Olsen (eds), *Organizing
    Organizations*. Bergen: Fagbokforlaget. pp. 279–302.
Blichner, L.C. and Sangolt, L. (1998) 'The concept of subsidiarity and the debate on European cooperation:
    pitfalls and possibilities', in N. Brunsson and J.P. Olsen (eds), *Organizing Organizations*. Bergen:
    Fagbokforlaget. pp. 107–32.
Bourdieu, P. (1989) *La Noblesse d'etat*. Paris: Editions de Minuit.
Brunsson, N. (1999) 'Standardization as organization', in M. Egeberg and P. Lagreid (eds), *Organizing
    Political Institutions*. Oslo: Scandinavian University Press. pp. 107–28.
Brunsson, N. and Olsen, J.P. (1997) *The Reforming Organization*. Bergen: Fagbokforlaget. Brunsson, N. and
    Olsen, J.P. (eds) (1993) *Organizing Organizations*. Bergen: Fagbokforlaget.
Chevallier, J. (1986) *Science administrative*. Paris: Presses Universitaires de France.
Christensen, Tom and Lagreid, Per (1998a) 'Administrative reform policy: the case of Norway',
    International Review of Administrative Sciences, 64 (4): 457–75.
Christensen, T. and Lagreid, P. (1998b) 'Public administration in a democratic context – a review of
    Norwegian research', in N. Brunsson and J.P. Olsen (eds), *Organizing Organizations*. Bergen:
    Fagbokforlaget. pp. 147–70.
Christensen, T. and Rovik, K.A. (1999) 'The ambiguity of appropriateness', in M. Egeberg and P. Lagreid
    (eds), *Organizing Political Institutions*. Oslo: Scandinavian University Press. pp. 159–80.

Crozier, M. (1963) *The Bureaucratic Phenomenon*. Chicago: University of Chicago Press.

Crozier, M. and Friedberg, E. (1980) *The Actor and the System*. Chicago: University of Chicago Press.

Crozier, M. and Thoenig, J.C. (1976) 'The regulation of complex organized systems', *Administrative Science Quarterly*, 2 (4): 547–70.

Crozier, M., Friedberg, E., Gremion, C., Gremion, P., Thoenig, J.C. and Worms, J.P. (1974) *Ou va l'administration francaise*? Paris: Editions d'Organisation.

Czarniawska, B. and Jorges, B. (1998) 'Winds of organizational change: how ideas translate into objects and actions', in N. Brunsson and J.P. Olsen (eds), *Organizing Organizations*. Bergen: Fagbokforlaget. pp. 197–236.

Darbel, A. and Schnapper, D. (1972) *Le Systeme administratif*. Paris: Mouton.

DiMaggio, P.J. (1991) 'Constructing an organizational field as a professional project: U.S. art museums', in Walter W. Powell and Paul J. DiMaggio (eds), *The New Institutionalism in Organizational Analysis*. Chicago: University of Chicago Press. pp. 267–92.

DiMaggio, P.J. and Powell, W.W. (1983) 'The iron-cage revisited: institutional isomorphism and collective rationality in organizational fields', *American Sociological Review*, 38 (2): 147–60.

Dupuy, F. and Thoenig, J.C. (1979) 'Public transportation policymaking in France as an implementation problem', *Policy Science*, 12 (1): 1–18.

Dupuy, F. and Thoenig, J.C. (1985) *L'Administration en miettes*. Paris: Le Seuil.

Duran, P. and Thoenig, J.C. (1996) 'L'etat et la gestion publique territoriale', *Revue Francaise de Science Politique*, 46 (4): 580–623.

Egeberg, M. (1998) 'The policy–administration dichotomy revisited', in N. Brunsson and J.P. Olsen (eds), *Organizing Organizations*. Bergen: Fagbokforlaget. pp. 133–46.

Egeberg, M. and Lagreid, P. (eds) (1999) *Organizing Political Institutions*. Oslo: Scandinavian University Press.

Egeberg, M. and Satren, H. (1999) 'Identities in complex organizations: a study of ministerial bureaucrats', in M. Egeberg and P. Lagreid (eds), *Organizing Political Institutions*. Oslo: Scandinavian University Press. pp. 93–108.

Evans, P.B., Rueschemeyer, D. and Skocpol, T. (eds) (1985) *Bringing the State Back In*. New York: Cambridge University Press.

Fayol, H. (1916) *General and Industrial Management*. London: Pitman. Friedberg, E. (1998) 'Neo-institutionnalisme et orders locaux', Revue Francaise de Science Politique, 48 (3–4): 507–14.

Graftstein, R. (1992) *Institutional Realism: Social and Political Constraints on Rational Actors*. New Haven, CT: Yale University Press.

Greenwood, R. and Hinings, C.R. (1996) 'Understanding radical organisational change: bringing together the old and the new institutionalism', *Academy of Management Journal*, 21 (4): 1022–54.

Gremion, P. (1976) *Le Pouvoir peripherique: bureaucratie et notables dans le systeme politique francais*. Paris: Le Seuil.

Hall, P.A. (1986) *Governing the Economy: The Politics of State Intervention in Britain and France*. New York: Oxford University Press.

Hattam, V.C. (1993) *Labor Visions and State Power: The Origins of Business Unionism in the United States*. Princeton, NJ: Princeton University Press.

Heclo, H. and Wildavsky, A. (1974) *The Private Governement of Public Money: Community and Policy Inside British Politics*. London: Macmillan.

Jobert, B. and Muller, P. (1988) *L'Etat en action*, Paris: Presses Universitaires de France.

Katzenstein, P. (ed.) (1978) *Between Power and Plenty: Foreign Economic Policies of Advanced Industrial States*, Madison, WI: University of Wisconsin Press.

Kondra, A.Z. and Hinings, C.R. (1998) 'Organizational diversity and change in institutional theory', *Organization Studies*, 19 (5): 743–67.

Krasner, S.D. (1984) 'Approaches to the state: alternative conceptions and historical dynamics', *Comparative Politics*,16 (2): 223–46.

Lagreid, P. and Roness, P.G. (1999) 'Administrative reform as organized attention', in M. Egeberg and P. Lagreid (eds), *Organizing Political Institutions*. Oslo: Scandinavian University Press. pp. 301–29.

Langrod, Georges (ed.) (1966) *Traite de science administrative*. Paris: Mouton.

March, J.G. and Olsen, J.P. (1975) 'The uncertainty of the past: organizational learning under ambiguity', *European Journal of Political Research*, 3: 147–71.

March, J.G. and Olsen, J.P. (1976) *Ambiguity and Choice in Organizations*. Bergen: Universitetsforlaget.

March, J.G. and Olsen, J.P. (1983) 'Organizing political life: what administrative reorganization tells us about governement', *American Political Science Review*, 77 (2): 281–97.

March, J.G. and Olsen, J.P. (1984) 'The New Institutionalism: organizational factors in political life', *American Political Science Review*, 78 (5): 734–49.

March, J.G. and Olsen, J.P. (1989) *Rediscovering Institutions: The Organizational Basis of Politics*. New York: Free Press.

Mayntz, R. (1978) *Soziologie der Oeffentlichen Verwaltung*. Heidelberg: C.F. Muller.

Mayntz, R. (ed.) (1980) *Implementation politischer Programme*. Konigstein: Athenaum.

Mayntz, R. and Scharpf, F.W. (1995) 'Der Ansatz des akteurzentrierten Institutionalismus', in R. Mayntz and F.W. Scharpf (eds), *Gesellschaftliche Selbstregelung und Politische Steuerung*. Frankfurt a.M.: Campus. pp. 39–72.

Mayntz, R., Rosewitz, B., Schimank, U. and Stichweh, R. (1988) *Differenzierung und Verselbstandigung*. Zur Entwicklung gesellschqfltlicher Teilsysteme. New York: Campus.

Meny, Y. and Thoenig, J.C. (1989) *Les Politiques publiques*. Paris: Presses Universitaires de France. Meyer, J.W. and Rowan, B. (1977) 'Institutionalized organizations: formal structure as myth and ceremony', *American Journal of Sociology*, 83 (2): 340–63.

Meyer, J.W. and Scott, W.R. (1983) *Organizational Environments: Rituals and Rationality*. London: Sage.

Ocqueteau, F. and Thoenig, J.C. (1997) 'Mouvements sociaux et action publique: le transport routier de marchandises', *Sociologie du Travail*, 4: 397–424.

Oliver, C. (1992) 'The antecedents of deinstitutionalization', *Organization Studies*, 13 (4): 563–88.

Olsen, J.P. (1998) 'Institutional design in democratic contexts', in N. Brunsson and J.P. Olsen (eds), *Organizing Organizations*. Bergen: Fagbokforlaget. pp. 319–49.

Orren, K. and Skowronek, S. (1994) 'Beyond the iconography of order: notes for a 'New Institutionalism', in L.C. Dodd and C. Jillson (eds), *The Dynamics of American Politics*. Boulder, CO: Westview Press.

Peters, B.G. (1998) *Comparative Politics: Theory and Methods*. Basingstoke: Macmillan.

Peters, B.G. (1999) 'Institutional theory and administrative reform', in M. Egeberg and P. Lagreid (eds), *Organizing Political Institutions*. Oslo: Scandinavian University Press. pp. 331–55.

Peyrefitte, A. (ed.) (1976) *Decentraliser les responsabilites. Pourquoi? Comment?* Paris: La Documentation francaise.

Powell, W.W. and DiMaggio, P.J. (eds) (1991) *The New Institutionalism in Organizational Analysis*. Chicago: University of Chicago Press.

Riggs, F. (ed.) (1971) *Frontiers of Development Administration*. Durham, NC: Duke University Press.

Rose, R. and Davies, P. (1994) *Inheritance in Public Policy*. New Haven, CT: Yale University Press.

Sahlin-Andersson, K. (1998) 'The social construction of projects. A case study of organizing of an extraordinary building project – the Stockholm Globe Arena', in N. Brunsson and J.P. Olsen (eds), *Organizing Organizations*. Bergen: Fagbokforlaget, pp. 89–106.

Scott, W.R. (1995) *Institutions and Organizations*. London: Sage.

Scott, W.R. and Meyer, J.W. (1994) 'Environmental linkages and organizational complexity. Public and private schools', in W.R. Scott, J.W. Meyer and associates, *Institutional Environments and Organizations*. Structural Complexity and Individualism. Thousand Oaks, CA: Sage. pp. 137–59.

Scott, W.R., Meyer, J.W. and associates (1994) *Institutional Environments and Organizations*. Structural Complexity and Individualism. Thousand Oaks, CA: Sage.

Selznick, P. (1948) 'Foundations of the theory of organization', *American Sociological Review*, 13 (1): 25–35.

Selznick, P. (1949) *TVA and the Grass Roots*. Berkeley, CA: University of Berkeley Press.

Selznick, P. (1957) *Leadership in Administration*. New York: Harper and Row.

Selznick, P. (1992) *The Moral Commonwealth: Social Theory and the Promise of Community*. Berkeley, CA, University of California Press.

Steinmo, S., Thelen, K. and Longstreth, F. (eds) (1992) *Structuring Politics: Historical Institutionalism in Comparative Analysis*. Cambridge: Cambridge University Press.

Suleiman, E. (1978) *Elites in French Society*. Princeton, NJ: Princeton University Press.

Thoenig, J.C. (1987a) *L'Ere des technocrates*. Paris: L'Harmattan.

Thoenig, J.C. (1987b) 'Pour une approche analytique de la modernisation administrative', *Revue Francaise de Science Politique*, 4: 526–38.

Thoenig, J.C. (1996) 'Public sector organizations', in A. Sorge and M. Warner (eds), *Handbook of Organizational Behavior*. London: Thomson Business Press. vol. 5, pp. 421–32.

Tolbert, P.S. and Zucker, L.G. (1983) 'Institutional sources of change in the formal structure of organizations: the diffusion of civil service reform, 1880–1935', *Administrative Science Quarterly*, 30 (1): 22–39.

Weber, M. (1978) *Economy and Society (eds G. Roth and C. Wittich)*. Berkeley, CA: University of California Press.

Wilson, W. (1887) 'The study of administration', *Political Science Quarterly*, 2.

第八章　正統理論與公共行政

Jack H. Knott and Thomas H. Hammond
鄭錫鍇 / 譯

正統理論（formal theory）應用了嚴謹及數理的邏輯來發展個人、團體、組織及公共制度等理論，本章檢視了正統理論在公共行政上的應用情形，正式化（formalization）有助吾人以多元的方式去發展、探索及測試公共行政理論（Hammond, 1996）。首先，正式化促使我們儘可能明確處理理論的假定；其次，在一些象徵性符號類型中一開始如有明確表達的假定，則我們即可使用微積分、幾何或機率理論等數理的規則來對假定的結果進行嚴謹推論；第三，既然正統理論已嚴謹提供了何者應被檢驗及如何檢驗的清楚觀念，理論的正式化即有助提昇經驗測試的品質；第四，正統理論有較大可被檢視為偽的包容性，這是因為它們有較大的明確性，增加了理論增進的可能性；最後，對於特殊複雜問題的研究且只有單一陳述時，尤其是透過電腦模擬，便可能補捉一些複雜性，但亦容許進一步嚴格檢驗理論內容，因此使得經驗性測試具有可修正性。

過去三十年中，正統理論在公共行政上的應用情形日增，不可能逐一檢視，故本章僅觸及部分正統理論的貢獻，例如學者使用來解釋公共機關存在的原因，乃是為了處理自由市場交易的無效率性。正統理論論證公共機關不必然可解決市場失靈，機關人員個人的理性決策不必然為整體機構產生理性政策。澄清個人與機構的緊張關係有助解釋早期組織行為的社會及心理學研究中指出的反功能性（dysfunctional）團體動態。正統理論在個人偏好及制度結構的強調已增進了我們對機關結構如何影響政策的了解，此外，正統理論亦有助解釋為何很難兼顧責任、效率及分權化等行政價值；再者，正統理論也增進我們了解立法者與行政部門如何藉由行政程式及其他控制手段去掌控行政機關的知識。正統理論也顯示機關如何在不對稱資訊及多元代理人中獲取利益的方式，及如何在許多監督者下取得自主性。

行政學

公共機關為何存在？

經濟學家是社會科學中最早發展正統及數理理論的人，在新古典經濟學中，社會互動的基準線模型（baseline）已成為競爭性市場，因此，最早由經濟學家所提的問題之一為：為何並非所有決策皆經由市場交易形成？其實部分答案已浮現出來了。

交易成本理論

一個早期的答案是由Coase（1937）所提出，他當時對為何經濟代理人有時會自我整合為層級結構的公司之解釋產生興趣，他的解釋為在特定條件下層級結構比自願性市場交易更有效率。這個理論來自與生產過程需要付出與獨立供應商、業主、勞工及專家等之交易成本有關。North（1990: 14）稱這些成本為「衡量與強迫一致的成本」（cost of measuring and enforcing agreements）。經濟代理人必須承擔生產過程中蒐集及評估資訊的成本，並且須為每次市場交易的契約協商付出代價，自利的理性代理人會企圖縮小這些成本。

Goase洞察到當市場交易衍生上述成本時，中央集權可以更有效調和生產過程。Coase（1937: 391）假定在公司中存在一種關係，雇主可藉此指導員工在一定限制範圍內行動，這種權威性契約可取代市場中無數的協商契約。

相關文獻雖然被忽略了幾十年，但他的研究為後來的市場失靈經濟分析提供重要知識基礎，也促使經濟學家去檢驗政府與公共機關是否能處理這些失靈現象。

市場失靈與公共財

有幾種會導致無效率結果的生產與交易面向，其中一種結果來自於交易成本，如果都市中每條街道都是私人所擁有，遊客就必須在每個交叉路口付費，解決此一問題的方法就是使單一公司擁有所有街道，或由政府所擁有，這種集中化的權威將可去除在城市中旅遊的交易成本。

第二種市場失靈發生在當交易會對第三者加諸外部效果（external effects）時，以購鞋為例，鞋子的影響只及於購買者；但相反地，如果是購買犬隻，其吠叫聲會影響鄰居的安寧。供應商與消費者在市場交易中一般不會把這種「負面的外部性」考慮進去。在評估市場交易的所有效率性後，可知效率性來自降低市場交易加諸於第三者的成本。實際上，既然對供應商與消費者的成本低於對社會的所有成本，此意謂財貨被過度生產。

第三種市場失靈為供應不足（underprovision），一項國防建設可提供一國內國民的國家安全且不只及於繳稅的公民，其他像乾淨空氣、水及大眾傳播等，因為在不需付費也

能消費的情況下，公民就會有不付費的誘因，既然財貨生產者的生產未被完全償付，財產便處於生產不足，其結果是促使政府出面提供這類財貨。

第四種市場失靈發生在當共同資源的消費影響到同樣使用此資源者時，這種社會兩難即所謂的「公用的悲劇」（tragedy of the commons），案例來自Hardin（1968）所引的一個擁有一片供放牧牛隻的公共草原之村莊，每個牧牛人都希望盡可能牧養更多的牛，但最終卻導致草原被破壞，使牧牛人蒙受損失。為了避免此兩難局面，政府經常建立公共機關去管制公共財的使用（Ostrom, 1999）。

第五種市場失靈發生在單一公司獨占一種產業時，獨占者可以用掠奪式的定價或其他措施來防止競爭者進入市場。因為它可以提高價格以增加利潤，這會降低可能被消費的財貨數量，於是造成市場的無效率，政府對獨占生產的管制可以提供避免過度生產及過度定價的可能性。

最後，交易中的資訊不對稱性也會導致市場失靈（Greenwald and Stiglitz, 1986），因為消費者在採購時擁有的資訊經常有限，故不清楚產品的開價是否反映產品的真正價值。於是銷售者會運用消費者的無知過度抬高售價來獲利，在購買專業服務時尤為常見，如醫療，但甚至也可能發生在低技術市場，如二手車市場（Akerlof, 1970）。政府經常透過職業證照發給、認證及設定產品品質標準等手段來管制這種交易。

內部行政

現在我們將焦點轉移到私人公司及公共機關之內部運作，究竟正統理論如何論述組織內的監督、控制、協調、動機、組織結構及溝通？以下我們將思考三個問題：團隊生產、代理人理論及組織結構。

團隊生產

Alchian和Demsetz（1972）認為公司內部的契約協定會比市場中的契約關係更有效率，雇員、技術人員及經理人員以團隊方式工作會比個別工作更有生產力，合作產生的效益促使他們產生協調活動的動機，故公、私管理的中心任務就是協助組織獲得團隊生產的效益（Knott, 1993）。

有趣的是，雖然團隊生產亦衍生出如何分配剩餘生產問題（Miller, 1992），團隊生產經常需要相互依賴的任務，此意謂評估任一成員的邊際貢獻並不容易。既然個人貢獻的資訊不易獲得，生產剩餘的分配就不能以個人貢獻為基礎，其他非以個人貢獻為基礎的

分配原則就有其必要。一些生產剩餘分配的規則，如平等分配或依年資等經常會導致無效率，因為任一成員在團隊生產中會有搭便車（free ride）的誘因。

　　長期性欲產生有效率的結果，個人須有不同於短期個人利益的行為方式，博奕理論（game theory）則提供此一問題的思考方式。博奕是一種至少有兩名參與者，其各自擁有兩種以上選擇機會，且參與者任一行動抉擇都會造成其他參與者得或失的社會互動（Miller, 1992: 21）。囚犯困境（prisoner's dilemma, PD）特別是團隊生產問題的核心。囚犯困境中的主導策略就是使每個團隊成員不與夥伴合作，其導致的結果即著名的納許平衡（Nash equilibrium），納許平衡係由一組決策所形成，在這組決策中，沒有人可因其他選擇而更加獲益，每個人的滿意在於一旦他人的選擇揭示後即可顯示其所做決策之正確性。

　　囚犯困境中的問題在於納許平衡只是伯雷圖的次佳點（Pareto suboptimal），即一種可能的結果，在此結果中至少有一人或多人更好，且沒有一個人更糟，此兩難在於參與者雖已做了個人的理性決策，但最後的團體決策只是伯雷圖的次佳點。無論如何，只要兩人能夠整合其決策，就能獲致伯雷圖次佳結果。

　　一種經常的想法為建構層級節制體系有助解決囚犯困境及其他社會困境：經理人應建立誘因制度及監控所導致的行為，如誘使個人以有助團體效率的方式去協調其行為，這種管理功能與早期組織行為（Barnard, 1938）的研究是一致的，結果顯示執行會引起自身所難應付的困境，例如：是否真正存在一個理想的誘因制度（Miller, 1992: 35），也有可能是即使存在此一制度，經理人也可能沒有執行的誘因（Miller and Hammond, 1994）。接下來我們開始討論這些誘因制度。

代理人理論

　　團隊生產中的上司與下屬關係可以一般化為訂定服務契約的雇主及承接服務的代理人（Bendor, 1988）。雇主的首要工作為找出最有能力助其達成目標的人；其次是取得具誘因的契約協定，使代理人了解協助雇主達成目標也是符合自身利益的；第三是監督代理人的履約行為。上述每一任務會包含各簽約當事人間之資訊不對稱與利益衝突困境（Moe, 1984: 754），兩者會使各契約當事人產生在彼此間隱藏資訊與行動的動機（Arrow, 1974）。

　　「逆向選擇」（adverse selection）與「道德風險」（moral hazard）概念來自保險經濟學的理論架構，有助對隱藏資訊與行動的了解。逆向選擇關注於員工甄補之際，因為雇主無法直接觀察應徵者的技術、價值及工作習性，而需仰賴教育或求職信等指標來參考了解其特質，這些指標必然地反映應徵者其他工作表現的預測，但也常常不甚可靠。如

果應徵者符合正式的需求條件，但卻不能超越真正欲求的特質（即能力、價值、工作習性），指標就可能高估應徵者對組織的價值，其結果是雇主無意中吸引且雇用了不夠格的應徵者。

道德風險則發生在應徵者被雇用之後，因為雇主無法無止境地監督員工工作表現，故可能必須使用間接且經常不可信賴的績效衡量方法，於是代理人就有誘因在代理的衡量標準上表現良好，而非組織的真正目標。許多社會的兩難雖為層級節制提供理論基礎，惟一旦層級節制建立後也為運作上帶來夢魘；再者，真正誘使雇員以增進團隊效率方式行為的誘因制度，也可能導致經理人員報酬的降低，使經理人不願採用（或不真心執行）可增進效率的誘因制度（Miller and Hammond, 1994）。換言之，層級節制顯示出在個人自利與組織效率間遭遇到同樣的衝突，就像市場所碰到的外部性及公共財生產不足情形（Holmstrom, 1982; Miller, 1992）。究竟對既定任務而言，何種制度較佳是沒有共同答案的。

層級節制中的重要問題之一為雇主與代理人皆會對資訊做策略性的誤表（strategic misrepresentation），在對資訊的策略性使用下，行動者會發現其處於一種揭露自身信仰及真相會帶給他人利益的遊戲中。有至少兩種發展出的模型可以解釋對資訊的策略性使用。

釋訊模型（signaling models）聚焦在代理人與雇主間資訊的轉換，此轉換優先於任何雇主的行動。在此模型中，雇主可以接收來自代理人傳送訊息為基礎，修正其對政策影響之信念，然後採取相關行動。但代理人被假定為不須對雇主揭露其真實信仰及偏好或以誠實及完整的形式傳達資訊。在此模型中存在一重要意涵：即雇主會在代理人有異質偏好情況下接收較佳的資訊（Gilligan and Krehbeil, 1989），此一結果支持了公共行政有關資訊重複（redundancy）的文獻，雇主在資訊重複情況下，擁有多元且異質代理人，可以獲較可靠的資訊（Landau, 1969; Bendor, 1985; Heimann, 1997）。

授權模型（models of delegation）（Bendr et al., 2001）也提出層級節制的建立與功能運作，例如：Epstein和O'Halloran（1999）曾分析一位老闆的行為，其最先收到一份下屬的報告，並依據內容的資訊決定是否要授權其他代理人，他們的模型對行政幕僚與直線人員間的衝突提供了洞見，當幕僚與老闆分享較多的偏好時，老闆就較不會授權給直線人員。授權給資訊靈通下屬的價值在於下屬在面對老闆未知的資訊時可以調節其行為，但如果老闆經由幕僚的釋訊遊戲而獲得更多資訊，就會降低對直線人員的授權價值或維持不變。作者也發現如果機關中的直線與幕僚人員有相似偏好，但卻與老闆偏好相差甚遠，幕僚就會傳達給老闆較少資訊，理由在於幕僚給老闆的資訊愈多，老闆就愈不會授權給直線人員，如果直線與幕僚人員愈接近，則幕僚會偏好較多的授權，故幕僚將不會

傳達豐富的資訊。

在真實世界中，資訊提供與權威授予是日復一日發生的，這會在條件式合作關係中，提昇「胡蘿蔔與棍子」策略應用之可能性，例如：如果下屬偷懶欺騙，老闆接下來會回以更嚴格的行為控制，如果老闆以奪取員工功勞來欺瞞，員工接下來會以偷懶來回報。在特定的假定下，這些行動對各參與者而言是個別理性的，但卻產生伯雷圖地次佳結果。

Axelrod（1984）提出「以牙還牙」策略（Tit-for-Tat, TFT），此策略應用在一些重複性發生的賽局中，即如果未來對參與者雙方都重要情況下，此策略有助長期導致合作性的成果。在「以牙還牙」策略中，老闆及部屬在第一階段會合作（授權、工作），接下來的階段只要老闆願意授權，下屬就會合作；如果老闆想控制，下屬就會偷懶。而老闆只有在下屬願意工作下才願意授權，否則就使用控制。Axelrod主張在這類重複出現的賽局中儘管不能保證，但就長期而言是有合作的可能性。

對公共管理的意義

公共機關實際上係建立以處理市場失靈現象，但本身卻也陷於刻劃市場競爭的社會困境中，它意謂著公共官僚所面對的挑戰。許多領導策略有助為機關自身的社會困境建構合作性解決方案。經理人及受僱者可分別被誘引至次佳的、自利的行為，只要一方的行為呈現出可信賴、承諾及合作性的，便較易使他方回報以同樣的行為方式（Miller, 1992），例如：來自管理者對合作性解決方案的可信賴承諾，暗示受僱者可以在不會有負回饋情況下有效率的行動及真誠地溝通。回顧Barnard（1938）強調管理者須給下屬的道德榜樣及不斷重複的囚犯困境中之「以牙還牙」策略實驗，都顯示在釋訊行為中合作的可能性。

流行的管理文獻強調團隊成員間動機及內化合作規範的重要性（Peters and Waterman, 1982）。團隊建立、組織迷思、任務及專業規範的分享有助管理者及員工來內化合作行為。對公共機關而言，專業核心價值（Knott and Miller, 1987）在創造有關正確行為的信念及預期上扮演特殊重要的角色（Brehm and Gates, 1993）。

組織結構

政府會間斷式地重建行政部門，這些變革常正式地合組分散的機關或拆解原本整合的機關為較小單位（Gulick, 1937; Knott and Miller, 1987），但這些組織變革會影響機關的政策決定嗎？

因為正統理論關注於個人偏好如何與制度互動以產生政策決定，我們可以假設機關的組織結構會影響員工偏好如何被整合形成機構決策的方式，例如Hammond（1986: 159-

161）指出以地理區分方式及以功能區分方式組織一個機關會產生不同政策決定；雖然兩種不同結構都由同樣偏好的個人所附著，故實際上不可能設計出不會影響政策決定的層級節制體系（Hammond and Thimas, 1989）。

此不同組織結構中的偏好加總邏輯被應用到組織中的其他過程，資訊流會依類似個人偏好的方式由機關結構予以組織。在最一般化的層次，層級節制將活動資訊及人員類群化，這些類群再被次級類群化及次次級類群化（Hammond, 1993），不同類群化會分類出不同資訊，決策者會從呈現給他們的總體資訊中學得不同事物，故資訊被類別化及群組化的方式會影響機關從環境之所學內容。

不相容的設計標準

公共行政的文獻指出幾種組織可被設計來達成的各種標準，如Kaufman（1956）強調中立能力、代表性及執行的領導權，而Rourke（1984）探討責任與效率。兩人皆指出發生在不同標準中的不相容性問題。Hammond和Miller（1985）指出由Sen（1970）所提有關治理個人權利與社會福祉的弔詭性也可應用於組織研究，以Sen的標準而言，指出了四個期望的原則，且Sen的理論顯示，確有組織設計符合其中三個原則，但無一組織之設計可保證符合全部四項原則。例如：分權化的組織可以產生伯雷圖次佳決策（如不同部門首長發現在與他人合作時並不符自身利益）或展現偏好循環（如一個機關無法訂妥最終決策但卻持續回頭尋找先前被拒絕的方案）。

有其他的組織設計可以避免無效率與偏好循環，但代價是必須對員工的觀念及信仰加以限制。回想早期如Gulick（1937）等組織理論家，強調組織中的主導性信念（dominant idea）的重要性，它是獲得協調的方法，且Hebert Kaufman（1960）提出在林木專業機構中，人力甄補、社會化過程及行政程序如何創造出共同規範、信念及信仰。這種信念的統一性在穩定的環境中有其優勢，但卻帶給機構無法適應變遷環境的致命傷害。

不幸地，Sen的理論顯示至少有一種組織病態將永遠存在的風險，重要者在於組織設計是由一組選擇所組成，包括何者為最想避免的負面結果及那些其他負面結果是可以接受的。

外部關係

公共行政的諸多特質之一是具備影響決策過程的多種不同制度。一個政府機關的首長必須與立法委員會、行政首長、內部部門、法院、利益團體、承包商、地方機構、

中央及地方政府等接觸（Wilson, 1989）。既然這些制度對機構的活動具有法定權威或
政治影響，故回應外界環境是公共行政及公共管理的重要面向（Bozeman and Straussman,
1990），許多針對公共行政此一面向的正式研究途已發展開來。

與立法及行政首長的關係

公共行政中存在一重要的爭辯，其焦點在於政府機關能否在政策上運用可觀的影
響力，一種學術性的傳統主張官僚可經由專業、秘密資訊及對行政的控制來主導決策
（Behn, 1991; Doig and Hargrove, 1987; Lewis, 1980; Caro, 1975），有相關的文獻指出立法
機關能夠控制官僚（Banks and Weingast, 1992; Lupia and McCubbins, 1994; McCubbins and
Schwartz, 1984; McCubbins, Noll and Weingast, 1987; Weingast and Moran, 1983）。

立法者可被視為擁有公共經理為代理人的當事者，此一透視對於「立法－代理機
關」的關係產生許多實質論證及洞見。Niskanen（1971, 1975）指稱公共經理人對預算的
資訊供給面具有壟斷性，如執行機關計畫所需經費數目。他亦指稱公共經理人了解預算
的供給面，即他所界定之立法者對政府計畫花費的偏好，他認為公共經理人能使用混合
兩面資訊的方式在預算過程中提案，立法機關會發現自身在評估這些方案時是處於弱勢
的，因為其對預算所「真實供應」（true supply）的需求要件資訊是嚴重不足的，立法機
關於是被迫輕易接受或拒絕（但非修正）公共機關的預算提案。公共經理人對預算資訊
的壟斷賦予他們在預算過程中的議程性控制權（相關經驗個案可參考Romer and Rosenthal,
1978）。

然而，既然立法者有通過法律及監督機關的權威，其便擁有幾項規範這項關係的手
段，以協助他們防止代理機關運作議程性控制，例如：他們可以要求可顯示機關供給資
訊的報告，如此便可監視代理人行為而不陷入Niskamen模式所預見的情形。這些修正模
型（Miller and Moe, 1983; Bendor et al., 1987）在誰控制預算過程上訴說了不同的故事。

立法者可用以規範這些「立法－代理機關」關係的手段已引起很大的關注（Fiorina,
1977, 1982），有兩種廣泛層次的手段被視為監督代理機關的有效利器：首先是「事前控
制」（ex ante controls），這些控制是在計畫設計之前引入以影響政策決定與執行，具體
的方法包括聽證、資訊蒐集及「舉證責任」（burden of proof）的要求，其他有關行政程
式的控制如在代理機關決策制定中應用「阻礙戰鬥」（stack the deck）手段，即賦予特定
團體法定權力，使有權選擇及審查代理機關行動（McCubbins, 1985; McCubbins et al., 1987,
1989）。

第二種手段為「事後控制」（ex post controls），其應用於代理機關已實際執行計
劃之際，這些控制集中在預算與法律的行動，以對代理機關的正、負面績效施以獎懲

（Weingast and Moran, 1983; Mc Cubbins and Schwartz, 1984; Calvert et al., 1987）。

多重當事人：政治平衡與代理人自主性

代理人理論已提供分析公共機關、立法及行政首長間關係的架構，也幫助學者了解用以控制代理機關的各種預算與程式要件中的隱含誘因，但卻沒有正確處理多重當事人（multiple principals）對公共經理人自主性的影響，其衍生的問題為多重當事人可以監督代理機關的事實，對於代理機關自主性有實質的意涵。

有一些「決定性的聯盟」（decisive coalition）由不同行動者組成（如立法委員及獨立首長），擁有集體性權威可以推翻代理機關政策及強加以自提的政策。如果不存在可以更換政策的決定性聯盟、政策就會處於平衡狀態，「核心」（core）範圍可作為政策平衡組合（set of equilibrium policies）的重要概念，第一個影響因素為決策制度中否決點（veto points）的數目，否決點是指機關有權力否定提案來改變政策。否決點數目的增加可以加大政策平衡狀態的規模（size）；第二個影響政策平衡狀態規模的因素為各否決點間偏好的異質性程度。如果否決點的成員擁有相似偏好，偏好異質性小對於多重否決點的影響乃其無異於單一否決點；結果是產生小規模的政策平衡組合，相對地如果否決點成員的偏好異質性大，結果是導致大規模的政策平衡組合。決策制度中政治平衡的例證說明詳見Calvert（1989）等人、Ferejohn和Shipan（1990）、Hammond和Knott（1996）、Krehbiel（1998）、Knott和Hammond（2000）等人之研究。

只要代理機關關心處於「核心」範圍的政策，其便可來回更換政策而不怕被決定性聯盟否決，核心規模愈大，代理機關的自主性就愈大，其便可考量較大數量且不會被決定性聯盟否決的政策。至於公共經理人偏好較大或較小規模的核心範圍，有部分取決於核心是否落入經理人自身的政策偏好。較大核心給予經理人較大決策自主性，但決策結果將不會滿足代理機關政治環境中的所有關鍵人員。較小核心給予經理人較小自主性，但因為其他關鍵人物的政治偏好差異小，彼此較不可能在政策預期上起爭執，再者，如果經理人最偏好的政策恰巧落入小核心中（且與其他關鍵人物的欲求接近），經理人也不會有欠缺自主性的苦惱。政治平衡分析主張對公共經理人而言，在自主性與政策滿意間會面對交換關係（tradeoffs），及涉入政策中之激烈衝突中。

政治平衡分析也有策略的意涵，即公共經理人可應用策略獲得他們理想的政策，說服是其中一項重要策略，如果公共經理人可以說服一個或更多關鍵人物改變其視為理想之政策，使朝向公經理人的理想政策，核心的型態就會改變至足夠包容經理人的理想政策。對政策問題的重界定類似議程設定（agenda setting）或議題編組（issue framing），也可以改變核心面向，因而改變其型態。了解核心的型態及關鍵人物政策偏好的相對強度，對於經理人應如何應付機關政治環境而言都是重要面向。

利益團體

正統理論對了解利益團體在公共行政扮演角色的貢獻需溯自Olson（1965）對集體行動問題的研究（也可參考Moe, 1988）。Olsen指稱利益團體在一國內的廣布情形使得任一利益幾乎喪失遊說政府的誘因。他發展一種理論來解釋為何一些團體可以克服這個集體行動問題。如果被政府政策影響的團體數少且影響夠大，他們就會有齊力影響政府政策的動機。Olsen的理論解釋了許多類似的特殊利益政策，如貨運郵寄費率，牛奶價格補助、糖價補助等（Knott and Miller, 1987），這些政策對這些公司利潤的影響相當大，他們的數量也遠少於一般民眾。其次，公民社團即使關心政策，也會因為「搭便車」問題而無法得到充足的成員。如果公民社團可以給潛在成員選擇性利益，如人壽保險、雜誌、套裝旅遊等，公民就會因可從社團得到選擇性利益的價值而加入。

對公共行政的主要意涵為組織化的利益傾向代表生產者，而社會中的分散利益在涉入影響機關決策的集體行動上有較大困難。當公民真正進行組織時，形成的社團會傾向提供成員選擇性利益的組織，其結果是可能不能真正代表成員的政策偏好。

正統理論的代價及批評

公共行政正統理論的發展就像其他研究策略一樣會有代價（Hammond, 1996），究竟這些代價為何？首先，正統理論的發展通常很困難，因為其應用範圍比非正統理論窄，不幸的，似乎一方面在明確與嚴謹；及另一方面在對豐富性、情境系絡及細微差異的敏感度兩者間會有一些捨取。

其次，正統理論需要發展特殊技術，包括各種數理及電腦語言等，學習這些技術所花的時間與努力會對其他研究活動產生排擠效應。

第三，由於正統理論特殊的專業語言，其研究結果的讀者有時很少，正統理論家除了要與時俱進外，其實可以做得更多，使其研究結果更易為廣大讀者所接受。

除了這些無法否認的代價外，尚有其他被視為針對正統理論的批判。例如：正統理論與真實世界的關聯性甚微，然而，缺乏對真實世界的興趣並非不可避免或正統理論家的普遍特質。事實上大部分正統理論家會同意正統的理論不會在經驗真空下發生，否則他們就不曉得那種制度或過程值得形塑。

有些批評在於正統理論對真實世界過度簡化，但這是一個複雜的哲學議題，我們會強調任何有用的理論皆必須簡化真實世界，一種理論若與真實世界一樣複雜，則將失去科學價值；這種理論將無法被驗證，因為從它身上無法得出可驗證的假設，故為了科學

目的的有用性，任何理論勢必省略一些事物。

　　理論即使被正統化也不代表它是好理論，它在很多方面可能是無效的，故正統化也無所助益。對一般所指稱的重要事項之最佳驗證方式且已被忽略的就是經驗：過度簡化的理論對於真實世界特質的預測力為何？或對真實事件的解釋力如何？如果簡單的理論可順利地進行經驗性運作，則重要事物就不致於被忽略。

　　另一個常見的批評為正統理論在接受經常性的經驗驗證（Green and Shapiro, 1994）上是不足的，我們同意有許多學者在此領域中努力（包括我們自己！），但驗證來源常為奇聞軼事（tested by anecdote），即只是找出符合模型的合理故事，故仍有很多系統性驗證的工作留待執行。但隨著愈來愈多公共行政學生擁有取得正統理論與經驗研究方法的便利性，此一問題本身已逐漸被克服。

　　最後，正統理論常被認為體現保守的政治議程，尤其是理性決策理論。這種看法並無實益：因為正統理論（或理性決策理論）並無企圖去歸屬保守派或自由派，許多正統理論家（包括理性決策理論家）一點也不會自認為是政治上的保守主義者，正統理論最多只單純是吾人努力提昇有關真實世界理論品質中的一部分。

　　正統理論從不可能完全取代非正統理論，也不應該取代：正統理論源自不同非正統理論的程度會降低非正統理論的生成，但最終也會降低正統理論的品質及適切性，故我們會認為正統與非正統理論，經驗驗證亦同，皆相得益彰增與相互依賴，且忽略任何一種將只會使全部受到弱化。

結論

　　正統理論對公共行政的貢獻在於引進正統邏輯，以協助發展更嚴謹理論來研究行政制度與行為。它有助吾人了解公共行政的許多核心面向，如誘因制度、團隊、層級節制、管理、授權及立法與代理機關的關係，這些理論的貢獻有時在於加強吾人對傳統的了解，有時也對公共行政本質產生既新、有趣且實用的洞見。

參考文獻

Akerlof, George A. (1970) 'The Market for "Lemons": Quality Uncertainty and the Market Mechanism', *Quarterly Journal of Economics*, 84: 488–500.

Alchian, Armen A. and Demsetz, Harold (1972) 'Production, Information Costs, and the Economics of Organization', *American Economic Review*, 62: 777–95.

Arrow, Kenneth J. (1974) *The Limits of Organization*. New York: Norton.

Axelrod, Robert (1984) *The Evolution of Cooperation*. New York: Basic Books.

Banks, Jeffrey S. and Weingast, Barry (1992) 'The Political Control of Bureaucracies under Asymmetric Information', *American Journal of Political Science*, 36: 509–24.

Barnard, Chester (1938) *The Functions of the Executive*. Cambridge, MA: Harvard University Press.

Behn, Robert (1991) *Leadership Counts: Lessons for Public Managers from the Massachusetts Welfare, Training, and Employment Program*. Cambridge, MA: Harvard University Press.

Bendor, Jonathan (1985) *Parallel Systems: Redundancy in Government*. Berkeley, CA: University of California Press.

Bendor, Jonathan (1988) 'Formal Models of Bureaucracy', *British Journal of Political Science*, 18: 353–95.

Bendor, Jonathan, Glazer, Amihai and Hammond, Thomas H. (2001) 'Theories of Delegation', Annual *Review of Political Science*, 4: 235–69.

Bendor, Jonathan, Taylor Serge and Van Gaalen, Roland (1987) 'Politicians, Bureaucrats, and Asymmetric Information', *American Journal of Political Science*, 31: 796–828.

Bozeman, Barry and Straussman, Jeffrey D. (1990) *Public Management Strategies*. San Francisco: Jossey–Bass.

Brehm, John and Gates, Scott (1993) 'Donut Shops and Speed Traps: Evaluating Models of Supervision on Police Behavior', *American Journal of Political Science*, 37 (2): 555–81.

Calvert, Randall L., McCubbins, Matthew D. and Weingast, Barry R. (1989) 'A Theory of Political Control and Agency Discretion', *American Journal of Political Science*, 33: 588–611.

Calvert, Randall L., Moran, Mark J. and Weingast, Barry R. (1987) 'Congressional Influence over Policymaking: The Case of the FTC', in Mathew McCubbins and Terry Sullivan (eds), *Congress: Structure and Policy*. New York: Cambridge University Press.

Caro, Robert (1975) *The Power Broker: Robert Moses and the Fall of New York*. New York: Vintage Books.

Coase, Ronald (1937) 'The Nature of the Firm', *Economica*, 4: 386–405.

Doig, Jameson W. and Hargrove, Erwin C. (eds) (1987) *Leadership and Innovation: A Biographical Perspective on Entrepreneurs in Government*. Baltimore, MD: Johns Hopkins University Press.

Epstein, David and O' Halloran, Sharyn (1999) *Delegating Powers: A Transaction Cost Politics Approach to Policy Making under Separate Powers*. New York: Cambridge University Press.

Ferejohn, John A. and Shipan, Charles (1990) 'Congressional Influence on Bureaucracy', *Journal of Law, Economics and Organization*, 6: 1–27.

Fiorina, Morris P. (1977) *Congress: The Keystone of the Washington Establishment*. New Haven, CT: Yale University Press.

Fiorina, Morris P. (1982) 'Legislative Choice of Regulatory Forms: Legal Process or Administrative Process?', *Public Choice*, 39: 33–66.

Gilligan, Thomas and Krehbiel, Keith (1989) 'Asymmetric Information and Legislative Rules with a Heterogeneous Committee', *American Journal of Political Science*, 33: 459–90.

Green, Donald P. and Shapiro, Ian (1994) *Pathologies of Rational Choice Theory: A Critique of Applications in Political Science*. New Haven, CT: Yale University Press.

Greenwald, B. and Stiglitz, J.E. (1986) 'Externalities in Economies with Imperfect Information and

Incomplete Markets', *Quarterly Journal of Economics*, 101 (2).

Gulick, Luther (1937) 'Notes on the Theory of Organization', in Luther Gulick and Lyndall Urwick (eds), *Papers on the Science of Administration*. New York: Institute of Public Administration, Columbia University.

Hammond, Thomas H. (1986) 'Agenda Control, Organizational Structure, and Bureaucratic Politics', *American Journal of Political Science*, 30: 397–420.

Hammond, Thomas H. (1993) 'Toward a General Theory of Hierarchy: Books, Bureaucrats, Basketball Tournaments, and the Administrative Structure of the National-State', *Journal of Public Administration Research and Theory*, 3: 120–45.

Hammond, Thomas H. (1996) 'Formal Theory and the Institutions of Governance', Governance, 9: 107–85.

Hammond, Thomas H. and Knott, Jack H. (1996) 'Who Controls the Bureaucracy?: Presidential Power, Congressional Dominance, Legal Constraints, and Bureaucratic Autonomy in a Model of Multiinstitutional Policymaking', *Journal of Law, Economics, and Organization*, 12: 121–68.

Hammond, Thomas H. and Miller, Gary J. (1985) 'A Social Choice Perspective on Authority and Expertise in Bureaucracy', *American Journal of Political Science*, 29: 611–38.

Hammond, Thomas H. and Thomas, Paul A. (1989) 'The Impossibility of a Neutral Hierarchy', Journal of Law, *Economics and Organization*, 5: 155–84.

Hardin, Garrett (1968) 'The Tragedy of the Commons', *Science*, 162: 1243–8.

Heimann, C.F. Larry (1997) 'Understanding the Challenger Disaster: Organizational Structure and the Design of Reliable Systems', *American Political Science Review*, 87: 421–35.

Holmstrom, Bengt R. (1982) 'Moral Hazard in Teams', *Bell Journal of Economics*, 13: 324–40.

Kaufman, Herbert (1956) 'Emerging Conflicts in the Doctrines of Public Administration', *American Political Science Review*, 50: 1057–73.

Kaufman, Herbert (1960) *The Forest Ranger: A Study in Administrative Behavior*. Baltimore, MD: Johns Hopkins University Press.

Knott, Jack H. (1993) 'Comparing Public and Private Management: Cooperative Effort and Principal–Agent Relationships', *Journal of Public Administration Research and Theory*, 3: 92–119.

Knott, Jack H. and Hammond, Thomas H. (1999) 'Public Management, Administrative Leadership, and Policy Change', in Jeffrey L. Brudney, Lawrence O' Toole and Hal G. Rainey (eds), *Advancing Public Management: New Developments in Theory, Methods, and Practice*. Washington, DC: Georgetown University Press.

Knott, Jack H. and Hammond, Thomas H. (2000) 'Congressional Committees and Policy Change: Explaining Legislative Outcomes in the eregulation of Trucking, Airlines, Banking and Telecommunications', in Carolyn J. Heinrich and Lawrence E. Lynn, Jr (eds), *Governance and Performance: New Perspectives*. Washington, DC: Georgetown University Press.

Knott, Jack H. and Miller, Gary J. (1987) *Reforming Bureaucracy: The Politics of Institutional Choice*. Englewood Cliffs, NJ: Prentice–Hall.

Krehbiel, Keith (1998) *Pivotal Politics: A Theory of U.S. Lawmaking*. Chicago: University of Chicago Press.

Landau, Martin (1969) 'Redundancy, Rationality, and the Problem of Duplication and Overlap', *Public Administration Review*, 29: 346–58.

Lewis, Eugene (1980) *Public Entrepreneurship: Toward a Theory of Bureaucratic Political Power – The Organizational Lives of Hyman Rickover, J. Edgar Hoover, and Robert Moses*. Bloomington, IN: Indiana University Press.

Lupia, Arthur and McCubbins, Mathew D. (1994) 'Learning from Oversight: Fire Alarms and Police Patrols Reconstructed', *Journal of Law, Economics and Organization*, 10: 96–125.

McCubbins, Mathew D. (1985) 'The Legislative Design of Regulatory Structure', *American Journal of Political Science*, 29: 721–48.

McCubbins, Matthew and Schwartz, Thomas (1984) 'Congressional Oversight Overlooked: Police Patrols Versus Fire Alarms', *American Journal of Political Science*, 28: 165–79.

McCubbins, Matthew, Noll, Roger G. and Weingast, Barry R. (1987) 'Administrative Procedures asInstruments of Political Control', *Journal of Law, Economics and Organization*, 3: 243–77.

McCubbins, Matthew D., Noll, Roger G. and Weingast, Barry R. (1989) 'Structure and Process, Politics and Policy: Administrative Arrangements and the Political Control of Agencies', *Virginia Law Review,* 75: 431–99.

Merton, Robert (1940) 'Bureaucratic Structure and Personality', *Social Forces*, 17: 560–8.

Miller, Gary J. (1992) *Managerial Dilemmas: The Political Economy of Hierarchy*. New York: Cambridge University Press.

Miller, Gary J. and Hammond, Thomas H. (1994) 'Why Politics is More Fundamental than Economics: IncentivE-Compatible Mechanisms Are Not Credible', *Public Choice*, 6: 5–26.

Miller, Gary J. and Moe, Terry M. (1983) 'Bureaucrats, Legislators, and the Size of Government', *American Political Science Review*, 77: 297–322.

Moe, Terry M. (1984) 'The New Economics of Organization', *American Journal of Political Science*, 28: 739–77.

Moe, Terry M. (1988) *The Organization of Interests*. Chicago: University of Chicago Press.

Niskanen, William A. (1971) *Bureaucracy and Representative Government*. Chicago: Aldine.

Niskanen, William A. (1975) 'Bureaucrats and Politicians', *Journal of Law and Economics*, 18: 617–44.

North, Douglass C. (1990) *Institutions, Institutional Change and Economic Performance*. New York: Cambridge University Press.

Olson, Mancur (1965) *The Logic of Collective Action*. Cambridge, MA: Harvard University Press.

Ostrom, Elinor (1999) 'Coping with Tragedies of the Commons', *Annual Review of Political Science*, 2: 493–535.

Peters, Thomas J. and Waterman, Robert H. (1982) *In Search of Excellence: Lessons from America's Best Run Companies*. New York: Harper and Row.

Romer, Thomas and Rosenthal, Howard (1978) 'Political Resource Allocation, Controlled Agendas, and the Status QuO', *Public Choice*, 33: 27–43.

Rourke, Francis E. (1984) *Bureaucracy, Politics, and Public Policy*, 3rd edn. Boston, MA: Little, Brown.

Sen, Amartya (1970) 'The Impossibility of a Paretian Liberal', *Journal of Political Economy*, 78: 152–7.

Tsebelis, George (1995) 'Decision Making in Political Systems: Veto Players in Presidentialism, Parliamentarianism, Multicameralism, and Multipartyism', *British Journal of Political Science*, 25: 289–326.

Weingast, Barry R. and Moran, Mark J. (1983) 'Bureaucratic Discretion or Congressional Control?: Regulatory Policy Making by the Federal Trade Commission', *Journal of Political Economy*, 91: 765–800.

Wilson, James Q. (1989) *Bureaucracy: What Government Agencies Do and Why They Do It*. New York: Basic Books.

Wolf, Charles, Jr (1975) 'A Theory of Non-Market Failure', *The Public Interest*, 55: 114–33.

第九章　西歐國家之行政傳統

Fabio Rugge
詹靜芬 / 譯

PART 4

　　本章目的主要在探討形塑當今公共行政發展的幾個主要歷史發展背景。不僅是透過文獻資訊的檢視回顧，並且試圖藉由過去傳統及與當代事件有特殊相關的歷史遺緒來加以描繪。換言之，乃是試圖將現在的「行政秩序」（administrative order）置於長期持續的觀點中，將之視為一個連續體（continuation），或是先前行政制度的變更，又或者，至少就某些方面而言，是上述情形的一種反應。

　　本章主要以歐洲最大四國，包括法國、德國、義大利、英國的公共行政來加以說明。之所以擇此四國，除了因為該等國對傳統所謂階層有正確的評價，且其中至少有二國的公共行政甚且被普遍公認是一種「模型」（models）；此外，更是因為比較行政史的藝術現況（Raadschelders, 1998），以及由於本章設定之限制；是以作者僅能冒著極度抽象化的危險（Sartori, 1970），而甚至刻意忽略各國對某些傳統情況的不同認知（Heady, 2001; Peters, 1988）。

　　本章中，將特別提及過去二個世紀以來政府對公民社會的滲透介入（penetration of civil society）。因此發現，沒有證據可以顯示歷史上的公民社會本身就是一個社會團體（教育背景、生活方式、普遍的理念忠誠、公共職員聯盟工會）；而本章並不描述官僚工作特點的變動（例如從用筆書寫到使用打字機、電腦等）。除了諸如此類的「官僚史」（bureau-history）外，也會探討公共行政在現代政治制度及不確定社會的歷史事件中所扮演的角色。

　　本章計分五部分：第一部分簡要敘述所謂「現代公共行政」（modern public administration）的興起，並且指出其與先前行政體制相較的基本特徵；第二部分將比較政治及行政二個不同領域，但並不刻意強調二者間的差異，或彼此互利的自主性；第三部分將詳細敘述國家機關的公民運動（state's civilian activities）對公共行政造成的影響，並且在1880年代至1980年代如何持續地擴張，直至遭遇強烈的反對勢力；第四部分將檢視新興的「公共行政多元主義」（'pluralism' in public administration），亦即19世紀的中央、地方行政雙元主義，在20世紀後期與另一行政體制合併陳列，而形成多元主義；最後一部分

將重心置於公共行政必須確保依法行政的發展上，強調公共行政不會侵害公民的個人自由及合法利益。

始於何時？

對當今行政體制的合理觀察，應該往前追溯至何時呢？此一問題其實是很難回答的。

著名的作者們，或者持續，或者已經證實[1]，行政體制並沒有像政治系統或憲政設計那樣歷經崩散瓦解或全然的變遷，也就是歷史學家所謂的（而且他們也喜歡這麼說的）「新紀元」（new eras'）或「轉捩點」（turning points）。換句話說，試圖把公共行政的發展歷史劃分為幾個可以確認的時期，對歷史學家而言，始終是一個具挑戰性的任務，尤其行政發展史的界定一直存在著風險，這樣的試圖尤其引起爭議。即使過往已成雲煙，吾人仍然很難清楚明確地切割論述（Burk, 1982; Rugge, 2000）。

然而，沒有任何的行政體系是可以將其與政治及憲法結構下所運作的制度架構分開的，此意謂著即便重大的變遷對制度結構的影響已經式微，但仍不可避免地其必產生回應。一旦那些變遷足以（或可能）對政治、憲法史展開劃時代新紀元，那麼想當然爾也會對行政史產生某種程度的影響。而如今，我們可以合理地說，在1980年後的10年間，政治體制有著重大的發展。的確，那數十年間對於奠立一個憲法新紀元是具有決定性的。此一紀元最早始於美國1776年創立世界首部憲法，數年後，法國大改革制度繼之。接下來的前半世紀過去了，一個新世代的憲法才悄然瀰漫整個歐洲，締造出大部分政治組織的常任特徵，以及一個適用於所有國家模式的憲政政府[2]。而在英國，即使並沒有一部成文憲法，且國會也早在19世紀前便已成立，但其1832年的改革法案（the Reform Act）也是有助於建構一個嶄新的憲政架構的。

---

1 提出這個看法的先驅者，也是大力的支持者，是法國政治思想家Alexis de Tocqueville，他在論及法國大革命的影響時，便提出法國行政也因大革命而擴大的觀點（Tocqueville, 1964）。至於與威瑪憲法有關的，則有德國行政法學之父 Otto Mayer 曾說的：「憲法已逝，但行政法永存」（Mayer, 1924: introduction）。關於行政演化機制，請見Legendre（1968: ch. 1）。

2 在19世紀前半世紀採行新憲法的國家，包括：西班牙（1812年制定，1837年、1845年分別修正）；法國（1814年制定，1830年、1848年分別修正）；荷蘭（1815年制定，1848年大翻修）；葡萄牙（1821年制定，1826年修正，且此後修正不斷）；比利時（1831年）；瑞士（1848年）；普魯士（1850年）。

此一重大變遷對現代公共行政發展歷程帶來二個重大影響：其一，終結了「國王行政」（the 'kingly' administration）（Dreyfus, 2000; Wilson, 1887）；其二，開啟了政治、行政二分，以下說明之。

首先，採行憲政設計限定了國家機關的行政不得再像過去那樣依照君主最高統治者的指示決定。事實上，直到17世紀結束，都沒有類似行政架構這個具現代感字眼的具體存在（Maravall, 1972）。在那樣的情況下，國王的奴僕們所從事分配的，是「他的」（his）正義（而這就是行政的基礎），並且執行國家的財政（被認為是世襲君主的世襲財產）。

18世紀時，國家機關逐漸去「個人化」（de-personalized），其行動範圍至少在概念上與共同福利（common welfare）漸趨一致。王室奴僕逐漸由國家奴僕所取代，國家奴僕個人於是不僅聽從君主，也遵從國家制度（雖然沒有完全取代，但至少已有所關聯）（Jakoby, 1973; Raadschelders and Rutgers, 1996; Rosenberg, 1958）。真正的行政組織從而開始建立，採取行政行動亦即開始發揮其正確的功能，也變成大多數文獻著作的主體，並很快地整合成一門知識，而被謂之行政學（the administrative science）。儘管直至19世紀始有些國家的這種重構依然沒有將「國王行政」徹底汰換掉[3]，王室仍保有大量的權力來形塑國家的行政架構，控制他們的行動，指定人事任命。

在這個新的憲政世紀，新國王（new 'princis'）興起，要求公共行政要有民選的、以人民名義發聲的立法部門（elected parliaments）。此種變革有部分深深地影響了歐洲的公共行政史，尤其是先前的憲政秩序危機引發了三個行政大議題。首先，就像「國王行政」是為君主的利益服務，而新的憲法行政（the new 'constitutional administration'）是為人民的利益服務。如今，自由民主出現後產生擴大人民參政權的壓力，因此「議題」及「人民關注」此二個代表詞無可避免地大量激增（Rokkan, 1970），於是引起了一個問題，即憲法行政是否應處理那些被提出來的議題，並且透過立法行動或直接干預來照顧人民。這個問題及其答案成為過去二個世紀以來行政史的主要中心思想。而此將在後文進一步深入討論。

其次，國王行政沒落，一大堆新的憲法價值興起，意味著任何獨裁的脈絡都必須從行政程序中移除，從文官的態度轉向公民。行政不能只遵循君主的獨斷意志，而只能根

---

3 根據Henry Parris的看法，從1780-1830年以前並未施行常任文官制（Parris, 1969: ch. 1），Harling（1996）也持相同看法。直到19世紀中葉以前，法國都未曾出現像「功能性」（fonctionnaire）這樣的現代概念（Thuiller and Tulard, 1994: 42）。

據法律，因而行政應能完全地反應憲法中所保障的所有個人的權利。同樣地，個別公民的權利也透過法律來證明其正當合理性。從那一刻起，有關（公共）權威及（個人）自由二者間如何取得均衡的問題，便一直伴隨著現代公共行政史的發展，並成為其發展中的一個重要探討面向。而關於此一「大議題」（great issue），也將在本章最後一段文中特別介紹。

最後，第三個大議題是有關新憲法紀元下所成立之至上國會（sovereign parliament），也就是有關政治及行政二者間的差異。在探討有關行政行動之程度及方式二者之前，邏輯上須先了解政治與行政之差異，故本章將首先論述此議題。實務中，歐洲制度的傳統公共行政的確也與此邏輯一致。

政治／行政二分

傳統上，行政與政治是直接二分的，或被視為是相對立的。政治這個概念被用來指為形塑民意、爭論社會利益、阻止其他人或政黨採取行動、決定權威決策等的面向；而行政被視為是機器中的一小部分，不受偏袒的熱情牽扯、致力於提出諮詢忠告、從事書記及技術性的工作。此二者間的差異是非常明顯的、被認為是必要的，甚至應極力鼓吹的。

雖然理論上這種區分非常有問題，並且實際上引起的問題更多更大[4]，但沒有人可以否認這個觀點在過去二個世紀以來，對形塑或促進公共行政智識（或意識形態）的發展有很大的貢獻。職是之故，其背後的發展形式及實際情況如何，便值得仔細探究。

首先，長期以來政治與行政二分係根據權力分立的學理，世人印象最深的即是孟德斯鳩的《論法的精神》（1748）一書。根據此一學理，再加上後來的修正及應用，行政權及行政便必須與立法權及司法權分開，而專門處理有關執行立法者意志之工作。

其次，弔詭的是，古老王朝的某些亙古特徵，助長了新的政治／行政二分。尤其是，國王對行政官僚持續不斷的影響（直至20世紀，行政文官仍然會對其君主宣誓效忠），使得行政中瀰漫著單一、階層的精神（spirit）而形塑出文官的恭順形象（相對地，政治人物卻是好爭論的，也好為人師的）。這個特徵在那些國家中不乏多見，例如普魯士，其國會在新憲政設計下是軟弱無能的，但國王卻像北極星一樣，指引著國家官僚。

---

4 關於放棄政治／行政二分此一「古老諺語」（ancient proverb）之說，詳見Peters（1995: 177-178）。

　　第三，在整個19世紀，一個新的現實因素支持了政治／行政二分的立論，亦即政治人物及行政官僚的專業功能愈趨異化，這種差異性在世紀交替的幾十年間尤其明顯。政治人物的國會生活，無論是在議事廳之內或之外，都顯得愈來愈複雜，需求也愈來愈多。而內閣們也發現，國家事務的細節與過去相較，是愈來愈難處理，例如對行政文官而言，至少就金字塔層級中的高階及中階看來，都增加了其複雜度及技術性，於是在人事需求上便大幅度地促使了行政工作必須有完整的、穩定的投入，功績制度因而盛行。由此很清楚的顯示出，從事此類工作就必須具有特定的教育背景（Cassese and Pellew, 1987）。

　　無論如何，如果去除上述三要素（即權力分立、古代王朝的立法影響力、政治與行政的專業分化），而直接斷言過去150年來政治及行政二者是二個完全不同的領域，那是非常冒險的。

　　從19世紀中期以來，有二個主要的驅力促使政治人物侵入行政領域：即忠誠協力合作的需求，以及恩寵制的採行。由於這二個壓力的結果，一種政治─行政連續體誕生，模糊了二者間的領域界線。其原因是非常明顯的（Raadschelders and Van der Meer, 1998），例如政治人物都需要行政文官一方的忠誠合作，這是任何一個有效能政府的前提要件。事實上，從新憲政世紀一開始，在所有的國會制度中，此點便非常重要（其中只有少數國家有可能是例外的，例如普魯士及其之後的德國，一直到威碼共和時代，行政人員都必須對國王宣誓效忠以示其對國家的忠誠）。

　　在英國，他們很快地且一致地就找到了解決政治人物及行政官僚間衝突摩擦的可能方法，那就是「文官中立化」（'neutralizing' of the civil service）。無論任何黨派執政，行政必須堅定地跟隨其政策。像這樣基於文官專業主義認知的設計，與政治／行政二分的觀點是一致的。但是排除這個衝突要素之外，事實上政治及行政二領域的結合是非常重要的（Thomas, 1978）。

　　在法國及義大利則有不同的傳統。公共行政政治化為其法則（the politicization of public administration became the rule），為臻及此，基本上是透過二種方式的，其一是設立內閣部長，此職位之設立是為了強化首相對官僚制度的控制（Antoine, 1975; Rugge, 1998; Thuillier, 1982）；另一方面，行政中較高層級職位是由政府任命，例如法國及義大利的地方行政首長、廳長等之任命及轉調，往往是因為很清楚的黨派目的（Le Clère and Wright, 1973）。而在法國，可能還要再加上教育制度，例如其於1945年成立之國家行政學院（the Ecole Nationaled' Administration，簡稱ENA），設置之基本用意在於將高級文官行政菁英從政治領導中分離開來，使得行政如同政治系統一樣，能自行培養具有領導能力的菁英，而此一過程便弱化了政治／行政的二分。

　　恩寵制也嚴重地破壞了政治／行政的二分，尤其是在19世紀末、20世紀初，大量的黨派興起助長了此種趨勢，雖然實務上歐洲傳統政治論述對此大加撻伐。首先，黨派聚集了大量潛在謀求行政職位的人；其次，黨派係由於政治信仰教條而成立，需要堅定的忠誠。在這種國家行政組織中，政治及行政二領域中的執事者具有相契合的理念，被認為是非常重要的，而且的確也變得非常重要，此可以從1920年代及1930年代權威政體所發表的激烈聲明中可窺出。例如義大利的法西斯主義及德國的國家社會主義，這二個在歐洲國家政體中的典型範例，便都否認了政治／行政二分的教條。此二者都主張國家必須藉由一個意識形態、一個領導者的理念來指揮。無論這二個國家對文官有多麼重視，這二個政體的成功程度是不同的。在德國，希特勒掌權後為高階文官帶來的變動影響重大，但此並沒有避免長期以來納粹政黨及傳統官僚間的緊張（例如招募新成員的程序）（Caplan, 1988; Hattenhauer, 1980; Mommsen, 1966; Wunder, 1986）。在義大利，則試圖以一批黑衫軍文官（a civil service in 'black shirts'）的意圖，終結了默契。部會中的文官雖然整體對政府效忠，但對於法西斯主義理念卻只是說說而已，於是政府只好宣布放棄拓植行政的目標，反而被迫對文官階層奉承諂媚（Melis, 1996; Salvati, 1992）。在整個內戰期間，行政組織創造出來的法西斯主義是用來解除國家機關的某些任務工作的，而墨索里尼也是在這些行政組織內才可恣意而為。在這個平行的公共組織中（見下一節所述），主要藉由成立福利機關，法西斯主義才得以特別的名義安插新人，以獲致封建時代臣民對朝政或特殊行政才能者效忠的理念（Melis, 1996）。特別的是，對法西斯王朝而言，這個過程事實上是設計可以用來在日後其他地方如法炮製的，即使在民主多元政黨體制中亦然。的確，20世紀的各國政府及領袖政治人物，而往往面臨執政後所接收之國家官僚組織的問題，所以有時他們也會抨擊官僚組織僵化、無能及無效率。這些抱怨往往是因為文官及政治長官間缺乏政治上的密切關係，甚至官僚還會因認為政治人物侵犯了他們的行政領域而予以抵抗。於是在每一個類似事件中，政府為了落實他們的政策，便必須經常回應這些情境，例如將整個行政組織置於各典型的部會之外，以遏阻國家官僚的不充分合作，或愈來愈多的扭曲誤解。為了追求這種「機智取勝策略」（outflanking strategy），國家行政機關大致都會表示對效能的真正需求，而大約與恩寵齊驅（雖然在不同情境下，此二種原因混合的比重不同）。

朝向大政府之路──及其復返

　　這個在典型的內閣部門之外成立的行政架構並非歐洲國家所獨有，而是與某種現象有關的，而此無疑地也成為其特徵，此即政府的成長（the growth of government）。在一開

始時，政府成長表示社會相關事件發生的數量愈來愈多，範圍愈來愈大，因此公共行政組織（包括中央政府、地方政府及其他單位）必須自我要求，而且也被認為應該加以回應。

　　事實上，國家應對社會負責的事項不限於法律及秩序事項之概念，早在19世紀中期以前就為人所公認，且業已實踐良久（從德國Polizei-stsst教義[5]，或法國大革命所宣示之精神[6]中皆可見），尤其歐洲本土（見後文詳述）在更早以前舉凡道路、運河、森林、郵局等之建造及管理維護，即為公共行政的管轄範圍（Dorwart, 1971）。然而國家的進一步介入干預，是否即意謂著應由公共服務直接運作，而不是由私人企業或志願性組織提供，而政府只是訂定遊戲規則而已。關於此點，答案既不明顯，而且也並非無可置疑。事實上，大約在1850年左右，管制（而非操作）的概念在歐洲統治階級中普受歡迎的程度達到巔峰（雖然在那些年中，要國家將其原來的工作放棄給社會角色，是一件不容易的事）（Ellwein, 1965）。同樣從這個觀點看來，這些年可視為一個轉捩點，也就是管制的途徑被一個較為操作傾向的哲學概念所取代（a more operative-oriented philosophy）。從那一刻起，國家最小化及自由市場的理想開始式微，以至1880年代至1890年代國家支持論愈來愈盛行，並且在實務上也成為不可逆之潮流（Ashford, 1986）。政府規模愈來愈大，公共行政亦是，此過程可從國家為人民公共支出的成長情形得知。

　　表9.1顯示此四個國家在1880年及1910年的國家年度公共支出狀況（假設1910年為100單位）。表9.2則顯示此四國受僱於公共行政各階層的人口比例，其中尤以英、德二國的成長幅度最引人矚目。

表9.1　西歐四國1880-1910年度公共支出

國家	1880年	1910年
法國	81	100
普魯士、德國	48	100
義大利	51	100
英國	67	100 *

* 為1912年
資料來源：Mann, 1993: ch11; Italy, Cassese, 1977. See also n.7

5　此教義係王室為達成及捍衛其福利的目標，所提供的概念架構及實務指引（Bruckner, 1977）。
6　詳見憲法中有關公共安全及公共建設規定。

表9.2　西歐四國1880-1910年投入公共行政各階層的人口百分比

國家	1880年	1910年
法國	1.28	1.42
普魯士、德國	1.56	2.35
義大利	0.97	0.99
英國	0.46	2.60

資料來源：Mann, 1993: ch11; Italy, Cassese, 1977. See also n.7

　　不過，由於二表係為官方的自行統計數字，所公布的也許有特殊考量，故不盡然可以全數採信 [7]。然而，無論如何，都還是意謂著財政及人事資源逐漸由公共行政掌握的成長趨勢。

　　此一政府成長的數據也可藉由組織型態學的證據來加以補充（Rosanvallon, 1990）。諸如每一個國家的公共行政設計都逐漸傾向分化及錯綜複雜化，使得新的內閣部會、各局處，以及獨立機構等之紛紛成立。此有時係為功能專業化過程的產物，有時是為了應付一時的緊急狀況，又有時只是為了某些象徵性符號目的。吾人只要檢視其中央行政機關中的典型單位，即其內閣部會，便可輕易發現。這些內閣部會成立的名義及順序，都顯示其與社會情況的變遷發展有關，並進一步成為公共政策及公共行政行動的主題。

　　首先成立的是內政及外交事務部門、戰爭及審判部門等典型的一般任務機關，以因應當時國家所面對的內在及外在威脅；而財政或經濟部門乃是為上述機關處理其任務時所增設之外部機關（Mayntz, 1982）。回顧1850年後的數十年間，新部會成立的原因是為了因應某些情況的發生，但自1880年代以至下一個所謂國家經濟制約論世紀（a statist century）的來臨，政府成立大量的特殊部門，政府的運作也逐漸地制度化、被支持，也被展現出來。

　　內閣部會增加的方式及速度，很大程度地與每一個國家的經濟、社會及政治發展的特質有關，例如1830年法國便成立了公共指導部（Lelièvre, 1990; Prost, 1968），而英國卻是在1945年才成立。但是如果我們試圖作跨國的比較，會產生問題，因為各個國家對於內閣部會機關的名稱是各不相同的，組織原則也各異，就好比在某些國家，行政單位可能非常活躍，但在其他國家則可能無足輕重，例如義大利從1887年起斷斷續

---

7 例如Mann（11993: ch. 11）所繪製的圖，因為收集了其他作者及其他解釋，故提出較具說服性的討論。而義大利的圖示則是從卡薩斯而來。

續存廢了公共健康理事會，直至1958年才又將之正式成立為一個正式的部會。此外，有許多部會及行政機構是因為國際事件或跨國的政治運動所衍生出來的「生產部會」（generations of ministries）。1916年及1917年，英國分別首創養老年金部（the Ministry of Pensions）及勞工部（the Ministry of Labour），隨後德國於1918年至1919年繼之成立German Arbeitsministerium，以及義大利、法國於1920年相繼成立類似機關（Tournerie, 1971）。

相類似地，20世紀初期，地方政府由地方自治團體所擁有及管理的單一型組織遍布整個歐洲，例如德國有由Max Weber、Adolph Wagner及其他學者所組成的「社會政治協會」，此一智庫於1909年在維也納舉行會議，同時也蒐集各國報告加以彙整後出版，藉此拓展公共干預的型式。

總之，從19世紀中葉開始，無論從圖示或型態來看，行政愈趨複雜，從而義無反顧地朝向大政府之路，日復一日、年復一年，公共行政終於充斥在每一個公民的日常生活中。

造成這種演進的歷史因素雖然在前文中有略述一、二，但並不在本章的探討範圍之列，不過仍有幾點值得探究的。首先，為了因應經濟發展的系統性壓力，政府必須成立指導性的內在基礎結構。於是，在全國規模的層次中，國家機器通常要勉為其難地提供諸如郵政、鐵路及電信等服務。郵政是政府服務的傳統項目，但鐵路及電信則是1880年至1914年中央集權論者最巔峰時期的產物。德國前身的普魯士在1879年就開始創設鐵路，繼之德國於1880年代起將鐵路國有化；法國於1908年從私人企業中脫離出來而成為一個較實質的網絡；義大利則是自1905年開始，由政府經管整個鐵路系統；英國於此同時直至1947年，是採管制的方法。而全國規模的電信系統從私人經營轉為政府公有公營，也是循相同的經驗模式，法國是在1889年、德國在1892年、英國1896-1898年、義大利1907年（Bertho-Lavenir, 1991）。

在地方基礎上，尤其面臨地方城市快速發展，整個歐洲舉凡交通、水力、瓦斯及電力，逐漸由地方權威當局提供（此將於下節中討論）。

為因應經濟的成長，公共行政在政策領域中扮演的是支持及促進的角色。雖然公共行政有時會與個別的私人企業在核發證照或核給補助時產生衝突，但從公有中獲得之整體工業及商業利益，其實並不比由一般大眾提供來得少。

在其他政策領域中，透過與文化及社會整合的連結，公共行政的角色則是比較慈善、保護的，而非促進的，例如健康照護、社會保險，以及退休補助金等，都是福利政策的一部分，以有助於解決貧窮的問題，降低社會之間的緊張及提昇生活品質（Alber, 1982）。事實上，甚至在第一次世界大戰前，由於公民權民主化結果所產生的國會，就比過去的前任者更傾向採取立法的手段，而非直接干預。

　　理論上，這二個政策領域及相對應的角色不用說一定是有差別的，但實務中卻不可將之截然劃分，例如教育便是典型的例子。對社會階級較低者的孩童而言，實施小學義務教育可以改善他們的社會條件（尤其當他們的父母並未受到義務教育），而此也有助於整體經濟的成長，是以這個強制性的政策其實出發點是慈善的。

　　同樣值得一提的是，雖然整個國家經濟制約論盛行的世紀，政府的強制性義務成為一種常態，但其中某些國家是比較積極的，而某些則比較消極緩慢；有些國家急著中央集權或獨占，而有些則容許甚至歡迎其他非政府組織（例如教會）參與提供。實施教育則是另一個例子，早在1882年，德國所有各層級政府的公立學校共聘用約11萬5千人（Mayntz, 1982），而義大利則是到1931年才達到這個規模。又例如英國國會在1902年時開放（或者說樂見）在地方權威當局下設立學校的獨立委員會，義大利則在數年後的1911年才成立，並且對地方最低層級行政區可以處理小學事務感到極為不滿，而希望能擴大中央政府的職權（De Fort, 1996）。

　　眾所皆知的，第一次世界大戰及第二次世界大戰促進了政府進一步的成長，這兩次戰爭都使得國家機器必須扮演管制性的角色，或採取操作性干預的手段，即使傳統上認為應由自由企業提供，或認為應可免受法律的限制者（例如房屋建築、價格管制等等）亦然。甚至，戰爭促使公共行政及企業利益間的相互合作，即使此二者間的利益無論在範圍及強度上都大不相同，而此都成為21世紀公共行政體系不可磨滅的特徵。

　　無可否認地，一如前述造成大政府的原因，儘管並不是很明確，但吾人仍可假定公共行政的擴張其實是政治—行政體系之外社會壓力下的產物，無論這個壓力是預料中的或計畫外的偶然突發。此外，大政府的成長也與政黨大量興起有關。由於政客們十分關心政府的成長，因為可使其更具有權力、更得以瞻恩。於是，在這些諸種社會需求下，政府及公共行政的規模乃愈來愈大（Dunleavy and O'Leary, 1987: ch.3; Poggi, 1991: ch.7）。

　　如果從可以共享權威來源的觀點來看，從Benjamin Constant（早在群眾型政黨出現之前便提出〈政治家精神〉）的觀點到現在的公共選擇論之部分論點，也都普遍支持此種說法。因為政府擴大服務規模可以換取民眾選票。然而從現在的觀點來看，相對的問題是，文官是否與其政治主人同時在政府規模擴大的過程中獲利？事實上，行政人員除了從官僚體制中賺取薪資外，幾乎沒有人可以晉升成為領導者 [8]，也因此，他們從來都不

---

8 有關行政領導的概念，請見Chapman（1984）的研究。

會是追求自由放任的先驅者，在縮減行政組織規模的歷史潮流中，他們也從未扮演過重要角色。

1980年代初期，英國保守黨部分內閣人士在重要議場上逐漸提出縮減政府組織的呼籲，隨後其他歐洲國家政府也繼之降低有關公共福利的管理及提供，公共事業及服務開始民營化，公共行政開始扮演管制而非實際操作的角色。政府採取干預政策的必要性，及其在實務上所造成的影響，都大受質疑評論（例如Clarke and Newman, 1997），每一個單一事件都顛覆破壞了歐洲向來完整的行政傳統。這種格格不入的情況同樣顯現在行政行動的方法及標準上（Savoie, 1994），此謂之「新公共管理」（New Public Management）。新公共管理以私人企業模式更新了組織及公共行政的運作（Dunleavy and Hood, 1994）。

歷史的觀點也某種程度地降低了政府管制及管理的重要性。雖然在21世紀初期及第二次世界大戰之後，部分法規已改為直接干預，但在國家機器及相關的社會角色間，法規從未停止扮演決定性的角色，但也常招致無效率或耗費成本批評而遭揚棄（Rials, 1985）。

在最近的百年來，管理主義成為許多行政革新者的恆久目標，其以在公共部門中引進泰勒主義（Taylorism）之教育為始，例如義大利的*taylorismo della scrivania*（desk Taylorism）（Melis, 1988: 201-34）及法國的Henry Chardon都是極力推動的人（Kuisel, 1981; Pierrot, 1970; Rials, 1977）。但有部分因素使得此目標不易達成，例如最基本的是，公共行政與私人企業的同化，便遭致文化上的抵制抗拒，甚至在20世紀初始，政治／行政分立開始模糊混淆，並蔚為一種潮流，而此將在下一節中闡述。

中央、地方及其他平行機關

雖然傳統上將公共行政隱喻為一種機器，或形容為一個軍隊，但是實際上的公共行政並不是如此緊密結合的。一如前文所述，公共行政是歷史上許多權威當局、機構組織及辦公室等所組成，被賦予各種不同的權力及功能，並散布在國家的各個不同領域範圍中。在浩瀚的社會生活海中，公共行政不僅僅只是一個小島而已，其猶如擁抱眾多各種大小不等島嶼的群島，有些如汪洋中的小島，載浮載沉，讓行政歷史很難將之定位。

事實上，開始設計公共行政時，所考慮的並不複雜，儘管在19世紀結束前，大部分歐洲國家機器都已歷經統一（unification）及中央集權化（centralization）的過程。

其實法國在很久以前就已經統一化及中央集權化了，而義大利則是最近才完成；其

體制也有可能是一條鞭制或隸屬於中央聯邦政府，例如德國，但無論如何，公共行政都或多或少會集權化。但在19世紀即將結束時，歐洲部分國家其國家機器或國家行政早已凌駕其他部門。

德國的法治國主義特別有助於其長期對抗各邦的自主政策，及對「合理的」（rational）政府的熱烈請求。在英國，則其用詞就算不衝突矛盾，至少也大不相同。整體說來，歐洲國家中央政府整個19世紀都在努力不懈地盡量為行政體系建立秩序及謀求一致性，儘管其有時並不堅決果斷，以及常常功敗垂成（Bellamy, 1988）。甚至在當時，朝向大政府之路才剛起步，或在數十年後，亦尚未有行政功能分化的需要，但總而言之，公共行政仍為國家管理的基礎結構，甚至二者是合而為一的。

可以確定的是，在此一構造中，吾人可以留意到文化及功能上的差異及不一致，其中包括如針對某一政策之執行，各部會被要求要共赴事功，在同一領域中提供不同的功能。但這種差異及不一致並不會造成真正的衝突，相反地，反而是中央政府及地方行政機關間之關係屢有摩擦。從中央及地方間之關係可以明顯看出，在19世紀時國家行政體系間之系絡是分殊而緊張的。

從中央及地方之間的緊張關係根本看來，該世紀的前半世紀，地方政府尤其是自治都市階級，都已經有民選的機構。法國早在1789年大革命時代就已開始，但存在時間甚短，1795年時廢除，直至1831年才又重新恢復。普魯士是在1808年根據Baron vom Stein的政令採用民選自治。英國則是根據1835年所訂定的自治市政府法案（the Municipal Corporations Act in 1835）開始成立，共組成178個民選的自治市鎮議會，隨後並有擴增。義大利王國前身的皮德曼特王國（the Kingdom of Piedmont），則是在1848年開始施行民選的自治市議會。

結果是，地方行政機關主要只在回應其政治管理者。雖然每一個國家的地方議會之職能各不相同，但每一個民選機構普遍都可自行決定其政策議場、地方稅收及召募機關官員及職員。當然在這些議題的每一個相關選擇上，其都可能與中央政府所建議的、所需求的或所期望的相左，使得中央與地方之間呈現不穩定狀態。

事實上中央與地方之間本來就存在著弔詭的本質，一如吾人所曾見的，地方民選議會以及因之而成立的合法地方政府，都是國家所制定的合法的產物，有時甚至是國家接受、規劃或促使這種立法的成立，例如普魯士。換句話說，民選的地方政府本來就是國家機關所創造。每當這個時候，中央政府會克服所有限制、保留某些重要職位的任命權、賦予工作任務、訂定不同的財政政策，並且訂定不同的控制權威及流程。

當然，國家機器的監督控管或多或少會有所疏漏，舉例來說，英格蘭市政機關直至1933年才透過各區的審計員（而不是由地方人事任命），建立一個一致的外部預算審

計系統。但是，同樣的在英格蘭自治區，自治都市的經費使用是自行決定的（尤其是在1872年），而工作任務也是自行指派，例如在教育的部分，有1902年訂定的教育法案（the Education Act of 1902），於是從當時起，地方政府的教育預算至少占20%（Ashford, 1980; Bellamy, 1988; Dunleavy, 1984）。在拿破崙一世國家的傳統中，像法國及義大利，中央政府的干預及控制是一種常態（Agulhon, 1986; Aimo, 1992），例如法國自治區行政首長雖然於1882年民選，但1884年起由中央政府任命；義大利自治區行政首長於1888年民選、1896年由中央政府任命[9]。

　　為何19世紀國家會致力於發展自治政府？其有何需要？普遍看來原因有數端，其中有二個是關於憲法史及政治史的，例如：地方制度不曾因國家主權的主張而完全根除，其或許有新型態，但從不會消失。此外，19世紀的統治階級對於任何有關自由的概念極為敏感熱衷，並認為地方自治體是最令人稱道的。

　　從這個行政歷史的觀點看來，民選的地方權威機關之所以成立，係因為經驗上由中央管制的公共行政不盡然得當，而且不一定有能力執行所有的公共政策。而地方政府本身既可以動員地方菁英，並且渠等以榮譽的身分參與行政行動至少能帶來二項好處：首先，地方菁英的加入可以強化地方社群的接受度，並以合作的態度支持公共政策；其次，可以獲致熟練的公共行政技能，包括從一般的知識能力到當時極為欠缺的、複雜的專業知識。而此隱含著中央及地方行政機關之間的制度性相關，雖然此二者是各不相同的，有時還會相互衝突矛盾，但最終都是確保一個治理制度的二個重要元素，而對為數有限的公共政策負責。

　　在那個制度中，國家機器無論如何總是扮演支配性的角色，直到新世紀到來才有所動搖，歐洲國家的所有城市開始試行新政策及行政建議（Hietala, 1987）。在英國愛德華時代，地方自治型企業成為「大企業」（big business），費邊社（the Fabian Society）的行動如火如荼，並且成功地宣揚了由市鎮自行決定社會事務的理念（Falkus, 1977; MacBriar, 1966: ch. 8）。在義大利，社會主義者及基本教義派藉由1903年制定的法律，為當時像羅馬、米蘭這樣重要的城市中如雨後春筍般出現的地方自治型企業提供合法的基礎。德國建國初期，各都市的市長們應用地方自治化的原則，並比其他國家啟動更大量的地方自治工程（Hofmann, 1974; Rugge, 1989）。甚至在法國最小的地方行政區（communes），雖然受到國家機器嚴密的控制，仍然採行此類重要新任務，尤其是在供水及排水系統上（Cohen, 1998; Rugge, 1992）。

---

9 同樣從歷史觀點出發，但提出不同的中央—地方關係模式的討論，請見Page（1991）。

　　總而言之，自治型的政府逐漸成為行政創新及「公民文藝復興」（civic renaissance）的發源地。然而此一公民文藝復興在內戰期間嘎然而止，戰爭使得國家機器重新站上最重要的地位。此外，德國及義大利此二國的地方自治激進行動主義，藉由權威性的法規而將地方行政與中央政府的關聯性，次及地方行政成為中央政府一部分的情況降到最低。

　　直到第二次世界大戰結束之前，地方政府的發展再度興起，然而最有關的變遷並不是影響城市政府，而是行政的中間層級，亦即由國家機器管轄的附屬單位，諸如首都以外的各地區、各部會等等類似平行機關。特別是在1960年代及1970年代，地區化成為國家政治爭論的重要議題（只有德國聯邦組織因其傳統而有部分的例外）（Meny, 1982）。

　　這種地區化意識的高漲對於在實務上所形成的結果是各不相同的。在義大利，立法及行政工作訴諸地方的改革雖然受到各部會官僚體制的抗拒，但仍然在1970年代時取得先機（ISAP, 1984; Leonardi et al., 1987; Levy, 1996）。法國則是在1972年制定有關地區化的法律，但遲至1982年才開始真正落實分權化（Hayward, 1973; Loughlin and Mazey, 1995）。英國的地區化運動則是在1960年代早期開始，但經過大約15年後進入冬眠期，而沒有產生顯著或持續的影響，例如其地方經濟規劃委員會於1964年成立，但於1979年廢止。

　　然而造成當代公共行政內部分化及複雜化的，並不僅僅是新的地方權威機關興起的結果，事實上，當國家機器獲得了新的社會、經濟權力，於是開始成立公共委員會或公共機構，這些委員會及機構既不是中央政府部門，也不是地方機關，於是一種新的公共行政組織型態因而興起。這種公共行政平行機關的首次出現，並不是與朝向大政府之路相一致的，而是兩次大戰期間的產物。在第一次世界大戰期間，國家干預到達巔峰，使得部會或部門的行政不全然由其所面臨的衝突及挑戰所決定，在當時的情境下，組織更需要彈性，更需要商議談判的能力，有時還需要整合外部的利害關係人（尤其是需要整合利益），任務單一而不複雜。

　　隨著立法、公共基金的支持，以及特殊情況的需要，包括社會保險、健康照護、教育、資訊、高速公路，以及公用事業的管制監督等之全國性規模權威機關、單位及委員會的數量也逐漸增多（Rugge, 2000）。這些平行的行政單位之人事雖然大部分係由中央政府任命，但卻皆非隸屬國家或政府機關，在行動上具有獨立性。由於其特殊地位，在法國及義大利有其合法的名稱，叫 entitiés paraétatiques或enti parastatali，其後英文稱之「邊陲機構」（fringe bodies）或半官方機構（quangos）（準非政府組織）（Parliamentary Affairs, 1995）。在歐洲大陸，為了與原始初衷及目的相一致，將之視為公共行政系統的一部分，但其卻又完全是根據民法而運作的（也就是將之視為私人），使得這些機構存在於公共及私人之間的灰色地帶。

在內戰期間及很快地在第二次世界大戰之後，這些機構的成長是持續不斷且令人印象深刻的[10]，尤其是在經濟的領域，由於公共及私人間的相互滲透，於是產生了國營企業，主要是為了穩定經濟、保護國家的敏感利益、支持整體的發展，以及扶持政府政策等。

成立平行的行政機關有各種不同的原因，一如前述的義大利法西斯主義，由於其對效率的要求及對恩寵的需要，因而在此扮演重要角色。但是，達成效率要求的原因以及恩寵的方法又各不相同，所以為了至少確保自治機構的直接政治控制降到最低，於是成立所謂的「獨立行政機關」（Independent Administrative Authorities），其與公開民選的及中央與地方行政機關政治控制的，大不相同，而終至在歐洲大行其道。

本節所要提及的是，歐洲行政體系的意象已歷經深刻的轉變：從19世紀末、20世紀初的中央集權，到近來較不僵化、較人性化的型態（Dupuy and Thoenig, 1985）。

在權威及自由之間

19世紀的憲政主義以某種同樣與公共行政有關的方式，重新界定公共權威及個人自由之間的關係。根據憲政主義之教義，國會必須根據人民的意志制定法律，而公共行政便是執行國會法律的機器，是以公共行政必須依法行政。

理論上，此種安排將使每個公民與行政之間的衝突減到最低，因為行政必須根據全民所同意之民意代表所制定的法律行事，結果是行政必須符合國會的體制而展現出「國王行政」時前所未見之合法命令的順服。但事實上，在此憲法系絡中，衝突仍然油然而生，尤其是公民認為行政決定是不公平的，或甚至違背了其權利及利益的時候。

一旦發生了上述此種情況，在公民起而捍衛其利益之前，通常會採取二種方式：一方面，公民會向行政表達變更決定的請求（所謂仁慈的方式the so-called gracious way）；另一方面公民可能訴諸司法權威來捍衛其衝突中的利益及分配正義。

根據權威的此種不同的本質，於是在歐洲形成二種截然不同的傳統，分別可以英國與法國為代表（Cassese, 2000）。在英國模式的國家，行政人員是根據他們自認對公民公平的方式行事，並且在法律之前，他們都是同受信賴的。而在法國體系中，則對公共行政的特殊性充滿敏感度，認為公共行政代表國家機器及一般共通利益的一部分，所以無

---

10 請見Mortara（1972）文獻中有關義大利的圖示。

論公共權威是否與私人利益相牴觸，每一個個案都必須特別的考量[11]。例如：在1800年拿破崙時代，法國成立（實際上是重新設立）一個特別的行政機關來處理行政訴訟事務，地方層級中亦有，然而此一機關並沒有自主的決定權，其只是對行政首長（亦即法國總統）提供諮詢建議，行政首長擔負確保國家官僚制度公平運作的最大責任（Wright, 1972a）。

由於其禁止行政機關做決定時帶有司法的觀點，故此種解決方法與權力分立原理是相通的。但其仍是在政治偏見中產生：司法是一個保守的機構，但也可能藉由審查的權力而將其利益隱藏在行政機關所執行的革命性政策之中。

司法系統的保守設計機制，在英國與法國之外的其他國家同樣可見，例如義大利於1865年通過改革，當家父式威權（patrimonial）統治權在遭遇挑戰的緊急時刻，普通法院對於行政機關與公民之間的衝突享有完整管轄權。至於利益或是法律規範事項，則是1931年依據法國系統所重建的國家行政法院（the Consiglio di Stato, Council of State，按：義大利行政法系統包括區域行政法院與Council of State）。

義大利的司法系統，可說是早就開花結果的歐陸（行政）法系的後期成果。但國家活動的擴張，讓公民與政府之間有更多的衝突，而此對歐陸法系的運作產生一定的壓力。在此同時，政府的成長讓政府的公僕數量逐漸增加，但對於前述政府與人民爭議事項，公務員因不是公民而不具有當事人權利，不能向普通法院對服務機關興訟而防衛本身權利。簡言之，有必要成立既不隸屬行政部門，也不是普通法院系統的行政法院，藉以對抗既是上司又是裁判的行政機關。

從1872年開始，改革浪潮首先於法國湧現，法國的Conseil d'Etat獲得法律授權，對於公務員與政府間的爭議事項可作出最後判決，此意謂獲得不受行政部門拘束的自主權（Wright, 1972b）。接著在1875年普魯士立法設立高等行政法院（Oberverwaltungsgericht）（Superior Administrative Court），由專職人員享有等同於普通法院的地位與保護（Rufner, 1984）。數年之後（1889年），義大利國家行政法院（the Consiglio di Stato）進行改革，被授予等同於普通法院的功能與程序，而且受理事項不限於權利受損，也受理人民控訴行政機關非法行為對利益所造成之損害（所謂的interesse legittimo）（Aimo, 2000）。

至於英國，其發展則截然不同。在歐陸，作為公法的特別部門，行政法（Burdeau, 1995; Heyen, 1982; Mannori and Sordi, 2001; Stolleis, 1992/1999）被設計以處理人民與政府間的特別關係，透過行政法院依循一套穩定可靠的法律原則，藉以在權威與自由之間尋求平

11 有關法國此種分歧的觀點，尤其是拿破崙時期的行政模式，請見Wunder（1995）。

衡，也就是設法兼顧國家行政的優先性與個人的不可侵犯權利。

在英國，以上的發展則全然未見。英國的著名學者Albert Venn Dicey於1884年曾經表示：英國憲法將公務員與公民置於同等地位，完全不需要歐陸那樣的行政法系統，所有的行政爭訟都可用普通法、普通法院去解決。然而，實際發展與往後數十年的轉變，都與Dicey的憲政理想不符，因為英國公共行政的任務同樣劇烈變動與成長，而且擴及衛生、教育、都市規劃發展、建築等領域。每當新的政策被立法付諸實行，相應的評議會或仲裁法庭（tribunal）也隨即成立。不過，這裡的法庭與歐陸意義的行政法庭不同，其程序不是司法性的，而是由兼職但受到行政機關信任的專業技術人員所組成（lay members）。這樣的仲裁法庭可追溯到1894年的倫敦建築法以及1911年的國家保險法。簡言之，雖然原則上所有爭訟事件都劃歸普通法院管轄，但到了20世紀，許多政府與人民間的爭訟漸漸由行政性仲裁法院處理。

英式系統具有方便且專業的優點，尤其是當福利國出現而產生攸關個人自由與社會公益的新政，普通法院不再適合作為唯一的管轄權法院[12]。普通法的管轄權，是源於共同法（common law）的傳統，對於私有財與契約自由的詮釋是沒有變通的（inflexible rights），但20世紀開始的政治與社會環境，卻期盼「有條件」（qualified rights）的私有財與個人自由，亦即除非能夠與整體社會的共同利益相容才會被保護。

另一方面，行政仲裁法庭程序無法為個人權利提供足夠的保護，例如法律限制對於仲裁決定不服者，很難再向普通法院提出上訴（Arthurs, 1985）。1929年曾任最高法院法官的Hewart爵士曾經在其著名的《新專制主義》（*The New Despotism*）一書明指其為「行政的無法律狀態」（administrative lawlessness）（Hewart, 1929）。這種趨勢日後獲得改善，特別是在1957年的法蘭克斯委員會報告（the Franks Committee's report of 1957）之後，在程序以及成員組成上，包括上訴權、選任適合的成員與主席等，都有新的制度，使其與普通法院看齊。

仔細來看，歐陸法系與英國法系都有相近之處（convergence），即保護公民權利不受政府的侵害，但也不會讓行政部門受制於保守的法院而無法執行公務，其方法就是創設像是普通法院，但又不全然相同的公民權利防護機制（a panoply of bodies）。甚至最近所發展出來的獨立的行政執行機構（Independent Administrative Authorities，按：像是獨立行政法人），不管是負責管制工作或是準司法功能，都可視為前述公民權利防護機制的延伸（Amato, 1998; Colliard and Timsit, 1988）。因此，歐洲當代政治的最值得注意的，就是「權

12　此觀點首見於Robson（1928）。

威」（authority）這個名詞背後的含意，指的是既非法院、也不是能夠回應民眾需求的政府，而是指仲裁機制（arbitrating agency）。

參考文獻

Agulhon, Maurice (ed.) (1986) *Les Maires en France du Consulat à nos jours*. Paris: Publications de la Sorbonne.

Aimo, Piero (1992) 'La "sciarpa tricolore": sindaci emaires nell'Europa dell'OttocentO' , in Jahrbuch *füreuropäische Verwaltungsgeschichte*, 293–324.

Aimo, Piero (2000) *La giustizia nell'amministrazione dall'Ottocento ad oggi*. Bari/Rome: Laterza.

Alber, Jens (1982) *Vom Armenhaus zum Wohlfahrtsstaat. Analysen zur Entwicklung der Sozialversicherung in Westeuropa*. Frankfurt a.M.: Campus Verlag.

Amato, Giuliano (1998) 'Le autorità indipendenti', in L. Violante (ed.), *Storia d'Italia. Annali* 14: Legge, diritto, giustizia. Turin: Einaudi.

Antoine, Michel (ed.) (1975) *Origines et histoire des cabinets des ministres en France*. Geneva: Droz.

Arthurs, Harry William (1985) *Without the Law: Administrative Justice and Legal Pluralism in the 19th Century*. Toronto/Buffalo, NY: University of Toronto Press.

Ashford, Douglas E. (1980) 'A Victorian Drama: The Fiscal Subordination of British Local Government', in Douglas E. Ashford, (ed.), *Financing Urban Government in the Welfare State*. London: Croom Helm.

Ashford, Douglas E. (1986) *The Emergence of Welfare States*. Oxford: Blackwell.

Bellamy, Christine (1988) *Administering Central–Local Relations 1871–1919*. The Local Government Board in Its Fiscal and Cultural Context. Manchester: Manchester University Press.

Bertho-Lavenir, Catherine (1991) *L'Etat et les telecommunications en France et à l'étranger 1837–1987* Geneva: Droz.

Brückner, Jutta (1977) *Staatswisseschaften, Kameralismus und Naturrecht. Ein Beitrag zur Geschichte der politischen Wissenschaft in Deutschland des späten 17. und frühen 18. Jahrhunderts*. Munich: Beck.

Burdeau, François, (1995) *Histoire du droit administrative (de la Révolution au début des années 1970)*. Paris: Presses Universitaires de France.

Burk, Kathleen (1982) *War and the State: The Transformation of British Government, 1914–1919*. London: Allen and Unwin.

Caplan, Jane (1988) *Government Without Administration: State and Civil Service in Weimar and Nazi Germany*. Oxford: Oxford University Press.

Cassese, Sabino (1977) *Questione amministrativa equestione meridionale: Dimensioni e reclutamento della burocrazia dall'Unita ad oggi*. Milan: Giuffre.

Cassese, Sabino (2000) La Construction du droit administratif: France et RoyaumE-Uni. Paris: Montchrestien. Cassese, Sabino and Pellew, Jil (eds) (1987) *Le Systeme du merite*. Brussels: Institut International des Sciences Administratives.

Chapman, Richard A. (1984) *Leadership in the British Civil Service: A Study of Sir Percival Waterfield and the Creation of the Civil Service Selection Board*. London: Croom Helm.

Clarke, John and Newman, Janet (1997) *The Managerial State*. London/New Delhi: Sage.

Cohen, William B. (1998) *Urban Government and the Rise of French City: Five Municipalities in the Nineteenth Century*. New York: St Martin's Press.

Colliard, ClaudE-Albert and Timsit, Gerard (eds) (1988) *Les Autorites administratives independantes*. Paris: Presses Universitaires de France.

De Fort, Ester (1996) *La scuola elementare dall'Unita alla caduta del fascismo*. Bologna: Il Mulino.

Dorwart, Reinhold August (1971) *The Prussian Welfare State before 1970*. Cambridge, MA: Harvard University Press.

Dreyfus, Francoise (2000) *L'Invention de la bureaucratie: Servir l'etat en France, en Grande-Bretagne et aux Etats-Unis (XVIIIe–XXe siecles)*. Paris: La Decouverte.

Dunleavy, Patrick (1984) 'The Limits to Local Government', in Martin Boddy and Colin Fudge (eds), *Local Socialism? Labour Councils and New Left Alternatives*. London: Macmillan.

Dunleavy, Patrick and Hood, Christopher (1994) 'From Old Public Administration to New Public Management', *Public Money and Management*, 3: 9–16.

Dunleavy, Patrick and O' Leary, Brendan (1987) *Theories of the State: The Politics of Liberal Democracy*. London: Macmillan.

Dupuy, Francois and Thoenig, Jean-Claude (1985) *L'Administration en miettes*. Paris: Fayard.

Ellwein, Thomas (1965) *Das Regierungssystem Der Bundesrepublik Deutschlands*, 2nd edn. Cologne/Opladen: Westdeutscher Verlag.

Falkus, Malcom (1977) 'The Development of Municipal Trading in the Nineteenth Century', *Business History,* 134–61.

Harling, Philip (1996) *The Waning of 'Old Corruption': The Politics of Economical Reform in Britain 1779–1846*. Oxford: Clarendon Press.

Hattenhauer, Hans (1980) *Geschichte des Beamtentums*. Berlin: Heymann.

Hayward, Jack (1973) *The One and Indivisible French Republic*. New York: Norton.

Heady, Ferrel (2001) *Public Administration: A Comparative Perspective*. New York/Basel: Dekker.

Hewart of Bury, Lord Gordon (1929) *The New Despotism*. New York: Cosmopolitan Book Corporation.

Heyen, Erk Volkmar (ed.) (1982) *Geschichte des Verwaltungsrechtswissenschaft in Europa*. Frankfurt a.M.: Klostermann.

Hietala, Marjatt (1987) *Services and Urbanisation at the Turn of the Century: The Diffusion of Innovation*. Helsinki: SHs.

Hofmann, Wolfgang (1974) *Zwischen Rathaus und Reichskanzlei: Die Oberburgermeister in der Kommunal- und Staatspolitik des Deutschen Reiches von 1890 bis 1933*. Stuttgart/Berlin: Kohlhammer.

ISAP (Istituto per la Scienza dell'Amministrazione pubblica) (1984) *La regionalizzazione*. Milan: Giuffre.

Jakoby, Henry (1973) *The Bureaucratization of the World*. Berkeley/Los Angeles: University of California Press.

Kuisel, Richard F. (1981) *Capitalism and the State in Modern France: Renovation and Economic Management in the Twentieth Century*. Cambridge: Cambridge University Press.

Le Clere, Bernard and Wright, Vincent (1973) *Les Prefets du Second Empire*. Paris: A. Colin.

Legendre, Pierre (1968) *Histoire de l'administration de 1750 a nos jours*. Paris: Presses Universitaires de France.

Lelievre, Claude (1990) *Histoire des institutions scolaires, 1789–1989*, Paris: Nathan.

Leonardi, Robert, Nannetti, Raffaella and Putnam, Robert P. (1987) 'Italy: Territorial Politics in the Post-War Years. The Case of Regional Reform', *West European Politics*, 10 (4): 88–107.

Levy, Carl (ed.) (1996) *Italian Regionalism: History, Identity, and Politics*. Oxford: Berg.

Loughlin, John and Mazey, Sonia (eds) (1995) *The End of the French Unitary State? Ten Years of Regionalisation in France (1982–1992)*. London: Frank Cass.

MacBriar, Alan Marn (1966) *Fabian Socialism and British Politics, 1884–1918*. Cambridge: Cambridge University Press.

Mann, Michael (1993) *The Sources of Social Power. 2: The Rise of Classes and Nation-States, 1760–1914*. Cambridge: Cambridge University Press.

Mannori, Luca and Sordi, Bernardo (2001) *Storia del diritto amministrativo*. Bari/Rome: Laterza.

Maravall, Jose Antonio (1972) *Estado moderno y mentalidad social (siglos XI a XVII)*. Madrid: Revista de Occidente.

Mayer, Otto (1924) *Deutsches Verwaltungsrecht (1895)*. Leipzig: Duncker und Humblot.

Mayntz, Renate (1982) *Soziologie der offentlichen Verwaltung*, 2nd edn. Heidelberg: Muller Juristischer Verlag.

Melis, Guido (1988) *Due modelli di amministrazione tra liberalismo e fascismo: Burocrazie tradizionali enuovi apparati*. Rome: Ministero per i beni culturali eambientali.

Melis, Guido (1996) *Storia dell'amministrazione italiana, 1861–1993*. Bologna: Il Mulino.

Meny, Yves (1982) *Dix ans de regionalisation en Europe. Bilan et perspective, 1970–1980: Belgique–Espagne–France–Grande Bretagne–Italie*. Paris: Cujas.

Mommsen, Hans (1966) *Beamtentum in Dritten Reich*. Stuttgart: Deutsche Verlags-Anstalt.

Mortara, Alberto (ed.) (1972) *Gli enti pubblici italiani: Anagrafe, legislazione e giurisprudenza dal 1861 al 1970*. Milan: Angeli-Ciriec.

Page, Edward C. (1991) *Localism and Centralism in Europe: The Political and Legal Bases of Local Self-Government*. Oxford: Oxford University Press.

Parliamentary Affairs (1995) *The Quango Debate*.

Parris, Henry (1969) *Constitutional Bureaucracy*. London: Allen and Unwin.

Peters, B. Guy (1988) *Comparing Public Bureaucracies: Problems of Theory and Method*. Tuscaloosa, AL: University of Alabama Press.

Peters, B. Guy (1995) *The Politics of Bureaucracy*. New York: Longman.

Pierrot, Roger (1970) 'Un reformateur de l'administration au service de la liberte: Henri Chardon', *Revue du Droit Public et de Science Politique en France et a l'etranger*, No. 4: 925–60.

Poggi, Gianfranco (1991) *The State: Its Nature, Development, and Prospects*. Stanford, CA: Stanford University Press.

Prost, Antoine (1968) *Histoire de l'enseignement en France, 1800–1967*. Paris: Colin.

Raadschelders, Jos C.N. (1998) *Handbook of Administrative History*. New Brunswick, NJ: Transaction Publishers.

Raadschelders, Jos C.N. and Van der Meer, Frits (eds) (1998) *Administering the Summit*. Brussels: International Institute of Administrative Sciences.

Raadschelders, Jos C.N and Rutgers, Mark Roland (1996) 'A History of Civil Service Systems', in A.J.G. M. Bekke, J.I. Perry and Th. A.J. Toonen (eds), *Civil Service Systems in Comparative Perspective*. Bloomington, IN: Indiana University Press.

Rials, Stephane (1977) *Administration et organization 1910–1930: De l'organisation de la bataille a la bataille de l'organisation dans l'administration francaise*. Paris: Beauchesne.

Rials, Stephane (1985) 'Le controle de l'etat sur les chemins de fer (des origines a 1914)', in M. Brugiere (ed.), *Administration et controle de l'economie 1800–1914*. Geneva: Droz.

Robson, William Alexander (1928) *Justice and Administrative Law: A Study of the British Constitution*. London: MacMillan.

Rokkan, Stein (1970) *Citizens, Elections, Parties: Approaches to the Comparative Study of the Processes of Development*. Oslo: Universitetsvorlaget.

Rosanvallon, Pierre (1990) *L'Etat en France de 1789 a nos jours*. Paris: Le Seuil.

Rosenberg, Hans (1958) *Bureaucracy, Aristocracy and Autocracy. The Prussian Experience, 1660–1815*. Cambridge, MA: Harvard University Press.

Rufner, Wolfgang (1984) 'Die Entwicklung der Verwaltungsgerichsbarkeit', in K. Jeserich, H. Pohl and G.-Ch. Von Unruh (eds), *Deutsche Verwaltungsgeschichte*.3: Das Deutsche Reich bis zum Ende der Monarchie. Stuttgart: Deutsche Verlags-Anstalt.

Rugge, Fabio (1989) *Il governo delle citta prussiane tra '800 e '900*. Milan: Giuffre.

Rugge, Fabio (ed.) (1992) *I regimi della citta. Il governo municipale in Europa tra '800 e '900*, Milan: Angeli.

Rugge, Fabio (1998) 'Administering the Summit: The Italian Case', in Jos C.N. Raadschelders and Frits Van der Meer (eds), *Administering the Summit*: Brussels: International Institute of Administrative Sciences.

Rugge, Fabio (ed.) (2000) *Administration and Crisis Management: The Case of Wartime*. Brussels: International Institute of Administrative Sciences.

Salvati, Mariuccia (1992) *Il regime e gli impiegati. La nazionalizzazione piccolo-borghese nel ventennio fascista*. Turin: Bollati Boringhieri.

Sartori, Giovanni (1970) 'Concept Misformation in Comparative Politics' *American Political Science Review,* 1033–53.

Savoie, Peter J. (1994) *Thatcher, Reagan, Mulroney: In Search of a New Bureaucracy*. Pittsburgh: University of Pittsburgh Press.

Stolleis, Michael (1992/1999) *Geschichte des offentlichen Rechts in Deutschland*, vols 1 and 2. Munich: Beck.

Thomas, Rosamund M. (1978) *The British Philosophy of Administration: A Comparison of British and American Ideas, 1900–1939*. London/New York: Longman.

Thuillier, Guy (1982) *Les Cabinets ministeriels*. Paris: Presses Universitaires de France.

Thuillier, Guy and Tulard, Jean (1994) *Histoire de l'administration francaise*. Paris: Presses Universitaires de France.

Tocqueville, Alexis de (1964) *L'Ancien Regime et la Revolution* (1856). Paris: Gallimard.

Tournerie, Jean Andre (1971) *Le Ministere du Travail (origines et premiers developpements)*. Paris: Cujas.

Wilson, Woodrow (1887) 'The Study of Administration', Political Science Quarterly, 2 (June). (Reprinted 1941 in *Political Science Quarterly,* 61 (December): 481–506.)

Wright, Vincent (1972a) *Le Conseil d'Etat sous le Second Empire*. Paris: A. Colin.

Wright, Vincent (1972b) 'La Reorganisation du Conseil d'Etat en 1872', *Etudes et documents du Conseil d'Etat*, No. 25.

Wunder, Bernd (1986) *Geschichte der Burokratie in Deutschland*. Frankfurt a.M.: Suhrkamp.

Wunder, Bernd (ed.) (1995) *The Influences of the Napoleonic 'Model' of Administration on the Administrative Organization of Other Countries*. Brussels: International Institute of Administrative

第十章　政策執行觀點：現況與反思

Søren C. Winter
陳恆鈞 / 譯

PART 5

　　雖然政策執行研究將近有30年之久，該領域已從多種研究觀點代表不同研究策略、評估標準、概念、特定主題以及方法論。本章有二項研究目的：首先，將緊扣該領域之發展脈絡，以嚴謹角度回顧過去相關重要文獻。過去評論者大致將政策執行研究分為三代（Goggin, 1986）：第一代屬於探索性的個案研究（exploration case studies）；第二代則為「由上而下」（top-down）、「由下而上」（bottom-up）的研究策略以及整合性模型（synthesis model）；第三代則是運用比較及統計為基礎的研究設計，以系統化的驗證為主。上述三代的政策執行研究最大優點在於，研究者本身可分屬任何一個領域，而有不同類別的研究性質，因此該研究依然十分活躍，有更年輕化的趨勢。

　　其次，本章以批判角度，檢視政策執行研究領域的發展及現況，提出幾項改進：（1）接受理論多元化，而非尋求具有共同一致性的理論架構；（2）積極發展及驗證理論及假設，並非試圖追求不切實際理念，建構一般政策執行理論的理想；（3）追求概念上的澄清及說明；（4）政策執行研究應強調產出（亦即政策執行績效）（output）作為依變數；（5）強調政策執行結果（outcome）之研究；以及（6）運用比較性及統計性的研究設計，而不是以單一個案研究，提出不同政策執行變數的影響。

政策執行研究的先驅者

　　政策執行的先驅者，首推學者Pressman和Wildavsky（1973），兩位學者為後來的政策執行研究樹立深厚的基礎。多數政策執行研究強調政策執行所面臨的問題、困難與失靈。然而，對於政策執行研究表現如此悲觀的觀點，也反映該項發展工作下的副標題，我們可以如此定義：「華盛頓偉大的政策執行經驗為何在奧克蘭市（Oakland）會遭受挫折？」；或者是「為何聯邦計畫運作如此好？真令人驚訝！」。

　　上述個案屬於美國聯邦經濟發展計畫之一，而負責地方政府政策執行的個案，旨在

降低奧克蘭市地區特定少數族群的失業議題，Pressman和Wildavsky特別注意政府間的複雜聯合行動問題，即是政策執行的主要問題。如同其他案例，個案中的每個角色如聯邦、區域、州、地方政府成員及司法人員、利益團體、私人企業與媒體等，在政策執行過程中皆扮演重要角色。而原本極易推動的政策，卻在執行過程中被上述成員、其他決策點以及否決點放大渲染影響。即使過度強調「缺乏衝突性」，Pressman和Wildavsky仍能以說服方式呈現成員的差異觀點、不同政策優先順序以及任務，尤其在重複性較高以及連續型的決策中，均可能導致政策決策過程延宕、扭曲或政策失靈。

　　然而，兩位作者所提及之政策失靈，除了受到較差的政策執行影響外，也受到不適當的政策工具影響。在奧克蘭市所面臨的問題中，有許多是可以避免的，例如：如果決策者在事後使用更直接的經濟政策工具，結合政府公共支出與僱用少數工人共同處理，並非倚賴事前與政黨及權威當局協商。

　　Pressman和Wildavsky（1973）兩位學者可謂為第一代政策執行研究之代表，運用探索性及歸納性的個案研究為主軸，建構政策執行理論為目標。然而，我們發現在個案研究中，鮮少理論提出變數列為分析對象，例如：行動者、決策點數量多寡，以及因果理論的效度等。

　　此外，Eugene Bardach在《執行賽局》（*Implementation Games*）一書中，強調政策執行的衝突面向。儘管強調與其他政策成員的互動與關係，但是由政策採納階段觀之，政策執行實為政治賽局的延續。Bardach分析不同的行動者在不同賽局中，如何追求個別利益。然而，這些賽局試圖扭曲立法目標以改變政策執行過程。在眾多第一代政策執行研究學者當中，我們發現學者Erwin Hargrove（1975）、Walter Williams和Richard Elmore（1976）稱政策執行研究為所有政策過程的「失落連結」（the missing link）。

第二代模型建立者：由上而下、由下而上及整合性模型

　　第二代執行研究係肇始於1980年代早期。當第一代執行研究處於探索性研究及理論建構階段時，第二代研究已大膽藉由建構理論模型及研究架構分析，朝向理論發展，引領實證研究分析，而部分的研究對政策執行轉趨抱持樂觀態度。

　　在建構模型及研究策略時，卻面臨另一項問題，亦即政策執行採行「由上而下」以及「由下而上」的不同思維模式。採行「由上而下」模型研究者，以特定的政治決策為核心，通常以法律形式。政策執行若違反官方目標的立場，會透過系統貫徹政策執行目標。一般皆假定高層決策者具有完全的控制能力，在決策過程中針對如何執行決策提出

建議，達到政策合法性目標，並減少決策否決點數量。

　　研究「由上而下」模型架構最著名的學者是Mazmanian和Sabatier（1981），二位學者共提出17項關於政策團體所關切的變數，並將其分為三大類，分別為立法是否能夠妥善處理所面臨的問題，社會與政治脈絡下，以及經由立法建構政策執行過程的能力，這些結構可能經由科層組織，政府任命的幕僚及行政人員，對於立法過程及計畫內容均持正面的態度，及以誘因動機相互競爭。Mazmanian和Sabatier經過10至15年的觀察，發現透過政策倡議，建構較佳的政策執行架構，而一些突發性問題也隨著時間逐漸減少（Krist and Jung, 1982）。如此樂觀的執行觀點與Pressman和Wildavsky（1973）的悲觀觀點則是顯然不同。

　　Mazmanian和Sabatier的分析架構遭遇兩種不同的批判思維：首先，由於該項觀點過度強調政策擁護者的執行能力，顯然該模型過於天真且不切實際，忽略了政策反對者容易介入政策執行的能力（Moe, 1989）。一般而言，政策對手通常難以了解政策目標，因而會發揮長期性的政策影響能力，俾能避免政策擁護者達成特定政策意圖。同時該政策模型容易忽略政策規劃（policy formulation）與政策設計（policy design）過程中的政治性因素（Winter, 1986b; May, Chapter 17）。

　　此外，另一項批判來自於「由下而上」政策模型的研究者，強調基層執行者的利益，這些人員大多是面對民眾或私人企業的基層公務人員。此觀點認為必須重視基層幕僚及公務人員所執行的特定政策，諸如社會服務、納稅人及與一般民眾和私人企業相關之法律制定者。「由下而上」模型認為，基層公務人員則是最主要的決策者，因此政客或行政管理者，都必須要重視基層公務人員行為的約制。

　　如同「由上而下」模型研究者及政策評估學者，「由下而上」的模型學者也以經由立法的官方目標作為政策評估標準（Lipsky, 1980; Winter, 1986a）。Michael Lipsky（1980）在基層官僚（street-level bureaucracy）研究中，發展出一套理論，強調每位基層公務員的裁量決策（discretion decision）的重要性。Lipsky所稱的基層官僚係指執行日常公務時，面對民眾的第一線人員。在傳遞服務或實施強制管制時，對扮演政策裁量角色而言，執行政策時顯得格外重要。事實上，學者Lipsky（1980）認為，基層官僚才是真正的政策執行者，此一觀點提供政策執行研究一個逆向思考邏輯。然而，諷刺的是，雖然Lipsky強調基層官僚在政策執行過程中的重要性，但相同的工作條件則容易導致基層人員有類似的行為模式，不論他們的職業是老師、警察、護士、醫生或社工，在處理不同工作類型時，也會出現相同的行為。

　　儘管基層人員極力想把事情做好，但是在法規命令、管理者、一般民眾需求以及沈重工作量之間仍有落差。此種情況下，基層人員則會應用所謂的「處理機制」（coping mechanism），此一系統化的行為模式極容易扭曲立法者最初的旨意。最明顯者，莫過於基層人員會在辦公室內分配工作勞務。基層公務人員在工作內容當中，會安排工作的優先順序；面對民眾要求時則會提高簡單事務的工作量，同時向他人施加壓力以維持個人利益與決策，而犧牲工作量較複雜以及非既定計畫內的工作項目，也不會為了特定決策而施加任何壓力，例如：在社會服務工作中，緊急的個案及經費支出，遠比復健性及預防性工作來的重要。

對於一般民眾或顧客而言，基層官僚會使用較簡單、粗略的標準分類方式進行判斷，通常以經驗法（rules-of-thumb）居多，由於經驗法則的行為較易處理，甚至會忽略行政命令所賦予的個人裁量權限。為了順利完成工作，基層人員會較偏好具有相對多數資源或地位較高的顧客，同時關切其處裡情形，過程中因而減少與相對較弱勢顧客之間的互動行為。此外，基層人員會試圖藉由掌控顧客，使得事情處理能更加容易，至於較困難的工作則會轉由其他單位負責。隨著時間演進，基層人員對顧客的行為模式及意圖遭受質疑，並修正政策目標，以作為基層人員的工作基礎。

另有「由下而上」的政策模型研究者，反對將政策命令（policy mandate）的目標做為政策執行評估標準，另外提出特定政策問題供討論，例如青年失業問題（Elmore, 1982），或是小型企業的成長條件等問題（Hull和Hjern, 1987）。在上述研究個案中，由研究者自行定義問題及評估標準。以個人觀點分析，倘若政策問題的定義及評估標準能夠明確化，個人則傾向接受該研究成果；關於研究問題部分，若能說服其他人關於問題定義的適切性，該研究內容將會更加豐富。

Hull和Hjern則進一步研究「由下而上」途徑，加強對政策成員的定義，尤其是定義政策成員目前所討論的重要問題及網絡關係，因此公私部門成員的網絡分析就顯得格外重要，包括：不論該政策最終意圖為何？不同政策脈絡如何影響相同的政策問題皆是分析重心，例如：以青年失業率為例，該問題即受到中小學、教育與職業訓練機構、社會福利制度、就業服務、失業給付基金及雇主所影響（例如：透過固定薪資比例）。

Hull和Hjern強調地方性網絡的角色及重要性。由於會影響政策執行過程所面臨的問題，二位學者結合滾雪球及社會計量方法，界定網絡的方式，其方式是由直接接觸特定問題較多的成員開始，首先由一人進行第一輪接觸，之後逐漸增加更多與議題相關的其他成員。然而，在特定的政策問題上，當「由上而下」政策研究途徑將焦點置於政策計畫的正式執行架構時，滾雪球及社會計量的分析方法將可勾勒出非正式以及實際執行政策架構的重要性。因此，根據Hull和Hjern的觀點，與正式的政策執行架構比較，實際政策執行的架構層級會較少，而且在運作階段中通常係屬於跨組織層級運作，產生協力網絡，進而獨立於原母體組織。Hjern等人所提出的「由下而上」途徑，分析其中最重要的

部分，是著重地方性層級運作的政策行動與結構，此種觀點不僅係針對理論與假設驗證的發展，同時亦可作為指導歸納性研究及方法論的參考依據。

上述觀點亦同時應用學者Elmore（1982）的「向後推進策略」（backward mapping strategy），該策略在「由下而上」途徑發展中扮演重要角色。然而，Elmore的觀點不但提供政策執行研究策略，以及理論發展的貢獻，更協助政策分析者及決策者設計合理的政策。近期較著名的「由下而上」的分析案例，以學者Bogason（2000）關於地方治理的研究，除了受到Hul和Hjern的啟發，在Bogason的研究中更增加制度性因素以及建構論的分析，同時指出現代國家在決策與政策執行過程的支離破碎特質。

具啟發性的整合性模型

政策執行觀點讓我們注意到一個事實，政策執行過程中不論是「由上而下」或「由下而上」途徑，在政策執行過程均扮演重要的角色，惟兩種政策途徑之間，長期以來的爭執，導致研究成效並不如預期。進言之，兩項研究途徑均忽略部分政策執行現實面的問題（Goggin et al., 1990: 12），Elmore（1985）則建議結合「向前推進策略」（forward mapping strategy）及「向後推進策略」（backward mapping strategy），該策略因此可以提供決策者更有價值的政策觀點。Elmore認為一個政策設計者應該考量既有的政策工具以及依個人意志而配置的資源，此一觀點即如同標的團體考量本身誘因結構，以及基層人員權衡這些誘因的能力，目的是為了影響標的團體之問題情境。

此外，另有其他學者試圖透過解釋該途徑的相關性，以解決彼此間的爭議。Sabatier（1986）認為「由上而下」途徑適合研究政策執行，特別是在一些特定的立法過程、有限的研究經費以及制度結構較完善的場域；反言之，「由下而上」途徑則適合針對特定政策問題的政策，特別是針對地方差異性較大的動態研究。

欲整合上述兩種政策執行途徑，Richard E. Matland（1995）同時建議可參考政策目標模糊的程度、政策手段以及衝突程度為考量。傳統的「由上而下」政策模型是以公共行政的傳統路線為基礎，所描述的政策執行過程，政策內容必須要明確，政策衝突性必須較低。然而，「由上而下」政策模型，如同Mazmanian和Sabatier在其所提出的分析架構中，政策衝突性依舊偏高，且政策目標模糊性低，此時政策執行結構顯得格外重要。而「由下而上」的政策觀點比較適合目標較模糊以及衝突較低的政策。然而，根據Matland的論述，一旦政策衝突與政策模糊同時出現時，兩種模型則有關連性。

Hull和Hjern則整合上述兩種觀點，強調基層成員及活動過程的重要性。整合性途徑屬於歸納性研究較符合特定政治性結果以及意圖為基礎的研究。Hull和Hjern建議從最基層至最高層相關成員的政策脈絡中，完成系統性的檢視與分析，主要內涵包括：政策執

行的行動與政策執行架構等。對政策成員進行政治性的評估，可決定相關法律以及相關成就目標參考依據，亦可辨別政策成員所提出的意見，以及分析不同的政策工具如何解決各種爭議性的問題。一般而言，此種研究策略是需要有充足的研究資源支持，但目前在實證上，尚未有相關類似的研究。此外，上述兩位學者「由下而上」政策途徑的研究中，其整合性觀點除可作為理論建構外，仍可針對方法論提出建議，同時予以系統化的驗證。

Sabatier（1986）也提出整合性的執行觀點，稱之為「倡議聯盟架構」（Advocacy Coalition Framework, ACF），分析架構先採取「由下而上」觀點，視整體社會與政策相關之公私部門成員為一體，了解其中主要政策成員（不僅為計畫支持者）所關切，以及了解的政策執行觀點與策略，而後結合「由上而下」決策者所重視的社會經濟條條件，以及合法性政策工具限制（Sabatier, 1986: 39）。該整合性途徑運用ACF政策架構解釋長期性的政策變遷（policy change），以及政策導向的學習（policy-oriented learning），同時亦使用「由上而下」的政策發展類型及驗證相關假設作為理論發展基礎。此外，Sabatier在政策變遷概念化的操作過程，強調政府行動計畫的執行後有政策產出，再產生不同的政策影響。在相關研究中，Sabatier將政府的立法命令視為政策研究的相關潛在政策產出及政策影響，然而，ACF途徑實證研究結果，除了重視政策執行過程外，更重視行政命令的政策變遷過程，以及後來加入的Jenkins-Smith，其對於政策分析文獻具有卓越的貢獻（Sabatier and Jenkins-Smith, 1993），主要是將研究領域從政策執行轉為政策變遷與政策形成。

此外，Winter（1990, 1994）也提出一種整合性觀點，稱為「整合性執行模型」（Integrated Implementation Model），其與上述途徑相異之處在於，該途徑並非真正整合「由上而下」及「由下而上」政策途徑的觀點，而是由不同的政策執行研究中，整合理論要素。該途徑較不重視理論發展起源，而是將其結合為模型分析架構，其中主要的政策執行結果與產出包括：政策形成及政策設計，組際關係、基層官僚行為、標的團體行為、社會經濟條件回饋機制等上述政策形成、政策設計及組際關係將再下一章由May、O'Toole、Meyers和Vorsanger進行討論。

第三代模型：量化研究設計

儘管第一代與第二代政策途徑研究並協助研究者重視政策執行問題，以及了解相關政策執行障礙，進而減緩其所面臨的困難。然而，該研究途徑無法充分顯現其解釋變數

的重要性，而被批判只能提供一份影響執行變數的清單（一般研究變數應可接受時間長期性的批判）。Malcolm Goggin（1986）認為一般政策執行研究往往受到單一個案研究影響，而苦於個案不足或變數過多。然而，在單一個案研究的研究途徑中，並不允許吾人控制任何第三變數，Goggin認為該項問題已影響到執行理論的發展，因此他呼籲第三代政策執行研究發展，應以比較性的個案研究（可逐漸增加觀察個案數量）與以統計為研究設計基礎的驗證理論。

　　Goggin等人隨後則開始類似研究設計（1990），主要以溝通理論（communications theory）為基礎，涵蓋先前「由上而下」以及「由下而上」途徑的研究變數，研究府際間的政策執行，特別是州政府執行聯邦政策部分，共分為三個面向：社會政策、管制政策及二者個別延伸出的相關政策。他們並鼓勵研究者使用較多元化的評估方法及方法，包括量化研究。Lester和Goggin（1998）則提出政策執行理論應更加精簡與全面性，建議該類型研究能朝後設理論（meta-theory）發展，以利整合溝通理論、典則理論（regime theory）、理性選擇理論（特別是賽局理論）以及權變理論等觀點。這些理論除了重視政策結果及政策產出外，同時強調政策執行過程的重要性。

需要新的研究議程

　　雖然我們同意Goggin的建議，使用更多元的比較性研究及以量化為主的統計研究設計，對於Goggin等人所提出的方法論及理論發展建議仍有部分意見相左。如同我們所認知的，若採用Goggin、Bowman、Lester和O'Toole的研究策略，研究過程至少需投入部分研究生涯的工作價值。該研究必須運用大量變數的研究設計，包括不同的政策類型，在美國必須橫跨50州，至少需花費10年才得以完成研究，如同結合內容分析法、專家座談、菁英調查法以及透過問卷及訪談過程，邀請專家學者重新評估數據之準確性等。我們認為該研究策略對於研究過程過於苛求，其實研究策略若能寬鬆些，依舊能獲得充足的觀察對象，其過程也相對實際。

　　在研究過程中，我們發現初探性的研究變數，在過去已有學者著墨，如果從中擷取某四種理論觀點作為本身研究的理論要素，達到嚴謹的理論發展過程且較廣泛的政策執行理論研究，如此一來，可能會出現語意的矛盾（contradictio in adjecto）以及理論的不一致。因此我們除了追求更廣泛，以及一體適用的政策執行理論外，更重要的是，要接受更多的理論觀點，以及方法論在應用上應朝向多元化發展。多元化的觀點可擴展我們的視野，再將多元化觀點整合為更廣的分析架構或模型（Mazmanian and Sabatier, 1981; Goggin et al., 1990; Winter, 1990）。然而，讓人驚訝的是，許多學者會同意僅應用一種共同的理論架構進行分析。

目前許多政策模型學者積極歸納一般性的政策執行架構，但仍有助於分析部分重要的政策執行變數。實際上，此類政策模型的一般性是有礙於我們所認知的政策執行研究發展。由於一般性原則無法精確地定義解釋變數及因果關係機制（May, 1990），最後將導致使用過多資源來發展部分理論，以及限制政策執行問題進一步的驗證。

對於政策執行研究的發展，吾人提出如下數點建議：（1）提供理論多元性；（2）除一般性理論外，研究範圍應聚焦於部分政策執行理論；（3）強調概念上的釐清；（4）視政策產出（政策執行績效）為依變數；（5）包括政策執行結果的研究；（6）使用比較性及統計性的研究設計。上述第一、二點以及最後一點目前已經進入發展階段，因此個人在最後將詳述其他建議發展，以及與Peter May針對丹麥農業環境管制政策的順從行為及執行的研究成果。

概念釐清

誠如Peter May（1999）所指出的，大部分政策執行研究文獻較弱之處，在於缺乏概念上適當的定義及因果關係機制的描述。在政策執行研究發展中，最重要的議題就是要重新思考，該研究是由哪些要素組成？當然在文獻上有些觀點是不同意「政策執行」概念，以及哪些要素可作為政策執行研究的依變數。

問題癥結在於政策執行的概念通常被用來描述政策執行過程及產出的特質，有時則以政策執行結果為主。Lester和Goggin（1998）認為，政策執行是一種過程，也包括地方政府的決策與行動，進而朝向貫徹聯邦政府決策的作為。因此，他們反對以政策執行過程的產出，作為評斷政策執行成功或失敗的概念。

雖然以政策執行過程的成功或失敗作為評斷基礎具有爭議性，個人在此建議政策執行研究可使用的兩個依變數，首先是政策執行過程的產出，強調傳遞行為的重要性，其次是以標的團體行為為主的政策結果。如同本書在前述中提及，執行研究係屬於政策分析中的政策執行階段，傳統公共政策研究重點係強調，政策內容重視因果關係（Dye, 1976），然而，政策執行產出即是政策內容的一部分，與政策法令比較，屬於實際運作階段，當我們傳遞服務給一般民眾時即為政策；簡言之，政策結果係政策傳遞後的結果。因此，政策執行分析的主要工作即是分析執行行為的因果關係。

然而，我們認為政策執行研究除了成功與失敗的二分法分類外，更重要的是透過其他途徑將政策產出與結果予以概念化，目前發現政策執行研究中，不論是政策產出或政策結果，使用最普遍的依變數是目標達成的程度。然而，該方式所產生的第一個問

題是，所謂的「目標達成」是以分數呈現的問題，倘若政策產出是以執行者的績效為概念，或者將標的人口為政策結果的一種，母體數目為分子，政策目標為分母。然而，以分子與分母的不同係數來解釋變化時，依變數若為分數，則會成為理論建構上的問題。或許政策形成過程會考慮將政策目標視為變數，政策執行過程亦可解釋執行績效的變化。

因此，就目標達成程度而言，以理論解釋變數需要結合三種理論：一是目標設定，二是在績效，最後是在目標設定與績效的關係。即使研究者涵蓋政策採納過程以解釋政策執行的變化（Winter, 1986b, 1990, 1994），此種結合三種理論的觀點，將促使政策執行理論的建構與累積過度複雜。

更甚者，目標達成的另一問題為通則化問題，如果有任何人試圖分析政策執行者或標的團體行為，依目標變數而呈現特定價值時，一旦目標改變，通則化過程將無任何「效度」可言。由於政策目標形成時，容易受到各種條件限制，故政策執行產出的通則本質上具有相對性。當決策者對決策方法或工具的興趣遠勝於決策目標時，政策目標通常在決策方法決定後才會訂定，冀能在合法化其決策方法，有時所設定的政策目標並不如預期甚難達成。

其次，將目標成果視為依變數來評估政策執行研究的第二個問題在於政策目標難以操作化。關於政策目標的模糊性與模稜兩可，以及官方政策目標與潛在目標的差異性，在許多政策執行及評估的文獻中多所詳述。此外，許多政策法規闡述政策結果的目標時，並無法明確說明該項政策行為的目標或標準。

以管制政策為例，丹麥農業環境管制政策目標，即是減緩水源生態環境中的硝酸鹽物質達到特定標準，特別在農夫的農耕行為準則上，確認多項法律規範，因此該政策唯一目標則是在政策執行面向上，市政當局立刻著手管理研擬法規，調查農夫對該管制政策的順從程度。在個案中，除非我們將農耕行為的改變作為政策目標，或者以環境的物理性變化作為目標，否則甚難衡量該政策的執行過程為成功或失敗。然而，在許多政策執行及評估的文獻中發現，除了政策產出能夠影響政策結果之外，我們亦可了解其實還有其他政策因素存在（Rossi and Freeman, 1989）。

因此，在解釋政策執行與結果時，必須有分析層次上的區別，尤其在解釋政策執行者與標的團體行為時。儘管以不同的理論解釋，仍可能存有相關性。

政策執行者績效

上述以「目標達成」做為分析的依變數時，明顯產生許多問題，因此可用行為產出變數，作為評估執行者在執行政策，抑或制定法規時的績效標準。其中，政策執行研究

最主要的目的係分析該績效的變化。與評估基層官僚行為類似，需要將政府部門執行者的績效予以概念化及分類。

令人困擾的是，不論我們是否可找到與政策執行者行為相關的績效，且分類應用至所有政策領域，或者應該依照不同政策，逐行定義概念或分類。關於此點，Lipsky（1980）在其所提出的基層官僚理論中，展現強烈企圖，提供全面性的概念運用，以描述各政策領域的基層官僚「處理行為」（coping behavior）（參考Winter, 2002b）。然而，該行為與管制政策具有相關性，尤其是該機制與社會政策中的弱勢標的團體彼此相關。然而，基層官僚理論也有問題存在，因為該理論著重於功能不良的執行行為類型。此外，全面性地運用分類計畫所遭受到的問題，則是缺乏較明確的政策特定概念。換言之，通則化若以政策特定概念及研究為基礎，即可減少運用相關理論及概念。

較中庸的做法是將概念運用至較廣泛的政策類別，例如：當概念發展成熟時，適合用來分類所有管制政策執行者的行為（Kagan, 1994）。May和Winter（1999, 2000; Winter and May, 2001）已針對政府部門層級以及個別基層官僚層級概念的執行管制政策有所發展。其中，政府部門的執行選擇被概念化為：工具（tools）（使用不同執行評估標準；獎懲、資訊與協助、誘因）、優先性（首要目標與調查對象）及努力（政策執行資源的使用與手段）。

個別調查員的「執行風格」係指每日與標的團體接觸的角色，May和Winter曾經證實丹麥農業環境管制政策研究的執行類別有二個面向，比較互動形式的程度及強制性程度。此外，也定義了調查員的執行種類的各項類別（May and Winter, 2000; May and Burby, 1998; May and Wood, 2003）。

塑造政策執行者行為概念的優勢在於適合做為驗證假設，可跨越時間及空間上的限制，解釋政策執行行為的變化。對於假設的驗證與發展而言，在政策執行理論的變數中，執行過程的特徵是相當重要的基礎。另外一個優勢是將政策執行績效在政策執行研究中視為依變數，因此我們可在官僚政治及組織理論的研究，整合出較多政策執行研究。此外，政策執行研究可從不同領域中得到啟發，尤其在具有長期性研究傳統政府及官僚行為理論的領域。換言之，與其將行為變數運用至官僚及組織理論領域，這幾門學科反而可在政策執行概念研究中，獲得更多相關政策的概念。

如Winter（2000）研究丹麥農業環境管制政策執行過程中，基層官僚的裁量權（discretion），該研究運用代理人理論觀點（principal-agent perspective）以及資訊不對稱觀點（information asymmetry）檢視地方政客控制基層官僚的行為模式（Moe, 1984; Brehm and Gates, 1999）。運用多元迴歸分析216位地方調查員，結果顯示地方政客的政策偏好對於基層官僚行為並無直接影響。然而，研究發現政客依舊控制某些明顯的政策績效，例

如：調查案件數目、透過調查的資金能力等。另一方面，當基層官僚行為的透明度較低時，例如：調查方式以及較嚴格的調查員對於違法事件的反應，我們發現政客的政策偏好及資金並不會影響政策運作。反之，後者的研究當中，基層官僚的價值確實受到了影響；該項研究亦分析基層官僚行為的各種態度種類，發現他們的意識形態未受到影響，受到影響的類別則是所選擇工具的偏好，或者是當工作量若降低時，則有明顯影響。

我們發現政策執行績效（產出）的相關概念早已在管制政策脈絡中發展，在社會政策脈絡下，此概念化過程似乎尚未發展，同時與Lipsky的「處理行為」概念相距甚遠。在政府部門中，就如同在地方基層官僚行為一樣，我們亦可從上述管制政策概念中獲得啟示。目前，丹麥難民及移民就業訓練計畫的執行研究中（Winter, 2002b），政府部門的行為以及基層官僚的應對行為類別的概念及類型學（typology），仍舊在發展及驗證中，讀者如欲進一步了解基層官僚的行為研究，可詳讀下一章。

需要更多的政策結果研究

個人認為以政策執行產出（績效）作為依變數的研究，並不表示政策結果的研究在政策分析領域中就不重要。相反地，政策執行研究學者如同其他政治學者，往往忽略了解釋政策結果，以及分析政策產出及結果關係的重要性。上述政策執行模型及架構中，內容亦鮮少著重政策結果的研究（Mazmanian and Sabatier, 1981; Elmore, 1982; Hull and Hjern, 1987; Goggin et al., 1990; Winter, 1990）。為求更佳的研究成效，應此有必要區分政策執行結果與產出。

我們無法完全了解所有的政策過程，除非我們能了解各項公共政策領域中所對應之標的團體內涵。儘管政策現實面在政治學的定義中，如政治學者David Easton所說的：「社會價值的權威性分配」（Easton, 1953），以及Lasswell所說的：「誰得到了什麼？何時得到？如何得到？」在政治學的研究中鮮少研究民眾如何回應公共政策？或許有人會說，這是屬於政策評估領域的研究。然而，政策評估研究的特徵是強調研究方法，且鮮少發展相關理論，尤其是政治學理論更是稀少。因此，許多法學及社會學者試圖解釋民眾的政策順服程度變化程度，進而減少對企業的研究。迄今，仍舊有極少數的政治學者及政策分析學者研究政策結果變異的相關理論與驗證，以及研究政策執行者的行為是如何影響政策執行的結果？在政治學的相關期刊研究中，則是呈現明顯對比，在「政治輸入」（input），大多是對於民眾態度與行為的研究，鮮少研究政策結果。然而，對於政策結果研究也存有相同的情形，對於輿論研究（public opinion）大多是在「政治輸出」而不是「政策輸入」。

區分政策產出與結果的研究，其優點不僅更易解釋政策執行績效的變化，政策績效的

概念化更易研究政策產出與結果之間的關係（May and Winter, 1999; Winter and May, 2001, 2002）。然而，政策執行（產出）研究可將原本政策執行產出的依變數，轉變為政策結果研究中的自變數。因此，為解釋政策執行產出與結果，我們需要更多不同的理論。

　　如同學者Elmore（1982, 1985）所述，欲改變標的團體行為，必須了解政策運作者的誘因，這如同了解基層官僚人員如何影響及建立該誘因。以丹麥的個案為例，為分析農夫對於農業管制政策的順從程度，Winter和May（2001）建立管制政策執行者的行為模型，以多元迴歸方式分析1,562位農夫的數據。他們發現農夫多半是受到：（1）經考量順從成本，以及評估所認知違法風險後的成本所影響（許多其他個案研究中，懲罰的風險不具有嚇阻效果）；（2）個人規範性的順從義務；（3）社會動機（social motivation）：從其他重要人物中適應社會期待。調查者透過與標的團體的互動透露出社會期待；形式上透過表達管制政策者期待的確定性，增加農夫政策順從程度。然而，不了解法規的政策管制者，若以脅迫的高壓手段制裁，大半結果是事與願違。調查過程中，農夫僅有順從意願，而調查者本身能力仍顯不足。因此，政策管制者必須有了解相關法規與財務能力，方可提昇農夫的政策順從。

　　了解標的團體的動機與誘因，對了解政策執行者的政策執行行為，以及標的團體回應之間的因果關係是一項先決條件。若近一步研究可發現，調查人員不僅可透過社會動機的方式，直接影響農夫的政策順從，亦可透過間接嚇阻的方式，調查人員通常會增加農夫們對於違法風險的認知（Winter, 2002a）。另外一種有效的間接策略為提供資訊，可增加被管制者對法規的認知。然而，弔詭的是影響農夫正式對政策順從的承諾，雖然多數調查人員都慣用此伎倆，但是不太可能達到成效，因為受訪者通常不太信任他們。反言之，若相關訊息來源可靠，如來自於農夫所屬的貿易組織或顧問，農夫們則會比較有感覺，也較有責任順從。此意謂著第三者角色的重要性，包括：利益團體、顧問等。透過資訊提供及合法化的手段，作為影響政策結果的媒介（Winter and May, 2002）。此外，丹麥農業環境管制政策的研究在其他類似的管制政策領域可能亦有效度，顯示政策執行績效的變數是可以被建構的，尤其是做為解釋政策執行產出的依變數，以及政策執行結果的自變數。

　　雖然解釋政策執行產出與結果的變化屬於兩種不同的分析過程，但結合兩項政策執行研究觀點，可使政策執行研究發展往前邁近一步。倘若我們知道（1）標的團體的動機要素；（2）何種政策執行者的偏好可開啟上述動機要素？（3）政策執行績效的要素，特別是有其明顯變化的要素。此種結合兩種觀點的研究可將公共政策設計與執行的定義更有效率。

結論

政策執行研究在公共行政及政策領域，係屬於較新興的研究學門，其重要性在於將原本傳統重視政策轉換（policy transform）過程至政策執行點的公共行政領域。加入公共政策觀點，該研究最有價值之處，在於可了解政策執行的複雜性。此外，該研究亦突顯出部分政策執行研究的障礙及成功要素。

政策執行研究已由原本的初探性理論，產生個案研究，朝向第二代政策模型發展，如「由上而下」分析架構、「由下而上」研究策略以及整合整合性模型等。然而，該研究架構所呈現的許多相關變數、理論的發展、因果關係的解釋及驗證，依然顯示過度倚賴單一個案研究，不允許控制第三個變數等。

學者Goggin（1986）提供一項非常有價值的建議，應多運用比較性以及統計性的研究設計處理問題。當然，這還不夠，我們仍舊需要更多元的理論發展及驗證，除了延續尋求一般性政策執行理論或模型外，我們更應發展政策執行的理論。

除了方法論的改進與理論的發展，我們需要更多概念澄清及因果關係的定義，冀能了解政策執行內涵，包括重新思考政策執行研究的依變數。個人建議政策執行研究應個別解釋政策執行產出與執行結果。就政策評估而言，政策目標的達成與否，通常作為政策評估的標準，同時做為政策執行研究的依變數。然而，就分析政策結果而言，有時分析數據會較多；惟評估標準不足，以及解釋政策執行產出的依變數顯然不足。政策產出在執行績效過程較適合上述研究。

不論如何，在政策執行研究中，將政策產出視為依變數，並不意謂政策研究者應該忽略解釋或研究政策結果及政策影響。此外，由於研究過程需要不同類型的理論化研究，唯有區別政策執行產出與結果之研究，才能使研究更加多元化。本章前述內容首先提及政策執行研究在政策分析研究領域為一項「失落連結」（Hargrove, 1975），隨之介紹關於政策設計與政策工具的研究，該研究亦為政策形成與政策執行之間所謂的「失落連結」（Linder and Peter, 1989）。然而我們仍需要更多政策設計與政策執行產出的研究。直至目前，我們終於可將焦點轉至政策執行結果的研究，就當作是了解政策過程裡「剩餘的失落連結」。如果我們再回到Dye（1976）當初所提及的問題，由操作階段將執行者在政策傳遞階段的行為視為「政策」，那麼政策設計及與執行過程，便是政策傳遞的「因」，而政策結果便是政策傳遞的「果」。

參考文獻

Bardach, Eugene (1977) *The Implementation Game*. Cambridge, MA: MIT Press.

Bogason, Peter (2000) *Public Policy and Local Governance: Institutions in Postmodern Society*. Cheltenham: Edward Elgar.

Brehm, John and Gates, Scott (1999) *Working, Shirking, and Sabotage: Bureaucratic Response to a Democratic Public*. Ann Arbor, MI: University of Michigan Press.

Dye, T.R. (1976) *What Governments Do, Why They Do It, and What Difference It Makes*. Tuscaloosa, AL: University of Alabama Press.

Easton, David (1953) *The Political System*. New York: Alfred A. Knopf.

Elmore, Richard F. (1982) 'Backward Mapping: Implementation Research and Policy Decisions,' in W. Williams, R.F. Elmore, J.S. Hall et al. (eds), *Studying Implementation*. Chatham NJ: Chatham House. pp. 18–35.

Elmore, Richard F. (1985) 'Forward and Backward Mapping: Reversible Logic in the Analysis of Public Policy,' in K. Hanf and T.A.J. Toonen (eds), *Policy Implementation in Federal and Unitary Systems*. Dordrecht: Martinus Nijhoff. pp. 33–70.

Goggin, Malcolm L. (1986) 'The "Too Few Cases/Too Many Variables" Problems in Implementation Research', *The Western Political Quarterly*, 39: 328–47.

Goggin, Malcolm L., Bowman, Ann O' M., Lester, James P. and O' Toole, J., Laurence Jr (1990) *Implementation Theory and Practice: Toward a Third Generation*. New York: HaperCollins.

Hargrove, Erwin (1975) *The Missing Link: The Study of the Implementation of Social Policy*. Washington, DC: The Urban Institute.

Hull, Christopher J. with Hjern, Benny (1987) *Helping Small Firm Grow: An Implementation Perspective*. London: Croom Helm.

Kagan, Robert A. (1994) 'Regulatory Enforcement,' in David H. Roosenbloom and Richard D. Schwartz (eds), *Handbook of Regulation and Administrative Law*. New York: Marcel Dekker. pp. 383–422.

Kirst, M. and Jung, R. (1982) 'The Utility of a Longitudinal Approach in Assessing Implementation: A Thirteen Year View of Title 1, ESEA', in W. Williams, R.F. Elmore, J.S. Hall et al. (eds), *Studying Implementation*. Chatham, NJ: Chatham House. pp. 119–48.

Lasswell, H.D. (1936) *Politics: Who Gets What, When, How*. New York: McGraw–Hill.

Lester, James P. and Goggin, Malcolm L. (1998) 'Back to the Future: the Rediscovery of Implementation Studies', *Policy Currents – Newsletter of the Public Policy Section of the American Political Science Association*, 8 (3): 1–9.

Linder, Stephen H. and Peters, B. Guy (1989) 'Instruments of Government: Perceptions and Contexts', *Journal of Public Policy*, 9: 35–58.

Lipsky, Michael (1980) *Street-Level Bureaucracy: The Dilemmas of the Individual in Public Services*. New York: Russel Sage Foundation.

Matland, Richard E. (1995) 'Synthesizing the Implementation Literature: The Ambiguity-Conflict Model of Policy Implementation', *Journal of Public Administration Research and Theory*, 5 (2): 145–74.

May, Peter J. (1999) 'Toward a Future Agenda for Implementation Research: A Panelist's Notes'. *Prepared for the annual meeting of the Western Political Science Association in Seattle*. Department of Political Science, University of Washington.

May, Peter J. and Burby, Raymond J. (1998) 'Making Sense Out of Regulatory Enforcement', *Law and Policy*, 20: 157–82.

May, Peter J. and Winter, Soren (1999) 'Regulatory Enforcement and Compliance: Examining Danish Agro-Environmental Policy', *Journal of Policy Analysis and Management*, 18 (4): 625–51.

May, Peter J. and Winter, Soren (2000) 'Reconsidering Styles of Regulatory Enforcement: Patterns in Danish Agro-Environmental Inspection', *Law and Policy*, 22 (2): 143–73.

May, Peter J. and Wood, Robert (2003) 'At the Regulatory Frontlines: Inspectors' Enforcement Styles and Regulatory Compliance', *Journal of Public Administration Research and Theory*, in press. Mazmanian, Daniel A. and Sabatier, Paul (eds) (1981) *Effective Policy Implementation*. Lexington, MA: Lexington Books.

Moe, Terry M. (1984) 'The New Economics of Organization', *American Journal of Political Science*, 28: 739–77.

Moe, Terry M. (1989) 'The Politics of Bureaucratic Structure', in John E. Chubb and Paul E. Peterson (eds), *Can the Government Govern?* Washington, DC: Brookings Institution.

O' Toole, Laurence J., Jr and Montjoy, Robert S. (1984) 'Interorganizational Policy Implementation: A Theoretical Perspective', *Public Administration Review*, 44 (6): 491–503.

O' Toole, Laurence J., Jr (2000) 'Research on Policy Implementation: Assessment and Prospects', *Journal of Public Administration Research and Theory*, 10: 263–88.

Pressman, Jeffrey L. and Wildavsky, Aaron (1973) *Implementation*. Berkeley, CA: University of California Press.

Rossi, Peter H. and Freeman, Howard E. (1989) *Evaluation*, 4th edn. Newbury Park, CA: Sage.

Sabatier, Paul A. (1986) 'Top-Down and Bottom-Up Approaches to Implementation Research: A Critical Analysis and Suggested Synthesis', *Journal of Public Policy*, 6 (1): 21–48.

Sabatier, Paul A. and Jenkins-Smith (eds) (1993) *Policy Change and Learning: An Advocacy Coalition Approach*. Boulder, CO: Westview Press.

Satren, Harald (1996): 'Whatever Happened to Implementation Research? A Diagnosis of the Decline, and Some Prescriptions for the Revival of a Once Popular and Still Important Research Field in Political Science'. Paper for presentation at the Conference of the Nordic Association of Political Science in Helsinki in August. Department of Administration and Organization Theory, University of Bergen.

Williams, Walt and Elmore, Richard F. (eds) (1976) *Social Program Implementation*. New York: Academic Press.

Winter, Søren (1986a) 'Studying the Implementation of Top-Down Policies from the Bottom Up: Implementation of Danish Youth Employment Policy', in Ray C. Rist (ed.), *Finding Work: Cross National Perspectives on Employment and Training*. New York: Falmer Press. pp. 109–38.

Winter, Søren (1986b) 'How Policy-Making Affects Implementation: The Decentralization of the Danish Disablement Pension Administration', *Scandinavian Political Studies*, 9: 361–85.

Winter, Søren (1990) 'Integrating Implementation Research', in Dennis J. Palumbo and Donald J. Calista (eds), *Implementation and the Policy Process*. New York: Greenwood Press. pp. 19–38.

Winter, Søren (1994) *Implementering og effektivitet*. Aarhus: Systime.

Winter, Søren C. (2000) 'Information Asymmetry and Political Control of Street-Level Bureaucrats: Danish Agro-Environmental Regulation'. Paper for the Annual Meeting of the Association for Policy Analysis and Management in Seattle in November. Department of Political Science, University of Aarhus.

Winter, Søren C. (2002a) 'The Role of Enforcement and Social Norms in Shaping Deterrence'. Paper prepared for the Annual Meeting of the Law and Society Association, 30 May – 1 June in Vancouver, BC. Davish National Institute of Social Research.

Winter, Søren C. (2002b) 'Explaining Street-Level Bureaucratic Behavior in Social and Regulatory Policies'. Paper prepared for the Annual Meeting of the American Political Science Association in Boston, 29 August – 1 September 2002. Danish National Institute of Social Research.

Winter, Søren C. and May, Peter J. (2001) 'Motivations for Compliance with Environmental Regulations', *Journal of Policy Analysis and Management*, 20 (4): 675–98.

Winter, Søren C. and May, Peter J. (2002) 'Information, Interests, and Environmental Regulation', *Journal of Comparative Policy Analysis*, 4 (2): 115–42.

第十一章　政策執行之組際關係

Laurence J. O'Toole, Jr
陳恆鈞 / 譯

政策執行過程在許多制度環境下，是極為重要且艱鉅的工作，主要是執行議題往往在理論上引起甚多爭議，其中大半是關於組際系絡（interorganizational contexts）。本章所界定之政策執行主體係指與公共行政相關之組際環境（setting），研究重點在於思考組際關係是如何影響政策執行過程？以及如何管理政策過程，冀能政策執行成功？

本章第一部分的分析，將呈現組織環境的共同點以及介紹所面臨的各種挑戰，特別強調影響政策執行成功與否之因素。同時，也提出幾項理由說明何以組際的運作過程會日趨熟稔？這表示公共管理者（public administrator）必須要了解組際環境的運作，而不是期待能避免接觸組際環境。本章接著將提供了解組際環境的政策執行方法，以及了解組際關係在公共政策領域中是如何運作？此外，儘管執行者面臨各種阻礙，對於執行行動而言，結構關係（structural relations）顯得格外重要。本章第三部分將描述鼓勵組際制度運作的方式，對公共管理者而言，最有效的考慮是如何改進執行績效？

我們試著回歸到最重要的政策階段初期，發現在組際環境的系絡下，政策執行過程係屬複雜的主題，我們也發現許多類似主題之研究，許多學者可以立即指出關於組際關係如何形成政策執行的內容，以及管理者如何改善效能等。然而，本章並非提供明確的食譜供參考，蓋執行過程的形塑受到許多變數影響，以致研究者對於有效的執行充滿迷惑（O'Toole, 2000）。雖然本章旨在提供具有啟發性（heuristic）的價值及指導，不過政策執行研究仍舊無法辨別，實務管理者的所有作為。

政策執行之組際環境

少數個案是屬於自我執行類型的政策，像是中央銀行的利率變動措施主要透過社會市場的價格變動而決定，並不需要複雜的執行機關，因此在政策執行過程時僅需要透過特定機構負責將政策內容轉為機關的法規、例行性工作以及各種社會過程即可。此一過

程主要是將政策意圖轉換為政策行動的過程，因而是政策執行的核心。

　　就政策執行而言，制度性環境的差異有不同形式。其中，最重要的區別在於政策執行過程可透過組織的整合與合作完成（Torenvlied, 1996; Hjern and Porter, 1981）。再者，政策執行過程可在單一的正式組織下完成，例如在一般公共行政所謂的執行政策結果（O'Toole, 1996a）。當執行計畫必須透過兩個以上的組織環境時，執行工作內容將顯得格外複雜。在其他所有條件均相同的狀況下（ceteris paribus），所衍生的具體行動阻礙相對較多，共同合作的誘因比較少。在組織當中，存有不同的例行性工作及專業術語，如果我們未加以討論觀察方法，組際政策執行將處於艱鉅的挑戰中，因此，公共管理者在進行組織管理時，必須了解多元觀點及相關意見。

　　就政策執行而言，組際關係顯得相當重要。在個別政府機構，同時涵蓋二個以上的部會都在處理相同的計畫，稱為「垂直式府際方案」（vertical intergovernmental programs），涵蓋中央政府及州政府部門，同時跨越不同組織的行政人員運作，才能發展及管理；另有「水平式府際方案」（horizontal intergovernmental programs），雖然不被廣泛運用，卻已逐漸突顯其重要性，市政府的各項計畫，如交通、經濟發展或緊急救援服務皆屬於該類合作性計畫。

　　除了上述性質的工作，另有「契約關係」及「民營化」。許多國家會運用比較複雜的跨部會安排，或許涵蓋一個以上的政府部門，連結營利組織及非營利組織。可以確認的是，這波世界潮流已提供「新公共管理」（New Public Management）的發展動力（Hood, 1996）。至於其他案例，則是因地而異（例如：美國最近的總統選舉，鼓勵公共問題應由具有信仰基礎的組織解決）。在其他的國家裡，公私部門間的政策夥伴模式，必須倚賴長期的傳統社會關係予以支持，例如：在歐洲國家通常會信賴合作的社會夥伴。目前，全球大部分的公共計畫，幾乎包含參與政策行動「合產」（coproduction）的顧客群體及相關議題之標的團體。

　　因此，組際關係的延伸則逐漸突顯其重要性，學者及實踐者則強調該議題的重要性，像是協同運作或合作概念（Bardach, 1998），成為組際關係影響計畫成果的重要角色。於是，我們發現近年較特別的研究主題則為網絡（networks）及網絡管理（network management）（Hufen and Ringeling, 1990; Kickert et al., 1997; O'Toole, 1997b），網絡概念將於本章充分運用。值得注意的是，網絡與組際模式，逐漸成為研究政策執行環境的典型。

　　另一方面，部分學者並不贊成此一看法，認為該領域的重要性被過度誇大（Kettle, 1993），並提出強而有力的個案佐證。政策執行管理者的領域屬於組際模式的性質，雖然甚少理由期待在管理模式中能表現其差異性，以歐洲及美國為例，此觀點則有許多系統化的證據，足以說明其內涵（例如：台北市在2000年曾舉辦一場令人注意的研討，強

調管理政策連貫性所面臨的挑戰。該主題假設同時鼓勵水平式的關係以及複雜的組織或個人能力執行政策結果）。的確，在全球化推波助瀾下，許多概念被廣為參考使用，可能產生相互依賴而衍生更多的概念（Held, 1996）。

　　歐洲許多國家的研究中顯示，組際現象的重要性對於公共行政而言，正如Kickert、Klijn和Koppenjan（1997）、Rhodes（1997）、Scharpf（1993）等人的研究認為，目前許多國家的公共管理者面臨到複雜現實問題（Klijn, 1996; Mayntz and Scharpf, 1995），此種現象的確在許多地方尚未發展（Hanf and O'Toole, 1992）。因此，北美地區的數據具有重要的參考價值（Milward, 1996）。

　　政策執行過程的系統化研究係最有效的證據在歐洲地區，社會學家認為屬於地方性的管理者會面臨問題挑戰，像是刺激工作的成長率以及小型企業的經濟活動皆面臨組際領域的問題（Hull and Hjern, 1986）。在美國，相關研究顯示公共管理者所管理的公共計畫比率係屬於組際模式（O'Toole and Montjoy, 1984; Hull and O'Toole, 2000），地方層級亦復如此。因此，運用組際模式執行政策相當普遍（詳見Agranoff and McGuire, 2003）。

　　為何政策執行領域充滿複雜性？其中一個要素為公務數目的增加。計畫內容通常涵蓋多元的價值，倘若交通計畫重點僅為個別部門作準備，持續增加交通要道，極大化汽車運輸量等單一目標，表面上似乎很簡單，但是工程系統問題必須解決，例如相關部門必須積極擴大道路系統。此外，相關單位也要同時處理環境惡化問題、國宅興建雜亂、噪音污染等，計畫其他相關影響問題。此時政策執行問題與制度安排顯得格外複雜。結果必須擴大政策執行模式，並涵蓋其他成員、單位及相關者共同關切。

　　此外，政府議程的擴張也會同時增加管轄權的衝突、重疊及相互牴觸。當「政策空間」（policy space）逐漸被公共計畫與政策倡議所填滿時，無法找到相關計畫的施力點與政府管理的影響層面時（通常在同政府單位的其他部門）則難以運作。在此情況下，我們可以合理的連結其他部門，或提供某種相互諮詢或資訊共享等類似的社會機制。

　　許多政策相關議題也與事實有關；政府被要求提出政策問題，有時該問題無法完整的分類至適當的利基點，則稱為「棘手困難的政策問題」（wicked problem）（Rittel and Webber, 1973）。由於同時觸及到許多政策領域或重要事務，需要政府立即回應。如果要擬定有效的解決方案，必須同時與法律部門或相關部會共同研議。結果以跨域的制度性連結為最佳方法，包括：跨部會的諮詢委員會、複雜的合約簽署授權程序以及多元程序的否決與贊成等。此外，在政策初期階段，定義不良的政策問題也會發生，因此需要使用複雜的管理途徑設計以回應政策問題。換言之，我們會逐漸體認到第二層次（second-order）的影響性，但同樣發現甚多的限制。長久下來，我們試圖「內化」政策過程中所產生的額外影響，並擴展政策計畫的影響性及管理力道，以利有效的政策管理。

　　另有重要影響性在於政府面臨到預算困窘情況，在回應新的或迫切的問題時，嘗試以命令形式指導各部會，政府相關部門或其他外部單位必須順從該命令。當然隨著政策目標的不同而存有差異性，例如：公民權、永續發展以及勞動標準的公平行為等議題。結果發現，多數單位在目前的政策計畫與活動均有其他的政策目標及限制，對政策執行而言，組際模式在發展及衍生過程中，政策倡議過程具備實質催化作用。

　　此外，其他源自全球化的力量，特別是朝向組際模式的發展。在政策領域中，從國際性協議的執行、貿易、武器控制到環境保護等議題均受到影響。在過去案例中，像是國際協議在國家或州政府的層級曾造成重要的迴響，許多國家間在所簽署的國際協議中，試圖發展的政策執行模式，以相互合作或順服相關承諾為主要發展模式；需要藉由行動，鼓勵跨部會、政府以及特定國家各部門之間的聯繫；更不用說關於國家官僚和國際組織秘書處事務，以及跨國際、組際與國際性的合作部門的論述。實際上目前有數以千計的國際性協議正在執行當中，在議程上則強調組際模式運作的重要性。以歐盟為例，儘管強調「輔助原則」（subsidiarity）以及缺乏具有規模的官僚組織，但是在很多政策領域中，仍舊熟練的促進組際關係，以形成複雜的網絡關係。

　　另外兩項因果要素與政治本質直接相關。有時管理者在政策執行期間，會透過限制成員，處理政策問題所面臨到的技術性需求。在政治上則鼓勵擴大其他團體組織的參與，此現象在多元主義制度下極為普遍，如同公共管理者試圖維護及支持計畫的執行，即使相關團體可能對計畫本身所貢獻的力量有限，但是若有重要的機構或成員聯盟參與計畫執行，將可遏止其他組織對於計畫的批判，同時增加政策執行成功的機會。此觀點並非全新的現象，如何納編（cooptation）利益團體參與公共議題（Selznick, 1949），長期以來已有不少分析者及執行者加以探討。

　　在政策執行過程中，擴大參與者將會增加管理者對執行過程的期待，管理者可在能見度不高，以及在計畫執行的重要階段完成特定重要事務。當然，組際關係也產生變化；環境複雜性及衝突會超過努力的結果，發生難以預料的狀況。為避免情況趨向混淆，最重要的方法便是建立與強化組織之間的支持度。在多元主義制度下，利益團體的層峰組織（peak association）在決策的倡議階段明顯地將成為共同執行者，在決策過程的後半階段則成為共同負責的團體。

　　第二個影響形塑組際關係以及政策執行的政治因素是最基本的選擇。在國家層級中，對於保護私有領域及自由權利的承諾與限制常落在政府當局。在此一環境下，對受限者而言，通常會要求政府研擬緊急問題對策以應付特定偏好及需求。對政府而言，在政策執行階段的解決方案是提出對問題解決的一種承諾，但透過選擇更多複雜性、公私夥伴關係途徑或非營利組織，限制政府正式的控制規範，其結果是形成更為複雜的網絡

制度。

　　當然，也有其他力量在推動民營化、契約化及相關情況，包括為了要降低公部門的成本、強化意識形態上的議程以及弱化公共管理能力。諷刺的是，政府在承諾契約事務時，常會忽略本身所缺乏內部管理能力，因而遭遇難以處理的問題。站在公共管理者的立場，除了在比較傳統情況下的管理工作，在此環境下通常建議具備更多的專業技能、努力及能力。對具體的公共利益行為而言，一旦分散，利用控制手段同樣也很難回復（O'Toole, 1989, 1991）。

　　基於上述理由，組際關係曾迅速的發展。由於該力量在短期內幾乎無法形成，就可預見的未來而言，他們所呈現的影響力，可能導致管理者所面臨的運作環境變得益加複雜。我們發現，組際關係的主題依舊是成功執行政策的重點。更重要的是要了解如何合理化制度性環境以改善政策成功執行的觀點。

了解組際政策執行

　　檢視公共行政領域的標準內容後，我們發現部分假定會主導公共管理者的分析與建議。當所強調的概念為非正式組織時，必須要取得輔助者支持，以及重視外部環境的重要性。同時在許多管理建議上建構原則，使管理者擁有重要能力，下達各項命令，進行資源配置。當然，在組際關係下，這項前提仍有許多問題值得討論。

　　此觀點可應用其他方式表之，當彼此相互依賴的成員面臨困難時，能引導團隊合作或整合成功的政策執行過程。在標準的行政部門中，欲達到協調行動，至少具備三項誘因：首先為權威（authority）（B會與A合作，是因為B覺得有義務要這樣做），再者為共同的利益（common interest）（B會與A合作，是因為B覺得這樣做會朝向大家所共同擁有的目標邁進），最後是交易（exchange）（B會與A合作，是因為B覺得可以從A身上得到什麼，或是從其他地方也會得到什麼，所以值得繼續合作）。正式的科層制度允許公共管理者倚賴權威，俾能協助整合工作，但是跨域工作的公共管理者，通常對此並不熱衷。一般會分散不同部門權威的正式性，像是執行長（CEO）的工作，但是，這種權威性的合作模式幾乎很少發生。中央政府很少捲入各部會的爭議，通常會期望相關組織能共同合作。隨著中央政府決策的威權日益受到限制，因而採取分配較受矚目的個案或議題，鮮少有政策執行的管理者可透過非正式制度的運作完成工作，並建立權威。結果是公共管理者希望能啟動政策執行，因此需另做選擇，亦即在過程中尋找或刺激共同利益，延續共同特點，以維持合理的交易過程（Gage and Mandell, 1990）。

　　姑且不論這些論述可能存有複雜性，重要的是在組際關係的系絡下，可根據不同的管理選項，重新思考管理所選擇的基本系絡、類型及重點。組際行政管理者的模式，假定前提並非自始就有支持性，而是透過運作而建立。無論如何，我們無法倚賴科層制度安排來凝聚協議，而是超越它們之間的正式關係。行政管理者在組際環境中運作或執行過程，必須發展溝通機制，例如溝通管道、語言以及溝通信號等，以期達到政策導向之合作模式及目標。組際環境的系絡研究並非全新的領域，對於管理者而言，跨域的運作模式已發展一段時間。如果組際的運作模式為主要結構，這意謂著研究途徑將由目前所重視的原則，轉向政策執行途徑。

　　公共管理者在複雜的環境下運作，發現所使用的管理策略，受到多元的管理觀點影響。跨越不同部門及部會的管理角色所處的政策領域，鮮少能單方面運作。此工作甚少屬於指導與控制性質，大部分為評估相互依賴的關係系絡，並找尋其影響性，以比較細微的方式為增加成功合作的期望（Stoker, 1991）。

　　公共管理者所面臨的政策執行挑戰，包括：評估結構性環境本身所決定的優勢，以及鼓勵合作行為的成果與其所產生的弱點。選定共同的利益與互惠模式，期望運作能更加成功，同時思考組際的結構環境。本章下一節將介紹，政策執行環境下，可能出現的合作誘因。

　　並非所有組際關係模式都相同，政策執行環境中最重要的是，鼓勵組織參與需要相互依賴的結構。但要強調的是，並非只注重參與單位的數目，而是彼此之間的連結方式。

　　上述觀點與Pressman和Wildavsky（1984）的政策研究相互衝突；兩位學者認為「聯合行動的複雜性」（complexity of joint action）是成功的政策執行最主要障礙。進言之，他們強調成員與決策點數目的重要性，如果愈多的單位參與政策執行過程，特別是需要集體協議，行動成功的機會將會減少。兩位學者以數學的方式呈現相關結果，證明多元組織參與決策，成功機會趨近不可能，即使達成協議的可能性甚高。

　　在演譯法以及大量真實證據之間的矛盾情況下，政策執行過程的成功可能受到政策執行專家運用「Pressman和Wildavsky弔詭」而失敗。Brown（1982）認為Pressman和Wildavsky的分析結果有瑕疵，例如：組際間達成協議的可能性，不太可能受到特定事件所影響。事實上，類似花車效應（bandwagon effect）的情形經常出現：在政策執行過程的初期階段，基本的認知若達成協議，則會增加後續達成協議的可能性。組織在協商過程中，可合併多項的決策或決策點，如此一來，以「包裹方式處理」（package deals）將可增加政策執行成功的可能性。同時匯集，處理相關議題可增加彼此交換的可能性。此外，將多項決策全面性的協商，可降低障礙分散的數目。

　　上述觀點認為組際合作在邁向政策執行成功的過程中，將會面臨許多挑戰，但不太可能如Pressman和Wildavsky的分析讓我們失望，即使在更複雜個案中。一項關於複雜政策執行系絡的重要面向，也是Pressman和Wildavsky並未思考組織本身結構的重要性。許多政策工作需要公部門組織與少數計畫外包者共同執行，以應付政策執行過程所面臨的挑戰。另有其他政策工作會要求其他單位共同緊密合作，每個單位的產出都將是另一個單位的輸入。政策倡議或許會要求參與的組織能更加積極，卻又希望每個組織能獨立於其他組織而運作，例如：中央政府試圖刺激某一地區的經濟發展，透過行政命令要求各相關部會及地方政府重視經濟發展議題，將會產生三種不同的情況，符合Thompson（1967）所提出的觀點，分別為連續性（sequential）、互惠性（reciprocal）以及共同相互依賴（pooled interdependence）。然而，在較大與複雜的組際網絡中執行公共計畫時，每個個案可能產生依賴性。

　　我們必須清楚了解，在組際模式中，政策執行過程將受組織相互依賴性影響，並非只是相關部會與決策數目的多寡而已，例如：在連續性的制度安排下，任何一個環節若發生延宕或障礙，這表示政策執行問題，仍停留在預期影響的環節中。此種類似裝配線（assembly-line）結構的相互依賴關係，在每個環節上可能產生潛在的否決點。政策執行的組際安排方式，有時在結構設計上，允許其中一個單位參與執行潛在否決的權力。此類型的安排必須要為特定組織，以及組織的觀點及管轄權給予特別的權重，例如：環保署的管轄範圍主要是為檢視進行中的計畫，以及否決具有負面影響的重大計畫。

　　在連續性的組織安排下，增加額外的組織或單位，可能會增加行動上的障礙。驗證了Pressman和Wildavsky所言的，共同行動複雜性的建議將會成真。但是在其他類型的安排，例如：結合多個組織的行動，一旦增加額外單位參與，將會增加政策執行行動的期待。簡言之，組際間的相互依賴性結構會隨著不同事情的發生而有所差異，因此，當我們設計組際關係模式的政策執行時，上述情形必須銘記在心。例如：如果值得信賴是最主要的因素，在共同執行方式下，運用多元服務的組織安排方式，往往會增加執行成功的可能性（Bendor, 1985; Chrisholm, 1989）。我們同時注意到許多組織協助美國中型規模城市處理日益嚴重的心理疾病（Provan and Milward, 1991）；執行過程極為複雜，結果造成少數的顧客錯過此項協助。在複雜的計畫環境，為確保特定的政策目標或價值，可透過有效的連續性相互依賴模式，產生否決點。如果健全整合組際行動是解決政策導向問題的先決條件，最重要的步驟，便是在互惠的相互依賴下，創造跨單位的連結關係。有時亦可鞏固或從新組織的結構化安排來降低整合的需求，例如：丹麥的就業訓練計畫執行模式即運用此策略調整。事實上，由連續性至相互依賴的情況，允許就業服務以及福利相關單位為其服務的顧客而與私人公司接觸。

鼓勵組際合作行為

　　我們必須承認不同的組際合作模式在政策執行的重要性，也是邁向有效率執行的下一步驟。此外，具有技巧的執行管理者，必須讓組織間能相互合作而邁向成功。透過組際關係誘使政策執行過程能成功，必須能製造或結合產生共同的利益。換言之，運用交易關係連結相關組織，以較有生產力的方式，達成特定目標。以下主題值得注意。

建立與使用共同利益

　　如果A組織與B組織都關心同一個政策目標，而且政策執行若要成功，就必須要有這兩個組織的參與。果若如此，共同利益方能產生組際執行效果。上述內容為真實且重要，但共同的行動模式仍然有障礙。對重要政策而言，不同的組織有時持有不同的組織目標及觀點。首先，即使在利益及政策優先順序上有所重複，仍舊會有不一致的部分；再者，為何政策執行過程需要組際連結關係的涉入？面對複雜的政策挑戰，必須透過不同組織來反應不同或是相互競爭的觀點，作為政策上參考。類似個案相當普遍，因此我們若期待組織間能有完整的共同利益是一項不切實際的想法。簡言之，組際共同目標很有可能隨著組織性質的差異而有所不同；第三，就政策執行細節而言，不同的組織即使擁有共同目標，難免會有不同的觀點。即使在具有強烈忠誠感的單位，任何重要的事情，例如職權範圍或預算問題，都可能導致衝突發生。

　　即使相關組織可以分享共同的利益，但是在不了解其他組織作為的情況下，每個組織會勉強承諾及作為。簡言之，組織參與複雜的運作體制，要注意其他成員的搭便車（free-riding）行為；當為數較多的組織參與政策執行，即使政策結果有共同的利益，依舊會產生集體行動的問題（Ostrom, 1990），這也是一項困擾問題。由於組織不可能公開計畫內容及行動，如同搭便車者行為，即使本身無任何作為，也有可能會公開宣稱，他們可以為整體政策目標貢獻什麼？另外一種特殊情況是當信任感的程度較低時，組際合作將難以啟動。

　　公共管理者要如何負責鼓勵政策執行過程要能成功？許多行動對成功過程則有益處，其中之一就是執行單位所透露出的訊息，倘若不同的組織及部會在共同的努力下擁有共同的觀點，管理者可針對所有參與者釐清現況事實，以協助管理政策執行過程，愈了解所有參與者的想法及擁有共同的承諾，對於問題的爭議及次要想法的發生機會將會減少，相關的觀點是建構（framing）（Kahneman and Tversky, 1984）。在真實世界中，組際協力過程相當的複雜，而複雜會產生許多質疑，導致投機心態。管理者可歸納出共同利益的觀點，此觀點可能消失在參與者細節與不確定的行為上。聚焦於參與者對正確事

實現況的認知，參與者大致會同意他們所參與的活動是具有價值性的活動，可減少他們對共同行為的猶豫，同時增加信任感。

相同的道理，公共管理者在組際系絡中工作，可在公務中獲得團體間的支持，以及在特定可觀察到的工作項目上，以維持合作的承諾。部分合作行為的承諾亦可協助他人產生承諾，降低單打獨鬥個別行為的風險，重複性的事務可降低其風險。公共管理者可嘗試進行，且盡量以可預測與重複互動行為方式進行。如此一來，將可降低整合的成本，增加團體認知以及行為的可預測性，提昇信任感（Axelrod, 1984）。此外，公共管理者可建立透明的報告制度，讓其他成員可看到其他人在重要議題上的努力（O'Toole, 1996b; 1997a）。

沒有任何的選項可真正改變組際間自然形成的力量。相反地，它是朝向尋求共同行為的穩定及合作的途徑邁進。倘若組織積極參與並且具有某種程度的共同利益，該行為之間則具有一定的因果關係。

另外，公共管理者可透過努力，阻止特定單位發生搭便車的行為發生，例如：如果每個組織都同意的話，可透過組織單位的相互監督。在共同的利益及合作努力下，所有成員分擔組織及管理者的責任。同樣地，執行政策的管理者可決定設計或改變參與單位的組合，以確保該組織具有某種程度上共同的目標。管理者可使用說服技巧，在相關合作的活動中，尋找增加彼此認知的方法。

培養合作行為的支持性規範也是有價值的方法之一（Weber, 1998），合作的規範性及尊重其他參與者的需求，如同社會資本（social capital）強調的重要性。當然，組際計畫的管理者可運用影響力，產生組織支持的規範性。

另外，管理者亦可將範圍較大、較複雜及具有潛在風險的承諾與決策加以調整，成為較小的分析單位，例如：在許多部門中會被要求付出時間及實質資源，很明顯的將會充滿風險，包括：一旦發現存有風險，其他人通常不會付諸執行，此時管理者必須降低風險，使合作行為更具可行性。對於面對困難時的退縮或日後的報復行為，至少可將範圍較大的工作允諾，隨著時間將工作內容予以調整。當共同合作的好處隨著時間增加，任何改變行為的成本，將降低障礙，同時可能直接超越對於集體行動的成就貢獻。組織學會如何與其他組織共同合作，並且開始使用其他成員的貢獻時，往往會增加彼此間的信任感。當改變正如預期般開始發展時，其他相關的共同協議較易達成，因此組織間的報復行為不會立即發生，此為道德上的循環，換言之，早期階段的成功管理，在經過一段時間後，將使得政策易於執行。

儘管前述提及的挑戰與限制，共同利益仍可提供些許可能性，特別是管理者在自己行為支配下加以改變，找出共同利益，並且擴大它的範圍，即使它一開始是被限制的。

經由交易促進合作

　　除了共同利益是組織的黏著劑（glue），凝聚合作，達成目標。交易是一種社會過程，透過它將具有生產力，完成政策執行。組織參與典型的組際政策執行，如欲順利完成工作，需要彼此的協助，即使僅有少數組織參與。正如本章前述內容所提及的，組織要有貢獻，需視本身工作上的本質，以及組織間的相互依賴關係結構。組際交易關係在參與政策執行時，可創造出足夠的誘因，凝聚合作。交易過程不僅係使用資金購買財貨及勞務，在相互依賴的組織中，也成為一種普遍安排類型。

　　使用金錢以鞏固具體行動，當然是屬於一種最普遍的交易行為。對決策者而言，透過第三者參與勞務的提供是有必要的。無論任何理由，透過與第三者簽訂契約的方式是極為普遍的政策工具；可連結不同組織，以便共同建構政策執行，尤其是政府在充滿競爭性的系絡下所簽定的契約（Jensen et al., 1991）。事實上，新公共管理的基本要素在許多國家的政策發展過程係具有能見度，而現在更是透過相關組織及部會擴展契約關係（Barzelay, 2001）。許多交易關係的特質可明確的設計，成為契約關係，而契約的要素亦可透過協商完成，確保其誘因符合所要求的各項行為或產出。即便如此，尚須具備相當技術性的公共管理制度，契約本身並不會自行運作，不論如何精心的設計成為自我運作模式，還是需要有良好技巧性的管理來運作，不是單憑誘因機制（Miller, 1992），某種程度的領導尚須透過各部會有效的運作來凝聚其他成員的支持。

　　組際間的交易關係在參與政策執行過程，甚至可超越正式的協議內容，適用於各種交易過程的結果（Bardach, 1998）。組織需要從外部環境輸入以作為管制，並行銷其結果。然而，輸入的範圍從政治上的支持、人力資源至資訊等，因此輸出的樣態很多。當政策執行過程需要或鼓勵組際合作時，在相互依賴的組織中，關心程序是否能運作成功的人，因為重視交易過程而具有優勢，此種交易關係是已經發展，或正在發展中的關係。此外，直接的可能性，如中央政府可直接提供經費、裁量權及資訊給其他下屬單位；換言之，地方或下屬單位在個別管轄權下，管制或政策執行過程可能會比中央政府更為有效，而下屬單位成功的努力過程，對中央政府而言，則是在經費與政策執行過程會較順暢。

　　針對許多重要的事務，組織之間常有複雜的議程，因之可能要延長時程予以處理。如此一來，這些問題導致協商過程益加複雜，但也相對提高生產力。公共管理者參與政策執行可使用類似方式；各部門或組織在工作上產生相互依賴（Fountain, 2001），即使彼此間並無任何倚賴關係，也會出現一個看似單一（潛在）合作結果的觀點，或是一連串相互依賴關係的決策結果與共同行為。

　　此種複雜性的優勢在於，具有創意的公共管理者，可藉此觀察個別的合作行為；

透過不同而相互依賴單位的工作，穩定長期的合作發展，建立交易關係，甚至以明顯方式建立。同樣情形，範圍較廣及長期的執行過程，必須透過跨域管理模式，減少潛在阻礙。無可避免的，不同的組織將視成功的政策執行，具有不同層次的特點與熱誠，合約的金額、完成重要政策的里程碑、適當外部利益者的參與、將特定資本支出項目納入大型計畫等。這些事務雖然不相關，但就整體政策的利益而言，重點在於可提供較多的交換機會。

此外，公共管理者參與組際的執行過程，如果注意到鞏固交易的關係，可促進生產性的協議，將能藉此提昇政策執行成功的機會。通常，在過程中若無組織管理者的努力以及重視整體結果，政策執行要成功的可能性不高，我們將交易關係視為提出權衡的過程，協助規定組際協議的內容，進而運作監督以及管理資訊流通，讓相關的參與者知道所有過程，以及相關賠償仍然有效。就長期而論，這些管理步驟對解決部分方案仍有重要性。

交易過程有時必須透過公共管理者的協助，蓋管理者可改變其他合作選項（以及非合作），有時僅提醒組織參與不履行的選項（default option）。如果未達成協議，其結果將是鼓勵較有生產性的交易過程。特別是在政策執行初期階段，如果彼此間屬於非合作關係，該組織（如較高的政府層級）可強迫其他組織參與政策。成員間若缺乏任何協議，該手段可警惕其他成員。公共管理者有時可超越上述觀點，針對其他未被注意到的參與者，提出新穎且有創意的選項供其參考。此種在高度衝突性的情況下，具有穩定協商選項的能力，長期以來一直被視為具有技術性的策略。同時，此種管理方式有助於協助組際政策執行的交易過程，規劃新的選項則是在具有生產性的組際關係中最重要的要素。

換言之，改變組織參與組際政策執行的環境，不僅在計畫執行過程時增加共同利益，亦可在特定環境下有助於交易關係。然而，就技術層面考量，組織單位應成為組際執行的一部分。Stoker（1991）指出儘管堅持組織之間具有差異性，組織必須接受彼此間的衝突，在特定計畫中尋求合作關係。

思考交易關係的重要性，在於組際政策執行不應視為係受到完全自願性協議的組織。儘管政府組織鮮少訴諸長期規劃，對有生產力的組際合作模式而言，相互依賴組織間的權力關係會影響重要事件的發展（Bressers and Klok, 1988）。然而，「資源依賴理論」（resource-dependence theory）認為擁有重要資源的組織單位可發揮較大影響力（Pfeffer and Salancik, 1978）。組織單位參與組際執行，應思考策略的可操作性。當然，組織若對其他單位參與政策執行十分重要，將被預期在形塑組織合作與發展階段扮演重要角色。

公共管理者在具備組際關係的部門中工作，就有能力形成具有意義的執行。對管理者而言，隨時提醒所屬單位對周遭環境發揮影響力，此種情形可提供機會將協議制度化，有助於了解政策執行成功的方法。

結論

公共政策的執行常處在高度變化的環境中，我們發現組際合作關係是達到成功執行不可或缺的要素。組織參與過程如政府部門及相關部會、地方政府部門、營利組織、非營利組織及標的團體組織等，都有可能參與政策執行的合產過程。不論組際合作是如何依賴重要因素，難免仍會面臨許多難以預測的障礙，是以必須發展合作模式，不能以假定方式為之。就整體而言，雖然組織之間並無最佳的安排方式，惟強調組織間相互依賴結構的重要性。更多組織的參與會增加本身的能力，同時也限制政策執行。此時，組織間參與共同利益，將有助於鞏固合作行為，同時能促進不同參與者互相交流的機會。總而言之，公共管理者的行為能否產生有效的合作行為也是高度相關。

本章重點在於介紹組際政策執行所面臨的挑戰與機會，特別關注公共管理者角色。既然政策執行過程經常處於組際關係系絡下，政策環境的重要性就值得我們注意與了解。

參考文獻

Agranoff, Robert and McGuire, Mark (2003) *Collaborative Public Management*. Washington, DC: Georgetown University Press.

Axelrod, Robert (1984) *The Evolution of Cooperation*. New York: Basic Books.

Bardach, Eugene (1998) *Getting Agencies to Work Together: The Practice and Theory of Managerial Craftsmanship*. Washington, DC: Brookings Institution.

Barzelay, Michael (2001) *The New Public Management: Improving Research and Policy Dialogue*. Berkeley, CA: University of California Press.

Bendor, Jonathan (1985) *Parallel Systems: Redundancy in Government*. Berkeley, CA: University of California Press.

Bowen, Elinor R. (1982) 'The Pressman–Wildavsky Paradox …', *Journal of Public Policy,* 2 (February): 1–21.

Bressers, Hans and Klok, Pieter-Jan (1988) 'Fundamentals for a Theory of Policy Instruments', *International Journal of Social Economics*, 15 (3/4): 22–41.

Chisholm, Donald (1989) *Coordination without Hierarchy: Informal Structures in Multiorganizational Systems.* Berkeley, CA: University of California Press.

Fountain, Jane E. (2001) *Building the Virtual State: Information Technology and Institutional Change.* Washington, DC: Brookings Institution.

Gage, Robert W. and Mandell, Myrna P. (eds) (1990) *Strategies for Managing Intergovernmental Policies and Networks.* New York: Praeger.

Hall, Thad E. and O' Toole, Laurence J., Jr (2000) 'Structures for Policy Implementation: An Analysis of National Legislation, 1965–66 and 1993–94', *Administration and Society,* 31 (6): 667–86.

Hanf, Kenneth I. and O' Toole, Laurence J., Jr (1992) 'Revisiting Old Friends: Networks, Implementation Structures, and the Management of Inter-organizational Relations', *European Journal of Political Research,* 21 (1–2): 163–80.

Held, David (1996) *Democracy and the Global Order, From the Modern State to Cosmopolitan Governance.* Cambridge: Polity Press.

Hjern, Benny and Porter, David O. (1981) 'Implementation Structures: A New Unit of Administrative Analysis', *Organization Studies,* 2 (3): 211–27.

Hood, Christopher H. (1996) 'United Kingdom: From Second Chance to Near-Miss Learning', in Johan P. Olsen and B. Guy Peters (eds), *Lessons from Experience: Experiential Learning in Administrative Reforms in Eight Democracies.* Oslo: Scandinavian University Press.

Hufen, J.A.M. and Ringeling, A.B. (eds) (1990) *Beleidsnetwerken: Overheids-, semi-overheids-, en particuliere organisaties in wisselwerking.* The Hague: VUGA.

Hull, Chris with Hjern, Benny (1986) *Helping Small Firms Grow.* London: Croom Helm.

Jensen, Torben Pilegaard, Winter, Søren, Manniche, Jesper and Ørberg, Peter D. (1991) *Indsatsen for langtidsledige.* Copenhagen: AKF Forlaget.

Kahneman, Daniel and Tversky, Amos (1984) 'Choices, Values, and Frames', *American Psychologist,* 39: 341–50.

Kettl, Donald F. (1993) 'Searching for Clues about Public Management: Slicing the Onion Different Ways', in Barry Bozeman (ed.), *Public Management: The State of the Art.* San Francisco: Jossey-Bass. pp. 55–68.

Kickert, Walter, Klijn, Erik-Hans and Koppenjan, Joop (eds) (1997) *Managing Complex Networks: Network Management and the Public Sector.* London: Sage.

Klijn, Erik-Hans (1996) *Regels en Sturing in Netwerken: De Invloed van netwerkregels op de herstructurering van naoorlogse wijken.* Delft: Eburon.

Mayntz, Renate and Scharpf, Fritz W. (1995) 'Der Ansatz des akteurzentrierten Institutionalismus', in Renate Mayntz and Fritz W. Scharpf (eds), *Steuerung und Selbstorganisation in staatsnahen Sektoren.* Frankfurta. M.: Campus Verlag.

Miller, Gary J. (1992) *Managerial Dilemmas: The Political Economy of Hierarchy.* Cambridge: Cambridge University Press.

Milward, H. Brinton (ed.) (1996) 'Symposium on the Hollow State: Capacity, Control, and Performance in Interorganizational Settings', *Journal of Public Administration Research and Theory,* 6 (2): 193–314.

O'Toole, Laurence J., Jr (1989) 'Goal Multiplicity in the Implementation Setting: Subtle Impacts and the Case of Wastewater Treatment Privatization', *Policy Studies Journal,* 18 (1): 3–22.

O'Toole, Laurence J., Jr (1991) 'Public and Private Management of Wastewater Treatment: A Comparative Study', in John Heilman (ed.), *Evaluation and Privatization.* San Francisco, CA: Jossey–Bass. pp. 13–32.

O'Toole, Laurence J., Jr (1996a) 'Implementing Public Programs', in James L. Perry (ed.), *Handbook of Public Administration*, 2nd edn. (San Francisco: Jossey-Bass, 1996). pp. 250–62.

O'Toole, Laurence J., Jr (1996b) 'Rational Choice and the Public Management of Interorganizational Networks', in Donald F. Kettl and H. Brinton Milward (eds), *The State of Public Management*. Baltimore, MD: Johns Hopkins University Press. pp. 241–63.

O'Toole, Laurence J., Jr (1997a) 'Implementing Public Innovations in Network Settings', *Administration and Society*, 29 (2): 115–38.

O'Toole, Laurence J., Jr (1997b) 'Treating Networks Seriously: Practical and Research-Based Agendas in Public Administration', *Public Administration Review*, 57 (1): 45–52.

O'Toole, Laurence J., Jr (2000) 'Research on Policy Implementation: Assessment and Prospect', *Journal of Public Administration Research and Theory*, 10 (2): 263–88.

O'Toole, Laurence J., Jr and Montjoy, Robert S. (1984) 'Interorganizational Policy Implementation: A Theoretical Perspective', *Public Administration Review*, 44 (6): 491–503.

Ostrom, Elinor (1990) *Governing the Commons: The Evolution of Institutions for Collective Action*. Cambridge: Cambridge University Press.

Pfeffer, Jeffrey and Salancik, Gerald R. (1978) *The External Control of Organizations: A Resource Dependence Perspective*. New York: Harper & Row.

Pressman, Jeffrey L. and Wildavsky, Aaron (1984) *Implementation*, 3rd edn. Berkeley, CA: University of California Press.

Provan, Keith G. and Milward, H. Brinton (1991) 'Institutional-Level Norms and Organizational Involvement in a ServicE-Implementation Network', *Journal of Public Administration Research and Theory*, 1 (4): 391–417.

Rhodes, R.A.W. (1997) *Understanding Governance: Policy Networks, Governance, Reflexivity and Accountability*. Buckingham: Open University Press.

Rittel, Horst W.J. and Webber, Melvin (1973) 'Dilemmas in a General Theory of Planning', *Policy Sciences*, 4: 155–69.

Scharpf, Fritz W. (ed.) (1993) *Games in Hierarchies and Networks*. Frankfurt a.M.: Campus Verlag.

Selznick, Philip (1949) *TVA and the Grass Roots*. Berkeley, CA: University of California Press.

Stoker, Robert P. (1991) *Reluctant Partners: Implementing Federal Policy*. Pittsburgh: University of Pittsburgh Press.

Thompson, James D. (1967) *Organizations in Action*. New York: McGraw–Hill.

Torenvlied, Rene (1996) *Besluiten in Uitvoering: Theorieen over beleidsuitvoering modelmatig getoetst op sociale vernieuwing in drie gemeenten*. Amsterdam: Thesis Publishers.

Weber, Edward (1998) *Pluralism by the Rules: Conflict and Cooperation in Environmental Regulation*. Washington, DC: Georgetown University Press.

第十二章　基層官僚與政策執行

Marcia K. Meyer and Susan Vorsanger
陳恆鈞／譯

PART 5

　　民主國家對於政策執行機關的控制，向來為公共行政領域所關注。多數學者與實務者在過去已討論立法程序的政治性，以及議會立法過程與執行後之間的關係。近期，更輔以理性選擇模型途徑，強調政策執行部門與決策代理過程之誘因與契約結構。類似主題在政策執行過程研究文獻中多所著墨，不論是以「由上而下」決策模型，探討是否對決策目標盡責議題，抑或是以「由下而上」模型，討論政策執行過程之政策適應等議題。

　　部分學者對於官僚控制與政策執行過程感到興趣，特別是針對基層官僚（street-level bureaucrats）行為，以及相關具有爭議性之措施。該項主題始於1980年代，當時主要以討論學校、法院及福利機構員工為主題。Michael Lipsky將「基層官僚」定義為「工作時與一般民眾直接互動的公共服務人員，或者是在執行工作時，有實際裁量權的公共服務人員」（1980: 3），包括：老師、警察、社服人員、健康與安全調查員及其他公共服務人員等，同時泛指控制公共計畫、執行法令及相關管制行為之人員。這些相關人在政策執行過程中，因擁有獨特的影響力，且擔任重要職位。

　　本章所要思考的重點及學習的內容，將聚焦於基層官僚在政策執行過程所扮演角色。首先，將檢視目前廣為討論的第一線工作人員（front-line workers）的特質，他們的功能實際上即是官僚決策者。其次，將要討論政策官員如何控制第一線人員的裁量行為（discretionary action）？此一觀點讓我們思考規範性問題，特別是科層控制（hierarchical control）：基層裁量對民主治理、一般民眾及政策成果處理之意涵為何。我們發現文獻中存有重要的矛盾，在部分的研究文獻裡，多數研究描述第一線人員處在政治及官僚決策體制的末端，位處權力最小職位；另有文獻認為，他們係一群追求公益（public good），具有忠誠度的公務人員，即使他們屈從於政府部門的管制時亦是如此。部分研究認為他們屬於自利的官僚人員，其處理機制將導致民選官員的政策意向挫敗。

　　本章結論認為上述的矛盾，顯示政策執行過程的複雜性及多元因素的影響，同時包括基層官僚的互動因素等。由於該議題相當複雜，需要較精緻的理論模型解析科層控制

機制、組織限制以及個人誘因等因素。此外，值得注意的是，針對第一線人員之工作績效評估需予考量系絡化（contextualization）因素。由於政策執行系絡在政治、組織、技術以及其他特徵上之差異性，在判斷政策執行成功與否時，必須避免採納單一化標準。此外，我們也甚難同意，第一線工作人員與民主治理的合作及政策成果之間具有單一化標準。如果我們並未思考第一線人員工作時的執行系絡，就貿然實施獎懲，將具有高度風險，畢竟，政策結果受到政策設計、組織能力或其他執行要素的影響。

基層官僚之定義

由於基層官僚人員位處一般民眾與政府之間，有充分機會影響政策執行。第一線工作人員通常負責大部分公部門的重要活動：決定計畫的合適性來分配各種利益，判斷政策的順服程度，執行獎懲及使個人與企業免於處罰等工作，第一線工作人員的工作項目即成為大部分公部門的技術核心工作。

由於上述活動涉及與民眾互動，第一線工作人員執行相當程度的裁量權。公部門的產出形式並非完全屬於實質性的服務與執行活動，因而難以評估與監督績效品質。當績效產出形式涉及與民眾直接接觸時，主管監督的能力及指導幕僚人員的行為因而受限。對照於其他生產過程，民眾對於服務及管制改變了觀點，亟需第一線工作人員以自身擁有的資源，參與共同生產過程；個人若無法主動的合作，則甚難達成預定的結果。此處的「個人」泛指公共服務的受惠者，或受公共管制的標的團體（Hasenfeld, 1992）。此一相互依賴關係在基層官僚人員的工作中，產生實質上的差異性（variability）與不可預測性（unpredictability），同時增加需求與機會執行裁量性質的判斷。

由於基層官僚位處政府與民眾之間，因而有機會執行裁量權。此時，第一線工作人員的影響程度遠勝於正式的權威當局。依據Michael Lipsky的說法，官僚人員不僅負責行政運作，也透過解釋相關法規以及分配稀少性資源等行為，形塑政策執行結果。隨著日復一日的例行性工作以及所做的決策，如同民眾的親身體驗一般，他們即是在生產政策。

部分觀察人將此現象，歸因於基層官僚人員擁有廣泛的影響力。Lipsky（1980）認為他們的行動如同社會控制的機制，主要透過改變與其互動的民眾行為；Vinzant和Crothers（1998）認為第一線人員逐漸成為基層的領導者（street-level leaders），除選擇所欲追求的目標，同時讓美國人民了解「公民」真正的意義；Maynard-Moody和Musheno（2003）指出，第一線工作人員通常會反駁「基層官僚」的概念，認為他們是「民眾—代理人」

（citizen-agents）的關係，協助制定及維護社會的規範性秩序。

基層官僚的執行裁量

　　第一線工作人員的裁量決策與行為對政策所產生的影響，突顯民主控制下的一個廣泛問題。Winter（2000）在針對丹麥農業調查人員的個案研究中，曾提出一項問題：基層官僚是公務員，抑或是具有決定權的主人？該項問題在本質上涉及如何讓委託人控制代理人的裁量權，類似的實證研究主題，包括：警察、社工、健康與安全調查人員、建築調查員以及其他一線工作人員。

　　許多研究者曾檢視不同的政治、組織及其他專業性因素，同時預測這些因素如何控制基層的裁量行為。然而，大部分的結論屬於綜合性，甚至出現相互矛盾。總的來說，研究者認為是複雜性因素所使然，並非矛盾因素，主因是基層官僚鑲嵌在政策、組織、專業、社群以及社會經濟等系統中，任何單一因素的能力都可能影響裁量行為，不論該因素是政策官員的指令，或是地方機關的文化。任何單一因素會受到其他因素的影響，且在執行系統中相互競爭其影響力。

政治控制

　　許多學者亦提出問題質疑，政府官員要如何控制基層官僚人員的裁量行為？此項問題對於主張分權化（decentralized）的美國聯邦主義學者而言，是非常特別的。許多研究使用規模較大的數據以及州政府的管理資料庫進行分析，發現政黨政治的權力（計算方法以政黨在地方立法機構的組成）可做為解釋第一線工作人員行動績效的變異量，例如：決定殘障人士團體津貼補助之合適性研究（Keiser, 1999），或透過補助實質物品與免除子女贍養費要求之研究（Keiser and Soss, 1998），執行職業健康與安全調查與懲處等措施（Scholz et al., 1991）。Scholz與其同僚從該項研究，獲得較樂觀的結論，「由於軍方（field office）對於地方選舉政治的回應性，因而引進地方民主控制的新方式。就政府層級而言，可藉此彌補中央機關的失靈，且提供充分的民主控制。」

　　由於上述研究高度倚賴基層行為的總合指標，對於基層官僚人員的行為與決策的政治控制等研究而言，充其量，只能提供間接證據。當研究範圍愈接近第一線人員時，對於政治官員指示第一線工作人員的能力，結論就不會如此樂觀。在丹麥農業調查人員的研究中，Winter（2000）發現基層官僚人員與主管之間充滿資訊不對稱的問題，導致第一線工作人員的想法，往往超越政府官員的控制範圍。Winter建議政治首長只要區別並限制

基層官僚的政治控制即可。因此,他強調所有的行動要顯而易見,例如:政治官員可以很容易的控制調查研究的數量,而非類似難以觀察的行為因素,如嚴謹的調查過程或嚴格的懲處。

關於第一線工作人員在社會福利計畫的研究,在其他文獻中亦有類似的結論,例如:Meyer、Glaser和Macdonoald(1998),以加州社會福利計畫研究為例,在社會福利改革計畫資訊的傳達研究中發現,第一線工作人員的行為與容易操作化的計畫標準趨於一致,因而難以觀察的監督計畫目標迥異,例如新執行的就業活動計畫等。此外,Lin(2000)描述監獄教育計畫執行的綜合結果;她觀察其中一所監獄後,發現監獄行政部門的幕僚行為與政策目標彼此契合的執行過程。然而,其他監獄幕僚則是以參與不同活動的方式違反政策目標;以無法參與具有意義性層級的活動來忽略政策目標,抑或放棄所有的政策計畫執行。她認為這些結果是難以觀察及控制的計畫活動所造成;例如:一連串行為如在教室睡覺,或是因為翹課而受到紀律矯正官的斥責,綜合上述行為即是政策的本質(2000: 35)。

組織控制

其他相關研究亦強調組織控制第一線工作人員裁量權的重要性。基本而言,第一線工作人員在執行裁量行為時,必須與工作的環境結構相連結,例如:Meyers和Dillon(1999)以加州福利改革的第一線工作人員執行失敗的研究為例,發現當政治官員告誡第一線工作人員的行為時,因此執行新的就業政策時,便產生矛盾。為了維護目前的績效監督制度以及誘因結構,必須重視其他較為合適的重要工作。

第一線工作人員的裁量範圍及方向,與組織及工作的複雜性相關。其工作的複雜性不僅增加第一線工作人員進行裁量判斷的需求,同時也增加審查與監督工作的困難度。因此,政治上的影響力必須藉由公布詳細的法規與程序內容,然而通常產生反效果;也就是強迫第一線工作人員選擇性的服從法規,有時則因法規過度冗長而無法全面執行(Simon, 1983)。如同Maynard-Moody和Musheno(2003)等人觀察基層人員的工作內容後,發現工作內容充滿法規,但諷刺的是,仍然無法有效約束其行為。

部分研究則將資源的限制,界定為影響第一線工作人員裁量工作範圍及方向的主要因素。觀察基層官僚人員長期處理有限資源性工作,以及顧客無限制的要求,發現工作過程必須透過分配服務內容,判斷所提供的服務是否能夠服務顧客,以及合理化計畫目標等事務(Lipsky, 1980; Pesso, 1978; Winter, 2001)。正如Brodkin(1997)針對以調查生活環境為主的社會工作者觀察,發現其職務類似層級較低的行政人員,他們所執行的工作並不是本身所想要做的,因此不會全力以赴。而研究第一線工作社福人員的行為,建

議使用制度性的資源與誘因建立一套行動範圍，但是在處理有限的資源配置時可能會導致，針對類似的顧客而會有不一致或特殊的待遇，抑或是顧客的不同需求會產生工作例行化的待遇（Brodkin, 1995, 1997; Hagen, 1987; Pesso, 1978; Weatherley and Lipsky, 1977）。政府在調查人員的管制研究過程中，注意到資源的重要性（Winter, 2000）。此外，另有研究使用相關數據，研究第一線工作人員的相關活動，例如分配子女扶養費津貼、殘障補助津貼，以及免除單親父母被要求必須與支持兒童強制方案合作等研究（Keiser, 1999; Keiser and Soss, 1998）。

　　Lin（2000）研究在不同的監獄當中，實施不對等的教育計畫執行過程，俾利重新釐清討論組織因素，並認為新的政策執行，只有在與相關部門的組織系絡一致時，才有可能成功。此外，Lin觀察政策傾向於政策目標，除了決策者的預期，不會因為幕僚不了解工作內容而不執行；相反地，他們會合理化工作內容。因此，在了解工作內容只是相關工作項目之一後，發現大部分人員會朝相同政策目標工作。而在執行過程中，基層人員自然會參照新的政策價值，該價值即為所屬組織中最顯著的要素。

工作意識與專業性規範

　　其他學者認為，基層官僚人員可免於受到政策指示與正式的組織誘因影響。他們指出個人利益、專業性規範及相關過程的影響性，可透過員工每天例行性工作中加以建立。

　　許多行政學者認為公共服務規範是官僚績效中最有力的誘因機制。部分研究基層官僚行為的研究者也有類似結論，Brehm和Gates（1997）在調查相關官僚行為及觀察數據後，建議主管可運用其影響力在官僚人員的政策選擇上，包括：第一線社福人員及警務人員等。他們認為官僚人員大半會進行自我管制，以防特定義務或政策成果遭致破壞，主要原因是他們接受公共服務的規範。再者，規範是彼此共同所擁有的，因此透過同事關係可強化規範。研究結論建議官僚的裁量過程，首重個別官僚成員的偏好。我們發現研究觀察的行政人員，較偏好為大眾服務。對一般大眾而言，這是值得慶幸（1997: 196）。

　　其他學者則界定不同的意識形態，發現它與裁量行為存有因果關係，範圍包括從他們的專業性規範社會化過程，到個人對政策工具與政策標的所持的信念。Winter（2001）研究丹麥社會福利計畫第一線人員的「應對行為」，並支持工作員工信念具有多元面向的角色。他運用多變數分析結果發現，工作員工的信念對於工作環境有顯著與獨特的貢獻（包括親身感受的工作量及足夠的專業性支持）。評估他們支配政策工具的潛在效能，以及對於標的人口所持的信念。

一項關於第一線工作人員參與協力合作，以及跨部門活動的研究中，Sandfort（2000）將問題延伸至專業規範領域，藉以思考第一線工作人員能在每天工作中，所形成的集體信念的重要性。他描述第一線社服人員的特徵，大部分與外在環境相隔離，並且抗拒新的政策指示，姑且不論他們是否在法規導向（rule-driven）的部門中工作，或是私人承包商在以結果為基礎（outcome-based）的績效監督下工作，Sandfort認為基層官僚大部分是受到共同知識與集體信念所引導，因此員工會合理化本身日復一日的工作內容。當管理模式所倡導的內容與這些集體計畫相一致時，第一線人員會理性的順從政策指令。然而，當管理模式所倡議的內容明顯不合法，或與日常生活的工作脫節時，集體計畫會合法化員工所追求的其他目標。

Maynard-Moody和Musheno（2003）運用一項創新的研究方法，主要由第一線工作人員用敘事（narrative）方式說明工作情形。他們觀察職業復健、學校以及福利機構的基層官僚行為，發現他們鮮少受到正式的政策指示影響，或管制他們與顧客時間與利益上的限制。相反地，工作人員多半倚賴本身的道德來判斷，其基礎主要來自於個人與計畫的顧客互動所得到的知識。在他們概念中，工作員工並不視自己為政策執行者，而是民眾代理人，主要回應個人及情況的需求。結論指出，基層的行動與決策，鮮少受到法規、訓練及程序的影響，多半是受到信念與規範影響，尤其是關於公平性。

關於基層裁量行為之規範與評估問題

倚賴規範信念控制，對於民主治理與政策執行相當重要。我們所關切的重點主要是政治官員的指示，以及限制第一線工作人員裁量行為的範圍。這對於我們所珍惜的政策結果有特別意涵：民主治理、平等對待公民或政策成就。

當然，部分文獻所討論的內容存有矛盾，早期公共行政理論所討論的重點，認為政策結果可藉由「由上而下」途徑及科層體制模式的控制完成。目前有許多是彼此競合的觀點建議，第一線工作人員的裁量不僅是無法避免，而且是可欲的，特別是在政策過程促進民主的控制下，修正政策以符個人需求及增加政策成果的效能。

民主治理

治理模式較關心的是，基層官僚暗中破壞民選官員的政策目標。由於基層官僚人員既非民選，也不是由民選官員所任命，因而可免於選舉壓力。就某種程度而言，民選官員無法完全控制基層官僚人員日常的決策與行動，一般民眾也無任何機制，以評估

和控制他們對政策所產生的影響。當第一線工作人員將其精力用於管理工作量，處理個人職務上的需求，追求個人意識或政策、政治利益時，政策目標亦有可能錯置或被扭曲（Lipsky, 1980; Sandfort, 2000; Winter, 2000）。以代理人理論（principal-agent theory）解釋，部分基層官僚人員會努力完成決策者的政策目標，但也有人為了追求其他目標而逃避，或者故意破壞主管的政策指示（Brehm and Gates, 1997）。

其他研究則推崇基層工作人員的執行裁量，認為裁量權的行使可彌補一般民眾與民選官員之間的落差，對於民主治理發展有極大的貢獻。地方性計畫的工作人員、調查員及其他第一線工作人員擁有「制衡」（check and balance）的功能，尤其是針對枉顧相關政策目標及置人民利益於不顧的立法者（Ferman, 1990）。因此，第一線工作人員執行裁量的過程可促進代議民主的發展，讓地方權力影響聯邦法規及官僚運作（Scholz et al., 1991），以及賦予受政策影響者有機會去影響政策執行（Ferman, 1990）。Vinzant和Crothers（1998）認為「基層領導者」是重要的治理角色，通常會主動的在一般民眾、社區及州政府之間進行協調，因而增加相關部門的正當性及回應性。

一般民眾之待遇

第二個規範性問題關於基層裁量行為對受到政策影響者的意涵。第一線工作人員可能會運用裁量權來嘉惠於與他們有所互動的民眾。工作同仁在接近民眾顧客時，最好的情況是在分配利益、執行管制或獎懲的時候，大多考量個人的情況。基層官僚亦假設具有豐富的專業能力與知識來嘉惠於顧客（Vinzant and Crothers, 1998）。針對社服人員與職業復健諮商師、警務人員以及老師提供許多差別待遇的裁量案例，認為係屬於必要需求及協助（Goodsell, 1981; Maynard-Moody and Musheno, 2003）。

此外，類似的情況在管制者與管制標的之間亦可能存在複雜的關係，例如Gormly（1995）研究美國托兒制度，其管制行為上的例行公事，引起執行力較弱的州政府以及管制者，不願意處罰較弱勢的家庭供養人，或將他們趕出企業。正如Gormly描述相關規範的累積效果，並無法確實區別供養人的好與壞，或者無法判斷管制部門的產出，因此只有調查員知道，成為他們心中的秘密。

基層裁量的執行若賦予最低的課責，可能使工作人員擁有過多權力，分配資源及執行義務，而守門員的角色會限制申請者符合資格及應有的利益（Hill and Bramley, 1986）。另一麻煩為，當允許基層官僚在區別其受惠者的對待方式，或者區別公共政策之標的團體時，往往將個人偏見帶入公共利益的分配以及懲處過程（Brodkin, 1997; Keiser and Soss, 1998; Lipsky, 1980）。Brodkin（1997）及其他學者認為，公部門長期的資源限制，加上針對第一線人員服務品質監督的困難度，極易產生一種特殊情況：員工雖在執行政府的服

務，但其品質可能較差或不一致。Brodkin同時注意到，在部分州政府的福利制度中，一些條件較差以及非自願性的顧客，本身權利充滿著不確定性，其「發聲」（voice）是一項冒險行為，而「退出」（exit）即是放棄基本的低收入補助。

政策成果

　　第三個規範性問題關心的重點，為第一線人員裁量對於政策成果之意涵。基層官僚將政策目標修改至符合地方社區以及公民、顧客實際運作情況的能力，將可改善公共政策的回應性與效能。當達到政策目標的技術，具有未知性或不確定性時，第一線工作人員可能會透過計畫的實驗、學習及適應過程，期能對政策成果將有所貢獻（Ingram, 1990; Pressman and Wildavsky, 1973）。

　　基層工作同仁的影響力亦將不確定性問題帶入政策成果。政策目標追求的成果需倚賴決策者、工作同仁以及顧客間的合作。這些團體的公共利益具有明顯的區別（Meyer et al., 2001），即使三者在政策目標的成果上具有長期的共同利益，在短期內仍有不同的優先政策考量：決策者為了滿足利害關係人的需求，必須要有顯著的政策成果；第一線工作人員則必須要處理工作管理上的問題；顧客則是要生存就必須管理官僚組織（Lin, 2000; Lynn, 1993）。

　　決策者、第一線工作人員以及顧客之間會嘗試滿足短期性的政策目標，進而產生政策官員的成果目標。Behn（1991）描述成功的福利工作計畫，是行政部門管理者在計畫中著手規劃績效評估與誘因機制（如工作追蹤及報酬配置），將工作員工與政策官員（以減少福利申請承辦之案件數）及顧客（維持穩定的就業量）的利益相結合。每個團體試圖滿足自身目標，使其能有滿意的結果。然而，執行結果竟是出現政策目標不一致及不完整的情況；最糟的情況是政策遭受破壞或失敗等情況。相關個案的政策執行目標成果，大部分如下列計畫內容：例行化個人教育計畫（Weatherley and Lipsky, 1977）；在監獄的教育計畫內容中，並未提供任何指示及說明（Lin, 2000）；托兒的調查計畫則成為管制上的例行性工作，尚無任何約束及報酬（Gormley, 1995）；人力訓練計畫是為了失業而訓練學生，因此指導他們到過度擁擠的工作職務，或者賦予他們一些過時的技巧（Hjern and Porter, 1981），或是無法遵照承諾給予較有意義的訓練與就業計畫（Winter, 2001）。

　　許多關於第一線人員的裁量行為以及政策成果的實證研究，需倚賴數量或規模較小，且較為詳細的計畫作為個案研究，同時少數研究使用多變數的技術檢視第一線工作人員的行為以及政策成果，例如：利用分析工作同仁的跨域變異量（cross-site variation）之方法，或者分析其計畫結果或產出等績效。在綜合行為解釋力後，發現其結果將影響模型的描述及對依變數的測量。

Riccio和Hasenfeld（1996）的研究結果支持其假設，其使用的途徑是在就業準備的相關活動中，福利工作幕僚會影響顧客參與程度。當他們從類似的福利工作計畫中抽選大量樣本觀察，並以多層次分析法（multi-level estimation）將個人變數控制為具有計畫層次的特徵。Bloom、Hill和Riccio（2001）發現本質上較強顧客層次的結果與透過員工在辦公室描述服務的途徑具有相關性。

多變數的研究途徑也建議相同的政策以及組織因素，在不同的標的團體行為有不同的影響效果。May和Winter（2000）發現其顯著性，但是在相關部門的執行工具，顯著性較弱。在丹麥農業管制政策的順從程度的個案中，調查人員的執行方式，其顯著性也較低。但是，May和Wood（2001）研究發現，建築調查人員的調查方式無法直接影響建築人員對建築規定的順從，僅能間接影響建築法規的知識以及調查人員間的合作。

系絡下之基層官僚研究

學術界對於基層官僚的研究，仍存有甚多矛盾的描述。許多研究描述第一線工作人員是處在一個挫敗，以及無力感的官僚體制下，此外，其他人員則為自利性官僚，其應對機制不斷的遭致挫敗及扭曲民選官員的政策意向。最後，另有一群地方領導者為了顧客利益，將政策目標轉變為較客觀的政策指令，關於基層官僚裁量行為影響政策結果的個案研究，可歸因於第一線工作人員的影響因素。然而，以多變數模型分析其影響性，發現其影響效果相對較弱。

上述關於基層官僚行為的矛盾描述，反應了缺乏足夠的理論基礎，以及研究基層人員行為的研究方法，以及無法完全將績效評估予以系絡化。第一線人員在政策執行過程中，常會使用超越本身職位的影響力。事實上，他們的影響力同時也受到對執行系統的限制。目前公共政策在理論與實證的研究，無法考慮基層人員對正式政策風險的適應性，以致將目前正在執行的政策內容描述錯誤。針對第一線人員之研究，若無法考量其所處之系絡，就貿然的依據他們無法充分控制的政策結果給予獎懲，將是非常冒險的。

理論

關於基層人員裁量行為的研究內容也存有不一致的結論，而限制及指導行使裁量權強調需要發展更完整的概念模型，如此將有助於思考第一線工作人員行為的影響力。正如學者Winter在本書描述的重點，政策執行結果係來自於基層官僚人員、組織所處之組織網絡的互動中運作。此外，亦包含與相關標的團體共同合作的行為。上述類似的互動行

為鑲嵌（embedded）在廣泛的政策設計、政治過程以及社會經濟條件。

如同Hjern和Porter（1981）在20年前所主張的，在政策執行結構相當複雜的情況下，不論是科層控制的組織模式，抑或是個人誘因的經濟理論皆描述基層官僚人員的影響性。很明顯地，科層制的課責結構以及正式的政策指令影響，僅能控制第一線工作人員部分的行為。我們必須發展理論模型，以便解釋這些政治工具的力量是如何被相關因素所影響，例如：新政策下既有組織文化的一致性研究。正如Lin研究監獄的教育計畫執行過程，或者如Sandfort研究社會福利制度跨部門合作行為，發現在具有集體性質的架構下，幕僚人員會發展出合理化其工作環境的行為。

在此同時，以極大化效益者來描述基層工作人員的特質，並認為他們的行為不會受到決策者的偏好影響，可能過於簡化。政策設計會創造行動或者排除他人的機會。因此，基層官僚人員工作的組織，其功能即為政策工具，主要透過資源、結構、偏好標準、報酬以及懲處反應與執行政策官員的目標。在基層官僚中的專業或同儕文化都是藉由社會化過程，同時將政策偏好予以強化與具體化。因此，必須透過政策設計、組織特徵、專業性規範與文化，方能了解政治、組織及個人因素是如何藉由基層官僚人員的裁量行為，而發展出較完整的理論，朝特定的政策方向發展。

方法

對實證研究而言，基層官僚人員所鑲嵌的複雜政策系絡也引起爭議，學者們選擇數種途徑，研究第一線工作人員的行為。其中，最詳細的描述性數據是使用人物誌（ethnographic），研究執行參與者、觀察者及其他質化研究方法。這些個案研究提供第一線詳細的行為與條件資訊，以及新的因素概念模型。因此，該途徑屬於勞力密集性的研究方法。主要研究限制為樣本數的規模不足以及通則化問題。在研究中我們很難將基層行為的因果關係進行獨立說明，以及控制從樣本規模較小地區，所產生的第三變數影響性。

其他分析人員則使用行政人員的數據，來建構衡量第一線工作，主要是以目前所觀察到的行為作為分析單位，例如：衛生與安全的調查執行數量，以及處罰徵收之費用（Scholz et al., 1991），以及免除補助子女贍養費的數量（Keiser and Soss, 1998）。上述個案研究的優勢，在於可橫跨不同地區而獲得大量的數據。但是學者們所提供的間接評估第一線活動績效，可能會忽略最重要，也是最難觀察到的裁量行為，該行為即政府賦予基層官僚影響政策方法。當然，該研究也受到限制，例如會使用到解釋性較弱的替代數值做為解釋變數。建立由黨性甚強所組成的地方政府與嚴格的審查計畫適合與否的相關決策，或是在懲處的過程中，往往會告訴我們某件事情與政治科層制度相關，而改變第

一線工作人員的特定行為。但是，這並未告訴我們關於執行政治控制的機制，或者無法量化的第一線人員行為。

目前，多數研究人員已超越上述研究途徑的限制，使用多變數分析方法使評估基層績效的結果更為準確及完整。其中，較為傑出的研究認為，政治、組織及個人因素對於解釋基層官僚行為的貢獻。根據Winter（2001）的研究發現，丹麥社福計畫人員的重複性行為，並未受到明確的政策目標影響，但受到理解計畫的能力，包括工作人員對於政策工具的效能及政策標的團體所持信念的影響。

在丹麥農業調查人員執行管制政策之研究中，Winter（2000）認為行政管理能力、政客及基層官僚的政策偏好，皆會影響到丹麥農業管制調查人員的管制執行過程。此外，Winter發現雖然政策官員的偏好並不會直接影響能見度甚高的調查人員管制努力（執行調查的數量），但是政策官員透過資助行政管理能力而發揮影響力。然而，比較難觀察之處為執行方式（包括執行過程的嚴格程度、強迫與形式上的程度）並未受到決策者偏好或能力影響，而是受到調查人員本身的政策價值及信念影響，特別是關於政策工具的效能以及工作量。上述研究內容充分發揮多變數模型的價值，尤其是評估基層官僚行為的多元因素相對影響力，以及確認這些因素對不同人員的行為影響。

其次，另有其他研究認為第一線工作人員行為的變化，可作為解釋標的團體行為。Bloom、Hill和Riccio（2001）在近期的研究，指出在控制顧客層級的特徵與地方性經濟條件時，建立福利工作計畫在不同顧客層級的實施結果模型，以作為分析地方計畫模型、地方計畫能力之功能、幕僚及管理者之間信念的一致性，同時作為部分一線人員行為（服務個人化）分析之用。他們運用許多種評估方法及多層次的評估方法，界定個人配置過程對於顧客結果之影響，具有實質意義與建設性。

系絡

關於基層官僚對政策影響力的規範性爭論，同樣出現在基層官僚對民主治理以及政策成果的貢獻。這種情形反應部分觀察者在進行評估時，無法置身於政策系絡中。如果基層官僚是鑲嵌在複雜的執行結構，並由基層官僚執行裁量。但是，若無法強調系絡的重要性，不可能評估其績效。對於分析者而言，通常希望所評估的對象為成功的個案，或者是基層官僚與政策官員目標之間能充分合作。然而，上述的研究過程有困難度；在不同的政策執行系絡下，相同的第一線人員所做的決策與採取的行動，表現出的合作模式將有所不同，甚至可能會出現規避與暗中破壞之行為。

政策執行系絡會隨著不同國家與政治制度而有所差異。Hill（1997）對照美國與斯堪地納維亞國家實施官僚政策控制情形，認為在美國政治體制中，極易出現分裂以及競

爭的聯邦制度，但是在斯堪地納維亞的國家中，相對較易在溫和及共識的情況下，討論國家與地方政府之間的合作。政策在不同政治文化中執行，同時鑲嵌於不同的政治衝突（Brodkin, 1990; Ferman, 1990）。

　　政策執行系絡會隨著不同的政策設計而有差異，例如：當政府針對一般民眾在實施優惠政策，將比管制民眾行為產生不同政策的爭議。由於政策設計會影響標的團體的行為與環境，因此政策執行系絡會隨著不同的標的人口而有差異，例如：管制較為弱勢之托兒團體，與管制擁有豐富資訊以及在政治上較為強勢團體比較，屬於較為不同的執行過程。有些社會問題的確比其他問題容易解決，由於技術較明確，或標的人口的利益、能力與政策目標一致，計畫執行結果較為實際。

　　政治與政策設計不僅決定未來要做什麼、要提供給誰？相關資源及政府當局等執行部門在政策執行處理上，如組織執行系統的能力，以及組際的複雜性，必須合作以達成政策目標、現行政策架構下的密度與一致性，及其他組織因素等。政策需以政治共識為基礎，並獲得實力較強的政治擁護者支持，俾能控制其政策設計以及分配執行部門的資源。反之，若無法解決政治衝突，則產生模稜兩可的政策指令、支持度較低的計畫，或是依據錯誤理論而採取行動。從政治協議中所產生的漸進改革，會產生密集而重疊之組織責任制度，甚難協調，或出現矛盾之政策指示現象。

　　在分歧的政策執行系絡，亟需解決基層官僚應該做哪些事情？以及他們最常忽略的不確定性事情為何？如同Helen Ingram（1990）的建議，目前政策執行者所面臨的挑戰，多半來自政策規劃者所認定的問題，以及執行部門所採納之解決方案，也成為地方政策執行部門以及第一線人員所面臨之挑戰，包括：他們被要求執行的工作以及提供相關資源的過程、按照績效給予報酬，以及未達到績效者即予以懲處。如果基層官僚的工作內容，以及工作能力十分倚賴政策執行系絡時，判斷執行裁量的標準又是什麼呢？

　　第一線工作人員會確實執行民選政策官員的政策意圖嗎？傳統公共行政以及政策執行理論似乎已經提供明確的答案。在最嚴謹的政策形成過程中，建議在評估第一線人員的績效時，可對照政策成果的標準。我們必須承認第一線工作人員對於執行某些政策結果及影響並無置喙餘地。觀察人員建議，應該根據基層官人員的行為，作為評斷他們的績效，並非以政策結果為主要考量。Lin（2000）建議在評斷政策執行成功與否時，應考量幕僚相關行為是否與政策目標結果有合理的相關性。此外，Winter認為評估行為變數時，應能顯示執行者的績效，無論標的團體中是否產生所預期的行為。

　　對決策者意圖盡責與否，亦可作為衡量標準之一。考量執行部門的能力與專業，官員的意圖必須很明確，具有一致性及合理性。然而，在民主社會中，執行條件充滿不確定，一旦政策目標與技術充滿不確定性時，評估標準將是不完整，例如：社會政策的執

行過程中，存有一項普遍情況：決策官員透過選取模稜兩可或是矛盾的政策指示，期能取得政治上的共識。此種情形下，我們評估第一線工作人員的行為績效，是以透過成功協商，取得明確政策指令為考量基準。

其他個案中，決策者會延續概念上錯誤的政策指令，或將指令傳達到較差的或不適合的執行部門，以解決政治爭議，而第一線人員確實也會忠實的追求決策者意圖。就評估績效而言，我們可依據第一線人員來修正或改善行政或立法指示的範圍。當達成政策目標所需要之相關技術充滿不確定性或未知數時，要評估第一線人員的合作行為，唯有透過地方性計畫內容以及成功與否為標準。其他個案中，第一線政策執行部門會戮力追求決策者意圖，但缺乏資源或技術上的能力，以致無法達成政策目標。在此情況下，成功與合作可視為是為一種政策學習；由政策幕僚告知決策者，使其了解正式目標與實際能力之間的差距。由不同角度觀之，可將此一情形視為政策尚未執行完成的草率行為，也是政策官員對其選民信口開河（hollow promise）的例證。

簡言之，在不同的政策執行系絡下，我們可能要思考創造性、適應性、學習過程、企業家精神、計畫實驗過程甚至草率行為，作為適當的政策結果以對照評估基層官僚對裁量行為執行結果。當我們的焦點被引導至政策設計及政策執行系絡下的其他因素時，我們必須承認不確定性因素可能影響我們對基層官僚之績效評估。Hill（1997）觀察英國實施分權化結果後，明確指出決策與執行過程之間的區別，對於譴責之爭議，也提供不同觀點；政策本身並沒有錯，只是因為受到其他因素的破壞。

結論

第一線工作人員在公部門中雖然扮演重要的角色，但常在政策執行、政策結果及影響中遭受忽略。詳言之，受到政策官員忽視的原因可能是，政策並未執行，或政策指示遭致扭曲。同樣情形，他們也被研究政策過程的學者所忽略，主要緣由是學者之興趣僅止於政策採納過程。基層官僚也受到評估人員忽略，要因是他們錯誤的假定政策處理方式，是依據正確的政策指示內容。

第一線工作人員之所以常被忽視，主因是執行過程研究存有困難性。當我們審慎檢視基層官僚行為研究之文獻後，發現部分學者所討論的議題結論，大半聚焦於基層人員的執行裁量過程，不論該過程對民主與政策成果的好壞。

本章前半段已討論該研究方法之矛盾，並對研究本身在基礎上的異議，主要與理論、研究方法以及研究過程的系絡化限制息息相關。理論上的限制，在於無法明確的說

明基層行為的各種面向，諸如治理模式、政策成果以及控制科層的方式（例如：透過政策設計或主管）。此外，還包括個人層次的誘因（例如：專業規範及個人信念）與行為指導間的互動過程。實證研究的限制在於難以界定，以及觀察不同環境下的各種行為。為了解政策與組織環境的變化，在多元環境下，通常會以解釋力較弱的其他方式來取代難以觀察的基層行為，然而，在一個或有限環境下所做的研究，其預測變數並無法充分提供變化情形。

　　儘管基層行為研究有上述困難，我們對於基層官僚行為研究的未來發展，應持樂觀的理由，目前已有學者使用多變數分析，因而能隔離系絡因素對基層行為、政策產出以及政策結果所造成的影響。在多元環境中之服務以及管制行為的研究，必須要被明確的界定其結構內容，如此方能在不同的執行部門、政策以及國家系絡下所進行的研究更為健全。此外，以理論為導向的學者，可改善我們的理解，特別是基層官僚如何合理化其所處之政策環境，以及這些合理化過程如何傳遞及引導日常行為。

　　對其他學者而言，最重要的挑戰是發現基層人員的行為共通點，儘管已明瞭政治、社會及經濟系統如何形塑他們工作的環境系絡。如果我們特別關注基層官僚的相關活動及影響，將使我們對政策執行成功與失敗的理解更為透徹。但針對基層官僚成功或失敗予以獎懲時，我們仍然極易疏忽應針對影響他們行動的政治、政策設計以及組織等因素進行研究。

參考文獻

Behn, R. (1991) *Leadership Counts*. Cambridge, MA: Harvard University Press.

Bloom, H.S., Hill, C.J. and Riccio, J. (2001) 'Modeling the Performance of WelfarE-to-Work Programs: The Effects of Program Management and Services, Economic Environment, and Client Characteristics'. *Working paper*. Manpower Demonstration and Research Corporation.

Brehm, J. and Gates, S. (1997) *Working, Shirking, and Sabotage: Bureaucratic Response to a Democratic Public*. Ann Arbor, MI: University of Michigan Press.

Brodkin, E.Z. (1990) 'Implementation as Policy Politics', in D.J. Palumbo and D.J. Calista (eds), *Implementation and the Policy Process*. New York: Greenwood Press.

Brodkin, E.Z. (1995) *The State Side of the 'Welfare Contract': Discretion and Accountability in Policy Delivery*. University of Chicago, School of Social Service Administration.

Brodkin, E.Z. (1997) 'Inside the Welfare Contract: Discretion and Accountability in State Welfare Administration', *Social Service Review*, 71 (1): 1–33.

Ferman, B. (1990) 'When Failure is Success: Implementation and Madisonian Government', in D.J. Palumbo and D.J. Calista (eds), *Implementation and the Policy Process*. New York: Greenwood Press.

Goodsell, C.T. (1981) 'Looking Once Again at Human Service Bureaucracy', *Journal of Politics*, 43: 763–78. Gormley, W.T., Jr (1995) *Everybody's Children: Child Care as a Public Problem*. Washington, DC: Brookings Institution.

Hagen, J.L. (1987) 'Income Maintenance Workers: Technicians or Service Providers?', *Social Service Review*, (June): 261–71.

Hasenfeld, Y. (1992) 'The Nature of Human Services Organizations', in Y. Hasenfeld (ed.), *Human Services as Complex Organizations*. Newbury Park, CA: Sage pp. 3–23.

Hill, M. (1997) 'Implementation Theory: Yesterday's Issue?', *Policy and Politics*, 25 (4): 375–85.

Hill, M. and Bramley, G. (1986) *Analysing Social Policy*. New York, NY: Blackwell.

Hjern, B. and Porter, D.O. (1981) 'Implementation Structures: A New Unit of Administrative Analysis', *Organization Studies*, 2 (3): 211–27.

Ingram, H. (1990) 'Implementation: A Review and Suggested Framework', in L. Lynn and A. Wildavsky (eds), *Public Administration: the State of the Discipline*. Chatham, NJ: Chatham House. pp. 462–80.

Keiser, L.R. (1999) 'State Bureaucratic Discretion and the Administration of Social Welfare Programs: The Case of Social Security Disability', *Journal of Public Administration Research and Theory*, 9 (1): 87–106.

Keiser, L.R. and Soss, J. (1998) 'With Good Cause: Bureaucratic Discretion and the Politics of Child Support Enforcement', *American Journal of Political Science*, 42 (4): 1133–56.

Lin, A.C. (2000) *Reform in the Making: The Implementation of Social Policy in Prison*. Princeton, NJ: Princeton University Press.

Lipsky, M. (1980) *Street Level Bureaucracy: Dilemmas of the Individual in Public Services*. New York: Russell Sage Foundation.

Lynn, L.E., Jr (1993) 'Policy Achievement as a Collective Good: A Strategic Perspective on Managing Social Programs', in B. Bozeman (ed.), *Public Management: The State of the Art*. San Francisco: Jossey–Bass. pp. 108–33.

May, P.J. and Winter, S. (2000) 'Reconsidering Styles of Regulatory Enforcement: Patterns in Danish Agro-Environmental Inspection', *Law and Policy*, 22 (2): 143–73.

May, P.J. and Wood, R. (2001) 'Regulating Compliance in Inspector Behavior'. Paper prepared for the Annual Research Meeting of the Association for Public Policy Analysis and Management, Washington, DC (1–3, November, 2001).

Maynard-Moody, S. and Musheno, M. (2003) *Cops, Teachers, Counselors: Narratives of Street-Level Judgment*. Ann Arbor, MI: University of Michigan Press.

Meyers, M. and Dillon, N. (1999) 'Institutional Paradoxes: Why Welfare Workers Can't Reform Welfare', in G. Frederickson and J. Johnston (eds), *Public Administration as Reform and Innovation*. Tuscaloosa, University of Alabama Press.

Meyers, M.K., Glaser, B. and MacDonald, K. (1998) 'On the Front Lines of Welfare Delivery: Are Workers Implementing Policy Reforms?', *Journal of Policy Analysis and Management*, 17 (1): 1–22.

Meyers, M.K., Riccucci, N.M. and Lurie, I. (2001) 'Achieving Goal Congruence in Complex Environments: The Case of Welfare Reform', *Journal of Public Administration Research and Theory*, 11 (2): 165–202.

Pesso, T. (1978) 'Local Welfare Offices: Managing the Intake Process', *Public Policy*, 26 (2): 305–30.

Pressman, J.L. and Wildavsky, A. (1973) *Implementation*. Berkeley, CA: University of California Press.

Riccio, J. and Hasenfeld, Y. (1996) 'Enforcing a Participation Mandate in a WelfarE-to-Work Program',

Social Service Review, 70 (4): 516–42.

Sandfort, J.R. (2000) 'Moving Beyond Discretion and Outcomes: Examining Public Management from the Front Lines of the Welfare System', *Journal of Public Administration Research and Theory*, 10 (4): 729–56.

Scholz, J.T., Twombly, J. and Headrick, B. (1991) 'Street-Level Political Controls Over Federal Bureaucracy', *American Political Science Review*, 85 (3): 829–50.

Simon, W.H. (1983) 'Legality, Bureaucracy, and Class in the Welfare System', *Yale Law Journal*, 92: 1198–250.

Vinzant, J.C. and Crothers, L. (1998) *Street-Level Leadership: Discretion and Legitimacy in Front-Line Public Service*. Washington, DC: Georgetown University Press.

Weatherley, R. and Lipsky, M. (1977) 'Street-Level Bureaucrats and Institutional Innovation', *Harvard Educational Review*, 47 (2): 171–97.

Winter, S. (2000) 'Information Asymmetry and Political Control of Street-Level Bureaucrats: Danish Agro-Environmental Regulation'. Paper prepared for the Annual Research Meeting of the Association for Public Policy Analysis and Management, Seattle, WA (2–4 November, 2000).

Winter, S.C. (2001) 'Reconsidering Street-Level Bureaucracy Theory: From Identifying to Explaining Coping Behavior'. Paper for the Annual Meeting of the Association of Policy Analysis and Management held in Washington DC (1–3 November, 2001). Danish National Institute of Social Research.

第十三章　大陸體系的行政法制

Jacques Ziller
任文姍 / 譯

在歐洲，直到20世紀結束的15年之前，大部分國家公共行政發展研究方面的學者，多具有法律背景，以及公共行政領域的法律從業人員。[1]大體上而言，公共行政研究，原本只是行政法的一個副產品。而即使身為行政社會學（sociology of administration）的創始人，Max Weber[2]，在他開始對經濟學與社會學產生興趣之前，所受的教育也是針對律師職業的養成。這樣的傳統，往往容易產生誤導，讓人錯以為歐洲大陸的公共行政與法律乃師出同一體系，而不是像英美等國家體制——其特色衍生自習慣法（普通法）（common law）傳統的行政體制。當我們進一步地對各個國家詳細檢視，將發現許多的歐洲大陸國家與美國之間，其實存有許多的共同點，而一些歐洲國家與英國則有些許的相似，另外在不同的歐洲大陸國家之間，則存有許多重要的差異。本章的目的，乃是希望藉由兩個傳統的主導模式：法國的合法性原則（principe de legalite）與德國的法治國家理念（Rechtsstaat idea），考慮不同的比重為研究重點，以探討歐洲大陸西半部等國家的公共行政結構與功能，針對法律所扮演的角色，做一詳盡的描述與解釋。

---

1 最好的例子之一就是法國的Auguste François Vivien de Goubert（1807-1874），他不僅擔任過政府首長，同時也是國務院的一員。他所著作的《行政研究》（*Etudes Administratives*,1845）對於法國的公共行政所造成的影響，延至今日。請參考維因議員所著的行政研究一書（Paris: Cujas, 再版reprint）。

2 生於1864年，歿於1920年。他在這一領域方面，最為眾人所知的著作是《經濟與社會》（*Economy and Society*, 1920），其第一本翻譯的書之一為Max、Henderson、A. M.和Parsons, Talcott《社會與經濟組織理論》（*The Theory of Social and Economic Organisation*, 1947）。同時請參考1983年由Max Weber和Anderski Stanislav所合編的*Max Weber on Capitalism, Bureaucracy and Religion*（London: Allen and UnWIn）。Max Weber 同時也著名於宗教社會學（sociology of religions）相關領域；請參考其出版於1905年的著名著作，Weber Max《新教倫理與資本主義精神》（*The Protestant Ethic and the Spirit of Capitalism*, 1976）（London: Allen and Unwin）。

德國與法國的模式

當代歐洲大陸公共行政的兩個主要模式，分別起源於18世紀期間的普魯士與19世紀初的法國，其主要乃是在拿破崙時期。[3] 當普魯士模式對於奧地利公共行政的早期發展產生影響的當時，拿破崙模式對於義大利與西班牙的行政發展，以及荷蘭等發展極為重要，而陸續也對比利時與盧森堡等國家產生影響。惟獨瑞典與瑞士兩個國家例外，他們的行政體系結構與其他的西歐國家極為不同，而唯一的共通點乃是，法律在政府的行政體系上，都扮演一強有力的重要角色。[4] 就法律的角色而言，普魯士的法治國家傳統與法國的合法性原則傳統，兩者都詳細解釋了法律對於公共行政的重要性。

普魯士傳統的法治國家——字面上即為「法治國家」，然而在歐洲，則多被翻譯成為「法治」（rule of law）——其概念主要乃是於19世紀由德國作家[5]所提出。而所謂的「警察國家」，指的是極權君主專制國家。然而不同於「警察國家」（the Polizeistaat – police state），法治國家這個理念，起源於影響整個18世紀普魯士人專制政治的啟蒙時代（the Siecle des Lumieres）。大體上來說，法治國家理念的主要特色為，一個國家的君主必須受到制定的法律範圍所限制，而且這些法律必須維持穩定不變的狀態。這些法律不僅必須受到君主的重視，並且必須合宜地被適用於政治中立的法官與行政人員。直到20世紀，法治國家的理念，仍是集中於法律的形成，以求扮演維持良好社會秩序的防衛員，並且與政府行政工具的存在，緊密結合，以作為維繫政府體制功能運作的主要保障。於是，對於那些尚未轉變成議會制度政權（parliamentary regime）的歐洲君主國家，法治國家的理念具有極大的吸引力，此一狀況主要出現於奧匈帝國時期——啟蒙運動盛世期的德意志國家。此外，受到影響的還有北歐國家，而荷蘭也受到某些程度的影響。納粹時期與其所扶植的德國法律慣例的異常行為——加上著名的律師兼學者如Carl Schmitt[6]等的協助——導致第二次世界大戰之後，「法治國家」出現一個極大的轉型。雖然法律的形成對於人民程序上的保障面，仍維持其重要性，但除此之外，「法治國家」如今更結

---

3 請參考Wunder, Bernd所編（1992年）*The Influences of the Napoleonic 'Model' of Administration on the Administrative Organization of Other Countries Brussels: International Institute of Administrative Sciences*.

4 請參考Ziller, Jacques, *European Models of Government: Towards a Patchwork with Missing Pieces*, Parliamentary Affairs, 54, 1 (2001), p. 102-19.

5 特別是Gerber（1823-1891）以及 Lanband（1838-1918）。

6 1888–1985. 請參考 Bendersky, Joseph W. (1983) Carl Schmitt, Theorist for the Reich (Princeton, NJ: Princeton University Press).

合人權與反歧視的堅固憲法保障，而最重要的就是人類尊嚴的維護。其所仰賴的，乃是一個以憲法法院（constitutional court）為中心，提供司法保護的複雜體系——此模式乃是受到Hans Kelsen [7]的影響，於1920年，在奧地利所發展而成。此一重新復活的法治國家概念，在歐洲所造成的影響日益增長，而在法西斯時代的義大利，也發展出相同類型的概念。德國的憲法儼然成為歐洲轉型為民主國家的主要啟蒙來源，首先是那些原本為專制國家，如1974年後的希臘與葡萄牙，及1976年後的西班牙，然後就是1989年後的前共產主義國家（communist countries）。

　　至於合法性原則（principe de legalite; principle of legality）同樣也是深植於啟蒙社會的理念。然而當伏爾泰 [8]對啟蒙運動（enlightment）所持的懷疑哲學對普魯士國王腓特烈大帝造成影響的同時，在1789年的法國革命時期，主要則是由政治人物——盧梭 [9]所採用並發展的民主理論。孟德斯鳩的「三權分立說」理論 [10]，則花了較多的時間才成為法國的慣例：此理論必須等到1816-1820年君主政治下，議會制度（parliament regime）成立，並在19世紀的最後15年裡，才為民主主義者作為共和黨政權（the republican regime）的特性所接受。合法性原則的主要理念乃是「法律是一般的意志表達」，用盧梭的話來表示，就是：【條例】法律為公意的表現。根據此一理念，連結制社會契約論（social contract）的概念，人民只需遵循那些經由代表所決定，並接受認可的法律條文即可。當法治國家的理念被獨立地發展，而且遠在19世紀德國機構所信服的民主概念之前，合法性原則一直是與代議民主（representative democracy）的理念相連結，即使在拿破崙時代（1799-1814年）以及拿破崙三世（1852-1870年）的專制政權下，合法性原則僅存形式的情況下也無例外。從1848年起，合法性原則同時也變成直接且永久性地與一人一票的普選權（universal suffrage）理念相結合。合法性原則，普選權，與1789年的人權宣言（the Declaration of Human Rights of 1789），乃是法國革命影響歐洲自由派思想的三大主要理念；值此同時，拿破崙時期的行政體系，因為與法國大革命相連結，一方面使得自由派

7　1881-1973。一位著名的律師與學者，同時也是奧地利1920年立憲革創者之一，最為著名的著作為《純粹法學》（*Pure Theory of Law-Reine Rechslehre*）。請參考Kelsen, Hans and Hartney, Michael (1991)規範的通論 *General Theory of Norms* Oxford: Oxford University Press。

8　Francois Marie Arouet

9　Jean-Jacques Rousseau 1712-78.他在政治學理論方面主要的著作為《社會契約論》（*The Social Contract – Du contrat social*）1762。請參考 Rousseau, Jean-Jacques, Cress, Donald A. and Gay, Peter (1987) Basic Political Writings (Indianapolis: Hackett).

10　他最著名的著作《法意》（*The Spirit of the Laws*），同時也對美國憲法的創立造成諾大的影響。

主義者因此而折服，甚至更具有影響力。另一方面也因為其行政效率，讓專制君主政權的領導者也同樣深受影響。[11]合法性原則在法國發展所產生的法律結果，主要乃是以行政法院的案例法（國務院）為發展的根據。此一政府機構（行政法院）是在1799年，為了擔任政府的法律顧問（legal council）而設立，並且在很快的時間內，就成為人民與政府（也就是公共行政）間訴訟的最高上訴機構，因為政府並不能偏離此機構所提出的諮詢。到了1872年，行政法院就成為，以人民為名義，逕行做出裁決的獨立法庭。而早在19世紀中期，行政法院的案例法，就是現代行政法最早發展的法律本體。於是，此一法律本體便成為大多數西歐國家，發展行政法的主要靈感來源之一，而法國行政法院的模式也為其他多個較小國家所援用，並作為多個國家成立其最高行政法庭的根源。[12]

　　這些原則與根源上的差異處，對於解釋各個國家之間的不同，扮演了極為重要的角色，包括：內因性概念的角色，以及法國與德國的角色，分別在時間與空間上，造成不同的影響。但是法治國家（the Rechtsstaat）與合法性原則（the principe de legalite）等這兩種概念，之間也存在許多共通點——甚至在某種程度上，也與美國的狀況相通。這主要乃是與以成文憲法 為根據的成文法體制相連結。然而，橫跨歐洲大陸，各個國家的行政法庭系統之間，仍存有重要的差異性，而其間的多元化，包括行政法等一整套原則，以及成文法與法官制定法等，仍有待我們進一步去發現。若能對這些共通點與差異性，達到全盤的了解，將有助於我們對於即將來臨的20世紀，甚至100年之後，所謂韋伯模式（Weberian model）的公共行政[13]發展，其所代表的意義與相關性，產生更好的整體概念。

公共行政管理與成文法之間的密切性

　　歐洲大陸國家的成文憲法，包含了一整套適用於公共行政的原則。雖然有的時候，這些成文憲法僅僅只是簡單的文字描述——不過由於法律學與翻譯的闡明，卻能清楚地表達其真正的含義。同樣的道理，也適用於更早期的比利時憲法（1832年），以及1958年的法國憲法，其在起草憲法之際，最高行政法院（the Conseil d'Etat）的律師們，便扮

11　請參考 Wunder (note 3 above).

12　請參考：International Association of Supreme Administrative Jurisdictions (IASAJ), http://www.iasaj.org

13　根據Max Weber對於現代行政學，關於「法規相關」（legal-relational）類型的分析，通常多提及Weber公共行政的模式（the Weberian model of public administration）。

演主導的角色。在大部分的案例中，這些憲法原則甚至更為明確且清楚。其主要的原因乃在於，這些國家的憲法多是在民主化開始之後，或是回復成民主制度之後，才起草成立——如奧地利是在1920年起草憲法，義大利為1947年，德國是1945年，希臘為1975年，葡萄牙為1976年，西班牙為1978年，以及許多在1990年代的前共產國家——或者是朝向合理化（rationalization）與法典編纂（codification）的國家——最近的例子則是1999年[14]的瑞士與2000年[15]的芬蘭。

　　根據這些原則，公共行政的角色就是將這些法律適用到個別的案例，也就是說，經由（國會的）立法委員，將一整套極為抽象的通則法條寫入成文法。我們應該記得的是，整個歐洲，包括英倫三島（British Isles）在內，直到17世紀或18世紀，其行政與司法的功能之間，其實僅有微小的差別，而且是平等地適用於所有的政府職員。[16]瑞典的獨立行政機關系統，長期以來多是缺乏功能上差異性的代表之一。同樣的情況也出現於普魯士常任文官制度的行政體系。其司法與行政功能的獨立，對於其現代行政發展的過程裡，扮演一主導性的角色，尤其是16世紀時期的西班牙與17世紀時期的法國，此一情況更為明顯。

　　歐洲大陸的法律慣例其一部分是根據羅馬的法律作為基礎，因為羅馬法律的系統化建構與法典編纂的發展已經相當成熟。此外，還以大學架構的法律體系化傳統為依據（如義大利波隆那大學、法國蒙貝利耶大學等）。從17世紀以降，國家的法典編纂便開始在許多國家萌芽發展。其一開始主要的目的，乃在於將國家的法律一致化（丹麥為1687年，瑞典1734年，普魯士為1794年），然而法典編纂，同時卻也變成社會現代化的工具之一，尤其是在1804年，法國的拿破崙法典（Napoleonic codes），以及之後，1901年的德國民法（the German civil code）（Burgerliches Gesetzbuch, BGB）。對於所有的工業化國家而言，此舉不僅產生一部分量極為重要的成文制定法律，同時也鑄造出一特殊的成文法的起草方法，不同於以往多採用「習慣法」的國家。

　　根據此慣例所產生的是一部高度發展，而且具系統化等級之分的成文憲法。而不同於那些適用於一般的成文法，此憲法所賦予最大的重要性，乃是針對特殊的規定進行修正，並且應該設立國家的政治機構與社會體系裡，最通則且具結構性的法律原則。然後，唯一被稱為「法律」（Lois, Gesetze, Legge, Leyes etc）的國會立法行為（acts of

---

14　請參考 http://www.admin.ch
15　歐洲聯盟會員國的相關憲法，可至http://www.iue.it/LAW//conseulaw參考。
16　請參考Ragnemalm, Hans, 'Administrative Justice in Sweden', in Piras, Aldo (1991) *Administrative Law –the Problem of Justice*, vol. 1 Anglo-American and Nordic Systems (Milan: Giuffre).

parliament），就應該建立相關的總則，好讓國家主政者（國王或是人民代表）作為社會規範的根據。根據憲法起草慣例最好的例子，就是法國與德國的民法典、成文法（statute law）的制定，於是不應該過於詳細，而是只需根據定義的類別（defined categories），設定相關的原則與規定即可。這就是為什麼國會立法行為，通常必須藉由制定，由行政首長所採用，更為詳盡的總則（reglements, Verordnungen）。而不同於國會的立法，這些總則，其內容極為詳盡之特質，針對預定的狀況，提供一套特殊的解決方案。而順帶一提，由於政府官僚對於技術用語的濫用，以及訓練不佳的政治顧問之干涉，使得此法案慣例的最佳優點因而喪失。為了將這些國會的立法與規定，適用到真實生活裡個別的案例，不得不將行政首長相關成員的行政決定與法律加以約束。大部分的這些行政決定，是以永久性的基礎，交付由政府文官加以應用。而這些法律工具來源的位階，則是定義了合法性的規則：個人化的決策，必須由行政首長做出以配合法律，並且必須與總則相一致，而即使相同位階的主管也有權同時採用總則與個人化決策。此外，總則不可與國會立法相違背，相對的也必須與憲法相一致。

根據法治國家與合法性原則的內容，行政首長如果有合宜的根據法律授權，其所採取的決策，只能產生具法律約束的結果。而首長所採用的決策，必須正式地根據憲法或是成文法所授權，同時，無論是總則或個人化決策，其對於指派決策制定能力所適用的狀況與範疇，有相當嚴謹的規定。歐洲大陸的公法慣例，其主要概念乃是能力（competence, Zustandigkeit）——其所代表的意義就是權利的賦予，為了完成政府的決策，大部分的決定皆具有法律約束的結果——即使是以政府行政部門與民間單位之間的契約式合約（contractual agreement）為基準——政策決定與實行也必須以成文法作為其主要工具。根據合法性原則，上述的所有決策必須接受獨立法庭的司法審查，其不只須要審視，究竟制定決策者是否具有法定的行使權力——如果沒有，那在盎格魯－美國（Anglo-American）的用語上，就是「越權」（ultra vires）——同時也必須確定決策制定者是否合宜地詮釋，並正確地應用這些由國會與行政首長所設定的總則。正如我們接下來將描述的，在歐洲大陸等國家，尤其是法國，遠比英吉利海峽另一邊的國家，更早就開始針對行政處分（administrative action）進行司法審查。於是，其結果便是大幅度地減少了那些不符法律規定的公共行政相關行為與決策所涵蓋的範圍。這對於公共行政的正式結構與政策制定，產生極為重要的結果，同樣的，對於政府文官的工作習慣、教育與訓練等，也是十分的重要。此現象紛紛出現在許多的歐洲大陸國家，雖然其間因為國家的文化而有些許重要的差異。

政府中央部門與地方機關的架構，必須詳盡地記錄法律約束的工具；同樣的道理，也適用於其他的自治公家單位，以及內閣部會級的部門與部門機關的內部結構。而根

據所有國家的規定，唯有國會才有權力針對地方政府機構，設立其組織架構。而若討論到中央政府結構的設定上，根據憲法所賦予的權限，其對於政府各部會所賦予的權利（competencies），各國之間仍存有重要的差異性。例如：義大利，就是立法權限的例子之一，一般而言，通常由國會或偶爾由內閣，在國會的嚴格控制下，進行執行授權立法（delegated legislature）的權限。於是義大利政府，無論是為了成立或取消內閣部會部門的設置，以及改變其內部組織的廣大結構，便必須經過國會的程序，才能進行相關的行動。此外，內閣部會也可能經由人民主動（people's initiative）的公投行為而被取消，正如同1933年義大利所發生的例子一般。義大利的政府體系，可能是西歐國家中，具有最嚴屬的結構組織，同時也最能代表西歐大部分國家的政府體系（唯一不同於義大利結構組織的國家，包含：奧地利、德國、葡萄牙、西班牙或瑞典）；即使在大部分的國家中，對於必須由國會所決定的內容，其詳細的程度也沒有太多發展。而相對的，在法國，其國家行政的內部組織，則視內閣為唯一的權力來源，而地方政府的權力則是來自國會；同樣的狀況也發生於比利時與荷蘭。而英國的國王特權（Royal Prerogative）政府體系，則與其有些許的關聯。這兩個案例，無論其基礎是以國會立法的行為，或是根據政府的規章，任何結構性的改變都必須遵守重要的程序規定，這也是為什麼無法促進公共行政管理領域，進行大幅度快速變革的原因之一。這些程序性的規定，遠超過國會的程序規定，正如同大部分國家中，政府諮詢單位的許多意見都必須確定符合程序性的規定，政府才能加以採納並執行。

對於政府行政處分進一步加以觀察，我們發現，法律所扮演重要的角色在於契約式關係的行政行為。許多的歐洲大陸國家，尤其在法國與德國，多根據公平法原則進行採購程序的應用，並在很早的階段就展開了關於政府採購特別法的制定。值此，便對公共行政在契約管理方面，提出了極為嚴謹且清楚的程序規定。在有些國家及許多的案例裡，這僅代表官僚干涉的增加，而這些程序規定的目的——往往在實務上才能達成——就是受到美國所發展出的反托拉斯法（幾乎沒有在歐洲出現）影響下，確保競爭力的維持。而更進一步地說，在法國，早在19世紀中期——其他的歐洲大陸國家仿效法國——針對政府相關服務的契約外包，就已發展出一極為複雜的法律規定。

政府文官的結構與功能相關的成文法律

相同的理由也可用來解釋政府文官的生涯類型及工作狀況的相關法律或規則之設定。在20世紀內，大多數的歐陸國家，包括愛爾蘭在內，對於傳統上只授權於行政

首長的行政法規（regulatory power），已由國會取而代之。而就中央公務員（state civil servants）而言，只有荷蘭與比利時兩國仍維持之前的體制（起源於國王特權）。至於其他的歐陸國家，不論是在憲法裡提及，或是僅由國會直接就公務員法規決定立法的事實，此一權限已完全轉移由國會承擔。

　　此一改變的主要原因乃是，針對政府公務員管理功績制度的推出或加強所致。許多的國家更是進一步地採用一般通則，不僅適用於所有的中央公務員，有時也適用於地方機關（agent）。第一個採用通則規定的國家是1852年的西班牙，接著則是1872年的盧森堡與1899年的丹麥，然後是1908年的義大利，1929-1931年的荷蘭與1937年的比利時。而值得注意的是，德國在1937年採用第一條通則，而法國則是在1941年：此兩者案例中，都是專制國家主義政權下的產物，此總則的目的之一就是，將猶太人與女性排除在政府公務員的編制之外。直到第二次世界大戰之後，法國和德國才根據成文法對公務員所制定的總則概念，開始針對所有中央公務員，並將保護民主價值的理念相連結。

　　若非專業人員（non-specialists），就容易受到此類規定的法律本質及其相關內容所混淆，究竟這些規定是國會的行為，還是政府的規定，在分辨上極為不易。大約在一個世紀之前左右，歐洲大陸普遍受到兩派不同政府公務員規定的內容等概念所主導。第一個是以君主政治的傳統為基礎。根據此一傳統，國家的員工乃是政府公僕，這些職員對於國家必須持有特殊的忠誠度；相對的，國家就必須給予他們特別的保護，於是便需要擁有特殊的地位；德國便是一個最好的例子。於是政府公務員屬於國家職員的特殊類型之一，其被賦予非常特殊的職務，以執行政府的公權力。這些公務員必須服從政府的規定與聘雇條件，其內容和一般的勞工法有很大的不同。在德國，大約有40%的政府員工（包括：聯邦、區域性與地方的）皆持有政府公務員（Beamter）的職務，而其餘60%的職員，所服從的則是「一般性的」法律規定，也就是民法與勞工法（civil and labour law）的規定。此類體系同時也是奧地利、丹麥或盧森堡等國家的政府公務員規定的基礎所在。

　　第二種傳統所連結的理念則是，所有的人民都有同樣的機會，成為國家的職員，並且所有政府員工的就業情況都是平等的。最佳的典範之一就是法國，以及除了比利時、荷蘭、瑞典或西班牙之外，其他大多數的歐陸國家。通常而言，此一傳統下的公務員之招聘與生涯規劃等，多異於勞工法，而有特別的規定。但事實卻不絕對是如此，仍有如荷蘭等國家為例外，在不同的時間與空間情況下，從大部分其他的面向來說，政府公務員的規定內容，並不是一定要與勞工法的規定有太多的差異。在大多數國家裡，勞工法的規定也愈來愈朝向政府文官法（civil service law）發展。對於歐陸國家的政府員工多享有終身制的事實（但仍有例外，如瑞典與義大利兩個國家從數年前開始，就已經取消此一終身制），應該是針對員工沒有時間限制契約條件，保障公務員權益的勞工法規定有

關。然而，在實務上，幾乎所有的公務員皆傾向於享有終身的約聘制度，其主要原因有二：一、政府的行為與市場表現並沒有任何關聯，於是政府部門的工作也多半遠比民間機構的職務更為穩定；二、在大多數的國家裡，公家部門的工會的權力極大，並且都以保衛會員終身制職務為工會的主要目標之一。

20世紀末期，根據兩種不同的正式計畫，許多國家開始出現將公務員法（civil service law）與勞工法之間的差異消弭的走向。[17]而最常見的趨勢，首先出現於瑞典與芬蘭，接著為荷蘭。此趨勢的內容為，針對政府的員工，在形式上仍遵守一特別的法定規章（statutory instrument），同時將此法規轉型，成為與勞工法相似。而從正式的觀點來看，另一個較大的轉變，乃是發生於1992年的義大利。從那時起，義大利政府廢止了所有適用於——包含中央與地方政府機關——政府員工的原有通則法令，並且讓所有政府職員的聘雇，完全根據民法與勞工法的規定執行。丹麥則是用類似的方法，從1960年代起，開始逐漸降低以特殊法令管理國家員工的比例。在所有上述的案例裡，其開端都是始於當私人企業的員工，只要公司沒有面臨破產或重組的情況下，都享有極高度的保障之時，政府才開始對公務員的狀況進行改變。而針對此一改變的關鍵原因也是由於，工會與公共行政的社會對話得以享有更重要的角色空間才能達成。

而就政策制定的方面而言，以上討論的結果是，為了盡可能清楚地分配責任歸屬，國會的行為與規定也是不可或缺的，即使有時候，它們對於私人單位並沒有任何的法律約束效用。於是，對於具決策能力的公務人員，都應該接受某種程度的法律訓練之想法，在整個歐洲大陸國家來說，是非常普遍的概念。當然，在實際的運作上，各國之間仍存有極大的差異性。德國的體系，仍維持著普魯士模式，所有的公務人員都被認定為具有法律的專業知識，於是他們與法官及持此主張者受到的是相同的大學教育。在其他大多數的歐洲國家裡，擁有法律學歷的公務員人數，直到20世紀都維持極高的數目，但這並不代表，這些公務員確實接受真正的專業法律訓練。如在法國國家行政學院（the National School of Administration）受教育的公務員，大多數從未研讀過民法或刑法等相關課程，就算有，也不及德國的公務員對於民法或刑法的程序來得了解。另外，不要忘了在法國的例子裡，傳統上，大約超過一半以上的最高行政首長，都具有工程背景的學歷，他們都是先在法國巴黎高等綜合理工學院（the Ecole polytechnique）接受訓練——巴黎高等綜合理工學院是1794年由拿破崙所建立，專門負責訓練專業的部隊工程人員——然後

17　對於歐盟各國關於文官法的最新調查，請參考Bossaert, Danielle, Demmke, Christoph, Nomden, Koen and Polet, Robert (2001) *Civil Services in the Europe of Fifteen: Trends and New Developments* (Maastricht: EIPA).

再就學於更專業的高等專業學院，如國立土木學校（造橋與造路）、水利森林學校或是礦業高等學校。此外，國家政府與各部會的法律諮詢顧問都為最高行政法院所獨占，相較之下，德國的體系，幾乎所有最高階的公務員，多受有律師的訓練背景，而且每個部會首長，也都具有法律專長。

公共行政的責任制度中的行政法 [18]

受到學者Dicey [19] 的影響，英國的許多學者與法官長期以來所持的理念多認為，法國的行政法（droit administrative）體制，其主要目的乃在於，提供行政首長針對社會大眾所需的保障。相反的，在歐洲大陸，19世紀所發展而成，法國體制下公共行政的司法審查，對於首長的行為，尤其是公共行政的首長，享有獨立審查相關體制的設定，具有極為重要的影響。

歐洲大陸體系的行政法，其主要特色在於，其對於獨立法庭行使行政裁決，複雜多變的控管程序。此一特色可追溯到針對政府單位是否確實執行法律所賦予他們的權力加以檢驗——如果對照於一般法律體系，所指的就是審視是否超越權限（ultra vires）。經由對於合法性（legality）的檢驗（controle de legalite-Rechtsmassigkeitskontrolle），法庭有權針對政府機關如何執行法律所賦予的權力加以檢驗，看其是否採取最合適的方法，政府機關所作之行政決策所產生的結果，是否符合法律所設定的目標（比例原則；principle of proportionality），以及行政部門在執行公務時，是否尊重人民的平等待遇（equal treatment）、保障人權，以及公民自由（civil liberties）等一般的法律通則。不同國家採取不同程度的制裁方式，但基本上，法庭可就此檢驗，針對不符的行政決策，採取宣布無效以約束政府行政單位。此一體系乃是始於19世紀時期的法國 [20]，當初取了一個非常令人混淆的名稱「越級上訴」（recours pour exces de pouvoir，對於濫權使用的彌補措施——起初乃是對照於習慣法的概念），然後就採用為全國性的特色，如同歐盟法規（European Community law），改名為「合法性原則審查制度的補救措施」（remedy for review of

---

18 請參考 Piras, Aldo, (1991–1997) *Administrative Law –the Problem of Justice*, vol. 1 Anglo-American and Nordic Systems (Milan: Giuffre) (vol. 1 *Anglo-American and Nordic Systems*; vol. 2 *Western European Democracies*; vol. 3 Western European Democracies).

19 Albert Venn Dicey以作為英國法治國（the rule of law）的支持者而聞名於歐洲多個國家。請參考 Dicey, Albert Venn (1885) *Law of the Constitution* (London: Macmillan; 9th edn, 1950).

20 請參考 Brown, L. Neville and Bell, John S. (1998) *French Administrative Law*, 5th edn (Oxford: Clarendon).

legality），或是像是德國的法律鎖定，列於多個特別補救措施之中（Rechtswege）。[21]

　　除了瑞典、義大利、德國、比利時、希臘、法國或葡萄牙以外，大多數的歐陸國家都設有一個專門的行政法庭體系——有別於只處理民事與刑事相關訴訟的一般法庭。丹麥是其中的一個例外。長久以來，丹麥一直只設有單一體制的法庭，同時負責處理行政、民事與刑事方面相關的訴訟。雖然此一體系法庭的法官，與一般法庭的法官同樣享有獨立的立場，但是往往此類的行政法庭與公共行政的行為有更為緊密的關聯。唯有容許行政法官專門化的體制，才能讓這些法官能更深層地檢驗他們所熟悉的行為，並且確保提供人民相當的保障，不至於受到行政單位的濫權，同時也能夠對於政策實施的相關需求，得到更多的了解。此外，在許多的國家中，原告如果希望向行政法庭申請訴訟，不僅比一般法庭來得容易，其收費也較低。然而，有時不得不令人懷疑的是，這樣的體系是否會與公共行政產生太過密切的關係，而在一般法庭與行政法庭的管轄權，兩者之間的界限，產生相當複雜又棘手的爭議之不便；並在許多的相關案例中，容易在法律程序上造成極大的延宕。這種種的原因，也解釋為何義大利與希臘等國家，會在19世紀中的後期，解除行政法庭體制，而直到20世紀時，才又重新建立行政法庭。另外，西班牙在20世紀的中期，荷蘭則是在20世紀末期，先後選擇在統一的體系中，另行成立專門化的法庭（specialized chambers），以結合行政法庭與一般法庭兩者的優點與特色。

　　針對公共行政所做出非法或是破壞性的決策時，行政法庭所提供的保障範圍，不僅只是宣布這些決定無效。法庭同時也能將錯誤決定所造成的傷害賠償，指示由國家預算或是地方預算承擔。在大多數的歐洲國家裡，這些傷害賠償，多是由一般法庭根據民法所述之侵權法中的一般準則，或是特別政府行政中的特殊立法，所設立的原則與機制，分配傷害賠償的相關事宜。在法國，自從1872年開始，類似的傷害賠償就是由行政法庭所負責分配，甚至早至1806年起，就針對政府工作所造成的損害進行安排賠償。法國的體系，讓許多不屬於民事侵權法的規定得以發展，類似的損害，如對於違反平等待遇所造成的損害，或是會造成不符合制定法的結果等相關的政府行為——有時甚至與國會的行為相違背等等。這些造成政府系統損害[22]的主要特色在於，它們都是根據政府組織的責任為基準，所以比個人官員所應付的責任，在辨認上較為容易，財務負擔也比較沒有問題。而相對的，政府機關通常會以上述的法庭宣判為基準，對做出錯誤行為的特別官

---

21 請參考 Singh, Marendra P. (2001) *German Administrative Law in Common Law Perspective* (Berlin: Springer).
22 請參考 Bell, John and Bradley, Anthony W. (1991) *Governmental Liability: A Comparative Study* (London: UKNCCL).

員採取訴訟行為，以彌補政府機關所造成的相關傷害。

　　對於法國，以及之後紛紛採用行政法體系的大多數國家而言，行政法庭體系的出現，建立了一套法則，可供政府單位在做行政決定時參考，或是提供正當的法律程序讓行政單位得以遵守——這大多數的法則，都還是根據法官所判立的案例法令。然而，此種完全只根據法官的判令所發展出的法則或行政程序，不可避免地可能出現兩項缺點：其一，一般大眾可能不容易對這些判決案例有足夠的了解；二是，這些判決的法律程序，都是始於反對政府公共行政的政策或策略，它們的後續發展可能相當混亂，沒有任何的規律可遵守。於是在20世紀的最後15年裡，便有許多的國家開始著手，將這些行政決策程序編成法典（codify）。德國在1976年的聯邦立法，以及1977年的Lander立法，普遍就是被認為，乃是涵蓋最廣的一部行政程序法典系統，能夠充分提供個人化的保護，免於受到政府行政的傷害或施政等錯誤。大多數的歐陸國家，都在20世紀的最後20年內，不約而同地採用類似的立法通則，有時只是採用行政程序的某一特別面向，如義大利與法國；而有時則是大幅度的以此為基準加以發展，如荷蘭、北歐國家、西班牙與葡萄牙等國。而更為有趣的地方則是，包含瑞典與丹麥兩國行政程序的通則立法，其主要的發展，乃是以其國家調查官員舞弊的政府官員（ombudsmen）之建議為根本，也就是說，這些法則的發展其實是根據那些錯誤施政案例（maladministration）的裁判結果所建立而成。這顯示出，公共行政法規的制定，需要以書面的法律規定的方式，乃是深植於歐陸國家的傳統裡，即使在那些以實用主義與特別行政機關出名的國家，也無例外。

　　歐盟法（European Union law）便是深深受到大陸國家體系相關行政處分的司法審查所影響，其中主要又以法國體系與德國體系，占據了歐洲共同體條約（EC treaty）大部分的相關條例。相對的，歐洲法院（the European Court of Justice）在過去的15年裡，已經開始建立歐洲行政法條例，這些條例不只適用在歐洲相關的機構，同時當各個歐洲國家實行歐洲法時[23]，也適用於國家行政方面。這些條例主要的方向，乃是針對行政處分的賠償判決，朝向一個全方位功能，並且容易為一般人民所取得的目標發展，同時在所有的歐洲聯盟會員（European Union Member）及英倫三島（the British Isle）也包括在內，針對行政處分的司法審查，營造某種程度的和諧氣氛。歐洲法庭的案例法（case law），其若干的內容，正是歐洲聯盟於2000年通過的「基本權利憲章」中第41條，保障人民享有其事

23　請參考 Schwarze, Jurgen (1992) *European Administrative Law* (Brussels/Luxembourg: Bruylant/OPOCE). As this book is based on a German version dating from 1988, 請參考 also Chiti, Mario (1999) *Diritto amministrativo europeo* (Milan: Giuffre).

務受到行政機關公正、公平與適時處理之權利的基礎所在。

公共管理的合法性與改革

　　20世紀的最後15年裡，在公共行政領域裡，法律所扮演的角色常被批評為助長官僚氣息，尤其在朝向新公共行政模式發展的過程之中。一般多認為，韋伯模式的公共行政管理特色，其投入與過程的焦點，相對於結果與成就所投注的焦點，往往受到官僚與政府機關的經理人評論，並歸因於法律本身。而對於法律在公共行政領域所扮演的角色，根據比較研究的結果顯示，這些類型的評論，多來自於對今日法律的定義，以及一個世紀以前，當Max Weber分析公共行政體系時，對於法律所代表的意義，兩者之間所產生的雙重誤解而來。[24]

　　然而當透過公共行政與公共管理的研究，能夠很容易地辨識出，那些可能由於法律的合法性原則在應用上，規定太過嚴苛，或適用於公共行政的原有法律，可能缺乏足夠的注意力，以及某些好意熱心的行政官員，因為他們沒有受到良好的訓練，無法就法律與詳盡的書面規定之間分辨出其間的差別等種種情況下，所產生的反常結果。這可能就是為何在大多數的歐洲國家，出現極為詳盡的書面規定並且數目日漸增加可能的原因之一。有太多的政府公務員，雖然他們主要的工作是，將如何適用於法律等相關的規定或是一般不具約束力的政府指令，以書面方式加以記錄，但在根據最具傳統性的歐陸編纂法典時，他們卻沒有受到適合的訓練，進行成文法（statutory law）的起草。即使愈來愈多的公務員，全然地低估了他們對於這些案例的操縱空間，然而國家制定法（statutory law）卻賦予他們裁量法律的權利，也就是說，決定法律原則是否適用於個別案例環境的可能性。一般說來，在法國行政法庭的裁決，往往會造成宣布某一行政決定無效的結果，因為此一行政決定的裁定者，並未針對某一特定案例，行使他（或她）的裁量權，而只是盲目地應用部會所公布的通則指示。

　　書面規定數目的過度增加，受到大多數歐陸國家政治人物的強烈抨擊，同時，各國的政府機關多也不認可此一現象。然而，同樣的一批政治人物在抨擊這些書面規定的同時，也極力提倡更多「去管制化」（deregulation）的行為，而此舉正好就是造成書面規定

---

24 請參考 n.2 above.

不斷增加的主要原因，其中真正的實情是，這些政治人物，希望對他們的選民展現出，他們在政策制定上的良好記錄；在許多的歐陸國家裡，上述的現象經由將某一特別法令，以某人的名字加以命名而顯露無疑。這就是為什麼許多政府公家機構，如法國的國務院，一再地堅持，與其採取去管制化的措施，還不如將重心放在法典化、簡單化，以及仔細起草成文法等方面。畢竟，去管制化，只是一個非常模糊的概念，即使在這些國家裡，對於法規其文字上的含義，有的代表是功能（Regulierung, regulation），有的則認定為法律工具（Regelung, reglementation）。

公共行政領域裡，針對法律扮演角色所提出的諸多批評似乎產生了某種困擾。一方面，法律被認定為一套工具，其僅包含數目有限的通則，而另一方面，法律日期的紀錄，在國家的立法裡是一個特別的時刻。此一困擾，讓法律的使用上變得極為保守，而傾向對於法律固守成見的解釋。另外一個增加此困擾的因素則是因為，「法律」（droit, Recht）這一個名詞不僅可用來指定社會科學領域方面的學術學科，以及法律教授的職業，同時也可意指為憲法的內容，或是成文法（statute law）及其他成文的法律資源、立法，以及法庭或是其他公家單位、開業律師、法官或是公共行政與商業行政的法務諮詢專員等所產生的案例法。

在20世紀裡的最後10年裡，以「盎格魯─撒克遜慣例」的管理方式，對抗歐陸國家以法律為基本的公共行政慣例，已蔚為風潮。還有，就是英國公共行政慣例中的兩點差異，其極為不同的特色所造成之矛盾。一方面，由於歐洲國家法律的文化中，法令並不像法律，具有同樣優越的價值，對於非專業人員而言，習慣法有時會顯得無所適從；但事實上，若就法律訴訟而言，其形式絕對不亞於英國。而在另一方面，英國憲法的習慣法則（customary principles），同樣被詮釋為一具有彈性的法律慣例。確實，根據英國君主立憲，內閣擁有組織與管理政府文官的所有權力，此一法則在歐陸國家是不存在的。於是，這也就讓英國首相所處的位置，令所有歐陸國家最高行政首長所羨慕不已，因為他們必須受到國家憲法的諸多法則與規定所約束。而如果美國總統知道君主立憲，或許美國總統也會對英國總理投以羨慕的眼光；但同樣也會十分傾慕法國總統與首相，因為他們的施政可以完全不受國會的干擾。[25]

無論如何，只要有需要，為了公共行政的結構重組，即使是再詳盡的成文法都可以加以改變。就如同義大利在1992年至2000年期間，所出現的公共行政改革顯示，在其成文

---

25 名詞的性別使用，僅反映在書寫時。

法中，對結構化改革針對成文法所做的大部分變化，引進英國政府對政府文件不具法律價值的基礎，如「續接計畫」（'Next Steps'）之類的報告[26]。對於一個同時願意進行改革，也擁有足夠政治工具進行改革的政府而言，其唯一的差異就只是時間的問題，而時間也正是政府行政改革成功的真正重要因素。如果不將時間的因素考慮在內，法律既不是行政改革的絆腳石，也不是採用行政管理的阻礙；法律應該是一套工具，而工具的運用是好是壞，則完全仰賴那些負責設立並實現新模式行政管理的人們，是否具有良好品質的法律教育與素養。[27]

---

26 請參考http://www.official-documents.co.uk/

27 請參考George, Alexandra, Machado, Pedro and Ziller, Jacques (2001) *Law and Public Management – Starting to Talk* (Florence: EUI Working Document).

第十四章　美國的行政法慣例

Paul Craig
任文姍 / 譯

歷史的基礎

對於「行政法」，一般多認定其乃是盎格魯—美國中，公共行政慣例的最新發展。這其實是一個錯誤的印象。因為就像文官審判權一樣，盎格魯—美國的行政法，並不是由一系列獨立的法庭，針對公共法相關事務的判決為前提。而要從此一前提推理出，行政法至今都不存在的結論，則是一個不合理的推論（non sequitur）。在過去的350年以內，甚至更久以前，英國法（English law）對於各國的行政機構，都有程序及實質上的掌控。而這樣的掌控，其代表的三個重點特色分別為：

首先，不同於審查的新領導者之建立，司法審查的歷史無法避免的，必須與判決賠償的發展息息相關（Craig, 2000; Jaffe and Henderson, 1956）。司法審查對於基礎的解釋，仍是以程序法（adjectival law）的演化架構範圍為主；而命令書（Mandamus），則是轉型成為一個因行政錯誤所做出的賠償決定工具。18世紀後期的Lord Mansfield（*R. v. Barker* (1763) 3 Burr. 1265）一案，則提供了命令書合理化的發展性（他說，命令書乃是為了防止，當司法失敗及警察治安出現缺點時，所可能產生的混亂。於是，命令書的使用，應該在「當法律無法產生特別的賠償措施，以及當司法正義及良好政府的存在變得不可或缺的場合」。對於訴訟文件移送命令（certiorari）的演進，發展成一般性的司法賠償，必須要能夠將政府日後可能產生的所有不同的錯誤施政包含在內。

其二，司法審查的發展，乃是經由習慣法（common law）本身日漸累積而成。習慣法多被認為是行政法的化身，可以逐行修改以符合新時代潮流的挑戰。Coke與其他的律師，「並不贊成由國會（Parliament）直接對習慣法進行改變，因為他們深信，單獨一個議會所具備的能力，並不足以超越諸多世紀所累積出來的法律智慧」（Goldsworthy, 1999: 119）。而正如學者Blackstone和Mansfield研究中所舉的範例中，我們不難發現，成文法與習慣法間也出現與18世紀中相同的關係。Blackstone所提出的法律注釋（Commentaries），則是此一時期裡，對於法律所提出傑出的理論闡述。此外，Blackstone所提出的法律注

釋，也同樣是18世紀與19世紀的法律系學生主要的教學手冊（Lieberman, 1989: 64-65）。
Sir William Blackstone對於英國法律所出現的改變，認為極為不幸而感到悔恨，他並認定此
一事件，完全是議會必須擔負的責任，因為議會通過的立法不夠完美，其涵蓋的範圍也
不夠完善。當Blackstone終於承認某些特定立法的重要性，如人身保護令（habeas corpus）
之類時，他所採取的立場，便轉變為尊敬習慣法的完美，並且對於習慣法的對稱，受到
構想拙劣的立法所扭曲的態勢而感到懊悔。習慣法的本質，正如學者邊沁所強烈指出，
是極為保守，而且過於理想化。然而從Lord Mansfield所自創的法理學（jurisprudence）中，
很明顯地我們可以發現，其對於習慣法的偏好，遠優於成文法的事實。

　　第三點，法院並沒有根據公法與私法間嚴謹的二分法為基礎，做出合理的判斷。然
而這並不表示，在20世紀中期以前，並沒有行政法的存在。事實上，從17世紀以來，便
有相當多數量的案例法，其中包含了程序及實質上等面向，處理各種不同面向的審判。
而這正表示，對於權力的行使，其相關的限制乃是必須以健全規範性的原則為基礎。不
論是公權力、私權力，或者是公私權力的混合，都可能是此一限制的一個因素，但卻並
不代表相關限制的概念性原理或限制本身，必須依據主體的分類方式而有所不同。

Dicey傳奇

　　本世紀早期，由於Dicey對於行政法的批評，使得行政法的發展，至少在英國，以
及某種程度的美國，產生些許的發展障礙。對於現代行政法的發展上，乃是與政府對於
貧困者、失業者，以及貿易規範等相關功能的延伸有直接的關聯性。對於這些法律的適
用性，從法律本身的社會政策之價值評估來看，是無法與機關的評估獨立分別比較。而
那些不贊同此類社會干涉的學者，如Dicey等，多以懷疑的眼光看待政府機關使用行政法
的行為（Dicey, 1959）。學者Dicey所大力支持，適用於「一般法庭」的「普通法律」，
正是控制這些政府機關，以及針對採用諸多政策的相關機關，維持司法監督（judicial
supervision）的方法。法庭的最大功能，本質上採取的是負面的態度，亦即法庭只是為了
確保行政機關在權力的行使上，不會超越法律所賦予的權限而做出錯誤的行為。

　　這些避免錯誤以及對於機關的不信任等想法，開始受到大家的質疑與挑戰，就是對
於機關所採用的社會政策，態度改變的結果。人民已經直接感受到這些政策所產生的正
面貢獻。如學者如Robson（1928: xv）等，對於行政正義（administrative justice）研究所採
取的方法，不做「任何現成的假設，假定每一個法庭，不會在此時刻形成部分的裁判管
轄系統，而且必須不可避免地對於人民的自由與社會的福祉造成任意的、無能的、不滿

意的且有害的結果」。

　　此一態度變化的結果十分重要。社會大眾如今並不認為政府的行政機關是完美無瑕的。行政機關職務執行方面的瑕疵，是相當顯而易見的。然而，一般法庭的施行司法，不再被認為是理所當然，而普通法律也被視為必然地優於機關的行政法。行政法的單一目標也不再被認為，僅僅是為了確保，避免機關逾越其本身的權限範圍，鑄成錯誤。對於希望政府機關應該成功地實現所被指派的政策，其更正面地期盼變成討論的重心，而法庭則被視為只是此一目標實現的因素之一（Aman, 1993: CH. 1; Harlow and Rawlings, 1997: Ch. 1-3）；然而，不同的學者，則採取各自不同的研究方法。

　　有些學者則明確地提出一個民主多元化的觀點，以取代Dicey所信仰的單一民主化理念。這些學者競相提出他們的看法，認為所有的公共力量，皆由政府加以發揮使用。包括：宗教、經濟及社會性的協會，則是行使相關的權力。而往往在與上述諸協會進行協商之後，行政首長才會做出「立法」的決定，然後促使真正的立法通過。對於群體的力量，其所得到的評價則是褒過於貶，而萬能的單一政府體制，卻是十分危險。個人能夠效忠的唯有政府體制內的群體，如此才是維持自由的最佳方式（Laski, 1917, 1919）。此一版本的政治多元化（political pluralism），其不足的部分，則由國家內部的社會與經濟狀況的考量而補足。對於政治自由，一般的認知多認為，其與社會及經濟的公平性，其間則有密切不可分割的關係。因此行政法的範圍，不應只限於成文法或特有職權所賦予的單位，其他行使公共權力的機構，也同樣包含在內。

　　其他的學者則提出一較為市場導向的多元化民主概念，也是在1970年代後期與1980年代期間，出現於英國與美國的政府政策（Craig, 1990: Ch. 3-4; Steward, 1975）。一般而言，市場多被認為乃是經濟議題的最佳「仲裁者」，而只有在市場仲裁失敗的情況下，才被認定必須經由政府法規的直接介入，而所謂市場仲裁失敗，其定義則是相當的嚴謹，於是合法的政府行為，多受到嚴密的限制；然而，自由市場發展的遠景，則需要有一個強大有力的中央政府，才能得以實現。對於相關的行政機關，是否應該由政府所加以經營，許多不同的結論紛紛問世，而撤銷管制（deregulation）與私有化（privatization），則是此一研究方法所得出的結果。即使對於私有化企業，仍有持續存在相關管制規定的需要，這些規定的目的，也多受到市場導向的觀點而彩色化，其目的往往是希望能藉此防止具有寡占能力的企業，濫用其本身特有的優勢。

　　然而，其他學者則經由參與式民主及共和主義的鏡頭，針對行政法詳加審視。尤其在美國，則有如Sunstein（1985, 1988）和Michelman（1986）等支持並提倡此一理論及行政法目的的相關優秀學者。這些學者，對於行政法僅僅只是利益集合的觀點，皆持反對的意見。而共和主義則認為，其所代表的意涵是協議、政治平等、普遍主義以及公民權。

政治的目的，不僅只是結合私人的喜好，而是針對這些喜好，加以檢驗並進行審查。接下來我們的討論，將集中於此一過程的發展。

盎格魯─美國的行政法分流

　　盎格魯─美國慣例的分流重點，就學理上而言是不驗自明，而就行政法的面向，其主要包含兩個重點。

　　第一個重點，美國的學理發展，乃是以成文憲法及另一條普通成文法，即1946年通過的行政程序法（the Administrative Procedure Act of 1946）為背景。相對上來說，在英國則沒有所謂的成文憲法，也沒有類似於美國行政程序法之法律的存在。英國行政法的大部分內容，一般而言，多為法官判決（judgE-made）所形成的普通法；然而，仍存有重要的法令，以面對特別的議題需求，例如：於2000年10月2日生效的1998人權法（The Human Rights Act 1998）便在此一方面，占有相當的重要性。此法令乃是比照歐洲人權公約（the European Convention on Human Rights, ECHR），將人權的重視引進英國的國內法，並讓個人得以在國家法庭採取任何行為之前，受到此一權利法之保障（Grosz et al., 2000）。

　　而英國身為歐洲聯盟的一員，則是第二個重點，此一事實對於英國的行政法，產生極為顯著的影響。凡是歐盟的會員國，都必須受到歐盟的法律所拘束，於是歐洲法院（the European Court of Justice, ECJ）所設立關於司法審查的原則，就必須適用於歐盟會員國範圍內的國家法庭。而歐洲法庭則援用會員國的概念，形成這些行政法的原則。絕大多數的歐盟會員國家，都設有平民法律系統（civilian legal systems）的機制，其產生的結果就是，從各個會員國的法律概念為根源，所發展而成的歐盟法律，對於英國享有絕對的拘束力。於是，直至今日，英國的習慣法與民法概念之間，便存有較大的相互作用。此外，還值得我們注意的是，歐盟法律的原則，可能產生所謂的「外溢衝擊」（spillover impact）。嚴格來講，對於不受歐盟法律限制的地區，英國法庭仍可以應用這些原則，於是便影響了司法審判原則的發展（Andenas, 1998; Andenas and Jacobs, 1998; Ellis, 1999; Schonberg, 2000）。

學理：判決的程序限制

學理的奠基石

在美國，對於判決的程序權利之申請，無論是學術評論者，或相關法庭皆不約而同地提出兩套不同的基本原理：原理一，判決的程序權利所扮演的工具性角色，乃是為了針對案例的實質內容，希望能有助於正確決策的達成；其二，同時也背負一非工具性的目標，那就是希望藉由確保人人都能被公平地告知，為何沒有被平等對待的原因，以及讓民眾參與此決策的制定過程，以確保人民的尊嚴未受到踐踏（Galligan）。針對於程序權利所衍生出的這兩個雙胎原理，已經得到英美兩國的司法單位（judiciary）的認可。

總的來說，各個國家的程序權利之起源，皆不相同。在美國，此一程序權利通常是以憲法或是以1946年的行政程序法（APA）為基礎，而正如上所述，在英國，則是沒有任何的成文憲法，或如美國般的行政程序法之存在。於是在英國的程序權利內容裡，雖然法令多少會在此一領域造成某種程度的影響，但大多仍是根據習慣法所發展而成。程序權利的應用性及適用範圍，同樣也受到歐盟法（the European Community law）及歐洲人權公約（the European Convention of Human Rights）所影響。

如果個人受到政府、公共機構或某些國內法庭或協會的行為所困擾而不安，此個人就可以依此提出申訴，聲稱他（或她）的自然公義受到破壞。而自然公義此一名詞，可簡單分成兩個不同的定義：一是，個人應當得到適當指控的通知，以及適宜的審訊過程，亦即兩造兼聽；其二則是，評判員的態度必須是公正不偏。

18世紀與19世紀時期，對於兩造兼聽原理的適用性，其範圍涵蓋了許多不同的公共機構單位。而在法庭之前，對於神職人員職務的免職（Bagg's Case），以及相關的紀律措施等，可大致分成兩種類型的案例，此一原則也同樣適用於如俱樂部、協會及公會等民營機構（Abbott v. Sullivan）。而原則的適用通性（generality）則可參考Cooper v. Wandsworth Board of Works之研究作品，根據其研究，我們發現，由於習慣法的司法必定會提供立法方面的省略，而為了防止任何鼓勵性的字眼（positive words）在法令中被遺漏，於是法庭所提出聽證會的要求，就不算是阻攔的行為。而此點論述，更進一步受到Lord Lorebun L.C.伯爵的強調，他並認為，上述的格言適用於「所有那些決定一切的每一個人」（Board of Education v. Rice）。

然而兩造兼聽的原則，其涵蓋的廣度，在本世紀的前半世紀裡，實際上是受到限制的。根據法庭的認定，如果施法機構的司法性行為，凌越了行政性行為，那麼聽證會的舉辦是不可避免的（Errington v. Minister of Health）；而對於補償措施則持有相當的誤解，尤其在訴訟文件移送命令（certiorari）的適用範圍上，嚴重地影響了自然公義的

適用性；而有些法庭甚至認為，自然公義只能適用在權利的保護方面，而非特權的維護（Nakkuda）。

　　自然公義之原則，分別在英國，經由上議Ridge v. Baldwin的案例（c1964 A. C.40），以及美國Goldberg v. Kelly等案例而重新出現。英國上議院將20世紀初期，案例法對此原則的適用，所設下的諸多限制一一解除。自然公義的應用，必須仰賴其行使權力的本質，以及對個人而言可能產生的效果；而在美國的Goldberg案例中則認為，最高法院極願意將憲法的正當程序（Constitutional Due Process）適用於個別的福利申訴者（welfare claimant），並且將此要求者的利益分類，使之成為美國憲法第五修正案（the Fifth Amendment）的部分內容。

程序保護的適用性

　　對於程序保護適用性的啟動，依各個國家不同的習慣法而有所不同，但多以程序權力做更詳盡的基本根據。

　　於是在美國的申訴者，便能夠根據三種不同的來源為基準，尋求基本程序的保護。如果所提出的申訴，是以憲法的條件為架構，那就必須明白地展示此申訴者，在生命安全、自由或財產利益方面，受到相關機關的行為所影響之事實。這些條件的詮釋，乃是針對法庭而提出，其最終的目標是針對最高法院（Board of Regents v. Roth 408 U.S. 1972）；而申訴者就能援用1946年的行政程序法，作為相關的應對措施。第554節將適用於機構的判決，此判決根據法令的要求，必須提供機構進行聽證的機會，之後才能依照記錄做出決定。此一法令式的語言，在不同的法庭上，則有相當不同的詮釋方式（比較案例Seacoast Anti-Pollution League v. Costle 572 F. 2d. 872 (1978)，以及案例Chemical Waste Management Inc. v. US Environmental Protection Agency 873 F. 2d 1477 (1989)）。當憲法與行政程序法皆不適用時，申訴者個人也許就能經由Citizens to Preserve Overton Park v. Volpe 401 U.S. 402 (1971)案例的推論，取得有限的程序權利。而關於非正式機關的行為（informal agency action），上述現象正好提供了，對於有限的程序權利所衍生出的基礎，然而，程序權利必須與機關的權力，強制執行其實質性的限制緊緊相扣。

　　而在英國，則有些許不同的情況，正確的說，其原因乃是由於，英國並沒有成文憲法的存在，也沒有類似1946年行政程序法的設立。於是，法庭便以習慣法為根據，進行決定程序性保護的適用性，而自從Ridge v. Baldwin案例之後，我們在英國發現關於此一職務正常行使的相關發展。有些法庭僅將自然公義視為代表公正（fairness）的明顯證明，而有些法庭，則將自然公義運用到司法的判決上，並且針對行政或執行上的決定，保留相關職務以求能公正行使職權。當不足為人信任的限制被拋棄之後，自然公義已然擴大

至新的領域，而公正則被視為一個較為合適的標籤（如案例McInnes v. Onslow-Fane）。法庭對於特別的領域，必須決定應該採用何種判決程序；而有些法庭則幾乎可能成為全副武裝的程序保障（procedural safeguards），其包含：書面通知、口頭聽證（oral hearing）、代表辯論、發現事實、進行交叉詢問（cross-examination），及做出理性的判決，而也有其他的法庭，在意涵上，可能非常的少。這兩者間存有極廣大的範圍差異，於是法庭對於程序性權利的行使，不是根據前者嚴謹的分類，而是經由承認自然公義或公正的適用，並且根據各個案例的事實，做出不同的規定內容。

申訴者仍必須具體地向法庭展現，他（她）所擁有的利益，具有足夠啟動程序權力的適用性。於是在針對憲法的正當程序適用性上，進行決定之際，英美兩國法律體系（jurisprudence）間的法庭，其狀況極為相似（如案例Board of Regents of State Colleges v. Roth 408 U.S. 564(1972)）。在英國，申訴者為了符合程序保障的身分，必須展示他或她具有某些權利、利益或合法預期。而所謂的權利（right），此一名詞所包含的則是個體（individual）被認可的所有權或個人權。另一名詞，利益（interest），其範圍的界定則比權利來得寬鬆。在法律的界定下，即使針對某一特殊案例，個體（individual）並未被認可具有真正實質應得的權利，仍可使用「利益」此一名詞，作為聽證要求的基礎。此一論點可藉由，包含授權、社會福利、俱樂部、公會以及商業協會等背景所代表的自然公義之運用，作為相關的例證（exemplified）。對於個體不具有上述所必需的權利或利益情況時，合法預期制度（legitimate expectations）的概念，便能提供作為程序權利的基礎。於是，法庭便採用保護未來利益概念，如執照更新（licensing renewals）之類（如案例McInnes v. Onslow-Fane）；又或當缺乏代表的存在時，申請人的實質利益就不可能符合自然公義或公正，這時就由公共機構（public body）作為申請人的代表（如案例A.G. of Hong Kong v. Ng Yuen SHiu），而代表的存在，及伴隨而來具意義的合法預期，就可總結成為申請人的程序權利（如案例R. v. Liverpool Corporation，如 p. Liverpool Taxi Fleet Operators' Association）。

程序權利的內容：平衡程序

在決定程序權利的內容時，法庭將在個體利益的本質上，從程序權利增加可能產生的利益，以及為了配合程序權利所必須增加的行政成本，兩者之間取得平衡。這就是馬休斯訴埃爾德里奇案（the Mathews v. Eldridge）中所指的法庭演算（Mathews v. Eldridge 424）。英國的法庭，如Re Pergamon Press Ltd. Ch. 388案所示範，採用的推理是一相類似的方式。

對於平衡程序的要件，很明顯地，不只對於個體的利益必須有明確的認知，其所代

表的價值或比重也必須有某種程度的評判，例如Megarry V.C.在McInnes案例中，對於執照更新，究竟是否比首次申請具有「較高」的利益，所應採取的態度，並不是去處理一個嚴謹的概念，而應該是在做出任何決定以前，一個不可或缺的步驟。

　　而同樣明顯易見的是，在平衡過程中其他因素價值的計算，社會利益與程序保障的成本等，都可能是不確定的。這不是簡單用「數學」加減就能得出的答案。對於相關的成本與利益的決定，其本身就不是一件容易的事（Mashaw, 1976: 47-9）。除此之外，司法平衡（judicial balancing）的存在，不應讓我們得出，所有類似的平衡都必須以相同的假設為前提的錯誤結論。而支持法律與經濟方法，以達到程序權利的前提，可能早就從那些以權利為基礎而達到程序的方法中消失不見（比較Posner, 1973；Mashaw, 1985）。

程序權利的內容：特別的程序權利

　　雖然只有很短的篇幅，本章節仍將討論，一般申請者最常提出申訴的部分，也是最為重要的程序權利，以確保個人的權利，不被忽略。

　　法庭將保護個人「被通知」的權利，因為正如Lord Denning所說，如果能確保個人「被聽證」的權利，才是真正無上的權利，那麼當一件控訴案成立時，受指控者就應該享有「被告知」的權利（Kanda v. Government of Malaya）。

　　就聽證本身而言，對於證據的嚴格規定，將不一定必須被遵守（Ex p. Moore, (1965) 1 Q.B. 456, Richardson v. Perales 402 U.S. 389 (1971)）。對證據的性質，不會只限制於法庭所能接受的證據；如果具有某種程度的證據力與案件有關聯性，而且來源可靠的話，法庭將會加以考量。而對於口頭聽證而言，申請人所提出的書面證據，法庭也必須加以考量，但是法庭機關也必須考慮其他來源所提供任何具有證據力價值的資訊，並且申請者必須被加以告知，而且可提出自己的意見。同時，申請者也必須可以針對整個案件，提出自身的意見。無論如何，上述的種種通則，仍有下述的但書必須遵守。最重要的責任是，提供申請者一個公平的聽證，以及針對他所受到的指控，加以辯駁的公正判決機會（R. v. Board of Visitors of Hull Prison, ex p. St. Germain (No. 2)）。這在某些案例裡，不僅需要將相關的證據告知申請人，同時也必須給予個體，足夠的機會進行適當的處理。尤其當證詞的形態，對於證據機關而言，可能只是傳聞，此時就需要對證人進行交叉質詢。

　　除此之外，尤其更為重要的一件事乃是提供合理的解釋。合理的解釋，不僅能夠幫助法庭，執行監督的功能；也有助於確保做出的決策是經過機關的慎重考量；此外，合理的解釋還能增加社會大眾對於行政程序的信心，以及合法性的提昇；於是，提供合理解釋的職責，就是協助達到程序權利基礎下常見的工具性與非工具性的目標（R. v. Secretary of State for the Home Department, ex p. Doody）。而合理的解釋在歐盟法的規定裡，

也可能是不可或缺的要素。根據歐盟法規——條款253EC（即之前的第190條款），提供合理的解釋乃是必需的職責。此職責的範圍，將根據相關法令與內容的本質來決定。原則上，此職務必須由歐盟機關本身所負擔，但是當國家的機關代表歐盟行使職權時，便也能適用到國家的機關本身。

歐洲人權公約的衝擊

在英國，程序權利同時也受到歐洲人權公約（ECHR）第6條法令的影響。根據1998年人權憲法（the Human Rights Act 1998, HRA）的規定，法庭有責任對立法加以解釋，使之與權利相符合，而公家機關的任何行為，若與這些權利不相符合就不算合法的行為。雖然並不具約束力，但根據人權憲法第二節，國家的法庭必須將史特拉斯堡公共機構（the Strasbourg institutions）的法律體系，納入考量的範圍。歐洲人權公約第6條法令認為，就相關的面向而言，「在決定公民的權利與義務之際，或任何的刑事訴訟，人人都有權在合理的時間內，經由一個依法建立，獨立且公平的法庭，取得一個公正且公開的聽證機會。」

而「公民權利與義務」，此名詞的廣泛解讀包含：對於土地使用的爭論；對於公家機關在金錢方面的申訴；對於執照的申請與撤銷；對於某種形態的社會安全福利的要求；以及對於某一行業，執行暫停或取消的懲戒性程序進行。歐洲人權法庭（The European Court of Human Rights, ECtHR）並針對符合第6條條款所需的公平聽證會，其相關的諸多內容加以強調。人民必須享有直接向法庭提出申訴的機會。同時必須存在的是，程序性的公平（procedural equality），或是一般稱為「當事人享有平等地位的訴訟機會（equality of arms）」。其代表的涵意為，不論是訴訟的正反方，任何一方皆享有一合理，對案件表達看法的機會，其中也包括所提供的證詞，確保不會因此使之陷入比對手實質上，更為不利的狀況。於是，必須確保適合形式的司法程序之存在，也就是採取辨證審判的形式，針對雙方的認知與提出的證詞，彼此有被告知與評論的平等機會。雖然歐洲人權法庭，對於合理的解釋，並沒有立即的要求，但一般認為，提供一個公平的聽證機會是不可或缺的。雖然歐洲人權法庭，並不要求對每一個論點提供合理的解釋，但提出的論點卻必須讓對方了解，決策的重點所在，以求方便其上訴權利的行使。而這並不代表在決策過程中，每一個階段都必須要滿足，一個公平聽證的需求。當行政機關沒有配合歐洲人權法庭第6條條款的指定時，司法單位就必須針對此點，對行政機關加以控制以確保其過程的合法性。

規則制定的程序性權利：相關的原理

　　若能在規則制定之前，先進行某種形式的諮詢或允許相關單位的參與，將能帶來相當多的優點。在行政單位的政策形成書面規定前，就能將各種不同觀點的意見加入考量的範圍，此外，也能以技術性的檢視協助立法。而最終的目的，則是希望藉由各個相關利益單位的參與和投入，尤其當這些單位對於此一領域的規定，具有足夠的專業知識，如此更能協助制定出好的規定。而諮詢的職務，則是讓政府以外的單位，能在政策形成的過程中，扮演某種程度的重要角色，從此觀點來看，便更加提昇參與的重要性。此外，當某種形式的個人化仲裁存在時，聽證的舉辦就應該是自然而然地產生，而不是根據規定的決定，此一論點就不言而喻了。而毫無疑問地，我們可以直接假設，「聽證」將間接經由代議民主（representative democracy）原則運作的規定。然而，無論是英國或在美國，事實將永遠無法達到理想中的境界。

　　如果我們認為，只要依照類似的參與式權利（participatory rights）進行，就不會有太大的問題，那就大錯特錯了。一般的爭議多認為，按照1946年的行政程序法對規則的制定，將造成「分析的癱瘓」，而利益團體也反對採用所有合法機構進行延遲實施的提議。參與式權利（participatory rights），同時也可能造成時效上的延遲，並增加相關的成本。然而，如果所有的決策都是由獨裁者（autocrat）一人所獨斷，那麼無疑地，決策的速度將變得較為快速。民主的成本，其實就正是許多人參與決策的成本。除此以外，對於增加參與式權利的論點，至少有部分的基礎，是建立於只要多諮詢一個人，就可能提供行政者新的資訊，而且有助於規則制定的參考。一般認為，如此就能做出比較合宜的規定。然而，事實是否總是會如此發展，仍值得我們進一步加以討論，但我們卻不能斷定為，此一推論在某些情況下，將無法達到上述的效果。雖然其絕對可達到某種程度的有效性，但類似的參與式權利，所造成全面性的成本增加，則仍是個未知數。如果在沒有諮詢的前提下，得出一個比較差的規定，那麼整體的成本可能會更大，因為這個較差的規定，無法達到之前所設定的目標。

　　在英國，自然公義的規則通常並不適用於規則制定，而美國憲法的正當程序，則不適用此類的例子。然而，這就是法律推理的重點所在（Ziamou, 2001）。在英國，只有當國會依據特別法令，進行同意的選擇，規則制定的參與權才得以存在。而根據美國1946年的行政程序法，機關的規則制定參與權，必須符合立法的規定。

　　對於所提出的任何一條規則制定，其相關的說明，必須在聯邦政府官報加以發布，而發布的內容則包含了規則制定議程的時間與地點等聲明，以及所提出規則的相關條件與實質內容。在聲明發布之後，相關的機關才能提供機會，讓有興趣者參與此一規則的

制定。於是，我們從本質上可大致依其形式（formality）的不同程度，分成三種不同的參與模式：第一種，也是大部分的行政規則，其必須經過聲明與評論的程序，而所提出的規則必須先行公開發布，接著相關利益的單位就能提出書面的建議；第二種則是正式的規則制定，乃為一完整的審判聽證形式，其內容則包括了口頭證詞（oral testimony）與交叉審訊；而第三種規則，則是混合上述兩者的制定過程，其形式雖然比發布聲明與評論的程序較為正式，卻又比不上正式的審判類型聽證。

原理：實質的限制

綜合法

在有限的篇幅裡，毫無疑問地，我們無法就美國（Anglo-American）的行政法慣例陳述常見的實質性評論等所有原理。然而，我們仍可針對相關的基本原則，加以闡述並說明。

法庭對於政府機關的決定，握有決定性的實質控制能力，而其控制能力的本質，則依照法庭前所產生的議題，不同的內容本質，而有各別的差異性。於是美國行政體制裡的法庭，多傾向於對政府機關的司法範疇設定，維持較大程度的控制權，而不是遵從政府機關的自由裁量權（discretionary choices）。關於裁量的決定，一般多認為，不該由法庭取代機關，逕行決定機關裁量執行的觀點，政府的政治性機構，已經將此裁量，指派相關的機關負責，而不只是簡單地由法庭介入。因為就第一印象而言，法庭對於裁決的執行，必然會不同於機關。而當美國行政法慣例中的法庭，接受此一命令時，關於裁量結果，應該進行何種嚴格的審核程序等相關問題，已經有相當多的討論。而對於判決，不應該有其他的替代結果，此一事實，多已為大眾所接受，但這並不代表，當審核的嚴格程度不如原本預期時，判決的結果是否能取得共識。舉例來說，就法院而言，只有明顯確定決策屬於不合理或模糊不清時，法庭才有可能介入並進行干涉。相對的，雖然無法替代判決，但只要有嚴格形式的審核，或是經由較為確實的合理測試，甚或經由比例上的控制範圍等，法庭就能夠針對自由裁量權，行使較大程度的控制權。無論英美兩國，及其他地方的法庭，皆已針對相關的議題等，就裁量的合理控制範圍，分別達到不同程度的結論。法庭對於審核的嚴格把關，也隨著時間而逐漸減輕，另外，影響司法選擇的主要因素，包含了法庭對於其與相關機關之關係認定，法庭是否願意介入技術上複雜的案件，以及評論程序本身，其本質上所面臨的結構性限制等。

然而，一般大眾不應該認為，美國行政法慣例的法庭，對於司法干涉的合宜範圍，

會一直保持同樣的觀點。關於此一觀點，只要就法律議題的控制方面，針對英美兩國的法庭，各自採取相反方式的事實，便可以得到清楚的解釋。

法律的控制：對比案例

所有經由立法而成立的政府機關，都將根據法令，對其法定的職權範圍，做一清楚的定義。簡單的例子是：當員工因公受傷，政府機關就可依法核准公傷賠償金。而當個人或單位提出申訴，認為政府機關對於員工，在因公受傷，或是工作等名詞，採用不正確的定義，法庭就必須針對審核的合適測驗做出決定。而法庭所使用的測驗，將反應出，對於機關自治與司法控制，兩者之間，是否能夠取得正確平衡的司法選擇。針對此一議題，長久以來，美國與英國的法庭，並不一直是持有相似的看法。

英國最具代表性的案例就是，Page v. Hull University Visitor。對於此案例，一般多認為，英國國會僅授權相關機關，在行使正確法律基礎的情況下，享有決策的權力，孰知在此一決策的制定下，卻是法律上的一個錯誤方向，並因而造成越權（ultra vivres）的決定。於是，行政法庭或下級法庭（inferior courts），一旦做出任何法律錯誤的決策時，此決策多半都將因為屬於法律的錯誤而被取銷。

而美國，關於此議題的案例，則可以美國雪佛龍公司訴自然資源保護委員會（Chevron, U.S.A., Inv. V. Natural Resources Defense Council, Inc）為代表。此一案例內容乃是關於清潔空氣法規定的合法性之爭議性。美國於1977年通過清潔空氣法修正案（The Clean Air Act Amendments of 1977），針對那些沒有達到美國環保署所設定之國家空氣品質標準的州政府，強制規定要務必進行改善。而相關的要求則包括有：針對空氣污染方面，任何「新出現或修正後的主要固定來源」，其執照許可的發行，州政府有責任建立相關的監管制度。而只有達到最高的標準情況下，州政府才可以發行此一執照許可。環保署必須公布執照取得的相關需求規定，而州政府必須根據這些規定，才能採用整廠定義的固定污染源。此一措施所產生的效果就是，那些擁有許多污染排放設施的工廠，便能以此為依據，針對那些沒有達到執照許可標準狀況的工廠，只要安裝新的設備或修改其中一件設備，確保相關的增加或修改，並沒有增加工廠的污染總排放量即可。於是州政府便得以針對相同的行業裡，將所有的污染排放設備全部算在一個「總排放量」（bubble），並依照規定進行相關的處理。然而此一法律生效的同時，也引起國家資源保護協會（the National Resources Defense Council）提出質疑，認為上述的管制規定之闡述方式，對於工業用者未免過於寬鬆。

於是，司法官Stevens便針對最高法院提出他的判斷。他所採用的是二階段的方法：首先，如果國會有清楚的目的，那麼此事件就沒有什麼值得進一步去討論的空間，而就

法院及相關機關則必須加強國會目的表達之明確程度；第二階段，如果法院無論如何，都認定國會並未直接就議題的重點提出看法，法院就不能將自己的想法直接架構在法規之上，尤其在缺乏適當的行政解釋（administrative interpretation）可供參考時，更是如此。更確切地說，如果法規對於特別的議題，沒有規定具體的建議或看法時，法院所面對的問題就是，究竟機關提供給法院的答案，是否建立在可接受的法規架構之上。如果國會已經確切地保留空間，讓機關加以填補就表示其直接將權限指派交由機關，針對相關的法令規定，逕行作特別性的闡明。類似的立法規定，除非是模糊不清、反覆不定或明顯地與法令不相符合，否則都被賦予某種程度的控制力量。在這樣的情況之下，法庭就不應該自行創造法例條文，以取代行政機關本身對於法令合理的解釋。如果機關對於法令的意義或達成的決定內容，產生衝突的政策，必須做出某些程度的調整，而機關本身對於相關法規的範疇，也具有特別的專業知識或經驗，那麼法庭就應該尊重機關所做出的結論。

當法庭應用上述的原則之時，便代表法庭對於其對口機關的解釋，是採取支持的態度。此外，國會對於執照計畫的總排放量概念，其應用性方面，並沒有任何特別的用意。即使如此，癥結點並不在於審視法庭（the reviewing court）是否相信，在改良空氣品質的設計計畫內容裡，究竟總排放量的概念是不是好的主意。而真正的問題應該是，在合理的計畫中，對於總排放量概念是否合宜以及機關所持的觀點為何。如果就相關領域而言，當初立法的目的來看，法庭就可發現，此一希望能同時取得環境保護與商業發展平衡並進，乃是合理的解釋。而司法官Stevens則發表聲明，認為國家資源保護委員會，雖然沒有針對國會特別提出議題，以求與法庭在政策方面相抗衡，便在機關這一關，本身已經打了敗仗：這些政策論點應該針對立法者或是行政單位，而不是針對法官，提出更為合宜地相關看法。關於此案例，也陸續出現許多學術上的評論（Aman, 1998; Farina, 1989; Pierce, 988; Scalia, 1989; Sunstein, 1988）。

自從雪佛龍判決（the Chevron decision）事件之後，由於此案例試圖針對上述原則所設定的界定與範疇加以測驗，案例法本身就含有相當大的重要性。許多的案例，先後提供了機關闡述的空間。也有許多的案例，如雪佛龍案例的判決，法院幾乎就要對判決做出替代性的論述，卻因認定國會的意圖乃是最高原則而止步，此外我們還可清楚地發現，若以雪佛龍案例的審查標準（formula）而言，對於任何一個案例的特點描述，究竟屬於第一或第二部的審查，法官享有極大的裁決權。這樣的現象其實是無法避免的。而比較不能確定的是，司法單位之間對於審查標準的定義究竟應該歸屬於此二部審查的測試，尤其是第一部，是否仍存有真正的不同意見。尤其，如果我們針對此一議題的兩個對比觀點，就能了解此點的重要程度。

　　而在美國移民與規化局訴訟（Immigration and Naturalization Service v. Cardozo-Fonseca）案例裡，因為法庭經由法令建構的工具，便能夠預知案件的發展，於是最高法院便判定，特別法令條款的定義，乃清楚地顯示屬於雪佛龍判決的第一部審查。此舉也引起了司法官Scalia極為強烈的不同意見。他認為大多數法官所採取的方法，將根本地摧毀雪佛龍案例所產生的二部審查標準，因為無論事件如何發展，法庭總能夠藉由法令建構的工具使用，認定法令條款的定義是明確無誤的。而Cardozo-Fonseca的案例，則是採取與銹病訴沙利文（Rust v. Sullivan）案例完全相反的方法。其首席大法官Rehnquist提供法院主要的判決。他對於雪佛龍案例第一部分的解釋，就與之前的截然不同。他的觀點認為，如果從法令表面上，就能清楚地找到國會對於法規條款的定義，那麼訴訟案例就僅只屬於測試的第一部分。如果不是如此，那麼就必須根據審查標準（formula）的合理性部份進行決定。此一論點同樣也引發司法官Stevens強烈的不同意見。他認為大部分人對於第一部分審查的解釋，其實都過於狹隘。

　　而介於英國與美國法律體系之間的對比差異，則讓此領域可供使用的司法選擇，得到清楚而強烈的解脫。

　　在英國，對於法令的闡述方面，無論是任何議題，法院都能夠取代機關所做出的判決。這與議題本身無關，甚至也和機關與法庭的專長沒有任何的關聯。英國的法庭，就像美國的情形一般，可以採取二部審查的程序進行。而至於那些屬於雪佛龍判決第一部審查的議題，都會導致法院做出取代機關判決的結果。而至於那些落入第二部的議題，則取決於合理審查的基準或是合理性測試的方法控制而定。而究竟這些審查應該適用於哪一個案例，無論如何的分類，都必然會出現反對的意見，因而它們的本質便不該過度被誇張。判決的取代，其適合與否，則端視立法是否能確切地觸及議題，或是受到質疑的決策，其所包含的議題，機關是否的確缺乏所需的專業知識或經驗而定。而其他的案例，則應該採用合理審查（the rationality test），尤其是與法令解釋相關的議題，同時也屬於機關能力範圍之內。此外，切莫忘記的是，即使根據後者的審查標準，機關的任何決定，都是能夠被推翻取代的。

　　要如何抉擇上述所描述的兩種方法，已然成為政府機關與法院之間關係的重要意涵。基本上來說，議題的重點在於機關是否對於所被賦予的授權立法定義，擁有足夠的獨立性。就英國所採用的方法來看，原則上我們的答案是「否定的」。而美國方面，則算得上是「肯定」的答案。很明顯的，不同的評論者，對於何種方式較為適合，所持的意見各自不同，但至少從美國的法律體系，卻能讓我們了解到，當各個單一案例出現時，如果沒有替代判決的話，仍然有多種方式可以維持對機關決策選擇的控管。

參考文獻

Aman, A. (1988) 'Administrative Law in a Global Era: Progress, Deregulatory Change and the Rise of the Administrative Presidency', *Cornell Law Review*, 73: 1101–247.

Aman, A. (1993) *Administrative Law and Process*. New York: Matthew Bender.

Andenas, M. (ed.) (1998) *English Public Law and the Common Law of Europe*. London: Key Haven Publications.

Andenas, M. and Jacobs, F. (eds) (1998) *European Community Law in the English Courts*. Oxford: Oxford University Press.

Craig, P. (1990) *Public Law and Democracy in the United Kingdom and the United States of America*. Oxford: Oxford University Press.

Craig, P. (2000) 'Public Law, Political Theory and Legal Theory', *Public Law*, pp. 211–39.

Dicey, A.V. (1959) *An Introduction to the Study of the Law of the Constitution*, 10th edn. London: Macmillan.

Ellis, E. (ed.) (1999) *The Principle of Proportionality in the Laws of Europe*. Oxford/Portland, OR: Hart Publishing.

Farina, C. (1989) 'Statutory Interpretation and the Balance of Power in the Administrative State', *Columbia Law Review*, 89: 452–528.

Galligan, D. (1996) *Due Process and Fair Procedures*. Oxford: Oxford University Press.

Goldsworthy, J. (1999) *The Sovereignty of Parliament, History and Philosophy*. Oxford: Oxford University Press.

Grosz, S., Beatson, J. and Duffy, P. (2000) *Human Rights, the 1998 Act and the European Convention*. London: Sweet & Maxwell.

Harlow, C. and Rawlings, R. (1997) *Law and Administration*, 2nd edn. London: Butterworths.

Hart, H.L.A. (1961) *Concept of Law*. Oxford: Oxford University Press.

Henderson, E. (1963) *Foundations of English Administrative Law*. Cambridge, MA: Harvard University Press.

Jaffe, L. and Henderson, E. (1956) 'Judicial Review and the Rule of Law: Historical Origins', *Law Quarterly Review*, 72: 345–64.

Laski, H. (1917) *Studies in the Problem of Sovereignty*. New Haven, CT: Yale University Press.

Laski, H. (1919) *Authority in the Modern State*. New Haven, CT: Yale University Press.

Lieberman, D. (1989) *The Province of Legislation Determined, Legal Theory in Eighteenth-Century Britain*. Cambridge: Cambridge University Press.

Mashaw, J. (1976) 'The Supreme Court's Due Process Calculus for Administrative Adjudication in Mathews v. Eldridge: Three Factors in Search of a Theory of Value', *University of Chicago Law Review*, 44: 28–59.

Mashaw, J. (1985) *Due Process in the Administrative State*. New Haven, CT: Yale University Press.

Michelman, F. (1977) 'Formal and Associational Aims in Procedural Due Process', in J. Roland Pennock and John W. Chapman, (eds), *Due Process*. New York: New York University Press. Ch. 4.

Michelman, F. (1986) 'Foreword: Traces of Self-Government', *Harvard Law Review*, 100: 4–77.

Pierce, R. (1988) 'Chevron and Its Aftermath: Judicial Review of Agency Interpretation of Statutory Provisions', *Vanderbilt Law Review*, 41: 301–14.

Posner, R. (1973) 'An Economic Approach to Legal Procedure and Judicial Administration', *Journal of Legal Studies*, 2: 399–458.

Rawls, J. (1973) *A Theory of Justice*. Oxford: Oxford University Press.

Resnick, J. (1977) 'Due Process and Procedural Justice', in J. Roland Pennock and John W. Chapman (eds), Due Process. New York: New York University Press.

Robson, W. (1928) *Justice and Administrative Law: A Study of the British Constitution*. London: Macmillan.

Scalia, A. (1989) 'Judicial Deference to Administrative Interpretations of Law', *Duke Law Journal*: 511–21.

Schonberg, S. (2000) *Legitimate Expectations in Administrative Law*. Oxford: Oxford University Press.

Stewart, R. (1975) 'The Reformation of American Administrative Law', *Harvard Law Review*, 88: 1667–813.

Sunstein, C. (1985) 'Interest Groups in American Public Law', *Stanford Law Review*, 38: 29–87.

Sunstein, C. (1988a) 'Constitutionalism after the New Deal', *Harvard Law Review*, 101: 421–510.

Sunstein, C. (1988b) 'Beyond the Republican Revival', *Yale Law Journal*, 97: 1539–90.

Ziamou, T. (2001) *Rulemaking, Participation and the Limits of Public Law in the USA and Europe*. Aldershot: Ashgate/Dartmouth.

第十五章　公共組織與公共政策

Gary C. Bryner
潘競恆 / 譯

　　公共組織主要任務在於貫徹政府所制定的政策，政府是否達成重要的政策目標主要取決於公共行政的能力。當然，還有其他決定政策目標是否能實現的重要因素，包括立法機關對於達成政策目標所需的職權和資源的承諾，以及行政決策是否能適當地在各種考量因素間做取捨與排定優先順序等。一般來說，公共組織在形塑政治系統時扮演重要角色，而政策成功與否尤其與行政能力密切相關。從公共政策為基礎的途徑觀察公共組織有許多方法，而我特別將焦點置於三個廣泛的主題中。

　　首先，由於政府介入的公共政策範疇不斷增加，使得各方對政府的期望也持續擴大。那些期望主要落在公共行政人員身上，希望他們能夠執行解決公共問題和達成公共用途的方案。不同類型的公共政策會對公共行政人員產生不同的挑戰。有些政策涉及政治安排之中，官僚的角色與其他重要民主價值，如課責與代表性等呈現高度一致性，但有些政策則不然。廣泛來說，政策制定過程說明了「行政」和「政治」很難明確地劃分。傳統上公共官僚的正當性（legitimacy）跟被接受的角色僅限於其他機關政治決定的執行者，而此執行的行政過程必須是中立和客觀的。但是行政即政治：行政過程處處有著政治選擇的痕跡，因此要了解公共官僚必須視其為政治行動者網絡之一員。

　　其次，在民主體制中的公共政策，隨著其領域跟範圍不斷增加，使得利害關係人對參與的需求也益形增加。負責回應的機關必須在參與的需求和其他對官僚資源的不同需求之間取得平衡；在更有效率、方便的運作，與提供更廣闊的公眾諮商間做出取捨，但這種取捨往往是困難的。就傳統定位而言，公共行政的任務強調以非政治的方式去執行，並藉由法規命令表達的政治意志，也強調行政乃是專家和專業人士的範疇，但大眾參與的需求挑戰了這種角色期待。當大眾參與擴大，課責和政治監督的劃分就變得更模糊。

　　第三，對公共政策結果的評估也會形塑我們對於公共組織的看法。對政策結果主要抱持正面態度者大多會支持現存官僚；對政策結果抱持批評觀點者自然會認為公共行政的變革是必要的。公共機構經常被指責無效率以及無法如預期般地解決問題，但行政官

僚的成功或失敗終究只是其所在的政治經濟體系中權力分配的結果。公共組織是否有效能主要取決於它們能否滿足大眾的利益需求。雖然許多問題焦點各別放在行政結構、官僚行為、程序或政府間的權力關係，但欲了解公共組織，是無法不將其置於國家的整體系絡背景中來審視的。

　　總之，從公共政策為基礎的觀點來研究公共行政是將焦點置於對公共組織的期待，以及它們嘗試滿足彼此競爭，甚至相互矛盾的價值觀時所面臨之挑戰。這些在官僚組織中的價值衝突，會在它們跟其他政治機構產生互動時，以及當它們在廣泛的經濟、社會和政治權力分配運作時產生。

公共行政、行政政治與政策制定過程

政策步驟與階段

　　傳統的政策制定模型被視為動態過程，一個「複雜的分析性與政治性過程，沒有起點或終點，其界限也難以明確」（Lindblom, 1968: 4）。這也是一個界定問題、形塑政府回應或政策、建構執行政策的行政機制、評估政策是否達成目標等的連續過程。公共政策的制定並沒有特別精確的過程，正因無法精確界定待解決問題的本質或者精確設計最可能解決問題的政策回應，導致採取了許多甚無功效的行動。政策通常是要協助社會脫離某些問題，但事實往往並未使社會往解決問題的方向移動，或僅治標而未治本。

　　儘管不同政策類型會有不同的政策制定過程，但某些政策要素會在各類中出現。如同Charles Jones等人所述，政策過程包括四個主要步驟：起始與定義（initiation and definition）、規劃和制定（formulation and enactment）、執行（implementation），以及影響與評估（impact and evaluation）（Jones, 1984; Peters, 1991）。此模型並不會說明政策為何如此成形，但它提供一有用的方式來檢視形塑政策過程的不同要素，特別是政策過程中公共官僚的角色。

　　政策過程「起始」於，或更精確的來說，一個新的政策循環開始於人們發覺了可能需由政府努力來解決的社會、經濟問題時。在問題被查覺和定義後，利益會被聚集並組織起來，向政府官員提出需求或建議（政府官員本身，特別是行政官員，當他們試圖在有興趣的政策上尋求支持時，通常會在政策制定此早期階段中有較多的涉入）。一個政策提案是否會成為政策議程中的成分，是依據提案背後的政治影響力及政府官員對該政治力的重要性感受程度而定。要進入政策議程是一個相當大的挑戰，因為有無數的問題都競相要得到注意。利益團體雖可以組織、動員其資源及對民選官員進行遊說，但可能

要直到某重大事件或危機發生使該議題得到廣大注意時才會有行動。當公眾注意力、回應公眾的政治效益及政策企業家（policy entrepreneurs）能將政治能量導向政治變遷，三股匯流時，創新政策（Innovative policies）即有可能實現（Kingdom, 1984）。

　　政策問題的界定以及那些形塑定義的假說和價值觀，會對公共政策的行政產生一些重要的結果。對問題的誤解（例如將注意力置於問題的徵兆而非問題根源）可能會導致提出的政策回應無法切合問題或失焦。政治支持（或不支持）在政策過程的最初階段中，對政策發展、執行和評估具有重大影響。某些問題可能會被忽視——反將注意力置於其他較不嚴重的問題上——僅因為它們無法吸引更強烈的政治支持。

　　政策過程的第二階段包括：規劃能夠回應公眾需求的行動方案、排入採取行動的主管機關的政策議程、制定法規以授權方案執行、撥付足夠的資金以執行方案。這需要立法者（立法機關或國會）、擁護該計畫的各個團體，以及最終負責政策執行的行政機關間之互動。

　　政治結盟（coalition building）和協調是立法過程中的重要部分，而這通常會導致法律訂定不夠精確以及留下許多讓行政官員解釋的空間。一些困難的抉擇可能因此推遲到行政機關執行政策時，而將政治爭論的焦點從立法過程轉移至行政過程中。機關運作的政治環境因此高度的緊張，因為機關終究得做出基本政策決擇，而且須滿足各種會受到影響的利益。即使是相當明確的法律通常也賦予行政機關超出其資源的職責，因此機關必須設定政策優先順序並做政策選擇。政策制定者若要成功地將問題的本質與成因精確下定義、發展和執行有效的解決方案，則不但需要政策分析，也需要政治敏銳度和政治運氣。

　　政策過程中的第三階段是執行（implementation），這通常是個長期、複雜的程序，而程序包括：說明立法目的、平衡法規和行政的優先順序、創造行政結構和程序、重新檢討立法 機關在管制政策形成時的爭論，以及建立執行管制時的政治支持。此政策過程模型假定政策規劃和執行間存在一簡單關係，而這主要反映了分權（separation of powers）——立法機關做政策選擇而行政部門（以及地方政府）負責執行。這反映出一個廣為接受的概念，即主要的政策決定是屬於民選代表的職責。實際上，制定和執行政策的界線模糊不清且有許多重疊的部分；執行法規者往往也需要做出政策選擇。

　　有許多的原因可以說明政策的執行為何如此困難（Mazmanian and Sabatier, 1983）。某些政策執行因為缺乏政治決心或政治協議而無法達到其政策目標，某些政策努力則受困於資金或職權不足。某領域的政策目標，例如環境保護必須和社會福利、經濟其他政策目標競爭資源。政策目標往往是多元的，但彼此又常常互相衝突，並且財政資源和其他資源都是有限的。而政治妥協的代價通常就是含糊，而且對政策的確切目標少有共識，

政策執行是政策形成階段的政治運作之延續，但加入某些新的行動者、程序和制度。當執行不斷進行，我們可以發覺新的問題、限制和機會；資源和目標不斷地在變動，在政策執行中處處可見非預期的結果（Pressman and Wildavsky, 1984: 168-180）。執行的核心即不可避免的取捨，例如：應選擇更為集中控制（centralized control）與一致性，或者選擇分權、彈性、地方社區控制（community control）（Pressman and Wildavsky, 1984: 232-233）。上述各種互相衝突的考量，結果就是政策執行往往無法達到其預期的目標。

　　認為政策制定過程中的最後階段是政策評估或政策分析是一種誤導，實際上，政策評估或政策分析在整個政策制定過程中都會發生。立法機關和行政機關會對法律、政策執行進行監督以及定期評估其效能，這包括：政策目標能否被清楚表達；衡量政策目標達成的程度；以及重新規劃政策的必要性。公共行政人員被期待能夠做政治中立且專業的判斷，但立法者所做的政策評估是高度政治性的，而且這些政治人物的目的可能各有不同。

　　政策制定過程的重點，在於政策制定者對現存政策優勢和弱勢的評估，以及在適當時機修改現有政策之能力。政策分析一般是希望藉由政策選項的技術評估來隔絕政策制定者的政治性計算，好讓那不可避免的政治算計影響最終決策之前，以政策分析進行客觀的、非政治性的政策選項評估。理論上，謹慎的政策分析程序應排在政治壓力開始運作之前，以確保將採行的政策是那些能產出最大社會淨效益的政策。但實際上，政策分析無疑是個高度政治運作的過程，公共組織身陷政策評估、重塑的政治拔河之中。理論上來說，政策制定者賦予執行者法律裁量權，以提供彈性來解決持續變化中的問題，並從嘗試錯誤中不斷學習。政策評估需要清楚的目標和準則以衡量政策執行的成果，但往往都相當缺乏這些清楚的目標跟準則；就算當它存在時，執行這些任務可能需要遠超乎公共行政人員所能取得的資源。

不同政策，不同的政治

　　某些類型的政策對公部門組織來說特別困難。政策制定最重要的特性之一是不同類型的政策有不同類型的政治關係和過程；Theodore Lowi主張政策類型主要有三種——分配、重分配和管制——且各有其不同的政治過程（Lowi, 1972）。根據Lowi的看法，所有的公共政策都屬於強制型，因為公共政策試圖改變個人和社會的行為。但控制行為有不同的方法，因此對政策制定過程和政策執行結果來說也具備不同意義。

　　分配性政策包括以補助款和補貼的方式保護某特定得利者，使其免於競爭或甚至直接提供利益。有關政策執行的法規通常要相當明確並且允許很少行政裁量權。關鍵的決策在於誰得到利益以及將得到多少，這通常由立法者決定，而立法者有相當高的誘因想

確保得利益者能夠明確地知道他們的好處是誰給的。

　　重分配政策和經濟、社會有關，包括：影響信用和提供財貨的行動，以及課稅、社會安全和移轉性支付（transfer payments）等。重分配政策是屬於意識形態的，往往引起關於政府如何在社會、經濟中扮演適當角色的基本議題。與其他的政策相較，重分配政策通常會引起民選官員的注意並且會以更中央集權的方式進行規劃。某些重分配政策僅以法律含糊定義，並且需要相當多的行政專門知識和執行裁量權；有些政策則會以法律清楚定義並且要求必須以固定行政程序處理。然而一般來說，公共官僚的任務是忠實地執行民選政策制定者所制定的方案。

　　管制政策企圖藉由對受管制產業的強制準則直接改變個人行為，而這通常會引起相當多的爭論。個人的利益可能明顯被限縮，或是管制行動對他們強加順服成本。有力的利益團體往往是繞著管制議題組織與動員，而這些政策倡議者的互動在決定政策本質時扮演著重要角色。管制政策通常包含複雜的、技術的決策，或者是一些難以定奪政策行動的領域，所以常需要耗時討論一些技術問題，也因此行政機關或有關團體裡的專家扮演著非常重要的角色。大體而言，Lowi批判廣泛下放職權和裁量權予行政機關，認為這是辯稱以政治黨派中立的行政過程取代嚴謹的政治辯論和對法治政治的堅定承諾（Lowi, 1979）。

　　政府對不同領域的政策不必然採取同步發展，不同政策場域的發展其實有明顯差異。舉例來說，當公共政策愈來愈偏重以社會方案作為發展取向時，如何在對個人的援助與追求競爭型經濟之間取得平衡，即成為公共組織的重大挑戰。在歐洲，三分之二的公共支出都花在社會方案上，其中對年長者、失業者、身心障礙者及其他無法工作者的移轉性支付上占44%，是花費最多的支出類別；花費次高的支出種類是健康和教育償付現在與過去公債的利息支出是第三高的支出種類；再來是國防與公共秩序；剩下的支出項目分散在各個公共政策領域，例如：促進經濟、貿易、農業和工業的成長；環境保護；公共財的提供，例如：交通運輸與通訊；以及維持政府本身運作的支出。自1950年代開始，國民產值中的國防支出已下降50%，但在社會計畫上的支出則加倍（Rose, 1996: 240-242），美國的情況也相似。在美國和歐洲對福利國家的爭論，促使各方對社會救助與經濟繁榮兩者在全球經濟思維中的相容性進行重新斟酌，而在各種尋找平衡這些長遠政策目標的努力中，公共組織是關鍵行動者（Bryner, 1998）。這個問題的棘手與難以駕馭也造成人們對解決方案的極大期待，但公共組織卻無能力滿足此期待。

　　政策制定者、公民和學者同樣都想知道，政府的發展與那些伴隨政府發展而制定具雄心的、精細的、無所不包的法律，是否能永續發展下去。這些法律持續提高大眾的期望，然而政府卻持續無法滿足這些要求。立法機關通過的每條法律對於未來設計有效

解決公共問題方法，都具有累積的影響。政府不願意或是無法達成公眾預期，會侵蝕公眾共同努力的信心以及機關解決迫切公共問題的能力。再次說明，政府深刻感受到實現這些互相矛盾與競爭目標時是倍受壓力的，而公共組織經常身處這些互相衝突的需求之中，但卻無法滿足這些需求。

公共行政和民主參與

　　政策制定過程中高度民主參與的論點，認為對政策目標和產出進行規範性審議，並不亞於科學評估，只不過兩者方法不同、各具價值。Frank Fischer（1995）建議公共政策的審議應從兩個層面來看。第一層面即傳統技術官僚對產出之審查——在既有問題本質背景下，政策是否達到其目標以及目標是否適當？而這些問題的解決大部分需要專家提供技術資訊和進行評估；分析的第二層面轉向社會、政治和經濟體制，探討政策對這些體制和該體制所隱含的基本規範性原則和價值的衝擊。決策制定需要論點相異但相關的對話，從政策衝擊評估（或是政策替代方案的可能衝擊）到政策與公共秩序、公共價值和規範，以及民主制度能力的相容性，而政策制定和政策執行所需資訊的提供和評估，專家和公民都扮演著一定程度的重要角色。

　　有些學者強調公共政策抉擇的中心本質是政治性的。Deborah Stone主張政策制定的本質為「觀念之爭」、「持續性爭辯分類的衡量條件、分類的界線、引導人們行為的觀念的定義」（Stone, 1997: 11）。對每一個政策議題而言，皆存在著「對抽象的目標或價值之既相互衝突又各自有理概念爭辯」，因此政策制定者的任務在於「揭示和闡明基礎價值的爭論，以便讓民眾察覺爭論不同之處並試圖異中求同」（Stone, 1997: 12）。過程論者視政策制定為從規劃到執行之步驟，當過程出錯時政策專家即嘗試尋找新的工具加以修正；Stone不做此想，她強調政策制定在於改變人類行為，每項政策都是在某具特定基本運作規則的政治場域中產生。成功的政策制定需要政策制定者和公眾持續對界線的辯論與再定義、得與失的分配並審視基本價值與承諾造成的影響，這樣的政策成果來自於廣納所有相關參與者之成功政治過程。

　　如果這些學者們的觀點正確，對公共行政人員的主要挑戰即在於學習如何在政治環境中更有效率地發揮功能，以促進高度民主參與並吸引更多元的行動者，共同尋找和執行解決（或至少改善）公共問題的辦法，但此項挑戰並非新課題，美國以及其他民主國家的公共政策在傳統上是從實質面和程序面來評斷。從實質面來看，評估公共政策良窳端看其妥善解決標的問題之能力，換言之，政府介入讓情況更好嗎？從程序面來看，分

析的焦點在於政策制定的過程是否良好，也就是過程公平嗎？是否所有的利益皆適當地被代表？還是被某些「特定的」或「少數的」利益所把持？

　　以程序為基礎的政策分析途徑受到注目的原因有幾項。何謂公共政策制定的實質成功？看法通常少有共識。何種類型的政策應被推行以及政府在經濟和社會活動中應扮演何種角色？若對這些問題缺乏共識，幾乎不可能斷定政策成功與否。既然沒有客觀或廣泛同意的方法與衡量指標作為評估政策之準則，焦點自然轉向於程序是否具備多元性、開放性和代表性等價值面。如果某政策滿足程序規範的要求，則大致上可斷定為成功的政策。程序問題一直是民主理論的重要環節，當程序的充分性以及與民主價值的相容性成為評估公共政策的基礎時，程序問題自然更顯重要（Barber, 1984; Mansbridge, 1983）。這些論述的中心概念之一是強勢民主（strong democracy），指涉恢復廣泛民主參與的決心；之二是參與式的政策分析，指涉需要更多的民眾參與評估政策選擇，但要促進官僚民主行政並非簡單的任務，公共行政人員面臨著如何進行的困難選擇。

　　政策制定和執行中的民主參與型態，從最小程度的參與如公聽會、公民會議等，到較深度參與的協力決策，由利害關係人提政策建議以尋求參與者共識。過去的三十年來對於如何才能使政策制定程序更為公平之概念已有顯著演進。公眾參與已成為行政機關進行決策制定時的核心，這有以下幾點因素。在美國，憲法規範的正當法律程序，意謂著公民在那些會影響到個人利益的行政程序中應有參與權。聯邦法院擴大了聯邦機構決策時的參與機制，而許多州也已利用此類的參與機會；相反的，行政的政治參與傳統上較少爭論，因為決策過程中利益團體的參與已被認為是合法和制度化的，而對於能召集各方以消弭差異和型塑政策的行政裁量權也更能接受（Bryner, 1987）。

　　如同其他國家發生的情形一樣，美國的政府管理者和決策制定者已發現擴大參與的好處，因為可增加資訊多樣性和更多可利用觀點。參與被視為是獲得受政策影響者支持的方法；如果能讓他們愈覺得擁有表達意見影響決策的機會，那麼他們會更願意順從政策要求。如果在政策規劃過程擁有發聲的機會，就比較不會質疑該決策。提倡更廣泛參與者主張合作比衝突來得好，且合作不只在尋求特定政策議題的解決方案，還可促進社群意識以及強化社會資本。促進民主對話日漸受到重視，在政策制定過程中增加討論有助於獲得不同觀點，也提供過去經常被邊緣化或被忽視者發聲的機會。

　　公共官僚體制中不同的公眾參與方式，可補現存決策過程之不足，或是對現存運作不良之過程提供另一個選擇。分享決策權力的深度參與，在參與規模上必然有限。舉例來說，美國的自然資源政策相當倚重以社群為基礎的合作決策過程。合作是企圖避免衝突訴訟以及其他會困擾規劃過程的問題，並提供來自不同層級及管轄權重疊的政府官員們一個共事的對話平台。最廣為人知的合作例子是昆西圖書館團體（Quincy Library

Group）——1990年代在加州昆西鎮圖書館，利害關係人在此設計出鄰近國家森林的管理計畫，全國性的環境保護團體反對昆西團體的最終計畫，而國會最終將該計畫以立法的方式解決（Brunner, 2002）。但此想法並不新穎，聯邦公共土地機構數十年來均召集諮詢小組以解決問題和執行政策（Kenney, 2000）。

專家扮演著特殊的重要角色，他們可廣納強勢民主決策模式，願意與非專家者共同評估政策選項與進行政策決定。其中要緊的是確保官僚體制中的官員需能代表人口多樣性、各種意識形態偏好，並反映社會運作不可或缺的多元觀點。確認和徵求主要利益的代表者也相當重要，從歐洲新統合主義的政策制定類型可學習到許多功課，確保政策制定過程有多方利益的參與，而該機制就算遇到意見強烈分歧時也可適當的確保決策能被達成。技術專家可對不同利益提供他們的專業技能，使所有的觀點皆有機會能對分析過程提供具意義的和有效的貢獻，而公共行政人員當確保不同的專家和公民皆能參與審議。以報酬、地位和其他誘因鼓勵專家參與民主決策制定是個重要議題。監測、回饋機制、檢討和其他結構上的安排則提高了能鑑往知來的機率（Woodhouse, 1997）。

公民參與的擁護者主張，如果真的能做到包容性並給予公民接近決策者的管道，將可賦予民眾自定決策的權力，不用依賴政府家父長式的政策決定。人們可以自行權衡風險和利益而不是聽從其他人的決定，公民參與吸引人之處在於不需要政策制定者提出一套決策準則，僅需要政策制定者規劃出公平的過程即可。雖然這並非簡單的任務，但透過公平過程達成共識，比起策劃解決方案並強加於他人來說可能是較簡單的行政任務。

官僚民主在試圖解決上述問題時，對公共行政來說是充滿挑戰的。機關必須決定提供何種類型的參與，過程中應確保存哪些利益的參與？公民參與如何和其他的期待調和，例如：受法律規範的法治政治與政策制定（而非利害關係人討價還價的結果）？如果公民參與的結果與專業知識及科學評估互相衝突時應該如何處理？如何降低衝突與延遲？避免衝突之過程所強調的是尋求共識，但可能的代價是放棄考慮某些一開始顯得不受歡迎卻很有價值的候選方案，地方性參與者達成的協議可能並未考慮或不符合更廣泛區域的利益。當各方對實質目的意見很不一致時，以程序方式解決政策爭議就變得非常重要。當各方利益對於應該做出什麼選擇產生強烈衝突時，如果政策制定者可設計出被認為符合公平和正當性的政策制定過程，那麼人們較能接受透過該過程產出的結果。

公共行政與政策產出

民主理論派的公共政策學者們，認為聯邦機關的龐大規模、它們與直接選舉政治的

相關性、提供公共參與管道之不足、與社區及其活動在實體上的疏離，以及其他一些重要的官僚特性，都和民主參與及課責性是相互衝突的。舉例來說，Michael Sandel（1996）與Michael Walzer（1983）對建構公共官僚理論基礎的自由主義政治思想提出批判，他們認為自由主義政府對於社會網絡、義務、責任、承諾等屬於人民生活核心成分之認知不足，並且未能提出方法使得上述這些承諾、網絡等素質能蓬勃發展。而以個人權利和功利主義式的偏好加總為基礎的政體，「無法讓公民培養出以自我管理為基礎的相互分享品格」（Sandel, 1996: 24）。

　　制度理論家認為官僚通常有辦法維持其自主性，他們會利用國會和總統等監督者之間對官僚的指揮權競爭做為槓桿，或是官員們屬於鐵三角或議題網絡之一部分而免於廣泛的政治監督和影響。在這兩種情況之下官僚都可誇耀他們的權力，但那卻是以犧牲民主政治傳統為代價。某種程度上而言，這僅是簡單的時間和資源問題：行政活動所及之深度與廣度，遠超過相對少數的民選官員們進行監控、評量或改變那些行政活動的能力。其他例子中，政治人物大力支持行政機關及其所提議程，以至於不願意或是沒辦法提供深入和批判性的審查。鐵三角、議題網絡、滾木立法（即服從其他政治人物所提之議程以交換對方的支持），以及其他隱喻，都描繪出至少許多官僚可免於受到有效監督（Fesler and Kettl, 1996; Lowi, 1979）。

　　官僚的零散分治以及自由裁量權，被認為是政策制定僵局中較大的結構性問題，這使得某些學者企圖尋求能取代美國權力分立的制度，以產出較一致性的政策，並確保一旦政策被選定之後，即可以正確地和有效地被執行。由一群學者、民選官員與行政官員所組成的憲政體制委員會指出，相較於英國和其他議會系統體制，雖然美國在發展新的治理制度時相當有創新能力，例如創設獨立行政管制機關，但美國體制卻相當抗拒以改革基本統治結構來因應不斷變動的環境。因此，政府缺乏發展與執行具一致性和具效能政策之能力（Sundquist, 1992）。其他以議會系統建立之政府儘管並無分權，也得面對政治分裂局面、穩定性不足的政治結盟，還有其他可能導致公共組織任務困難的一些挑戰。

　　公共政策學者還有其他對公共官僚的批評觀點。較少數著作和文章認同公共機構的工作，大部分的學者對於機關的缺點、交辦任務的達成率，以及問題的解決程度總是再三失敗的情況感到沮喪。一些特定政策領域的研究發現，政策若未能達到目標幾乎總是源於行政失敗。有時候這些對於官僚的批評帶著相當同情的意味：那些令人失望的表現是預料中的事，因為行政機關所承擔之工作格外困難，由於市場機制無法完成的任務才會留給政府去執行（Lindblom and Woodhouse, 1993: 63）。

　　即使成功率低是可以理解的，但隨著每次公共政策無法解決標的問題，對官僚的不

滿也就持續擴大。例如Mancur Olson對各國衰退中的社會進行分析，衰退原因往往是治理制度的僵硬，以及官僚為回應有影響力的特殊利益而去追求無效率的政策。政府機關是這個衰退的核心，因為他們沒有能力抵抗上述的壓力（Olson, 1982）。學者只有偶爾點出若干成功的政策，以及政府在人們生活扮演積極角色的例子，例如：脫離貧困、創造教育和其他機會、發展運輸和通信基礎建設、提昇環境品質等（Schwartz, 1988）。

有關政策執行的研究作過這樣的結論：因為行政的複雜性（administrative complexity）政府沒辦法達成其政策目標是注定的，例如：Pressman和Wildavsky（1984）斷定，太多的政治行動者想要參與政策所造成的複雜性，讓政策注定就是會失敗，或至少受到拖延和扭曲。認為政策執行機關的首長可以由上而下控制轄下一群行動者的假設是不切實際的。後來的研究發現政府可以成功地執行計畫（Mazmanian and Sabatier, 1983），並且發現一些特定因素似乎與不同的政策執行結果有關（Ingram, 1990）。不過，成功的政策執行非常罕見，多數研究反映出的主流觀點仍是政府無法順利運作，這也呼應了人民對政府工作效率的信心持續降低的現象。

以科學和技術為基礎的政策制定強化了行政權力和自主權，並讓民主政治能夠控制公共政策更形困難。由於非專家沒辦法對行政的行動和決策提供令人滿意且獨立的評量，這使得專家及專業主義成為官僚脫離民主政治控制的保護層。Langdon Winner的深入研究指出，科技性的政策制定超出了民主控制的範圍：「以先進科學和技術為基礎的社會體系中，由訓練精良的專家來統治是唯一一種合適的政府……這樣的制度與維護實踐自由主義政治的核心概念互相矛盾，這些概念包括：負責的、回應的、代表性的政府」（Winner, 1976: 146）。也有人強調，尊崇專家的觀念無法融合多元而相關的行動者、議題和倫理價值等民主決策制定的要素（Hiskes and Hiskes, 1986）。Charles Lindblom強調的問題在於，現代的科學、學術學門和社會學習，破碎成一小塊一小塊狹窄且專業化的知識，但要把這些碎塊重組成有效解決問題的策略卻是愈來愈困難（Lindblom, 1990）。政府機關無法從經驗中學習，或吸收從嘗試錯誤與反覆試驗中得到的教訓，因為機關往往缺乏彈性又抗拒變革，反饋的信息也沒辦法即時傳達到掌權者手上，也沒有確實監督、評量、重新分析工作的堅定信念（Morone and Woodhouse, 1986）。

公共選擇學派的學者強調官僚人員本身以及他們所作的決策中自利（self-interested）的本質，認為官僚人員是經濟性的理性決策者，追求的目標是極大化自身的權力、資源、權威等，而不是致力於追求無私的公共利益。該理論挑戰了公共官僚合法性之所在，也就是對他們在技術專業、專門化和行政中立的角色期望。官僚人員會隨著年齡增長變得更加地保守，比較不願意承擔風險，也不鼓勵創新以及積極解決問題，而是更傾向維持現狀和他們的權力地位（Downs, 1967）。還有其他以理性選擇為基礎的理

論，指出官僚組織的體質問題，即委託人（決策者）與代理人（官僚人員）的關係，決策者對他們的下屬沒有足夠的控制力，使得官僚指揮困難而且組織效能難以達成（Moe, 1984）。雖然某些理性選擇學派的學者認為官僚人員的行為會受到民選官員的形塑（Wood and Waterman, 1991），但受影響的絕大多數是行政的活動而不是成果或效能（Kettl, 1993: 417-418）。

批判理論在解構官僚政治時，強調經濟利益在機關決策中扮演的宰制地位，以及大多數官僚如何讓經濟菁英或社會菁英的利益與優勢得以長久維持。官僚既非全然是附屬者卻也非獨立行動者，而是在企圖解決問題時，因為政治力量的支配而變得無經濟效率或效能。舉例來說，Charles Lindblom認為企業利益在政策制定中享有特權地位，官僚人員對於企業利益極大的遵從，甚至以犧牲民主為代價（Lindblom, 1977）。馬克思主義論者長久以來的論點就是政府僅是社會的上層構造（superstructure），經濟制度才是社會的基礎結構與真正的驅動力量，而且政府也是由它所形塑與指導。公共組織的失敗是根源於「國家功能中制度與階級的系絡，換言之，即資本主義的政治經濟」（Fainstein and Fainstein, 1984: 309）。人們或許批判公共行政的無力、無效率或無效能是由於內部的問題所導致，這些缺點正是那些企圖讓自己免於公共管制的強勢私利擁有者所批判的。相反地，那些看起來似乎運作順暢的政府機關，實際上就是為那些強權利益而服務的機關。更悲觀一點的看法，後現代公共行政論點認為官僚人員尋求的是管理「過時計畫」（obsolete programs），因為「現代是過時的」（the modern is obsolete），真理或理論是不存在的，所以在公共行政中找不到共通的假設或指導原則（Rosenau, 1992: 86-87）。

James Q. Wilson對官僚政治廣博研究後歸納出相關的結論，認為「所謂公共管理……像是個定規的制度世界，設計來讓不完美的人運用有缺陷的方法去處理難以解決的問題」（Wilson, 1989: 375）。公共官僚面對外在的政治控制，有時太過獨立有時又太容易受其影響；對個人自由造成太大威脅；有效解決問題的能力卻過於薄弱。批評會隨著時間和機關的狀態而有所變化，有些機關在某些事情上做得好，某些事情又不然。由於在行政人員的訓練上有著不同的傳統，文化的因素使得人們容易接受一個正面、積極、有建設性的政府形象，而非倡議對政府的不信任。因此相對於美國，歐洲的行政機關較有可能被視為有效而且稱職的。

從公共政策角度評量公共行政

從公共政策的觀點研究公組織有助於我們了解公部門組織如何運作，以及組織可如

何促成有效的政策制定和執行。許多公共政策的學術研究屬於描述性（descriptive）的，因為是研究官僚會為何採取目前這種組織型態，為何它（鮮少）成功和（時常）失敗。但也有屬於規範性（prescriptive）的研究，受到學者自己的價值觀與意識形態的影響。有些理論家與分析家相信政府應該少做點事，因為他們認為政府運作不符民主精神、無效率，或不管怎樣也比其他的決策模式和資源配置還來得差，而這些人常可以在政治學和公共政策的相關著作中找到許多攻擊的論述依據。他們的立場其實完全具備正當性與適切性而且相當具有說服力，因為公共行政在憲政與政治上的位階是相當尷尬的。如果有人把限制政府的權力與勢力範圍當作一個目標，那麼抨擊官僚是不合法、無效能、不負責而且違背個人自由精神，絕對是個合理又有效的攻擊方式。

相反地，如果有人抱持的前提是公共官僚可以也應該在公共政策過程中扮演核心的角色，那麼問題就變成政治學與公共政策的學術研究如何幫助公共官僚面對在概念上與實際上的挑戰。改善治理與公組織運作的相關議題，也反映出上述對公共行政的診斷。公共行政在理論與實務上都有其缺點，而個人偏好哪一種的解決辦法，最終仍取決於他認為哪些缺點是最有問題的。欲研究、了解公共行政就不能夠脫離此一大架構問題，即國家適當的影響所及範圍。

到底政府的工作任務該是什麼？這個辯論從廣義的角度看包含一項挑戰，即藉由提高那些利益受影響者的參與機會，來提昇行政產能與正當性，但是擴大參與的同時，必須各方承諾願意持續彙集實務經驗，並從過去的努力中記取教訓。明顯地，公組織將會持續在不斷增加的不確定性、不可預測性以及複雜的環境下運作，而促進它們未來成功地產出更好政策的關鍵，就在於其適應與調整的能力。公共政策與公共行政的學問知識可以在幾個方面幫助行政能力的擴展。其中最重要的就是找到方法讓公共組織從過去汲取更多經驗，把它應用在改進政策設計與執行，幫助行政人員能夠有更好的辦法在行政過程中調合各方利益，並且對民選的官員提出建議，當他們在授權政策任務給行政人員時如何能兼顧授權的清晰度與整體性。

參考文獻

Barber, Benjamin (1984) *Strong Democracy*. Berkeley, CA: University of California Press.

Brunner, Ronald D. (2002) *Finding Common Ground: Governance and Natural Resources in the American West*. New Haven, CT: Yale University Press.

Bryner, Gary C. (1987) *Bureaucratic Discretion: Law and Policy in Federal Regulatory Agencies*. New York: Pergamon.

Bryner, Gary C. (1998) *Politics and Public Morality: The Great American Welfare Reform Debate*. New York: W.W. Norton.

Downs, Anthony (1967) *Inside Bureaucracy*. Boston, MA: Little Brown.

Fainstein, Susan S. and Fainstein, Norman I. (1984) 'The Political Economy of American Bureaucracy', in Frank Fischer and Carmen Sirianni (eds), *Critical Studies in Organization and Bureaucracy*. Philadelphia: Temple University Press. pp. 309–19.

Fesler, James W. and Kettl, Donald F. (1996) *The Politics of the Administrative Process*, 2nd edn. Chatham, NJ: Chatham House.

Fischer, Frank (1995) *Evaluating Public Policy*. Chicago: Nelson–Hall.

Hiskes, Anne L. and Hiskes, Richard P. (1986) *Science, Technology, and Policy Decisions*. Boulder, CO: Westview Press.

Ingram, Helen (1990) 'Implementation: A Review and Suggested Framework', in N.B. Lynn and A.B. Wildavsky (eds), *Public Administration: The State of the Discipline*. Chatham, NJ: Chatham House.

Jones, Charles O. (1984) *An Introduction to the Study of Public Policy*. Monterey, CA: Brooks/Cole.

Kenney, Douglas S. (2000) *Arguing About Consensus: Examining the Case Against Western Watershed Initiatives and Other Collaborative Groups Active in Natural Resource Management*. Boulder, CO: Natural Resources Law Center, University of Colorado School of Law.

Kettl, Donald F. (1993) 'Public Administration: The State of the Field', in Ada Finifter (ed.), *Political Science: The State of the Discipline II*. Washington, DC: American Political Science Association. pp. 407–27.

Kingdon, John W. (1984) *Agendas, Alternatives, and Public Policies*. Boston, MA: Little, Brown.

Lindblom, Charles E. (1968) *The Policy-Making Process*. Englewood Cliffs, NJ: Prentice–Hall.

Lindblom, Charles E. (1977) *Politics and Markets*. New York: Basic Books.

Lindblom, Charles E. (1990) *Inquiry and Change: The Troubled Attempt to Understand and Shape Society*. New Haven, CT: Yale University Press.

Lindblom, Charles E. and Woodhouse, Edward J. (1993) *The Policy-Making Process*. Englewood Cliffs, NJ: Prentice–Hall.

Lowi, Theodore J. (1972) 'Four Systems of Policy, Politics, and Choice', *Public Administration Review*, July–August. pp. 298–301.

Lowi, Theodore J. (1979) *The End of Liberalism*, 2nd edn. New York: W.W. Norton.

Mansbridge, Jayne (1983) *Beyond Adversary Democracy*. Chicago: University of Chicago Press.

Mazmanian, Daniel A. and Sabatier, Paul A. (1983) *Implementation and Public Policy*. Glenview, IL: Scott Foresman.

Moe, Terry (1984) 'The New Economics of Organization', *American Journal of Political Science*, 26: 197–224.

Morone, Joseph G. and Woodhouse, Edward J. (1986) *Averting Catastrophe: Strategies for Regulating Risky Technologies*. Berkeley, CA: University of California Press.

Olson, Mancur (1982) *The Rise and Decline of Nations: Economic Growth, Stagflation, and Social Rigidities*.

New Haven, CT: Yale University Press.

Peters, B. Guy (1991) *American Public Policy: Promise and Performance*, 3rd edn. Chatham, NJ: Chatham House.

Pressman, Jeffrey L. and Wildavsky, Aaron (1984) *Implementation*, 3rd edn. Berkeley, CA: University of California Press.

Rose, Richard (1996) *What is Europe?* New York: HarperCollins College Publishers. Rosenau, Pauline Marie (1992) *Post-Modernism and the Social Sciences: Insights, Inroads, and Intrusions*. Princeton, NJ: Princeton University Press.

Sandel, Michael (1996) *Democracy's Discontent: America in Search of a Public Philosophy*. Cambridge, MA: Harvard University Press.

Schwarz, John E. (1988) *America's Hidden Success: A Reassessment of Public Policy from Kennedy to Reagan*, rev. edn. New York: W.W. Norton.

Stone, Deborah (1997) *Policy Paradox: The Art of Political Decision Making*. New York: W.W. Norton.

Sundquist, James L. (1992) *Constitutional Reform and Effective Government*, rev. edn. Washington, DC: Brookings Institution.

Walzer, Michael (1983) *Spheres of Justice: A Defense of Pluralism and Equality*. New York: Basic Books.

Wilson, James Q. (1989) *Bureaucracy: What Government Agencies Do and Why They Do It*. New York: Basic Books.

Winner, Langdon (1976) *Autonomous Technology*. Cambridge, MA: MIT Press.

Wood, B. Dan and Waterman, Richard W. (1991) 'The Dynamics of Political Control of the Bureaucracy', *American Political Science Review*, 85: 801–28.

Woodhouse, Edward. J (1997) 'Toward a Theory of Success and Failure in the Design of Governmental Institutions', *Research in Social Problems and Public Policy*, 6: 11–43.

第十六章　文官的政治化

Luc Rouban
潘竸恆 / 譯

PART 7

　　文官的政治化現象至少在過去兩個世紀中，已經成為西方民主體制所廣泛探討的主題，這個問題對文官和理論家是特別重要的。以身處在21世紀開始的文官來說，政治化現象不但威脅到他們的專業地位，也威脅到行政和政治之間逐漸取得的策略平衡。對於理論家而言，政治化現象意謂著將官僚活動的所有面向都納入考量。事實上，以廣義的角度來說，公共行政是一種政治制度。就如同Levine、Peters和Thompson 所指出：「因為行政活動必定會影響到誰從政府那邊獲得什麼，所以它無法價值中立，也正因如此，公共行政在某種程度上即是等同於政治，只是看待政治的角度各有不同」（Levine et al., 1990: 103）。

　　而該主題的範圍和複雜性也說明了為何政治化沒有一般的理論，也沒有主要的「典範」存在，反而是運用一些有限的理論去嘗試處理某些變數和分析少數不同國家中的個案。政治學中官僚和民選官員之間的關係，主要都由政治發展的相關理論以相當廣泛的方式進行研究，企圖解釋現代化國家和民主政體建立的歷史動態性（如Shils, 1960）。但是這些具有相當自信而且經常引起爭議的理論都未重視行政社會學；另一方面，公共政策分析的文獻則已經揭示福利國家中政府計畫的政治安排。可惜的是，政策分析的學術先驅們所引導的公共行政研究發展，研究僅政治化議題投入些微的重視。文官的政治化現象是一個跨學科的問題，而它在21世紀的曙光乍現之時，仍停留在探索階段，因此必須在認識論上更加小心。

　　時至今日，我們不可能在未考慮社會演進、政治文化和不同國家歷史的回顧等狀況下去研究文官的政治化現象。雖然美國和拉丁美洲國家之間，或者歐盟和東歐國家之間，在憲法上和政治上存在相當大的歧異，但即使在同一文化地區或相近政治體制的國家間也存有相當大差異。舉例來說，澳洲、加拿大和英國即同屬「西敏寺體系」（Westminster system），但是行政部門和資深文官間特有的本質關係卻未盡相同（Campbell and Halligan, 1992）。此外，文官的政治化不僅是個複雜的現象，它也是不斷變動的，在單一國家中，會隨著時間逐漸演變，例如：法國的文官體系，從1958年以來

一直處在低度政治化的狀況，但從1981年起明顯加快了發展的速度（Rouban, 2001）。任何針對政治化過程的研究都應該涵蓋整體政治環境，如此才能有一個理想的評估。

另一個可能的問題是：政治化過程是基於政府意志所形成的嗎？是否有所謂的「政治化政策」？政治化可以是自主行動的結果，就像長期以來在極權政體中的情況；但也可以是系統性的影響，就像在一般西方民主政體國家所發生的情況。大規模的文官改革發生在19世紀的美國（Civil Service Reform Act of 1883）和英國（Northcote-Trevelyan Report of 1854），目的是要控制文官體系的政治化現象。這的確是個問題，因為它是一種既想限縮又不想全部消除的現象。文官的政治化現象在西方政治系統的民主化系絡中可能是值得存在的，因為有助於政府克服官僚體系的抗拒。因此問題即在於：在何種限度內，政治化過程是政治上負擔得起和有益處的？對誰有利？

另一個問題則在於缺乏一個明確的定義，這次說的並非是政治化，而是指文官體系。首先，西方國家並非全都使用相同的定義標準：在法國，教師被視為是文官的一種，但在英國卻不然；其次，文官的法律位階可能變異極大，因此，政治化現象可能會面對相當不一致的衡量標準，特別是在不同國家之間可能會有著不同的意義。在一個行政傳統薄弱的國家，例如：希臘直到1990年代才做出控制過度政治化現象的政策決定（Spanou, 1996）；最後，政治化擴散的範圍不僅限於狹義的文官體系內，而是整個公部門，影響到國營公司、法律定位不明的機構或甚至是依照政府合約運作的公司或機構。公私部門之間的界線經常有點模糊不清，使得許多政治性職務得以設立並規避法律與政治上常態性的查核。在這個情況下，任何學者都將面臨的研究難題是複雜的網絡或非正式安排對政治化過程形成的影響。

因此，政治化議題所觸及的問題，不但包括行政模式的本質也同時包括民主政體的實際範圍，而這兩種相互重疊的領域則會引起許多陳腔濫調和混亂。所有公共行政的專家學者（特別參考 Aberbach et al., 1981; Peters, 1988; Pierre, 1995）都同意文官的政治化至少指涉三個不同的現象：當文官參與政治決策制定時；對提名與職業生涯的控制；文官的政治涉入，這三個現象也可能會組合發生。本章將研究這三個政治化的面向，也將探討它們所衍生的理論性和實務性問題。

表現在參與政治決策時的政治化

政治化的第一種詮釋是指兩股力量間平衡的結果，其一乃政府對行政體系所行使的政治控制力，其二是文官體系在定義與執行公共政策時的影響力。在這個情況下，文官

的政治化已經和參與政治權威畫上等號。在這個意義層面上而言，所有的文官都是「政治」的，因為他們被要求執行政治決策，並試著要去適應與解釋它們，換言之，必須要完成具有政治本質的工作，這顯然並非僅限於單純地應用一些法律或經濟規則而已。文官是具備自我思考的個體，這表示他們並非像機器一樣沒有判斷的自由。然而情境多變，對於依實際執行環境所做出的政治決策之解釋，從政治智慧角度到技術官僚角度，解釋可能大不相同。也就是說，在此社會政治系統中，由官僚作出的決策，已經取代了通常應該由民選官員所作的決策。前述事實指出的問題，是在於政治化現象普遍，只有程度高低之別，而非討論何種性質門檻才屬政治化。與政治人士不同，大多數的公共行政專業人士認為規則的制定和執行之間難以區分，從西方民主政體開始制定出複雜的公共政策之後情況更是明顯，政策的規範性意義多著眼於衡量政策執行效果，而不是著眼於原先立法或行政部門所制定的決策本身。因此，也經常會不自覺地走向技術官僚政治，給予文官在處理重大公共政策時更多的裁量權。

就某種程度上來說，所有工業化國家或多或少都屬技術官僚政治，因為政治層級不再是決策過程中的唯一行動者，通常是難以確認與限定誰是決策者（Allison, 1971）。有些國家有明顯的特定情況，例如：英國保守派政府歷來批評資深文官在制定公共政策時的涉入不足，只會躲在完全政治中立的背後（Hood, 1998）；反之，在法國，大多數的政治家，包括：左派和右派都經常謹防技術官僚政治的發生，及防備國家行政學院與綜合技術學院校友系統的過度影響，在日本，直到1980年代資深文官一直掌控整個政治過程，並藉由日本國會以及工業界中嚴密的網絡影響力主導經濟政策。某些學者也以日本官僚系統、自由民主黨以及主要國營企業的緊密連結做為「鐵三角」的實際例子（Johnson, 1982）。在1990年代，國家改革因此主要鎖定在降低官僚政治的影響性（Nakamura, 1998）。而在前述的個案中，文官體系的政治化只涉及到資深文官，他們在公共政策制定的角色也會因其社會地位和歷史背景而異。

這個問題在發展中國家則又不同，因為在這些國家，文官幾乎是政府中的唯一專家和諮詢資源。在這種情況下，文官的政治化現象應有不同解釋，因為文官往往是政府所能依賴唯一具備組織化的社會力量。這種情況有時候則會呈現相反的情況，但仍有利於公共服務，此尤指軍方，可能會扮演在國家中唯一具備組織化的政治力量。在發展中國家裡，政府和文官間的關係可依據不同的模式而加以分類，端看其政治領導風格的相對強度以及官僚人員想要承擔的社會角色（Carino, 1991）。其中有一個模式是執政黨的政治宰制，可以發生在民主政體下（例如：Corazon Aquino在菲律賓1980年代末期的政府），或是在獨裁政權下，在文官體系內做清除異己或是迫使文官體系臣服於嚴密的政治紀律下（類似的例子特別是1961年和1963年的韓國）。另一個相對的模式則是政治領

導人依據非正式安排與官僚人員共享權力，只要官僚人員被允許能增加其本身權力，他們就可以支持民主改革（這是1970年代墨西哥的案例）。在有些實例當中，文官能夠與軍事獨裁政體共享權力（例如：印尼在1959年到1965年間，Sukamo政府的「督導下之民主」或「指導式民主」）。

　　文官和民選官員在制定公共政策時所扮演的相對角色，也依據系絡環境的變數而有所差異。有一個主要的變數即是部會首長對其文官和顧問所能運用的實際政治領導力（Savoie, 1994）。某些法國的部會首長均在抱怨他們的權力已經被他們周遭的資深文官所掠奪；反之，在光譜的另一端，英國的資深文官則公開譴責柴契爾（Margaret Thatcher）政府的過度指導角色，指責政府想要使文官體系政治化，至少是想使文官擁護保守派意識形態（Hennessy, 1990）。無庸置疑的，一個政治家必須經常堅持自己權利以贏得那些擁有專門知識和時間的官僚們的尊敬與支持，因此，資深文官所依賴的網絡與政治人物在政治上或個人的正當性之間，具有潛在危險性的權力鬥爭結果，即是所謂的政治化。政治化的相關問題在1990年代成為更具敏感性的話題，因為公共行政似乎已無法掌握愈來愈崩解分裂的公民社會，而這也引發了關於民選官員和文官該扮演何種角色的基本問題，加上科技革新、更低的稅賦、要更好的公共服務品質，使這問題又顯得更複雜混沌（Rouban, 1999）。多數公共行政的專家學者也因此作出了結論，認為政治化現象無法以通則論之，必須視情況以個別案例分析。

　　另一組變數與當今行政機關的分裂情形有關。最具有自主性的行政機關通常都具有技術上或科學上的特別能力，而最脆弱的機關則是那些專業知識相當低落的行政機關。強化行政專業或是將文官轉換成專業經理人，將有助於弱化政治控制力在行政機關中的運作。當經濟部門中那些高度組織化的強大遊說力量支持內閣官僚時，這些官僚人員也有能力將他們的觀點強加到部長或閣員身上：這情形用來描述法國的農業部門時尤其明顯（關於這個問題，請詳見本書壓力團體那章），政治、經濟、行政權力實際地融合，因為部長有時候也是從農會領袖中出線！相同形式的情況也出現在日本，政治化導致權力的混合。如此，不僅政治決策和行政決策間不再有別，公、私部門的利益也難以清楚分辨，但偏偏這些極大的差異乃歷來自由民主的基礎。矛盾的是，民營化卻促進了政治化，藉由將公共服務民營化來確保經濟發展，甚至有時涉及一些主權性質的功能，例如：關稅或邊境控制，一些非洲國家也已藉此回復在經濟上的政治控制（Zartman, 1995）。而私有化權力的網絡則因此取代了因為過於腐敗，或是過於獨立作業而無法繼續作為政府決策工具的官僚。我們也可以據此解釋柴契爾將英國政府轉變為私有化管理，或民營化管理，並使其面對市場競爭法則，是柴契爾政府企圖將那些被認為太過獨立的行政機關收回政治控制的一種手段（Bouckaert and Pollitt, 2000）。

歐洲國家的政治家和文官為控制政治化過程所部署的策略，一部分已經因歐盟的建立而被轉化。事實上歐洲的整合主要造成兩種結果：第一個是弱化國家內部的政治階級，因為各國必須要遵從布魯塞爾所頒布的決策，特別是在公部門民營化這方面；第二個結果則是強化行政機關的地位，當涉及高技術性事務時，成為與私人利益團體主要的對話者。因此傳統模式所謂民選官員制定政策而文官執行政策，現在已不復見，國家的文官自此以後必須使國內各級政府配合歐洲委員會所通過的指令，而這種多邊協商的架構不是政治人物可以完全控制的。這種行政工作的轉化對於菁英結構來說實為一大挑戰，因為公共政策不再只由政府高層的決策團體所設計，而這些高層決策團體一般都是來自社會上層階級，就像英國、法國或德國，決策制定者常是畢業於相同的學校（Derlien, 1990; Page and Wright, 1999）。

表現在政黨對官僚控制之政治化

第二種更為明確和廣泛可見的公部門政治化類型，是指由政治意志支配文官任命與職位的政府或非政府活動。在這種政治化的情形下，不但文官的行政活動是由政治決定，其職業生涯取決於政治準則也多過取決於行政與法律所定義、規範的專業準則，而在這樣的觀點之下，將會出現相當多的混淆與誤解：第一個誤解是認為政治化實際上是可以完全合法而且有正當性的，因為民主政體的規則意謂著選民的選擇應該確實被實踐而不該淹沒在官僚政治的運作之下，正是19世紀美國政府發展出分贓系統的邏輯。某些職位在政府眼中有其策略上的重要性，因此如果採用一個文官所支持的政治性選擇也合乎邏輯。一般來說，這些職位持續時間多半不長，也較少涉及遊走在政治領域和官僚政治間的資深文官。所有的西方國家其實都已經創造出所謂的政治職位，給予行政部門一些控制公共政策的手段。

另一個產生混淆的來源則是認為政治化的任命並不必然缺乏專業能力。政治化通常被視為一種外行的、業餘行政的概念，這個議題在美國一直是相關領域討論的核心。但是在有些國家，如德國和法國，高階職位都是由資深文官所出任，他們多是非常有資格的專業人才，具專業自主性和高度政治化的傳統，因為他們早就已經藉由擔任顧問或政黨支持者的身分涉入於政治活動中。其實人事政治化若意謂不適任、不適格時，最主要是因為所牽涉的不只是職務任命，還影響到職業生涯。政治化因此成為有利於政治盟友、不利於政敵的一種手段，而不論他們的表現或功績為何，或是讓工會的人來介入人事政策，從歷史來看，對抗政治偏袒毫無疑問是19世紀英國與法國的勞工勢力對官僚

政府的主要訴求之一。對於現今許多發展中國家而言，對抗那些傷害國家經濟的貪腐相關政治化，唯一的出路就是組織一個真正專業的文官體系。舉例而言，在1983年的墨西哥，進行大規模的官僚現代化改革，主要目標即以功績制作為基礎重新組織公家機關（Haro Belchez, 2000）。

　　行政與政治間的二分在所有西方國家的政治系統中是一個重要的組織化原則。這樣的區分當然是立基在Max Weber所提出的原則上，Weber所提出的經典分析是關於在現代化社會的官僚合法性（Weber, 1947）。專業化官僚的創立是在20世紀的上半葉所開始，主要源自於兩項原則的同時運用：層級節制的從屬關係，以及行政職業生涯與黨派政治影響的分離。就如同許多觀察家已作出的評論，分離原則很明顯地從未全面性的實施。事實上，關於這個原則的闡述與解釋也有演化的情形：在20世紀初，該原則意謂著決策是由政治權威產生，而官僚只是負責執行決策。但在日趨複雜的福利體系和公共介入原則之下，已經演變成幾乎不可能將決策與執行程序做區分，並且亦不再有任何所謂的「行政細節」是不能轉換成真實的政治議題的。因此，分離原則已經逐漸地被解釋成允許文官在他們的活動中擁有某些程度的專業餘裕空間，這很自然地就形成相當模糊不清的情形。事實上，從法律和政治的觀點來看，文官因此應該對公共干預的結果負起責任。而政治與行政的分離也已使得這兩組行動者的策略互動關係，在不同情境條件之下，形成許多複雜的可能性，就如同Guy Peters所說的，「政治影響有很多招人非議的型態出現……因為它們對於公民而言是難以識別的，要加以控制則更難」（Peters, 1995: 178）。

　　因此，分離原則大概只是個神話吧，但是這樣一個神話基礎卻讓所有西方政治系統能加以現代化，因為從功能性的角度來說，這原則確實起了功效。一方面，它讓文官能以專業自主權的名義介入政策的制定；另一方面，它也讓政治家藉由授權行政裁量規避公民對某些決策的控制，並聲稱這些決策在本質上具有高度技術性而不適合公眾討論。分離原則因此對政治上和行政領域上的相對自主權做了巧妙安排，而弔詭的是，這自主權間接挑戰了做為民主政體基礎的課責原理。

　　在純粹的行政層級中，分離原則應該首要被理解為功績制度賴以運作的專業規範。公共行政的重要理論家，如Woodrow Wilson和Frank Goodnow，即是以這樣的觀點倡議其理論。在19世紀末期，公共行政的專業化與科學管理的發展息息相關，1887年，Woodrow Wilson在他最富盛名的文章中公開宣稱：行政範疇就是企業範疇，是從政治紛擾與傾軋中分離出來的。（Wilson, 1887/1941: 493）

　　也因此產生另一個問題，即各個西方國家對文官專業化有非常不同的想法。儘管專業化在早期的美國是將之視為一種建立管理標準的方法，但是在法國和德國主要是和發展出規模龐大的行政法有關；而在英國，專業化意謂著不受國會影響的文官自主性，但

就如同皇家侍從精神一般，它們對於行政機關的決策堅定服從。行政傳統和文化對於了解官僚的政治化來說是不可或缺的，因為文官的專業化已經在顯著不同的政治和憲法系絡中發展，就這點而言，並沒有所謂西方模式的公共行政，當然也沒有任何理由去談論歐洲共同模式了。

　　雖然所有歐洲系統的基礎都是功績制度與平等文官就業管道，但是文官甄補制度則植基於相當不同的哲學理念，例如：即使所有歐洲國家的專業文官體系甄補都以客觀程序保證每位候選者的機會均等，但是篩選的標準仍可能會發生相當大的差異，在德國，良好的專業知能等於是高級法律專才；在英國，最重要的素質則是具有團隊合作觀念的通才；而法國則偏好測量一般教育程度和智力。因此，關於文官的意涵無法以某個相同的文化或相同型態的專業實務來一概而論。所以政治化的意涵與經驗在不同國家中所呈現的方式截然不同是很合乎邏輯的：在英國，常務次長的政治化現象是令人難以置信的，因為這已經威脅到文官的專業地位；在法國，資深文官相當能接受內閣各部會首長的政治化現象，因為文官們往往也以擔任政府顧問之職務來貢獻心力。

　　在大多數的西方國家中，已經建立了一些特定的規則以區分政治任命的文官，以及職位是完全隸屬於專業規範的文官。在美國，因分贓制所帶來的腐敗現象，特別是在Richard Nixon政府期間，導致1978年的文官改革法案，重組資深文官結構，進而創立了高級行政主管職位（Senior Executive Service，以下簡稱SES）。SES主要是針對高級職位進行編組，明定其中10%的職位能夠行使政治任命，也要求70%的職位必須要歸屬於專業的常任文官，意在避免早年出現大量甄補政治任命文官出任專業職位之情形；在德國，政治官員（Politischer Beamter）則有別於其他的文官，政治官員能夠在政治考量之下進行委派和撤換，但是仍擔保其職業生涯；法國在區分職位方面主要是依據政府裁量的自由，換言之，大約有將近500個高等職位是依據政府的裁量自由而指派或撤換，但因為這些職位主要都由專業文官所出任，他們可適用特定的法規，在他們被撤換之後仍歸建原單位，因而其職業生涯仍有保障；而在中東歐國家，關於政治職位和專業職位之間的區別則直到近年才有；在俄羅斯，一直到1995年都尚未出現相關制度，因為在西方世界所謂文官的概念，過去在這是根本不存在的！目前在該國的行政機關之中，所謂「類型A」即是代表民選的政治官員，「類型B」則是適用於以政治任命為基礎的文官（聯邦層級中的1,300個職位），而「類型C」則是指職業文官。

　　在許多國家，政治化則經由短期契約職位的增加而產生。在英國，從1980年代開始，部長級個人顧問職位的明顯上升；義大利從1993年開始，政治任命的資深文官職位則已經具有政府賦予的「內部」固定任期契約；在澳洲，部長級顧問是在1980年代末期所創立，為避免落入高等文官職位政治化的美國模式，另一方面則加強對職業文官活動

進行政治控制（Campbell and Halligan, 1992）；在多數的拉丁美洲國家，政府的政治顧問也是以契約的方式進行甄補（Farazmand, 1991）。

　　逐漸嚴重的工作不穩定性也提供政府方便之門讓文官體系政治化。這類政治化並非用以控制行政機關的活動，而是為了將職位指派給政黨的支持者或是執政黨，進而產生一種從客戶關係（*clientela*）轉變為親族關係（*parentela*）上的情況（Peters, 1995）。這種政治化在1970年代的義大利特別明顯，情形是基督教民主黨被用來分配地方性職務（the lottizazione system）。而這種政治化的類型則相當接近於發展中國家的行政模式，乃藉由給予失業者工作而結交政治夥伴，這是首要的政治手段。這樣形式的政治交易仍然可以在多數的發展中國家發現，特別是在地方層級，並且經常會導致一些非法情事的蔓延，當此種狀況發生時，政府機關和政黨之間就不再有任何制度上的阻隔。這樣的實例也已經在歐洲發生，只是尚未形成任何系統性的態勢，從完全違法（如1974年當希臘民主政體建立）到所謂的「合法安排」，但幾乎完全不遵循行政傳統，就如同法國於1982年實施地方分權政策的情況，導致許多行政結構產生重疊的狀況。這類型的政治化現象很快地就使現代公共行政的理論界線顯得窘迫，因為往往不可能區別哪些公家職位是因政治化而來又哪些是因個人忠誠而得。Weber的官僚政治模型也因此不如其「傳統」權威模型。此外，個人忠誠這面向也在東歐國家建立新的行政機關上面開始扮演重要角色。以俄羅斯來說，在1990年代時，差不多有65%的行政管理官員都是共產黨員，並與具有個人權力者的網絡有所關聯，而其權力的運用方式是透過主要的國家企業，像是Gazprom，或是大城市的官僚人員。

　　文官的政治化並不只是經由委任指派而發生，它也可以透過在國家高層級中特定結構之建立而形成，並且委以責任，以確保政府所欲達成的目標和專業官僚人員所執行之公共政策間的連結能繼續保持，例如：美國的白宮辦公室、英國的內閣辦公室、德國的聯邦總理、法國的內閣總理和總統府秘書長等，都在界定和執行行政活動上扮演至關重大的角色。一般而言，這些最高層級的行政機關則是在1980年代末期的歐洲開始有規模地發展，而一些較小的國家，如丹麥，也是如此（Peters et al., 2000）。他們通常會幾百個最高層級的文官組成，且都具有相當高度的政治化，也會藉由政治顧問或首長辦公室形成的網絡與行政系統相互連結。強化資深行政機構源於三項因素：首先，在歐洲，歐洲整合政策已經要求調解機構的建立，目的是要調和歐洲整合計畫與國家政策。然後，多數的國家行政機關都已經採取下放模式（subsidiarity model），意即首長和行政機關都從「做事」轉變到「將事情做完善」。也因為如此，希望政府機關能有政策執行和評估專長的需求聲浪愈來愈高，因為現今多數的政府重大計畫都由各種不同類型的公私機構處理。最後，自從1980年代初期開始，面對變遷快速以及遠比過去更多元化的社會，多數

的西方政府不可否認地，已明顯地試圖加強和集中化它們的政治權力。這也提供了英國新公共管理改革之發展一個合理的解釋，藉由效法私部門而建立的制度模式，改革重點放在強化英國政府對那些被認為是過分獨立自主的行政系統的控制力；相同的情況也明顯地在加拿大上演（Savoie, 1999）。

很明顯地，政治職位的法定角色或資深行政人員在制度性的強化並無法對文官的政治化程度提供精確的概念，因為可能存在著縝密的政治影響網絡，使得職業文官的政治甄補和晉升都必須取決於他們與政府當局意識形態的相近性。對於學者來說，要測量政治化的程度總是相當困難。我們可以考慮「敏感性」職位的更替率或對發展演變的情況加以分析，以便能確認行政機關內的政治網絡。但這項工作仍是相當艱鉅的，因為雖然能夠測量其變化過程為何，但是卻難以測量別有意圖或是隱晦不明的動機。對於訪談資料的詮釋也必須相當謹慎，因為顯然少有資深文官會直言他們唯一的任用資格就只因為是部長的朋友！在大多數的情況下，政治化現象只能經由比較歷史資料並判斷甄補趨勢來顯示。

在21世紀的初期，政治化在多數的西方國家似乎已經有逐漸增長的趨勢。而這可能顯得弔詭，因為許多觀察家已經將注意力引導至經濟正統性的發展上，進而必定會導致所有已發展國家將會以一個單一法則為基礎去追求一個相同的「善治」模式，即降低赤字、減稅、更好的公共支出管理與政策評估。一個有趣的問題是，這所謂善治的發展到底帶來多少新的行政措施呢？尤其是新公共管理對於民選官員和資深文官之間關係的影響是值得研究的。使資深文官服從於管理面的規範，亦即讓他們更順從在政治權威之下雖然使他們自主彈性空間降低，但是因為他們也可以從行政事務運作日漸增加其權力，因此，在政府的政治考量之下，會給予資深文官更多的自主權。有一個比較性研究顯示新公共管理在歐洲不同國家中產生不同的影響結果：在英國雖然資深文官是受到政治權威更為嚴密的控制，但現今在荷蘭和芬蘭他們則是擁有更多獨立性（Revile Franyaise d'Administration Publique, 1998）。因此，新公共管理和政治化的融合並非在所有的國家都產生相同的影響，而針對管理規範的發展和資深文官如何策略性地運用這些規範的實際程度，必須列入研究與思考的課題之列。

實不難了解民主體質虛弱的國家，例如：南美洲，當地政府多為了自我利益而想要掌控公共服務的運作，特別是軍政府。文官對於單一政黨的忠誠度乃是存活在極權國家（如中國）的必要條件。但另一方面，想要解釋已發展國家中文官的政治化現象與日俱增的狀況卻是比較困難的。最令人滿意的解釋之一應該是代議制度的運作危機，表現在選舉時的低投票率和批判政治階級（但並非指文官）的社會力量逐漸上升。在多數的西方國家自主性逐漸成長的公民社會中，因政治醜聞的風險或對其有效性的挑戰，政治階

級的地位不斷地受到威脅。面對這樣的批評，初始的反應即是促使資深文官變得更政治化：首先，以裝設「政治保險絲」的方式，出問題時會自動燒斷——即所謂斷尾求生法；第二，藉由塑造形象的方式，表現出政府仍然具有協調公共政策和制定有效決策的形象，換言之，就是仍有能力執政。但矛盾的是，多元化「治理」的發展也因此與加速讓文官政治化有所關聯，不管是直接或是間接的。

因此，我們對已發展國家中的政治化，必須理解為政治系統一般性演進所產生的影響。假如政府企圖想要透過政治化達成對行政機關活動更好的控制，這種手段仍然會受到法律之外的其他限制。資深文官對於文官體系的管理並非一直是個簡單的任務，舉例而言，美國在Richard Nixon執政時代留下了所謂「行政管理總統」的名號，但後來也因美國政府行政體系過於分裂而使之挫敗。此外，運用政治權威直接干預文官的專業領域是每天都需要做的，所以這可說是一項耗時耗力的任務。而關於建立「平行」的政治行政機關也是具有相當風險的，因為它們雖然能夠在文官體系和民選官員間產生隔屏作用，但也對政府內部的溝通機制產生普遍性的破壞，以及或多或少造成各方自主權力系統的建立。

委任指派是另一個政治化的方式，但即便是政治選擇也通常會針對需求而審慎考量選用擁有對於行政事務有豐富處理經驗的適格人選來出任。否則將因此而產生一個政治劇組角色或「陌生人政府」（Heclo, 1978），而多半都會被職業文官所反對。就如同Ball和Peters所指出的：「雖然他們在政治上的『主子』可能想要控制官僚體制，但是官僚人員的專業知識對於有效率的政府和任何民選政府的成功而言是重要的。」（Ball and Peters, 2000: 221）事實上，和公共衛生或環境保護有關的技術問題已經在政治上漸漸成為具有優勢的議題，進而也強化了文官的專業位置，讓他們可以運用其專業知識或多或少地反對政府一些具政治煽動性的計畫。

另一個限制在於政黨可能會因為內部勢力運作而衰弱和分裂，這在美國和法國尤為明顯。因此政治決擇必須將各種不一定能相互調和的多樣性觀點納入考量之中。在歐洲國家的政府往往是以政治聯盟的基礎而構築起來（如奧地利、比利時與荷蘭），而政治職位也必須按照各個政黨的選舉結果所產生比例來進行分配，因此，也導致行政機關多少都帶有幾分「國會化」的味道。

最後，政治化亦受到政治限制，尤其是在歐洲，文官總是比政治家或政府更能博得公民的信任（Eurobarometer, 1997, 1999）。如果媒體輿論能夠證實文官體系的確是過度政治化的話，那政府的正當性也會因此受到強烈的威脅。

表現在參與政治活動的政治化

　　文官的政治化還有第三種意涵：是指涉文官作為公民和選民時參與政治活動的程度。因此也引出這個問題：文官是一種政治力量嗎？

　　第一類情形，文官的意識形態是建立一個新政治系統相當重要的元素，尤其是1960年代的非洲，在非殖民化之後所形成的新政體；另一種情形如印度和巴基斯坦在獨立時，其國家行政機關是作為一個穩定的因素。這兩類例子中，文官體系補足了國家中缺乏足夠發展的中產階級，並提供民主政體一個選舉的基礎。而公共服務的核心角色，特別是軍政府，很明顯地是左右衰敗的因素並且與政治依賴有關，不斷的政變事件都相繼發生在非洲和拉丁美洲，並也帶來國家機關內部一連串的衝突。在歐洲，文官體系很少成為重大政治變遷的社會基礎。

　　擁有共同政治信念的文官很明顯地在國家的政治生命中扮演不可或缺的角色，同時，對行政機關的管理亦然。要求文官執行與他們本身意識形態信念相左的公共政策是十分困難的，即使他們被呼籲在執行職務時要完全中立且保持專業。此外，若文官數量的比率很高，文官相關政策很明顯地將會基於選舉的理由而受到強烈的具體約束。前述的例子其實是發生在法國，法國的文官約占全部勞動力人口的22%，並且相當於全體選民的六分之一，若包含他們的家人在內則大約占三分之一。從1981年開始，所有奉行社會主義的政府都了解到一件事，就是文官是政府的死忠選民。然而，在1990年代末期，當左派政府採行經濟上的自由主義措施，使公部門民營化之後，這樣的忠誠則開始崩解（Rouban, 1998）。在1999年，一名國家的教育部長甚至因此受到免職，因為他的改革引起了教師們的強烈抨擊和示威運動，相當於100萬個文官同時發出不滿。

　　那麼文官真的能形成一股影響政府政策的政治力量嗎？當使用者特別欣賞文官的工作時，論者確實可以主張文官在專業化的部門具有相當影響力，例如：消防隊、郵政服務、醫療服務等確實如此。當政治化能夠與外在壓力團體建立功能性連結而取得其支持，而另一方面，一個強大的工會組織或多或少與政黨有密切連繫時，那麼政治化的力道將會變得更強。

　　關於不同國家之中，文官體系參與政治活動方面，我們並沒有精確的相關資料。而這個領域的研究一直是被忽略的。一些零星的研究顯示，在西方國家的文官，在歐洲通常維持親社會主義路線，而在北美洲的文官也則顯現出偏民主黨或中間偏左的意識形態（Blais and Dion, 1991; Rouban, 2001）。他們相較於私部門的工作者會更傾向於支持福利國家政策以及政府應對經濟和社會事務進行干預。對於那些從政府預算所支付薪資的文官而言，這種捍衛「大政府」的傾向應該是相當正常的情況。然而，在總體的統計數字

背後存在著相當大的差異，即文官的投票行為和政治態度會根據他們的專業（警察人員通常會比教師更偏右派）以及階級高低作為考量（一般來說，資深文官會對應左派和右派而劃分成兩個集團，而身居較為低階的辦事員則往往會偏向代表左派的政治軸線）。雖然人們很容易會想把文官與私部門工作者擺在對立的位置，但是這裡所要強調的是專業職務問題比工作的法律意義更為重要，即使一般來說，文官與私人企業工作者相較，偏向較高的文化自由派以及較低的經濟自由派。

　　各個國家或許有所不同，文官的政治化現象也能獲得工會制度的大力支持。一般而言，工會的權力是被所有的歐洲國家所承認的（除了某些類型以外，如軍方單位），但卻在美國受到諸多限制。然而，工會制度也會隨著政治化的程度以及他們對政府決策的影響力而有所差異。在澳洲、法國、德國、義大利和西班牙等地的文官工會屬全國工聯的分支，都是由政治傾向相近工人所組成的。但在英國的工會制度卻是非常專業導向的，並且是不涉入政治爭論當中的。事實上，柴契爾政府即利用它的弱點，使英國的文官體系在管理上做出大量改變。

　　文官政治化的另一個面向則是關於官僚介入政治生涯的法律面與社會面可能性。雖然在英國的資深文官被明文禁止參與國家層級的政治活動，但是在法國、德國和西班牙則並未有這樣的限制。因此，這三個國家的政治階級大部分是由去職後的文官們組成，他們即使在選舉中失利，仍能輕易地恢復其在原行政機關中的職位和階級。而這種專業性的自由對私部門的工作者而言，經常被認為是種特權，因為私部門的工作者如果要投身政治的話，則必須要放棄他們現有的工作。當文官的職業生涯遭遇瓶頸而停滯不前時，他們便可以轉而運用政治手段，這種特權對於文官來說無疑是打政治牌的強大誘因。但是，吾人也不必過於高估大量文官進軍國會殿堂所造成的影響，因為這些文官很快就能適應政治遊戲的規則，並且不再認為自己是個文官。

結論

　　任何學者都會發現要控制所有可能影響文官產生政治化現象的變數的確是樁難事。在大多數的情況中，社會學都會被用來支援政治學相關的研究。尤其關於文官轉換至私人企業的政治化是需要研究的，因為在某些國家，例如：法國、日本和美國，在取得行政機關的高官職位之後，將有助於後來能到大規模的私人公司出任執行長或總經理。

　　然而，這裡則有兩個變數似乎是特別重要的：一方面是行政傳統的強度，這主要是以文官的專業自主性或所謂「統合主義」的程度來衡量；另一方面則是文官涉入政治生

活的程度，可用他們集體動員的能力，或是參與政黨活動的情形來衡量。用這兩個向度來檢視主要已開發國家的政治化現象，可以圖解表示（如圖16.1），從該圖表可明顯看出文官在參與政治活動的程度高者與強烈的行政傳統（如法國、德國和西班牙）可說有高度相關，而缺乏強力專業文化並不一定代表有任何黨派政治涉入（如美國）。這邊要特別註明的是，在相關的論述中並沒有所謂的「歐洲模式」，並且政治化模式也不適合用單純的二分法來看，舉例來說，像是將各個國家劃分成南北半球，或是從單一國家與聯邦國家等。

　　未來研究可採用何種途徑呢？初看之下呢，很明顯的是針對文官體系的政治行為，需要大規模的量化數據。這樣的資料相當難以取得，因為文官通常都會不太願意提供這方面的資訊，高階行政層級尤其如此。但這樣的障礙可以透過對資深文官的訪談和經由在問卷調查中嵌入受訪者基本資料統計的相關問題等作部分的克服。一直到1990年代，政治問卷調查都沒有包含任何能確認文官能從其他哪些形式獲得薪酬的題目，只有與社會階層相關的問題是曾被使用過的，用來區別受雇者和工作者是否來自於自由業和白領階級的工作者。這種類型的研究能夠提供一個讓公共行政和政治科學的專家學者一起合作研究的機會。

　　從另一個觀點來看，應該把適當的注意力放在各個國家公共行政和政治在歷史演進下的關係如何，以便能做一個良好且有用的比較。但經常發生的是資料太老舊或欠缺，

圖16.1　政治化模式：文官參與政治活動的程度與專業傳統的強度

即使是在西方民主國家也是，這使得產生誤導性詮釋的機會大為增加。為了要了解政治化的動態性，傳記研究和職業生涯敘述都是相當重要的研究，畢竟法律面知識並不足以清楚地描述目前所發生的各種政治化現象。政府和文官能夠以各種不同方式來運用和解釋法律結構。個人或群體對政治化的反應，取決於職業生涯是如何規劃管理，以及政治如何影響個人機會。這種類型的研究是相當需要的，因為一般而言，公共政策的制定或執行，與職業生涯考量，兩者是難以切割的。

參考文獻

Aberbach, J., Putnam, R. and Rockman, B. (1981) *Bureaucrats and Politicians in Western Democracies*. Cambridge, MA: Harvard University Press.

Allison, Graham (1971) *Essence of Decision: Explaining the Cuba Missile Crisis*. New York: HarperCollins.

Ball, Alan R. and Peters, B. Guy (2000) *Modern Politics and Government*, 6th edn. London: Macmillan.

Blais, Andre and Dion, Stephane (1991) *The Budgetmaximing Bureaucrat: Appraisals and Evidence*. Pittsburgh: Pittsburgh University Press.

Bouckaert, Geert and Pollitt, Christopher (2000) *Public Management Reform: A Comparative Analysis*. Oxford: Oxford University Press.

Campbell, Colin and Halligan, John (1992) *Political Leadership in an Age of Constraint*. St Leonards: Allen & Unwin.

Carino, Ledevina (1991) 'Regime Changes, the Bureaucracy, and Political Development', in Ali Farazmand (ed.), *Handbook of Comparative and Development Administration*. New York: Marcel Dekker. pp. 731–43.

Derlien, Hans-Ulrich, (1990) 'Continuity and Change in the West German Federal Executive Elite, 1949–1984', *European Journal of Political Research*, 18: 349–72.

Eurobarometer (1997, 1999) *Trust in Institutions, Survey*. Brussels: European Union Commission.

Farazmand, Ali (ed.) (1991) *Handbook of Comparative and Development Administration*. New York: Marcel Dekker.

Haro Belchez, Guillermo (2000) 'La fonction publique de carriere', *Revue Francaise d'Administration Publique, special issue on 'La fonction publique au Mexique'*, 94: 205–12.

Heclo, Hugh (1978) A *Government of Strangers?* Washington, DC: Brookings Institution.

Hennessy, Peter (1990) *Whitehall*. London: Fontana.

Hood, Christopher (1998) *The Art of the State: Culture, Rhetoric and Public Management*. Oxford: Clarendon Press.

Johnson, Chalmers (1982) *MITI and the Japanese Miracle*. Stanford, CA: Stanford University Press.

Levine, Ch., Peters, B.G. and Thompson, Frank J. (1990) *Public Administration, Challenges, Choices, Consequences*. Chicago: Scott Foresman.

Nakamura, Akira (1998) 'Japan Central Administration at the Crossroads: Increasing Public Demand for Deregulation, Decentralization and DE-Bureaucratization', *International Journal of Public Administration,* 10 (21): 1511–31.

Page, E.C. and Wright, Vincent (1999) *Bureaucratic Elites in Western Democracies.* Oxford: Oxford University Press.

Peters, B. Guy (1988) *Comparing Public Bureaucracies: Problems of Theory and Methods.* Tuscaloosa, AL: University of Alabama Press.

Peters, B. Guy (1995) *The Politics of Bureaucracy,* 4th edn. White Plains: Longman.

Peters, B.G., Rhodes, R.A.W. and Wright, Vincent (2000) *Administering the Summit: Administration of the Core Executive in Developed Countries.* Basingstoke: Macmillan, New York: Martin's Press.

Pierre, Jon (ed.) (1995) *Bureaucracy in the Modern State, An Introduction to Comparative Public Administration.* Aldershot: Elgar.

Revue Francaise d'Administration Publique (1998) *Les Fonctionnaires et la politique dans les pays de l'Union europeenne, 86.* Paris: La Documentation francaise.

Rouban, Luc (1998) *The French Civil Service.* Paris: La Documentation francaise.

Rouban, Luc (ed.) (1999) *Citizens and the New Governance.* Amsterdam: IOS Press.

Rouban, Luc (2001) 'Les cadres du prive et du public: des valeurs sociopolitiques en evolution', *Revue Francaise d'Administration Publique,* 98: 329–44.

Savoie, Donald J. (1994) *Thatcher, Reagan, Mulroney, In Search of a New Bureaucracy.* Pittsburgh: University of Pittsburgh Press.

Savoie, Donald J. (1999) *Governing from the Centre.* Toronto: University of Toronto Press.

Shils, Edward (1960) *Political Development in the New States.* The Hague: Mouton.

Spanou, Calliope (1996) 'Penelope's Suitors. Administrative Modernization and Party Competition in Greece', *West European Politics,* 19 (1): 97–124.

Weber, Max (1947) *The Theory of Social and Economic Organization.* New York: Free Press.

Wilson, Woodrow (1887) 'The Study of Administration', *Political Science Quarterly,* 2 (June). (Reprinted 1941 in *Political Science Quarterly,* 61 (December): 481–506.)

Zartman, Ira (ed.) (1995) *Collapsed States.* The Disintegration and Restoration of Legitimate Authority. Boulder, CO: Rienner.

第十七章　公共行政的政治正當性

Bo Rothstein
林子倫 / 譯

　　從比較的觀點來看，公共行政系統與社會行動者及一般公眾的關係有著極大的差異。這些不同程度的差異顯現在恩寵制、侍從主義、貪汙、人事任用之形式，以及官僚協調其行動與不同的公民網絡、組織利益的方法。當然，在本研究中不斷被問到的一個問題是，為什麼有些國家的公共行政系統比其他國家更有效率？其中一個可能的答案是，這取決於公民對他們國家、區域或城市官僚制度的信任程度。簡單地說，如果被統治、協調、控制、領導與管理的一方能夠信任對方，那麼統治、協調、控制、領導與管理一個複雜的系統就容易多了。假若公務人員所具有的正當性與信任度低，不僅政策窒礙難行，甚至可能導致公民與行政機關間更多的不信任。

　　舉例來說，如果稅務官員被認為是貪汙或是無效率的，那麼就不太可能期待公民會正確的申報收入並誠實納稅（Scholz, 1998; Thorp, 1996）。因為，一般民眾會認為：（1）他們所申報的稅大部分根本沒被收到；或是（2）大部分的人都會設法逃稅（Putnam, 1995: 111）。諸如此類的惡性循環很難打破，而且往往是由於長期的歷史因素所造成（Bardhan, 1997; Treisman, 2000）。一位拉丁美洲的經濟問題專家在接受紐約時報訪談時說：「我不認為現在拉丁美洲有什麼比經濟更重要的議題……這是一個很難打破的惡性循環。人們不想繳稅是因為他們認為政府沒有提供服務，但是在政府資源不足的情況下卻很難呈現良好的績效，除非人們繳稅，政府才能獲得資源」（Rother, 1999）。若缺乏正當性與信任，國家將很難取得經濟和政治資源去執行一些政策。但是如果公民意識到國家是無能或是不可信任時，便比較不願意去提供這些資源，更不用說政治支持了（Levi, 1998a, 1998b）。套用博弈理論的說法，此一不對稱的平衡不僅被強化且更穩固（Bendor and Swistak, 1997）。

　　近來一些社會科學家認為這種「政府品質」的變數，對於解釋不同國家間的生活水準和經濟成長是很重要的。對於許多發展中國家來說，民主鞏固與經濟成長可能是最難解決的兩項問題（Olson, 1996; North, 1998）。如同一位世界銀行專家所指出的：

　　貪污猖獗、令人挫敗的官僚行政效率、壓抑公民自由、無法保衛財產權與嚴格執法，導致一般民眾必須自求多福。若上述情形在一個國家是普遍的時候，我們很難看出該國對於設立學校、醫院和鼓勵外國投資的努力。

（Woodcook, 2001: 16）

　　這種「政府品質」的因素，近來受到非傳統公共行政領域之學者所關注。

　　問題在於要創造一個高品質的公共行政需要相當多的資源，但卻是低品質的行政較難取得的。一項調查60-209個國家的研究結果顯示：「我們發現，表現較好的政府同時也是規模較大、稅收較重的」（La Porta et al., 1999: 234）。該作者的結論是：「在辨認大型政府與不好的政府時很容易出現誤解」，經濟學者也必然不同意擴張一個已經具一定品質的政府。

官僚正當性的理論觀點

　　為什麼正當性和信任是任何公共行政系統的核心？理由其實很簡單，公務人員行使政治權力，而他們的決定往往有行政裁量的空間（Rothstein, 1996; Brehm and Gates, 1997）。此外，與被選舉出來的官員不同，因為科層官僚既然不是投票選出來的，亦不能利用投票將他們逐出政府機關。當然許多公共政策需要透過法律與規則才能被執行，在這種情形下，官僚的裁量權是很小的。舉例來說，全面的兒童津貼、全面的稅收減免或退休金系統可能就是在這種情形下運作。在這些例子中，科層官僚很難有任何裁量空間，這使得公民對公務人員的信任與正當性的問題較少被突顯出來（Rothstein, 1998）。

　　不過，許多需要政府介入之處，卻往往很難有明確的法律與規則作為依循。法律反而只能在陳述一般性的政策目標時被創造出來，實際的執行則必須根據各個現實案例的特殊環境狀況。此類的政策領域諸如勞動力市場政策、工業政策、勞工保護政策以及環境政策（Kelman, 1981; Offe, 1986; Moe and Chubb, 1991; Rothstein, 1996），其他的還有賦稅政策、法律制度（即警察與法院）以及教育政策等。事實上，亞里斯多德本身就已注意到成文法無法應用於所有的情況，因為立法者「無法界定所有的案例，……然而卻又必須提出一個普遍性的陳述，而這些陳述只能適用於大部分而非全部的案例」。因此亞里斯多德結論道：「公平就是超越了成文法的正義」（Aristotle cited in Brand, 1988: 42）。因此，我們可以下一個結論，亦即在許多時候，政策領域中視情況而調整的需求是很重要的，也就是不太可能存在一個可應用於普遍情況的決策過程（Lipsky, 1980; Friedman,

1981）。當政府想干預的政策領域愈具動態性，或是他們愈依賴各種，如醫師、環境專家或社工人員等專業或半專業團體的判斷，裁量權的問題也就會愈大（cf. Vinzant, 1998）。

官僚制度理論之父Max Weber強調，國家的重要性在於不只是把國家當作是一個代議式的體制，更重要的，應該將其視為一個行政的形式（a form of administration）。

為了國家的存續，生活在法律之下的人們必須服從掌權者他們所宣稱擁有的權力，何時及為什麼他們這麼做？統治者在何種內部正當性的基礎上，以及何種外部的手段工具上，建立了他們的權威？

（Weber, 1989: 28）

首先，Weber的分析焦點在於建立秩序的正當性（Barker, 1980; Beetham, 1985）。統治階層如何最有效地維持群眾對於其統治權力的遵守？答案在於確保被統治者——也就是公民——把權力的運作視為正當的（Friedman, 1981: 6）。相較於其他社會理論學家，Weber認為政治正當性不只取決於政治系統內在的輸入部分。對Weber來說，至少外在的輸出部分——也就是透過官僚所履行之政策——也相當重要，因為在此部分，國家將與公民直接接觸，而且公民更是國家之所賴。例如：Weber認為，國家的正當性基礎對於收稅者和公民間關係的依賴，更甚於選舉權是否普及（Barker, 1980; Beetham, 1985: 265ff）。Weber官僚制度正當性理論的中心思想在於：嚴格且中立地執行一致性的法律規範，會使行政決策更能夠被公民所預測。然而，Claus Offe強調「一旦法律的原則變成可依實際任務的適用性而自由調整，他們即已失去履行這些任務的正當化基礎。」（Offe, 1984: 308）。

這個問題在現代福利國家中更為嚴重，因為他們對於公民福利責任的擴張。例如：兒童照護中心的分配、等待醫療手術病人的配置、設立於人口稀少地區的工廠之輔導、高等教育的入學、職業訓練計畫，或是為藥物濫用者設立診所——政府官員在這些領域一定會持續地做出裁量決定；這就像一位老師在教室中，或是一名醫生在急診室，皆為日常生活工作的一部分。在這些決策上透過代議民主體制所能控制的範圍是有限的，因為這類決策需要具備對不同個案的特殊知識。換句話說，視情境調整的需求是相當重要的；相對地，也使得決策過程難以是集權的、統一的。在其他政策領域中，包含對於發展中國家或國際組織的援助議題上，這類的問題也相當嚴重（Hyden, 2000）。

接下來便進入了核心問題，在許多案例中，必須將許多裁量的權力委託給行政機關和官員個人。公眾，特別是那些對特定政策有所關注的標的團體要如何相信行政機關不

會濫用權力？這個「信任國家」的問題，是近年來新興研究中主要的研究問題之一，同時也被視為一個普遍的社會問題。（Braithwaite and Levi, 1998; Sztompka, 1998; Tyler, 1998; Warren, 1999; Cook, 2001; Uslaner, 2001）。接下來的政策問題是：什麼方法可以讓公共行政有組織地與周圍的社會環境互動，以增加對於將權力委託在他們手中並不會被濫用的信任？這是一個困難的政策問題，因為大眾對於「政府」的既定印象似乎是有著非常深且難以改變的歷史根源（Rothstein, 2000）。例如今天在斯堪地那維亞的公民對於「政府」的概念，便會與在羅馬尼亞的公民，有著非常不同的觀點和想像。

社會資本與公共行政

　　在社會科學中，只有少數的概念能像社會資本能如此顯著且迅速的獲得認同（Breham and Rahn, 1997; Knack and Keefar, 1997; Hall, 1999; Newton, 1999b; Uslaner, 1999; della Porta, 2000; Rothstein and Stolle, 2003）。雖然其背後的觀念和理論都有很長遠的歷史，但讓社會資本成為在實證研究中非常有用且重要的工具則要歸功於Robert D. Putnam。他於1993年出版的《使民主運作——當代義大利的公民傳統》（*Making Democracy Work-Civic Traditions in Modern Italy*）一書，不僅對政治學，也對經濟學和社會學產生影響，同時，對許多國家的公共政策亦有實質的影響。一些重要的國際組織，例如世界銀行，開始對於這個理論感到興趣，特別是如何運用這個理論去刺激發展中國家的民主發展與經濟成長。

　　如同該書的標題，《使民主運作》透過實證的研究，試圖說明政治學中一個難以回答的重要問題。Putnam的研究團隊提供的回答是，社會資本的質和量是良好運作的民主其背後最重要因素（Putnam, 1993: Ch4）。之後的社會學者James Coleman，他的社會資本理論核心概念在於社會網絡——非正式與正式的——它創造了公民間信任和對等互惠的基礎（Coleman, 1990）。這些基礎很重要，因為它讓集體行動的問題較容易被解決，例如供應不同形式的公共財。如果在社會或團體中的社會資本很少，一種被比喻為社會陷阱（social trap）的狀況就可能會發生（Platt, 1973）。[1]這類情況非常普遍且範圍從透過垃圾分類來保護環境、繳稅，甚至到收受賄賂。如果你確信其他人不會像你一樣做垃圾分

---

1 這種問題有許多稱呼方式，例如：公有地的悲劇（the tragedy of the commons）、囚犯困境（the n-persons prisoner's dilemma）、集體行動的問題（the problem of collective action）、公共財問題（the problem of provision of public goods）、社會困境（social dilemma）。

類、繳稅、拒絕賄賂，你還這麼做那就是不合理的，因為這樣做，並不會有實際的好處（Ostrom, 1998）。

從公共行政的觀點來看，在全球價值觀調查（World Value）的研究中測量出「一般的信任」（generalized trust）與貪污指數是具有高度相關的（r=0.65）。一份最近的跨國實證研究則認為：「信任與『司法效率』、『反貪污』、『成長』還有『官僚品質』皆有強烈的關聯性」（La Porta et al., 1997: 336）。另一份近期研究結論指出「在資料加總的面向上，社會信任與對政府及其制度的信賴，彼此之間是強烈相關的。社會信任可以協助建立有效的社會和政治制度，並幫助政府更有效率地運作，亦會轉而激勵對公部門的信賴」（Newton, 1999b: 12）。但一個經常出現的問題是，什麼時候該使用加總的數據，因為我們並不知道在個人層次上是否存在因果機制，我們也不知道這樣的因果機制將會怎麼運作（Inglehart, 1999: 104）。

Putnam主要抨擊的論點是：如果公民致力於參與自願性組織，例如：合唱團、家長與教師聯誼會、運動俱樂部等等，就會生產出社會資本。這種托克維爾式的（Tocqueville）良好社會秩序觀念，便是一個活躍並能產生社會資本的公民社會。在這樣的社會中，公民參與地方草根性組織，在其中透過了解人們，並理解到他們是可以被相信的，來學習克服社會困境的技巧。在加總的層次上，Putman顯現了自願性組織的密度與民主效率二者之間，令人印象深刻的相關性（Putnam, 1993）。

有些學者會質疑透過這樣的社會中心途徑，社會信任是如何被創造的。是否代理人已經信任那些加入組織的公民，還是組織的活動增加了對他們的信任？Dietlind Stolle與其他人的研究似乎較支持前者。從她的微觀資料顯示，她推斷出：「並不是一個人交往的時間愈長或愈多，對他的信任就愈大」（Stolle, 1998: 521）。Eric Uslaner和Paul Whiteley的研究也顯示，並非是自願性組織中的活動，創造了高度的社會信任，他們卻反而認為社會信任是一種道德傾向，就像是家庭裡不同社會化過程的結果（Whiteley, 1999; Uslaner, 2002）。

對於Putman公民間信任的理論，主要的反駁論述認為，信任也可以「從上層」被創造出來，也就是說由國家創造出來。這種論點是：政府能夠明白只有在公民認為國家值得信任時，它們才有創造信任的能力。舉例而言，國家有建立契約的能力，是因為國家能提供資訊、監控立法、維護對違法者執行制裁的法律規章、保障少數族群並積極支持公民整合與參與。如果法律與行政制度被認為是公平、公正和合理地有效率，就會增加公民克服社會陷阱的可能性。（Brehm and Rahn, 1997; Levi, 1998a; Newton, 1999b）。個人層次中，「公共行政的品質」與社會信任間的因果機制，可以假設如下：

1. 如果政府官員被知道是貪污的，公民將會推論：連那些被賦予守護公共利益的個

人都不可信任,則「多數人」也不能信任。

2. 基於上述,公民將推論:大部分的人都不可信任,因為他們參與這些政府制度直接或間接的貪污。

3. 為了在這種系統下「生存」,每個公民會發現他們被強迫涉入貪污,即使違背他的道德傾向。但是因為他不能相信自己的行為會遵守規則,他可能會推論「其他人」也不會遵守規則,所以他們是不可信的(Rothstein and Stolle, 2003)。

如果這是張關於政府權威與群眾有什麼可以被預期的「認知地圖」,是家長們傳授給他們的小孩,這將形成前述Uslaner和Whitley所提到的兒童社會化。如果其他公民沒有辦法像上述一樣被信任,當然就沒什麼道理要與他們一起加入不同的自願性組織。這裡我想要詳細說明因果機制,指的是社會信任可能會由信任政府機關負責履行公共政策的品質,轉移到信任「多數人」(cf. della Porta, 2000)。如果普遍知道他們行賄、要脅或者為了榨取特殊利益以其他方式破壞政府制度的公平,那麼信任「多數人」就變得不合理了。其中一個「其他多數人」可能被信任的理由是認為通常他們會抑制這類的行為。

這裡正巧有個「真實的故事」來協助闡明我們的論點。Lonely Planet是世界上最大的旅遊手冊公司。以下是在墨西哥的尤卡坦半島(Yucatan peninsula)的最新指南中,對於警察的描述:

聯邦警察已經被警告涉及強暴和謀殺……所以你被侵犯後別轉而向他們求救。很明顯地,如果你從襲擊中活下來然後去警察局,只要你認出一名員警是攻擊者的一員,他不可能會給你機會在法庭上指認他的。

我想指出的重點是,在一個社會中用這樣的觀點來看待政府官員是普遍的,人民對其他人信任的程度也會較低。如果政府官員——即他們被假設要提供人民安全保護——不能被信任,那麼一般情況下信任人的基礎會是什麼?即便遊客是來自於高度信任他人的國家,他們將會很快的轉變關於「相信他人是多麼明智」這種心態,更不用說對當地警察了。此外,當然他們也會感到受傷害與未被保護,這種感覺會使他們更加害怕陌生人。難怪擁有很多美麗海灘的尤卡坦半島被旅遊業稱作「門禁社區」(gated communities)。

如前所述,公共計畫可以被設計,以便賦予官僚或多或少的裁量權力。而在社會計畫上,此計畫愈是普遍性,他們裁量的空間就愈小。另一方面,某些選擇性計畫則依個案情形執行,使得官僚擁有相當的裁量權。而行政官員在選擇性計畫上裁量權的困難,

會產生兩種重要的結果。這兩種結果通常被認為是對立的，但實際上它們只是一個銅板的兩面。這兩種結果都是官僚濫用權力，以及部分委託人的詐欺行為。申請人在如此的選擇體系中——如果他們是理性的話——會聲稱他們的處境比實際所處的還要糟，然後會說明他們認為自行解決問題是很難甚至是不可能的。在這種體系下的行政人員，以他們的立場來說，通常都有來自於上級給予的動機，而對委託人的說詞起疑心。在賽局理論中，這被稱作「控制的賽局」——一個相當悲哀的賽局，因為在其中沒有穩定的平衡，所以沒有解決辦法。被少數委託人欺騙會造成官僚控制的增加，如此又會被更多的委託人欺騙，然後一直這樣循環下去（Hermansson, 1990）。

　　Staffan Kumlin 根據瑞典的調查資料，將曾經接觸過特定福利機構的民眾與沒接觸過的民眾進行比較（Kumlin, 2000）。分析顯示，曾經接觸過這些服務民眾的公家機構的經驗，會對一般性信任造成相當顯著的負面影響。這也許不令人驚訝，因為會接觸這類機構的，通常是瑞典社會中社經地位較低，比較沒有（have-nots）的一群，自然也對政府的信賴較低（cf. Putnam, 2000: 193f）。但令人驚訝的是，在相關變項控制之後，接觸這些公家機構仍對社會信賴有負面影響，換言之，這負面關係不因社會地位或收入而有改變，也無關乎民眾是否為民間機構的成員，對瑞典民主運作是否滿意：對政治的興趣、生活滿意度及對政治人物的信任程度（Rothstein and Kumlin, 2001）。對於斯堪地那維亞國家來說，會擁有低度貪污與高度社會信任，其中之一的解釋可能為這些國家的社會計畫是普遍性的而不是選擇性的。

　　以上顯示，無論是在理論或實證上皆得到了一個好的論證，因為這些讓我們了解到國家公共行政的標準不僅受到一國之內社會資本程度的影響，它本身也作為一個影響社會信任高低的因素。如同Eric Uslaner曾經提及的，調查報告中顯示具有高度社會信任的人民認為大多數人不只是在「人與人」接觸時遵守規範，他們也會在與政府機關接觸時「遵守規範」。另外在那些顯示人民具有高度社會信任的調查報告中，亦顯示他們對公家機關也有較強的信心，特別是對於司法制度（Uslaner, 2002: 112）。如同Putnam在他的義大利研究中所述，擁有較低社會資本的地區「最容易受到政治腐敗的古老瘟疫所控制」（Putnam, 1993: 11）。

　　如同在社會科學的其他領域中，什麼是原因、什麼是結果，通常取決於時間範圍的選擇。即使Putnam的分析強調在良好運作的政府機構中，公民的公共參與和社會信任這兩者的重要性，他也理解到很難去評估因果機制和一個良好運作的機構影響社會資本的可能性。舉例而言，根據Putnam的研究，在義大利南部，不同形式組織犯罪的強度，是以侍從主義的傳統模式為基礎，且源於「國家的行政和司法結構的軟弱，這些亦更進一步地削弱了這些架構的權威」（Putnam, 1993: 146）。當社會信任與貪污在總體層次上的

關聯很強時，就很難分辨它在個體層次上是如何運作的。是一個信任他人的個體會克制自己避免涉入貪污，還是貪污造成了人的不信任感？

　　至少在涉及如何組織國際援助至發展中國家時，以上所述便顯示了重要的政策意涵。在社會資本途徑中，一個關鍵的爭論在於，一個較社會學的途徑認為，當人們聚集在不同的自願性協會時，社會信任會「在最下層」滋長。在另外一方面的政治途徑中，我們會發現它較強調政府機構以及公共行政的重要性（Hooghe and Stolle, 2003）。如果社會學理論中關於社會資本的概念是正確的，那麼較富有的國家應該試著去尋找方法，提供救援給那些在草根階級中組織人民，並且提昇信任與互惠的自願性組織。這種策略所擁有的風險當然不僅在於理論有可能是錯誤的，而且這樣的組織可能會因為擁有資源而從中獲利，透過種族歧視、訴諸侍從主義或是藉由公然的貪污以破壞政府制度的完善。可能有人認為像盧安達、波士尼亞與赫塞哥維納以及北愛爾蘭這樣的社會，「社會資本過多」，但其形式卻是錯誤的。如同Putnam所指出，社會資本的「黑暗面」以及它的不確定性，這些都將有可能透過支持自願性協會，來增強社會中的社會資本。因此發展中國家的替代途徑應該是要支持提昇「政府品質」這個因素。但是當一個社會中的貪污和資助已經根深蒂固在行政文化裡，你可以找到或是創造出不貪污的公務人員嗎？

　　一個適當的案例是Gary Miller和Thomas Hammond對於被稱之為「城市經紀人」（city manager）的討論，是美國在戰爭間期消除城市貪污的政黨政治的成功模式。這些經過高度訓練的公務員，以高度道德標準與只為公共利益而公正無私聞名。他們擁有良好的名譽，正如同他們的規定，他們不能接受賄賂。但是依照Miller和Hammond所述，很清楚地，在這樣的系統運作層次上，因為城市經紀人是經過篩選，並被訓練不要成為經濟的行動者（Miller and Hammond, 1994: 23）。而且，最初並沒有集體行動的問題，因為在建立這個理論的時候，就已經透過模糊化人類的行為假定來「解決」了。因為官僚裁量權，若要由上而下來執行控制，解決此問題的可能性其實是相當有限的（cf. Miller, 1992; Brehm and Gates, 1997）。Miller和Hammond上述對於我們俄國朋友的建議其實相當簡單，那就是「找出公正利他的行動者是如何被創造出來的，然後再經由政治系統複製這樣的行動者」（Miller and Hammond, 1994: 24）。除了祝你好運，你還能多說什麼呢。Barry Weingast對於這種「法治」標準的解決方案給予了非常重要的評論，即「（一個）政府若是強大到足以保護財產權利，那麼也會強大到足以徵收人民的財產」（Weingast, 1993: 287）。如果政府在博弈理論當中扮演代理人，政府便可以這麼做：如果政府有權力去建造一個機構來執行「法治」系統，它們也將會濫用同樣的權力去打破「法治」（也就是說，侵害財產權利）。若沒有一些社會規範能夠防備這類行為，這個問題是沒有任何解決方案的（Elster, 1989）。

新統合主義結構與官僚制度合法性

　　另一種確保正當性與信任程度的方法是讓利益團體能夠直接影響執行過程。這些利益團體可能有極大的不同，從鬆散的網絡到集中化的全國型利益組織。能產生的影響也有很多種形式，從非正式的諮商到在公部門局處中進行正式表述。在一些個案中，公共政策的執行完全且直接地被利益團體所接管。這個領域的研究從1970年代開始以「新統合主義」為標題所展開，此研究是由Philippe Schmitter在1974年發表一篇經典的文章，此文章作為一種多元主義的替代，並以此來理解現代西方民主實際上是如何運作的（Schmitter, 1974）。

　　新統合主義模型假設那些來自參與政府政策執行的利益團體代表之所以被選擇，是因為他被選民所信任。更進一步的假設是只要利益團體樂於進行政策合作，政策執行通常就會成功。另一種促使利益團體合作的方式是承認他們組織的代表性擁有唯一的政策執行參與權（Lembruch, 1991）。允許這種組織代表權參與公共行政的理由很明確，因為那些組織：

　　比國家官僚更接近他們的標的團體（他們的成員），而且對於他們的狀況和關懷有更為詳細的認識。這可能使他們實施規則時較不會流於形式主義，而且更能將個案的特殊狀況納入考量——這將使哪些受到影響的人們，較容易增加對規則的接受度。（Streeck and Schmitter, 1985: 22）

　　除了正當化行政決定的適應性外，這樣的新統合主義模型還有另一項優點。國家可以將各社會團體的代表組織起來，以便創造一個讓不同組織間協商與和解的場域。這是北歐國家在處理勞動力市場和工業政策經常使用的方式，透過承認兩方在行政主體上的代表權，國家領導人希望並鼓勵以妥協代替對抗（Lewin, 1992）。但是這意謂著在新統合主義模型中，政治與行政兩者間的差異實際上被消除了，因為新統合主義已被精確地描繪成具有政策概念與執行、政治代表權和干預的制度性融合（Cawson, 1986: 185）。法律社會學者與法律學者強調這種融合創造出一種新的法律形式，他們稱為「反思性的法律」（reflexive law）。這種法律並不管理物質的支配，而是管理不同社會系統權限的場域、他們的組織與制度結構，以及他們的決策形式（Brand, 1988; Lijphart and Crepaz, 1991）。

　　Claus Offe認為必須對於這個模型有更清楚的界定，那就是利益團體的不同類型。其中一些組織可以說他們是在政府組織外集結他們的力量（Offe, 1986）。他們可能在一個

有利的市場位置中代表生產者（例如工會、受雇者組織或其他生產者組織），或是由強烈的意識形態所結合在一起的大眾團體（例如種族與宗教組織）。相較之下，其他利益團體的興起是因為政治計畫所造成的，而且幾乎只從公共資源來獲取他們的收入（例如病患協會（patient associations）、退休金組織（pensions' organizations）和學生團體）。前一種組織自然地取得了對抗國家更有力量的位置，因為他們擁有國家未能直接控制的資源。事實上這類組織往往具有相當的影響力，以至於當他們不滿時，確實有能力去阻止執行一些具爭議性的政策。一般組織如果缺乏此類資源時，很明顯地會發現他們在對抗政府時是處在一個較弱勢的地位（Olsen, 1992）。

對國家與組織來說，新統合主義模型的有效性是以一個看似很難平衡的行動為基礎。隨著時間的過去，組織可能會面臨一種風險，亦即如果會員認為利益團體總是以捍衛國家的利益為第一優先，那麼這樣就會失去會員們的信任，比起認同自己組織的，做為組織代表的個人可能更為認同官僚制度。而他們的支持者可能會認為這些代表被國家給吸收了，而且被轉變成對國家政策毫無威脅的工具。因此，如果利益團體與國家的合作太過於密切，這個模型就會喪失其創造合法性的基礎（Lewin, 1992; Rothstein, 1996）。

政府官僚有時候也和強大的利益團體形成同盟，以增加他們自己的政治力量來對抗那些可能意圖影響（或是擊垮）他們的政客。這種官僚的策略被認為是非常有效的，而且是官僚力量的重要來源。這類聯盟有時被認為是政策網絡或是「鐵三角」，且是非常有力量的（即軍事—工業綜合體）。儘管這種策略可能會有效增加部分社會和社會行動者對公共行政的正當性，但我們也知道這種策略也可能降低整個社會中公共行政的合法性（Offe, 1986）。

這個理論確實還有其他的問題，一個核心的爭議是新統合主義的安排對於民主的理想會不會造成傷害。一方面有學者認為這樣的安排使得民主政府較有可能解決重要的政策問題，而若沒有給予利益團體在執行過程的影響力，便無法達成這種結果。根據這樣的論點，邀請利益團體加入執行過程是可以擴大民主的範疇。相反的論點則認為新統合主義會傷害民主理想，因為新統合主義與政治平等的原則相互衝突。簡言之，也就是說一些公民（即利益團體的成員）比其他人更具影響力。

第二項爭論是關於經濟與管理的效率。擴大代表性有可能會使利益組織與官僚產生短視近利的「尋租現象」，因此損害「一般大眾的利益」（Oberg, 1994）。一個或數個利益團體可能會「掌握」他們代表的官僚，然後改變它的運作方式，以致於大多為「特殊利益」而服務（Rothstein and Bergstrom, 1999）。相對這個論點，有些研究顯示新統合主義模型確實藉由協調不同的社會行動者，來找到解決大眾問題的解決方案而增加經濟效率，特別是在工業政策和勞動力市場方面（Katzenstein, 1994; Vissar and Hemerijk, 1997）。

利用使用者團體來創造正當性

　　另一種增加正當性和處理裁量權問題的方法是讓直接使用公共服務的公民在其運作當中行使他們的影響力。我們可以說，這些服務是根據使用者導向的模型而被組織起來的。一些進步的福利國家，在典型的領域中應用這種模型，像是兒童照護、教育與老人照護，而某些國家中，大學生有權力參與某些決策組織。我們希望公部門運用這種使用者導向的模型，能夠讓使用者認為他們有正當性，因為一旦使用者有能力去運用他們的影響力，他們就不會對機關缺乏信任。

　　使用者就是當公共服務被提供時實際上出現的那些人（如果以孩童為例，則會是家長）。這裡出現了使用者導向模型的第一個問題──有些人可能會感覺到他們被禁止批評有爭議的公共服務。舉例來說，當事人可能會發現公開的批評那些他們賴以滿足每日需求的工作人員是很困難的。工作人員有時對於如何處理事情的專業想法上抱持信心，並很明顯地享受著相對於使用者的優勢，工作人員與使用者間的影響很難去建立一種精確的關係。在一些案例中，誰應該被視為使用者、什麼形式的決策方式該被採用、在哪些領域使用者有決定權，以及他們應該對他們的決策承擔什麼樣的責任並不是那麼清楚。在一些領域當中，例如：是運動和文化機構，地方政府機關有時會建立志工組織的網絡，邀請這些志工組織參與機構的運作。在斯堪地那維亞國家，這種使用者影響模型一直受到代議民主過程所強調的公民參與所影響，到目前為止結果是很複雜的（Jarl, 1999; Dahlberg and Vedung, 2001）。

　　此外，在這種創造正當性的方法中還有一些其他的問題。舉例而言，在使用者彼此衝突的個案中應該怎麼處理仍未有解答。少數應該服從多數嗎？另一個問題是這種模型偏愛一些（1）有充分時間資源的；（2）對影響計畫有高度興趣的；（3）於決策機關中握有豐富的資訊、教育與經驗這方面資源的人。民主的理想中認為所有公民都有平等的價值，此關係便造成使用者團體模型問題重重。

結論

　　國家的公共行政有不同的正當性來源。當然，首先會遇到關於「工具」的問題。如同Schmuel Eisenstadt所言，這個途徑的核心問題是「無論官僚是主人還是僕人、是獨立的政治主體還是工具。如果它是工具，那它為誰的利益服務」。

　　一個沒有辦法被選任官員操控的官僚制度，遲早會發生正當性的問題。然而，這種

「由上而下的正當性」不是唯一的形式，而且對政府機關來說可能不是最重要的正當性來源，它與社會環境——即公民個人與各式各樣的組織間的關係，可能更為重要。

　　在本章中，我提出了三個「由下而上的正當性」來源。其中近來最受矚目的是研究社會資本與社會信任相關的途徑。雖然這種途徑常常與公民網絡和自願性組織的重要性做連結，其實它對於研究不同面向的公共行政也有重要的意涵：首先，「政府品質」因素可能是一個社會中社會資本數量的結果；第二，文官的結構與運作可能是一個社會中社會信任與社會資本背後存在的原因。而這個過程背後的因果邏輯仍有待分析。本章也討論了另外兩個正當性的來源，新統合主義和系統使用者影響的模型。這三種對公共行政與社會連結的方式，被認為提供了一種很好的連結。或許是一種偶然，調查研究結果顯現擁有高度社會信任的國家——斯堪地那維亞國家，在新統合主義之中（使用者影響模型的程度較少），是最為複雜的。然而這些為公共行政創造出不同正當性的系統，它們彼此間的關係仍有待研究。

參考文獻

Bardhan, Pranab (1997) 'Corruption and Development: A Review of the Issues', *Journal of Economic Literature*, 35 (3): 1320–46.

Barker, Rodney (1980) *Political Legitimacy and the State*. Oxford: Clarendon Press.

Beetham, David (1985) *Max Weber and the Theory of Modern Politics*. Cambridge: Polity Press.

Bendor, Jonathan and Swistak, Piotr (1997) 'The Evolutionary Stability of Cooperation', *American Political Science Review*, 91 (2): 290–307.

Braithwaite, Valerie and Levi, Margaret (eds) (1998) *Trust and Governance*. New York: Russell Sage Foundation.

Brand, Donald (1988) *Corporatism and the Rule of Law*. Ithaca, NY: Cornell University Press.

Brehm, John and Gates, Scott (1997) *Working, Shirking, and Sabotage. Bureaucratic Response to a Democratic Public*. Ann Arbor, MI: University of Michigan Press.

Brehm, John and Rahn, Wendy (1997) 'Individual-Level Evidence for the Causes and Consequences of Social Capital', *American Journal of Political Science*, 41 (3): 999–1023.

Cawson, Alan (1986) *Corporatism and Political Theory*. Oxford: Blackwell.

Coleman, James S. (1990) Foundations of Social Theory. Cambridge, MA: The Belknap Press of Harvard University Press.

Cook, Karen S. (ed.) (2001) *Trust in Society*. New York: Russell Sage Foundation.

Dahlberg, Magnus and Vedung, Evert (2001) *Demokrati och brukarutvardering*. Lund: Studentlitteratur.

della Porta, Donatella (2000) 'Social Capital, Beliefs in Government, and Political Corruption', in S.J. Pharr and R.D. Putnam (eds), *Disaffected Democracies*. Princeton, NJ: Princeton University Press.

Elster, Jon (1989) *The Cement of Society*. Cambridge: Cambridge University Press.

Friedman, Kathie V. (1981) *Legitimation of Social Rights and the Western Welfare State*. Chapel Hill, NC: The University of North Carolina Press.

Hall, Peter (1999) 'Social Capital in Britain', *British Journal of Political Science*, 29 (3): 417–64.

Hermansson, Jorgen (1990) *Spelteorins nytta. Om rationalitet i politik och vetenskap*. Uppsala, Statsvetenskapliga foreningen.

Hooghe, Marc and Stolle, Dietlind (eds) (2003) *Generating Social Capital: The Role of Voluntary Associations, Institutions and Government Policy*. New York: Palgrave/Macmillan.

Hyden, Goran (2000) 'The Governance Challenge in Africa', in G. Hyden, D. Olowy and H.W.O. Okoth-Ogendo (eds), *African Perspectives on Governance*. Trenton, NJ: African World Press. pp. 5–32.

Inglehart, Ronald (1999) 'Trust, well-being and democracy', in M.E. Warren (ed.), *Democracy and Trust*. New York: Cambridge University Press. pp. 88–120.

Jarl, Maria (1999) *Brukardeltagande pa gott och ont. Det unga folkstyret*. E. Amna: Stockholm, Demokratiutredningen.

Katzenstein, Peter J. (1994) *Corporatism and Change*. Ithaca, NY: Cornell University Press.

Kelman, Steven (1981) *Regulating America, Regulating Sweden*. Cambridge, MA: MIT Press.

Knack, Stephen and Keefer, Philip (1997) 'Does Social Capital Have an Economic Payoff? A Cross-Country Investigation', *Quarterly Journal of Economics*, 112 (4): 1251–88.

Kumlin, Staffan (2000) 'Welfare State Institutions and Generalized Trust'. Goteborg, Department of Political Science, Goteborg University.

La Porta, Rafael, Lopez-dE-Silanes, Florencio et al. (1997) 'Trust in large organizations', *American Economic Review*, 87 (2): 333–8.

La Porta, Rafael, Lopez-dE-Silanes, Florencio et al. (1999) 'The Quality of Government', *Journal of Law, Economics and Organization*, 15 (1): 222–79.

Lembruch, Gerhard (1991) 'The Organization of Society, Administrative Strategies and Policy Networks', in R. Czada and A. Windhoff-Heretier. *Political Choice:Institutions, Rules and the Limits of Rationality*. Boulder, CO: Westview Press.

Levi, Margaret (1998a) *Consent, Dissent, and Patriotism*. New York: Cambridge University Press. Levi, Margaret (1998b) 'A State of Trust', in V. Braithwaite and M. Levi (eds), *Trust and Governance*. New York: Russell Sage Foundation. pp. 77–101.

Lewin, Leif (1992) 'The Rise and Decline of Corporatism', *European Journal of Political Research*, 26: 59–79.

Lijphart, Arend and Crepaz, M.M.L. (1991) 'Corporatism and Consensus Democracy in Eighteen Countries', *British Journal of Political Science*, 21 (2): 235–56.

Lipsky, Michael (1980) *Street-level Bureaucracy: Dilemmas of the Individual in Public Services*. New York: Russell Sage Foundation.

Miller, Gary J. (1992) *Managerial Dilemmas. The Political Economy of Hierachy*. Cambridge: Cambridge University Press.

Miller, Gary and Hammond, Thomas (1994) 'Why Politics is More Fundamental Than Economics: IncentivE-Compatible Mechanisms are not Credible', *Journal of Theoretical Politics*, 6 (1): 5–26.

Moe, Terry M. and Chubb, John E. (1991) *Politics, Markets and American Schools*. Washington, DC: Brookings Institution.

Newton, Kenneth (1999a) 'Social and Political Trust in Established Democracies', in P. Norris (ed.), *Critical Citizens: Global Support for Democratic Government*. New York: Oxford University Press. pp. 323–51.

Newton, Kenneth (1999b) 'Social Capital and Democracy in Modern Europe', in J.W. van Deth, M. Maraffi, K. Newton and P.F. Whiteley (eds), *Social Capital and European Democracy*. London: Routledge. pp. 3–25.

North, Douglass C. (1998) 'Economic Performance Through Time', in M.C. Brinton and V. Nee (eds), *The New Institutionalism in Sociology*. New York: Russell Sage Foundation. pp. 247–57.

Oberg, Per-Ola (1994) *Sarintresse och allmanintresse: Korporatismens ansikten*. Stockholm: Norstedts.

Offe, Claus (1984) *The Contradictions of the Welfare State*. London: Hutchinson.

Offe, Claus (1986) *Disorganized Capitalism: Contemporary Transformations of Work and Politics*. Cambridge: Polity Press.

Olsen, Johan P. (1992) *Organized Democracy: Political Institutions in a Welfare State: The Case of Norway*. Oslo: Universitetsforlaget.

Olson, Mancur, Jr (1996) 'Big Bills Left on the Sidewalk: Why Some Nations are Rich, and Others Poor', *Journal of Economic Perspectives,* 10 (1): 3–22.

Ostrom, Elinor (1998) 'A Behavioral Approach to the Rational Choice Theory of Collective Action', *American Political Science Review*, 92 (1): 1–23.

Platt, John (1973) 'Social Traps', *American Psychologist*, 28: 641–51.

Putnam, Robert D. (1993) *Making Democracy Work: Civic Traditions in Modern Italy*. Princeton, NJ: Princeton University Press.

Putnam, Robert D. (1995) 'Tuning In, Tuning Out: The Strange Disappearance of Social Capital in America', *PS Political Studies,* 28 (4): 664–83.

Putnam, Robert D. (2000) *Bowling Alone: The Collapse and Revival of American Community*. New York: Simon & Schuster.

Rother, Larry (1999) 'Where Taxes Aren't So Certain', New York Times, 4: 3.

Rothstein, Bo (1996) *The Social Democratic State: The Swedish Model and the Bureaucratic Problem of Social Reforms*. Pittsburgh: University of Pittsburgh Press.

Rothstein, Bo (1998) *Just Institutions Matter: The Moral and Political Logic of the Universal Welfare State*. Cambridge: Cambridge University Press.

Rothstein, Bo (2000) 'Trust, Social Dilemmas and Collective Memories', *Journal of Theoretical Politics*, 12 (4): 477–503.

Rothstein, Bo and Bergstrom, Jonas (1999) *Korporatismens fall och den svenska modellens kris*. Stockholm: SNS Forlag.

Rothstein, Bo and Kumlin, Staffan (2001) 'Demokrati, socialt kapital och fortroende', in S. Holmberg and L. Weibull (eds), *Land du valsignade: SOM-rapport 2001*. Goteborg, SOM-institutet, Goteborgs universitet.

Rothstein, Bo and Stolle, Dietlind (2003) 'Social Capital, Impartiality, and the Welfare State: An Institutional Approach', in M. Hooghe and D. Stolle (eds), *Generating Social Capital: The Role of Voluntary Associations, Institutions and Government Policy*. New York: Palgrave/Macmillan.

Schmitter, Phillipe C. (1974) 'Still the Century of Corporatism?', Review of Politics, 36: 34–76. Scholz, John T. (1998) 'Trust, Taxes and Compliance', in V. Braithwaite and M. Levi (eds), *Trust and Governance*. New York: Russell Sage Foundation. pp. 135–66.

Stolle, Dietlind (1998) 'Bowling Together, Bowling Alone: The Development of Generalized Trust in Voluntary Associations', *Political Psychology*, 19 (3): 497–526.

Streeck, Wolfgang and Schmitter, Philippe C. (1985) 'Community, Market, State – and Associations? The Prospective Contribution of Interest Governance to Social Order', in W. Streeck and P.C. Schmitter (eds), *Private Interest Government: Beyond Market and State*. London: Sage. pp. 1–29.

Sztompka, Piotr (1998) 'Trust, Distrust and Two Paradoxes of Democracy', *European Journal of Social Theory*, 1 (1): 19–32.

Thorp, Rosemary (1996) 'The Reform of the Tax Administration in Peru', in A. Silva (ed.), *Implementing Policy Innovations in Latin America*. Washington, DC: Inter-American Development Bank. pp. 34–51.

Treisman, Daniel (2000) 'The Causes of Corruption: A Cross-National Study', *Journal of Public Economics*, 21 (2).

Tyler, Tom R. (1998) 'Trust and Democratic Governance', in V. Braithwaite and M. Levi (eds), *Trust and Governance*. New York: Russell Sage Foundation. pp. 269–314.

Uslaner, Eric (1999) 'Democracy and Social Capital', in M.E. Warren (ed.), *Democracy and Trust*. New York: Cambridge University Press. pp. 121–50.

Uslaner, Eric (2001) '*Trust and Corruption*'. Salford, Conference on Political Scandals, University of Salford.

Uslaner, Eric (2002) *The Moral Foundation of Trust*. New York: Cambridge University Press.

Vinzant, Janet Coble (1998) *Street-level Leadership: Discretion and Legitimacy in Front-line Public Service*. Washington, DC: Georgetown University Press.

Visser, Jelle and Hemerijk, Anton (1997) '*A Dutch miracle*': Job Growth, Welfare Reform and Corporatism in the Netherlands. Amsterdam: Amsterdam University Press.

Warren, Mark (ed.) (1999) *Democracy and Trust*. New York: Cambridge University Press.

Weber, Max (1989) *The Profession of Politics* (edited, translated and introduced by Simona Draghici). Washington, DC: Plutarch Press.

Weingast, Barry R. (1993) 'Constitutions as Governance Structures – The Political Foundations of Secure Markets', *Journal of Institutional and Theoretical Economics*, 149: 286–311.

Whiteley, Paul F. (1999) 'The Origines of Social Capital', in J.W. van Deth, M. Maraffi, K. Newton and P.F. Whiteley (eds), *Social Capital and European Democracy*. London: Routledge. pp. 25–45.

Woolcook, Michael (2001) 'The Place of Social Capital in Understanding Social and Economic Outcomes', *ISUMA – Canadian Journal of Policy Research*, 2 (1): 12.

第十八章　代表性官僚

Lois R. Wise
林子倫 / 譯

PART 8

歷史脈絡中的代表性官僚

　　代表性官僚與官僚回應社會偏好的程度有關。Pitkin（1967）提出實質代表性的不同形式，包含託管人（trustees）、代表（delegates）與政客（politicos）。託管人是指利用裁量權去為他所代表的群眾下決定，並且會盡量符合其所代表群眾的最佳利益；代表是指那些嘗試去察覺所代表群眾希望的人；政客則致力於政治地位和階級的最大化。最後，象徵性代表則必須要反映一般大眾所期待的具有相當代表性的信念，此必須藉由政府中涵蓋較突出的團體成員來達成，而非透過比例代表制或是政策一致性來達成。官僚與一般大眾之間的政策一致性與在決策過程當中有團體成員兩相比較，後者的重要性較高。而政府可能會藉由指派高層政策位置且數目均等的女性，來追求象徵的代表性。

　　代表性官僚的理論根源來自於政治正當性。在行政國裡，官僚的作用是連結政府主體與人民。因為行政複雜性的加深，公務員獲得了更多的責任在詮釋與提出公共政策，並增加他們對市民生活品質的潛在影響力（Anton, 1980; Dogan, 1975）。如同Weber（1968: 1393）所觀察到，「現代國家中，真正的統治者必然且不可避免的就是官僚……」為了維護國家的健全，官僚常常納入各種要素來確保中立性和專業性。原因是當官僚依照程序、規則和規範時，公民可以預測公眾代理人的決策和行動的結果（Rothstein, 1992）。然而，也要注意因為把遵循規則擺在人類價值之前而造成的政府遲鈍與道德惰性的情形（Gawthrop, 1998）。因此，行政國和其專業官僚之專業服務呈現了一個古典的、治理上的兩難：如何調和社會所要求的責任、回應以及行政所要求的中立、規則與結構、專業能力與效率？

　　官僚的代表性也可以被視為促進社會自由與平等的工具（Van Riper, 1966: 350），而且參與的行為也是自我授權和承諾公民責任的一種形式（Bachrach, 1967; Lewin, 1980; Wise, 1990）。對政府官僚代表性的關注也可以與分配正義作連結，因為公部門就業本身就是一種好處，而且它提供的酬勞對公民的經濟環境和人類發展都有貢獻（Rawls,

1971）。此處政府是資金僱主，而公務員僱用政策藉由提供社會流動和公平給付的機會，對社會經濟平等有所貢獻（Mosher, 1968; Wise, 1990; Wise and Jonzon, 1991）。

　　本章接下來將討論消極和積極代表性這個關鍵概念的意義，以及用來判斷代表性的不同標準；第二部分將檢視由原始的理論成果上所分枝出來的其他研究；第三部分則討論代表性的理論其背後假設之關係，以及當前的趨勢與實踐。

消極與積極代表性

　　消極代表的回應性取決於官僚制度和一般民眾在關鍵的人口屬性上相似的程度，例如：種族或性別。對積極代表而言，回應性在官僚表現的政治偏好和行動與人口特質相似之一般民眾的偏好一致時才能達成。

　　關於消極代表性的定義，則依官僚集團中的人口組成與其所代表的人口結構相關程度而定（Mosher, 1968）。基於不同的原因，團體並不總是認為自己處於權力菁英之外或經歷政治不平等，而且並不要求其被包括在內（Dahl, 1971）。所以，一個關於消極代表性更廣泛的定義可能會更實用：官僚集團的組成與其所代表之群眾的顯著政治性人口特質若相符合的話，那麼就達到了消極代表性。個體是複雜的，而且他們可能會認為自己屬於一些低度代表性的團體。尋求消極的代表是需要具有特徵——意識（attribute-conscious）程度的系統，國家可能會決定並記錄哪些群體與公共勞動力擁有這些特徵。在一些國家，這樣的檔案可能是正常的規範，但在某些國家則可能引發敏感的自由和公民權的議題，並且被認為是不恰當的（Rothstein, 2000）。

　　在某個層次上，消極代表和使人民參與政府提供了政府的正當性。消極代表認為，要求進入政府的機會是存在的，並同時暗示不同族群都可以平等進入政府的承諾 （Meier, 1993b; Mosher, 1968; Wise, 1990）。在另一個層次上，消極代表給予了積極代表的可能，像是在官僚制度中對低階群體代表納入的程度，此提供了一個反映其獨特價值、偏好和道德原則在公共行政中之代表性的途徑。

　　在美國傳統的研究中，個體通常比群體更具有優先權，代表性的定義通常指涉在個體的層次上，同時比較群體在全體人口和官僚體系中的數量或比例。在其他脈絡中，包容多元化的社會群體或其代表可能被認為即充分反映了代表性，因為這些行動者彙聚和引導了公民的偏好和意見。事實上，Kingsley（1944）最初對此主題的研究就聚焦於把群體當成意見的來源，官僚內部不同群體意見的呈現，應該可以判斷其代表性，而這種群體意見代表性的觀念在不同的國家脈絡中引起了共鳴（Egeberg, 1995a, 1999; Carroll and Joypaul, 1993; Subramaniam, 1967）。

　　積極代表是消極代表假設的一種假設性結果，前提是一般民眾的人口特質決定他

們的態度和價值，官僚因為與特殊群體有獨特的聯繫而具有了解他們的偏好和價值之優勢。當政治立場鮮明的團體成員進入官僚體制，他們的價值知識和團體的偏好將進入官僚體制中。相關的假設指出官僚在履行公共計畫和決策時，是一種回應他們所代表群體的偏好之行為。

上述最後一個假設的正確性是目前許多研究的焦點，但是學者們長久以來就懷疑這個關係的可靠性（Krislov, 1974; Pitkin, 1967）。Lane（1995）曾經回顧關於官僚如何回應私人與公共利益的不同模型和觀點，那種認為官僚可以把他們私人利益擺在一旁的觀點，不僅被許多人質疑，甚至被許多學者完全的否定。整體而言，信任與人性是上述爭議的核心（Hyneman, 1950: 15; March and Olsen, 1989）。關於積極代表性有兩個有用的定義：

當某行為增加社群之資源時，該行為積極地代表其社群……與歸屬於此社群有關（Thompson, 1976）。

如果A行動如B，就如同當B在A的位置上行動那樣，A即回應了B。（Meier, 1975）

第一個定義認為，群體希望他們在社群中的資源和地位能最大化，這隱含著回應性可能會來自一些不與受益團體直接相關的人。舉例而言，一般狀況下弱勢團體的成員可能會期待對弱勢團體成員比對主流團體更有回應。Meier的第二個定義則擴大了回應性的概念，因為它隱含了群體可能會有超越自己所屬團體的經濟利益之利他動機和偏好。

有些人會拒絕這些關於代表性的假設，因為他們站在被排除於權力之外的基礎上，有權利去「覺得自己被不公正的對待」，即使他們可能已經從他們的權力位置上的努力獲取了一些成果（Rawls, 1971）。舉例而言，當代女性主義者會主張女人需要表達她們的想法並在官僚體制中呈現獨立的聲音（Jonasdottir, 1987; Kelly, 1998）。參與政府官僚是政治參與的一種形式，不同形式政治參與的重要性端看他們發生的脈絡（Kimber, 1989: 206）。同樣地，當弱勢群體成員的參與被導引到某個行政機關或低階的公務員，那些可能來自參與公共勞動力的公民利益就會減少（Wise and Jonzon, 1991）。如果議題的地位沒有被納入考量的話，提昇某一類型公平的政策例如包容，可能會在公務系統的階層中造成少數弱勢團體。諸如此類的實踐可能會造成沒有聲音的代表，同時也可能造成把國家當成雇主的經濟依賴性（Wise, 1990）。

代表性的標準

透過法令或非正式的規範，政府建立了許多官僚體制中成員的不同適任標準。非正

式的社會濾網，包含教育和家庭背景等，對於誰在尋求及誰在政府官僚體系中贏得工作有很大的決定性（Anton, 1980; Mellbourne, 1979）。最常見的一種正式標準是公民權，而對於公民權的定義方式則是達到代表性的基礎（Kelly, 1998; March and Olsen, 1989）。「藉由限制誰有資格，我們就限制了誰有代表的權利。藉由限制誰具有被充分代表的權利，我們就限制了可以成為政策議題和進入議程的社會問題範圍和尺度」（Kelly, 1998）。

　　地理或區域代表的觀念是另外一個標準（Aucoin, 1985）。儘管愈是典型的立法機關主體，那種官僚藉由從某一地理區域去包含或排除人民想法所獲得的合法性，也可以在一些公務員系統中被發現。舉例而言，聯合國憲章第101條規定其文官必須考量會員國地理空間的代表性（Mancy, 1970）。歐洲議會也認同一樣的標準。即使在挪威，地理空間的根源也可被視為與政策影響力的共同價值觀相關聯之因素（Egeberg, 1995b: 568）。地理代表性作為一種國家官僚內部會員身分的原則有其歷史根源，也可在韓國（Kim, 1993）與印度（Tummala, 1999）這些案例中發現。

　　顯然地，代表性需要植基於一套更廣泛因素的考量。例如：在英國統治時期，印度的公職人員必須確保印度教徒和回教徒的代表性（Tummala, 1999）。與族群或地理區域相關的語言差異（Hondeghem, 1997; Wilson and Mullins, 1978）、社會階級差異（Sjoberg et al., 1966）也可被作為公務員和代表性的適當標準。除了Kingsley（1944）早期對英國上層階級在政府內的角色研究之外，許多研究了檢視澳洲、法國、印度、瑞典和美國之公務員呈顯某一特定社會階層的程度（Anton, 1980; Lingard, 1993; Subramaniam, 1967; Tummala, 1999; Yeatman, 1990）。同樣地，公務員的年齡可能也可作為一個代表性的指標，而一些系統偏好招募那些可以被組織文化社會化的年輕人（Millar and McKevitt, 1997; Savoie, 1994）、或是擁有獨特價值和偏好的世代（Hondeghem, 1997; van der Meer et al., 1997）。這些對代表性不同的標準有可能和其他的標準相互競爭，例如聯合國性別與地理區域平等代表的目標之案例。代表性的標準可能與其他具有資格的標準相互競爭，例如能力或功勞等。

從代表性官僚所發展出的新研究領域

　　許多新研究領域起源於消極代表性與積極代表性的學術文獻。建構消極代表性組成之研究，包含了試圖分辨影響包容性的因素、環境之工作體系與包容性之障礙。許多研究則試圖去描繪如何調和代表性官僚的原則與那些支撐行政國家之專業主義、中立性以及結構與規則之間的矛盾。

　　我們將首先探討消極代表性的研究，主要包含解釋不同群體在官僚體系的分布以及分析影響包容性之研究。另一組包含更多文獻的研究，則探討與積極代表性有關的議題以及公共行政中價值的包容性問題。

起源於消極代表性之研究

　　不論實證與理論性之研究均嘗試去指出為何特定團體的會員會被排除於官僚體系之外，或是當他們努力往上層階層晉陞時會被阻撓的原因。研究指出，心理、制度和社會障礙阻礙了女性進入政策之職位（Cayer and Sigelman, 1980; Gidengil and Vengroff, 1997; Hede, 1995）。所謂的「玻璃天花板」（glass ceiling）即被用來指涉阻礙美國女性進入頂級經理人位置那些模糊不清與不可見的力量（Morrison et al., 1987）。而在其他國家的脈絡下這個隱喻也被發現是適用的（Gidengil and Vengroff, 1997; Hede, 1994, 1995; Randell, 1994）。一個探討女性成功獲得政府雇用工作的促進和阻礙的模型，描繪出一種個體與組織變數互相作用的影響，並且顯示出影響女性工作地位的許多因素（Hale and Kelly, 1989）。結論指出，來自維持現狀的領導者之阻礙和禁止是造成不平等影響的關鍵因素，而此說法也受到許多學者的支持（Cockburn, 1991; Dahlberg, 1986; Stone, 1990; ven der Ros, 1997; Pincus, 2000）。

起源於積極代表性之研究

　　起源於積極代表性的研究中，一部分是探討官僚裁量權的本職，以及官僚可能在決策過程中使用裁量權的情況（Aberbach and Rockman, 1988; Banks and Weingast, 1992; Bawn, 1995; Durant, 1991; Finer, 1941; Keiser and Soss, 2000; Meier, 1997; Meier and Smith, 1994; Meier et al., 1995; Redford, 1969; Sabatier et al., 1995; Schneider, 1993; Wood and Waterman, 1994）。代表性官僚的前提是，官僚會根據他們特殊偏好的知識與其所代表群體之價值來行動，此一現象與韋伯式官僚制度所主張的行政中立原則形成一種緊張關係。所謂中立的規範是指官僚不應該把行使裁量權的機會當作引進自我價值或道德原則的時機，而且必須在面對任何問題時都不為個人的情緒所左右，許多重要的研究途徑都在探討這項根本的緊張關係。

　　一個核心的問題是，身處於某個組織成員的經驗是否會降低個人的背景特質和價值偏好之間的關聯。將一人形塑為一合適的公務員之社會化與教育過程就如同社會化過程使一個人經歷某特定組織一樣，可能會改變他早期的經驗、規範與價值，並且會重塑他的態度和行為。或許有些背景特質比起其他特質更有彈性且更有可能去解釋工作上的行為（Pitkin, 1967）。

　　許多學者已經注意到了一些官僚行使裁量權的趨勢（Banks and Weingast, 1992; Bawn, 1995; Meier, 1997; Meier and Smith, 1994; Meier et al., 1995; Sabatier et al., 1995; Schneider, 1993; Wood and Waterman, 1994）。行政結構提供了多數的、正式的控制機制，但是官僚在決策過程中仍然保有很大的自主性（Egeberg, 1999; Meier, 1993a; Shumavon and Hibbeln, 1986）。有些研究認為一些裁量權的運作是循環的（Durant, 1991），例如：在特定的時期會強調管理改革趨勢，而這種管理將會影響課責的範圍與官僚的操縱性（Kickert, 1991; Winkler, 1981）。

　　其中一種控制官僚裁量權的途徑強調外部控制，如同在政府其他單位發現的情況。假定在這種傳統的運作中權力濫用是不可避免的，而為了限制權力濫用的情形，外部檢查與控制是有必要的（Finer, 1941; Redford, 1969）。另一種關於控制裁量權的觀點強調內部行政和基準規範的控制，建立官僚應有之能力以平衡客觀性和與公眾需求，及與期望相符的專業主義之假設上（Friedrich, 1940; Gilbert, 1959）。官僚自身的利益可能會被組織誘因系統（organizational incentive system）、監督或組織規範所控制（Laegried and Olsen, 1984; March and Olsen, 1989）。有些論者認為官僚最終會吸收一些從組織中發現的集體價值，例如：它的任務、政策範圍或執行的計畫，這將會減低官僚依照自身利益行事的可能性（Meier, 1993a; Meier and Nigro, 1976; Romzek, 1990; Simon, 1957; Wilson, 1989）。但其他學者主張官僚的價值對政策和計畫有顯著的正面影響（Frederickson, 1976; Gawthrop, 1998; Kaufman, 1960）。

　　專業主義可以被視為代表性的競爭者（Guy, 1985; Mosher, 1968; Willbern, 1966）；人民團體最初的價值和偏好可能會被他們專業的利益價值與規範所取代。有些學者（Egeberg, 1995a; Hodges and Durant, 1989; Kearney and Sinha, 1988）則認為組織和專業的價值會成為行政機關無可避免的糾葛。而有些研究發現專業主義和官僚回應性之間的利益關係（Hodges and Durant, 1989; Kearney and Sinha, 1988）。這些研究挑戰了專業主義，且會阻礙公民直接進入決策過程以及扭曲或限制公眾談論的看法（Hummel, 1987; Price, 1965; Stillman, 1991）。

　　舉例來說，在決策過程中討論與審議是行政結構為民主結果與代表性影響所帶來的結局（Jenssen, 2001; White, 1969）。行政結構限制了回應不同政策或計畫範圍的選擇與能力，這些利益是部分內生於行政結構，而理性行為這可以被視為從既定的制度和脈絡中發生的（Egeberg, 1995a; March and Simon, 1993; March and Olsen, 1996; Scharpf, 1977; Scott, 1995; Simon, et al., 1950; Simon, 1957）。

　　在代表性官僚的文獻內容中，共同的價值（shared values）被視為一個正面的特徵。舉例而言，透過共同的價值，缺席者的觀點會在決策過程中被提出來。共同價值的存在

可以被視為凝聚和代表組織的基石（Downs, 1967; Meier, 1993b）。不僅政府和官僚必須要有共同的價值，且這些價值也必須與政府機關的任務是有關的，像是這在塑造官僚行為上是有用的，而且官方必須有能力把共同價值當作塑造官僚行為的誘因來使用。反對論點認為共同價值會阻礙對政策問題的新觀念及新的解決方法，且人的多元性給政府官僚帶來好處（Lindblom, 1959）。

許多學者認為，官僚行為的決定因素比起代表性官僚的模型還要複雜；將私有利益從公共利益切割出，對官僚或學者來說都不是件簡單的工作（Lane, 1995; March and Olsen, 1989）。另一種替代性想法存在於公共選擇學派中，認為官僚行為就如同委託群體的代表。此學派思想所強調的前提是：政府工作人員是因為個人利益和個人所得所激勵而工作。他們試圖將自我利益最大化，且擴張政府機關的規模是有助於獲致個人利益的（Bucganan and Tullock, 1962, 1977; Niskanenm, 1971）。官僚表現在已計算過之不同公共政策與計畫潛在得失的基礎上，這樣的假設是根據公職人員者的自我利益會造成他們期望嘗試去最大化他們從公眾行動中所獲得的報酬的觀點來的。報酬的形式可能是更多的預算、更多的好處或是較不困難的工作。對官僚中自我利益行為的關注被以下的證據擴大了：公職人員在政治上是比其他公民積極的，因為這讓他們有機會讓自己的偏好在政策領域中發揮更大的影響力（Lipset, 1960）。有學者挑戰這種公職人員被假設成僅僅是自我利益導向的想法（Aucoin, 1991; Seligman, 1986; Wade, 1979）。

反對的觀點認為公職人員的動機是更複雜的，而且有其他非自我利益的因素決定他們的行為（Downs, 1967; Hill, 1991; Kelman, 1987; Lane, 1995）。環境和制度的因素可能可以說明在某些國家政府中公務員的理性行為（Peters, 1991）。自我利益的行為可能會在官僚以他們官員的身分行動之情況下受限（Blais and Dion, 1991; Egeberg, 1995a），如此一來就能減少在公共利益上自我利益行為的潛在影響。

理論、實踐與研究間之關係

在本章最後一部分要思考的是三個關於代表性官僚理論、模型與實際作法之間關聯的問題。首先我們要問的是，什麼樣的證據顯示消極代表已經或可以被達到？第二個問題是什麼因素影響政府官僚的包容性（inclusiveness）？第三個問題則是，有什麼樣的證據顯示消極與積極代表性之間的關聯？

關於消極代表性存在與趨勢的證據

　　許多研究提供了不少在不同國家脈絡下關於代表性官僚的狀況與趨勢。一般而言，這些研究顯示出不管在官僚體系中，一般的代表性或在某些國家各自的脈絡下，女性過去二十年來在官僚機構中的代表性和政府中獲取更高職位的情形似乎已獲得改善（Dahlerup, 1988; Dolan, 2000; Wise and Jonzon, 1991）。顯然的，經濟因素包含在公部門或私部門間薪水的不平等，可以部分說明在許多案例中女性公務員漸增的情形。

　　女性在領導地位上持續消失的平等性使得那些把平等做為政策目標的政府陷入自我矛盾（Wise, 1992）。雖然在許多案例中，一般政府部門雇用的男女在21世紀初已經達到平等了，但是頂端的領導位置還是多半由男性支配，女性往頂層爬升的進展還是相當緩慢。舉例來說，一項關於英國—美國人體系（Anglo-American system）的研究預測澳洲和加拿大會在2020年前達到上層公務員性別的平等，而美國和英國差不多是在2035年前後達到（Hede, 1995）。類似的結論認為，在斯堪地那維亞、比利時、英國、愛爾蘭、北美、荷蘭，女性在地方政府進入上層階級的進展是很緩慢的（Cockburn, 1991; Dahlberg, 1986; Gidengil and Vengroff, 1997; Pincus, 2000; Stone, 1990; van der Ros, 1997）。在官僚體系上層階級的微弱代表性以及集中在服務部門的趨勢，對在不同世界大陸上的女性來說是一種共通的經驗，且不受政體類型、經濟發展水準或是已宣示的公平政策之限制（Bayes, 1991; Hondeghem, 1997; Millar and McKevitt, 1997; van der Meer et al., 1997; Wise, 1992; Yishai and Cohen, 1997）。但是在某些國家，女性在上層階級中的表現比其他弱勢團體要好（United States General Accounting Office, 2001; Wise, 1990）。

什麼因素影響了政府官僚的涵容性？

　　我們只有有限的實證證據去描繪什麼因素影響了涵容性（inclusiveness）。我們會發現不同的人口統計學、政治和經濟的因素皆混合在一起，所以很難去下一個結論。這個工作體系並不基於中央政府的行政來佔領支配地位，這樣也就限制了國家政府行政的一般化。國家政府分配工作的方式，可能會影響中央和地方權威對教育需求和技能的分配。相似的，勞動力市場也可能會因為工作是與特定性別、人種或種族有相關的情形有所區隔（Hale and Kelly, 1989; Peters, 1985）。

　　某些環境的因素可能會壓制代表性。內部的勞工市場規則可能會降低錄用或晉陞的機會。同樣地，僱用政策重視離職和兼職僱員的機會，因為這些可能會影響社會群體中的僱用模式（Hale and Kelly, 1989）。女性可能似乎比較適合做兼職性質的工作，這也許可以說明在上層階級的女性比例較低是因為管理階層的位置較不可能減少工作時數（Wise, 1992）。在中央政府層次的研究裡，支持勞動力技巧的分配和女性僱用的關係在

地方政府研究中是明顯的（Kellough, 1990; Peters, 1985; Saltzstein, 1986; Wise, 1990）。

讓弱勢的團體成員中有更好接觸教育的機會，可能對代表性有積極的影響（Lewis and Nice, 1994; Meier, 1975; Wise and Jonzon, 1991）。舉例而言，瑞典公務機關的公務員原本由上層和中產階級所構成，後來轉變成由擁有大學學歷的中產階級與勞工階級所組成（Anton, 1980）。

有什麼樣的證據顯示消極與積極代表性之間的關聯？

連結消極與積極代表性的證據已經被混在一起了。比起公務員的社會背景，其價值偏好和態度的因素顯得更為重要。舉例而言，法國和美國兩個國家對官僚的研究中都發現，其官僚中的地位比個人特質更能說明決策行為（Rouban, 1995）。制度的聯繫比社會背景或地區起源更能說明公務員間的價值偏好（Egeberg, 1996; Laegried and Olsen, 1984; Meier and Nigro, 1976）。

有些研究指出官僚可能成功的推動他們自己的意識形態價值。舉例而言，研究發現在1970年代瑞典的官僚就成功地推動他們的社會議程（Anton, 1980）。同樣地，意識形態的利益比起官僚位階更能說明瑞典國家和地方政府官僚間的政策偏好（Wise and Szucs, 1996）。

有很多不同對於性別和政策偏好關係間證據的詮釋（Kelly, 1993, 1998; Saltzstein, 1989），但在測試中央政府代表性和回應性之間的關係經驗性研究卻很少（Dolan, 2000）。可是，在1980年代晚期開始有很多針對第三世界和美國不同階級公務員的研究之中，皆指出種族和族群利益的積極代表性有確切的關聯（Hindera, 1993; Selden et al., 1998）。

本研究的一項結論指出，消極代表性在種族和族群方面相當顯著，但是在性別等其他的人性特質上，並未如此（Egeberg, 1999; Keiser et al., 2000）。其他研究認為，如果更完善的模型被用來解釋制度和其他脈絡的因素，以及使用更具發展性的定義關於關鍵的架構被應用，積極代表性和消極代表性之間的關係就可能也被女性掌握。

結論

支撐代表性官僚領域的理論是基於一些特定關鍵的假設，這些假設是關於在政府官僚裡具有政治影響力的團體之代表性於政治和民主上的結果。一個批判性的假設是，官僚作為擁有共同社會起源和群體聯繫之族群的代表或委託人，來提倡人民的價值偏好和

政策選擇。可是這種倡議的立場，和傳統對行政國家應該如何運作和所謂行政中立的觀念是有衝突的，也與假設個體主要透過自我利益而激發的理性行為理論不相一致。學者們呼籲重新檢視價值的角色、共享價值的結果、論述的角色、不同行政結構以及在民主代表性上專業化的影響。

官僚制度的成就反映出群體的人口特徵進展的很緩慢而且往往是不公平的。很多研究發現在官僚體系中團體成員的存在轉變成為他們社會團體的特殊利益和價值的積極代表性，但是這些研究的內容還是太淺薄了，且這些調查的模型太過簡化，以至於無法在消極代表的環境下創造更有回應性的官僚。

本章對於提供政策制定者實用的知識和建議仍是有限的。一方面，它顯示出要增加包容性的政策以及可能具有不可預期的後果，也就是無法為代表性不足團體的利益來進行服務，並且僅能滿足有限與片斷的公平形式。在管理的面向上，我們需要更多實證的研究用以理解人類在不同狀況與組織環境中複雜的行為。

參考文獻

Aberbach, J.D. and Rockman, B.A. (1988) 'Mandates or mandarins? Control and discretion in the modern administrative state', Public Administration Review,48 (2): 606–12.

Anton, T.J. (1980) *Administered Politics: Elite Political Culture in Sweden*. Boston, MA: Martinus Nijhoff.

Aucoin, Peter H. (1985) *Regional Responsiveness and the National Administrative State*. Toronto: University of Toronto Press.

Aucoin, Peter H. (1991) 'The politics of management of restraint in budgeting', in A. Blais and S. Dion (eds), *The Budget-Maximizing Bureaucrat: Appraisals and Evidence*. Pittsburgh: University of Pittsburgh Press.

Bachrach, P. (1967) *The Theory of Democratic Elitism*. Boston: Little, Brown.

Banks, J.S. and Weingast, B.R. (1992) 'The political control of bureaucracies under asymmetric information', *American Journal of Political Science*, 36 (2): 509–25.

Bawn, K. (1995) 'Political control versus expertise: Congressional choices about administrative procedures', *American Political Science Review*. 89 (1): 62–73.

Bayes, Jane (1991) 'Women in California executive branch of government', in M.M. Hale and R.M. Kelly (eds), *Gender, Bureaucracy and Democracy*. New York: Greenwood Press. pp. 103–42.

Blais, Andre and Dion, Stephanie (eds) (1991) *The Budget-Maximizing Bureaucrat. Appraisals and Evidence*. Pittsburgh: University of Pittsburgh Press.

Buchanan, James M. and Tullock, G. (1977) 'The expanding public sector', *Public Choice*, 31 (1): 147–50.

Buchanan, James M. and Tullock, G. (1962) *The Calculus of Consent*. Ann Arbor, MI: University of Michigan Press.

Carroll, Barbara Wake and Joypaul, S.K. (1993) 'The Mauritian senior public service: Some lessons for developing and developed nations', *International Review of Administrative Sciences*. 59 (3): 423–40.

Cayer, Joseph and Sigelman, Lee (1980) 'Minorities and women in state and local governments, *Public Administration Review*, 40 (5): 443–50.

Cockburn, Cynthia (1991) *In the Way of Women – Men's Resistance to Sex Equality in Organizations*. London: Macmillan.

Dahl, Robert A. (1971) *Polyarchy, Participation and Opposition*. New Haven, CT: Yale University Press.

Dahlberg, Anita (1986) 'Aktivt jamstalldhetsarbete – frigorelse med forhinder', *Kvinnovetenskaplig tidskrift*, 3: 16–32.

Dahlerup, Drude (1988) 'From a small to a large minority: Women in Scandinavian politics', *Scandinavian Political Studies*, 11 (4): 275–98.

Dogan, M. (1975) 'The political power of the Western Europe Mandarins: Introduction', in M. Dogan (ed.), *The Mandarins of Western Europe: The Political Role of the Top Civil Servants*. New York: Halstead. pp. 3–24.

Dolan, Julie (2000) 'The senior executive service: gender, attitudes, and representative bureaucracy', *Journal of Public Administration Research and Theory*, 10 (3): 513–29.

Downs, Anthony (1967) *Inside Bureaucracy*. Boston: Little, Brown.

Durant, R.E. (1991) 'Whither bureaucratic influence: a cautionary note', *Journal of Public Administration Research and Theory*, 1 (4): 461–76.

Egeberg, Morten (1995a) 'Bureaucrats as public policymakers and their self-interests', *Journal of Theoretical Politics*, 7 (2): 157–67.

Egeberg, Morten (1995b) 'The policy administration dichotomy revisited: The case of transport infrastructure planning in Norway', *International Review of Administrative Science*, 61 (4): 565–76.

Egeberg, Morten (1996) 'Organization and nationality in the European Commission services', *Public Administration*, 74 (4): 721–35.

Egeberg, Morten (1999) 'The impact of bureaucratic structure on policy making', *Public Administration*, 77 (1): 155–70.

Finer, H. (1941) 'Administrative responsibility in democratic government', *Public Administration Review*, 1 (4): 335–50.

Frederickson, H. George (1976) 'Public administration in the 1970s: Developments and directions', Public Administration Review, 36 (5): 564–76.

Friedrich, C.J. (1940) 'Public policy and the nature of administrative responsibility', in C.J. Friedrich and E.S. Mason (eds), *Public Policy*. Cambridge, MA: Harvard University Press. pp. 3–24.

Gawthrop, L.C. (1998) *Public Service and Democracy*. New York: Chatham House.

Gidengil, Elizabeth and Vengroff, Richard (1997) 'Representative bureaucracy, tokenism and the glass ceiling: the case of Quebec municipal administration', *Canadian Public Administration*, 40 (Fall): 457–80.

Gilbert, C.E. (1959) 'The framework of administrative responsibility', *Journal of Politics*, 21 (3): 373–407.

Guy, M.E. (1985) *Professionals in Organizations: Debunking a Myth*. New York: Praeger.

Hale, Mary M. and Kelly, Rita Mae (1989) 'Women in management' in M.M. Hale and R.M. Kelly (eds), *Gender, Bureaucracy and Democracy*. New York: Greenwood Press. pp. 19–37.

Hede, Andrew J. (1994) 'The 'Glass Ceiling' metaphor: Towards a theory of managerial inequity', *Canberra Bulletin of Public Administration*, 76 (April): 79–85.

Hede, Andrew (1995) 'Women managers in the civil service: The long road toward equity in Britain', *International Review of Administrative Science*, 61 (4): 587–600.

Hill, Larry B. (1991) 'Who governs the American administrative state?', *Journal of Public Administration Research and Theory*, 1 (3): 261–94.

Hindera, John J. (1993) 'Representative bureaucracy: Imprimis evidence of active representation in the EEOC district offices', *Social Science Quarterly*, 74 (2): 95–108.

Hodges, D.G. and Durant, R.F. (1989) 'The professional state revisited: Twixt Scylla and Charybdis', *Public Administration Review*, 49 (5): 474–84.

Hondeghem, Annie (1997) 'The national civil service in Belgium'. Paper presented at Civil Service Systems in a Comparative Perspective, School of Public and Environmental Affairs, Indiana University, Bloomington (USA), 5–9 April.

Hummel, R.P. (1987) *The Bureaucratic Experience*, 3rd edn. New York: St Martin's Press.

Hyneman, Charles S. (1950) *Bureaucracy in a Democracy*. New York: Harper.

Jenssen, Synnove (2001) 'Transforming politics: Towards new or lesser roles for democratic institutions', in T. Christensen and P. Lagreid (eds), *New Public Management*. Aldershot: Ashgate Publishing Ltd. pp. 289–300.

Jonasdottir, Anna (1987) 'Women's interests and other values', in A. Jonasdottir and K. Jones (eds), *The Political Interests of Gender*. London: Sage.

Kaufman, Herbert (1960) *The Forest Ranger: A Study in Administrative Behavior*. Baltimore, MD: Johns Hopkins University Press.

Kearney, R.S. and Sinha, C. (1988) 'Professionalism and bureaucratic responsiveness: conflict or compatibility', *Public Administration Review*, 48 (5): 571–9.

Keiser, Lael R. and Soss, Joe (2000) 'With good cause: bureaucratic discretion and the politics of child support enforcement', *American Journal of Political Science*, 42 (4): 133–56.

Kellough, J. Edward (1990) 'Integration in the public workplace: determinants of minority and female employment in federal agencies', *Public Administration Review*, 50 (5): 557–66.

Keiser, Lael R., Wilkins, V., Meier, K.J. and Holland, C. (2000) 'Lipstick and logarithms: gender, identity, institutional context, and representative bureaucracy'. Paper presented at the American Political Science Association Meeting, Washington, DC, August.

Kelly, Rita Mae (1993) 'Diversity in the public workforce: new needs, new approaches', in Frank J. Thompson (ed.), *Revitalizing State and Local Public Service*. San Francisco, CA: Jossey–Bass. pp. 197–224.

Kelly, Rita Mae (1998) 'An inclusive democratic polity, representative bureaucracies, and the new public management', *Public Administration Review*, 58 (3): 201–8.

Kelman, Steven (1987) 'Public choice and public spirit', *Public Interest*, 87 (Spring): 80–94.

Kickert, W. (1991) 'Steering at a distance: A new paradigm of public governance in Dutch higher education'. Paper presented to the European Consortium for Political Research, University of Essex, March.

Kim, Pan Suk (1993) 'Public bureaucracy and regionalism in South Korea', *Administration and Society*, 25 (2): 277–92.

Kimber, R. (1989) 'On democracy', *Scandinavian Political Studies*, 12 (3): 199–219.

Kingsley, J.D. (1944) *Representative Bureaucracy*. Yellow Springs, OH: Antioch.

Krislov, S. (1974) *Representative Bureaucracy*. Englewood Cliffs, NJ: Prentice–Hall.

Lane, Jan-Erik (1995) *The Public Sector*, 2nd edn. London: Sage.

Lagreid, Per and Olsen, Johan P. (1984) 'Top civil servants in Norway: Key players on different teams', in E.N. Suleiman (ed.), *Bureaucrats and Policy Making*. New York: Holmes and Meier. pp. 206–42.

Lewin, Leif (1980) *Governing Trade Unions in Sweden*, Cambridge, MA: Harvard University Press.

Lewis, Gregory and Nice, David (1994) 'Race, sex and occupational segregation in state and local governments', *American Review of Public Administration*, 24 (December): 393–410.

Lindblom, H. (1959) 'The science of muddling through', *Public Administration Review*, 19 (1): 79–88.

Lingard, Bob (1993) 'Managing democracy in the public sector', *Social Alternatives*, 12 (2): 10–14.

Lipset, Seymour Martin (1960) *Political Man*. New York: Doubleday.

Macy, John W. (1970) 'Towards an international civil service', *Public Administration Review*, 30 (3): 260–70.

March, J.G. and Olsen, J.P. (1996) 'Institutional perspectives on political institutions', *Governance*, 9 (3): 247–64.

March, James G. and Olsen, Johan P. (1989) *Rediscovering Institutions: The Organizational Basis of Politics*. Toronto: Free Press.

March, J.G. and Simon, H.A. (1993) Organizations. Oxford: Blackwell (1st edition, 1958: Wiley).

Meier, K. (1975) 'Representative bureaucracy: An empirical analysis', *American Political Science Review*, 69 (June): 526–42.

Meier, K. (1993a) 'Representative bureaucracy: A theoretical and empirical exposition', *Research in Public Administration*, 2 (1): 1–35.

Meier, K. (1993b) 'Latinos and representative bureaucracy', *Journal of Public Administration Research and Theory*, 3 (3): 393–415.

Meier, K.J. (1997) 'Bureaucracy and democracy: The case for more bureaucracy and less democracy', *Public Administration Review*, 57 (3): 193–9.

Meier, K. and Nigro, L.G. (1976) 'Representative bureaucracy and policy preferences: a study of the attitudes of federal executives', *Public Administration Review*, 36 (4): 458–69.

Meier, K.J. and Smith, K.B. (1994) 'Representative democracy and representative bureaucracy: Examining the top-down and bottom-up linkages', *Social Science Quarterly*, 75 (4): 790–803.

Meier, K.J., Wrinkle, R.D. and Polinard, J.L. (1995) 'Politics, bureaucracy, and agricultural policy: An alternative view of political control', *American PoliticsQuarterly*, 23 (4): 427–61.

Mellbourne, A. (1979) *Byrakratins ansikten*. Stockholm: LieberForlag.

Millar, Michelle and McKevitt, D. (1997) 'The Irish civil service'. Paper presented at Civil Service Systems in Comparative Perspective, School of Public and Environmental Affairs, Indiana University, Bloomington, 5–8 April.

Morrison, Ann M., White, R.P. and Van Velsor, E. (1987) *Breaking the Glass Ceiling*. Reading, MA: Addison–Wesley.

Mosher, F.C. (1968) *Democracy and the Public Service*. New York: Oxford University Press.

Niskanen, W.A., Jr (1971) *Bureaucracy and Representative Government*. New York: Aldine–Atherton.

Peters, B. Guy (1985) 'Sweden: The explosion of public employment', in R. Rose (ed.), *Public Employment in Western Nations*. Cambridge: Cambridge University Press. pp. 203–27.

Peters, B. Guy (1991) 'The European bureaucrat: The applicability of bureaucracy and representative government to non-American settings', in A. Blais and S. Dion (eds), *The Budget-Maximizing Bureaucrat*. Pittsburgh: University of Pittsburgh Press.

Pincus, Ingrid (2000) 'Male resistance and ambivalence in gender equality: Reforms in local authorities'. Paper presented at Workplace Diversity Research; A Research Perspective on Theory and Practice, Brussels, May.

Pitkin, Hanna (1967) *The Concept of Representation*. Berkeley, CA: University of California Press.

Price, D.K. (1965) *The Scientific Estate*. Cambridge, MA: Harvard University Press.

Randell, S. (1994) 'The glass ceiling: Six strategies', *Canberra Bulletin of Public Administration*, 76 (April): 128–30.

Rawls, John A. (1971) *A Theory of Justice*. Cambridge, MA: Harvard University Press.

Redford, E.S. (1969) *Democracy in the Administrative State*. New York: Oxford University Press.

Romzek, Barbara S. (1990) 'Employee investment and commitment: The ties that bind', *Public Administration Review*, 50 (3): 374–82.

Rothstein, Bo (1992) *Den Korporativa Staten*. Stockholm: Norstedts.

Rothstein, Bo (2000) 'Messing ger mig rysningar', *Stockholm, Aftonbladet*, 18 March, p. 3.

Rouban, L. (1995) 'The civil service culture and administrative reform', in B.G. Peters and D.J. Savoie (eds), *Governance in a Changing Environment*. Montreal: McGill–Queen's University Press.

Sabatier, P.A., Loomis, J. and McCarthy, C. (1995) 'Hierarchical controls, professional norms, local constituencies, and budget maximization: An analysis of U.S. Forest Service planning decisions', *American Journal of Political Science*, 39 (1): 204–42.

Saltzstein, G.H. (1986) 'Female mayors and women in municipal jobs', *American Journal of Political Science*, 30 (2): 140–64.

Saltzstein, G.H. (1989) 'Black mayors and police policies', *Journal of Politics*, 51 (August): 140–64.

Savoie, Donald (1994) *Thatcher, Reagan, Mulroney: In Search of a New Bureaucracy*. Pittsburgh: University of Pittsburgh Press.

Scharpf, F. (1977) 'Does organization matter? Task structure and interaction in the ministerial bureaucracy', in E. Burack and A. Negandhi (eds), *Organization Design*. Kent, OH: Kent State University Press.

Schneider, B.R. (1993) 'A comparative analysis of bureaucratic preferences and insulation', *Comparative Politics*, 25: 331–51.

Scott, W.R. (1995) Institutions and Organizations.Thousand Oaks, CA: Sage.

Selden, S.C. (1997) *The Promise of Representative Bureaucracy: Diversity and Responsiveness in a Government Agency*. Armonk, New York: M.E. Sharpe.

Selden, S.C., Brudney, J.L. and Kellough, J.E. (1998) 'Bureaucracy as representative institution', *American Journal of Political Science*, 42 (July): 716–29.

Seligman, Lee (1986) 'The bureaucrat as budget maximizer', *Public Budgeting and Finance*, (Spring): 50–9.

Shumavon, D.H. and Hibbeln, H.K. (1986) 'Administrative discretion: Problems and prospects', in D.H. Shumavon and H.K. Hibbeln (eds), *Administrative Discretion and Public Policy Implementation*. New York: Praeger.

Simon, Herbert A. (1957) *Administrative Behavior*. New York: Macmillan.

Simon, H.A., Thompson, V.A. and Smithburg, D.W. (1950) *Public Administration*. New York: Alfred A. Knopf.

Sjoberg, G., Brymer, R.A. and Farris, B. (1966) 'Bureaucracy and the lower class', *Sociology and Social Research*, 50 (April): 325–77.

Stillman, R.J. III. (1991) *Preface to Public Administration*. New York: St Martin's Press.

Stone, Isabella (1990) 'Institutionalising feminism – a contradiction in terms?'. Paper presented to the Friedrich-Ebert-Stiftung, Anglo-German Conference on Equality Policies for Women in Local Government, Bonn, 2–3 April.

Subramaniam, V. (1967) 'Representative bureaucracy: A reassessment', *American Political Science Review*, 61 (December): 1010–19.

Thompson, Frank (1976) 'Minority groups in public bureaucracies: Are passive and active representation linked?', *Administration and Society*, 8 (2): 201–26.

Tummala, Krishna K. (1999) 'Policy of preference: Lessons from India, The United States, and South Africa', *Public Administration Review*, 59 (6): 495–508.

United States General Accounting Office (2001) 'Senior Executive Service: Diversity Increased in the Past Decade', *GAO-01–377*. Washington, DC: Government Printing Office.

van der Meer, Frits M., Dijkstra, Gerrit S. and Roborgh Renk, J. (1997) 'The Dutch Civil Service System'. Paper presented at Civil Service Systems in Comparative Perspective, School of Public and Environmental Affairs Indiana University, Bloomington, 5–8 April.

van der Ros, Janneke (1997) Et femokratisk prosjekt: organisering av likestilling – Slutrapport av forskningsprosjektet: Organisering av kommunal likestilling I 1990-arene. Forskningsrapport nr. 28/1997, Lillehammer: Hogskolen i Lillehammer.

Van Riper, Paul (1966) 'The senior civil service and the career service', in C.E. Hawley and R.G. Weintraub (eds), *Administrative Questions and Political Answers*. New York: Van Nostrand. pp. 342–53.

Verheijen, Tony (ed.) (1999) *Civil Service Systems in Central and Eastern Europe*. Cheltenham: Edward Elgar.

Wade, I.L. (1979) 'Public administration, public choice, and the pathos of reform', *Review of Politics*, 41 (5): 543–55.

Weber, Max (1968) 'Bureaucracy', in Gunther Roth and Claus Wittich (eds), *Economy and Society: Max Weber*, volume 3. New York: Bedminister Press.

White, Orion F., Jr (1969) 'The dialectical organization', Public Administration Review, 29 (1): 32–42.

Willbern, York (1966) 'Professionalization in the public service', in C.E. Hawley and R.G. Weintraub (eds), *Administrative Questions and Political Answers*. New York: Van Nostrand. pp. 333–41.

Wilson, James Q. (1989) *Bureaucracy*. New York: Basic Books.

Wilson, S. and Mullins, W.A. (1978) 'Representative bureaucracy: Linguistic/ethnic aspects in Canadian public policy', *Canadian Public Administration*, 21 (5): 13–38.

Winkler, J. (1981) 'The political economy of administrative decision', in M. Adler and S. Asquith (eds), *Discretion and Welfare*. London: Heinemann.

Wise, Lois Recascino (1990) 'Social equity in civil service systems', *Public Administration Review*, 50 (5): 567–75.

Wise, Lois R. (1992) 'Schwedisches Dilemma: Karriere mit Grenzen', *NORDEUROPA forum*, 4 (December): 3–6.

Wise, Lois R. and Jonzon, B. (1991) The Swedish civil service as a vehicle for social equality', in Ali Farazmand (ed.), *Handbook of Comparative and Development Public Administration*. New York: Marcel Dekker. pp. 625–37.

Wise, Lois R. and Szucs, Stefan (1996) 'The public/ private cleavage in a welfare state: Attitudes toward public management reform', *Governance*, 9 (1): 43–70.

Wood, B.D. and Waterman, R.W. (1994) *Bureaucratic Discretion: The Role of Bureaucracy in a Democracy*. Boulder, CO: Westview.

Yeatman, A. (1990) *Bureaucrats, Technocrats, Femocrats: Essays on the Contemporary Australian State*. Sydney: Allen and Unwin.

Yishai, Yael and Cohen, Aaron (1997) '(Un)representative bureaucracy: Women in the Israeli senior civil service', *Administration and Society*, 28 (4): 441–65.

第十九章　電子化政府：公共行政的革命？

Helen Margetts
林子倫 / 譯

PART 8

　　過去半世紀以來，「電子化政府」或「E-政府」已被廣泛地認為具有改變公共行政的潛力。甚至在電腦開始出現於政府組織中的1960年代與1970年代之時，一些政府官員和評論家就預測到資訊科技將會為公共行政帶來一場革命。1980年代與1990年代間，隨著愈來愈複雜的資訊通訊科技（information and communication technologies, ICTs）散播到各組織間，政客們更競相吹噓自己在「資訊時代政府」中的貢獻。到了21世紀初，隨著網際網路的使用愈來愈普及，ICTs所具有的改革性力量受到廣泛的期待。早期的ICTs大多用於組織內部，對於增加公民互動的方面是很少的。但是隨著政府與社會普遍地使用網際網路，提供了一個真正改變其與公民間關係的可能性——與政府關係間，像高度網路化的國家內，顧客可利用網路與商店、銀行互動，開啟了新溝通和交易管道的可能性。

　　本章將簡短的回顧各種不同的途徑，試圖去分析ICTs對公共行政的影響。事實上政客對ICTs的熱烈擁護，有其傳統上的政治思想根源：現代主義。長久以來電腦和傳播就被認為是帶領公共行政演進到最新階段的關鍵，就如同家電使家庭現代化一樣，這是一股被視為理性化的力量，就像20世紀前半葉的韋伯式官僚制度那樣。各種不同的途徑可以依照他們擁抱ICTs現代化影響的程度和方向被分為幾類：超現代主義者（hypermodernists）、反現代主義者（antimodernists）與後現代主義者（postmodernists）。除了上述不同的途徑，一般而言，主流公共行政一直低估或忽略ICTs可能帶來的影響。在首台電腦出現於政府中的50年後，本章將透過回顧政府使用ICTs的歷史，對這些理論主張進行評估。首先，在前網際網路（pre-Internet）時期，電腦科技方面大部分用於公共行政內部。之後，以全球資訊網為基礎的新技術崛起，為政府機關利用新科技與人民的溝通提供了一個新的機會。兩種科技的類型皆與E-政府的概念相關，它包含了「透過網際網路提供公眾接觸政府服務的通道」和「利用新科技來改善政府部門的內部效率」（NAO, 2002）。

資訊通訊科技和公共行政的研究途徑

　　從電腦為理性化的工具之假定出發，ICTs在公共行政中所扮演的一個可能的角色即是強化官僚組織，就如同Christopher Hood所提的「超越韋伯的韋伯式官僚體制」（out-Weber Weber）（Hood, 1994）。對韋伯而言，官僚制度的發展促進了經由理性通往現代化的道路。官僚制度允許透過計算、把意義和價值的系統化來對世界進行控制，演進至一致、倫理的觀點（Kolb, 1986: 10）。乍看之下，ICTs似乎更進一步地促進這個現代化的過程，ICTs使得規則與過程形式化了，並在決策範圍中增加了理性的因素。倫理圖像（ethical schemata）更容易把「使用電腦」當成工具，例如：在健康照護中對品質調整生活年（quality-adjusted life years）的計算變得愈來愈複雜。理性決策中長久以來所被接受的問題，如「有限理性」（Simon, 1955）也能夠透過使用電腦模擬政策選擇而獲得解決。有些作者將ICTs的影響直接比擬為韋伯的行政現代化觀點：「公共行政中的資訊化是一個持續現代化的過程」（Frissen, 1995: 8）。這是在回應把ICTs當作現代化力量的觀點——無論是正面或負面的——研究ICTs現象大多數的途徑，皆是以此為基礎並作歸類的。

　　因此，超現代主義者是科技烏托邦主義者，他們將ICTs視為建立一個公共行政烏托邦的核心元素。一個著名的例子是Alvin Toffler在一本超過20年的三部曲中（Toffler, 1970, 1980, 1990）對轉變、轉型與革命觀念的著迷。以電子革命為科技基礎的《第三波》（*The Third Wave*）將塑造新的文明，人民在充滿「電子辦公室」的「智慧建築」內扮演「資訊工作者」，且其以網路而非正式的層級節制組織起來的。Toffler認為政治系統將無能處理這一波的改變，且宣稱在1990年代前政府將開始「繞過傳統的層級節制——進而推翻官僚權力」（Toffler, 1990: 225）。管理大師們跟隨Toffler興奮地宣布官僚制度本身的終結，這類的書籍標題，例如《智慧型企業》（Quinn, 1992）和《官僚制度的終結與智慧型組織的興起》（Pinchot and Pinchot, 1994），均是基於假定科技將挑戰組織理論的基礎。隨著在1990年代網際網路使用的增加，此類的批評家亦擴增，認為無法適應於網路時代的公共或私人組織，都將終結（參考Lord, 2000）。政客們也熱衷於追隨這樣的想法，把以網路為基礎的科技視為解決長久以來行政問題潛在便宜且有效的方法，因為這種科技具有潛力去涵蓋「在現代主義榮光下的行政改革」這樣的宣言。1990年代期間的美國，Al Gore承諾把「工業時代官僚」換成「資訊時代官僚」作為1994年美國全國績效考核（National Performance Review）的一部分，不過此時的Alvin Toffler已被民主黨（總統柯林頓與高爾）及共和黨（眾議院議長Newt Gingrich）所收買。由於相信電腦有能力去增強公民與政府的關係，在Gingrich的計畫中導出了一個令人驚訝的項目——另一方面也對社會福利提供的打擊來說是很難得的——即給所有公民一台免費的筆記型電腦。於此同

時，英國保守黨與工黨的政客們都向選民保證他們就是「英國的高爾」（Margetts, 1999: xiii）。1997年，由工黨商業部門主管出版了一本很有影響力的小冊子，標題是：《資訊時代政府：實現布萊爾革命》（*Information Age Government: Delivering the Blair Revolution*）（Byrne, 1997），不僅描繪了資訊科技的美好願景，同時也抨擊未能替布萊爾首相資訊社會願景宣傳的不適任文官。

相較之下，「反現代主義」潮流下的作品認為電腦雖然也會帶來相同地轉變，卻對公共行政帶來負面的影響，進而產生「控制的革命」（Control Revolution）（Beniger, 1991）或是成為「電腦國」（Computer State）（Burnham, 1983），因為電腦國裡大量的資料庫將會成為控制的工具。例如Beniger（1991: 388）就宣稱，「資訊處理和通訊科技逐漸集中在單一的控制基礎建設中維繫了『控制的革命』」。其他學者認為資訊科技帶來像是新巨靈般的後果，即「透過資訊管理的後門把國家統合為一體」（Lenk, 1994: 313）。其他人則預測電腦將導致「半機械人的世界」（Levidow and Robins, 1989），在此世界中，「資訊科技系統將推動新的理性、認知與智慧的模型」或是一場「軍事革命」（Goure, 1993）。這類觀點立基於追求在內部與外部一個完全控制的邏輯之上：「軍事資訊社會包含自我紀律、自我技術的不斷內化，在這過程中軍事科技社會被視為正常、合理和理性的」（Levidow and Robins, 1989: 8）。Wright（1998）提出了「最糟狀況」的景象，即在其中「不可見之衝擊的範圍與把這些技術結合入社會的社會政治和文化控制系統的過程有關」，例如：「警察的軍事化和軍隊的準軍事化（para-militarization）與它們的角色、裝備與程序開始重疊。」（Wright, 1998: 4）這類的觀點是屬於廣泛地反烏托邦的觀點，且亦植基於傳統的韋伯理論。正如同韋伯憂心無約束的官僚統治，Orwell（1954）和Huxley（1932）則警告非人性的官僚主義角色悲慘地被技術的進步所強化。韋伯官僚制度中人類「機器」首先將由人類常規的系統化加以實現，隨之而來的是自動機械取代人類的情形。

最後，ICTs也吸引了另外一群學者的注意，他們把它視為後現代社會的重要元素，同時亦刺激了公共行政的巨大變化。例如：Frissen認為在後現代化的公共行政中「分裂將導致官僚制組織的解放——即於中央控制之外」（Frissen, 1995: 9）。這種熱切歡迎科技進入公共行政的情形在其他後現代主義的分析也得到相同的回響：「現代主義組織是以科技決定論為前提，後現代主義組織則是以透過非專用之微電子設備之科技選擇為前提」（Clegg, 1990: 181）。這些學者一般來說對ICTs在公共行政所帶來的影響皆抱持樂觀的態度，即在「分裂將導致官僚制組織的解放——即於中央控制之外」和「公共行政的金字塔性質」轉變為「一群網絡的結構」，在流動性與彈性化上強烈的增強（參考Frissen, 1995, 1999）。但是較悲觀的後現代觀察家描繪「軍事資訊社會」具有後現代主義

者的特徵，「當前的美國國防政策正在創造一支包含戰爭機械、戰爭管理者與自動化戰士們的後現代軍隊」（Gray, 1989: 44）。但是，一般而言，如同多數後現代主義者的分析，這些評論者正愈來愈認同他們對現代主義主流的批判，更勝於描繪以後現代ICT為基礎的公共行政樣貌。

相對於以上所提，在公共行政領域上較為主流的作者則忽略了廣泛引進電腦進入政府的情形，似乎將資訊通訊科技ICTs視為一個中立的行政工具，幾乎跟公共行政或政策很少或沒有牽連。多數公共行政的書籍都很少提到電腦或資訊技術，甚至連教科書也忽略這個現象；例如：Lynn和Wildavsky（1990）或Rhodes（1997），在他們的索引中也完全沒有提到電腦、ICTs或網路。僅有一小群的研究者——特別是在美國加州大學爾灣分校的URBIS團隊、德國的Kassel團隊（參考Lenk, 1992）與主要在荷蘭（參考Snellen, 1994）和英國（參考Bellamy and Taylor, 1998或Pratchett, 1994）的歐洲團隊——採取了一種或可稱之為「批判性現代化」（critical modern）的研究途徑，仔細的監視和記錄研究的改變。但是這些團隊的作者有些傾向「隔離」於主流公共行政之外。即使在迅速發展的「dot.com」年代，當網路潮流幾乎成為每個商業領域的當紅炸子雞，還有編輯的蒐集範圍廣泛出現「虛擬」或「數位」這些字眼的標題，相對而言公共行政的書籍依然對此潮流不為所動，例如：Pollitt和Bouckaert（2000）廣泛分析跨越十個國家的公共行政，僅提供幾個（輕蔑的）關於ICTs的文獻。

ICTs的政策影響

認為ICTs對公共行政沒有太大影響的想法，已受到廣泛的挑戰。從1950年到2000年期間，ICTs遍及OECD國家公共行政的每個角落，與政策有實質的相關。很少政府辦公室沒有電腦，很少有行政運作不依賴ICTs複雜的網路來處理。而且現在政府機關編列相當大的預算比例在ICT上。美國在ICTs上的支出（包含人事費、顧問公司、硬體與軟體）一直到1990年為止達到將近聯邦政府執行預算的6%。而英國在1995年為止，ICTs 總計為管理成本的11%（Margetts, 1999: 39－40）。

由此可證明ICTs是政策的重要環節。Margetts（1998, 1999）就指出Hood（1983）所提出的政府政策「工具」——節點（nodaility）、權威、財產與組織能力——皆高度依賴ICTs。首先，關於節點——即政府位於資訊和社會網路核心的範圍上——ICTs扮演了一個清楚的角色，同時促進政府組織內部和政府組織、私人部門、志願性組織與公民之間的資訊管道；在財產方面——指金錢或「可替代的動產」所有政府組織內部的金錢處

理，從1960年代就已經開始透過電腦系統來處理了。在政府之正當性權威方面，研究建議（Margetts, 1999）執行公權力之組織往往最具有創新的能力。有強大搜尋能力的警察資料庫，長久以來更積極朝向一個更為先發制人的管理型態，例如近來閉路電視的廣泛使用、DNA測試與DNA樣本搜尋資料庫的建立，提供了變革管理策略的潛力。此外，在政府行動的所有流程上，ICTs被高度的依賴，特別是在法律和秩序的領域中，ICTs也開啟了新的政策窗。例如早期假釋囚犯和宵禁的命令，現今製作囚犯的電子標籤變成一項可能的新政策，這也皆迫使政策制定者去重新評估傳統的刑罰觀念。

對於一般政府的「組織能力」來說，資訊系統已經在取代部份政府官僚上扮演了關鍵的角色；比起在電腦被引入之前，政府組織在21世紀的開端可利用更快速更少的人力來處理更多的業務。1970年代的電腦技術，中央處理器是用來處理沈重的業務負擔，這在取代官僚執行中較大的政府組織處理大量的公民事務，特別是在處理賦稅和社會安全上是較適合的。但是這些新技術需要具有不同技能的新人力，並需要引入新的技術專家團隊進入政府。此處，ICTs把資源從組織能力轉移到「組織專家」（Dunleavy, 1994; Margetts, 1995; Dunleavy and Margetts, 2000）。傳統政府曾透過調度大規模的官僚來安排其組織資源，而現在資訊技術則被政府用來安排其他資源。同樣上傳統地官僚制度會被視為某種政府所「擅長」的東西，但現在這些組織發現他們自己陷於大規模、複雜的、以ICT為基礎的發展工作之中，而這並非傳統政府所擅長的部分。在資訊系統的設計、發展與維持上有明顯的困難，這也引起了一種從組織能力到組織專家的轉移。目前所有的政府機構都要維持一個致力於發展以新科技為基礎的計畫的附屬部門，但這些計畫卻也伴隨著新的風險和新的危機。

就如同ICTs可以促進新的和現存的政策，它也可能阻止政策被執行，並限制政策發展，使其成為一個具負面特質的公共行政。在英國政府電腦化的歷史上，充滿了許多備受矚目的計畫出錯之情形，並嚴重的阻礙政策執行。將電腦引入英國社會安全機關中，讓一些大規模的計畫超出預算且花了比預期更多的時間去執行，結果卻是引入不適當、缺乏彈性與過時的系統。1998年當新的系統引入英國護照署（UK Passport Agency）同時也引進了要求五歲以下的小孩需要有自己的護照這項新的政策，幾乎癱瘓了該署。整個1990年代後半葉，Arthur Anderson公司都在為了取代龐大的全民保險制度而奮戰；在舊系統被呈報無法運作之後，新索引系統有一年沒有辦法運作。甚至傳統上被認為完全不牽涉技術的小機關也可能受到影響：1989年英國外交與聯邦署（UK Foreign and Commonwealth Office）出現了嚴重的問題，因為其小型會計系統的當機，使得外交與聯邦署造成了主管會計和審計長有史以來最嚴重的部門帳戶資格的問題（Margetts, 1999: 17）。在美國政府電腦化的歷史中，也在最重要的便民機關發生危機。1970年代，美國

社會安全局（US Social Security Administration）經歷了一場巨大的災難，這次災難使得整個機關暫停使用新的社會安全收入系統，也因此破壞了這個機關後來30年在科技管理上的名聲。此外，美國國稅局（US Internal Revenue Service）的電腦系統現代化計畫——稅務系統現代化——承受了超過20年不斷成長的預算且只有少數實質的利益，結果導致稅務系統愈來愈難管理，某些系統甚至還倒退回1960年代的時期。

　　管理以科技為基礎的計畫之困難與需要組織專家的後果，造成ICTs對公共行政帶來一個關鍵的改變，即政府安排一批資訊科技專家時感到困惑，且目前為止他們普遍地存在於大型全球電腦服務提供者的組織當中。在電腦運用早期的1960年代到1970年代，政府組織透過雇用專業人士或在個人基礎上的資訊產業承包商來獲得ICTs專家。但是1980到1990年代，向資訊產業專業技術外包的趨勢愈來愈大。特別是在英國和美國，政府很大一部分的工作都以「系統整合」為名簽約外包。在本文寫作的同時，幾乎所有政府部門或機關都涉入了與大型全球私人部門電腦服務提供者的夥伴關係中。些許的契約就相當於公共支出的一大部分，例如：英國國稅局與電子數據系統訂契約於1996年，第一次簽約時價格為十年一億英鎊，而當它於2001年考慮重新招標時之後的十年時間，價值已經超過四億英鎊（KableDirect, November 2001）。這些掌握承包的公司成為公共行政中新的關鍵角色，而且很多前述提過的主要ICTs災難，與政府機關和電腦服務提供商的夥伴關係有密切的關連。

　　在一些國家，由私人企業提供ICTs進入政府的趨勢已經受到新公共管理風格的推動與重塑所改變，而簽約外包與民營化的增加是其中關鍵的議題。在新公共管理潮流興盛的英國，以及新公共管理被1980年代雷根執政時期和1990年代第二任柯林頓執政時期廣泛地使用（在整個20世紀，任何狀況下的簽約外包被當成是行政的工具來使用）的美國，很多主要與ICTs的工作皆已經被外包了。在其他新公共管理潮流也特別興盛的國家，例如：澳大利亞和紐西蘭，也可以發現類似英美那種壟斷電腦服務提供給政府的情形（Dunleavy et al., 2001），亦即隨著外包的規模擴大，有能力去招標的公司規模也愈來愈大。根據2000年英國的研究顯示，1990年到2000年37項非常大規模的政府ICTs契約總值超過5,000萬英鎊，而其中三家公司（Electric Data Systems、ICL與Siemens）掌握了近80%的契約總值（Dunleavy et al., 2000）。電子資料系統（Electric Data Systems, EDS）公司贏得了英國政府的簽約，1997年美國大使館的報告指出EDS擁有超過50%的英國政府資訊產業的服務生意，但是Kable公司對政府市場的研究反而認為應該是80%。在美國，市場較不集中在前四大公司，且他們僅占主要ICTs外包簽約的20%（Margetts, 1999; Dunleavy et al., 2002），但是大型的全球電腦服務提供者長期以來一直都是聯邦和州行政機關的關鍵角色。例如：Garvey（1993）闡述在華盛頓那些較新的「攔路匪」（beltway bandits）的「影

子官僚」——即主要以ICTs為基礎的公司——如何肩併肩地與位於華府的傳統「正式官僚」同時運作。在英國以外的歐洲國家，新公共管理的風潮並不盛行，而且這些國家已經轉變為減少外包來解決ICTs的問題。採行這種方式時，這些國家已經傾向於去採取一個不同的簽約外包模式：即所謂的Rhineland模式，這種簽約外包規模較小並建立在雙方都同意的基礎上。

　　無論各別國家的簽約外包制度如何，多數行政上電腦服務提供者皆是主要的新政策行動者。管理長期ICT外包關係和大規模的科技計畫已經成為當代公共行政的主要特色。控制這些新的重要關鍵角色（其中許多跨國公司營業額等於許多小國的國內生產總值），對所有政府機關而言將仍會是一個持續的挑戰，因為這些公司具有影響政策改革、形塑政策發展和跨國輸入政策解決方案的潛力（參考Dunleavy, 1994; Margetts and Dunleavy, 1995）。

所以誰才是正確的？

　　雖然ICTs的政策批判特質挑戰了公共行政文獻們對ICTs的低估，但是超現代主義者的預測仍然沒有實現。對超現代主義者而言，其中有很多失敗與失落。支援資訊科技引入政府之後並沒有發生任何足以支配一切的改變，像是Toffler宣稱科技將帶來官僚制度的終結就未實現。事實上到20世紀1990年代，ICTs系統幾乎已經完全置入政府之中，這意謂著政府——公民之間的關係仍然沒有變成烏托邦現代主義者當初所期望的樣子。進一步而言，超現代主義者並未預料到從事大規模、以科技為基礎的計畫之任務，其內在新的風險與危險是屬於政府，而不是邁向一個完全現代化國家過程中臨時出現的「差錯」而已。少數宣稱在21世紀的開端能夠看到「官僚制度的終結」，而且也很難去分辨出從政府機關ICTs的經驗中，出現「智慧型組織」的情形。

　　反現代主義者所言最糟糕的夢魘似乎也沒有實現。如前所述，施政機關在使用科技時也已經有了改變。剩下有潛力的「控制國家」（control state）就像官僚政治為過去的極權主義國家提出可能性一樣。電腦系統提供政府一個新的機會去採取「政府範圍內」（government-wide）的途徑，但這種相類似的途徑在最近的行政趨勢中脫軌了，如美國和英國都沒有政府範圍內（government-wide）的資料庫顯示ICTs在50年來的發展。持續變革的壓力、新政策窗口的開啟與難以掌控的高科計畫，意謂著科技帶給公共行政的非理性似乎與它帶來的理性一樣多。出現在不同的研究裡，將ICTs視為一個控制問題以及視為一個控制解決方案之情形是一樣多的。一般而言，ICTs的發展彼此之間是相互獨立，系

統之間的轉換仍然是相當有限。此外，政府在科技的革新上是沒有辦法壟斷的。技術上的精密複雜（權力控制機關鼓勵「聰明公民」的策略）造成需要更多的（同時更難去達成）來自政府機關在創新上的不斷努力。舉例而言，當政府於1980年代發展雷達測速槍時，很多公司開始銷售「雷達槍探測器裝置」等等。公權力的行使機關發現他們自己不斷受到因應「智慧型犯罪」變革的壓力，當指紋科技首度發展時，它改變了犯罪偵測，但隨著罪犯察覺到可以戴手套或抹去指紋時，它就愈來愈無用。DNA檢測解決了上述的問題——但是人類基因委員會（Human Genetics Commission）已經要求部長考慮把偷竊基因視為犯罪，因為這種行為會導致罪犯們在犯罪現場留下假的證據（The Times, 19 March 2002）。

　　因此，一般而言ICTs已經造成相當大的改變，但它既非超現代主義者的春秋大夢，亦非反現代主義者的恐怖夢魘。直到1990年代，這些改變大規模的內化到公共行政領域中，如同官僚制度藏在政府世界背後的一部分。對公民而言，不管護照機關是運作了多龐大的電子資料庫還是大型的官僚體系，都沒有太大差別——除非發生了什麼問題，這些錯誤可能會被歸咎於「電腦系統」，而非「這就是規定」（It's the rule）。而且如果電腦系統是由電子資料系統（Electronic Data Systems）運作而非英國就業與退休部（UK Department of Employment, Work and Pensions）或美國社會安全局（US Social Security Administration），公民們也未必對此產生警覺，除非發生了什麼明確的大災難。直到1990年代，發生了重大的災難——例如英國護照署在1998年夏天幾乎完全癱瘓——而非ICTs所帶來的好處，才會讓公民有所關注。

網路與E–政府

　　1990年代所發展的新科技有更高的潛力去影響政府—公民關係，特別是在商業上快速增加跨越各個社會的網際網路使用量——因而對備受矚目的資訊科技而言，使得ICTs特別是在美國，被廣泛的讚譽為是生產與經濟成長的關鍵推動者（OECD, 2001a）。截至2001年止有超過50%的美國公民使用網路，同時，斯堪地那維亞國家領先歐洲各國，達到55%（OECD, 2001b: 77）。相較於早期的科技，網際網路的廣泛使用提供了改變政府與公民之間的關係上更加「真實」的承諾。如前所述，早期的資訊科技大多都是內部的，不大有向外互動的可能性，但是以網路為基礎的科技讓組織能對外部使用者開放。在私人部門中，某些組織和他們客戶之間的關係已經真正開始發生改變，例如：2001年有大約16%的英國公民使用網路銀行（Dunleavy and Margetts, 2002），而在2000年前有超過20%的

美國公民透過網路購買商品或服務（OECD, 2001a）。無店面的新組織開張了，例如：亞馬遜書店，它衝擊了這個市場未開發的領域。雖然「dot.com」在2000年崩盤，暫停了網路的掏金熱（此亦消沉了政治狂熱者對E-政府的期待），毫無疑問地，網際網路已經被證實提供了一條新的主要溝通管道，日益增多的公民正藉由此一途徑擴大與各類組織的交流。

　　網路科技和早期的資訊科技有相當程度的差異，如同它提供新的潛能讓組織變得能夠對外開放，它們也給予了它們自己一種新的發展型態。位在網路發展最前線的私人公司發現如此的發展，提供它們一種「邊蓋邊學」的技術（Dunleavy and Margetts, 1999），藉著網路發展使其成為持續組織學習與顧客反應過程的一部分——如新的網頁或設備——可以在未來發展來到之前作快速而且持續的評估。這種「大霹靂」形式的承包適用於許多先前提過的大規模且長期的電腦計畫。

　　那麼，公共行政是如何回應這些新挑戰呢？在「dot.com」風暴處於最高潮時，政客們特別強調政府應該極大化新網路科技的潛力。許多國家開始提出政府應使用網路服務百分比的目標。美國是第一個這麼做的國家，高爾承諾到2000年以前提供政府電子通路給所有公民，作為1994年全美績效評估（National Performance Review）的一部分，讓所有的教室、圖書館、醫院與診所都能和國家資訊公共設施連上線；而英國則在1997年由當時的新首相布萊爾承諾到了2002年為止，政府與公民的互動至少要有25%是透過線上完成。到了1999年4月在《政府現代化》白皮書中則訂定2005年之前要有50%的電子化互動、2008年之前要達到100%（Dunleavy, Margetts, 1999; Parts 1 and 4），而後者的目標之後更被提前到2005年。在澳洲，同樣在1997年由首相承諾到了2001年結束之時，將透過網際網路提供線上「所有適當的服務」。

　　為了回應這些目標以及使網際網路的使用更為普及，網路在不同階層與內部的政府組織上確實帶來明顯的改變。一直到了2002年，大部分OECD國家的政府都已經發展出一個中央入口網站，試圖提供給公民一個最前端的政府。大多數的政府機關現在都有網站以提供基本的機關資訊，而且近幾年這些網站的數量急速增加。例如在英國，國家審計部（National Audit Office）的調查就顯示，在2001年結束之時，政府組織有81%（英國政府機關有92%）有網站，相對於1999年作過類似的調查數值只有60%（Dunleavy and Margetts, 1999, 2002）。多數網站運用供搜尋或問題解答的資料庫促進官方的電子郵件服務、提供基本的組織資訊、文件下載和存取可下載的報刊評論以及年度報告。在一些國家的重要公務機關正顯現與公民線上交流的好處。例如在澳洲到了2001年已經有70%的稅務申報單電子化，而美國一直到1999年止，檔案電子化的進度已達到23%（Dunleavy and Margetts, 1999）。澳洲的就業與勞工部則進行一個以網路為基礎的工作安排服務，它定期的在被

大量使用的澳洲網站上，提供員工和雇主全國範圍可搜尋且每天皆更新的職缺數據資料庫。有些引人注目的獨立機關在英國發展起來，例如由英國國家檔案局（Public Record Office）開放閱覽的2001年人口普查數據就極為受到歡迎。事實上在2002年因為他們在處理網站的大量需求上失當而導致網站必須移除的事情，使他們成為自己成功的犧牲品。在英國，在取代稅務或社會安全大宗交易的負載力方面，並沒有達到美國或澳洲的水準，但是在1999年到2001年之間，允許使用者在網站上填寫與提交表格的機關比例從七分之一提高到四分之一（Dunleavy and Margetts, 1999）。

　　ICTs導引了政府更為開放的風格，使政府與公民的關係在本質上有相當的改變。在英國，高比例的政府出版品已經可以免費上網取得，這與前網路時代人們必須從既困難又以昂貴出名的皇家出版局（Her Majesty's Stationary Office）成為對比。儘管皇家出版局拒絕這些改變，但是在這種許多免費網頁內容的環境下，他們對著作權政策的嚴格詮釋似乎亦難以阻擋下去。例如在澳洲，稅務機關的網頁就給予使用者部分進入機構的稅法資料庫途徑，使人們能夠在上面看到稅務的基本決定是如何被算出來的。荷蘭的稅務當局曾經歷過利用網路來鼓勵更多對政策制定的參與。2001年1月稅法變更的第一版草案在進入議會前就先被放到網路上。稅務當局發現他們從稅務顧問中為關於如何改進草案以及誰撰寫這些法律等的建議所困之情形皆印象深刻，這些建議都相當的好，而法律也有了相當大的改善。

　　然而，上述許多制度對許多國家而言卻是困難重重。一份在1999年由國家審計部（National Audit Office）所委託的報告（Dunleavy and Margetts, 1999）發現，英國政府部門的電子化落後於私部門。兩年後第二份報告（Dunleavy and Margetts, 2002）中顯示有全面的進步，但仍然不太可能在2005年可以達到在網路上得到所有服務的目標，而層級較高的單位步調尤其緩慢。事實上，儘管以網路為基礎的科技具有無庸置疑的潛力，但是相對於私部門、志願性組織或是一般的社會在利用網路潛在的優點上，國家政府組織擁有高度網際網路滲透的比例普遍來說還是相當低的（Dunleavy and Margetts, 2002）。諷刺的是，在一些公共行政相對落後的自由民主國家，例如：愛沙尼亞或立陶宛，政府機關已經在以網路為基礎的科技使用上進行大幅改革——或許是因為當這些政府仍然由共產主義控制時就已有能力跳過科技發展的某些階段。

　　對於E-政府相對緩慢發展，一種可能的解釋為，組織管理網路科技的能力似乎受到之前早期資訊通訊科技ICTs經驗的形塑。因此，政府利用網路科技的程度和其帶來的好處，似乎受到政府電腦化的歷史所影響。之前在資訊產業IT計畫或採購上的經驗所產生對科技的文化態度，可能意謂著該組織在網路發展上正往一種「宿命論者」之路前進（Margetts and Dunleavy, 2002）。ICTs計畫先前的經驗，如超出預算、難以回本甚至不能

完全運作，皆可能導致拒絕投資網路科技，例如：英國國家衛生事業局NHS在1990年代經歷一連串著名的失敗後，許多他們的管理者就被嚇得不敢參加資訊通訊科技的簽約外包，即便預算已配置好，但仍變得愈來愈不願意在ICTs上支出預算。英國國家衛生事業局NHS電腦化的壞名聲，造成它們在ICT的財政支出相當地低，且更進一步惡化了問題。這樣的背景並不像是在培養一位管理者能透過網路科技發現改革的可能性之環境。這種通往E-政府的阻礙是相當弔詭的，因為網路科技比早期的科技在發展上更便宜而且更簡單。

對其他外於資訊產業部門組織的所有員工來說，回應之前資訊產業不好的經驗是採取一種「不干涉」的途徑，因為他們不希望他們的事業和任何其他災難有所牽連而受到影響。這樣的反應造成的結果是幾乎完全依賴專家來解決當時科技的問題。在這種組織中，傳統式的資訊產業部門將傾向於控制所有機關的科技發展——包含E-政府。這種早期資訊產業管理經驗的遺留也是不幸的，因為很多私部門的經驗已經顯示出傳統資訊產業IT部門是開創電子服務最糟糕的單位——部分原因是這些單位大量投入智慧資本於早期科技當中，所以他們可能會抗拒網路科技成為他們現存的專家和過時訓練的潛力。另一種途徑則是接受不論電腦服務業者提供何種的ICT發展計畫來發展一己的網路科技——但他一樣會造成問題。許多承接了政府契約外包的大型電腦公司，他們自身的網路科技發展都相當緩慢，而且阻礙了這些倚賴主要夥伴關係的機關它們試圖去發展網路的能力上。

E-政府的未來

政府與科技的互動並沒有什麼是必然發生的，而網路政府的未來仍然是開放的。那麼，最後網際網路會帶來的，到底是超現代主義者、反現代主義者或是後現代主義者的預言？在各資訊產業中對於組織內電子服務發展，最普遍流行的模型是「階段模型」（Dunleavy and Margetts, 2002）。如同先前ICTs所提到的途徑，階段模型亦是根基於現代主義者朝向烏托邦理想的E-政府發展之觀點。它認為有種自然的發展路線是從最基礎的服務、線上資訊與文件的供應，發展到進步的互動技術與線上交易，諸如此類的支付和收到款項，乃至於到完全經由「帳戶管理」（account management）來管理顧客的帳目歷史，如同網路銀行。對政府來說，帳戶管理代表組織將儲存公民在政府機關處理事情的歷史資訊。一些評論者已經使用這種模型來評估OECD國家（Accenture, 2001）或地方政府層級（SOCITM, 2001）邁向E-政府進程的情形。這種模型的問題在於它沒有說明為什

麼有些機關需要執行帳戶管理，舉例來說，它其實是要看他們採取的行動而定。Dunleavy和Margetts（2002）已經發展出另一種替代的模型，它能呈現關於機關將如何發展得更為實際的圖像，並建議在基本的網路服務和完全E-政府兩者之間有很多不同的路線。像是E-出版、互動技術、電子交易和完全的帳戶管理風格，皆可以彼此共存或被發展成一個完全「E-政府」風格的機關，而且沒有一個必然的理由說明為什麼政府策略對所有任何的機關，應該擁護這些路線中的任何一個。取而代之的是每個機關都應該去問說：「以我們組織的形式而言，以我們擁有的功能而言，以我們基本的任務和角色而言，我們還要多久能夠且應該朝完全電子化或數位的操作？」（Dunleavy and Margetts, 2002）。

各國E-政府發展的差異反映了未來發展的不同可能性。Dunleavy和Margetts（2000）提出了多種「數位國家」的情境，不同國家的差異可能反映了預定的政治承諾，例如享有豐富資源的特定政府單位。但是差異也要視E-政府計畫與其他政府行政特徵的關係而定，例如：制度的形式或新公共管理模式的改變程度。新加坡或許能以它們的E-政府和新公共管理的改變互相補強這樣烈的形式作為數位國家的例子之一。新加坡小規模且集權的政府架構提供一個特別中央集權化的途徑以便公民的參與（政府估計推動公民使用網際網路，可以幫助網際網路的滲透率從1999年11月的16%提昇到2000年3月的53%）並且推動電子化政府的「強烈願景」（Lewson, 1998），並不受到反對利益團體的阻撓。在新加坡，你可以看到1970年代反現代主義者所預測的「控制政府」被實現，但是似乎有更多的證據顯示網路科技是被用來無止盡的追求電子商務。

在另一個情境中，我們可能會發現數位國家實際上取代了新公共管理成為當代公共行政的典範。在此情境中，網路科技成為組織的核心運作工具而非僅僅是附加物（Dunleavy and Margetts, 2000）。如上所述的政府機關開啟很多網路科技的發展，我們或許會看到新的「開放」（open-book）治理，在此公民牽涉到更多的公共決策和新型態的公共課責。在這種最為激進的形式中，網路改變的形式將會牽涉到激烈的組織變革與政府組織重建，並以支援網路服務機制的形態存在：如同某位澳洲國稅局的官員所形容，政府機關將「成為其網址」（become its website）（Dunleavy and Margetts, 2000），像是電子投票與審議這類的民主革新，將會進一步讓公民參與政策制定。

但是，在英國、美國和大多數的歐洲國家中，幾乎都看不到這兩種情境。某些國家，例如在德國的聯邦層次上幾乎找不到什麼轉變的證據，就像德國公共行政文獻一般早就已經忽略這種現象一樣（Lenk, 1994）。在英國，新公共管理導致改變的遺跡和對於E-政府的發展彼此之間存在著不穩定的互動，因為以網路為基礎的改變與新公共管理的權力下放趨勢在邏輯上並不相通（Dunleavy and Margetts, 2000）。新公共管理的改變持續的被執行且與倡議E-政府是處於同時期的，但兩者是相對立的。在美國，龐大的網站

激增也可能會造成「政策混亂」（Dunleavy and Margetts, 2000），政府如果再變得更為混亂而非減少人們對此的困惑，就會與最初為ICTs預期的合理化影響形成完全的對比。然而，新的入口網站「firstgov.gov」已經讓公民能夠更簡易的找到聯邦政府電子服務提供的地方以及其使用數量，自2001年啟用至今使用量持續上升，特別是在2001年911恐怖攻擊事件的回應上。

在21世紀之初，電子化政府是公共行政學界一個重要的主題。沒有人會懷疑ICTs的出現——在政府內部和在社會中更為普遍——會帶來政府組織持續的改變。現在所有政府機關都感受到了持續革新的壓力，進而挑戰ICTs議題在主流公共行政領域中缺席的地位。但是評論家所預測的ICTs之理性化力量，其表現上並不明顯，無論是在終結或強化官僚制度方面均然。即使在網際網路的年代，且網路科技可能帶來改變政府——民眾關係和政府——企業關係上引人注目與新的可能性，未來諸多可能會發生的情形讓ICTs的影響仍然是不可預測和不確定的。由於沒有一位現代主義者的分析是合理的，且ICTs仍是公共行政中持續不確定的來源，或許後現代主義者的說法是最為合理的。也許我們要理解公共行政與ICTs之間的關係需要一種新的研究途逕，此種新的途徑不僅揚棄現代主義者所假設政府的一種持續理性化、現代化和努力朝向某種E-政府典範的過程，同時也避開被用來「嘗試與形塑、定義、特徵化和詮釋1945年以來那些不確定的、多元的甚至文化上更為全球化的時代」之後現代主義觀點（Bradbury, 1995: 766）。這樣的研究途徑或許可以稱之為「前－後現代主義」，超越了現代主義但未達後現代主義。在「前－後現代主義者」的時代中，ICTs是所有組織重要且改變的一部分，它會帶來新的風險與危機，但也是創意與革新的泉源。

參考文獻

Accenture (2001) *E-Government Report*. May 2001.

Bellamy, C. and Taylor, J. (1998) *Governing in the Information Age*. Buckingham: Open University Press.

Beniger, J. (1991) 'Information Society and Global Science', in C. Dunlop and R. Kling (eds), *Computers and Controversy: Value Conflicts and Social Choices*. London: Academic Press.

Bradbury, M. (1995) 'What was Post-Modernism? The Arts in and after the Cold War', International Affairs, 71 (4): October.

Burnham, D. (1983) The Rise of the Computer State. London: Weidenfeld and Nicolson.

Clegg, S. (1990) *Modern Organizations Organization studies in the Postmodern World*. London: Sage.

Dunleavy, P. (1994) 'The Globalization of Public Services Production: Can Government Be "Best in World"'?, *Public Policy and Administration*, 9, (2).

Dunleavy, P. and Margetts, H. (1999) *Government on the Web*. London: National Audit Office. HC 87.

Dunleavy, P. and Margetts, H. (2000) 'The Advent of Digital Government: Public Bureaucracies and the State in the Internet Age'. Paper to the Annual Conference of the American Political Science Association, Omni Shoreham Hotel, Washington, 4 September.

Dunleavy, P. and Margetts, H. (2002) *Government on the Web* II. HC764. London: National Audit Office.

Dunleavy, P., Margetts, H., Bastow, S. and Tinkler, J. (2000) 'The Digital State and Government–Business Relations in the Information Age'. Paper to the Annual Conference of the Political Studies Association of the UK, London School of Economics, April.

Dunleavy, P., Margetts, H., Bastow, S., Tinkler, J. and Yared, H. (2001) 'Policy Learning and Public Sector Information Technology: Contractual and E-government Changes in the UK, Australia and New Zealand'. Paper for the American Political Science Association's Annual Conference 2001, 28 August–1 September, Hilton Hotel, San Francisco.

Frissen, P. (1995) 'The Virtual State: Postmodernization, Informatization and Public Administration'. *Paper to the Governance of Cyberspace Conference at University of Teeside*, 12–13 April.

Frissen, P. (1999) Politics, Governance and Technology: A Postmodern Narrative on the Virtual State. Cheltenham: Edward Elgar.

Garvey, G. (1993) *Facing the Bureaucracy: Living and Dying in a Public Agency*. San Fransisco: Jossey Bass.

Goure, D. (1993) 'The Military-Technical Revolution', *Washington Quarterly*, 16 (4).

Gray, C. (1984) 'The Cyborg Soldier: The US Military and the Post-Modern Warrior', in L. Levidow and K. Robins (eds), *Cyborg Worlds: The Military Information Society*. London: Free Association Books.

Hood, C. (1983) *The Tools of Government*. London: Macmillan.

Hood, C. (1994) 'Economic Rationalism in Public Management', *Explaining Economic Policy Reversals*. Buckingham: Open University Press.

Huxley, A. (1932) *Brave New World: A Novel*. London: Chatto and Windus.

Kolb, D. (1986) *The Critique of Pure Modernity: Hegel, Heidegger and After*. London and Chicago: University of Chicago Press.

Lenk, K. (1992) 'Informatics and Public Administration: Towards a Research Programme'. Paper to the ESRC/PICT programme on ICTs in Public Administration, National Institute of Social Work, Tavistock Place, London, 12 March.

Lenk, K. (1994) 'Information Systems in Public Administration: From Research to Design', *Informatization and the Public Sector*, 3 (3/4).

Levidow, L. and Robins, K. (1989) 'Towards a Military Information Society?', in L. Levidow and K. Robins (eds), *Cyborg Worlds: the Military Information Society*. London: Free Association Books.

Lord, R. (2000) *The Net Effect*. London: Random House.

Lynn, N. and Wildavsky, A. (eds) (1990) *Public Administration: The State of the Discipline*. New Jersey: Chatham House.

Margetts, H. (1995) 'The Automated State', *Public Policy and Administration*, 10 (2).

Margetts, H. (1998) 'Computerising the Tools of Government', in I. Snellen and W. an de Donk (eds), *Public Administration in an Information Age*.: IOS Press.

Margetts, H. (1999) *Information Technology in Government: Britain and America*. London: Routledge.

Margetts, H. and Dunleavy, P. (1995) 'Public Services on the World Markets', *Missionary Government:*

Demos Quarterly, (7): 30–32.

Margetts, H. and Dunleavy, P. (2002) 'Cultural Barriers to E-Government'. Paper to the National Audit Office at www.nao.gsi.gov.uk and www.governmentontheweb.org

National Audit Office (2002) *Better Public Services throughe-Government.* London: NAO. HC704.

OECD (2001a) OECD *Science, Technology and Industry Scoreboard: Towards a Knowledge-based Economy.* Paris: OECD.

OECD (2001b) *OECD Science, Technology and Industry Outlook: Drivers of Growth: Information Technology, Innovation and Entrepreneurship.* Paris: OECD.

Orwell, G. (1954) *Nineteen-Eighty-Four.* Harmondsworth: Penguin.

Pinchot, G. and Pinchot, E. (1994) *The End of Bureaucracy and the Rise of the Intelligent Organization.* San Francisco: Berrett-Koehler Publishers.

Pollit, C. and Bouckaert, G. (2000) *Public Management Reform: A Comparative Analysis.* Oxford: Oxford University Press.

Pratchett, L. (1994) 'Open Systems and Closed Networks: Policy Networks and the Emergence of Open Systems in Local Government', *Public Administration,* 72 (1).

Quinn, J. (1992) *Intelligent Enterprise.* New York: Macmillan.

Rhodes, R. (1997) *Understanding Governance: Policy Networks, Governance, Reflexivity and Accountability.* Buckingham: Open University Press.

Simon, H. (1955) *Models of Man.* New York: Wiley.

Snellen, I. (1994) 'ICT: A Revolutionising Force in Public Administration?', *Informatization and the Public Sector,* 3 (3/4).

SOCITM (2001) *Local E-Government Now.* London, IDEA in conjunction with SOCITM.

Toffler, A. (1970) *Future Shock.* London: Pan Books.

Toffler, A. (1980a) *The Third Wave.* New York: Bantam Books.

Toffler, A. (1980b) *Power Shift.* New York: Bantam Books.

Wright, S. (1998) *An Appraisal of Technologies of Political Control.* Luxembourg: Directorate General for Research, European Parliament.

第二十章 歷史與比較觀點下的績效資訊與預算

Rita M. Hilton and Philip G. Joyce
方凱弘 / 譯

公部門預算是被用來配置稀少的資源。因為這些預算是政治過程的直接產出，所以它們總是引起某種程度的競爭。不管政策制定者與其他人對於公部門預算所可能出現的不滿是源自於資源配置的狀況或是預算執行的結果，這些不滿通常會使他們提出改革的建議。這些改革可能聚焦於決定資源配置的過程，也可能是希望透過對於支出的管理，追求更有效率的產出。

改革的範圍，可以從單純地為了希望提昇公共資源的有效利用到為了爭取政治優勢的作為。有一種觀點是說預算過程的改革，是一種「輸家為了變成贏家所提出的計畫。」（Kliman and Fisher, 1995: 27）目前世界各國推動的改革，最普遍的作法是將更多有關實際績效的資訊納入公共資源配置決策的考量中，以提昇政府的效能。

在過去的半個世紀，績效導向的預算改革已經在各種環境下被嘗試過，也獲致了不同程度的成果。一般所稱的「績效基礎預算」（performance-based budgeting）在實務上推動是很難的，因為：（1）它在概念上是困難的；（2）需要在實務作法上進行大幅度的改變；以及（3）現狀的支持者通常會在推動時設下很顯著的限制。

這一章將針對績效資訊與政府預算過程間的關係進行全方位的介紹。本章主要分成三節。我們首先提供在政府預算中使用績效資訊的思考架構。我們比較喜歡使用的辭彙是「績效告知預算」（performance-informed budgeting），因為我們知道，績效與資源間的關係已經被預算改革者所持續關注，而且績效資訊也可以透過許多的方式運用到預算過程中許多不同的階段。

其次，我們將討論在政府預算中使用績效資訊的先決條件。我們首先將概括性地介紹預算要有效能（effective）的必要條件，亦即成功地執行較為複雜技術（績效告知預算）的必要條件，這些條件包括清楚的使命、適當的績效與成本衡量方法，以及獎勵，而這些必要條件都須存在，才可以使用資訊進行預算決策。

第三，本章檢視績效告知預算目前發展的狀況。主要的焦點將放在美國的聯邦、州與地方，以及經濟合作暨發展組織（OECD）內相對較富裕國家的實務作法，並輔以開發

中國家目前正在推動之特定作法的資訊。

預算中使用績效資訊：歷史與概念上的架構

對於政府預算過程的重大批判之一，是他們不問（也許應該說是幾乎不問）成果相關的問題，也因為如此，就無法針對與成果有關的問題進行回答。所問的問題，最常見的是將焦點放在預算可以購買多少物品，而且通常多與投入（inputs）有關，例如將會分配給我所屬的州或選區多少經費？正因為以上的原因，嘗試讓預算過程更直接地與能被呈現的結果有關，也就成為至少過去40年來預算改革的核心。

曾經嘗試過的改革方案，如設計計畫預算制度（PPBS）以及目標管理（MBO）等，大都無法達成他們所希望達成的目標。舉例來說，設計計畫預算制度「失敗的原因有很多，但是每一個原因本身都足以讓該預算制度失敗。」（Schick, 1973: 148）一個對於設計計畫預算制度以及其他美國聯邦與州層級預算改革制度的完整檢視發現（Harkin, 1982），有一些原因導致這些改革容易失敗。首先，預算改革的制度，很難克服擔心改革將可能阻礙經費分配到關鍵選區的反對勢力；其次，在各種計畫方案的目的與目標上達成共識是有很多困難的，而這也對發展出有效度之績效評量指標的能力有所損害。最後，對於資料的需求，幾乎使人無法負荷，而這也容易使得預算改革制度失敗，特別是當我們已經很清楚，這些資料是沒有被使用的。的確，Aaron Wildavsky就指出，設計計畫預算制度的改革不僅是失敗而已，而且它還是命中注定就是會失敗，因為它在原則上就已經出現了缺陷，而非在執行上才出現問題。設計計畫預算（PPB）無法成功是因為它本身就行不通。……它需要有處理認知層面事務的能力，但是這種能力卻超過了目前人類（或技術性的）能力所及（Wildavsky, 1984: 199）。

然而這些預算制度的失敗，並無法澆熄改革的意圖。根據結果來編列預算的邏輯，在直覺上是那麼地吸引人，也因此它持續地成為預算改革者主要的焦點。特別是在1990年代，出現了對於績效預算的重新關注，首先出現在像是澳洲與紐西蘭等OECD國家（Holmes and Shand, 1995），接著美國的州與地方政府也開始注意（Osborne and Gaebler, 1992; General Accounting Office, 2003），最後則是蔓延到開發中國家。這些改革的努力，通常被稱作「績效基礎預算」，而其目標則在於將預算的分配與實際的績效進行連結。

評量政府的績效必須將一組由投入（政府計畫方案所使用的資源）、產出（政府組織所進行的活動或工作）與成果（以上輸入和產出在社會上所達成效果）所構成的複雜關係清楚地釐清與量化。試圖讓預算編列以績效評量為基礎的嘗試，是由各種不同層次

觀點下的各種動機所引起的。在最簡單的層次，是希望能夠提昇公部門效率的渴望，也就是如何能夠花費更少的錢或較少的投入，而達成某一特定水準的產出或成果？這一種觀點假設投入、產出與成果間的關係是可以被確認的，或者隱含著「成果是獨立於不同投入組合，而且是已經被確定」的假設。就一種更複雜的政策觀點來說，有一些問題在於關切投入、產出與成果間關係的本質，而改革可能就是被這些問題所激發出來的。問題可能是如何透過改變投入的組合以提昇成果，舉例來說，在教育部門，聚焦於投入的過程會問：「我們有多少位老師？」另一方面，聚焦於產出的過程會問：「我們教學的期間有幾天？」而聚焦於成果的過程則會問：「學生學到了多少？」

　　被稱作績效基礎的預算制度存在著一個根本上的問題：該制度面對著「清晰」（clarity）的挑戰。「績效基礎預算」這個名詞是被用來描述「績效資訊」與「政府資源」間連結的許多描述性詞彙之一，然而在某些圈子裡，這個名詞卻已經被用來意指：透過一些完全基於績效數據分配資源的魔術演算法取代政治性的資源分配。我們認為去鼓勵堅持這樣一種過分簡化的模型是既無益也無用的，在分配政治資源的過程中，總是會有基於政治與主觀的考量，也因此，該制度的目的應該是在作政治決策時，將績效的資訊拿到檯面上討論，也基於這樣的理由，我們比較不喜歡使用「績效基礎預算」這個名詞，而是轉而將焦點放在預算過程中所使用的績效資訊，也就是我們所稱的「績效告知預算」。

　　透過Joyce和Tompkins（2002）所發展出來的架構，我們可以將績效資訊在預算過程中所扮演的角色更完整地呈現出來。我們檢視整個預算過程，並且在傳統預算過程的各個階段中：預算籌編、預算審議、預算推動或執行、審計以及評估等，辨識出有關「有無績效資訊」以及「績效資訊是否被使用」的重要問題。

　　為什麼要透過一個更全面的視野來檢視在過程中所發生的事物？簡單來說，大部分關於「績效基礎預算」的研究，都僅檢視預算過程的特定階段，尤其特別的是，他們完全關注於立法與中央預算辦公室使用這些資訊的問題。由於績效資訊也可以在機關預算籌編、預算執行、審計與評估等過程中的其他階段被有效地利用，以上這種將績效資訊相關研究限縮範圍的作法，使得我們曝露於危機中——亦即失去使用與得到資訊告知預算之利益的重要機會。

　　表20.1（出自於Joyce and Tompkins, 2002）即是透過這一種全面性的途徑思考績效資訊與預算間的連結。該表列舉了很多可能將績效資訊融入預算過程中的決策點，而在每一個決策點，指標是否存在以及如何使用這些指標等兩個問題的相關性都是等同的。某個政府或機構可能在過程中的某個階段取得或使用績效資訊，但是這和過程中其他階段所可能出現的狀況是不相干的。舉例來說，某些機構可能在編列預算的過程中大量地使用

某些績效資訊，但是其他的行動者（中央預算辦公室、立法者）可能在後續的階段少量地使用或是完全不使用這些資訊。反過來說，在預算編列以及審議階段不將績效列入考慮，並不會讓某特定機構，在針對不同執行策略對於機關之目的與目標的影響進行考量後（也就是使用成果評量指標），無法利用其自由裁量（discretion）調整預算的執行。

表 20.1　預算過程中績效評量指標的面向

預算過程的階段	預算過程的階段	預算過程的階段
預算籌編 機關層次	機關策略規劃與績效計畫 成本會計 績效（成果）評量指標	在機構內的各單位間進行抉擇，以策略性地分配經費 在把預算提到中央預算辦公室之前，擬定預算說明書 找出機關內部重複性的服務
預算籌編 中央預算辦公室	政府整體策略規劃與績效計畫 成本會計 績效（成果）評量指標	在不同的機構間進行抉擇，以策略性地分配經費 在把預算送立法部門審議之前，擬定預算說明書 找出機關間重複性的服務
預算審議 立法	在預算說明書中的績效評量指標、正確的成本預估及策略／績效計畫	在立法機關同意撥款的過程中，於成本以及與績效有關的邊際效益間進行比較 讓明確的績效預估成為預算資源配置的一部分
預算審議 最高行政首長	立法部門審議通過的預算在達成政府策略性目標上的可能性預估	基於被告知的績效預估數據，在簽署、否決或逐項否決／刪減（line item veto/reduction）上做決定
預算執行	機關或政府整體的策略性規劃 績效（成果）評量指標 成本會計	利用在支出上所被賦予的裁量權與彈性分配經費，以確保經費的分配符合策略性優先事項，以及與機關所欲達成的績效目標一致
審計與評估	機關策略性目標 實際的績效資料	將審計與評估的焦點轉變，使其在財務紀律服從（financial compliance）之外能納入績效相關的問題

資料來源：Joyce, P.G. and Tompkins, S. (2002)"Using Performance Information for Budgeting: Clarifying the Framework and Investigating Recent State Experience", in K. Newcomer et al. (ed.), Meeting the Challenges of Performance-Oriented Government. Washington, DC: American Society of Public Administration.

績效一資訊預算的必要條件

勾勒出一個架構以了解績效資訊在預算中的角色是不夠的。在我們來看，除非以下兩組條件是存在的，不然績效告知預算系統將無法成功地被執行：首先，達成有效預算與財務管理之基本的特定制度性、技術官僚性前提必須存在。這些前提並非於任何時間、場域都是存在的。舉例來說，相較於開發中國家，有些前提在OECD國家中存在的可

能性高了很多，避免不顧制度性的現實而熱情地試圖將這些預算制度在不同的國家間複製是重要的。其次，即使這些制度性與技術性的前提是存在的，低估推動績效告知預算改革在實務上所可能會遭遇到的困難也是不智的。

有效預算與財務管理的基本前提

　　預算與財務管理制度有幾個重要的特性，讓它能夠發揮分配與追蹤公共資源等最基本的功能。在美國，已有數個研究嘗試去找出有用的財務管理實務（Meyers, 1997; Strachota, 1996; Ingraham et al., 2003）。我們認為這些特性，除了是有效預算與財務管理制度的必要條件之外，在一個國家嘗試推動如績效告知預算等比較複雜的改革前，這些特性也是必須存在的。簡單地說，這些特性包括：

- **法治（the rule of law）**：假定預算是被適當的法定機構所採行（如議會與州長、市議會與市長、國會等）。
- **預算遵守（budget adherence）**：預算一旦被同意，支出與收入計畫就可以假定會如同所通過（或接近通過）的預算被執行──預算不會被財政部長與幾位核心幕僚在某個房間內重新編列。若需要重新編列預算，預算應該被先前具有正當性的編列與審議權責機構所修訂。
- **透明**：政府應該把和預算有關的資訊提供給民眾知道，此外，也應該讓享有新聞自由的傳播媒體擁有取得政府資源訊息的管道。
- **公開表達的偏好**：政府應該有取得選民偏好資訊的能力，如果無法取得適當的偏好資訊，將很難有效率地配置資源。
- **避免結構性的赤字**：幾年下來，預算應該要帶來足夠的收入以應付支出。從這個角度來看，預算應該是長期、而非一年期的計畫。例如：如果政府使用一次性的財源（從其他財源移轉的經費、短期借款）支應持續性的支出，將會是值得我們擔心的。
- **預算能在期限內通過**：對於預算時程的遵守，可以是達成有效財務管理與政府績效的一項重要因素。特別是無法在預算年度開始前通過預算，會產生大量的不確定性，也因此傾向於助長無效率。
- **預測的能力與可預測性**：收入與支出的預測必須準確，如果收入長期地被超估或者是支出長期地被低估，在預算年度中的調整也就通常變成必要的，而這也會使得計畫經理人或其他政府經費的接受者，面對較無法預測之現金流量。
- **一個有效運作的會計制度**：一個政府或政府機構，應該至少要知道還有多少經費可以動用，以及已經支出了多少經費的能力。特別是在許多開發中國家，已經有許多例子顯示連最基本的會計資訊都無法提供，但是這個問題並不僅限於開發中國家出現。

- **審計的能力**：政府應該有能力透過一個有效運作的審計制度確保責信。首先，「事前審計」（preaudit）的能力必須存在，而這也就是在一開始的時候就控制支出，以確保不會超支；其次，也要有「事後審計」（postaudit）的能力，亦即政府在事後應該知道經費被使用到哪些用途，以及這些支出（大致）獲得了哪些成果。

在我們來看，這些都是在推動預算改革前所必須具備的最基本條件，或者你也可以稱之為「基石」（building block）。如果一個政府沒有具備這些基本前提，成功地將績效資訊納入預算過程，並實施績效告知預算的可能性是極為渺茫的。也許同等重要的是，缺乏以上這些基礎的政府，與其擁抱績效告知預算等較具野心的改革，還不如發展基本的預算能力。

成功之績效告知預算的必要特性

即使這些基礎是存在的，並不就意謂著績效告知預算是容易實行的。就如同前述所提到的，雖然要將更多績效資訊帶入政府的決策過程中是很難被反駁的，但是我們也很容易忽視實際存在的限制（即使在富有的OECD國家），使得改革在實務上推動是困難的。要成功地在預算過程中使用績效資訊，至少須具備五個條件，而這五個條件都不是容易達成的。

1. **公部門機構（public entities）需要知道什麼是它們應該去完成的**　Holmes和Shand曾經提到，政府績效管理的一個關鍵性條件是「清楚的工作與目的」（Holmes, 1996）。策略性規劃（最好是政府整體的規劃）是重要的，就某種程度來說，它使得所作出來的決策可以替政府計畫設定清楚的方向。這往往在實務上是很難做到的，特別是在像美國這樣擁有一個分裂政治結構（fragmented political structure）的國家。策略性規劃在內閣制的國家相對會比較容易實行，因為多數黨或是聯盟也同時實際運作內閣部會。

2. **有效度的績效評量指標需要存在**　絕大多數的公共計畫是很難去衡量成果的，但卻很容易去衡量產出，例如：美國太空總署（the US National Aeronautics and Space Administration, NASA）曾聲稱太空科學計畫的目的在於「從起源到終點，描繪宇宙的演進」。我們也完全可以理解，NASA無法找到可以讓它判定是否已經達成其目標的績效評量指標。但是它確有很多的產出指標，例如：成功完成的太空計畫數量。除了定義相關指標在概念上給我們的挑戰之外，公部門組織對於要針對成果課責多數都是抗拒的，因為成果的達成是受到很多組織控制外，或甚至是政府控制外因素的影響。

3. **需建立正確的成本評量指標**　連結資源與成果，意謂著我們要知道達成某特定水準之成果所需要投入的成本。多數的公部門組織甚至無法追蹤提供某項產出的花費，而這有很大一部分是因為在確認間接成本上所出現的困難。在這樣的情況下，要從產出再去推斷成果的成本也就變得不可行了。

4. **同時提供成本與績效的資訊以進行預算決策**　至少在巨觀的層次，並沒有簡單的決策規則可以將公部門的成本與績效進行連結。一個簡單、但並不正確的途徑（一些美國國國議員所認定的），是刪減那些無法達成其績效目標者的經費，同時給予達成績效目標者更多的經費。雖然這樣的途徑在理論上聽起來似乎不錯，但它是基於一些被誇大的假設，而其中之一即是存在於經費與成果間的因果關係。事實上，不論任何計畫，要將經費對於該計畫的貢獻從其他因素中單獨挑出來的先決條件，在於對輸入、產出與成果間邏輯關係的全盤了解。

5. **最後，預算過程中的參與者必須有使用績效資訊的誘因**　績效告知預算要成功，必須參與預算過程的行動者，願意從資訊的蒐集跨越到資訊的使用，而這又只有在預算過程中的所有行動者，都有足夠的誘因（與資源）蒐集與使用資訊才有可能發生。但這樣的條件並不存在於所有的情況。事實上，誘因的問題，大概是我們在判定績效資訊是否會像產出資訊一樣，在各個預算決策階段中被實際使用所最需要重視的問題。

　　簡言之，為了要了解績效告知預算，我們必須判定以上這五個條件各別被達成的程度。從某個角度來看，它們是附加的，亦即我們若無法找出一個策略性的方向，便會危及適當績效評量指標的建立，而缺乏適當的績效與成本評量指標，又會不利於將資訊使用在預算目的上。

實務上的績效告知預算

　　就像前述所提及的，在預算過程中考量更多的績效資訊可以視為一種現象，不但在過去曾經流行，同時現在也逐漸獲得全世界的注目，雖然有很多的行動，但這並不必然就能夠被轉化，而讓績效告知預算倡議者所追求的目標能有所進展。本章接下來將概略性地介紹績效告知預算：

1. 在美國，包括州與地方政府，以及聯邦政府；
2. 在其他OECD工業化的國家，特別是澳洲、加拿大、英國與紐西蘭；以及
3. 在少數開發中國家。

美國

美國近來讓績效資訊與預算間連結地更好的努力，是從州與地方政府開始的，而這樣的努力在近日也已經移轉到聯邦政府。

州與地方政府

就推動將績效評量納入預算的改革而言，州與地方政府過去就已經居於領先的地位，透過措施或方案的設計，以提昇績效評量與分享最佳實務。包括：加州的桑尼維爾（Sunnyvale）、北卡羅來納州的夏洛特（Charlotte）、俄亥俄州的德頓市（Dayton）與亞利桑那州的鳳凰城（Phoenix）等，地方政府就時常被拿來當作績效評量指標存在、成功以及有影響力的例子。暢銷書《政府再造》（*Reinventing Government*）（Osborne and Gaebler, 1992）中的許多實例是從地方政府找到的，並且用來定義讓其他政府／機關仿效的原則。國際市郡管理協會（the International City / County Management Association, MCA）目前有一個中心專注於績效的議題。然而，想要在地方政府間建立通則是十分困難的，因為在美國有超過8萬個地方政府（不同的規模與目的）。

州政府也同樣地十分活躍。像是俄勒岡州的標竿（Benchmarks）或是明尼蘇達州的里程碑（Milestones）等全州性的方案，都已經將焦點放在策略規劃（Broom and McGuire, 1995）。一個最近的報告指出，到2000年底，已經有19個州立法規定機關必須擬定策略性計畫（Urban Institute, 2001: 5）。一項針對州政府績效基礎預算規定的研究（Melkers and Willoughby, 1998）發現，到1997年止，50個州之中有47個州，指出它們在策略規劃與績效評量上有某種的要求，而作者將此定義為績效基礎預算。這樣的定義，在我們來看，是過於廣泛的定義，但是該研究結果顯著之處，在於它顯示出績效評量運動如何真正的在美國公部門中被廣泛地推動。雖然與相關措施有關的報告很多，但是評估其成效的便十分有限。

Joyce和Tompkins（2002）嘗試檢視1999年政府績效專案（Government Performance Project, GPP）中有關州政府相關經驗的研究，探討在預算中明確地使用績效資訊的問題（政府績效專案是一個由雪城大學與治理雜誌所推動的合作計畫，針對州與地方政府的管理實務進行評估）。這個研究發現，有很多的績效資訊已經被蒐集整理出來，但是其中僅有極少數的績效資訊真正地在預算過程的各階段中被使用。只有4個州，包括密蘇里州、德州、路易斯安那州與維吉尼亞州，指出其預算辦公室大量地使用績效資訊；其中也僅有路易斯安那州指出其立法部門大量地使用績效資訊。另一方面，州的所屬機關則指出它們大量地使用績效評量進行內部的管理，亦指預算執行（implementation and execution）的過程。

另外一項針對州，而且被認為是在績效導向預算改革的研究中居於領導地位的研

究，下了這樣的結論：「不論是行政部門或是立法部門都沒有在預算中有系統地使用成果的資料。」（Urban Institute, 2001：12）僅德州與路易斯安那州不完全符合以上這個模式，因為在這兩個州中的立法部門，看起來是已經將成果目標納入預算中。這些州的經理人所提出的一項疑慮是，績效資訊可能僅會單單地被用來懲罰沒有達成目標的機關，而非協助我們更廣泛地了解提昇機關績效的因素。此外，還有一些挑戰也被指出，包括如何處理在預算年度結束後才能獲知的結果、促使議員使用績效資訊的誘因，以及多個機關間共享績效評量（shared performance measures）的問題。

聯邦政府

至少從1960年代設計計畫執行預算制度（Planning, Programming, Budgeting System）成為當代改革的主流開始，美國聯邦政府就已經是被改革的對象。在1990年代，從1993通過的政府績效與成果法（Government Performance and Results Act, GPRA）可以看出，緊密結合績效資訊與預算又重新被強調。GPRA要求聯邦機關訂定策略以及績效計畫，並且必須針對實際達成的績效提出報告。它同時也預期最終將會實行「績效基礎預算」。

聯邦機構已經提出一些令人印象非常深刻的策略與績效計畫。最受到注目的計畫是由交通部（Department of Transportation）與退伍軍人事務部（Department of Veterans' Affairs）所提出，並且受到會計總署（General Accounting Office, GAO）的讚揚。但是另一方面，會計總署與其他單位也發現，在執行層面上的進展卻是比較落後的（General Accounting Office, 1997; General Accounting Office, 2001）。特別是有幾個聯邦機構，在發展有效度的績效評量上，已經遭遇到極大的困難。

另外，雖然成本會計尚未在所有的聯邦機構間被全面性地大量採用，但是有一些例子顯示，某些聯邦機構在成本會計的推動上已經獲得了顯著的進展。針對以規費為主要財源的機構來說，明確地指出他們的成本有其誘因。舉例來說，美國專利商標局（United States Patent and Trademark Office）的財源完全是來自規費的收入，而他們也已經投入相當多的資源在確定其成本，使他們可以將規費設定到足以（或十分接近可以）支付處理專利與商標申請的成本（Government Executive, 1999B; Peters, 2001）。但是，特別是由於與財務系統改革有關的研究，還沒有大量地做，也因此，其他的機構一般來說，還沒有辦法獲得如此的進展。

雖然在推動策略規劃、績效評量以及成本會計上已經有了成果是無庸置疑的，但是特別就在預算上使用績效資訊而言，仍然有很大的進步空間。布希政府最近的預算，針對26個聯邦機構的成果進行評估，其中包括了所有在「預算與績效整合」方案中之內閣部會，而所謂的「預算與績效整合」方案是布希政府五個關鍵管理方案中的一個。上述評估將機關分成三類：針對那些有顯著問題者給予「紅燈」；針對那些紀錄有好有壞者

給予「黃燈」；而針對那些完全達成預算與績效整合目標者給予「綠燈」。結果如下：沒有任何機構被歸類於「綠燈」；有8個機構在「黃燈」的類別中；及有18個機構被分到「紅燈」的類別中，而這樣結果也告訴我們仍有很大的進步空間（Office of Management and Budget, 2003）。

當績效資訊被運用於聯邦預算過程中時，它傾向於被運用在預算執行階段，例如：退伍軍人健康管理局（Veterans Health Administration）已經發展出一套精緻、公式導向的系統，可以基於真正的健康需求而不是根據醫院的所在地配置資源。然而，國會議員不願意關閉設施場館，也因此限制了機關應用這個系統的能力（Government Executive, 1999a; Laurent, 2000）。就管理彈性與經理人承諾的程度上來看，以下的假設是合理的：機關在預算管理上將會持續地關注績效議題。

民選官員使用績效資訊進行資源配置可能會實現的比較慢，而這有三個原因：首先，針對明確的目標獲得一致性的同意是定義績效評量指標所必須的，但是在許多案例中一致性的同意都無法達成；其次，蒐集與監控必要之績效與成本資料的系統仍然在開發中；第三，但也許是最重要的，民選官員在進行公共資源配置時使用績效資訊的誘因（在最好的狀況下）是有限的，除非在決策過程中沒有將績效資訊納入考量會對選票產生影響，不然期待美國國會接受績效告知預算是天真的。

其他OECD國家

在追求績效導向預算改革的道路上，美國在工業化的國家中並不是孤單的，許多OECD國家也正在推動類似的改革。事實上，一般的共識是，其他國家可能比美國做得更多也進展得更快。特別是澳洲、加拿大、英國與紐西蘭等四個國家，最常被拿來當作站在公共預算改革最前線的例子。

在2002年，OECD出版了一份文件，該份文件檢視了成員國推動「成果聚焦管理與預算」（results-focused management and budgeting）的成果。整體而言，OECD將27個會員國針對1999年到2001年間所進行調查的答覆做成報告。這份文件所呈現的結果，許多都和本章所要探討的議題有直接的相關性。

首先，雖然只有36%的國家立法要求，但是有四分之三的國家指出，他們會例行性地將績效資訊納入他們的預算文件中。

其次，在27個國家中的11個（40%）指出，他們在全部或大部分的政府組織中，針對產出與成果進行區別。其中，義大利、日本、瑞士、美國與智利等五個國家指出他們在

所有的組織中區別產出與成果（澳洲可能也在所有的組織中作這樣的區別，但是該國並沒有回覆問卷）。

第三，這些國家似乎在會計上所獲得的進展比不上在績效評量上的進展。OECD的分析檢視了這些國家在實施權責基礎之會計及預算（accrual accounting and budgeting）上之經驗，指出有些人認為權責基礎之會計及預算，是取得正確產出與成果成本所必須先具備的條件，而大多數OECD國家所實施的是現金基礎的預算與會計制度。該份報告指出，只有澳洲、紐西蘭與英國實施完全以權責為基礎的預算，而且在這三個國家之中，只有兩個國家使用權責基礎作為編製合併財務報表（consolidated financial statements）的會計基礎。整體而言，有21個國家指出他們會繼續實施完全以現金為基礎的預算，而就會計制度而言，有18個國家會繼續以現金為基礎。

第四，24個回覆問卷的國家（除了奧地利與匈牙利之外）指出，他們會例行性地在送交給立法機關的預算說明書（budget justifications）中告知產出目標，此外，也有19個國家指出，他們會在說明書中告知成果目標。另外，有15個國家指出他們有系統地提出報告，說明公部門組織達到成果目標的狀況。

最後，OECD詢問會員國的資深預算官員，希望了解是否有績效資料經常被用來決定預算資源配置的證據。雖然有50%的官員給予正面的回應（另外有40%回答「沒有」、10%沒有回答），但是大部分這些回答「有」的官員，認為績效資訊僅被用來影響計畫中或組織機關內的資源配置，僅僅只有三分之一（給予正面回答者，或是六分之一的全部回覆者）認為有證據可以支持績效資料對於計畫間或部會間的資源配置是有影響性的；換句話說，機關在預算編列與執行階段使用績效資訊的可能性比較高，但被用在政府整體資源配置的可能性就低得很多。

由於篇幅的限制，針對這些OECD經驗的檢視無法嘗試進行地更為詳盡，同時，就檢視OECD國家之經驗的角度來看，這份問卷也僅能觸及表面。最常被舉出來當作績效預算改革領先者的兩個國家分別為紐西蘭與澳洲。這兩個國家針對預算改革，已經採取了相關但卻又不同的途徑。

紐西蘭

在紐西蘭，相關改革努力中的一項重要焦點被稱為「負荷去除」（load shedding），亦即由於政府過去提供了大量具有私有財性質的財貨與服務，因此有人強烈主張應該將這些責任中的大部分移轉給私部門。公共選擇理論對於其他政府改革的努力也有很大的影響。根據Holmes和Shand的看法，在政策與執行間的分野是很明確的（Holmes and Shand, 1995: 571）。在紐西蘭，預算是國會與服務提供機關間的契約，但是（值得注意的）合約中僅針對應該由行政機關所提供之產出明文規定，而產出與成果之間的連結，則只在國

會的層級進行。此外，這項改革顯著的特性是對於輸入的定義，是採權責基礎而非現金基礎。總而言之，紐西蘭績效告知預算的特性在於明確的合約，而依據合約的規定，基於權責基礎的成本會在各部會中出現，用以提供被各方所同意的產出，而這些產出也被假定可以帶來所期待的成果。

澳洲

澳洲改革的努力和其塔斯曼海（Tasman Sea）另一端的鄰居，存在著兩個重大的差異。首先，由於澳洲並沒有像紐西蘭一樣有著膨脹的公部門，因此澳洲對於民營化的強調小了很多。然而，這並不必然就意謂著，如在政府服務間增加競爭，以及增加規費使用等私部門之誘因機制，就不是澳洲改革中的重要元素，相反地，這些機制也扮演了重要的角色；其次，在各行政機關中明確強調的是成果，而非產出。換句話說，澳洲的行政機關是被鼓勵於產出與成果間進行連結，但是不論如何，澳洲的行政機關很清楚地知道，它們的責任是超越產出的輸送。在澳洲，制度的設計是傾向於以成果來確保責任，同時也將加諸於輸入細節上的控制移除。這意謂著相較於紐西蘭，澳洲對於官僚在預算上的作為有著較高的信賴水準，也給予較多的自主性。

開發中國家的環境

非OECD國家推動績效導向預算的情況差異很大。在2000年，根據每人國民所得毛額，超過150個國家，不是被歸類為「低度所得」（low income）國家，就是被歸類為「中度所得」（middle income）國家（International Bank for Reconstruction and Development, 2002）。整體而言，這些國家與高所得國家相比，在公共預算上所面對的是更大的挑戰。這些國家所面對的財政限制與對服務的需求，都傾向比OECD或高所得的國家大。由於這些國家缺乏基本的財務管理系統，而其目標與誘因也通常是模糊且令人困擾的，因此在這些國家評量公部門的績效通常是十分困難的。

遵守法治、透明且公開表達的偏好、沒有結構性的赤字（過度的負債融資長期以來都最貧窮國家所需面對的問題）、最終預算在期限內通過、基本的組織能力（預測、制度），以及可以取得相關資料等許多本章在先前所提到的那些推動改革所需之基本前提，在最貧窮的開發中國家通常不是沒有，就是缺乏。在某些國家，巨觀層次的現實、財源流入（revenue flow），以及預算文件間之基本連結可能都是不存在的。但在其他國家，預算與財務制度的發展則是比較完整，因此，將績效資訊的使用介紹到預算過程中所需採取的步驟，像是提昇某項前述基本前提能力（例如預測、資料系統等），也就因此比較少。

在過去十年間，有許多不同的發展，不但帶來有利於公共預算實務改革的條件，

也同時使得改革幾乎是必須的。首先，在所有的經濟體中，興起提昇透明度與要求善治（good governance）的大範圍運動，而這直接使得預算改革一些關鍵性的前提得以被滿足（亦即法制、預算在期限內通過；提昇資料的可取得性）；其次，在給予援助的國家與組織間出現一股很強的潮流，希望能與開發中國家的政策決策者一起致力發展出具有可行性的中程經濟前景，而這樣的潮流也解決了一項最基本的前提，亦即催生了一個在其中可以針對未來進行規劃的架構；第三，在給予援助的國家與組織間，也出現了更專注於監控與評估發展計畫的普遍性運動，而這也直接地讓成果受到重視。

有兩個原因，使得開發中國家政府行政與財務管理長期受到OECD國家實務運作之影響：第一個原因是在國家間所發生的自然學習；第二個原因是，不論是OECD國家或多邊組織（Multilateral organizations）的發展計畫，都專注於協助開發中國家去推動那些被認為是成功的經驗。有各種不同的例子開始浮現，描繪開發中國家使用績效資訊於公共資源配置的經驗。想要判定這些例子是否會成功目前還太早，因為時間上的落差是不可避免的，但是有很多的例子等著我們去觀察。

幾乎沒有例外，在開發中國家所推動的預算改革，是邁向現代化政府這個一般性目標所不可或缺的。但是就像在OECD國家一樣，所跨出的這一步，並不僅僅是微幅、技術性地改善公共資源的使用而已。以下所挑選的例子，可以讓我們初步了解在開發中國家鼓勵將績效資訊使用於公共預算的改革有哪些類型。

- **迦納（Ghana）**　在1995年開始推動公共財務管理改革計畫（Public Financial Management Reform Program）（Kusek and Pasappan, 2001）。除了讓政策制定者專注於成果，以及鼓勵他們接受公共支出管理之外，相關的改革是以先建置關鍵之行政先決條件為目標，即一個包括審計、監控與資訊管理制度之適當的會計制度。
- **巴西（Brazil）**　密切注意1997年亞洲金融危機後所面對的挑戰，也因此開始密集地推動財政改革方案。巴西政府決心要讓其所推動的改革，不僅僅是短期的解決方案，也要讓相關的改革必須能解決財政不平衡的結構性因素。一開始先建立現代化的法律架構，並開始針對行政機關與地方政府的財政紀律，推動相關的組織與行政改革。接著，巴西政府進一步朝向提昇公共支出管理的透明度、改善預測以及建立多年期的支出規劃過程，藉此將績效資訊用於公共資源的配置。
- **貝南（Benin）**　2000年決心走上預算改革的道路，以便達成其消除貧窮的目標，改革的方案中除了包含財務制度與控制的方案之外，也非常明確地要求預算的配置要與各種計畫及部門的施政優先順序建立連接。該國政府非常明確地選擇設計一套多年期的計畫，希望能夠建立該國在預算過程中蒐集、管理與應用績效資訊的能力。

　　最近在轉折過渡性經濟（transition economy）國家所推動的預算改革，和其他地區國家的預算改革相比，僅在一開始時不同，其中尤其是接受績效資訊的使用，在這些國家都面臨了重大的挑戰。從中央集權的計畫模式轉變成偏向成果導向的資源配置模式需要進行很多的改革，從許多例子來看，要在實務上放棄使用制式的公式或「規範」（norms）去計算輸入－產出間的關係，已經被證明是非常困難的。轉折過渡性經濟國家在相關改革的推動上，目前是各自處於不同的階段。

　　烏克蘭（Ukranian）的例子是值得注意的，相關的改革是因為公民社會的關注而出現的。並不是所有的預算改革都完全是由公部門所發起，最有趣的發展之一是公民社會運動的出現，雖然沒有明確地被指出來，這些運動大都專注於預算執行與評估的階段，要求提昇公共資源配置與使用的責信。以上這些努力，已經開始在各種不同的國家中出現，例如：印度、巴西與南非等。雖然這些受歡迎的改革運動常常是聚焦於地方層級的政府，但是這些改革一般而言也都意謂著提倡在公共預算中使用績效資訊，並且使這些資訊可以讓民眾很容易地取得。

　　雖然在開發中國家相關的例子還會持續地出現，但是我們已經可以從改革的初始階段，在不考慮各國政治上推動改革之緣由，以及各國相對之貧富程度的前提下，觀察到兩個一般性的經驗：第一，希望將績效資訊使用於公共資源配置過程中所需採取的措施，並不僅僅是技術上的改革，同時也會導致政治上的後果，因此政治上堅決的意志是相關改革能夠持續與有效果所不可或缺的；第二，因為開發中國家面臨了嚴厲的資源限制，也因此，在其能力範圍內謹慎地選擇所要推動的方案，以及方案推動的順序是格外重要的。

結論

　　讓更多的績效資訊被使用於政府的預算過程中是一個值得讚賞的目標。但是想要將它落實到實務上是非常困難的。當各國政府持續地在「是否」與「如何」將績效告知預算落實於實務上掙扎時，以下四個結論是值得放在心上的。

1. 績效告知預算並不是健全財務管理與預算實務的替代品。在嘗試更複雜的改革之前，先專注於基本預算能力的建立，對很多國家都將會是有益的。

2. 即使大致上來說，健全預算的必要條件已經存在，要成功地將績效資訊整合到預算過程中也有一些必須先具備的基礎，包括政府必須要知道他們想要達成的目標為何？他們必須要有適當的績效與成本評量指標；以及他們必須要提供將績效資

訊連結到預算決策的誘因。使用績效資訊的誘因，可能在預算過程中某些或各階段都是不存在的。

3. 即使績效告知預算在表面上並沒有出現明顯的成效，但是並不能因為這樣就否定它所能帶來的真正效益。政府的預算過程中有許多的階段，而在各個階段中有許多方式可以使用績效資訊去提昇政府的效能。雖然在政府整體資源配置的抉擇中，將績效評量指標納入考量似乎是較為困難（與不可能的），但是在預算執行的階段使用績效評量指標來管理資源可以是（而且也已經是）十分成功的。因為資源的管理包括了資源配置在內，也因此這可能是一個顯著的發展。

4. 更有甚者，即使在長期強調輸入的地方，發展更有用的績效與成本資訊本身，也可以刺激出更多對於績效的關注。讓經費與產出間的關係更為透明，可以指出那些在追求理想社會目標過程中造成資源被錯誤配置的實務。

　　總而言之，過去的改革屢屢被視為是失敗的，其中有一部分的原因是因為這些改革已經被過分地吹捧。Light（1997）建議，真正的問題在於過多的改革，而非改革不夠多。我們會認為，這些改革之所以失敗，是因為我們是透過一個狹隘的透視鏡檢視，而使這些改革看起來是失敗的。如果我們檢視過去40年的政府經驗，不論就績效資訊是否存在或這些資訊的使用狀況來看，我們都很有可能會發現趨勢是向上的，若是從這樣的角度出發，當前改革的潮流和一般性的趨勢是相符的，也和一般文化的變遷與預算實務的改變一致。雖然它的推動是間歇性的，但是這樣的改革從上個世紀中就已經開始了。

註：本篇文章的作者要向Jody Zall Kusek和William Doritinsky致謝，感謝他們無價的建議與協助。本篇文章中的發現、看法與詮釋都是作者所擁有，也不應該以任何形式變成他人所擁有——不論是個人或是組織。

參考文獻

Broom, C.A. and McGuire, L. (1995) 'PerformancE-Based Government Models: Building a Track Record', *Public Budgeting and Finance*, 15 (4): 3–17.

Congressional Budget Office (1993) *Using Performance Measures in the Federal Budget Process.* Washington, DC.

General Accounting Office (1993) *Performance Budgeting: State Experiences and Implications for the Federal Government.* GAO/AFMD-93-41 (February). Washington, DC.

General Accounting Office (1997) *The Government Performance and Results Act: 1997 Governmentwide Implementation Will Be Uneven.* GAO/GGD 97-109. Washington, DC.

General Accounting Office (2001) *Managing for Results: Federal Managers' Views on Key Management Issues Vary Widely Across Agencies*. GAO-01-592. ashington, DC.

Government Executive (1999a) 'Healthy Accomplishments', *February*, pp. 66–8.

Government Executive (1999b) 'Patent Answers', *February*, pp. 81–4.

Harkin, J.M. (1982) 'Effectiveness Budgeting: The Limits of Budget Reform', *Policy Studies Review*, 2 (3), pp. 112–26.

Holmes, M. (1996) 'Budget Reform: Experiences from the Past 15 Years'. Notes for a presentation to the South African Conference on Expenditure Budget Reform, Pretoria, South Africa, 1–2 April.

Holmes, M. and Shand, D. (1995) 'Management Reform: Some Practitioner Perspectives on the Past Ten Years', *Governance*, 8 (4): 551–78.

Ingraham, P., Joyce, P. and Donahue, A. (2003) *Government Performance: Why Management Matters*. Baltimore, MD: Johns Hopkins University Press.

International Bank for Reconstruction and Development (2002) *World Development Report 2002*. Washington, DC: The World Bank.

Jones, L.R. and McCaffery, J.L. (1992) 'Federal Financial Management Reform and the Chief Financial Officers Act', *Public Budgeting and Finance*, 12 (4): 75–86.

Joyce, P.G. (1999) 'PerformancE-based budgeting', in Roy Meyers (ed.), *Handbook of Government Budgeting*. San Francisco: Jossey-Bass. pp. 592–617.

Joyce, P.G. and Tompkins, S. (2002) 'Using Performance Information for Budgeting: Clarifying the Framework and Investigating Recent State Experience', in K. Newcomer et al. (eds), *Meeting the Challenges of Performance-Oriented Government*. Washington, DC: American Society for Public Administration.

Kamensky, J. (1996) 'Role of the "Reinventing Government" Movement in Federal Management Reform', *Public Administration Review*, 56 (3): 247–55.

Kettl, Donald F. (1995) 'Building Lasting Reform', *Chapter 2 of Inside the Reinvention Machine*. Washington, DC: Brookings Institution.

Kliman, A. and Fisher, L. (1995) 'Budget Reform Proposals in the NPR Report', *Public Budgeting and Finance*, 15 (1): 27–38.

Kusek, J.Z. and Rasappan, A. (2001) 'Outcomes-Based Budgeting Systems: Experience from Developed and Developing Countries'. Special Paper prepared for the World Bank for the Government of Egypt, November.

Laurent, A. (2000) 'The Tyranny of Anecdotes', *Government Executive*, March, pp. 36–9.

Light, P. (1997) *The Tides of Reform: Making Government Work*. New Haven, CT: Yale University Press.

Liner, B., Hatry, H., Vinson, E., Allen, R., Dusenbury, P., Bryan, S. and Snell, R. (2001) *Making Results-Based State Government Work*. Washington, DC: The Urban Institute.

Melkers, J. and Willoughby, K. (1998) 'The State of the States: PerformancE-Based Budgeting Requirements in 47 out of 50', *Public Administration Review*, 58 (1): 66–73.

Meyers, Roy T. (1997) 'Is There a Key to the Normative Budgeting Lock?', *Policy Sciences*, 29 (3): 171–88.

Organization for Economic Co-operation and Development (2002) *Overview of Results Focussed Management and Budgeting in OECD Member Countries*. Paris: OECD.

Osborne, D. and Gaebler, T. (1992) *Reinventing Government*. Reading, MA: Addison–Wesley.

Peters, K. (2001) 'Money Pit', *Government Executive*, April, pp. 16–20.

Premchand, A. (1999) 'Budgetary Management in the United States and in Australia, New Zealand, and the United Kingdom,' in Roy Meyer (ed.), *Handbook of Government Budgeting*. San Francisco: Jossey-Bass. pp. 82–115.

Schick, A. (1966) 'The Road to PPB: The Stages of Budget Reform', *Public Administration Review,* 26 (4): 243–58.

Schick, Allen (1973) 'A Death in the Bureaucracy: the Demise of Federal PPB', *Public Administration Review*, 33 (2): 146–56.

Strachota, D. (1994) 'A Blueprint for State and Local Government Budgeting', *Government Finance Review*, April, pp. 48–50.

United States, Office of Management and Budget (2003) *Budget of the United States Government, Fiscal Year 2004*. Washington, DC: US Government Printing Office.

Wildavsky, A. (1984) *The Politics of the Budgetary Process*, 4th edn. Boston, MA: Little, Brown.

第二十一章　權責基礎預算的比較觀點

Leonard Kok
方凱弘 / 譯

PART *9*

　　自從新公共管理（New Public Management, NPM）的出現，要求公部門組織的運作要像私部門組織一樣的呼聲逐漸被重視。那些將《政府再造》（*Reinventing Government*）一書（Osborne and Gaebler, 1992）當作新公共管理手冊查閱的人，幾乎在該本書的每一頁都看得到要求政府要更像企業的議程，其中的一些例子包括了對於服務輸送的關注、成果導向、顧客需求的關注以及市場導向等。毫不令人驚訝的，嘗試於公部門落實新公共管理相關想法的國家，由於許多都還是使用現金基礎的預算與會計制度，早晚都會面臨一個問題：預算制度要如何才可以配合這些看起來比較像是企業才會擁有的目標。

　　為什麼這個預算與會計的主題會如此重要？答案是預算與會計為政府行政過程的核心，而行政過程又是在代議民主中看守荷包之權（the power of purse）的基礎。預算與會計制度的類型，將可能會影響行政部門與國會決定具有預算後果之政策的方式，而幾乎每一個政策決定都會有預算的後果。

　　現金基礎與權責基礎制度是在預算與會計中兩種最主要的制度，其中，權責基礎制度在市場部門中是很常見的。要說某一種制度比另外一種好是不可能的，因為好或壞必須取決於在政府組織中使用預算與會計制度的需求，但是我們也必須清楚一件事：如果想要將企業精神的元素引進公部門中，現金基礎制度將會出現很多問題，權責基礎制度是更為適合的制度。

　　首先，商業會計中的一些核心概念將被介紹與討論，這裡所提供的將僅是概括性的回顧，而不能被當作簿記（book-keeping）速成課程來閱讀；其次，本章將概述一些OECD國家在這個領域中的發展；最後，本章以個案研究的形式，針對荷蘭推動商業會計的經驗進行較為深入描述，OECD的一份報告（2002），認為荷蘭落實商業會計的計畫是OECD會員國中最佳實務的例子。荷蘭人的例子闡明了在不破壞預算命令與控制能力的情況下，一個可以兼顧強化成果導向與提高效能的有趣組合。

概論

概念

　　一開始先澄清一些概念是有幫助的。本章是在探討商業會計，或者通常被稱為權責基礎會計。就如同我們已經說過的，目前還有，而且還會持續有一些國家不在公部門中採用權責基礎原則，反而持續地以現金基礎制度的原則處理預算相關的事項。在現金基礎制度下，當一項支出發生時，該項支出將完全從帳上扣除。舉例來說，給付給某位公務員的薪資將會在給付時從帳上被扣除，也因此將在該筆薪資給付的年與月對於預算產生影響，相似地，修築道路的款項將在該項支出發生時從預算上被扣除，然而，薪資給付與修築新路支出的不同點在於，除非該公務員離職，否則薪資將會一次又一次地每個月被給付，但是相反地，即使道路將會在修築費用被給付後仍持續地被使用好幾年，但是修築道路的費用理論上將會是一次性的支出。權責基礎原則可以讓今天實際發生，但其利益可以持續數年的支出，在帳面上以較長的時期、較小金額被扣除，例如：修築道路的支出，仍然可以在該條道路被使用的期間留在帳面上，因為損耗，該條道路的價值會隨著時間而逐漸地減少，而此價值上的減損，是以一個技術上的術語描述：折舊。

　　折舊的制度以及計算跨年度的支出在私部門中是很普遍的作法，但是這個制度也明顯地比現金基礎的會計制度要複雜得多，例如：要如何決定耗損的速率，並依此決定一項財貨每年的折舊？這比起計算道路修築之現金支出的總額要困難得多，因為現金在道路鋪設完成的時候就支付了，現金支出純粹就是實際給付給承包商的款項。

　　權責基礎的制度提供了非常有用的額外訊息，讓訊息的使用者在進行決策時有所依循，例：辦公室是買還是租，才會讓財務上的負擔比較輕？在現金基礎的制度中，買總是會比租要貴，因為一次性的花費將會在交易時就從帳面上扣除，也因此所扣除的金額，總是會比每年租辦公室的支出金額要大，但是購買辦公室的真正成本，很明顯地並不等同於購買的價格以及交易發生時所支付的現金支出。為了要確認購買一間辦公室的成本，我們首先最重要的，是必須要知道該間辦公室一年會耗損的價值，也就是折舊。此外，在購買辦公室時，還有其他種類的成本必須被列入考慮，亦即購買辦公室的財務成本，或者更確切地說，放棄財產（sequestration of one's property）的成本。這需要進一步的說明。舉例來說，假設你沒有購買辦公室而把錢放在銀行，這樣的作法將會以利息的形式讓你獲得財務上的報酬。由於沒有把錢放在銀行，也因此沒有獲得利息收入，所以會出現資金成本（capital charge）。有效率投資決策的要件是將此沒有獲得的收益列入考慮，或者更確切地說，將放棄財產的隱藏性成本列入投資決策的考量。

　　為了要能夠計算公部門所負擔的資金成本，有必要對政府之不動產與資產的價值進

行更深入的了解。在商業會計中，這些資產（與負債）是被包含在簿記的餘額中，也因此，除了透過權責會計制度了解財務上的概況，商業會計也提供了資產與負債概況的訊息。財務帳（financial account）的這兩個面向應該被緊密地結合，帳戶的餘額，如果從這樣的觀點來看，將可以讓我們更了解組織或國家的財務狀況，如果餘額被用來和前一年的餘額相比較，我們也可以知道財務狀況改變的情形，亦即知道一個國家變得更有錢或更窮。

　　政府預算與會計的另外一個要素和政府的本質有關：由於並沒有決定價格的市場存在，所以需要一套預算制度。預算制度是給予各部會經費的基礎，因此，這套制度必須是清楚且嚴密的，否則它將會導致預算問題。從這個角度來看，現金基礎的制度是最適合的制度，因為現金基礎制度唯一可能被操控作假的地方，是在年底的時候，將現金從當年移轉到下一年。雖然操控權責基礎制度的方式比較不容易理解，但是該制度卻有更多被操控的機會：建立讓成本可以被分散的規則、進行保留（making reservations）以及改變折舊的期間等。這類的事務當然必須要在年度決算（annual accounts）中聲明，但是這也無法讓會計制度更為透明。

　　無疑的，權責基礎會計制度還有其他的面向，而這些面向本章隨後將會在探討荷蘭的個案時討論。為了歸納以上的討論，表21.1列舉了現金基礎與權責基礎兩者間爭論的論點。

表21.1　會計制度的主要要素

	現金基礎制度	權責基礎制度
主要特徵	顯示支付與收取	顯示帳目盈虧
支出認列方式	現金發生時	將金額分散於數年認列
主要用途	公庫資訊	成本與財產的資訊
主要優點	易於了解	較多資訊
主要缺點	資訊較少	複雜
主要風險	年底現金的篡改	竄改數字
預算控制	較可信賴之基礎	較多操作的空間

在OECD國家的發展

在已經至少某種程度實施權責基礎會計制度的OECD國家中，該項制度的實施，通常是與公部門中較大範圍的管理改革結合。OECD國家中最有趣的例子將會在此被討論，但是，有關OECD國家使用之會計制度的資訊，將在表21.2中提供，而未來發展之規劃則於表21.3中詳述。

表21.2　由立法機關通過之預算所使用之會計制度

國家	完全權責基礎	權責基礎，但沒有資本化或資產折舊	現金基礎，但某些交易是基於權責基礎	完全現金基礎
澳洲	X			X
奧地利				X
比利時				
加拿大		X		X
捷克共和國				
丹麥			X[1]	
芬蘭		X[2]		X
法國				X
德國				X
希臘				X
匈牙利				
冰島		X		X
愛爾蘭				X
日本				X
韓國				X
盧森堡				X
墨西哥				
荷蘭			X	X
挪威				
紐西蘭	X			X
波蘭				X
葡萄牙				X
西班牙				X
瑞典				X
瑞士				X
土耳其				
英國	X[3]			
美國			X[4]	

1 丹麥：利息支出與員工退休金是採權責基礎。
2 芬蘭：移轉性支付並不採用權責基礎。
3 英國：從2001-2002預算年度開始預算才開始完全採用權責基礎。
4 美國：利息支出、特定員工退休金計畫以及借貸與保證計畫是基於權責基礎。
資料來源：OECD

表21.3　將預算制度改為權責基礎的計畫

國家	引進完全權責基礎預算	額外權責基礎資訊的提供
加拿大	X*	
丹麥		X
德國		X
韓國	X*	
荷蘭	X	
葡萄牙		X
瑞典	X*	
瑞士	X*	

*正在積極地被考慮中。
資料來源：OECD

完全權責基礎

紐西蘭

　　紐西蘭是最有名的例子。在1984年遭遇嚴重經濟問題的背景下，紐西蘭推動了根本上的改革。這些改革除了包括了民營化以及縮小公部門的規模之外，也包括提昇對於成本的注意以及公部門的責信。在公部門組織中，跨越五個年度的財貨與服務合約由相關部會與負責的經理人簽訂，權責基礎會計制度也成為支持這些合約協議不可或缺的工具，首先，權責基礎讓實際的產品與服務更為清楚，並且也使得計算這些產品與服務的成本變得可能。在紐西蘭，有幾個重大的改變與改革是在同一時間被推動的：大幅刪減政府的財政支出、在公部門建立新的組織架構、引進一套新的簿記制度，以及在一些曾經是政府組織的機構間吹起民營化的潮流。

澳洲與加拿大

　　在澳洲，改革是相對漸進的。在公部門中建立一些被賦予獨立行使職權的單位（機構），結合了權責基礎制度的引進。就像在紐西蘭一樣，這些改革是希望確保公部門經理人在政府中的責信，並且讓他們必須為他們的績效負責。為了持續與一致地達成這些目標並且在同一時間提昇這些獨立單位的效能、效率與績效，基於權責基礎會計制度所提供的訊息便是核心的。雖然出現的比較晚，但是加拿大的改革與澳洲的改革是十分相似的。在加拿大，品質與效率的提昇在政府議程中之優先順序也是很高的。

英國

　　在英國，公部門的結構仍然保留了核心的部會，但是賦予了他們操槳的角色，雖

然也像前面幾個國家一樣設立了機構，但是只有那些負責政策執行的組織才被賦予行政機構的地位。提昇公部門績效的改革從1980年代起就已經開始推動，而且很快地就發現，透過將現金基礎會計制度轉換成商業會計的方法，將可以促進與強化這些改革。權責基礎會計制度使得在公部門與私部門間進行比較變得可能，同時它也可以促進合作，也就是一般所稱之公私協力。因此，英國改革過程的起點，是透過權責基礎使得組織可以因為它們的財務活動而被課責（accountable），而權責基礎預算也就在當時被引進。在英國，這樣的制度性安排被稱作資源會計與預算（Resource Accounting and Budgeting, RAB）。

在英國，這種運作模式的目標可以簡短地總結如下：

·更快與更清楚的責信；
·預算與規劃執行上的提昇；
·資產與流動資本的較佳管理；
·成本價格訊息的改善；
·決策過程與進行投資決策方式的改進；
·連結績效、產出與成果。

部分權責基礎

英國所採用的制度設計，也可以在所有以某種形式忙於引進權責基礎制度的國家中被觀察到。表21.4列舉了OECD國家目前（製作財務摽表）所使用的會計制度。

有些國家，例如：美國與法國，已經部分採用權責基礎。這些國家不允許採取權責基礎的資訊變成預算（事前）的主要基礎，但是卻使用它來說明財務支出的狀況（事後）。這點是很重要的，因為採取權責基礎編製報告是起源於私部門，而編制該類報表的標準也是由私部門所發展出來的，但是規範如何將各種不同類型的帳納入預算之權，最終卻是在會計師手上。在某些國家中，在組織活動與績效的會計過程中使用這些方法被認為是可以接受的，但是被用來編製預算則無法接受，這是因為基於權責會計的規則，不論是編製預算或報告支出，都涉及了將決策的權力移轉給會計師，而這樣的後果也使得一些國家偏向繼續採取現金基礎的原則編製預算。

預算過程在本質上被認為是政治過程，但是權責基礎報告的要件，將會使得會計師在該過程中取得影響力。這樣的問題，在荷蘭被以一種很有創意的方式解決，而這樣的創意，將在本章的下節中討論。此外，國際貨幣基金（IMF）與世界銀行（World Bank）在促進透明與好政府的背景下，也逐漸對權責基礎的行政產生興趣。

表21.4　合併（整個政府）財務報表所使用的會計基礎

國家	完全權責基礎	權責基礎，但沒有資本化或資產折舊	現金基礎，但某些交易是基於權責基礎	完全現金基礎
澳洲	X			
奧地利				X
比利時				X
加拿大		X		
捷克共和國				X
丹麥			X[1]	
芬蘭	X			
法國			X[2]	
德國				X
匈牙利				X
冰島		X		
愛爾蘭				X
日本				X
韓國				X
盧森堡				X
墨西哥				X
荷蘭				X
挪威				X
紐西蘭	X			
波蘭			X[3]	
葡萄牙				X
西班牙				X
瑞典	X			
瑞士				
土耳其				X
英國	X			X
美國			X	X[4]

1丹麥：利息支出與員工退休金是採權責基礎。
2法國：利息支出和某些特定交易採用權責基礎。將推動完全權責基礎。
3波蘭：員工退休金採用權責基礎。
4英國：從2005-2006預算年度開始財務報表才開始完全採用權責基礎。
資料來源：OECD

荷蘭的個案

　　自從1990年代初期以來，荷蘭已經引進了多種方案，希望讓其公部門更為偏向成果導向並提昇其效能。多年來，已經有一些政策工具被採用，希望使得現金基礎的會計制度較不死板（例如：年終差額、存款設施等），也希望促進管理規則更有彈性，例如透

過政署（agency）的建立（政署是政府公法人，負責政策執行，但可能使用商業會計方法）。

在1990年代末期，荷蘭提出方案以刺激公部門變得更加地結果導向。主要透過讓預算變得更為透明，而使得政策目標與政策成果間的關係，以及使得政策工具與財務資源間的關係變得更為核心。雖然政策目標與政策成果構成了送交國會之預算與會計報告的骨幹，但是它也強化了政府組織內部之成果導向。送交國會之預算與年度會計報告的編製，表面上看起來並不是鬆散的，而是將政府內的政策活動與成果具體地連結在一起，而先前提到的政署，對政府而言就像是皇冠上的寶石一樣，也會更加地趨向成果導向。

由於政署的設立（從1994年起），造成了兩種預算制度一起被使用的情況：在（核心）部會使用現金基礎會計制度，但在政署中使用權責基礎會計制度。在荷蘭，這樣的情況也招致了包括審計院（Court of Audit）在內等單位的批評，而且批評的聲浪逐漸擴大。1997年，政署以及其他使用權責會計制度組織之實際成長的概況被描繪出來（在當時，有超過20個政署以及預期另外20個也準備設立），在這樣成長的情況下，將中央的預算制度從現金基礎制度改為權責會計制度變成是很合理的選擇。這樣的改變，並不是因為省、地方政府與企業都已經採用權責會計（的形式），自從1990年代末期以來，問題就已經不是公部門是否要全國性地採用權責會計預算制度，而是什麼時候這樣的改變將會出現，但是這個改革進行的速度目前仍無法確定。

權責會計制度的目標

荷蘭引進完整權責會計制度背後的目標，有很大一部分和英國是相同的。

1.提昇（決策的）效率與效能，透過：

（1）更加了解政策（整體之）成本，而不僅僅是擁有現金支付的資訊；

（2）透過降低現金限制的重要性，以提昇投資決策。

2.改善內閣層級的資源配置。

3.引進可持續與明確的預算規範。

這些目標將在以下簡要地被討論。

提昇政府支出上的（決策）效率與效能

在荷蘭引進權責會計制度最重要的動機，在於提昇政府支出上的（決策）效率與效能。而這可以透過兩種方式達成。

更加了解政策（整體之）成本

在權責會計制度下，政策整體的成本是透明的。成本與現金支出可以是不同的，

例如投資性的支出。權責會計制度提供了必要的資訊，使得進行更有效率的決策變得可能，同時也可以提昇對於固定資產的掌握。

提昇投資決策

透過提供更多的整體性成本資訊，在進行投資決策時，考量未來的成本就變得可能（生命週期成本途徑）。舉例來說，投資修築一條道路，便可以將成本區分為鋪設道路的成本與後續維護的成本，但是在目前現金基礎的制度中，經費的編列與支出是採隨收隨付制（pay-as-you-go-basis），這種制度鼓勵了選擇修築成本較低，但是維護成本較高的道路，而不會考慮選擇修築成本較高，但是維護成本較低的道路。在權責會計制度中，這樣的考量便出現了變化，因為修築道路一次性全額支出的費用便不會出現，反而是結構性成本（structural costs）成為考量的重點，而這也促成了更有效率的決策。

改善資源配置

採用整體權責會計制度的第二個動機是提昇巨觀層次的資源配置。新的預算制度，使得投資的支出與日常性的可能花費可以獲得較為平衡的考量，包括在經濟與預算緊縮的時期也是如此，也因此，在進行預算決策時，便可以針對消費性支出做出比較性的判斷。

持續與明確的預算規範

整體引進權責會計制度的第三個動機是讓預算規範更為明確。就荷蘭的情況來說，從成本角度所建立的預算規範，因為是政署設立過程中的一環而被發展出來，相對的，其他中央層級公部門中的組織仍使用著從現金角度進行計算的預算規範，而這樣的情況也導致一種可以被預期到的結果，也就是組織很容易就會根據哪一種計算方式可以得到比較好的成果，而決定選擇所使用的規範種類（兩套規範、兩種道德標準）。隨著在荷蘭的公部門中，有愈來愈多的政署以及其他使用權責會計制度的組織，這樣的情況將可以預期在未來造成更大的問題，也因此，伴隨著實行從成本角度整合的中央預算，在兩種不同預算規範中游走的可能性就被消除了。

中央公部門權責會計制度的輪廓

在依據權責基礎的新預算制度中，預算將會呈現出成本預算的新特徵，和過去具有現金預算特徵之預算制度相反，新預算制度主要強調的是成本。就日常費用以及像是薪資與津貼等支出來看，成本可以和現金支出是相同的，但是成本也可以具備長期投資的特徵，而出現折舊成本，例如：資本支出；相似的，成本也可以包括利息。在部會層級的年度報告中，成本預算的會計制度是被使用的，並將之計算到預算的餘額中。

為什麼要使用不同的權責會計行政，而不使用在私部門行之有年的標準行政模式

呢？這有兩個原因。首先，不像私部門，政府的服務與生產，通常在成本與利益之間缺乏明確的連結。舉例來說，這可以從稅收與國防支出間（缺乏）關係看得出來。也因此，從收入的角度來看，和成本間建立清楚的連結並不是好的。但是這個例子也有一些例外，像是一些被設計能夠自償的組織。類似的，當我們在思考一個部會的成本與收入時，從利潤與損失的角度來看也是不好的。

第二，中央預算的決策，通常是在不斷出現社會問題、需要增加額外經費的背景下進行，也因此有一個緊縮的預算制度是好的。從政策成本的角度來看，為了要能夠有效能地運作以及能夠被治理，預算應該要能夠管理支出的不同面向。

這兩種解釋，也對荷蘭預算制度未來會如何持續演進的方式產生影響。在編列預算的時候，國家所擁有的財產扮演了一個重要的角色。由於沒有「來自於市場的矯正」，「預算上的矯正」變成是絕對必要的，在絕大多數的情況下，與市場部門彈性化的報告情境相反，在公部門中，報告的準備應該要遵循嚴格的預算法規，而這也同樣適用於定義資本支出，以及該項支出進行資產評價的基礎。

定義資本支出與其評價基礎

在權責基礎預算下，責信法規與政府支出規範的建立是基於成本。也因此，有必要讓資本支出（亦即一項支出的現金價格與成本在定義上是不相同的）的定義是明確且具有持續性的。資本支出的定義決定哪一項支出可以被包含在預算餘額內，以及該項支出是否可以分期從預算中被扣除。除了資本支出的定義必須明確且具有持續性的要求之外，這個定義也必須在經濟上是有用的、可行的以及透明的。在這樣的思考模式下，歐洲國家與區域會計制度（European System of National and Regional Account '95, ESR '95）提供了一個不錯的參考選項。

此外，針對於資產評價基礎的問題，歐洲國家與區域會計制度特別被選來當作是一個起點。而這代表了如果可能，資產的價值需根據其真正的價值計算。舉例來說，如果某部會擁有荷蘭皇家郵政集團（TNT Post Group N.V）的股票，股票真正價值的計算，可以就以依據股票市場中該檔股票的價格來計算。然而，某些公部門固定資產的評價就困難得多，在這些個案中，真實的價值是根據歷史成本的價格指數計算，同時在某些適當的情況下，固定資產也可以定期地重新評價，以修正該項資產實際價值與指數價值間的差異。

制度中的保證機制

相較於現金基礎的財務行政，權責基礎之財務行政一般被認為提供了較多「操控預算」（budget manipulation）的可能性，也因此，有必要推動與研擬一套嚴格的法令規章

制度。針對國民帳戶（national accounts），荷蘭已經發展出了這樣的法規制度，而從效率的角度來看，這也有很明顯的優勢。然而，風險也是存在的，相對於需要較大預算彈性的時期，在經濟繁榮的時期，投機性的需求可能使得評價與折舊等出現虛估的狀況。因此，設立一個能夠判定法規與例外之正當性的管理機構會是有幫助的，為了提高可靠性與透明度，很清楚地，這個管理機構應該具有完全的獨立性（independent）。

執行

推動權責會計制度需要經歷一個大規模轉變的過程，而在過程中會有一些因子，如果適當地被掌握，將可以使得成功推動這個制度的機會被提昇。因此，將這些因子連結到這個過程是重要的。這些關鍵的成功因子是：

· （專家）人員的存在；
· 適當資訊的提供；
· 法律規章的適度修正；
· 現有固定資產的評價；
· 重要政治人物的支持。

當這些因子能夠獲得適當的關注時，權責基礎財務行政制度的引進，將對於提昇公部門的效能與透明度產生很明顯的貢獻。此外，如果被選擇用來強化預算與責信的嚴厲法規愈來愈普遍的話，預算控制上的風險就可以被避免。

結論

本章檢視了政府部門中的預算與會計制度，其中探討了我們可以稱之為「現金基礎」與「權責基礎」的兩種主要制度。在現金基礎會計制度中，支出與收入在現金支付或取得發生時就被計算而反應在帳戶上，這個方式是很容易做的，但是所提供的資訊卻也不多。相反地，在權責基礎制度中，支出與收入在這些交易發生的相關期間都會被計算與納入預算中，也因此，我們稱這些支出為成本，而叫收入為利益。年終成本與利益的餘額會被計算到總餘額中，而此總餘額則是年度對於財產與負債的概述。這個制度是比較複雜的，但是也同時提供了較多的訊息。在許多OECD國家中，已經出現從現金基礎制度轉換成較偏向權責基礎標準的過程。

要說一個制度比另外一個更好是不可能的，這取決於一個政府透過它的預算所希望

達成的目的，預算制度必須去迎合政府的目的，而這也是荷蘭政府發展規劃出雙軌制度（alternative system）的原因。這種制度可以被描述成介於現金基礎與權責基礎間的第三條路。它結合了現金預算中預算控制的要素與權責基礎制度中提供實際成本資訊的要素，而它也提供了較佳預算決策所需的資訊：它提供了更好的效率，就像在私人企業中一樣。

參考文獻

Blondal, Jon R. and Kromann Kristensen, Jens (2002) 'Budgeting in the Netherlands', *OECD Journal on Budgeting*, 1 (3): 43–78.

Commonwealth of Australia (1999) 'Fiscal Policy Under Accrual Budgeting'. Information Paper.

General Audit Office (2000) *Accrual Budgeting: Experiences of Other Nations and Implications for the United States*. Washington, DC: GAO.

Her Majesty's Treasury (1999) *Resource Accounting and Budgeting, A Short Guide to the Financial Reforms*. London: HMSO.

Ministerie van Financien (2002) 'Eigentijds Begroten (Modernizing the Budget)', in Ministerie van Financien, *Miljoenennota 2002* (Budget Memorandum 2002). The Hague, pp. 106–27, (www.minfin.nl).

Norman, Richard (1997) *Accounting for Government*. University of Wellington, Victoria Link Ltd.

OECD (2002) 'Overview of Results Focussed Management and Budgeting in OECD Member Countries'. Paper prepared for an Expert Meeting on the Quality of Public Expenditures, Paris, 11–12 February 2002.

Osborne, David and Gaebler, Ted (1992) *Reinventing Government: How the Entrepreneurial Spirit is Transforming the Public Sector*. Reading, MA: Addison-Wesley.

Van den Berg, J.W. and Kok, L.H. (2001) 'Eigentijds Begroten (Modernizing the Budget)', *Openbare Uitgaven, 33* (5): 211–16.

第二十二章　比較公共行政學：從理論到架構的探討

Marleen Brans
任文姍 / 譯

PART *10*

比較公共行政的價值、定義與產生的問題

「比較或毀滅」，又或是比較公共行政的價值 —— 學術與實務上的公共行政 [1]

　　「比較或是毀滅」，也許對於比較公共行政原理的研究發現來說，是一句太過強烈的標語。然而，對政治學整體及公共行政個體而言，長久以來的比較，都被認為是「科學方法的真正精髓」（Almond and Powell, 1966: 878; Verba, 1967; Lijphart, 1971; Pierre, 1995: 4; Landman, 2000）[2]。正如Dahl（1947: 6）所言，行政科學的建構，全仰賴於能否成功地建立超越國界的主張。在某一個時間點與地方（Antal et al., 1987: 14; Korsten, 1995: 33），概念與普遍化的發展程度，哪些是適用於所有不同的社會，以及哪些適用於單一社會，兩者之間，配合著對於跨越國界與不同時空的差異性與相似性進行系統化的調查。而系統化的比較，不僅得以對不同的環境，就組織結構與行為評估其效果，同時也可針對組織的結構與行為，為何會產生不同的結果，並影響社會相當的程度，進行分析（請參考Peters, 1988）。

　　就比較架構中，個別案例理論性與實證性的詳細描述，不僅對於建構一容易理解的理論與進行檢驗的偉大目標極為重要，甚至更為大膽的目的在於，針對全世界公共行政領域的結構與績效加以預測。此一多功能性的目標，不僅僅著眼於科學方面的研究，同時也希望能得到實務上的論證。此一比較研究，至少希望能夠對於跨國性的公共行政加以研究，以求在地區性的科學性談話範圍內發現，並指出任何可能的不實誇大（例如：

1　本章依照慣例將公共行政的學術研究理論以大寫英文字母（PA）爲代表，而將實務上的公共行政，以英文小寫字母代表。「比較或毀滅」乃是從荷蘭語的「Vergelijk of verga」翻譯而成，在1992年由荷蘭籍的政治學家De Beus對於社會科學研究者，針對國家（the sorry state）的比較研究所提出的建言（Korsten, 1995: 15）。

2　公共行政在此乃被視爲政治學門的次學科。

對於荷蘭與瑞典所聲稱巨大的公共部門，或是對於比利時所指稱衝突解除的獨特性質等例）。根據類似的觀點，比較研究的目標與主張，都縮小為像是將國家實驗的結果，轉變成未來的發展方向（Van Deth, 1994: 2）。

對於公共行政的實務研究，國際性的案例也具有相當的重要性。這些案例不僅可提供給那些有志於提供實務建言的研究人員，以及希望應用在實務工作上的政府行政人員，作為參考，並對於如何建構好的結構與達成最佳的實務工作，從更為寬廣範圍的理念加以調查研究。無論是制度或政策方面的轉變，毫無疑問地，都是嶄新的一頁。19世紀時，制度的轉變，就像憲法的諮詢，不僅是學術上的消遣，同時也是各個國家之間，一個真實交換出與入的行業。更確切的說，1960年代與1970年代的諸多學者，早就針對制度化轉變的限制提出警告（請參考Siffin, 1976），其中大多數是針對新殖民世界所引入採用的行政方法。這些學者所提出的警告效用，一直維持到30年後的蘇聯解體，當出現愈來愈多的全球化進程，對於不同司法管轄區之間的轉變，提供新的激勵。也再度地受到主要創立機構與政策散布者，如OECD、世界銀行與IMF等國際組織的支持。在考慮轉變的進行之前，對於那些最佳實務經驗的例子，從事行政行為與績效上，政治性與文化變數的了解，建立一比較性的研究架構，乃是不可或缺的過程（Tummala, 2000）。

比較公共行政研究的各種定義

接下來我們要討論的是，對於比較公共行政的發展與狀態之評估，多半是仰賴於比較公共行政學研究的定義。嚴格的比較公共行政研究定義，則是強調研究方法與結構設計的一致性，其基本精神在於，此一定義需要針對多個國家進行研究，並根據特定期間，以主要的研究問卷，對案例蒐集相關資料。而如果本質上無法加以量化（quantitative），那麼案例的選出，則根據最具相似性（研究）設計法（most similar systems design, MSSD），或是最具差異性（研究）系統設計法（most different systems design, MDSD），又或者是，仔細複製應變數與自變數之間的關係，以求針對中間變數進行控制，並且產生自動的證明或是反證。此一比較設計的目的，希望能從理論的觀點，就相關的假設進行測試，並且刪除任何的敵對解釋。此一設計，對於複雜的事實，已經高度地依賴認知上的簡單化，也正是我們對比較公共行政寬鬆定義的研究主題，或是學者Derlien（1992）所稱，所謂比較公共行政研究中，較弱的變數。雖然已經有許多比較研究的書籍陸續問世，但仍須結合類似二分法或是較為複雜的類型學，以及前後關係描述的分類建構之研究。而研究的範疇，是否能提昇至理論測試的層級，則往往仰賴於編者的學術深度（請參考Page, 1995）。此一合作性的成果，明確的需要具有高深研究管理技能的學者，而不只是個嗜好消遣，並且還需要一絲不苟的嚴格編輯，才能達成並提昇研

究的豐富深度，以避免任何民族優越感的氣息出現。

　　另一個所謂弱變數，則是次層性的分析。其意涵乃是指，提供大量參考資料的專題論文與學術期刊，雖然可能產生效度的減低，但仍是在可允許的缺點範圍內，因為這些類型的資料或許無法針對實驗證據的論述，提供絕對正確的觀點，甚至對於原始性理論，以及本質上給人深刻印象的研究，產生鬆散的基礎（請參考Egeberg, 1999: 160）。另外的比較公共行政研究變數，及其他也許不被認定為屬於比較公共行政領域的部分，則是單獨的案例研究（single case studies），其相關的資料，可能就是上述次層性分析的主題。一些單獨案例研究，本身針對理論測試，以了解是否代表獨特性或重要性的案例，並且超越尚吉巴缺點（the Zanzibar flaw）。這當然代表了此研究運用其他國家所採用的概念，或是尋求產生更大範圍的推論結果（Landman, 2000: 23）。而另一方面，這些研究雖然提供前後關係的描述，卻不會產生分類系統與理論測試所無法達成的較高目標。不同於一些觀察者的主張，遵循主流公共行政期刊所涵蓋的比較性部分，單一案例研究應該被認定為，大型比較公共行政研究（CPA）計畫的一部分。

公共行政研究的問題與機會

　　一般而論，比較公共行政研究，容易遭受各種不斷的評論攻擊，包括美國與歐洲等國家，從1960年代末期至今，對於此學科目前的發展狀況，相關的評估都算不上積極。而從某種程度來說，其所遭受的強烈評論，則多是從內外與比較公共行政研究評論者所持有範疇的定義相關聯。其中最感到失望的則是，那些將比較公共行政研究作為假設測驗的計畫，具有極大野心的評論者（Heady, 1979）。坊間已有的相關書籍，多是缺乏比較性的設計，而且對於國家並列的結論，也都屬於印象派主義的形式，過分仰賴於政治文化差異的空洞概念（請參考Derlien, 1992）。於是我們對於公共行政研究比較面向的諸多了解，仍然以描述性質為主（Peters, 1988: 1-2），而缺乏一個整合性，具累積能力，能夠將大多數的案例研究發現，提昇成有意義的分類結果。

　　為什麼從描述性提昇至分類階段，最終至理論測試的層次，是如此的困難呢？其答案是多重的。一般通常將原因歸咎於時間與金錢的因素，以及缺乏制度性的大力支持。而一般對於美國比較公共行政研究興衰的相關言論，則更加支持此面向的論點（請參考Riggs, 1998）。對於比較公共行政研究，所需要的昂貴費用，其蘊含的理由則更是引人注目。它們認為，主題事件的複雜性，以及缺乏降低此複雜性的方法，與意義深遠的類型學及容許結構化的應變數與自變數等面向相關聯，而其間的關係，正是理論測試建構的主要基礎。

　　平心而論，主題事件，的確有其複雜性之存在。而不僅公共行政的領域極為複雜，

其所處的行政體系環境，也同樣的複雜。即使對於應變數的本質，諸如結構，其間扮演的角色以及行政體系的行為等，達到基本的一致性（Aberbach and Rockman, 1987），這些因素卻不是輕而易舉就能從比較的面向加以研究。許多從事各種類型事件的機關與行為者（請參考Fried, 1990: 322），分別在不同的政府層級與各種的形式設定，自然而然會挑戰研究者，必須進一步地尋求功能上的替代同等物（equivalents），並善加運用跨越時空的各種概念（請參考Pierre, 1995: 6-7; Maor and Lane, 1999: xiv）。經典的例子包含了將職務代理人，例如：文官、部長或部會與機關等加以分類成中央政府的基本行政結構，或是各種不同類型的地方政府結構等的問題。此外，行政體系並不是簡單地就能以一般性原則加以分類，再加上其間還存有許多次系統的變化性（Aberbach and Rockman, 1987: 477, 484）。對於行政體系的諸多特性，系統之內的差異性，也許遠大於系統與系統之間的差異性。除此之外，行政的安排持續不斷地變化，於是相關的概念也就應該能適用於不同的時空；同樣的道理，也適用於行政環境，不論產生如何的變化，永遠都包含著許多可能的變數。

操作性的定義與衡量所產生的諸多問題，將阻礙行政體系基本應變數的挑選，並影響跨越國界與時空的比較。為了探討不同制度性的安排，而將這些變數的本質轉變成自變數，其產生的衝擊，將使得事情更加地困難：資料的輸入與輸出，都不是容易就能加以定義與衡量，同樣的，之後也將因資料蒐集所可能產生的問題而更加地複雜。

就資料的取得性與可信程度，的確是比較公共行政研究的發展領域中，一個令人傷腦筋的問題。由於資料的建構，往往多是由政府官員與機關所組成，於是資料的數量不僅可能很少，而且也不容易加以操控（請參考Fried, 1990: 323）。相對上可能只有極少的自變數資料集，尤其與比較政治領域比較，後者現成已經有相關此一議題的資料可供使用（又或者比較政治是否集中在那些已有現成資料集的相關議題？）。通常比較公共行政的研究人員，對於資料的使用，多是採取折衷方式，如此，便可從多種的證據來源取得確實的利益。然而有些資料，無論從法律上或倫理上都是受到相當的保障，於是也被研究人員所排除在外，造成其被重複使用的機會有限，如此就可能減低其推測的有效程度（Gill and Meier, 1999: 4-6）。

有些批評則是超越了傳統方法上，只著墨於評論方式的缺點。因而讓人對比較公共行政研究的未來發展更不被看好。更確切地說，語言技巧及跨越文化間，轉換概念的敏感度等，長久以來就被視為，乃是跨國際研究中不可或缺的要素。然而明顯的，影響深刻的存在論之後現代主義者，指派語言所扮演的角色，讓比較公共行政作為一個後實證論者（post-positivist）所付出的努力，嚴重地面臨威脅（關於後現代主義對於公共行政的研究方法概論，請參考Heady, 2001: 53）。而更進一步，但存在性威脅來源較小的

相對主義（relativism），則與整體的全球化過程有連帶的關聯，尤其特別是歐洲趨向化（European convergence）或與歐洲相容性的壓力（eurocompatibility pressures）。這些影響力將會減低民族－國家作為分析單元的關聯性，因為它們的環境正逐漸被不同的國家所分享，而不再是它們的專屬（同時也請參考Heady, 1979: 64）。

如果不將後現代相對論（postmodern relativism）放入考量的內容，那麼比較公共行政研究的領域裡，仍存有許多的機會與希望可期盼。若不管上述的種種缺點，全球化的研究並未發現，任何對制度性趨向化（institutional convergence）有力的相關指標（Chandler, 2000: 264）。國家主權的整合與失去，不應該是比較公共行政研究在跨國脈絡（cross-national context）領域裡的一個突破（Korsten et al., 1995: 31-32）。如果只就變化的途徑依賴，以及指派國家結構與過程等主要角色的重要性而言，民族國家仍然可提供比較分析上，極有效的脈絡可循。正如上所描述，次系統的變化（sub-system variation）可能也會使得國家級普遍化的目標不容易達成。於是，對於比較公共行政的挑戰就在於，當不同國家之間的行政體系，比系統之間的差異更大時，如何加以適當的分辨（請參考 Aberbach and Rockman, 1987: 477）。

全球化似乎對於資訊與資料的快速傳送，造成極大的貢獻，而如經濟合作發展組織（OECD）、世界銀行與聯合國等主要政策擴散的國際機構等，也紛紛從1990年代末期，便開始加快努力公共部門相關資料蒐集的腳步。此外，還要記得的是，資料的數量並不能與資料的比較性相提並論。對於比較公共行政領域研究目的相關的資料蒐集，需要持續保持高度的警覺性，以確保資料的可信度與有效程度。而缺乏大量且獨立的資料集，並不全然代表是件不好的事，因為不同於比較政治領域的狀況，比較公共行政的研究，較不容易陷入大量資料的陷阱，也不至於受限在只調查那些現成可得的資料等變數可能產生的困境（請參考 Page, 1995）。

資料可用性的持續增加，以及大量的案例研究與二手資料分析，也許對於行政系統建立概要理論，無法產生太大的幫助。但若先不討論究竟此一行政體系的概要比較理論，是否可能成立或者適宜與否的問題，而將重點放在對比較公共行政的研究，並進行積極正面的分析，那當然就不能錯過下列幾個重點：首先，比較公共行政領域裡，其主要次級性問題（sub-questions）的比較性文件製作與分析的進步是多元化的發展，並且產生了極具意義的標示學與分類理論（typologies and classifications）。這些包括了對於OECD已開發國家、中東歐及亞洲等國家，除了一般性，以及高階文官體系的比較性研究（Bekke et al., 1996）；還有就是地方政府的結構與功能，以及公共部門傳遞服務系統等之比較研究；第二，即使從設計上完全無法加以比較，我們仍可從理論測試的分析策略中，找到更具資訊性的使用方法。例如：三角測量法（Triangulation）（Webb et al.,

1996），或是從其他理論性的角度，藉由跨國的證據，執行理論預測形態的方法，似乎在提昇對於某些行政現象的了解，如地方政府的重組（Dente and Kjellberg, 1988）、分權化（Page and Goldsmith, 1987）或是公共部門的薪資待遇（Hood and Peters, 1994），是一能產生豐富成果的策略。而當現成就有資料可供研究的情況下，時間序列（time series）的方法，也能在理論性主張（theoretical propositions）方面，提供相當明確且直接的測試。相關的類似例子，如學者Rose（1985）對於大政府的興衰之研究，或是Hood和Peters（1994）對於公共部門薪資動態的自利行為的研究等。而極具潛力的少數個案分析（small N analysis），或是質化比較分析法（QCA）（Ragin, 1989）等統計方法，雖然已漸漸受到許多研究機構的重視並採用，但在比較公共行政的領域，仍有待被廣泛接受的空間。對於成功的研究而言，其最終的步驟，則是對文官體系的主要特色，以比較性歷史分析的方式，進行回顧（請參考相關範例Silberman, 1994），並對今日行政改革的比較面向，進行重要課題的研究。

從共通性理論到一般性的結構

平行與交叉軌跡的中程理論發展

　　藉由上述研究策略而產生的理論性發展，並不是處在偉大理論發展的層次上，而是試圖擴大跨文化的解釋與相關的概念定義，以有利於對世界上的各個國家，從富有與貧窮的官吏或是弱與強的國家的觀點而言，針對行政體系加以分類（請參考 Presthus, 1959; Heady, 2001: 17）。此類的一般性系統模型，乃是成形於1950年代與1960年代期間，美國的比較公共行政運動的中心，其中知名的闡述學者F. Riggs清楚地表達對此研究強烈的科學野心，並草擬出結構性的功能概念，以取代類似學者Almond（Almond and Coleman, 1960）所提出的功能性分析（functionalist analysis）。而對於美國比較公共行政運動的興衰發展，部分上來說，乃是一制度性的故事，其在社會與經濟發展的扞格下，行政安排機關持續的減少補助資金，而且對其發展的興趣也消失不再（請參考Fried, 1990: 326）。然而，其最強烈的覺醒，則是來自於科學上的承諾仍未被滿足，或是無法成功產生行政體系的通則理論之事實。許多的觀察者紛紛提出建議，認為應該將比較公共行政在理論上的努力，從宇宙面向的偉大理論發展（Prestus, 1959: 26; Jreisat, 1975: 663; both in Heady, 2001: 33），轉移至漸進性增加產生的中程理論。無論是自覺性與否，這樣的建議似乎已被接受，因為根據比較公共行政的規定，許多理論性與概念性的發展，都是圍繞著大型規定所定義的次領域研究而發展。

冒著過度簡單化的風險，中程理論之發展可視為兩軌的運行方式，其時而分開，或是一軌趕上另一軌，有時兩軌也可能相互交錯，同時也給予比較研究的某些次級領域重要的發展動力。就大範圍的人為程度裡，我們可以從這些軌道中，區別出第一軌研究乃為問題導向。在此，理論發展尋求進行編碼化、分類化，以及對公共行政的結構與行為上的現象，或對那些覺得有問題或不斷變化的政治與社會環境的發展，產生相當程度的了解。

第一軌研究：問題導向

繼1970年代所出現的經濟性世界危機，以及新自由主義論述的出現之後，1980年代所面對的問題，毫無疑問的，就是不足的問題。此一不足的問題，以及效率與經濟所出現的諸多考量，促進了針對公共部門的規模與成長，進行比較性調查的議題（請參考 Rose, 1985），此外，還產生兩層的附加效果：第一，在修正傳統性官僚模型（請見下文）時，說明了公共部門的成長，乃是官僚權力的理論中主要的注目焦點；第二，關於衡量政府大小的問題，則需要對公共部門變化進行比較性的研究。尤其是1980年代後期，受到政府部門民營化（privatization）與解除管制（deregulation）所進行之政府瘦身運動所激勵而產生的發展（Vickers and Wright, 1988）以及1990年代早期所產生的效果（Wright, 1994b）。相對而言，民營化多被認為是時代的主流產物。隨著公共部門日益瘦身，公共部門與民營企業之間的相互影響也日益增加，其中所產生的結果之一，就是針對服務提供方面，出現新範圍的公－私機構性安排（Hood and Schuppert, 1988）。在多個國家中，所出現的管理主義（managerialist）「改革」現象，則是藉由內部民營化的引進，更進一步加深不同議題的複雜化程度。不論從實務與政治面來看，其對新管理主義的普遍性支持，更加引發對於行政改革變異上，產生許多的比較性研究，此一現象不僅於西方世界發現，同樣也逐漸出現在發展中國家（Crozier and Trosa, 1992）。而這些國家，不受到全球化主張的影響，仍是堅持其一貫的國家行政慣例。另外，就是關於人事政策的方面，尤其是績效評估系統與新公共管理等領域，則特別受到比較性的注意（請參考 Derlien, 1992: 291; Farnham et al., 1996）。

同時，政府其他層次的行政改革，本身也建立了比較性的研究慣例。戰後所出現大規模的地方政府結構化改革，乃是造成跨國界差異大量理論化與操作化的主要原因（Sharpe, 1979, 1993; Batley and Stoker, 1991; Dente and Kjellberg, 1988; see also Page and Goldsmith, 1987）。聯邦主義（Federalism）或一般的政府權力下放，同樣也受到新的矚目，例如：東西德的統一（其原本的體制就是採用聯邦制度）；比利時的聯邦化（federalization）；法國、西班牙與義大利的區域化（regionalization）；英國政府權力下放，以及美國的「新聯邦主義」等（Walker, 1995）。

　　在1980年代與1990年代早期所出現的許多行政改革議程，多針對經濟與效能的追求，以及較小程度上對效用的訴求，而後者，在1990年代下半期，才開始受到更多的矚目。政治人物所在意的是，如何建立好的政策，讓人民感覺到改變（或讓他們看起來異於其他政治人物）。從多個不同的指標觀察，較大的程度來看，人民希望的是重建對於政府日益低落的信賴感（Klingeman and Fuchs, 1995）。無論對政府的信賴喪失等問題是真或假，或者僅只是感受而已，都已經引起政治人物的警覺，努力確保其在人民心中的地位（Pierre, 1995），並尋求不具選舉特色的方法，以建立民主的合法性（請參考 Marini, 1998: 369）。即使是OECD已開發國家，在經過多年著重於管理面向的公共行政發展之後，如今也開始提倡由人民參與政策制定過程的方式。從人民的觀點而產生多種不同模式的行政調解，其相關的系統化研究，無論在政策形成及實行等方面來看，仍有改進的空間；而對於文官外在行為效果的結構性探討，則將產生行政組織，以及政治人物－行政機關之間各種不同的關係。

　　值此同時，有相當多關於信賴等議題的比較研究之發展，也逐漸具體成形（materialized）。長期以來，在發展中世界，貪污多被認為是屬於地方性的議題，而且被當成是發展中國家一尚未成熟的徵兆。在美國，此一議題在水門事件中開始浮現，並且迫使大家不得不開始重視行政倫理，並將之列入研究的議題中。然而，針對貪污的各個面向，以及其產生原因的比較性研究，只有在1980年代末期與1990年代初期，當歐洲出現許多類似的醜聞與攻擊對手私生活的真實案例，以及之後社會陸續對於政府職業生涯標準的考量與看法，才真正開始取得此類議題的研究動力（Della Porta and Meny, 1997; Williams, 2000a, 2000b; Williams and Robin, 2000; Rohr, 2001）。

　　針對問題導向年代所產生的最後一個相關議題則是，伴隨著資訊化社會的到來，其對於公共行政所可能產生的問題與面臨的挑戰。如果我們可以確信，OECD已開發國家乃是一主要問題調查者與趨勢領導者，那麼電子化政府（E-government）的形式，將是新世紀一開始各國政府的首要目標。而各國的政府對於嶄新資訊與通訊科技的運用，將大幅度地轉換政府的結構與營運方式，並且改變後者與公民社會之間的互動關係。電子化政府的形式，具有許多不同的面向，而其對公共行政領域所造成的影響，其範圍則是相當的廣泛。例如：資訊和通訊科技（Information Communication Technology, ICT）究竟是如何協助政府，並促進政府針對其客戶的要求，以提昇回應的效率？電子化通訊，如何對政府內部的各個不同層級，以及長官與下屬的關係造成影響與衝擊？而電子化政府，對人民使用權力的平等化又代表了什麼樣的意義？最後我們要問的是，管理與政策資訊系統的整合，是否能藉由增加政府的認知能力，而重新設計新的理性決策模式（rationalist models）？政府能力的極限，對於結構化合理性範疇，有相當大的重要性。而對於這諸多

問題的探討，毫無疑問的，除了良好的實務操作（listing good practices），更可藉由比較性研究的協助，得出正確的答案。

第二軌研究：學科導向

比較公共行政研究的黃金時期，大約從1950年代與1960年代開始，直至今日，無論是被認定為一查驗工具（checklist instrument），或是較大的模式（請參考 Waldo, 1964），針對不同行政系統主要結構與功能性的特色加以比較，此領域中尚存之最重要的主流概念架構，乃是官僚體制模式（請參考 Arora, 1972）。而比較公共行政學科裡，中程理論的發展，相當程度地受到官僚體制模式的應用與改變所影響。

在同屬性組織理論（generic organization theory）轉換成官僚組織與官僚行為的過程中，衍生出許多重要的發展（Peters, 1989: 7）。雖然組織性理論，有助於說明環境差異性所扮演的角色，但也許仍然超過了原本應有的界限。例如：狀況理論（contingency theory），就試圖配合不同組織的環境及生產模式，以尋求達到最佳的結構。然而，卻由於沒有面對環境的影響（還有本質上組織的自我再生理論）與來自制度性轉換所產生的過度隔離結構性變數（overinsulating structural variables）所造成組織閉合論（organizational closure）等相關現象而受到批評；相對的，生態理論（Ecology theory）所令人感到興趣的地方在於，其提供了對於組織的慣性（inertia）、變化與改造等各種不同的面向（Kaufmann, 1976）。至於其他持續性的影響，則是來自於強調組織文化上，跨越國界差異性的組織理論。在美國，學者Presthus（1959）的研究，則早在此一發展產生之前就已存在；而在歐洲，學者Lammers和Hickson（1979）則是針對組織的文化，提供相對比較性的看法，學者Crozier（1963）也利用組織理論，對官僚體制的現象進行相關的研究。雖然他的研究設計上，並不具有比較的性質，而且對於法國、美國與蘇聯間官僚體制的差異性觀察，也不具有系統化的研究，然而卻不可低估Crozier在比較公共行政領域上的研究成果。因為他的研究，對於主要鑽研於制度與公共法描述的行政科學領域，在理論與方法論上的突破，奠定了良好的基礎（請參考Smith, 1999）[3]。另外，對於組織理論具影響力的研究，則是來自於學者Hofstede（1984），他所提出的文化四面向理論，同樣地避開了種族中心主義（ethnocentrism），並提供對跨文化價值的辨別與特徵化（typify）的研究方法。尤其是他對於權力距離的量度，與一般在拉丁美洲與北歐，或是天主教與基督教的新教徒間的政治—行政文化（相關例子請參考Page and Goldsmith, 1987）中，所使

3　雖然早在18世紀就已有重商主義（cameralism）與政策研究等學門傳統的存在，歐洲的公共行政卻是從19世紀後期，才堅定地植基於公共法的學科領域（請參考 Rutgers, 1994）。

用的二分法，有相當多的共通點。於是，應該將此一研究，與其他如區別盎格魯—撒克遜（Anglo-Saxon）、德國的法治國家（Rechtstaat）、法國的拿破崙（Napoleonic）與混合的斯幹那維亞的（Scandinavian）等慣例的政治—行政文化相關的概念（Rhodes and Weller, 2001: 244）相互整合。

　　關於修正傳統官僚體制模式的另一個重要來源則是，對於官僚體制的機能障礙與病態現象，所衍生出正式的理論化。而官僚體制的公共選擇慣例，其動力則多是來自於貶責官僚的社會氛圍與對大政府缺乏效率的不安。若是將官僚比擬成偷懶者、預算極大化者，以及官僚體制獨占者（Downs, 1967; Niskanen, 1971; Moe, 1984）的諸多解釋（請參考Peters, 1996），則是將概念從新組織經濟等，根本上以主理人—代理人的模型進行轉換。而學者Dunleavy（1991）所提出之型塑官僚機關模式（bureau-shaping model）的獨創性，則在於其制度性的公共選擇研究模式，並未採用主理人—代理人的模型。另外一個具影響力的經驗性研究，則是由學者Allison（1971）所提出，其提出關於三角測量方法（the method of triangulation）就是一個極佳的範例，同時針對官僚體制的權力與政治，也大力提昇其概念化的能力（Kettl, 1993: 412）。

　　我們可以大致上從兩個方向指出，這些理論嚴重地挑戰了傳統的官僚體制模式。對於國家政策，上述的這些理論，提供了官僚權力概念化的方法，以及協助我們將官僚體制視為競技場的比賽，在衝突結束時，所產生兩件傳統模式[4]中被忽略掉的議題。對於政治官僚化的認知，則是促使我們重新對政治與行政間典型的二分法加以審視，也就是說，不可否認的，其與韋伯的官僚制度模式，存有大幅度的關聯性。值此同時，其他的理論發展與比較研究，則是展現了官僚政治化（the politicization of bureaucracy）的現象。學者Aberbach、Putnam和Rockman等，對於官僚角色在跨國之間的差異，所做的種子研究（1981），以及Aberbach和Rockman（1987）兩人對於政治如何滲透官僚體制方法之概念化，則是更進一步地腐蝕了傳統上對於二分法的理論性與經驗性的認定。而不論從因變數與自變數，或是從形式上與行為上的證明來看，政策制定者與官僚間的關係，儼然成為行政體系比較研究中一個主要的變數。由Putnam等學者所指出的四種政治類型—行政關係，再加上由Peters（1988）所指出的第五種類型，讓相關的學者得以對跨國性的差異做一完整的研究，同時也就不同時間的變化情況，監督其可能產生的改變（請參考

4　在此並不適合對韋伯的官僚制度理論，關於威爾遜二分法的同化作用作一完整的評論。至少我們可以說，重新研讀韋伯的作品，將能讓我們得以捕捉政治權威（political authority）與官僚體制權力之間微妙的關係，其中檢核表的模式，則僅是其中的一個變數。

Golembiewski, 1996: 14）。

　　從學者Pressmand和Wildavsky（1973）等對於政策執行的實證研究，我們同時也發現，行政系統其實具有高度的政治性質。他們的研究，尤其對於美國與歐洲的政策執行理論之發展，產生相當程度的影響力（Hjern and Hull, 1982; Hanf and Toonen, 1985; O'Toole, 1986; Sabatier, 1986）。無論是從下而上或從上而下的角度進行了解，都非常合適，關於政策執行的複雜性指出，將立法轉換成工作計畫的多元行動者之特質，則不再是將公共行政的概念化停留在單一獨立的組織定義（Peters, 1989: 8）。

　　對於複雜性持續增加的假設，則是從那時開始，更加地為人所注意（Kickert et al., 1997）。在歐洲，一般歐洲立法的執行層面，尤其是結構性基金相關的立法，都成為比較性研究網絡中，令人注目的焦點，此外，全世界各國不同層級的許多政府組織，對於公—私與公—公間的安排，也出現同樣的情況（Heinelt and Smith, 1996; Marsh, 1998）。而英國的網絡研究，最初乃被認定為屬於利益協調的性質，也變成不同類型的公共部門組織，包括許多各種不同的安排中，不同公－私的角色扮演（Rhodes, 1996; Borzel, 1998）。而在德國，學者Frits Scharpf所提出的聯邦與邦之政治交織的概念及以Fritz Scharp（1995）為首的普蘭克學派所提倡的網絡研究，則多是用於對全面性政策的檢視（Hanf and Schrapf, 1978）。

　　政策網絡的比較性研究，雖然提供強有力的理論面向及分析性的架構，但是對於操作性的定義，卻沒有做出太多的著墨（O'Toole, 1997）。如此不只對於政策性質是屬於開放或狹窄性的判定將產生困難，甚至也無法對其特色與結果之間的關係做出正確的判斷；例如：究竟會造成私人利益或集體利益的判決等之類的問題（請參考 Borzel, 1998）。

　　公共行政領域裡，所謂第三者的參與（the involvement of third parties），姑且不論此第三者是否為民營部門的成員，或是來自不同政府層級的機關，或是公民社會中的群體或個人，其所一再強調的是，公共部門多樣性概念化的需要。或者，來自於公共團體與社會方面，關於概念實行相關工具的嵌入（請參考Ashford, 1978），因為政策工具化的協助，提供日益增加的利益，尤其當概念化作為代表國家與公民社會之間的關係，或是從脅迫（coercion）轉變成自發性（voluntarism）等面向（Hood, 1986; Doern and Phidd, 1992; Howlett and Ramesh, 1995; Bemelmans-Videc, 1998）。

　　有些理論乃是以累積性的發展模式存在，而往往根據多組的實證研究所建立而成。然而，許多觀察者卻紛紛指出，現今出現鐘擺式（pendulum-type）發展的公共行政理論，其對於那些存在已久的理論或實證，甚至對於耆老大師的智慧，不斷採取健忘的態度或忽視其存在的事實（Kettl, 1993: 48; Page, 1995: 138-139; Golembiewski, 1996: Holden, 1998;

Hood, 1999）。在此，我們所欲提供的解釋性因素，包含了對於學科認知上的極限，以及一方面使用二元化規劃或二分法，而另一方面，則採用規範性的衝突與地盤矛盾的方法。

　　舉例而言，在1979年，學者Heady對於新公共行政運動壽命的長短，或是可能帶來的衝擊等，採取懷疑的態度。對於新公共管理所謂的規範性結果與智慧基礎的反應，Heady並不能夠預測此運動中心議題所帶來的力量是否會在1990年代再度出現。而新公共行政管理，對於公共行政的確也帶來相當的貢獻，不只針對主題相關事件的定義上，或公共行政管理實務的公眾性，引發了相當多的努力，同時也在重新強調公共行政的傳統議題方面，如責任、控管與合作，以及重新喚起對於較低階層的政府文官與市民的角色活力化等重要議題之重視，所達到的效力也不容小覷。不可否認的，今日的新公共行政服務運動，的確與昨日的新公共行政運動，有許多雷同的地方（請參考Walmsley and Wolf, 1996）。

　　另一個相似的發展，則是出現在對於新公共管理傳統（NPM's intellectual tradition）相關的學派之反應。對於公共選擇的「改革」所產生之反應，再一次確認了制度性的安排（institutional arrangements）所扮演的角色，並對結構性變數的比較式分析原理提出相當程度的支援。當個人主義只是文化中的一個變數，文化的角色也同樣地被加以認可。而文化理論的比較性應用，則是針對跨國界差異性的解釋，產生了成果豐碩的研究途徑（fruitful avenues）（請參考 Hendriks, 1999）。

比較公共行政的架構

　　分別以問題與原則為導向的比較公共行政理論發展之相關解釋，在在反應出此理論缺乏一個典型範例，以及沒有從各種不同面向的問題及研究途徑進行探討。針對此現象，類似的解釋則為，一方面從事原則的建構及辨別主要問題，然後再使用不同的方法尋求這些問題的答案。但毫無疑問地，由於這些敘述性的文字，結構不夠完整，也容易因其他的觀察者，以不同的次序與重點的強調，描述出完全不同的另一個故事而有所偏差。於是可能的另一種方式，由於提供了目的與一致性，也許就比較容易產生多樣化的比較公共行政理論建構之結果。而此方法就是針對研究標的，尋求共識，並且根據主要的因變數加以組織比較性資料的蒐集與理論的發展。這樣的研究途徑，很明顯是與做為鉅型理論的比較公共行政研究相分離，因為不再有任何的行政系統或整體的轉換作為研究主題，而是更為縮小相關主題的定義範圍。然而，此一方法的優點在於，能讓比較性證據進行結構性的蒐集，並且在不同的國家、時間及政府層級之間，產生更為可行且更具深度的比較性分析，同時也不會因此而排除變數之間的關係，因而達成更寬廣的理論

性探討。

　　對於上述的比較公共行政研究方法，其功用在於已受到許多比較論者的認可，但是對於究竟應該加入哪些變數，仍持有不同的看法。雖然鉅型理論已然被中程理論所取代，然而有些思想方面的進展，仍須經由研讀「官僚本身，以及與其有交互作用關係者的背景、態度及行為」，方能達成（Sigelman, 1976）。此一看法雖然認可了與政府官僚產生交互作用者所屬的相關環境，但仍只是狹隘地將焦點放在個人的行為上。學者Heady（1979, 2001）則採取較寬廣的看法，對於公共行政的環境，Heady詳細地指出政府官僚與他人交互作用的活動場所，多屬於寬廣的政治體系與社會。Heady同時也提出組織性的重點，並強調必須藉由不同層級的分析，才能了解公共行政複雜程度的重要性（Heady, 2001: 34）。Maor和Lane（1999）等學者，則是將參與者，各種不同的結構與行為等，作為建構比較公共行政理論的重要基石，但卻未清楚地提及其與相關環境間的關係。而提出候選人的因變數（dependent variables），包含了政府員工、政府組織、官僚的行為，以及政治－行政關係的學者Peters（1988），也同樣沒有明確地描述其間的關係。學者Pierre（1995）對於比較公共行政研究，則採用三套變數的研究方法，這可能算是最具綜合性的方法。他清楚地將研究重點放在行政機關與公民社會之間的關係，此點雖然也曾出現於學者Peter的研究規劃中，但Peter對此所投入的心力，卻遠不及其對官僚行為的研究。學者Pierre對於比較公共行政研究計畫的三套變數包括：由參與者，各種不同的結構與行為所組成的官僚體制內部組織動力；政治－行政的關係；以及介於行政機關與公民社會之間的關係。

內部的動力：參與者、各種不同的結構與行為

　　對於公共部門內部動力的理論建構，其基礎包含了個人、組織與其相關的行為。此三者之中，前兩者是最為明確的實體，雖然政府員工與政府組織的操作化並非自動形成，並且需要進行詳細的判斷。然而，對於行為的操作化、分類與解釋，因為缺乏對一般人類行為本質的理論性典範，可能會有較多的問題產生。

　　而對於公共部門內部的個人研究，其本身已建立了一個專門的研究議程（Peters, 1988）。無論是針對一般的文官或是政府高級主管，比較文官研究的結果，提供二手資料分析相當多的研究素材。而對於政府員工的數目、社會經濟背景與特質，以及就業的社會經濟狀況，所做的種種比較，都有助於研究工作者對於政府部門員工的雇用、招募；文官的生涯模式，以及政府公職的薪資待遇與福利等理論之發展。這些研究也解答了關於公共行政相關主要解釋性與標準化的問題。而政府員工的數目與本質，則可做為政府部門的規模，以及後者遍及至社會的方式等重要指標。政府員工的特色與背景，則針對文官的代表性，公平的程度等議題尋求解答，而員工的薪資水平與支付的方法，則

讓我們對於文官的社會地位等問題，提出深入的觀察結果。

對於比較組織與結構作為分析單元，其實有多重的原因。當我們針對政府組織的數目與本質加以比較，而不光是加總組織內部的人數，將有助於我們對政府部門產生組合性的形象。而在不同的時間及跨越各個國家，所進行的比較，則可以讓我們超越傳統的看法，對政府部門的規模與服務提供的操作模式，產生正面的看法。對於將組織作為分析單元的重點，同樣也提供我們對政府組織的變化與轉型（Kaufmann, 1976）；政府施政的優先順序（Rose, 1985）；以及行政體系環境的差異性是如何轉換成政府的組織性整理（族群生態）等各種不同的看法。但是將組織與組織的結構，做為研究分析的中心時，所產生的將可能不只是對政府部門的規模與改變，僅僅做出解釋的結果而已。

而正如新制度論（neo-institutionalism）中不同的變數所顯示，無論是作為文化的合成體、路徑決定的機構或均衡發展結果，組織的結構將造成或產生公有領域內的行為與策略性交互作用。而政府機關（agency）結構的連結，則反應在針對政府效率性施政狀況的研究，或是為了了解其複雜性所採取的網絡方法，甚至也逐漸地反應在政府部門改革的範圍與本質的探尋（Hood, 2001）。於是，政府組織與結構的比較，對於了解政府內部動力的複雜性，或對政府部門的規模、多元性、改造或「公眾性」等進行判斷而言，就不只是一個必須的要素。應該說，也同時是政府制度性設計的重要基礎，因為政府部門內部，各個階層的不同結構安排與專門化，不但可能產生各種結果，對於公共行政造成極大的影響，例如：部門的協調、資訊的交換、業務實行的順利與否、專業自治、透明度等等（Egeberg, 1999）。

包括政府員工、政府組織與結構等，相對上而言都屬於實體性的分析單元。雖然操作化的定義以及對於功能性對等物的搜尋，將不會永遠是簡單且直接的，尤其當公私角色或部門之間的界限，變得愈來愈模糊時，更是如此。然而，在了解政府部門內部動力的過程中，第三個主要變數，則在操作性的定義與資料的蒐集上，產生較大的問題。同時對於資料的闡述與避免供需面的偏失上，所需配合的條件也比較高。針對行為的資料蒐集，不僅在取得與查證方面比較困難，也需要提供前後關係的合理解釋。尤其是後者，因為缺乏行為的典範可供參考，而變得更加複雜。影響理論發展的一個重要推手，則選擇藉由正式地對行為效用極大化的普遍性假設，加以定型的方式，以忽略後者可能產生的問題。雖然這樣的假設是否正確，仍是一個疑問，但對於官僚行為諸多正式性的理論，在進行比較公共行政的研究上，卻產生相當的功用。因為這些理論提供了對於假設形成的媒介，以及結構性實證比較研究的啟發工具。尤其針對於三角測量時所使用其他的理論性觀點，它們就可能產生解釋性的功能。

對於其他理論的諸多焦點，愈來愈多官僚行為的實證性理論發展，反應出行為的

多元性及公共行政所可能包含在內的交互作用。而對於研究對象的行為——街頭官僚（street-level bureaucracy）（Lipsky, 1980），決定變成行動的轉變（由下而上及由上而下施行的相關文獻），長官與下屬之間的交互作用（管理研究）以及決策的制定（理性的、漸增的，或甚至不理性決策的模式等主張）等相關領域的實證研究工作，而產生成果豐碩的理論化結果。對於行政官員以各種不同的方法，行使判斷力並不是全部都可加以概念化，而最常採用的理論，則是將判斷力行為的本質，投射成負面性的名詞，例如：逃避義務者、預算極大化者，或是追求空閒者等官僚的正規化模式，絕對是最能符合以上描述的案例。然而，同時對於實證研究上，也針對因應行為、政策失敗，以及甚至更為明顯的，針對貪污與職業倫理的研究，對於官僚行為研究的規範性意義極為明顯，而對於行政轉移的比較性方法，其重要性是相當的顯著。官僚行為的比較性分析，不只有助於我們針對公共行政行使相關的功能進行解釋，同時也可對於哪些考慮是適用的，以及如何適用，在哪種情況下適用等問題，提供解答。

政治－行政的關係

政治人物與官僚之間的關係，就像二分的政治—行政關係之喪失一樣，如今已成為重要的變數。針對兩者之間的關係，跨國界提供的文件證明，以及不同時間內中央移轉（central shiftings）的調查研究，具有相當的重要性。它們是「許多議題的重點所在」（Kettl, 1993: 421; see also Golembiewsku; 1996: 144），而其中最重要的考量，就是將政治的掌控與政策能力相結合。政治的官僚化或官僚的政治化，就能以不同的面貌產生對組織制度化之設計，極為重要的結果。

針對各個國家之間政治行政關係的比較，並不是一件容易的事情，它需要蒐集許多分析單位的相關資料。關於此點，雖然已經出現了諸多進步，而未來仍有極大的發展空間。其中針對比較性政治—行政關係，一個成立已久的研究方法，則是來自於角色理論（Aberbach et al., 1981）。此一研究方法，關於態度、角色與行為的調查，皆是針對多個國家的行政部門與政治菁英進行面談，而得出的大量樣本。這些研究實證上，有助於我們打破傳統的二分法概念，對於行政者差異性政策的角色，提供深入的觀察力，並且針對文官參與政治的各種不同面向，提供文件證明。此一研究的方法是極為堅固且健全的，應該被使用在那些尚未調查的案例上，並且在不同的時間內，一再地用來分析並且進行理論的轉換。

另外一個研究政治—行政關係的方法，則是由Peters（1988）所進一步提出的理想類形之建構。亦即藉由結構性的方法，進行實證性的辨識，並且將政治人物與官僚之間的交互作用，分別以關係的語調、可能的贏家，以及這兩組行為者衝突解除的模式等名詞進行分類。來自理想化關係模式的分歧，於是就能被用來進一步地針對模型加以修正，

並且就未來的研究議程，提供進一步的理論動力，正如同Verheijen（2001）對於中歐與東歐等案例所從事的研究所展現。

對於變數的類型與混合之解釋，需要進行詳細的制度化分析，以及影響政治人物與政府文官之間交互作用的衝擊，在變數的範圍之內加以調查。然而，類似的研究計畫不應該引起驚慌，因為許多的候選者變數，都已被加以記錄，於是便減低了對於原始研究的需求。對於政治－行政關係的了解，的確仰賴對政府文官與政治首長的認識，以及寬廣的系統化或結構性因素的衝擊是否有充足的認知。近年來，對於政府文官的背景、職業生涯及工作職務等比較性知識，已經得到相當程度的了解，此外，比較政治學也提供了許多的資料，使我們對政治首長產生足夠的認識。但仍然缺乏的，則是針對此兩組行為者的結構性介面、一致性的資料集，而還需要努力的地方，則是建立角色的正式規則，以及經由責任的分配與交互作用的結構，制定協調的機制。這些資料，配合一連串範圍的系統性因素，例如：政黨統治（partitocracy）、共識民主（consensus democracy）、多數主義（majoritarianism）或是信任感等，應用於小型的N型分析法（N analysis），以期待在因果關係的建立中，產生極大的進步。

一個針對政治－行政關係進行綜合性的研究計畫，將不只挑戰理論建立的原則要求，同時對於制度性的設計，也帶有極大的標準訴求，目的乃是尋求避免產生，包括經由毫無效果的無所作為，到徹底的政策失敗等範圍所造成的權力與政策衝突等負面效果。這些關係的本質，對於專業性政策制定的政治性方向的選民授權之調停，有相當大的關係。因為它們所呈現的是，介於設計公共機構與責任分配，兩種古典價值之間的權衡折衷（Peters, 1988: 178）。

公共行政與公民社會之間的關係

伴隨著1990年代，對於政府治理相關議題辯論的興盛與共鳴，一連串專業術語的不斷出現，例如：透明度、諮詢，以及參與式或交互性的政策制定等。這些術語及類似的概念，是專門用來強調公共行政與廣泛定義的公民社會之間接觸點所出現的變化，或是所面臨的挑戰。而針對公共行政與公民社會之間關係的焦點，並不是昨天才發生，也不是降低公共行政與公民社會之間距離的特殊工具（請參考 Lasswell, 1960）。舉例來說，以國家的強弱進行分類，針對國家自治，對於社會的官僚化或對於社會的侵略加以比較，則產生相當好的效用。而另一個研究傳統，則是來自於對信賴極贊成的差異進行比較（Almond and Verba, 1965），以及近期所發表，對於政府績效表現的社會資產價值差異的比較（Putnam et al., 1994）。

在探討公共行政與公民社會之間的接連點時，必須將其間的關係切割成許多個成份：工具、方向與主題。而好的分類與概念性的架構，則是來自於對公民權、社群主義

與對話式民主的政治理論，以及來自於政策工具、政策網絡與政策制定模型的文獻，還有就是來自於公一私夥伴關係，以及所謂第三部門特質的實證性比較研究。

　　上述接連點的本質與類型，將根據所使用的工具本質、接連點的方向，以及公共行政所接觸的議題而有所不同。當權力的產生來自於資訊法案或是公民憲章（citizen's charters）的解放，那些可用來減少公共行政與公民社會之間距離的工具，就可稱得上是合法的工具。這些工具也可能具有交談性，而且舉例來說，可能包含了提昇資訊產業（IT）支持的資訊與溝通能力，或者使用針對市民與客戶的問卷調查等方法。而連接點，也可能停留在制度上（如夥伴關係）或是政治程序，以求讓市民與社會團體進入政策制定的單一或多個循環步驟裡。其中至少稱得上重要的是，交互作用的方向。資訊與諮詢可能因為政府官僚對於社會的控制，以及希望取得有效的實行結果而有所受限；相對的，「參與」所代表的意義不僅是授權，更是在投票箱之外，建立市民與社會團體進入政府決策的重要模式。對於公共行政與公民社會之間關係的比較性分析，同時也壓縮了公民社會與第三黨所扮演的角色。於是問題就在於，主題（雖然較不是主動的概念，而僅只是主體）究竟是公民個人、追求獲利者或非營利組織？在此，跨越國界的加以比較，將能藉由針對個別市民的概念研究而得益。若是依據選擇，對話與干涉方面等不同的機會而言，行政機關，如果就個人的定義，想像成是顧客、客戶或是積極的市民，那麼之間的交互影響，就會有不同的結果（Sjoblom, 1999）。至於其他主題的操作化定義，則是經由對於公－私夥伴關係（Pierre, 1998），與第三部門定義（Salamon and Anheier, 1997）的研究工作而產生進步。

　　因為公共機構設計的多個重要指引價值的存在，已經是岌岌可危，對於了解公共行政與公民社會之間關係的標準式輸入，就變得極為明顯。在此，就某些人而言，那些可能降低與政府距離的數位化鴻溝，已經有了充足的辯論，然而對其他人來說，則不算什麼，或者，經由積極的市民參與、藉著選舉政策的委任統治，以及廣為接受的代表標準而產生的政策聯合調解，或是針對產品的指導過程所面臨的挑戰，也可達到相同的目標。

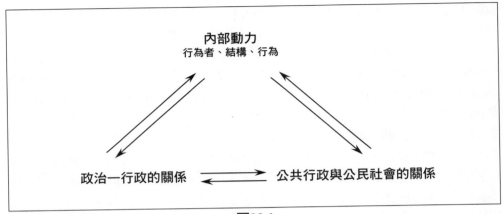

圖22.1

結論：核心問題的產生與調查之架構

　　圖22.1所建構之全面性架構，乃是藉由此三組變數而形成，利用結構性的資料蒐集、共通語言的建立，以及具意義的理論發展之累積，養成一比較性的公共行政研究議程。當資訊缺乏或是需要更新之際，此議程對於原始研究的案例認定，可達到極佳的效果。同樣的，針對上述三組變數之間的關係，此一架構也有助於核心問題的產生。而無論針對理論發展，以及公共機構的設計，在產生這些具有挑戰性的問題時，的確能夠經由將每組的變數，當作其他組的自變數的方式加以進行。

　　例如：我們可以針對公共行政對於政治－行政關係，以及公共行政與公民社會的接觸點等，其內部動力之本質與其間的變化，可能造成的衝擊加以探討。公共部門的人事與組織，則被認為乃是影響政治－行政關係之本質的系統性因素，於是，對於政府部門受到管理主義改革，所導致的組織性結構、職業生涯及社會－經濟情況的變化，將如何影響政治首長與文官之間的平衡？對於政策的政治性掌控程度的減輕抑加強，或者就兩組參與者之間分隔程度，究竟是減低或增加等假設，將能以比較性的設計加以測試。又例如：當政府部門最高階層主管的招募，乃是來官僚單位以外的人選之時，是否將破壞政治人物與政府文官之間，高度融合互動關係的和樂世界？又或者政治首長將如何妥善面對並處理上述狀況所引發的不安全感？而同樣引起我們注意的是，對於公共行政與公民社會結合的方式，探討其在組織性與行為上變化產生的衝擊之設計。舉例而言，當政府服務的回應速度，出現較大的壓力時，是否會產生不同的公民概念？以及對於官僚體

系的自律性與「公眾性」而言，改良的排他主義客戶關係，究竟代表什麼意義？

　　比較性的設計，也同時反轉了這些變數之間的關係。政治－行政關係的本質，對於官僚體系的內部動力造成影響。其所產生的衝擊，不僅影響了政府文官的政策制定行為，還包含了行政官員所應用的行政裁量之各種方式。此外，政治－行政關係的本質，同時可能有助於官僚採取變化的決心，而且也有助於解釋政治－行政菁英，垂直性整合強弱的差異性。於是政治－行政關係的本質，便可被認定為，公共部門改革差異性說明的一個解釋性因素。正如同政治掌控的差異性需求，解釋了19世紀時期不同官僚體系設計的現象（Silberman, 1994），而政治－行政關係的差異，可能對於解釋，究竟是誰實踐了何種形態的公共部門改革，以及相關的原因等有極大的幫助（請參考 Hood, 2001）。

　　公共行政與公民社會的連接點，也可能被理論化為影響官僚角色與行為，以及介於官僚體系裡，行政與政治組成份子之間關係的本質。此類的設計，可能有助於一些有趣問題的回答，例如：究竟公共行政與市民及社會團體之間距離的減低，是否因而增加了與政治首長的距離；對於人民公僕在服侍兩個不同主人方面，所出現的重大分割，代表了何種意義；而較大的使用權及透明度，將如何打破資訊的壟斷，並且在技術專業外，挑戰人民公僕的能力表現；又或者，包括第三黨、民營部門，或是非營利單位在內，所改善的參與度，對於官僚體系的公眾性，以及對於社會大眾所做的承諾，又代表何種含義呢？

　　在此，我們並沒有什麼偉大的理論可用來回答與公共管理與公共行政相關的大大小小所有的問題。事實上，是不可能有這樣的理論出現，也不會受到大眾所喜愛。對於問題的解答，比較好的方式，應該是經由對於核心的因變數取得一致的意見，加以蒐集必須的原始與二手證據的資料，以及對於變數之間互連性，達到有意義的理論探討所形成的架構。

參考文獻

Aberbach, J.D. and Rockman, B.A. (1987) 'Comparative Administration: Methods, Muddles and Models', *Administration and Society*, 18 (4): 473–506.

Aberbach, J.D., Putnam, R.D. and Rockman, B.A. (1981) *Bureaucrats and Politicians in Western Democracies*. Cambridge, MA: Harvard University Press.

Allison, G. (1971) *Essence of Decision*. Boston, MA: Little, Brown.

Almond, G.A. and Bingham Powell, G. (1966) *Comparative Politics*. Boston, MA: Little, Brown.

Almond, G.A. and Coleman, J.S. (eds) (1960) *The Politics of Developing Areas*. Princeton, NJ: Princeton University Press.

Almond, G.A. and Verba, S. (1965) *The Civic Culture: Political Attitudes and Democracy in Five Nations*. Princeton, NJ: Princeton University Press.

Antal, A.B., Dierkes, M. and Weiler, H.N. (1987) 'Crossnational Policy Research. Traditions, Achievements and Challenges', in M. Dierkes, H.N. Weiler and A.B. Antal (eds), *Comparative Policy Research*. Aldershot: Ashgate, pp. 13–31.

Arora, R.K. (1972) *Comparative Public Administration*. New Delhi: Associated Publishing House.

Ashford, D. (ed.) (1978) *Comparing Public Policies: New Concepts and Methods*. London: Sage.

Aucoin, P. (1995) *The New Public Management*. Canada in Comparative Perspective. Montreal: Institute for Research on Public Policy.

Barzelay, M. (2000) *The New Public Management: Improving Research and Policy Dialogue*. Berkeley, CA: University of California Press.

Batley, R. and Stoker, G. (1991) *Local Government in Europe: Trends and Developments*. Basingstoke: Macmillan.

Bekke, H.A.G.M., Perry, J.L. and Toonen, T.A.J. (eds) (1996) *Civil Service Systems in Comparative Perspective*. Bloomington, IN: Indiana University Press.

Bemelmans-Videc, M.-L., Rist, R.C. and Vedung, E. (1998) *Carrots, Sticks, and Sermons. Policy Instruments and their Evaluation*. New Brunswick, NJ: Transaction Publishers.

Benz, A. (1991) 'Book Review', *Public Administration*, 77 (1): 223–4.

Bonazzi, G. (1983) 'Scapegoating in Complex Organisations: The Results of a Comparative Study of Symbolic Blame-giving in Italian and French Public Administration', *Organization Studies*, 1: 1–19.

Borzel, T.A. (1998) 'Organizing Babylon – On the Different Conceptions of Policy Networks', *Public Administration*, 76: 253–73.

Braun, D. (ed.) (2000) *Federalism and Public Policy*. Aldershot: Ashgate.

Burns, J.P. and Bowornwathana, B. (2001) Civil Service Systems in Asia. Cheltenham: Edward Elgar.

Chandler, J.A. (ed.) (2000) *Comparative Public Administration*. London: Routledge.

Collier, D. (1993) 'The Comparative Method', in A.W. Finifter (ed.), *The State of the Discipline*. Washington: ASPA. pp. 105–19.

Crozier, M. (1963) *Le Phenomene bureaucratique*. Paris: Le Seuil.

Crozier, M. and Trosa, S. (1992) *La Decentralisation: reforme de l'etat*. Boulogne: Pouvoirs Locaux.

Dahl, R. (1947) 'The Science of Public Administration: Three Problems', *Public Administration Review*, 7 (1): 1–11.

Daugbjerg, C. (1998) *Policy Networks Under Pressure: Pollution Control, Policy Reform and the Power of Farmers*. Aldershot: Ashgate.

Della Porta, D. and Meny, Y. (1997) 'Conclusion: Democracy and Corruption: towards a Comparative Analysis', in *Democracy and Corruption in Europe*. London: Pinter. pp. 166–80.

Denhardt, R.B. and Denhardt, J.V. (2000) 'The New Public Service: Serving Rather than Steering', *Public Administration Review*, 60 (6): 549–59.

Dente, B. and Kjellberg, F. (1988) *The Dynamics of Institutional Change: Local Government Reorganization in Western Democracies*. London: Sage.

Derlien, H.-U. (1992) 'Observations on the State of Comparative Administration Research in Europe – Rather Comparable than Comparative', *Governance*, 5 (3): 279–311.

Derlien, H.-U. (1996) 'The Politicization of Bureaucracies in Historical and Comparative Perspective', in B.G. Peters and B.A. Rockman (eds), *Agenda for Excellence 2. Administering the State*. Chatham:

Chatham House Publishers. pp. 149–62.

Doern, G.B. and Phidd, R.W. (1992) *Canadian Public Policy: Ideas, Structure, Process*, 2nd edn. Toronto: Nelson Canada.

Downs, A. (1967) *Inside Bureaucracy*. Boston, MA: Little, Brown.

Dunleavy, P. (1991) Democracy, Bureaucracy and Public Choice. Brighton: Harvester Wheatsheaf. Egeberg, M. (1999) 'The Impact of Bureaucratic Structure on Policy Making', *Public Administration*, 77 (1): 155–70

EZF (Europaisches Zentrum fur Foderalismus-Forschung Tubingen) (2001) *Jahrbuch des Foderalismus 2001 – Foderalismus, Subsidiaritat und Regionen in Europa*. Baden-Baden: Nomos.

Farazmand, A. (1999) 'Globalization and Public Administration', *Public Administration Review*, 59 (6): 509–22.

Farnham, D., Horton, S., Barlow, J. and Hondeghem, A. (1996) *New Public Managers in Europe: Public Servants in Transition*. London: Macmillan.

Feick, J. (1987) 'Vergleichende Staats- und Verwaltungswissenforschung'. *In Jarhbuch zur Staatsund Verwaltungswissenschaft*. Baden-Baden: Nomos. pp. 473–83.

Fried, R.C. (1990) 'Comparative Public Administration: The Search for Theories', in N.B. Lynn and A.B. Wildavsky (eds), *Public Administration: The State of the Discipline*. Chatham, NJ: Chatham House Publishers. pp. 318–47.

Gill, J. and Meier, K.J. (1999) 'Public Administration Research and Practice: A Methodological ManifestO' . Paper at the 5th National Public Management ResearchConference, Texas, A&M University, December 1999.

Golembiewski, R.T. (1996) 'The Future of Public Administration: End of a Short Stay in the Sun? Or a New Day A-dawning?', *Public Administration Review*, 56 (2): 139–48.

Hanf, K. and Scharpf, F.W. (eds), *Interorganizational Policy Making: Limits to Coordination and Central Control*. Beverly Hills, CA: Sage.

Hanf, K. and Toonen, T.A.J. (1985) *Policy Implementation in Federal and Unitary Systems*. Dordrecht: Martinus Nijhoff.

Harloff, E. Martin (1987) *The Structure of Local Government in Europe: Surveys of 29 Countries*. The Hague: IULA.

Heady, F. (1979) *Public Administration in Comparative Perspective*, 2nd edn. (Public Administration and Public Policy/6.) New York: Marcel Dekker.

Heady, F. (2001) *Public Administration. A Comparative Perspective*, 6th edn. New York: Marcel Dekker.

Heinelt, H. and Smith, R. (eds) (1996) *Policy Networks and European Structural Funds*. Aldershot: Avebury.

Hendriks, F. (1999) *Public Policy and Political Institutions. The Role of Culture in Traffic Policy*. Cheltenham: Edward Elgar.

Hesse, J.J. and Wright, V. (eds) (1996) *Federalizing Europe? The Costs, Benefits and Preconditions of Federal Political Systems*. Oxford: Oxford University Press.

Hjern, B. and Hull, C. (1982) 'Implementation Research as Empirical Constitutionalism', *European Journal of Political Research*, 10 (2): 105–15.

Hofstede, G. (1984) *Culture's Consequences. International Differences in Work-Related Values*. London: Sage.

Hogwood, B.W. and Peters, B.G. (1983) *Policy Dynamics*. Brighton: Wheatsheaf.

Holden, M. (1998) Continuity and Disruption: Essays in Public Administration. Pittsburg: University of Pittsburg Press.

Hood, C.C. (1986) *Tools of Government*. Chatham, NJ: Chatham House Publishers.

Hood, C.C. (1999) 'British Public Administration: Dodo, Phoenix or Chameleon?', in J. Hayward, B. Barry and A. Brown (eds), *The British Study of Politics in the Twentieth Century*. Oxford: Oxford University Press. pp. 287–311.

Hood, C.C. (2001) 'Public Service Bargains and Public Service Reform', in B.G. Peters, and J. Pierre (eds), *Politicians, Bureaucrats and Administrative Reform*. London, Routledge. pp. 13–23.

Hood, C.C. and Dunsire, A. (1981) *Bureaumetrics*. Farnborough: Gower.

Hood, C.C. and Peters, B.G. (eds) (1994) *Rewards at the Top. A Comparative Study of High Public Office*. London: Sage.

Hood, C.C. and Shuppert, G.F. (eds) (1988) *Delivering Public Services in Western Europe*. London: Sage.

Howlett, M. and Ramesh, M. (1995) *Studying Public Policy: Policy Cycles and Policy Subsystems*. Toronto: Oxford University Press.

Ingraham, P.W. (1997) 'Play It Again, Sam; It's Still Not Right: Searching for the Right notes in Administrative Reform', *Public Administration Review*, 57 (4): 325–31.

Jones, L.R., Schedler, K. and Wade, S.W. (eds) (1997) *Advances in International Comparative Management* Greenwhich, CT: JAI Press.

Jorgensen, T.B., Antonsen, M., Hensen, H. and Melander, P. (1998) 'Public Organizations, Multiple Constituencies, and Governance', *Public Administration*, 76 (3): 499–518.

Jreisat, J.E. (1975) 'Synthesis and Relevance in Comparative Public Administration', *Public Administration Review*, 35 (6): 663–71.

Kaufman, H. (1976) *Are Government Organizations Immortal?* Washington, DC: Brookings Institution.

Keating, M. (2001) *Nations against the State. The New Politics of Nationalism in Quebec, Catalonia and Scotland*, 2nd edn. London: Palgrave.

Kettl, D.F. (1993) 'Public Administration: The State of the Field', in A.W. Finifter (ed.), *Political Science. The State of the Discipline II*. APSA: Washington. pp. 407–28.

Kickert, W.J.M., Klijn, E.-H. and Koppenjan, J.F.M. (1997) *Managing Complex Networks*. London: Sage.

Klingemann, H.D. and Fuchs, D. (1995) *Citizens and the State*. Oxford: Oxford University Press.

Knoke, D., Pappi, F.U. and Broadbent, J. (1996) *Comparing Policy Networks: Labor Politics in the U.S., Germany, and Japan*. Cambridge: Cambridge University Press.

Korsten, A.F.A., Bertrand, A., de Jong, P. and Soeters, J. (eds) (1995) *Internationaal vergelijkend onderzoek*. The Hague: VUGA.

Lammers, C.J. and Hickson, D.J. (eds) (1979)*Organizations Alike and Unlike. International and Inter-institutional Studies in the Sociology of Organizations*. London: Routledge and Kegan Paul.

Landman, T. (2000) *Issues and Methods in Comparative Politics: an Introduction*. London: Routledge.

Lasswell, H.D. (1960) 'The Technique of Decision Seminars', *Midwest Journal of Political Science*, 4: 213–36.

Lijphart, A. (1971) 'Comparative Poltics and the Comparative Method', *American Political Science Review*, (1965): 682–93.

Lipsky, M. (1980) *Street-Level Bureaucracy: Dilemmas of the Individual in Public Services*. New York: Russell Sage Foundation.

Maor, M. and Lane, J.E. (1999) *Comparative Public Administration*, Volume 1. Aldershot: Ashgate (The International Library of Politics and Comparative Government).

Marin, B. and Mayntz, R. (eds) (1991) *Policy Networks: Empirical Evidence and Theoretical Considerations*. Frankfurt a.M.: Campus.

Marini, F. (1998) 'Foundation Under Innovation: Proceed with Care!', *Public Administration Review*, 58 (4): 369–73.

Marsh, D. (ed.) (1998) *Comparing Policy Networks*. Buckingham: Open University Press.

Massey, A. (ed.) (1997) *Globalization and Marketization of Government Services: Comparing Contemporary Public Sector Developments*. Houndmills: Macmillan.

McCourt, W. and Minogue, M. (2001) *The Internationalization of Public Management. Reinventing the Third World State*. Cheltenham: Edward Elgar.

Meyers, F. (1985) *La Politisation de l'administration*. Brussels: IIAS.

Moe, T. (1984) 'The New Economics of Organizations', *American Journal of Political Science*, 28: 739–77.

Naschold, F. (1995) *The Modernisation of the Public Sector in Europe: A Comparative Perspective on the Scandinavian Experience*. Helsinki: Ministry of Labour.

Needham, B. (1982) *Choosing the Right Policy Instruments*. Aldershot: Ashgate.

Nelissen, N. (1998) 'Megatrends in Public Administration Science in Europe', *De Europese Gemeente*, 33 (1): 19–24.

Niskanen, W.A. (1971) *Bureaucracy and Representative Government*. Chicago: Aldine Publishers.

Ostrom, V. and Ostrom, E. (1997) 'Cultures: Frameworks, Theories, and Models', in R. J. Ellis and M. Thompson (eds), *Culture Matters. Essays in Honor of Aaron Wildavsky*. Boulder, CO: Westview Press.

Norris, Pippa (1999) *Critical Citizens: Global Support for Democratic Governance*. Oxford: Oxford University Press.

O' Toole, L.J. (1986) 'Policy Recommendations for Multi- Actor Implementation: An Assessment of the Field', *Journal of Public Policy*, 6: 181–210.

O' Toole, L.J., Jr (1997) 'Treating Networks Seriously: Practical and Research-Based Agendas in Public Administration', *Public Administration Review*, 57 (1): 45–52.

Page, E.C. (1987) 'Comparing Bureaucracies', in J.E. Lane, (ed.), *Bureaucracy and Public Choice. London: Sage*. pp. 230–55.

Page, E.C. and Goldsmith, M.J. (1987) *Central and Local Government Relations. A Comparative Analysis of Western European Unitary States*. London: Sage.

Page, E.C. (1995) 'Comparative Public Administration in Britain', *Public Administration*, 73 (1): 123–41.

Page, E.C. and Wright, V. (1999) *Bureaucratic Elites in Western European States: A Comparative Analysis of Top Officials*. Oxford: Oxford University Press.

Peters, B.G. (1988) *Comparing Public Bureaucracies. Problems of Theory and Method*. Tuscaloosa, AL: Alabama University Press.

Peters, B.G. (1989) *The Politics of Bureaucracy,* 3rd edn. New York: Longman.

Peters, B.G. (1978) 'Public Policy and Public bureaucracy', in D. Ashford, *Comparing Public Policies: New Concepts and Methods*. London: Sage. pp. 283–315.

Peters, B.G. (1996) *The Future of Governing: Four Emerging Models*. Lawrence, KS: Kansas University Press.

Pierre, J. (ed.) (1995) *Bureaucracy in the Modern State. An Introduction to Comparative Public Administration*. Aldershot: Edward Elgar.

Pierre, J. (1998) *Partnerships in Urban Governance*. Basingstoke: Macmillan.

Pollitt, C. (1990) *Managerialism and the Public Service: The Anglo-American Experience*. Oxford: Basil Blackwell.

Pollitt, C. and Bouckaert, G. (2000) *Public Management Reform. A Comparative Analysis*. Oxford: Oxford University Press.

Pressman, J.L. and Wildavsky, A.B. (1973) *Implementation*. Berkeley, CA: University of California Press.

Presthus, R.V. (1959) 'Behavior and Bureaucracy in Many Cultures', *Public Administration Review*, 19: 25–35.

Putnam, R.D., Leonardi, R. and Nanetti, R. (1994) *Making Democracy Work: Civic Traditions in Modern Italy*. Princeton, NJ: Princeton University Press.

Ragin, C.C. (1989) *The Comparative Method: Moving Beyond Qualitative and Quantitative Strategies*. Berkeley, CA: University of California Press.

Rhodes, R.A.W. (1996) 'From Institutions to Dogma: Tradition, Eclecticism, and Ideology in the Study of British Public Administration', *Public Administration Review* 56 (6): 507–16.

Rhodes, R.A.W. and Weller, P. (eds) (2001) *The Changing World of Top Officials. Mandarins or Valets?* Buckingham: Open University Press.

Riggs, F.W. (1998) 'Public Administration in America: Why our Uniqueness is Exceptional and Important', *Public Administration Review*, 58 (1): 22–39.

Rohr, J.A. (2001) 'Constitutionalism and Administrative Ethics. A Comparative Study of Canada, France, the United Kingdom and the United States', in T.L. Cooper (ed.), *Handbook of Administrative Ethics*, 2nd edn. New York: Marcel Dekker.

Rose, R. (1985) *Understanding Big Government. The Programme Approach*. London: Sage.

Rouban, L. (ed.) (1999) *Citizens and the New Governance: Beyond New Public Management*. Implementation Research as Empirical Constitutionalism, Amsterdam: IOS.

Ruscio, K.P. (1997) 'Trust in the Administrative State', *Public Administration Review*, 57 (5): 454–8.

Rutgers, M.R. (1994) 'De Bestuurskunde als "Oude" Wetenschap', *Bestuurswetenschappen*, 5: 386–405.

Sabatier, P. (1986) 'Top Down and Bottom Up Approaches to Implementation Research', *Journal of Public Policy*, 6: 21–48.

Salamon, L.M. and Anheier, H.K. (1997) *Defining the Nonprofit Sector. A Cross-national Analysis*. Manchester: Manchester University Press.

Sharpe, L.J. (1979) *Decentralist Trends in Western Europe*. London: Sage.

Sharpe, L.J. (ed.) (1993) *The Rise of Meso-Government in Europe*. London: Sage.

Scharpf, F.W. (1993) *Games in Hierarchies and Networks: Analytical and Empirical Approaches to the Study of Governance Institutions*. Frankfurt a.M.: Campus.

Sigelman, L. (1976) 'In Search of Comparative Administration', *Public Administration Review*, 36 (6): 621–5.

Silberman, B.S. (1994) *Cages of Reason. The Rise of the Rational State in France, Japan, The United States, and Great Britain*. Chicago: University of Chicago Press.

Siffin, W.J. (1976) 'Two Decades of Public Administration in Developing Countries', *Public Administration Review*, 36 (1): 61–71.

Sjoblom, S. (1999) 'Transparency and Citizen Participation', in L. Rouban (ed.), *Citizens and the New Governance: Beyond New Public Management*. Amsterdam: IOS. pp. 15–27.

Smith, A. (1999) 'Public Policy Analysis in Contemporary France: Academic Approaches, Questions and Debates', *Public Administration*, 77 (1): 111–31.

Stepan, A. (2001) 'Toward a New Comparative Politics of Federalism', in *Arguing Comparative Politics*. Oxford: Oxford University Press.

Teisman, G.T. (2000) 'Models for Research into Decision-Making Processes: On Phases, Streams and Decision-Making Rounds', *Public Administration*, 78 (4): 937–56.

Tummala, K.K. (2000) 'An Essay on Comparative Administration', *Public Administration Review*, 60 (1): 75–80.

van Deth, J. (1994) *Comparative Politics in an Incomparable World*. IPSA Paper, Berlin, 1994.

Verba, S. (1967) 'Some Dilemmas in Comparative Research', *World Politics*, 1 (20): 111–27.

Verheijen, T. (ed.) (1999) *Civil Service Systems in Central and Eastern Europe*. Aldershot: Ashgate.

Verheijen, T. (ed.) (2001) *Politico-administrative Relations: Who Rules*? Bratislava: NISPAcee.

Verheijen, T. and Coombes, D. (1998) *Innovations in Public Management: Perspectives from East and West Europe*. Cheltenham, Edward Elgar.

Verweij, M. (2000) Transboundary Environmental Problems and Cultural Theory: The Protection of the Rhine and the Great Lakes. New York: St Martin's Press.

Vickers, J. and Wright, V. (1988) *The Politics of Privatisation in Western Europe*. London: Cass.

Vogel, D. (1987) 'The Comparative Study of Environmental Policy: a Review of the Literature', in M. Dierkes, H.N. Weiler and A.B. Antal (eds), *Comparative Policy Research. Aldershot: Ashgate*. pp. 99–171.

Wachendorfer-Schmidt, U. (ed.) (2000) *Federalism and Political Performance*. London: Routledge.

Waldo, D. (1964) *Comparative Public Administration: Prologue, Problems, and Promise*. Chicago: ASPA.

Walker, D.B. (1995) *The Rebirth of Federalism*, 2nd edn. Chatham, NJ: Chatham House Publishers

Walmsley, G.L. and Wolf, J.F. (eds) (1996) *Refounding Democratic Public Administration: Modern Paradoxes, Postmodern Challenges*. Thousand Oaks, CA: Sage.

Webb, E.J., Campbell, D., Schwartz, R. and Sechrest, L. (1966) *Unobtrusive Measures*. Chicago: Rand–McNally.

Welch, E. and Wong, W. (1998) 'Public Administration in a Global Context: Bridging the Gaps of Theory and Practice between Western and Non-Western Nations', *Public Administration Review*, 58 (1): 40–9.

Williams, R. (ed.) (2000a) *Explaining Corruption*. Cheltenham: Edward Elgar.

Williams, R. (2000b) *Corruption in the Developed World*. Cheltenham: Edward Elgar.

Williams, R. and Robin, T. (eds) (2000) *Corruption in the Developing World*. Cheltenham: Edward Elgar.

Wright, V. (1994a) 'Reshaping the State: Implications for Public Administration', *West European Politics*, 17 (3): 102–34.

Wright, V. (1994b) *Privatization in Western Europe: Pressures, Problems and Paradoxes*. London: Pinter.

Windhoff-Heritier, A. (1993) 'Policy Network Analysis: A Tool for Comparative Political Research', in H. Keman, (ed.), *Comparative Politics. Amsterdam: VU University Press*. pp. 143–61.

Ziamou, T.T. (2001) *Rulemaking, Participation and the Limits of Public Law in the USA and Europe*. Aldershot: Ashgate.

第二十三章　行政模式與國家政治

Martin Lodge
任文姍 / 譯

PART *10*

　　對於行政模式與國家政治之間，任何的動力評估，反應出公共行政領域裡，持續不斷的各種意見辯論。其中最為重要的，就是關於政治與行政之間的角色，功能與關係等不同的概念。類似的區別，乃是以Max Weber對於挑戰其他主權類型的官僚體制之法律理性的興盛，所提出的診斷，以及Woodrow Wilson對於政治與行政之間，往往拋棄的區別，為其基礎的建立（Wilson, 1887: 209-211）。當民選的政治人物做出決策，而專業的行政官員則是實施政治性的選擇並維持政治性的主權，政治與行政之間的二分法，將持續不斷的吸引更多的注意（Campbell and Peters, 1988; Aberbach and Rockman, 1994; Rutgers, 2001）。當標準的（自由主義的民主化）論點，以及政治人物與行政官員的自我認知（self-perception），似乎對於二分法產生某種程度的影響時，實證性的分析已經指出，介於行政與政治層面及角色上，雖然會有不同的程度，一個往往是非常密切的關聯性（Pierre, 1995: 207）。於是，如果我們希望能就行政與政治功能，兩者之間清楚地進行差異化，將面臨相當的困難度。一方面，當行政與政治這兩個角色乃是根據招募與合法化的不同概念做為基準，而另外一面，則是就功能性而言，此兩者的角色，相當程度的產生交互重疊。

　　針對此議題的第二個考量，則是就我們所觀察或預測的行政模式，究竟能否對不同的區域與國家政治文化，正確反應出其間共通性（commonalities）之問題。舉例而言，對於官僚理性與共通性的「興盛」主張，往往被用來指出，從假設的「公共行政組織」朝向「新型的公共管理」國家，所產生的國際變化（Aucoin, 1990）；相對的，強調國家或是區段性多元化的研究，則指出國家公共機構與否決點，政治與行政的文化，以及區段性的特質等相關的重要性。

　　第三個考量，則是在政治偏好的變換，以及國家－社會關係的形成與調整上，關於行政的本質或官僚的能力。例如：介於官僚體系與社會之間多元的介面，如人員招募與代表的條件，行政協調以及政策的響應等等（Subramaniam, 2000: 564-568）。

　　針對國家政策與行政模式，嘗試進行其間關係多面向複雜性的任何解釋時，都將

面臨，公共行政的文獻資料裡，竟含有各式各樣的研究方法。這些範圍從對於「弱」與「強」的國家區別，「創業型」或「官僚型」的社會區別，以至於對國家的政治文化，如何影響其行政的模式，以及國家文化與組織文化之間的關係（舉例而言，請參考Hofstede, 1980, 1991, 1993; Tayeb, 1988），針對行政體系，導致不同類型市民需求的一個後工業社會中，假設性寬廣的社會價值轉換（Inglehart, 1997），政府文官價值的差異性（Putnam, 1974; Aberbach et al., 1981; Aberbach et al., 1994），強調政黨政治考量的重要性之解釋（「政黨究竟是否重要？」），對於國家政治與行政模式之間關係的探討，仰賴於政治性與行政機構因素的論述（Hall, 1986），以及立法代表的正式模型在不同的族群類型下的執行單位（Epstein and O'Halloran, 1999; Huber et al., 2001）等等。

接下來所討論的目的，並不是針對上述的諸多論述，提供一個完整的簡介，而是嘗試去強調，傳統上對於政治／行政二分法的各種面向，以持續進行資訊研究。而對於各個區域接觸「跨國化」（transnationalization）效果的特別情況下，將討論的重點集中在已開發國家（歐洲）的政府文官行政體系。於是，接下來的討論，便與轉型的、發展中的或軍事化的政府行政，不具有太大的關聯性。首先，本章經由探討何種的政府行政機關，受到政治性控制，而針對不同國家的形式進行評估；第二，本章探討的是，國家政治（national politics）與不同的行政模式，對於政策改變所造成的衝擊，以強調決定政治與政策改變方向的行政模式之重要性；第三，從跨國化與「去階級化」等議題觀點而言，針對政治－行政關係所改變的本質加以考量。此類的發展，可以說是挑戰了國家政治與行政關係傳統上的概念與相關研究。所得出的結論則認為，為了超越單一國家研究的比較，相關的分析必須在聯合的架構中進行，並且評估這些因素所造成的衝擊，要不就是必須針對此類的發展，可能出現的特別趨勢進行辨識，並且調查其特殊模式所可能產生的效果。藉由此一策略的施行，就能將分析的重點，從特定政治系統的刻板印象進一步地加以延伸。

國家政治與行政關係的模式：相關的限制與處理

在公共行政領域中，關於國家政治與行政體系間關係類型的各種不同方法，是受到最多討論的議題。長久以來，根據專業與績效表現所出現的不對稱權力之官僚體系，已經與不完整的政治控管相互結合，並在政治決策的形成與實施方面，造成了自利的官僚行為。而在法制理性法規、優勢資源、專業化及專門化等效果範圍內執行的必要性，全都被認為已經造成政治生命「官僚化」（Eisenstadt, 1958）的現象出現。不完整的政治

控管，正如在立法代表對於行政單位的交易成本之相關文獻所認為，正是導致「官僚漂流」（agency drift）的現象主因，由於政治首長無法達到全面性的掌控，而造成官僚產生自我選擇的行動（McCubbins et al., 1987; Horn, 1995）。相對來說，由於較後期的立法行為，產生政治導向卸責的「官僚漂流」，此一議題指出了，行政機關的行為如何避免政治干預的方法，這也是19世紀行政改革辯論時期開始，就一直引人注目的考量之一。

而為了更加了解不同的文獻，如何處理行政機關的政治掌控等相關議題，下一段落我們將針對所謂的「政治－行政關係」鑄型相關因素，著手分類出三種不同面向（Pierre, 1995: 207）。這些面向，將分別從歷史－文化、政治－體制及較不具「巨觀層次」的三種方法，進一步去了解國家政治如何形成，以及如何控管政治的掌控。

歷史－文化的來源

國家公共行政的歷史發展之產生，其脈絡十分清楚。主要的發展，乃是受到新興國家日漸增強的政治集權，以及它們對於賦稅徵收與軍隊的組織與管理等需求所致（Mayntz, 1985: 17-32）。法國就是其中的一個主要例子，由於法國早在16世紀就已擁有發展成熟的中央集權行政機關，而在拿破崙執政下，更經歷進一步的改革，讓法國在公共行政領域裡，成為歐洲各國中一個組織性的「樣板」楷模，而在普魯士（Prussia）的案例中，則是包含了之前倖存的地方行政模式，即使持續在某些領域堅持原本的模式，卻受到中央主導（逐漸地）的「排擠效應」（crowding out）驅使，朝向合作主義類型的政府治理安排。然而，當橫跨整個德國，其官僚體系乃是經濟與政策改革的主要來源，而英國則大部分仰賴於自我規範。直至19世紀的工業化過程中，中央政府機構才開始受到重視，然而，卻沒有追隨歐洲大陸的行政組織的發展模式；相同的，學者Silberman（1993）根據「法律理性」（legal rationality）指出，與其見證統一的官僚化發展，各個國家的官僚體制發展，其實是根據過去所發生重大歷史轉捩點時的危機處理，對於關鍵性的機關制度設計方式，而衍生出的多元化路徑依賴模式，尤其是關於高階文官招募的相關事宜。

從文化的角度來看，則是利用歷史性的基礎與相關事件，針對行政模式的多元化，以及政治與行政間的關係加以解釋。於是，我們往往可從「歐陸」的官僚體系（'continental' bureaucracies）中辨識出「公民文化」（civic culture）的官僚體系。而一般多被認為，國家的政治文化對於政府公共部門組織的人員招募與運作方式產生極大的影響，同時也會左右社會大眾對於政府部門的觀感（Borre and Viegas, 1995）。尤其當政策形成、人才招募與內部的營運流程等等，皆是由特殊的行政文化所運作時，上述現象將更為地明顯（無論是跨部會，以及／或是在單一部門裡）（Page, 1995）。學者Hofstede（1980）則指出，造成組織衝擊的某些特定國家行政文化模式（根據權力距離，不確定

性之迴避，個人主義與男性主義等特質進行衡量）。然而，當我們必須從國家與行政層面上，針對潛在的文化差異進行調查，同時也必須針對各個行政體系，其不同歷史性基礎所持續產生的影響加以調查；另外一件同樣重要的事，則是分析這些因素為何能持續存在之理由，以及如何抵抗改變需要的壓力。[1]

政治體制

當政治體制架構的內容，以及廣大國家憲法協議（constitutional settlement）的形成，乃是根據歷史－文化的狀況決定時，這些因素，同時也更為直接地形成政治與行政體系的模式。所謂「總體層面」的因素，例如：跨越政府不同層級，所擔負的功能與責任的分配，單一制與聯邦制的政治體系（容易造成單一制政治體系內的國家行政體系較為普遍，1995：259）其間的差異，政府的本質，無論是單一政黨，聯合政黨或協和式政黨，特殊利益結合的政黨以及遊說與反對的廣大接觸點等，在國家行政體系角色的制定上，都是相當顯著的重點。

就單一層級而言，此類的國家差異，提供行政體系自由裁量權發揮的空間，而對於國家政治體系內的了解與操作，建立文官制度的政治技能，提出各種不同要求（除了技術專業與管理上的技能之外）（Goetz, 1997）。於是，單一制（unitary systems）的國家行政體制，在實施中央制定的決策時，面臨了較少協調方面的問題；相反的，類似德國「合作式聯邦主義」（cooperative federalism）的政府體制，不僅需要訴求區域與地方機關，共同協助實施聯邦政策，同時在執行導向的談判與承諾的取得等方面，相當大的程度上，也必須仰賴區域與地方的協助。而除了不同類型的利益團體以及他們取得政治體系的權力之外，國家體系也是由各個不同的重要部會所形成。舉例來說，英國財政部及其他特別部會機關等，即在經濟與社會政策上扮演主導的角色。

從較廣的層面來看，政治體制的架構，同時也針對特殊的行政策略，建立必須的獎勵與誘因。而無論是就不同類型的「型塑官僚機關」行為，相對於「預算極大化」（Dunleavy, 1991; Dolan, 2002）或「管制型國家」（Majone, 1994, 1997）的出現而言，都是如此，而一般對政策內容影響極大的主要誘因，多認為乃是預算的限制，而非消費。大多數政治經濟領域相關的文獻，也針對政府體制與憲法架構，強調其在解釋規範性「政治承諾」與「可信度」的重要性（Levy and Spiller, 1994）。於是，特殊的行政模式

---

1 感謝學者Christopher Hood、Ed Page、Colin Thain和Kai Wegrich等，以及許多匿名的評論學者所提供諸多具價值的評論與建議。

便被圈選為隔離特殊政治影響力的最佳絕緣體。舉例來說，藉由設立半獨立的法規管理局（semi-independent regulatory agencies），或是具有設定利息自主獨立權的中央銀行。然而，中央銀行與法規管理局等例子，都是針對政府體制架構所提供的「合理」誘因，以及不同機制設立的歷史與文化因素的了解，以強調其重要性之所在。舉例而言，由於德國銀行與德國聯邦競爭法主管局（the German Federal Cartel Office）能夠經由聯盟的建立，以及社會觀感的管理等（諸如以監督的角色打擊「惡性通貨膨脹」或者是支持社會市場經濟）等方法，動員特殊的資源，導致其對於國家經濟政策的形成，所扮演的角色重要性，遠超過它們原本的定位。一方面，類似上述聲望的因素，其重要性以及針對跨越政治、行政與社會行為者的角色，日漸形成了解，多認為任何關於行政模式的分析，以及和國家政治的關係，都需要對於正式權力與功能的分配進行分析，然而，另一方面，則需要經由對與任何特別組織所結合的「合適」角色，以及類似看法是如何被動員且維持做一全面性的了解，如此才能針對那些影響組織立場的創始精神，表達提倡或反對的看法。

政治掌控與行政資源

　　當具有歷史、文化以及廣大政治性、制度性安排，提供了政治與行政體系行為者追求其策略的背景時，對於「政治」與「行政體系」之間的交互作用模式，所進行的分析則提出，不只是行政與政治的居間協調對話，一個存在已久的政治性角色（Cambell, 1988），同時也是跨越聯邦與單一制政府體系，所出現的特別模式（Pierre, 1995）。於是，介於國家行政體系內的組織性結構、職業生涯模式與政治掌控等安排，似乎都與整體的政治性制度架構，不論是單一制或是聯邦制，不具任何關聯性（Pierre, 1995: 208-210）。而將焦點放在行政單位對於政治掌控所採取的方法，亦即內部化與外部化，兩種可以清楚分辨的掌控方式。

　　為了讓行政單位「配合」政治傾向，所採用的內部化掌控方法，所處理的是政治官員與高階行政官員之間的關係、文官內聚結合的程度，及其所共享的「組織認同」（corporate identity）。不同的國家模式，各有許多不同的差異性，舉例來說，像是美國，出現大規模高階文官的政治化（politicization）現象；德國的混合型政治體系，其政治任命的文官（多半具有「技術」的專業背景）定義，則有別於一般的「技術文官」，前者多能在早年就提出退休規劃，而後者則持續擔任政府聯邦執行單位的重要幕僚骨幹（相似的安排也出現於法國與瑞典等國家）。而多黨制主導的政府，如奧地利（包括比利時、希臘及程度較輕的西班牙等國家在內）到英國（包括了丹麥、愛爾蘭及荷蘭部分地區）等類型的國家，則採取「中立型」的文官制度，亦就是假定無論哪一個政黨執政，行政

單位的文官皆會忠誠地執行當時政府的命令（請參考 Page and Wright, 1999: 270-272）。

　　而行政體系的文官團結力量與「組織認同」的程度，對於政治掌控的諸多試圖，則是造成一個顯著的平衡力。針對此觀點，美國型態的「陌生人的政府」（government of strangers）（Heclo, 1977）、「白廳村，新的紐約」（Whitehall village）（雖然已逐漸多元化）（Heclo and Wildavsky, 1974）、法國的國家行政職團（grands corps）或德國的聯邦執行高層（German federal executive）（Page, 1995: 261-265）等，其間便存有極大的差異性。值此同時，德國較高階層的文官組織，雖然多具有卓越的法律學術背景，並且在一個共享的法律架構下運作，其組織設計仍然建立出一個相對上，異質性高的人力配置（Goetz, 1999），反過來看英法兩國，跨越民營與公營部門的法國高階行政職團之成員，其成軍則為一菁英團隊，或者是英國的高階文官招募，則大多是從特定的大學裡，選出同質性極高的文官人員。

　　行政體系中，除了法庭之外，相關的外部掌控則是為了增加對行政單位的控制力所設計出的政治性工具。此類的工具包括的職務則有：助理部長（junior ministers），或德國的國會政務次長（parliamentary state secretary），法國的內閣（同樣在歐洲聯盟委員會中，也是非常的顯著，而德國也同類似，只是採用不同的名稱，或使用範圍較為廣泛的「政治顧問」（political advisor）（Page and Wright, 1999: 277-279）等。此外，不同國家的行政部門，其部長的任期，差異極大，而此任期的長短，則是對於行政部門進一步的政治掌控，對於在位時間較長的部長，便容易出現政治行為者之間，產生某種形式的領域專門知識。而更多的政治「掌控」，則是經由立法的方式實施。當國會控制行政首長的角色，漸漸受到許多的挑戰，而不同國家的立法體系，比如像是受到委員會體系所影響，具有強大立法體系的美國，或是具有相對上更強大委員會（被認為有逐漸上升的傾向）的德國體系，其與國會監督權力相對較為弱勢的英國相比較，存有極大的差別（Goetz, 1999）。然而，當社會大眾對政府的行政能力，明顯感受到信賴感降低，以及愈來愈多外在的政治掌控等趨勢出現時，各國的「原始位置」（original positions）之間的差異，已經對於國家的脈絡發展，導致不同的反應模式（Page and Wright, 1999; for China, 請參考 Huang, 2002）。當這些衡量所主要表現的機制，對於政治性監督及所謂的「警察控管」（police controls），採取支持的態度時，其參與或是為了潛在受到影響的利益所得到的額外支持，如扮演所謂的「火警警告器」（fire alarms）的角色，以提高其政治利益，則是提供國家政治，更進一步掌控行政機關的方法之一。

　　若是將政治與行政體系之間關係的議題，連結至歷史性的發展與改革契機等議題時，學者Christopher Hood充分利用了「公共服務協議」（public service bargain）的觀念來強調政府文官體制，如何正式的經由立法，或是政治體系內非正式的會議等方式，縮減

其角色的扮演等不同模式，並且在政策形成的過程中，建立本身「合宜的」角色（Hood, 2000）。這些所謂的「公共服務協議」，可以從系統化的「受託管理人」（trustee）（建立半自治式地位的文官體制，並讓文官體制成為廣義憲法規定的一部分），與其他許多更為專制的各種「機關」協議（亦即建立一種代理人（principal-agent）類型的關係）之間，進行大範圍地的區別。這些「協議」建立了不同類型的管理空間與改革的機會結構。相對於國家政治，它們針對國家行政的角色定位，提供了歷史性國家環境的觀點，以及對於採用的改革類型，其影響程度如何改變現有的政治－行政關係模式，相關的動機與了解等觀點。除此以外，還描述了特殊規範性價值的基礎，其結合法治國家傳統的Beamtenethos，與較具管理性了解的英美國家（Anglo-American）歷史脈絡，產生不同程度的公眾尊嚴。

對於大量相關文獻的簡短看法則認為，行政模式與國家政治之間的關係定義，並不全然是由其中之一進行主導，而是兩者之間持續張力延伸所產生的結果。對於行政與政治層次的國家性交互作用，相關的案例則針對掌控機關的多元化，以及更多規定，與歷史－文化的安排上，所產生的影響加以描述，尤其是現存有廣大機制性安排的重要性。此外，本章還針對行政角色在政治上，以及政治角色在行政上，提出彼此密切交互作用的相互了解之看法。

行政模式與政策的改變

對於行政模式改變的能力所進行的相關辯論，其與政治掌控各種方法及公共行政的不同機制設定，具有緊密的關聯性。本章節主要討論的是，行政模式（其所指的除了組織上的結構，同時也包含了「標準的運作程序」）將如何形成政治與政策改革的過程。下節首先將提出，為何公共部門的改革，能針對國家政治與行政模式之間的動能，提出深刻的看法，然後再針對各種解釋公共部門改革特質的不同方法，從政治－機構性與「行政模式」之間的分別，做一簡短的介紹。前者所著重的，在於政治領導的執行能力（以及行政單位的反應能力，尤其可能採取一較保守的方式），而後者則著重於改變的方向性。

當某些行政單位與法規的改革，所代表的是跨越國界的最終結合形式，有些學者則提出看法認為，法規性的改革，代表了「追趕」的效果。然而，相似主題的詮釋，則多從文化性獨特的方式，或者由於途徑依賴性而代表的持續性多元化等現象（Hood, 2000: 3-4）。關於國家行政改革的研究重點，便著重於強調不同的模式與改革軌跡（reform trajectories）所代表的重大意義（Hood, 1995; Pollitt and Bouckaert, 2000; Schroter, 2001; 關於執行機構化的分析，請參考 James, 2001）。值此同時，公共部門的改革議程，則是朝向政治性掌控與行政自治（從以前至今都是如此）兩者之間關係的釐清等方向去發展，而新公共管理理論，則被認為是針對管理自治能力的提升，以及政治掌控的維護為發展重點。此外，也針對了政治領導力相對於行政能力等問題加以探討。舉例說明，學者Bezes（2001）便針對法國總理嘗試的公共行政改革，所達到不同程度的「成功」，就不同領導策略的重要性加以強調，並對行政改革中，不具效率的「防禦性」策略（其目標乃是「打破」現有的安排），以及日漸成功的「攻擊性」策略（多由內部所產生）加以區分。

　　在政治領導力的定義範圍內，對於解釋「政治」如何影響行政部門及廣大公共部門的改革，其最重要的理由，乃是強調國家政治機構的重要性。也就是說，經由政策的形成與管理的方法，以及那些因受到影響而反對政策實施者，提供機會結構。在過去的二十年裡，愈來愈多討論認為，政治體系內否決點的數目，正好對國家政策改變能力的程度提出解釋（請參考 Grande and Schneider, 1991; Immergut, 1992; Weaver and Rockman, 1995）。而類似的理由，也同樣被用來解釋，相對於1980年代與1990年代[2]的自由式市場經濟的西歐各國（market liberal governments）的執政成果，為何英國前首相柴契爾夫人（Margaret Thatcher）執政時期，所提倡的新自由主義能夠成功。舉例來說，英國與德國的公共部門之改革，其間的差異，乃是與不同程度的「改革能力」相連結，而單一體制國家的單一執政黨政府之存在，則被認為能夠從國家的層次方面，提供更大範圍的改革。相對上，德國的行政改革，由於憲法的緣故，主要只出現於公共行政的「出口端」，也就是所謂的地方政府層面，而對少數聯邦政府所屬的事業機構（如鐵路局、電信局以及郵局等）的私有化，則需要達到特別的多數同意，才能啟動憲法修正的引擎。

　　至於其他國家的焦點，則是集中在由國家政治性機構體系提供的各種不同類型的動機或獎勵。舉例而言，學者Steinmo（1993）便針對美國、英國及瑞典等國家，其賦稅系統的發展與相關政治決策制定的執行，所伴隨的方法加以比較。學者Hall（1983: 57; 1986: 273-276）則是根據英國的案例提出建議，認為經濟政策的創新，主要乃是由政黨所主導，而學者Hayward（1976）則對於法國與英國文官體制的分析研究中，特別強調文化價值的重要性，尤其是針對重要的政策創新、文官參與差異性方面的解釋，國家相對於社會及有關主管當局的了解。然而，若是採用較寬廣的政治態度去解釋公共部門的改革，

---

2 不同於來自那些形成文化的固有觀點所產生的困難度，尤其是「民族性的文化」。

似乎就缺乏應有的力道：尤其是英國與德國的例子，許多關於政治文化與態度調查的發現，就無法針對公共部門改革的差異性，提供足夠的解釋（Schroter, 2000）。

對於解釋國家政治如何促進行政模式的改變，除了政治機制性架構的影響，以及相對於社會、國家所扮演合宜的角色之文化概念外，其他的解釋則是將行政模式本身，視為促進與約制政府行政創新的關鍵角色。舉例說明，學者Weir（1989）為了解釋對於凱因斯主義（Keynesian）接受力的差異性，特別就招募的模式，職業生涯的升遷，與標準的執行流程等方面，強調行政模式的重要性。若與1920年代的瑞典、英國與美國等國家對於「凱因斯主義」的反應做一比較，學者Weir和Skocpol（1985）分別針對行政體系對於外部提供的建議，所採取「開放態度」，以及行政機構部會級的反應能力，強調其重要性。

對於政治需求改變的特別方法（某種程度上，就像是「強權國家」與「弱勢國家」之間的差別），學者Knill（1999）則提出兩種類型的理想性官僚體系。對於「自治化的官僚體系」與「工具型的官僚體系」間的差別，前者代表的是具有高度防禦性質的行政模式，其以自我調適的方法，面對改變所帶來的挑戰，讓改革策略從內部自然產生，而不需要執行領導者的主導，相對上，「工具型官僚體系」的特色則是，對於政策的形成，此體系的影響力有限，較大的程度是藉由外部領導與「靈感」所影響而成。學者Knill指出，針對解釋行政改變「能力」（administrative change 'capacity'）的三種面向，分別是執行領導（executive leadership）的能力、政府行政結構與程序的制度固著化，以及官僚體系對於政策制定的影響等。此類的理想化類型之比較，極可能遇到的證據，不僅大部分是介於上述兩種理想化類型之間的「灰色地帶」，同時在不同的時間與區域上，也有極大的差異。

無論如何，此類說明所強調的是，行政模式所扮演的角色，以及行政模式與政治明星之間，對於政策改變所產生的交互作用，尤其是政策改變的方向等等。於是，在解釋政策改變的方向等諸多關鍵性因素中，便包括了國家公務人員，以及招募與生涯發展等相關事宜。而由內部晉升與外來招募的公務人員，其間所存在的實質差異性，如美國模式，公務人員的招募乃由機關本身負責；而在法國的公共行政體系裡，其政府文官多是由行政上進行職業教育的菁英人才（Rouban, 1999: 87-88頁）；而德國的公務人員，則主要是由Ressort-based職業所形成，且多數具有法律的專業，相對於英國的「通才」（generalist）型政府文官，其以服務為導向的特質，形成開放型的職業結構。於是，除了參與公職前的教育類型不同（與法律教育的差別）以外，「在職訓練」的類型（韋伯定義為Dienstwissen），才能塑造出各種不同程度專業的公務人員，並建立不同模式的制度性機構記憶（Page, 1992: 48）。同樣的，學者Hood（1996）則是針對英國的政府文官，如

何從一個國內的公共部門改革，調到另一個部門的現象，指出具有「第二專業學習」效果的重要性。舉例而言，英國的國家鐵路私有化案例中，便是公務人員，在面臨政治人物日漸增加的不願氣氛下，創造出一個將服務營運朝向垂直分離，橫向分割的模式之私有化經驗（請參考 Lodge, 2002: ch7）。在促進行政改變時，當政治動機與優先選擇，明顯地成為關鍵性因素，現有的行政模式內容，不只可能在某種程度上，形成改革野心與機會，同時也是類似政策改變的本質，甚至伴隨著具假設性質的「工具性」官僚體系，包含內部產生與管理改革流程的實質能力。

最初在討論特定政治與行政因素對於政策改變的影響，而不是將討論放在政策改變本身，本章節將重點強調公共部門改革的相關性，以求同時從成果上，以及根據改革的程度與方向所產生的衝擊等方面，針對國家政治與行政模式之間的關聯性進行探討。而無論是提昇或約制政治領導的執行，以及集中在現有的初始狀況的廣大機制性與文化性等傾向，皆是用來指出不同的改革結果。相對上，行政模式的強調，對於為何選擇某一特別的改革樣板（reform templates），而不是其他的改革方式，則是提供珍貴的見解。無論使用何種方法，都是持續不斷地朝向「政治—行政關係」（politico-administrative relationship）的研究發展，並且將分析的重點，超越了學術用語的改變之描述，以及將組織的架構等層面，朝向如何解釋診斷的政策改變之程度與發展方向等問題之分析。

改變的行政模式與國家政治

一般而言，現有的行政模式與政策工具的選擇，乃是根據主流國家的「政策潮流」所形成（Jordan et al., 1982）。而對於政策潮流的概念，則是根據某一主流的程序企圖，此一企圖不僅反應出工具的優先選擇，也反射出妥協如何達成的規範價值。當我們難以針對「政策潮流」，做出任何預測性的主張（predictive claims）時，類似概念往往產生的問題，遠超過可能得到的答案。此內容所蘊含的「潮流」概念，則與特定的行政模式及政策工具的國家優先相互關聯。同樣的，學者Linder和Peters（1989）認為，政治性文化形成了，對於中央極權政府干預所施加的特別方法，一般人民所能接受的程度。他們並強調，為了就某一政策抉擇適當與否加以了解，特別的組織性特色，便具有相當的重要性。對於政府所採行的特別方法，除了反應在內部組織的傾向外，也同樣與目標群體（target population）的特質以及其環繞的政策網絡，具有相互關聯性，例如：學者Vogel（1986）便指出針對環境法規，英國的合作性執行型態，其與對手美國所採用的流程相比較，文化面向更顯得重要。於是，對於行政模式及與國家政治的關係，任何大幅度的

了解，也都需要包括社會運動者，以及在特殊政策領域或部門內，包括政策的形成與執行上的參與。

　　介於國家政治與行政模式之間的傳統型整合模式，逐漸面臨兩種現象的挑戰：分別為跨國化（transnationalization）與去等級化（de-hierarchization）。這兩種發展，針對國家的集權化（centrality），以及政府如何就國內外事件，行使「主權」方式的能力，提出質疑。一方面，國家的行政機構，持續不斷地接觸跨國性的議題，尤其在歐洲聯盟等國家，其大多數國家的經濟規定，只是代表歐盟法規的調換。而另一方面，在某些特殊領域的政策啟始之前，國家的政治也逐漸需要取得特定利益參與者的同意。於是，鑑於取得特定政策措施社會合法性日益困難的現象，必須採用新的合法化方法，以超越傳統上區分的國家行政模式，其與利益團體及協會之間的交互關係（請參考 Sacks, 1980; Lehmbruch, 1991; Page, 1992: 108-119）。在維繫合法的諸多嘗試中，像是人民代表或是進行協商等工具，乃是最能挑戰傳統上，行政部門與社會運動者間交互作用的工具。在我們將重點轉移到「去等級化」的議題前，本章節將先探討關於「跨國化」等相關議題（集中討論歐盟會員國等狀況）。而無論是跨國化，或是去等級化，都更加深化國家政治與行政模式之間關係的複雜性。

　　為了配合國際性或是區域性的協議，國家同意交換並讓出部分主權，所達成的諸多承諾，與政府行政模式的跨國化現象相關聯，其中最明顯的就是成為歐洲聯盟的會員。當「派遣代表」的邏輯性，往往與功能性動力相連結的時候，比如提昇的解決問題能力，會員對於國家政治與行政模式的衝擊，則顯示在包括利益普遍性（commonalities of interests）與反應多樣性（diversity of responses）等跨國性的觀點。

　　歐盟的會員必須擁有外交技巧與機制性安排，才能有效地擔任代表，以及與其他會員國家的行政單位進行協商。同時也須要有能力，將跨國性條約加以調換施行，並且監督施行的成效（Menon and Wright, 1998）。更進一步的看法是，歐盟條款的管理，讓歐洲聯盟委員會（European Commission）得以仰賴國家（與次國家層級的）行政機構，執行相關的政策。這些活動所代表的意義在於，國家級的公共行政，大部分都逐漸在國家與歐盟層級上進行運作。學者Wolfgang Wessels（1997）則認為，此趨勢已經形成「行政融合」（administrative fusion）的現象，亦即政府文官不再將本身國家的行為與歐盟行為加以區分。然而，此一融合現象，卻大部分仍是在制度建立的國家行政與政治模式內運作，於是便造成了一個政策內容歐洲化（Europeanization）的現象，以及法律權力配置上，潛在性的改變，但卻不必然對結構會產生影響。舉例來說，學者Bulmer和Burch（1998: 606）便指出，「英國的文官機制」（the Whitehall machinery），其運作邏輯，已經成功吸取歐洲整合（European integration）的精髓，而另一個類似的判斷，則來自於學者Goetz

（1995）對於德國聯邦主義（federalism）所進行的分析。然而，就政策層面來說，受到不同的強制程度，適應壓力與獎勵結構等影響，歐盟政策與國家行政的整合產生多元化的反應現象（Knill, 1998）。而適應壓力的不同程度，則完全仰賴國家行政模式之間，制度上的適應能力所決定，尤其是現有國家安排的深層定著（embeddedness）與彈性程度（degree of flexibility）。而國家狀況的重要性，同時也影響是否適用於歐洲「模型」中的「自願採用」（voluntary import）現象，例如：在1990年代後期，歐洲競爭法（the European competition law）架構的案例裡，英國與德國等國家層級（national level）便同時具有加以採用的資格。而無論如何，在這兩個國家的案例裡，政策的改變，主要還是由國家領導者，根據國家的需求加以主導，而立法的過程，也多屬於國家相關的議題（Eyre and Lodge, 2000）。相對上來說，如今對於國內的電信法規，極大部分都是有效地根據歐洲法規指定而形成。

　　除了上述行政機關的跨國化行為之外，從國家層級來看，國家政治幾乎仍維持著以選舉立法（the electoral legitimization）為唯一根據，而歐洲國會的選舉，主要則展現了對於當時政府，進行公民投票的機會。就國家政治而言，由於歐洲法的正式規定或是因為單一市場內，法規性競爭所提昇的潛在性，導致政府行為的跨國化現象，限制了對於某些特定選擇的追求（Scharpf, 1999）。一般認為，對於潛在性移動的選民而言，歐洲的單一市場，將限制政府對其施加高代價政策選擇的能力。而另一方面，歐洲聯盟層級的政治，則提供了國家政治追求策略的額外層面，例如：其藉由允許國家政治「輸出」特定的政策「解藥」，或是以開啟政策的改變為目標等，雖然這些改變，很有可能在國內的層級就會被加以否決。

　　本文至今的分析多假定，行政模式乃是定義公共行政的行為。然而，就政策的形成及實行面而言，其對於行政包含了「公共」、「副公共」（para-public），以及「私人行為者」的定義，卻不必然為一嶄新的解釋。類似的例子，像健保體系中的教會機構，貿易公會間的組合主義安排（corporatist arrangements），1970年代，總體經濟政策中的員工與政府，或是近期的「社會協定」（social pacts）（請參考 Teague, 1999），標準設定的企業協會（Werle, 2001），甚至是支持「以信仰為基礎」政策的提議等等。對於利益團體的影響，或是主導政府行政模式等程度，則必須仰賴於問題的排列及國家的傳統而決定。於是，學者Wilson（1980）便提議認為，介於受影響的利益團體之間的成本與利益的分配，大大地左右了政策的發展，而所形成的集中成本，利益分散的模式，極有可能在一個具有特殊利益且負責任的官僚之間，產生「侍從主義」（clientalist）的關係。介於利益團體與官僚體系之間，所出現的交互作用，對於不同的部門而有所差異，甚至在國家之間，也會有不同的狀況。於是，美國就被描述成，由於利益團體在特定領域中的

強大影響力，因而出現「議題網絡」（issue networks）的趨勢；而在德國，則仍相當程度地仰賴於現有的協會，提供諮詢及實行的功能；瑞典則是以技術官僚合作（technocratic concertation）為其特色；而在法國，行政機構被認為是遠離利益團體的寵愛範圍。就「協商空間」而言，當此國家的差異性，某種程度被解釋為，國家的利益團體組織乃是全世界皆然，而其會員團體的協會能力（逐漸下降中），尤其是協調的型態與政治權力分享的程度，乃是歷史發展的結果，例如（轉型的）公會結構的堅持或是政教的關係等，就是其中的相關例子。

　　即使有這些歷史先例的存在，為了取得行為的合法性，政治行為者必須接受特別的政策領域中，特定行為者的同意（Schneider, 2000）。[3]對於領域基礎的組織，其日漸增加的需求，主要的原因據說就在於社會功能性的差異。此差異不僅挑戰了政治地位，對於須要專家介入的政策問題，其複雜性的程度也日益增加。而國家的政治，逐漸朝向協商方向的轉變，使得行政模式也相對的必須加以轉變，以強調合作與協調，而非「傳統的」執行行為，例如環境政策。[4]於是，政治與（公共）行政的行為，便被認為與政治、行政及大型社會組織之間的交互作用與協商，具有日益增加的關聯性（Windhoff-Heritier, 1996）。而與其提供階級式的政府行為（hierarchical acts of government），真正需要的仍是，「動機設定」（incentive-setting）與「平衡維繫」（tipping of balances）的增加。

　　做為主要的政治與行政工具，為了達成配合的目的，協商的重要性日益增加，而各種超越階層式「傳統」工具的模式與市場，也開始出現，並統稱為「網絡」（networks）。學者Mayntz和Scharpf便對於各種不同類型的控管（或是「治理」，請參考Pierre, 2000）工具之普及，強調其重要性。這些控管工具，不僅跨越「部門，接近到國家的層級」，並在「階級論」（hierarchist）、「被殖民化」（colonized）、「統合論」（corporatist）、「市場化」（market）及「網絡」類型的安排上，加以區別（Mayntz and Scharpf, 1995）。學者Streeck和Schmitter（1985）針對社區、市場、國家與協會等不同機制加以討論，並且以相關法規文獻，針對階級式、指派代表、自我管制與市場類型等模

3　不可否認的，本文獻對於國家行為的「網絡化」（network-ization），像是「鐵三角」（iron triangles）或是「不同的政策社群」（policy communities）等，究竟是如何不同於舊有的行政模式，仍缺乏一個清楚的衡量標準。

4　類似的挑戰已經引起不同的討論，認為從「福利國家」（welfare state）轉變成「法治國家」（regulatory state）（Majone, 1997），或者是監督國家（supervision state），其主要負責的是內容的主導與架構的提供及進入（Willke, 1995）。除了協商之外，更進一步「去階級化」的方法，則被認為是特別政策功能的私有化，或是執行功能的分權化，將權力下放至較低階的政府部門或是機關單位（比如所謂的「非政府組織機構」（quangos））。此一整體的現象，已經被認定為所謂的「國家空洞化」（hollowing-out）效果。

式的規定進行區別。同樣的，學者Hood（1996, 1998）則是利用網格群（grid-group）式的文化理論架構，討論各種不同（單一與混合型）官僚控管的類型。

無論如何，除了就領域基礎的政府治理，討論其相關的政治合法性等規範性問題，以及國家政策制定的去國會化內容中，部分利益的特殊使用權（Schneider, 2000）外，就政府的行政機制，究竟是否有任何改變以及何種程度的改變，或是改變的程度多深，改變的方法是否相似，以及究竟是肇因於相似或相反的理由等面向的辯論，仍缺乏跨越國家與跨越部門之間的相關分析與討論（針對德國的行政改革，請參考Wegrich, 2001）。此外，當學術界對於從階級式轉移成網絡與市場類型的政府治理模式，進行大範圍的探討時，類似的趨勢也包括了所謂的反轉（reverse）與翻版（mirror-image）效果。舉例說明，學者Hood等（1999）便提出建議，認為英國政府的法規範圍與增加採用的市場類型的安排，其與（階層式的）監督的擴張相配合。無論如何，從歷史性機構角度來看，現存的行政模式，以及範圍較廣的政治機制架構，將型塑出政治與行政行為者，在上述的諸多變化下，維持正常的營運，以及其所偏好的是何種類型的反應，哪一種類型，將被視為最「合適」與「具功能性」的「新」模式。

行政模式與國家政治的比較

一般認為，國家的區別性（national distinctiveness）乃是行政模式的比較研究中，主要的困難之一。即使出現所謂的「全球性」壓力，政治平台的結合與行政設計學理的狂熱與潮流之起落（與隨之而來的組織再造），公共行政的反應多被認為，只是多元化的複製，而非新出現的結合。尤其是歸因於嵌入式標準營運程序所造成的制度慣性（institutional inertia）、嚴格護衛的權力分布、憲法與歷史的功能與主流的「政策風格」（policy styles）等因素。本章企圖針對文獻中常見的三種關於行政模式與國家政治之間的動能等相關議題（當然，這絕不具有獨特性），提供簡短的介紹。本段結論則希望，能嘗試超越政治－行政的「二分法」之重新界定（reformulation），以求對國家政治與行政模式所常見的議題與反應（往往為多元性的），加以說明解釋。

跨越國家的歷史背景，相似的問題與挑戰並不特別的強調政治、行政之間的二分法（不論管理主義所涵蓋的範圍，任何資深文官固有的政治行為，此二分法似乎多非自然的現象），但卻是與所謂的「行政國家」（administrative state）產生的問題相互關聯。所謂的「行政國家」，已被定義為一大幅度受到官僚體系治理，但其官員卻是由人民選舉而來，並且最終必須對公共政策負責的政治系統（Pierre, 1995: 207）。然而，究竟這些系

統，如何針對大家共同的考量做出反應，以及處理相似的議題，例如：對於行政體制試圖增加的政治掌控現象來說，行政部門與廣大的公共部門改革的方式，已經持續地在不同階層的行政單位與政治部門完成並且運作無虞，更提供了學界正確的比較性研究的基礎。除此之外，針對行政國家內，國家政治與行政模式之間關係的分析，延伸至政策改變，跨國化現象，以及去階級化等議題的探討，將增加對於各個國家之間關係的分析所發展出的文獻，面臨更多挑戰。

　　對於任何試圖合理化行政模式與國家政治的國家多樣化（the national diversity），其採取特定國家的族群採樣方式，以強調不同國家之間的特別共通性。學者Page（1995）則就歐洲的歷史背景，區分出不同的行政類型，如德國（其特色在於邦聯的組成乃是以羅馬法，特殊主義司法權，以及現代的政治化為根據）、法國（以其遠離政治的影響為特色）、南歐（法律為其特色，但在政治上仍然相對地孱弱以及任命權的方式）、斯幹那維亞（以其專業化，片段不全的特質，與統合主義的合作等特色為其定義）、「英國－愛爾蘭」（定義為「中立性」）及東歐的行政體系等。[5]學者Hofstede對於文化的價值與國家群聚現象的研究，同時也提出類似的分析，而且似乎與強調歷史與法律傳統的重要性，以及形成後續發展，所謂的途徑依賴等特色，此學術領域所主導的歷史性制度主義極為契合。然而，當途徑依賴的概念，逐漸適用於經濟與政治科學領域時（請參考Pierson, 2000），比較公共行政學的挑戰，將不只是就產生的變化，是否造成愈來愈多的相似處（結合性質較弱的案例），或者多樣性是否仍為主導的思考模式加以描述與評估，而是同時也指出此類行政模式的國家連續性（national continuities）的來源，以及對於這些現象如何得以持續加以解釋，並進一步評估相關的正式與非正式資源（諸如態度的理解）的運用，以求維持特定的安排。同一時間，也利用學者Teubner（1998）對於「政策刺激劑」（policy irritant）的概念，提供我們對於法務工具（或其他工具），如何「輸出」至不同的國家，不同的法律制度，與不同的政治背景等層面加以研讀。也有學者由於不同制度性的「國家生產體制」（national production regimes）（Soskice, 1999），或是「資本主義多樣性」（varieties of capitalism）（Hall and Soskice, 2001）所引起的不利反應，而預測「非意圖性的結果」（unintended consequences），於是導致更新的多樣性（renewed diversity）產生。

　　相較於倚賴廣大歷史—文化與政治機制下所產生的明星等解釋，本章的目標，希望能對於特殊行政模式的重要性，與國家政治對於政策改變的特質加以強調，尤其是關於

5　相似的差異性已經為了發展行政體制所設立（請參考Subramaniam, 2001）。

政策改變的方向或是定位。類似的解釋，提供我們對於潛在的政治與行政策略，產生前瞻性的看法。除此之外，本章還希望能進一步指出，不只在多層級的治理內容，能夠清楚地畫出政治與（公共）行政之間的界線，以及所面臨日漸增加的困難度，同時對於政策的制定與實行的多元領域裡，明確指出社會行為者在政治與行政的安排上，所參與的程度。

　　比較公共行政所面臨的挑戰是，如何將特別的跨國趨勢的認知與可能的傾向結合，同時對於之間的差異性，做出合理的解釋，並且對於特別對象的研究，就其正式與歷史－文化脈絡等面向，找出其間的差異。更進一步的工作，則是針對特殊模式公權力的維持，相關的原因與策略加以探索。除了針對公共部門人員的招募，行政部門與社會之間的接受能力與互動關係，實施的模式與內部的行政安排（Subramaniam, 2000: 564）等傳統看法進行探討之外，相關的解釋多從一般觀察的現象（比如說，公共部門的改革或是立法的更換），以及針對特別的政治與行政因素，調查究竟如何在國與國之間造成影響，以及為何產生的原因；或者，學者們可以利用特別的分析概念，以及「理想的類型」為根據，探討行政體系的處理流程如何不同，然後更新其行政與政策的績效「資訊」，並找出政治與行政體系之間關係的特殊問題，或者是以「硬體接合」特別的行政設計理念做為研究的目標。如此的研究途徑，能讓我們對於不同的行政模式，與其對國家政治的衝擊，吸取顯著的特色，並強調其如何的重要等。

　　雖然以上提出的建議，還談不上建立一個適用於全球，介於國家政治與行政模式之間的動力理論（而且可能被指控其具有文化上的偏見 ── Subramaniam, 2001: 338），然而卻在公共行政與政治科學的領域裡，提出範圍更廣的辯論，並且更加留意，所謂行政國家應該運作的變化中環境。

參考文獻

Aberbach, J.D. and Rockman, B.A (1994) 'Civil Servants and Policymakers: Neutral or Responsive Competence', *Governance,* 7 (4): 461–9.

Aberbach, J.D., Derlien, H-U. and Rockman, B.A. (1994) 'Unity and Fragmentation, Themes in German and American Public Administration', in H-U. Derlien, U. Gerhard and F.W. Scharpf (eds), *Systemrationalitat und Partialinteresse*. aden-Baden, Nomos.

Aberbach, J.D., Putnam, R.D. and Rockman, B.A. (1981) *Bureaucrats and Politicians in Western Democracies*. Cambridge, MA: Harvard University Press.

Aucoin, P. (1990) 'Administrative Reform in Public Management: Paradigms, Principles, Paradoxes and Pendulums', *Governance*, 3 (2): 115–37.

Bezes, P. (2001) 'Defensive versus Offensive Approaches to Administrative Reform in France (1988–1997): The Leadership Dilemmas of French Prime Ministers', *Governance*, 14 (1): 99–132.

Borre, O. and Viegas, J.L. (1995) 'Government Intervention in the Economy', in O. Borre and E. Scarbrough (eds), *The Scope of Government*. Oxford: Oxford University Press.

Bulmer, S. and Burch, M. (1998) 'Organizing for Europe: Whitehall, The British State and European Union', *Public Administration*, 76: 601–28.

Campbell, C. (1988) 'Review Article: The Political Roles of Senior Government Oficials in Advanced Democracies', *British Journal of Political Science*, 18: 243–72.

Campbell, C. and Peters, B.G. (1988) 'The Politics/ Administration Dichotomy: Death or Merely Change?', *Governance*, 1 (1): 79–99.

Crouch, C. (1993) *Industrial Relations and European State Traditions*. Oxford: Clarendon Press.

Dolan, J. (2002) 'The Budget-Minimizing Bureaucrat? Empirical Evidence from the Senior Executive Service', *Public Administration Review*, 62 (1): 42–50.

Dunleavy, P. (1991) *Democracy, Bureaucracy and Public Choice*, Hemel Hempstead: Harvester Wheatsheaf.

Eisenstadt, S.N. (1958) 'Bureaucracy and Bureaucratization', *Current Sociology*, 7 (2): 99–124.

Epstein, D. and O' Halloran, S. (1999) *Delegating Powers*, New York: Cambridge University Press.

Eyre, S. and Lodge, M. (2000) 'National Tunes and a European Melody? Competition Law Reform in the UK and Germany', *Journal of European Public Policy*, 7 (1): 63–79.

Goetz, K.H. (1995) 'National Governance and European Integration: Intergovernmental Relations in Germany', *Journal of Common Market Studies*, 33: 91–116.

Goetz, K.H. (1997) 'Acquiring Political Craft: Training Grounds for Top Officials in the German Core Executive', *Public Administration*, 75 (4): 753–75.

Goetz, K.H. (1999) 'Senior Officials in the German Federal Administration: Institutional Change and Positional Differentiation', in E. Page and V. Wright (eds), *Bureaucratic Elites in Western European States*. Oxford: Oxford University Press.

Grande, E. and Schneider, V. (1991) 'Reformstrategien und staatliche Handlungskapazitaten in der Telekommunikation in Westeuropa', *Politische Vierteljahresschrift*, 32 (3): 452–78.

Hall, P.A. (1983) 'Policy Innovation and the Structure of the State: The Politics–Administrative Nexus in France and Britain', *Annals of the AAPSS*, 466 (3): 43–55.

Hall, P.A. (1986) *Governing the Economy*, Cambridge: Polity Press.

Hall, P.A. and Soskice, D. (2001) 'An Introduction to Varieties of Capitalism', in P.A. Hall and D. Soskice (eds), *Varieties of Capitalism: The Institutional Foundations of Comparative Advantage*. Oxford: Oxford University Press.

Hayward, J.A.S. (1976) 'Institutional Inertia and political impetus in France and Britain', *Journal of European Political Research*, 4: 341–59.

Heclo, H. (1977) *A Government of Strangers: Executive Politics in Washington*. Washington, DC: Brookings Institution.

Heclo, H. and Wildavsky, A. (1974) *The Private Government of Public Money: Community and Policy Inside British Politics*. London, Macmillan.

Hofstede, G. (1980) *Culture's Consequences – International Differences in Work-Related Values*. Beverly Hills, CA: Sage.

Hofstede, G. (1991) *Cultures and Organizations: Softwares of the Mind*. New York, McGraw–Hill.

Hofstede, G. (1993) 'Europe', in D.J. Hickson (ed.), *Management in Western Europe*. Berlin: Walter de Gruyter.

Hood, C. (1995) 'The "New Public Management" in the 1980s: Variations on a Theme', *Accounting, Organizations and Society*, 20 (2/3): 93–109.

Hood, C. (1996) 'Control Over Bureaucracy: Cultural Theory and Institutional Variety', *Journal of Public Policy*, 15 (3): 207–30.

Hood, C. (1998) *The Art of the State*. Oxford: Oxford University Press.

Hood, C. (2000) 'Paradoxes of Public-sector Managerialism, Old Public Management and Public Service Bargains', *International Public Management Journal*, 3 (1): 1–22.

Hood, C., Scott, C., James, O., Jones, G. and Travers, T. (1999) *Regulation Inside Government*. Oxford: Oxford University Press.

Horn, M. (1995) *The Political Economy of Public Administration*. Cambridge: Cambridge University Press.

Huber, J.D., Shipan, C.R. and Pfahler, M. (2001) 'Legislatures and Statutory Control of Bureaucracy', *American Journal of Political Science*, 45 (2): 330–45.

Huang, Y. (2002) 'Managing Chinese Bureaucrats: An Institutional Economics Perspective', *Political Studies,* 50 (1): 61–79.

Immergut, E. (1992) 'The Rules of the Game: The Logic of Health Policy-making in France, Switzerland, and Sweden', in S. Steinmo, K. Thelen and F. Longstreth (eds), *Structuring Politics: Historical Institutionalism in Comparative Politics*. Cambridge: Cambridge University Press.

Inglehart, R. (1997) *Modernization and Postmodernization: Cultural, Economic, and Political Change in 43 Societies*. Princeton, NJ: Princeton University Press.

James, O. (2001) 'Business Models and the Transfer of Businesslike Central Government Agencies', *Governance*, 14 (2): 233–52.

Jordan, G., Gustafsson, G. and Richardson, J. (1982) 'The Concept of Policy Style', in J. Richardson (ed.), *Policy Styles in Western Europe*. London: Allen & Unwin.

Knill, C. (1998) 'European Policies: The Impact of National Administrative Tradition', *Journal of Public Policy*, 18 (1): 1–28.

Knill, C. (1999) 'Explaining Cross-national Variance in Administrative Reform: Autonomous versus Instrumental Bureaucracies', *Journal of Public Policy*, 19 (2): 113–39.

Lehmbruch, G. (1991) 'The Organization of Society. Administrative Strategies and Policy Networks', in R. Czada and A. Windhoff-Heritier (eds), *Political Choice – Institutions, Rules and Limits of Authority*. Frankfurt a.M.: Campus.

Levy, B. and Spiller, P. (1994) 'The Institutional Foundations of Regulatory Commitment: A Comparative Analysis of Telecommunications Regulation', *Journal of Law, Economics and Organization*, 10: 201–46.

Linder, H. and Peters, B.G. (1989) 'Instruments of Government: Perceptions and Contexts', *Journal of Public Policy*, 9 (1): 35–58.

Lodge, M. (2002) On Different Tracks: Designing Railway Regulation in Britain and Germany. Westport, CT: Praeger.

Majone, G. (1994) 'The Emergence of the Regulatory State in Europe', *West European Politics*, 17: 77–101.

Majone, G. (1997) 'From the Positive and to the Regulatory State', *Journal of Public Policy*, 17 (2): 139–67.

Mayntz, R. (1985) *Die Soziologie der offentlichen Verwaltung*, 3rd edn. Heidelberg: C.F. Muller Juristischer Verlag.

Mayntz, R. and Scharpf, F.W. (1995) 'Steuerung und Selbstorganisation in staatsnahen Sektoren', in R.

Mayntz and F.W. Scharpf (eds), *Gesellschaftliche Selbstregelung und politische Steuerung*. Frankfurt a.M.: Campus.

McCubbins, M., Noll, R.G. and Weingast, B.R. (1987) 'Administrative Procedures as Instruments of Political Control', *Journal of Law, Economics and Organization*, 3: 243–77.

Menon, A. and Wright, V. (1998) 'The Paradoxes of "Failure": British EU Policy Making in Comparative Perspective', *Public Policy and Administration*, 13 (4): 46–66.

Niskanen, W. (1971) *Bureaucracy and Representative Government*. Chicago: Aldine, Atherton.

Page, E.C. (1992) *Political Authority and Bureaucratic Power*, 2nd edn. Hemel Hempstead: Prentice–Hall.

Page, E.C. (1995) 'Administering Europe', in J. Hayward and E.C. Page (eds), *Governing the New Europe*. Cambridge: Polity Press.

Page, E.C. and Wright, V. (1999) 'Conclusion: Senior Officials in Western Europe', in E. Page and V. Wright (eds), *Bureaucratic Elites in Western European States*. Oxford: Oxford University Press.

Peters, B.G. (2000) 'Explaining Success in Administrative Reform', in H. Wollmann and E. Schroter (eds), *Comparing Public Sector Reform in Britain and Germany. Key Traditions and Trends of Modernisation*. Aldershot: Ashgate.

Pierre, J. (1995) 'Conclusion: A Framework of Comparative Public Administration', in J. Pierre (ed.), *Bureaucracy in the Modern State: An Introduction to Comparative Public Administration*. Aldershot: Edward Elgar.

Pierre, J. (2000) 'Introduction: Understanding Governance', in J. Pierre (ed.), *Debating Governance*. Oxford: Oxford University Press.

Pierson, P. (2000) 'Increasing Returns, Path Dependence, and the Study of Politics', *merican Political Science Review*, 94 (2): 251–67.

Pollitt, C. and Bouckaert, G. (2000) *Public Management Reform*. Oxford: Oxford University Press.

Putnam, R.D. (1974) 'The Political Attitudes of Senior Civil Servants in Western Europe: A Preliminary Report', *British Journal of Political Science*, 3: 257–90.

Rouban, L. (1999) 'The Senior Civil Service in France', in E. Page and V. Wright (eds), *Bureaucratic Elites in Western European States*. Oxford: Oxford University Press.

Rutgers, M. (2001) 'Splitting the Universe: On the Relevance of Dichotomies for the Study of Public Administration', *Administration and Society*, 33 (1): 3–20.

Sacks, P.M. (1980) 'State Structure and the Asymmetrical Society', *Comparative Politics*, 349–76.

Scharpf, F.W. (1999) *Governing in Europe: Effective and Democratic?* Oxford: Oxford University Press.

Schneider, V. (2000) 'Organisationsstaat und Verhandlungsdemokratie', in R. Werle and U. Schimack (eds.), *Gesellschaftliche Komplexitat und kollektive Handlungsfahigkeit*, Frankfurt a.M.: Campus.

Schroter, E. (2000) 'Culture's Consequences? In Search of Cultural Explanations of British and German Public Sector Reform', in H. Wollmann and E. Schroter (eds), *Comparing Public Sector Reform in Britain and Germany*. Key Traditions and Trends in Modernisation. Aldershot: Ashgate.

Schroter E. (2001) 'Staats- und Verwaltungsreformen in Europa: International Trends und nationale Profile', in E. Schroter (ed.), *Empirische Policy- und Verwaltungsforschung*. Opladen: Leske and Budrich.

Silberman, B.S. (1993) *Cages of Reason*. Chicago: Chicago University Press.

Soskice, D (1999) 'Divergent Production Regimes: Coordinated and Uncoordinated Market Economies in the 1980s and 1990s', in K. Kitschelt, P. Lange, G. Marks and J.D. Stephens (eds), *Continuity and Change in Contemporary Capitalism*. Cambridge: Cambridge University Press.

Steinmo, S. (1993) *Taxation and Democracy*. New Haven, CT: Yale University Press.

Streeck, W. and Schmitter, P.C. (1985) 'Community, Market, State – and Association?', *European Sociological Review*, 1 (2): 119–38.

Subramaniam, V. (2000) 'Comparative Public Administration: From Failed Universal Theory to Raw Empiricism – a Frank Analysis and Guidelines Towards a Realistic Perspective', *International Review of Administrative Sciences*, 66 (4): 557–72.

Subramaniam, V. (2001) 'Comparative Public Administration: The Prismatic Approach versus the Political Economy Approach', *International Review of Administrative Sciences*, 67 (2): 335–42.

Tayeb, M.H. (1988) *Organizations and National Culture*, London: Sage.

Teague, P. (1999) 'Reshaping Employment Regimes in Europe: Policy Shifts Alongside Boundary Change', *Journal of Public Policy*, 19 (1): 33–62.

Teubner, G. (1998) 'Legal Irritants: Good Faith in British Law or How Unifying Law Ends Up in New Divergences', *Modern Law Review*, 61: 11–32.

Vogel, D. (1986) *National Styles of Regulation: Environmental Policy in Great Britain and the United States*. Ithaca, NY: Cornell University Press.

Weaver, R.K. and Rockman, B.A. (1995) *Do Institutions Matter? Government Capabilities in the United States and Abroad*. Washington, DC: Brookings Institution.

Wegrich, K. (2001) 'Verwaltungsmodernisierung im Mehrebenensystem der deutschen Bundeslander – Verwaltungspolitik und Wandel der Steuerungsformen'.Paper presented to the joint DVPW, OEGPW and SPW conference 'Changes in federal structures', Humboldt University, Berlin, 8–9 June 2001.

Weir, M. (1989) 'Ideas and Politics: The Acceptance of Keynesianism in Britain and the United States', in P.A. Hall (ed.), *The Political Power of Economic Ideas*. Princeton, NJ: Princeton University Press.

Weir, M. and Skocpol, T. (1985) 'State Structures and the Possibilites for "Keynesian" Responses to the Great Depression in Sweden, Britain, and the United States', in P. Evans, D. Rueschemeyer and T. Skocpol (eds), *Bringing the State Back In*. Cambridge: Cambridge University Press.

Werle, R. (2001) 'Institutional aspects of standardization – jurisdictional conflicts and the choice of standardization organizations', *Journal of European Public Policy*, 8 (3): 392–410.

Wessels, W. (1997) 'An Ever Closer Fusion? A Dynamic Macropolitical View on Integration Processes?', *Journal of Common Market Studies*, 35: 267–99.

Willke, H. (1995) *Die Ironie des Staates*. Frankfurt a.M.: Suhrkamp.

Wilson, J.Q. (1980) 'The Politics of Regulation', in J.Q. Wilson (ed.), *The Politics of Regulation*. New York: Basic Books.

Wilson, W. (1887) 'The Study of Administration', *Political Science Quarterly*, 2 (2): 197–222.

Windhoff-Heritier, A. (1996) 'Die Veranderung von Staatsaufgaben aus politik-wissenschaftlicherinstitution eller Sicht', in D. Grimm (ed.), *Staatsaufgaben*. Frankfurt a.M.: Suhrkamp.

第二十四章　行政改革

Theo A.J. Toonen
任文姍 / 譯

PART

11

改革行動的概觀

　　若是對過去20年裡，「西方世界」的許多國家之行政改革行動，做一簡略的審視，我們不難發現，從1980年代起，直到1990年代，而不論採用何種政治及行政體系，這些國家所從事的都是相似形態的政府公部門改革，只是時間上有的早，有的國家開始的比較晚。而在政府與治理方法中所提及的「全球化的典範轉移」，此一議題的確引起許多討論（Aucoin, 1990; Osborne and Gaebler, 1992; Lane, 1993）。[1]

　　對於採取商業導向方法的政府治理，我們能很快就能了解，這並不表示一定也會造成市場的重要性優於政府的結果。然而，政府的職責究竟是什麼，此一問題，也許可從政府應該如何管理其事務的問題中脫離出來。然而到了1990年代中期，愈來愈多的人開始提出方法上所面臨的問題（Flynn and Strehl, 1996: 4; Naschold, 1996; Toonen, 1997）。管理上的觀點，對於研究，不只變成實證性的軌跡；更明顯地在比較研究的方法中，成為研究改革與公共行政的「模型」（Chandler, 2000）。此模型從一個軌跡，發展成為相關領域的研究重心。於是，往往不經意的，觀察者有時似乎樂於忽視任何歷史上與公開行政性公部門相關的改革案例，例如：德國的統一、義大利在貪腐上出現的戰爭、法國的地方分權、西班牙為經濟整合所作的努力，或是英國的聯邦制度等，都只是其中的少數例子。而從管理的角度上來看，這些國家往往被視為「改革的遲鈍者」或不事改革的案例。

　　從公共行政（Public Administration, PA）的角度而言，政府與治理的新管理主義方法正是所謂的：「新管理方法」（a neo-managerial approach）。正如同制度性分析，政策研究與決策制定分析的發展，組織與管理研究構成了公共行政領域發展間的一個傳統。起自於20世紀前半期，當科學化管理運動的開始與行政科學的出現，產生了現代組

---

[1] Loffler在她的文章中，對此有更為詳盡的探討。

織理論的發明，而自從現代組織理論的問世，便使得組織與管理的改革，成為公共行政領域中，一個關鍵的考量重點（Burrell and Morgan, 1979: 118; Henry, 1995）。功利主義（utilitarian）、工具主義（instrumental）與技術專家治國（technocratic）等特質，在某種程度上，造就了新公共管理，也是典型的早期行政改革管理運動，其強調如，行政體系的「理性化與民主化」（the Rationalization and Democratization），像是各種形式的「理性政策分析」，或是1960年代與1970年代所採用的方法──設計計畫預算制度（Programming, Planning, Budgeting System, PPBS）。然而，即使我們將時間限制在過去的二十年內，仍將明確地發現，國際公共行政的真實發展，各國的改革模型與方法上有極大程度的不同。

新公共管理的改革

　　就現有的文獻，20世紀以來對於新管理型態的行政改革，其接受的程度與實現狀況，英國算是最標準的範例。此外，勉強跟上英國腳步的國家，則是紐西蘭──另一個英國西敏類型（Westminster-type）的政府體系。然而，愛爾蘭共和國的政府體系卻證明了，此一英國類型的政府體系，仍有極大的選擇空間，所謂（統一的）英國西敏模式，不必然就等同於新公共管理類型的改革。即使，也或許是因為，愛爾蘭在1990年代所展現出驚人的經濟奇蹟所致。

　　如果將觀察的範圍點擴大，例如：加入美國，甚至其他屬於前英國的聯邦國家（Commonwealth nations），如加拿大等例子，所展現的形象將更為多元。尤其如果我們願意深入地針對「管理改革」的實施等議題加以了解，所得到的結果將更為明顯。而不同於美國，商業管理長久以來，甚至直至今日，屬於公共行政的「常態科學」（normal science）之事實，新公共管理方法的確構成了一種「典範的轉移」，成為更具實用主義性質，以及師法牛津劍橋大學，具歷史性與政策導向的文官服務內容。於是，新公共管理的真正衝擊，對英國而言，從許多面向來看，都比其他國家，像是曾經出現「政府再造」運動及「戈爾報告」（the Gore Report）（National Performance Review, 1993）的美國等國家，影響來得大得多（PAR, 1996）。

福利國家的政策改革

　　支出縮減原本就是改革的主要目標之一。改革的目標可設定為減低政府的參與量──不必然是本質上的減低──藉由減少政策的權利、改變福利規劃與引進各種不同類型的政策節約計畫等方法。縮減、削減計畫的規模與目標的設定，從更長遠的來說，整體上，對於人民（如福利接受者）與社會，所提供較嚴謹且自動（也就是說，「有力的」）的政府運作，在許多的國家中，都遠比「回溯至政府的舊作法」，亦即將整體政

策停止的方式，來得較為常見。而在此過程裡，這些改革運動與規劃等，所採用的都是最新或「現代的」管理概念與聯合的制度性改革，以確保政府公共部門的結構，在新的經濟與歐洲發展狀況下，得以適應且生存。

福利國家的公共部門改革，主要的方法乃是重新設計政策、預算與政策的規劃。如果我們針對政策規劃與預算，進行足夠的「縮減」，就能夠達成政策改革擴散成管理結構的改革，或是制度性的改革，甚至可能產生福利國家的重新制憲（Lane, 1995: 511）。於是，管理上的改革，其實是一個結果，而不是行政改革的根源。

制度性的改革

在比利時、法國與義大利等國家，民營化、去官僚化、政府服務客戶導向，以及地方分權等，都是相當引人注目的政府改革流程。甚至有許多報告，特別針對改良的政府服務品質與人民即客戶的覺醒，作為政策流程的重點。但是上述各種運動的開啟，幾乎很少是根據明確的新管理改革理論。如法國等區域的公共行政，便證明了其具有專精於公共部門的行銷技能與富有企業精神的指標。然而，作為行政改革的現象本身，其表現乃是單一國家的區域化——如比利時、西班牙、法國及義大利等國家——乃是20世紀末，極為顯著且是整體歐洲的改革發展（Sharpe, 1993）。在許多的案例中，對於整體政府改革的此一發展，是不可能突然地停止。

體制改革

很明顯的，前東歐共產國家[2]的政治與行政轉變，也是無法排除任何一種行政改革的形式（Baker, 2002: 7）。但是面對政府體系，從獨裁或是半獨裁式的體制轉變，成為公民民主式（civil democracies）的諸多南歐國家，如希臘、葡萄牙與西班牙等，也同樣展現出政府體系改革的特殊案例。

長期以來，在義大利，以及其他的南歐國家，行政改革多半都是受到「原型官僚主義」（proto bureaucratic）的行政文化之考量所影響。尤其希望能藉此改革，以擊退傳統的侍從性模式（clientalistic patterns）以及守法主義的文化，以有助於採用其他更具品質且績效導向的方法。在法國，行政單位的現代化，所採用的觀念，包括了服務迅速回應（service responsiveness），「單一服務窗口」以及人民需求為導向等方法（Claisse, 1995）。但是更多傳統上的考量面，也沒有因此而被忽略，像是行政整合與貪污，侍從

2 詳細內容將在第39章中更全面性的討論。

主義（clientalism），以及行政透明化等相關問題。直至今日，國際化的「信任社會」（trust society）的行政整合（administrative integrity），幾乎在全世界的行政改革運動中受到愈來愈多的重視，而不只是在「發展中國家」出現而已（Fukyyama, 1995）。如安隆（ENRON）與美國世通公司（WorldCom）事件等案例的出現，更加說明了此一考量所包含的範圍，並不僅止於政府公共部門。

廣泛性的改革

　　毋庸置疑的，從1970年代後期與1980年代初期起，英國與紐澳國家的改革政策，就被刻劃成具有高度的可見度、能量與激進主義（visibility, vigour and radicalism）的特質。這些國家所代表的是，公共部門的改革過程，多具有廣泛性，且不是建立在經過雙方同意，而是由中央集權進行指導與立法的範例。即使這樣的流程，當初並非如此的設計，但最後卻演變成上述的現象（Wright, 1994: 109）。即使偶而每隔幾年，每個國家的公共行政改革，就會出現一些「偉大的設計」、「改革藍圖」，或者是「巨大行政的運作規劃」（big operation）等，然而大部分的國家，陸續出現愈來愈多的漸進主義者，對於改革做出不同程度的努力。如果美國的「政府組織再造」（Reinventing Government）被歸類成藍圖運作的規劃，那麼在西歐等國家，的確也出現許多相似的規劃。而更正確的說，是強調我們所見證的，大多數改革過程中的片片段段、實驗性，以及漸進主義者改革方式的本質，尤其是那些看起來更具效力且基礎的改革規劃。

漸進主義者的改革

　　漸進主義者的改革過程，則被刻劃成，必須取得雙方同意，且逐步進行的實驗性行為。政府部門的廣泛性改革及公共行政，偶而採用全面性的實驗內容與漸進主義者式的改革過程。而如同學者Loffler在第38章所進一步的描述，認為德國就是普遍被視為漸進主義者類型的典範。然而，許多國家，仍是在被迫的情形下，接受採用較為大眾同意，也就是漸進主義者的改革策略。一般而言，共識型民主（Consensus democracies），是將「文明式的民主」（gentle democracy）與績效相配對，但在流程上的改革，卻是特別的緩慢（Lijphart, 1994, 1999）。左翼與右翼的政黨，往往支持福利國家的政策改革。而許多國家裡的選區，也短暫性地強制他們接受「左右共治」（cohabitation）、「紫色－」（purple-）以及「彩虹聯盟」（rainbow coalitions）等安排（Toonen, 2001: 186）。

　　漸進主義並不是將廣泛性的改革排除在外。舉例而言，德國就因為與前東德的結合，而面臨了廣泛性政府改革的艱難工作，而且這樣的狀況，仍持續至今日。其他的國家，則是設法將較基礎性的改變，帶入漸進式的發展策略。比利時的政府改革

（Delmartino, 1993）或荷蘭的波德模式（Polder Model）（Hendriks and Toonen, 2001），也是相類似的例子。然而，由於必須取得高度的共識，這些漸進式改革體制的類型，的確永久性地容易出現退卻、停滯，甚至僵局的窘境。往往必須等到某種類型的危機出現，才能引發並延續此一改革的過程。

非改革

與其他日耳曼體系（Germanic systems）的國家，如奧地利與瑞士相類似，德國似乎也並未針對管理性議題與結構性加以改革。此外，盧森堡也沒有展現太多長遠性的行政或政府部門的改革。也許是出自於慎重與穩定性等因素的考量，金融高級文化的世界對於這一切十分地珍惜，使得這些國家在面對政府機制的改革上，不得不小心翼翼。但是我們卻不能斷言，這些國家，尤其是德國，並沒有進行體制上的變動，而且不具有體制現代化的能力。從比較性的觀點來說，若視這些國家的行政官僚體系，相關的信賴度與穩定性一定落後於如英國、紐西蘭或是澳洲等國家的政府機構，那將是不智的說法。事實上，後者等諸國家，都紛紛在近期內，面臨了更多的改變與狂熱的改革。

缺乏改革的轉變

根據學者Verheijen對於本書關於後共產體制發展的章節裡，所觀察的若干國家，其行政體系出現諸多的轉變，但卻沒有太多的改革產生。此一關係，也可能是往另一個方向發展，亦即有些國家，雖然針對行政進行諸多的改革，但卻沒有產生多大的轉變。在許多國家中，具有設計完善，具歷史性，有時甚至是非常傳統或者甚至歷史久遠的機構——如稽核室、督察局或稅務局（Auditing Chambers, Inspectorates or Tax Administrations）等——都從一個「正式的」性質，轉移並發展成現代行政體系下，憲法機制一個「有效率的」工作單位。此一現象往往是以一種創業的方式，而非「改革者」的方式出現。

雖然直到1980年代，法國地區的行政體制，都沒有出現任何新的發展或是設計，但事實上早已存在的，則是1950年代被離棄的法國中央計畫模式的前行政單位。這些行政單位，僅僅只是受到功能性區域與都市發展的目標，以及相對的工作與預算的影響而擴大。在過去的10至20年以來，一個「新區域主義」（New Regionalism）（Keating, 1998）的出現，以及都市體系改變的本質，提供了另一種基本上改變的行政模式與體系案例，雖然大部分都缺乏清楚的改革策略，但卻是其他策略性與結構上發展的一個副產品。

在歐洲，地位曾經極為鞏固的行政機構，如國家級的部會與行政體系，在相對上極短暫的時間內，受到如國際化，資訊與通訊科技的革命（the ICT revolution），以及多元文化社會新興人口等，社會、經濟與制度發展方面的衝擊，而出現巨大的改變。而源自於

「歐洲大陸行政體系」（Eruope of the Administrations）的轉化，所出現的政策網絡與國家之間政府的談判體系等諸多發展，則隨著時間的流逝，不時的造成地方及區域性政府的職位與權力，出現巨大的改變，其中大部分都是缺乏「地方政府改革政策」官方樣式的「地方分權」（Toonen, 1992; Benz, 1995; Bogason, 1996; Peters and Pierre, 2001）。

如果我們針對「行政改革」的概念範圍，希望限制在有意圖的中央規劃，或是經由立法產生的改變，那麼對於政府治理結構的重要改變，就很容易被忽略。

目標與價值

對於改革或宣布改革的進行，其發生的原因與動機可稱得上林林總總。而行政與政府部門的改革，則包含了對於價值、規範以及相關原則的諸多想法。往往我們將會發現，如果只根據陳述的目標與用意做為憑藉，其真正能產生的幫助，其實並不算太大。而行政與政府部門的改革，則是掃除政治象徵以及官僚體系冗長的作業流程等弊病之認證範疇。

公共行政的核心價值

不同的時代，往往使用不同的語言。同樣的，即使面對相似類型的目標與價值，在詳細的檢視後，通常會發現，其所代表的是不同的操作意義。而同樣的政治目標與行政價值，則可能因時與地的差異，而出現個別的行為與規劃。行政理論（Ostrom, 1973; Henry, 1986, 1975; Bogason and Toonen, 1998）與行政辯論（Hood and Jackson, 1991）的重新建構，在行政價值的類型中，可稱得上具有相當的一致性，其強調在不同的時間裡，對於政府執政品質有不可或缺的重要性。此一論點，也許因時間或國家的不同，而有所改變，但是長期而言，行政改革則能夠建立一穩定的行政價值。在行政辯論歷史重構的基礎下，學者Hood（1991）指出了三組相互關聯的行政核心價值，其對於研讀行政改革，以作為研究與建言的情況下，可成為公共行政價值導向重點的代表。

反應能力與滿意度

第一組的行政價值，其強調的是節約與經濟（parsimony and economy）。此一行政價值乃是根據「維持政府組織的瘦身與目標性」的使命而形成。這些價值不僅反應了對於「效率與生產力」所有組織理論中的考量，同時也都是屬於公共管理的領域範疇。根據特有的資源，必須達成最佳的結果，或者是某些特定的目標，必須以最少的組織成本與努力達成。自從上個世紀初期，開始發展的現代組織理論內容中，對於行政改革的討

論，便可發現對上文所述的管理性價值。

　　從此一觀點來看，行政組織很容易就認定為政府的工具，必須具有幫助某些特殊目標達成的特色。一旦落入公共行政的領域裡，此一研究途徑，就不只是應用在管理的層面，同時也將在「合理化」政策的制定，或是減低和極小化「交易成本」（transaction costs）等各種不同的改革中加以嘗試，此乃是經濟學家用來針對制度化、組織與行政等領域時，所使用的名詞用語。

　　政府為了追求組織瘦身與重大的目的，在不同的時間裡，所產生的概念性發展，已經逐漸發現並且接受的原理，根據學者Tulock（1976）所使用的古典用語來說，則是「最有效率的政府，並不是看起來最具秩序的政府，而是最能夠實現主事者願望的政府」。於是自1920年代與1930年代開始，為了將「散亂的」政府組織結構，進行流程合理化與效率化的改造工程，所發展出行政改革策略，以增加政府的為民服務、公共部門管理，以及行政體系對外的反應能力，以符合相關外在環境的需求，增加人民與社會主要相關單位對於政府績效的滿意度。

完整性與信賴度

　　根據學者Hood（1991）的說法，第二組的行政核心價值，則包含了：公平、公正與品德（fairness, equity, and rectitude）。這些核心價值所代表的使命是：「維護政府的誠實與公正」，我們可以將這些價值，反應至政府部門的治理世界。以制度性的名詞加以解釋，我們所討論的是包含集體的行動，聯合政策與決策制定，以及擔負公共責任的政府組織。這些過程所提供的是，對於定義的「約定」管理目標（以及資源）、管理績效的標準，以及績效評量的程序設定與實行等，相關的結構與內容。

　　此類的核心價值，很容易就能延伸出不同的價值及方法（instrumentalities），而這些價值方法，本身就與行政價值極為接近，諸如合法性（legality）──法治（the Rule of Law）──官僚體系的忠誠度、毫無過失的行為，以及貪腐的消失。民主也許被視為是政治動員（political mobilization）與社會參與的一重要機制。而從公共行政的觀點，民主的概念，其所代表的含義，除了固有的透明度與公開性，其在行政品質的程序中，也具有同樣的重要性。所謂的「正當程序」（due process）及透過程序，達成正當性（Legimation durch Verfahren）等，都是傳統的古典名詞。行政國家的民主程序，乃是試圖確保政府治理過程的有效性與公平性，並尊重合法的權力（justified entitlements），指導行政責任與義務的系統操作，以及妥善操作並達到政府應盡的職責。

　　第二組的行政價值，其所有的目的都是為了確保政府公共行政的一致性，以求建立並維繫人民對政府官員及行政流程的信賴度。也許不只是尋求客戶的滿足而已，對於政

府部門的信賴本身，長期下來，已經成為對於政府支持度，以及長期經濟發展，一個不可或缺的資源。

信賴感與信心

第三組的行政價值包含了：穩健性、彈性化及永續性。其目標是「維持政府的穩健發展以及強韌的彈性」。它們的價值，來自於政府與行政改革中，往往被隱藏的憲法面向（Ostrom, 1982; Lane, 1996）。此一行政價值是指行政體系的「憲法品質」，不僅在法律層面，同時也反應在國家的政府體系，其常用的名詞諸如：生命力、健康及強壯等。此一行政價值，應用在政府治理的層面上，則是關於制度的設計、重新規劃以及再發展。政府機構提供的是，一個常規性的行政架構，並對政府治理的過程，進行經驗性的限制，藉此阻止或是促進聯合性的決策制定及管理性的行為。

這些行政價值，代表的是公共行政領域中，長久以來，對於公共行政極具傳統觀點的研究，其象徵性的代表，如老韋伯提出的「可信賴的官僚系統」（the old Weberian 'reliable bureaucracy'）、忠誠及「可信賴的政府文官」（reliant civil servant）等。隨著時間的發展，穩定性與穩健度，也逐漸被詮釋為社會性與動力發展的概念，而「政府的極限」（limits of government），也適當地得到認可。就長期而言，政府的任何施政，若是缺乏廣泛的社會支持，將無法達到太多實值上的成果。這也使得，比方說，對於大眾媒體以及政府與公民社會之間關係的注意，成為未來行政改革，成功與否的重要考量。對於人權的尊重，也逐漸與傳統所謂的「生命的權利」（right of life and limb），匯流成對於優良政府的一個全面通用的證明。對於「正常意外」（normal accidents）（Perrow, 1999）與「風險社會」（the risk society）（Beck, 1986）的研究，已經讓許多人相信，一個值得信賴，具穩定性與穩健的政府行政體系，必須不光是能夠抵抗改變與改革的政府體系，同時也必須是一個具彈性，有學習能力，並且能在有意義的變化環境中，適應並且生存。

此類群的行政價值，其目的是為了確保行政體系的可信賴度，以獲取人民的信賴，以及社會對政府機構的信心。作為行政改革的考量之一，此面向構成了一個困難的類別。在公共行政的領域裡，政府機構往往代表的是「公共的善」，並且極容易受到影響而墮落，就如同其他的公共資源一般，成為「公共的悲劇」（tragedies of the commons）（Ostrom, 1990）。在此我們將深入政治領導與政治才幹（statesmanship）的領域加以探討。在管理的世界裡，一個常見的行政改革概念是，「如果沒有辦法破除它，就不要去修正它」。而在政府治理的層面上，政治人物與一般的行政人員，對於那些公認不算是問題的議題，通常都採取保守遲疑的態度。此兩者的態度，阻礙了「憲法上」或「制度上」的行政改革，有時甚至造成延遲太久，以致於即使改變，也為之太晚的結果。於是

社會大眾的信賴，就如同（社會的）資本市場或股票市場，一旦信心崩盤，就沒有挽回的機會。

政府的行政品質

　　各種不同相互依賴層級的行政價值，構成了政府的施政品質。長期而言，行政改革必須依據不同的時間、內容與改革的「邏輯」，才能達到各種不同的行政價值體系，明顯創造出不同的改革模式及改革模型。乍看似乎相似的改革，也許在不同案例中，代表的是不同的價值體系。舉例而言，西方世界的改革，其中私有化的規劃，其目的是為了增加政府提供人民服務的回應性與管理能力，就與後共產國家所進行的私有化，乃是從憲法上，針對制度上的設計，建立一個可信賴的市場體系，兩者之間有截然不同的差別（Toonen, 1993）。若是在行政改革的道路上，無法分辨出不同層面的差異性，那麼所進行的改革，就必須付出極高的代價。同時，在改革的學習過程中，也是會造成許多的傷害（Olson and Peters, 1995），正如同東西方世界所經歷過的私有化改革所帶來的經驗發現。

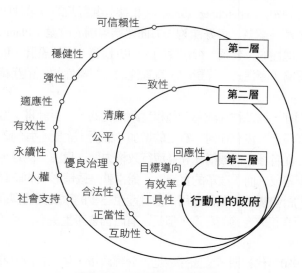

圖24.1　公共行政的品質

在體制理論中，圖24.1所列出的三種層級，有時則是分成功能性的合法（行政的回應性）、程序性的合法（行政的一致性）及政權的合法（行政的可信賴性）。此套價值對於其他的層級，預先做出假設，然而卻在個別不同的情況與內容時，對於改革的規劃，做出不同的需求。此一需求，讓行政改革成為一個具有高度動力的過程，充滿了矛盾、衝突、模糊不清及內在的策略性矛盾（Wright, 1994; Hood Hesse et al., 1996）。此一族群的價值體系，可能彼此互相影響，不論是以有害的方式，或是具建設性方式。總而言之，不同執行方式的行政改革，將產生出不同的結果。

改革的模式

對於改革的辯論，不論從政治面或學術上，往往是極具理性化的、規範性的，甚至有時具有道德上的弦外之音。「改革」應該一開始就被認定，並且附著於政府正式的執政計畫之中。然而，從流程上來看行政改革，其真實的現象則是，行政改革總是持續圍繞著兩種原則進行。在驗證一個道理深植的理論時，如果對於行政體系如何的改變與發展，沒有哲學上的矛盾，那麼這些行政改革的現象，絕對是以許多不同的文字與概念加以形容（Leemans, 1970; Rottleuthner, 1988）。根據公共行政的經驗性研究指出，作為流程所進行的行政改革被認為，最好能夠一方面連結規劃的改變（Planned Change）（概要的、全面性的、理性的、藍圖、機械性的、中央指導、謹慎設計、現代化），另一方面，連結新興的策略（漸進式、片斷的、直覺性的、組織性的、相互調節的、垃圾桶模式及後現代化的）。

在許多的案例裡，改革往往成為某種程度政治化的，「有計畫」努力的成果展現，並導致其內容與表現上，沒有任何本質上的增加。然而，企圖心強的改革計畫，卻往往在一開始制定時，從各種不同機構化利益與行政權力間，只由一複雜，有時甚至麻煩的諮詢與協商過程所組成，而「改革的實施」，通常就是政策形成的時候。協商改革的過程，容易讓偉大的計畫變得具體而實用，並且產生逐步的改變與轉型過程。偉大描述的企圖心，將因此而修正成合適的計畫，但是，有時仍會產生決定性且不可回復的改變，造成影響長遠的後果。

舉例而言，1980年代初期，法國採取地方分權政策，建立行政協商與重新談判的模式，已經使得法國原本固定且無法產生變動的行政體系，逐漸增加改變，但卻具不可回復性（Crozier and Thoenig, 1976）。續階方案（The 'next steps'）的內容，從來就沒有被明顯地指出或是展現，不像John Major在英國改革中所作的努力內容。在法國的例子裡，若

是採取比實際上存在的狀況更具一致性，那就沒有太多政治性的利得。但是，一個基本上採取地方分權的過程（1982），接續著實質性的私有化（1986），針對行政體系，由下往上動員，所花費的心力（1989），接著是企圖進行國家的改革（1995），以及在新世紀初，試著經由行政體系，一個明顯的強化管理議題等諸多努力，在在都無法否認，其所具有某種程度的「邏輯性」、「一致性」及「全面性」。

　　有時問題甚至變成究竟對於英、法兩國的改革過程，整體本質是否有與以往所描述的，有極大的差異存在，又或者，法國與英國僅僅只是採取不同的途徑，其實則是朝向同一個方向（Crouch and Marquand, 1989）。從這樣的觀點來看，這兩個國家，在同一時期內，大約在1980年代早期，便開始針對前面所提及的行政價值，進行反方向的改革工程。法國首先以提出制度化的改革為出發點（區域化及地方分權化），然後接著就是，藉由政府部門與區域性的民主化，以及政治性（cumul des mandates）與行政跨政府關係（地區行政法院；計劃契約（contrats du plans））的重新規劃（Le Gales and Lequesne, 1997）。而最近，此一規劃，更受到對於自治（the autogestion）的明顯注意，亦即體系裡各種不同階層的行政單位，所出現的管理創新，而得到支持。

　　另一方面，英國則是從管理階層開始，進行新公共管理改革，然後再配合接續計畫（Next Step）的發展，從功能性的分權、分裂（fragmentation）、代理（agentification），以及服務章程（service charters）等，進行政府治理的改革。如此一來，不可避免地就是必須針對地方與區域層級政府機構的協調與整合，進行相關的結構性改革。前首相布萊爾領導下的英國政府，所推行的「行政重整計畫」（Rejoining Administration），其創始精神就是針對英國的聯邦制與區域化，進行憲法部分的改革（Toonen, 2001）。

　　雖然我們必須避免產生回顧性的合理化。但是上述的諸多行政性改革，其中最好的案例則被認為是：長期性、較少的合理性設計、片段的及週期性的過程。也就是說，一個充滿了不一致性及自我設定結果的改革過程，卻也帶有不可預期的意外（serendipities），此類的行政改革，從長期來看，除了實驗性與學習過程中所可能出現的錯誤以外，可能真的能夠產生某些不錯的結果。而行政改革的集中或是分散等問題，則必須從長遠加以研究，而不是根據某一特定國家，在某個特定的時刻，從事某一特定的改革為研究基礎。

對差異性進行了解

改革，往往是缺乏任何的結果以及許多的承諾無法達成。然而，對改革的評估，在所有的公共部門與行政改革規劃中，無論是從PA或是公共行政的角度來看，直至目前為止，其進展的步程是最弱的。雖然往往是在被要求的狀況下，改革的評量實際上從未以系統性的方式進行，更談不上能採用比較性的方法（OECD, 1995: 81; Ingraham, 1996: 262）。在下一章節裡，學者Loffler和Verheijen將針對此一研究議題，詳細地加以描述。

改革所帶來的多種的效果，我們將以不同的方式加以評價。觀察者與分析師，可能仍然只能從他們所希望看到的角度去進行觀察。而在眾多的批評者之中，仍有一些的案例，是在國際被認可的，其至少在某一特定期間內，的確展現出改革的企圖，甚至可能達到成功並產生相當不錯的效果。例如：日本的行政改革模式、斯幹那維亞模式、紐西蘭模式、英國模式、比利時國家改革模式、德國模式、荷蘭的波德模式（the Dutch 'Polder Model'）、威斯康辛模式、蒂爾堡模式、亞洲與東亞四小虎模式（the Asian and Celtic Tigers）、新型掌舵模式（the 'New Steering Model'），甚至是近期所出現，作為歐洲現代化策略範例之一的西班牙改革等，都只是其中一些被提及的成功案例。每個國家似乎從某種程度來說，都在國際行政改革的神聖殿堂上，受到短暫的榮耀時光，但往往卻是為期不久。

包括了西方與中東歐等國家的行政體系中，公共部門改革的一個顯著成果就是，其從公共行政實務的例子中，所展示出混亂的集中以及多樣化的特色。這些國家的行政改革，其共通點在於，在過去十年內，先後都經歷了行政改革的過程，而各個不同國家的公共部門之改革，都存在顯著的差別。總體而言，改革的類型似乎受到外在的壓力以及一般的憲法所約束，在特別的時間與地點，受到制度特色所鑄造而成形，然後再呈現出不同的改革過程，而從較長的時間來看，則反應出不同國家的傳統內容上，的確存在有諸多共通的特質。

對於不同類型的行政改革，相關的描述與了解，以及彼此互相連接的方式，便產生了對於未來研究的其他相關議題。在分析共通點與差異型時，我們必須觀察五個具有傳統解釋性的因素，其結合起來似乎就能解釋為何會出現，那些我們所未發現的差異性與結合性（cf. Castels and McKinlay, 1979; Hesse and Benz, 1990; Toonen, 2001）。

外在的壓力

對於行政改革的最佳解釋，仍然是為了配合政府所面臨的某種危機：財政赤字、執政失敗或外在的壓力而產生。在1970年代末期及1980年代初期，西方世界各國政府所面臨

的經濟問題，迫使各國的政府，採取一系列的制度性與預算改革。從那時開始，各國國內的改革程序裡、國際上的發展或歐洲（或歐盟（the acquis））等狀況，便是持續被用來合法化改革的必要性，並克服改革所面臨的阻力，根據許多專家建議，這些是遲早都會發生的現象。

政治性選擇

經濟情況帶來了對於反應本身壓力與迫切性、制度性與傳統性。然而，我們卻不能忽視政治、意識形態與領導力等因素的重要性存在。行政改革中所發生的「政治事件」，尤其是政治性架構下所產生的問題、時機的積極性，以及設定改革的議程等而言，更是如此。而從一個全面性改革過程的內容來看，「強大的領導力」並不是改革成功的保證，同樣的，即使是「弱化的領導力」，也無法禁止改革的發生。然而，相對上來看，具有「強大領導力」的國家，其可藉由領導力的參與，讓政府的改革比較有成功的可能。而在「弱勢領導力」的國家中，改革可能採取的是較為「分權」的形式進行。「領導者可能改變歷史的發生軌跡，但只有在環境允許的某種程度上，才可能出現」（Elgie, 1995: 8）。領導力本身，乃是一個流行的話題，但究竟是否具有結構性支柱的比較分析，或者必須付出何種代價，才能改變社會與政治的潮流，則可能有待我們必須進一步加以探討發展。

改革的邏輯

正如我們之前所描述，改革政策往往就是本身所造成的結果。某一層面上所進行的改革，將會誘導或直接造成行政體系中的其他層面，而出現改革的行動。就「改革－邏輯」而言，不同的階段之間，是無法加以清楚地切割。然而，其中可能存在有一條由條件性邏輯組成的途徑依賴。然而，就行政能力而言，並不是每一次的改革，都是從同一層面的出發點開始。而某些特定的問題，必須先行加以解決，之後才能有效地進行特定類型的改革行動。根據賦予公民經濟權利（Citizenship Economic Empowerment, CEE）的經驗所描述，為了讓每個系統都得以順利運作，對於行政體系裡的一些基本要素（nuts and bolts）的尊重，是不可或缺的（Hesse, 1993）。此一經驗也許在歐洲大陸等國家，部分地解救了對於「公共行政」此一名詞的存在，尤其在英國，幾乎——即使不是完全地——被國際化管理潮流的改革所淹沒的狀況下，其發展更是如此（Hood, 1990; Lane, 1994）。管理性的改革，預先假設了一些最基本的制度性行政架構，但是在行政改革中，究竟什麼才是最基本的配套包裹，則仍是一個疑問句。

另一方面，針對OECD已開發會員國家裡，績效管理實務上的經驗（Bouckaert,

1996）而言，學者Bouckaert指出，長期來看，管理層面上的改變，對於行政國家的治理與制度性層面，會造成某種程度的後果。對於政府的行政品質與績效的注意力，則需要採取新型態的監督方式：亦即，從傳統的（即法律上的）根據法規加以控制的方式，轉變成從品質上進行控管。「基準國家」應採取何種方法進行行政的發展，仍是付之闕如。從內部與自我發起動力的行政改革，與相關的關係等——與其討論其中的差異性——介於各種不同類型的改革，才是需要我們投入更多的注意力。

制度性的限制

影響改革的途徑與型態，以及制度性發展，其相關的制度性特色，乃深植在一般較為傳統之中。制度性的限制，同時提供了改革的機會與障礙。在英國福利國家的發展過程中，中央政府所扮演的非執行性角色，在地方機關則被轉移成強力的執行權力。於是，為了「縮減政府」（roll back the state）所做的任何努力，使得改革成為可預期的目標。而在其他的國家，政策領域以及第三部門組織等，便極可能成為「改革的犧牲者」。在德國，由於歷史性的原因，領導力已不是一個能夠簡單就加以採用的改革概念；在義大利，關於簽約外包與「市場測試」的合法考量等做出的所有正確的理由，有時則被認為遠比效率的考量來得更為重要（Dente, 1988: 181）。不同國家的改革過程中，法律與立法，的確扮演了非常不一樣的角色。而在某些體系中所進行的改革——則是必須——經過立法的過程，以確保其有效性；而其他的體系，則不必然，或者是採用不同的——框架——施行方法。

行政傳統

在此多樣化的全面性改革內容裡，令人驚訝的發現是，不同於常見的主張，將歐陸國家的行政改革，與一個不易理解的盎格魯—撒克遜（Anglo-Saxon）或是英美（Anglo-American）類型的管理主義相對比，就像與歐陸國家的行政體系反其道而行一樣，從分析的角度來看，對於研究並不具有太大的幫助。由於諸多結構上與制度上的差異性之存在，使得美國公共行政與歐洲行政體系（Page, 1985）之間，甚至對於行政改革的影響，仍有待詳細地進一步說明。然而，這其中，許多大陸國家的行政體系，的確具有悠久的「管理」傳統，尤其是其相關管理階層的人員，往往具有技術專業背景的律師或個人。此一針對政府與行政體系，不談無意義的話，以商業為主，果斷且實務性的方法途徑，長久以來，是歐洲公共行政體系裡，最為常見的方法。隨著時間的變化，這些國家的行政體系，也陸續採用Max Weber所提出的服務知識（Dienstwissen）——亦即，如何經營政府的普遍實務等知識。根據經驗顯示，許多大陸國家體系中，包括軍方、警察、土木

工程以及實體規劃單位等相關人員，在受到多次的在職訓練之後，如果仍覺得有需要，或是必須現代化的迫切感時，對於這些人員來說，在將現代的商業管理概念整合至他們本身的標準作業程序時，則不會有太多的問題。同樣的狀況，也應用在大型公共服務組織，如福利、健保、社會政策或是社會輔助等相關單位。在尋求相關主題的重點，多樣性與深度時，若只採用管理的名詞，那麼公共行政，對於行政改革的研讀，將太過於草率，無論我們贊同或是否定此一方法。

參考文獻

Aucoin, P. (1990) 'Administrative Reform in Public Management, Paradigms, Principles, Paradoxes and Pendulums', *Governance*, 3 (2): 115–37.

Baker, Randall (ed.) (2002) *Transitions from Authoritarianism: The Role of Bureaucracy*. Westport, CT: Praeger.

Beck, U. (1986) *Risikogesellschaft: auf dem Weg in eine andere Moderne*. Frankfurt, a.M.: Suhrkamp.

Benz, Arthur (1995) 'Institutional Change in Intergovernmental Relations: The Dynamics of Multi-Level Structures', in Joachim Jens Hesse and Theo A.J. Toonen (eds), *European Yearbook of Comparative Government and Public Administration*. Baden-Baden/Boulder, CO: Nomos/Westview Press. pp. 551–76.

Bogason, Peter (1996) 'The Fragmentation of Local Government in Scandinavia', *European Journal of Political Research*, 30 (1): 65–86.

Bogason, Peter and Toonen, Theo A.J. (1998) 'Networks in Public Administration', *Public Administration*, 76 (Summer): 201–28.

Bouckaert, Geert (1996) 'Overview and Synthesis of the Secretariat'. Paper on Performance Management Practices in Eight OECD Member Countries. PUMA/PAC (95)24.

Burrell, Gibson and Morgan, Gareth (1979) *Sociological Paradigms and Organisational Analysis*. London: Heineman.

Castels, F.G. and McKinlay, R.D. (1979) 'Public Welfare Provision, Scandinavia and the Sheer Futility of the Sociological Approach to Politics', *British Journal of Political Science*, 9: 157–71.

Chandler, J.A. (ed.) (2000) *Comparative Public Administration*. London: Routledge.

Claisse, A. (1995) 'La Modernisation Administrative en France: Au dela des Reformes, le Changement', in Joachim Jens Hesse and Theo A.J. Toonen (eds), *The European Yearbook of Comparative Government and Public Administration*. Baden-Baden/Boulder, CO: Nomos /Westview Press. pp. 409–37.

Crozier, Michel, J. Thoenig (1976) 'The Regulation of Complex Organised Systems', *Administrative Science Quarterly*, 21 (4): 547–70.

Crouch, Colin, and Marquand, David (eds) (1989) *The New Centralism: Britain Out of Step in Europe?* Oxford: Basil Blackwell.

Delmartino, F. (1993) 'Belgium: In Search for the Meso Level', in L.J. Sharpe (ed.), *The Rise of Meso Government in Europe*. London: Sage. pp. 40–60.

Dente, Bruno (1988) 'Local Government Reform and Legitimacy, in Bruno Dente and Francesco Kjellberg (eds), *The Dynamics of Institutional Change. Local Government Reorganization in Western Democracies*. London: Sage. pp. 171–86.

Elgie, Robert (1995) *Political Leadership in Liberal Democracies*. London: Macmillan.Flynn, Norman and Strehl, Franz (eds) (1996) *Public Sector Management in Europe*. Brighton: Harvester Wheatsheaf Prentice Hall.

Fukuyama, Francis (1995) *Trust: The Social Virtues and the Creation of Prosperity*. New York: The Free Press.

Halligan, John (1996) 'New Public Sector Models: Reform in Australia and New Zealand', in J.E. Lane (ed.), *Public Sector Reform*. London: Sage.

Hendriks, Frank and Toonen, Theo A.J. (eds) (2001) *Polder Politics: Re-inventing Consensus Democracy in the Netherlands*. Aldershot: Ashgate.

Henry, Nicholas (1995) *Public Administration and Public Affairs*, 2nd edn. Englewood Cliffs, NJ: Prentice Hall.

Hesse, Joachim Jens (1993) 'From Transformation to Modernisation: Administrative Change in Central and Eastern Europe', *Public Administration*, 71: 219–57.

Hesse, Joachim Jens and Benz, Arthur (1990) *Die Modernisierung der Staatsorganisation. Institutionspolitik im internationalen Vergleich: USA, Groszbritanien, Frankreich, Bundesrepublik Deutschland*. Baden-Baden: Nomos.

Hesse, Joachim Jens, Hood, Christopher, Peters, B. Guy(1996) 'Paradoxes in Public Sector Reform: Soft Theory and Hard Cases', in Joachim Jens Hesse and Theo A.J. Toonen (eds), *European Yearbook of Comparative Government and Public dministration*. Baden-Baden/Boulder, CO: Nomos /Westview Press.

Hood, Christopher (1990) 'Public Administration: Lost an Empire, Not Yet Found a Role?', in A. Leftwich (ed.), *New Developments in Political Science; An International Review of Achievements and Prospects*. Aldershot: Dartmouth.

Hood, Christopher (1991) 'A Public Management for all Seasons?', *Public Administration*, 60: 3–19.

Ingraham, Patricia (1996) 'The Reform Agenda for National Civil Service Systems: External Stress and Internal Strains', in Hans A.G.M. Bekke, James L. Perry and Theo A.J. Toonen (eds), *Civil Service Systems in Comparative Perspective*. Bloomington, IN: Indiana University Press. pp. 247–67.

Keating, Michael (1998) *The New Regionalism in Western Europe: Territorial Restructuring and Political Change*. Cheltenham: Edward Elgar.

Lane, Jan-Erik (1993) *The Public Sector, Concepts, Models and Approaches*. London: Sage.

Lane, Jan-Erik (1994) 'Will Public Management Drive Out Public Administration?', *Asian Journal of Public Administration*, 16 (2): 139–51.

Lane, Jan-Erik (1995) 'End and Means of Public Sector Reform', in Joachim Jens Hesse and Theo A.J. Toonen (eds), *The European Yearbook of Comparative Government and Public Administration*. Baden-Baden/Boulder, CO: Nomos /Westview Press. pp. 507–21.

Lane, Jan-Erik (1996) *Constitutions and Political Theory*. Manchester/New York: Manchester University Press.

Leemans, A.F. (1970) *Changing Patterns of Local Government*. The Hague: International Union of Local Authorities.

Lijphart, Arend (1994) 'Democracies: Forms, Performance and Constitutional Engineering', European *Journal for Political Research*, 25 (1): 1–17.

Lijphart, Arend (1999) *Patterns of Democracy: Government Forms and Performance in Thirty-Six Countries*. New Haven, CT/London: Yale University Press.

Naschold, F. (1996) *New Frontiers in Public Sector Management: Trends and Issues in State and Local Government in Europe*. Berlin/New York: de Gruyter.

National Performance Review (NPR) (1993) *The Gore Report on Reinventing Government*. Washington, DC.

OECD (1995) *Governance in Transition. Public Management Reforms in OECD Countries*. Paris: OECD.

Olson, Johan P. and Peters, B. Guy (eds) (1995) *Lessons from Experience. Experiential Learning in Administrative Reforms in Eight Democracies*. Oslo: Scandinavian University Press.

Osborne, David and Gaebler, Ted (1992) *Reinventing Government: How the Entrepreneurial Spirit is Transforming the Public Sector*. Reading, MA: Addison–Wesley.

Ostrom, Elinor (1990) *Governing the Commons: The Evolution of Institutions for Collective Action*. Cambridge: Cambridge University Press.

Ostrom, Vincent (1973) *The Intellectual Crisis in American Public Administration*. Tuscaloosa: Alabama University Press.

Ostrom, Vincent (1982) 'A Forgotten Tradition: the Constitutional Level of Analysis', in J.A. Gillespie and P.A. Zinnes (eds), *Missing Elements in Political Inquiry: Logic and Levels of Analysis*. Beverly Hills, CA: Sage.

Page, Edward C. (1985) *Political Authority and Bureaucratic Power*. Brighton: Wheatsheaf.

PAR (1996) *Public Administration Review, special issue on 'Reinventing' Public Administration*, 56 (3): 245–304.

Perrow, C. (1999) *Normal Accidents: Living with High Risk Technologies*. Princeton, NJ: Princeton University Press.

Peters, B. Guy and Pierre, Jon (eds) (2001) 'Intergovernmental Relations and Multi-Level Governance', *Special Issue of Policy and Politics*, 29 (2).

Rottleuthner, Hubert (1988) 'Biological Metaphors in Legal Thought', in G. Teubner (ed.), *Autopietic Law: A New Approach to Law and Society*. Berlin: DeGruytes.

Schick, Allan (1996) *The Spirit of Reform: Managing the New Zealand State Sector in a Time of Change*. Wellington: State Services Commission.

Sharpe, L.J. (ed.) (1993) *The Rise of Meso Government in Europe*. London: Sage.

Toonen, Theo A.J. (1992) 'Europe of the Administrations: The Challenges of '92 (and Beyond)' *Public Administration Review*, 52 (2): 108–15.

Toonen, Theo A.J. (1993) 'Analyzing Institutional Change and Administrative Transformation: A Comparative View', *Public Administration*, 71 (1/2): 151–67.

Toonen, Theo A.J. (1997) 'Public Sector Reform in Western Europe: a Paradigm Shift or Public Administration as Usual?', in Joachim Jens Hesse and Theo A.J. Toonen (eds), *The European Yearbook of Comparative Government and Public Administration, Vol III/1996*. Baden-Baden: Nomos. pp. 485–98.

Toonen, Theo A.J. (2001) 'The Comparative Dimension of Administrative Reform', in B. Guy Peters and Jon Pierre (eds), *Politicians, Bureaucrats and Administrative Reform*. London: Routledge. pp. 183–202.

Wright, Vincent (1994) 'Reshaping the State: The Implications for Public Administration', *West European Politics*, 17 (35): 102–37.

第二十五章　後共產主義國家的公共行政發展

A.J.G. Verheijen
任文姍 / 譯

PART *11*

　　後共產主義國家，如中歐、東歐與前蘇聯等則展現了我們對公共行政改革過程中，所可能產生的問題縮影。這些國家，包括從歐盟會員國家，到那些變得極為貧窮的國家，以及那些落入經濟發展較低層級的發展中國家在內。同一時間，這些國家無論從哪方面來看，都屬於「後共產主義國家」的性質，在舊有朝政垮台之後，政府公共行政基本上，必須從無到有，重新建立新體制。而就公共行政體制本身而言，這些國家們也仍存有前朝政府所留下，難以消除的遺產，於是，本章討論的所有相關國家，從發展其現代化及專業的國家行政體制過程的轉型期開始迄今，已經長達一個世紀以上的時間，然而改革仍未完成，而且不可回復。

　　對於後共產主義國家，在公共行政領域裡所產生的改革成果，其實十分有限。而如果我們就此區域，尤其是中、東歐等國家，針對其制度性改革進行相關的討論，將發現其達成的全面性成就，著實令人感到驚訝。雖然不免仍有些失敗的例子出現，然而大部分的國家，都創立了一般可接受的憲法，並且根據這些憲法的內容，建立相關的政治機制體系。此一狀況，同樣出現於其他中亞與外高加索（the Trans-Causasus）[1]等新獨立國家，這許多國家，也許並未完全達到民主的國際標準，但無論如何，大部分都已針對未來，奠立了民主機制體系發展的基礎。實際上，包括中、東歐等所有國家，以及獨立國家國協（the Commonwealth of Independent States, CIS）等諸多會員國，也同樣經歷了一次，甚至多次的和平政府與領導的轉變，而且，大多數都已受到全世界的認可，並接受其發展為民主化的國家之結果。

　　然而，公共行政的改革，與其他領域的制度性改革相較之下，通常並未有出現太多的進展。不可否認的，這其中當然有許多「成功的結果」，但一般來說，這些只是局部

---

1 詳情請參考學者David Hayhurst於2001年1月所著的《*Building Castles on Shifting Sands*》，以及學者Tony Verheijen等人於2001年6月所著的《*Government in Central Asia*》等文章對於地方政府的簡要介紹（Local Government Brief），其對於中亞地區以及外高加索（Trans-Caucasus）等地區的政治體系，有更深度且進一步的討論。

的，在每一個例子裡，這些改變不能被認為是無法回復的（Verheijen, 2001: 7）。對於為何情況會有如此發展，則逐漸引起了政治界與學術界人士的關心與注目。其主要發生的原因，乃是對於此區域內，屬於歐盟會員國的十個國家之行政準備，以及此區域中的多個國家中，公共行政改革的失敗與經濟表現不如預期，所認定的連結程度之諸多考量所致。

首先，我們將在本章中，對於那些試圖完成改革的國家，就其相關的狀況加以探討，接著則是針對這些國家，所採用的改革方法進行簡單的回顧。同時，也將討論傳統的行政改革觀念，與此區域的改革發展，究竟有何種程度的關連性。

全面性變革的需要性

在仔細考慮中、東歐地區國家所採用的行政改革流程與方法之前，首先最重要的是，就此區域內的國家所面臨的課題，進行本質上的檢視。其中，就此面向，有兩個重要的議題值得我們深思。第一，就是關於改革流程的本質，其大略可分成兩個不同的面向：

　　a. 所必須採取的廣泛性與全面性的改革本質；

　　b. 這些國家必須從事的改革流程之類型，所展現出的特色，在正式的行政重組古典定義中，與其說是公共行政改革，不如說更類似於公共行政發展的流程。

第二個議題則是，改革流程的內容，尤其是此區域內，關於公共行政發展的意識形態環境，無法有助於行政改革的成功。

全面性與發展性方法的必須性

當我們針對後共產主義國家的公共行政改革過程，進行仔細的檢討之際，首先必須加以考量的重點是，繼政治上的轉變開啟後，各個國家所留下的行政體系，對於期盼公共行政體系必須在市場經濟中，扮演－架構設定的公共行政之角色的協助，不但不具有關聯性，也缺乏足夠性。

首先，我們之前所討論的政府治理體系裡，公共行政系統最大的功能是，替共產黨政權所做出的決策，扮演「工作完成的機器」，而最差的狀況則是，作為替國家鎮壓人民的工具。就此方面來看，這些國家的公共行政系統，從基本上就不同於1970年代晚期，政權轉移前的南歐等國家的行政體系（Verheijen, 1995）。於是，關於人民以及政治方面，行政機關的角色，便需要從根本上重新加以定位。從這個面向來看，政策過程的改革，尤其更為重要。

　　其二，前朝政權下的公共行政體系，其所扮演的角色，至少是對經濟過程以及大部分的經濟地區，貨物與商品的直接遞送等方面進行直接的控管。於是，對於這些國家的行政體系結構與相關功能，進行徹底的調整檢修，是不可或缺的。

　　其三，就法律的架構與組織而言，不同於民營企業的專業文官服務概念，在此區域內的大多數國家，多半已被消除殆盡，而唯一的例外就是南斯拉夫（Yugoslavia）政府，直至1980年代末期，仍能正式地維持上述的專業概念。當政權開始轉移，政府員工的「可用性」（usability）便出現基本上的義涵，因而需要對新的法律架構，以及新的職員訓練及社會化體系（socialization system）加以定義。

　　唯有在改革過程的定義，能夠以全面性的態度加以定義，並且建立整體性的策略及方法，才能成功地滿足上述三點改革需要。除此之外，在解決此區域內的公共行政體系的系統化問題上，必須著重於發展性，而非改革主義的重點。然而，在改革過程開始之際，此區域內的各個國家，卻沒有認清一個事實，那就是必須立即建立一現代化且專業的公共行政體系，而不是對現有的行政體系加以改革。

後共產主義國家的公共行政發展相關背景

　　此區域內的政權轉移初始之際，正是公共行政的新自由主義概念，對於國家扮演角色的思考之中，占有主流意見的期間。更重要的是，當這些後共產主義國家的經濟狀況惡化，面臨多重施政順序考量的困難選擇時，新自由主義的觀點普遍成為這些國家最初所景仰的對象，尤其是美國與英國等國家的主流思考。對於後共產主義國家真實的經驗而言，國際改革運動的主要重點，遠比對於改革實驗的需要，所作的經驗性評估來得更為重要。於是，公共行政發展，無法成為各國施政的首要選擇，此一結果的出現，便不令人覺得驚訝。之後，在1990年代的後半段，當世界各國普遍對於國家的角色，產生不同的見解，以及歐盟各國有條件地對於國家的權力限制定義，尤其是關於行政能力方面，政府施政的先後順序開始轉變，甚至猶有甚之，有些國家更被認為，已經對公共行政體系以及對於社會的認知造成不可回復的傷害。公共行政的發展，於是變得遠比1990年代早期，來得更為困難。

行政改革的過程

　　誠如以上所述，後共產主義國家目前普遍面臨的狀況，需要有一全面性且具發展性的方法才能解決。實際上，公共行政發展的歷史，也是經過一次又一次，不斷地嘗試改

革現有體系，然而直至今日，所得到的成果仍是十分有限。

有限度使用地策略性方法

　　對於公共行政的發展，所採用的全面性方法，其背後必須有一強大的策略性基礎支撐。如欲達成全面性的改變，就必須具有策略性的觀念，具體化的說法，也許是伴隨著策略性的文件與相關的實施計畫。然而，策略性的文件，在此區域仍然是極為罕見。保加利亞政府在1997年，採用的策略是——「建立一個現代化的公共行政體系」，而直至目前，此策略仍處於修改的狀態中，乃是一少數採用包括了使用評估、目標設定及檢討等工具，以求達到國家目標的全面性方法之例子。雖然保加利亞的案例，尚未廣為大眾所了解，但卻值得我們進一步的研究。而斯洛伐克（Slovak）政府，針對公共行政的地方分權與現代化相關改革，雖然仍是以地方分權的走向為重，但政府所採用的策略（1999），則是另一個設計良好，值得我們探討的策略性文件。由於其國內聯合政治的奇特行為，使得改革策略的實施上，充滿了荊棘，但在策略性的架構上，至少仍有部分已經加以實施，因而提供一罕見的參考範例。最後，就管理導向的改革策略而言，值得我們一提的例子是匈牙利（Hungarian）政府，公共行政的現代化策略（1995）。即使其改革策略的實施，在1998年時政府改朝換代之時，便已被揚棄不用。以上所述，乃是三個由國家主導改革的最佳案例，而且至少已經有部分策略性改革過程實施之事實呈現。

　　其他針對草擬改革策略的嘗試，則往往受到外在環境的主導（如阿爾巴尼亞），其結果就是導致政府所有權的失去。在其他的例子裡，策略發展則是中途便停止，如烏克蘭（Ukraine）就是其中的一個例子。烏克蘭國家的公共行政改革，其概念的發展乃自1999年開始，而至今已達終點，然而達到的成果，卻遠不及全面性策略發展的中程階段。除此之外，還有許多國家的策略改革，根本沒有實施（如保加利亞早期於1995年推出的：新政府行政策略）。

　　另外，有些國家，如哈薩克斯坦共和國（Kazakhstan）與吉爾吉斯坦共和國（Kyrgyzstan）等國家，所採用的策略性方法，則是包含在範圍較大的制度型發展策略計劃（「哈薩克斯坦共和國預計在2030達到的國家發展計畫」（Kazakhstan, 2030）以及吉爾吉斯坦共和國所提出的全面性發展架構），分別達到不同程度的成功，哈薩克斯坦共和國實施的成果，是極為令人感到興奮，而相對之下，吉爾吉斯坦共和國，所達到的範圍則較為有限。公共行政發展的策略性方法，與此區域的發展性需求相較下，所能應用範圍的較為有限。

　　然而，即使這些片段的，以議題為改革策略的方法，的確普遍地被廣為使用，但在後共產主義國家裡，仍只算是次佳的選擇。但在評論重要地區的文官服務（civil service）

發展、結構改革及政策流程改革方面，其重要性仍是不可忽略的。

從此方面來看，應該注意的是，為了讓文官服務的改革更具有效率，其結構性的改革，仍應以邏輯性的方式進行。然而，令人覺得有趣的是，後共產主義國家在採用這兩種改革步驟的時候，通常試圖以相反的順序進行，亦即在行政結構變動之前，先行開始文官服務的改革。

文官服務的改革：先法律，後人民

後共產主義國家的公共行政，其新系統的發展主要因素之一，乃是建立一個新的文官服務體系。此區域內的改革與發展等各種不同的因素裡，我們發現，此因素的相關領域，出現遠比之前的討論更為強烈的行為。乍看之下，似乎與正常的公共行政改革的邏輯順序相顛倒：亦即先從事結構上的改革，然後才進行人員的改革。然而，應該被強調的重點是，即使較多的重心放在改革的元素上，對於大多數的國家而言，文官服務的發展，一直受限於本身的發展以及立法上的應用。於是，此法律的應用，便被認定為是解決許多問題的萬靈丹，諸如政治化、政治分裂及不安現象等等。

然而，此區域內的大多數國家裡，所採用的文官服務法，卻沒有解決不安現象以及政治化等問題，也很少能真正發展出一個正常運作的長期文官職業發展體系（請參考學者Verheijen於2001年所作的國家案例之研究）。即使此類的體系已建立有相當的根基，如匈牙利、波蘭及哈薩克斯坦共和國等國家，文官服務體系仍算不上是不可回復的，而且往往仍維持在未完成的狀態下。接下來的案例，將有助我們清楚的了解文官服務立法上的脆弱，以及其所試圖建立的體系之相關法律。

匈牙利早在1992年，便採用文官服務法，其目的在於追求文官服務穩定性之建立。然而，卻仍未能完全發展成一個同時著重招募與升遷平衡的政府行政體系。而政治人物，則是針對法律的漏洞，無所不用其極。像是政府行政法，對於人員的招募，沒有強制規定必須刊登廣告，便為其中的一個例子。然而，政府行政法的影響，要如何能夠超越安定性，仍然是一個疑問句。1992年的修正法案，雖然已經訂出，但至今仍尚未有實施的機會。由於缺乏一強有力的文官服務之管理結構，以「實現」之前立法的施行，並因而打斷了主管部門的自治權，往往被引用作為行政體系無法進一步發展的關鍵原因（Vass, 2001）。

波蘭於1998年轉型之初，主要由於政治上的理由，而採用第2條文官服務法，以取代之前已經施行兩年之久的文官服務法。對於已經發揮實際作用的新行政體系，則被認為乃是此區域內，最不受政治化影響的國家，因而常被引用作為教科書的範例。此法乃是以一獨立運作的文官服務辦事處為基礎，其對於高階行政職務的任命之決定，握有高度

的控制權（Czarnecki, 2000）。雖然如此，我們應該說，2001年9月選舉之後而取得執政權的新政府，正計劃對政府文官體系，進行大幅度的整修。除此之外，直到目前為止，此行政體系只適用於相當少數的政府文官職務。

若欲進一步對此壽命極短且造成低程度衝擊的政府文官服務法加以描述，那麼愛沙尼亞（Estonia）、拉脫維亞（Latvia）及立陶宛（Lithuania）等三個國家，則可作為最佳的案例代表。這三個國家在1994-1995年，極短的時間內便陸續採用政府文官服務的立法，然而這些法律所造成的影響，卻是極為有限。如拉脫維亞及立陶宛兩個國家而言，並沒有充分的實施文官服務法。拉脫維亞在還未實施舊的文官服務法時，便於2000年時，採用了一從基本上改良的新文官服務法，而立陶宛則是在1999年，採用新的文官服務法，以取代之前1994年所採用的法律，雖然此法在1996年的1月，就進入實施的階段。而不同於以上的兩個波羅的海國家（Baltic States），愛沙尼亞則是確實地將文官服務法付諸實施。然而，因為此法的實施，並未被明確地作為公共行政改革的概念，導致其對國家的整體影響，仍是有限（Sootla, 2001）。

另一個有趣的對比案例，則是哈薩克斯坦共和國。哈薩克斯坦共和國於1999年便採用文官服務法，並從那時起就開始追求文官服務專業化的一致性政策，並搭配新型態的訓練體系發展。而最重要部分則是，對於文官人員的聘任、升遷與解雇等，乃是追求從基本上便將主觀意識降到最低。哈薩克斯坦共和國所建立的高度專業化的文官服務機關，負責管理文官服務法的實施過程，也正因為其優異的表現，直至今日，深受政治領導者的強烈支持。雖然此一新型的行政體系，遭遇到主管部門的諸多反抗，然而，來自機關高層的支持，以及機關對於實施過程所具有的專精管理能力，使得上述的反抗至今僅造成有限的衝擊（Verheijen, 2001）。我們在此必須強調，上述的過程還是無法回復的。而令人注意的是，對於哈薩克斯坦共和國的政治穩定性特質，才是造成此改革過程，至今得以實施成功的主因。但是，在同一時間內，雖然許多的前蘇聯國家都擁有極類似，或是更高程度的政治穩定性，卻至今仍未能針對文官服務體系，進行全面性的改革。對於各種不同政治意志的組合，伴隨著一強有力，而且可獨立運作，管理良好的文官服務機關，似乎已經讓政府的公共行政改革，出現不同的新氣象。

總結來說，若是對於文官服務立法之發展與採用的後共產主義國家[2]數目日增等現象，就以為真如表面所示，因而產生正面的看法，實際上卻是個錯誤的印象。真實的情

2　比方說，所有歐盟候選國家（EU candidate states），除了斯洛維尼亞共和國（Slovenia）以及捷克共和國（the Czech Republic）例外，皆採用文官服務的立法（civil service legislation）。

況發展乃是，文官服務法極少能真正取得原先所希望達到的效果，也就是能夠成為中央政府穩定、去政治化（de-politicization）及專業化等目標的媒介。即使之前所提及的少數成功案例，雖然都充分扮演其所擔任的角色，但仍無法延伸至下一次政府的變化。

訓練與員工的發展 —— 缺乏結構性的成果

　　公共行政人員的素質，更進一步改善的因素，是職業訓練體系的發展。尤其對於後共產主義的國家而言，其新型態制度化的體系，至少在某種程度以上，必須仰賴前朝的官員，而這些官員則必須能夠快速地，接受新的技術與工作模式等訓練，更進一步的訓練系統[3]，將有助於行政單位內部分裂連結之建立。對於新招募的行政人員，職前與在職訓練的結合，對於新任的文官公僕之間，群體意識的建立，有極大的幫助。此一群體意識，能夠扮演一個降低機關內部分裂的重要角色，而對於高階行政長官的聯合訓練，也同樣能夠產生相類似的效果。然而，在後共產主義國家中，由於缺乏良好的人力資源發展政策，也沒有建立合宜的新型訓練結構，因而多被認為是新政府發展失敗的主要因素。遺憾的是，由於版面的限制，本文無法在此進一步針對不同的失敗方法，進行深度的加以檢驗，以建立可行的文官服務訓練體系，然而，只要有任何少數成功的案例，可在此討論的話，就有足夠的空間加以陳述。

　　對於為何以訓練方法作為改革與發展的工具會導致如此地失敗，其主要有三個原因。首先，此區域內對於使用立法以外的任何一種改革工具，普遍上都缺乏政治人物公開的支持。雖然困難度極高，但是以功能性的檢視，作為改革工具，卻逐漸受到大眾的接受。對於以訓練作為「嚴格的」改革工具，其接受度則是更為困難。因此，大部分的政府，並沒有成立任何的訓練政策或計畫。而在政治人物之間，對於以訓練作為改革工具的有效程度，一般所持的懷疑態度，於是便成為一個自我實現的預言；第二個重要的原因，乃是缺乏本土的訓練能力。此一現象所導致的結果就是，許多的訓練仍是「進口」而來，於是便沒有辦法量身訂做出真正適合國家行政單位的需求；而第三個原因則是由於預算的理由，政府往往不願意投資在公務人員訓練的相關系統之發展。除非訓練機構的發展，是由外來資源所贊助，否則政府本身並沒有太大的意願去支持並建立相關體系的理念存在。而即使這些訓練機構得以成立，往往也在資金枯竭之際，不得不面臨關閉或是轉型成毫無關聯的機構。

---

3 比方說，請參考學者Verheijen（2000）對此進一步深度的討論。

設計新的行政結構：先後順序，前後顛倒？

在公共行政老舊體系的諸多缺點之中，最難以解決的問題，可能就是針對行政結構與其間的關係，所產生各種不同大大小小的問題。根據最新的研究（UNDP, 2001）指出，中央政府的行政機構，大約會有下列各種不同結構性的問題：

- 缺乏對於國家角色的明確概念；
- 舊有行政體系所殘存的因素仍然存在；
- 在公共行政的領域裡，普遍仍持續採用機械式與科技式的方法，反而忽略了策略性的思考；
- 包括部門內部與部門之間，相關的協調體系都沒有發揮應有的功能；
- 公共行政體系，仍然沒有真正地透明化，並缺乏對於責任制度的明顯界定。

上述諸多論點，乃是一套複雜的內部關聯性問題，而在此區域內，並沒有任何一個國家能夠充分地針對這些問題進行改善。除了在前面段落提及較為常見的解釋之外，我們也應就下列所提更細部化的因素加以思考。

首先，對於結構性的改革，基本上具有多重面向的本質。結構性的改革包括，對於行政機關各部會，其相關下屬組織，以及核心的執行單位的角色與職務的重新定義。[4]此一改革，對於中歐及東歐等國家，尤其更為重要。因為這些國家行政機關的核心執行單位，多將前朝的部會主管部門（line ministeris），作為其影子內閣，並且在政策協調的過程中，扮演影響性的角色。於是政策流程往往變得「頭重腳輕」，其以主管的協調合作為基礎，但最終仍由共產黨（the Communist Party）所掌控，而核心的執行單位，也傾向於管理數量龐大的下屬單位。反過來說，機關部會對於過量的下屬機關，則是擔負了直接的管理責任，其中往往包括了國營企業，以及市場經濟中，若不是民營部門，就至少是「第三部門」的其他機構。

此複雜性的第二個因素，則是對於責任體系，包括制度上以及文化義含方面，劇烈改變的需求。長久以來，責任單位（accountability lines）多是由主要政黨所承擔。而將體系從單一階級組織承擔單一責任的原則，改變為不同的「中心」（centres）承擔複雜的責任制度，導致機構的報告變成一具有高度困難性的工作。

早期此區域內，嘗試進行結構性改革的國家，包括了1990年代中期的波蘭與匈牙

---

4 例如：政府大臣、首相辦公室、內閣辦公室或內閣（Chancelleries, Prime Minister's Offices, Cabinet Offices or Councils of Minister）。

利。針對部長行政機構（the Council of Ministers' administration），波蘭採取了一個具體的改革，其目標是建立一個小而重要的首相辦公室，並將協調合作的工作，下推至行政單位負責。而匈牙利也是藉由將首相辦公室的規模，進行「瘦身」的工程，雖然現在的政府，又再度將相當多的影子行政單位，適用在政府機構（Meyer-Sahling, 2001）。然而，這些部分性的改革，要能成功地帶領此區域進行必須的深度性系統式改變，份量上仍是不夠。

在過去的數年內，許多國家都有相當的動機，進行一更為全面性的結構化改革方法。其中的方法之一就是架構法（framework laws）的使用，其針對行政單位中，不同機構的角色與功能加以規範，並且合理化相關的運作模式。舉例來說，保加利亞於1986年採用一公共行政法，針對現存於國家行政單位的機構類型，以及其間應負責任的關係加以定義。其他的國家，也同樣於近年內，先後主動地採取此一類型的改革方法，如拉脫維亞與立陶宛等國家。而斯洛伐克，則是訂出一整套的法律與規範，目前正在實施的過程中，烏克蘭國家，也開始採取相似的過程，雖然政治上的不穩定，使得實施的過程速度較為緩慢。而朝此區域更往東邊，則是哈薩克斯坦共和國與吉爾吉斯坦共和國等國家，此兩者都逐步地從事行政結構改革的過程，並合理化相關的責任體系。

此一引人注目的結構性改革，所出現的明顯轉變，是值得我們關注並進一步探討其為何發生的原因等問題。而答案就是，近年來，在不同國家內所採用的改革工具之轉變，從原本全面性的預算削減，以及充分仰賴立法作為改革工具，轉變成以較具管理性的途徑，並以功能性的檢驗作為診斷工具的根基。

功能性的檢視

功能性的檢驗很快地就在後共產主義國家中，成為通用的改革工具。就最近的調查發現，此區域內的十多個國家，在過去四年內，皆不約而同地進行某種形式的全面性功能檢視，而其他的國家，也多在考慮是否採用此一改革工具。對於長久以來忽略結構性改革，反而是仰賴削減預算與立法，以作為行政改革工具的一個區域來說，此「突然性」大幅度地使用功能性檢視，是相當奇怪的現象。

對於愈來愈多廣泛採用功能性檢視的現象，出現許多不同的可能解釋。第一個原因是，受到國際金援捐贈單位，尤其是世界銀行的壓力所致。我們都知道，世界銀行往往會「要求」進行功能性檢視，以作為提供結構性調整貸款（structural adjustment loans）的條件。應該注意的是，世界銀行對於功能性檢視的方法，主要是以部門的本質為主，而系統分析則是扮演次要的角色。此一做法，導致某些國家，如拉脫維亞，其在某些個別部會，雖然達到成功的結構改革過程，然而，就政府公共行政體系整體而言，卻沒有產

生任何顯著的改善。而在其他的國家，如以烏克蘭為例，經過世界銀行，英國國際發展
署（DFID）與聯合國發展計畫署（UNDP）等國際組織在此區域的努力合作，雖然採用
了比較平衡性的改革方法，但卻由於缺乏國家本身，對此改革過程實踐的充份承諾，導
致無法產生較好的結果。

　　第二個理由是，政府往往為了解決預算的危機，而採取全面性的裁員，因而令政
治人物深刻體認到，此全面性的政府瘦身，將對行政體系的整體功能，造成強烈的負
面效果。全面性的裁員，不僅「凍結」了結構性的問題，甚至被認為將加重其產生的效
果（UNDP, 2001）。包括保加利亞、立陶宛、斯洛伐克與吉爾吉斯坦共和國等國家的政
府，皆嘗試採用功能性檢視的工具，以作為達成員工瘦身／預算削減的替代方案，並且
同時進行行政結構的改革。如果斷言，認為後者採用功能性檢視的形式，就能明顯達成
比前者採取外在導向的形式更好的結果，則有點言之過早。因為斯洛伐克與吉爾吉斯坦
共和國等國家，所實施的改革仍在進行當中，而立陶宛的實施改革，則在改朝換代之
後，已經停頓下來。然而，若以保加利亞的案例為準，似乎看來，由國家主導，其成功
的機率比較高；而檢視的結果，以及根據結果所做出的建議，則是神聖地記載於已經大
眾所認可，並且實施成功的改革策略，以及成套的立法法案裡。我們可以確定的是，一
個基本且廣泛性的變化，已經出現在實施中的行政結構與流程的改革道路上。

　　直至目前為止，我們應該可以論定，功能性檢視的使用，很少在此區域內的中央政
府，造成任何基本上的改變。在許多國家裡，對於檢視的設計，以及政府僅做出有限的
承諾等問題，使得所提出的改變規劃在實施上面對重重的問題。然而，不可否認的是，
此區域內的許多案例中，政府的確是自動性地接納，並採用此一極不傳統的改革工具。
而也相當程度的反應出，各國政府逐漸接受並認可各種不同的基本行政結構與過程，其
對於整體的公共行政發展之重要性。

後共產主義國家的改革：是否從中得到教訓？

　　後共產國家的公共行政改革過程中，使用各種不同的理由解釋失敗的改革經驗，相
關的學術論述其實相當地有限（Nunberg, 1998; Verheijen and Coombes, 1998）。而除了之前
所提及，並且也已在諸多文獻中看到，除了此區域內多災多難的歷史遺產之外，尚有三
大原因可用來解釋，為何諸多的嘗試，行政改革還是無法成功的理由：

　　1. 缺乏對於改革的政治共識；
　　2. 改革設計本身的問題；

3. 變化無常的外在組織，而且往往是相互產生矛盾。

上述三個改革失敗的理由，其相對的重要性，將有助於我們了解未來可能達到的成果以及採用何種方法從事行政上的改革。

缺乏共識：政治的極端化以及缺乏持續性

政治上的共識（或是某一政治勢力的長期存在），以及改革政策的一致性，往往被認為是行政改革成功的重要條件。然而，這些條件並未出現在中歐、東歐與前蘇聯等大部分的地區。在哪些政治上達到共識，或者是由某一政黨勢力，掌控國內政治情勢的國家內，往往極度缺乏一致性的行政發展政策。

在中歐與東歐等國家內，選民們實際上可藉由每一次投票的機會，將現有的執政黨趕走。此一現象尤其將影響行政發展的政策走向，因為這些政策並不是「確保能夠勝選投票的政策」。作為一個影響勝選投票的因素，政黨體系仍維持高度的兩極化，往往為前共產黨相對於前反對黨的二分法（Ex-Communist-Former Opposition dichotomy）[5]，因而更加降低了政策持續性的潛在能力。有趣的是，此現象看起來，對於經濟政策的影響，遠低於對行政發展所可能造成的影響程度。然而，對於行政發展方法，策略，甚至法律等的翻轉或是取消，在此區域仍廣泛地為各國接受並且加以實施。於是，對於此區域缺乏促進行政發展的長期政策，並不是突然間發生的現象。

前蘇聯東邊的諸多國家，皆享有較高程度的政治穩定度，並且往往缺乏一充分發展的政黨體系。然而矛盾的是，這樣的條件，正好營造出一個可以建立長期且一致性的行政改革政策的環境。但直到目前為止，似乎只有在單一的國家中，上述的條件，在某些程度上，有其效益存在。哈薩克斯坦共和國在1998年至2002年之間，針對專業文官服務的發展，開發出一法律架構，以追求對於國家行政能力發展投資的持續性政策，同時並建造一具功能性檢視的過程，作為國家行政重新組織的基礎。在獨立國家國協中（CIS），沒有其他國家曾經針對行政發展，追求相似的一致性政策，無論其政治情況，具有多高的穩定度。

改革設計的問題

對於改革設計缺乏健全的判斷，乃是行政發展無法出現進展的第二個理由。包含政治人物與國外的專家，在改革方法使用的順序，以及工具的選擇上，都犯了錯誤。正

---

5 波蘭的選舉活動對此一名詞，提供一個極佳的說明。

如本章所討論的，大部分的國家，長久以來恪守法律原則至上論者的傳統，於是都過度仰賴立法，作為其主要行政改革的主要工具，加上過度強調文官服務的改革，以及缺乏對行政結構與流程改革的關注等，都是了解行政改革無法成功的主要關鍵點。近年來，後共產主義國家中，行政發展的歷史，提供了教科書詳細的描述，並說明了法律本身，並不是一個合適的改革工具。除此之外，也證明了如果缺乏必要的結構性改革措施，那麼文官服務體系的發展，是絕對無法成功，相對來說，文官服務體系必須有組織結構與能力的精細設計評量為基礎。而近年來，本區域對於行政改革方法，所產生的改變則顯示出，此一改革措施，真正地開始加以落實。然而，對於結構化改革基礎的功能性檢視過程之相關經驗，至今已經混合。許多相關的解釋，可能隱藏在國際捐贈單位的角色之中，其往往並無法展現出，對於此區域內行政發展流程本質的真正了解。

國際行為體所扮演的角色

乍看之下，對於行政改革的實施，所承受的外在壓力似乎極為龐大。對於本文所討論的多數國家來說，歐洲聯盟是重要的政治力量之主要組織。歐洲聯盟會員國，應該提供中歐與東歐等國家政府足夠的動機，以提出要求建立一穩定的，專業以及負責任的行政體系[6]之條件。然而，歐洲聯盟至今，卻一直無法發出一致性的信號（Dimitrova, 2001; Verheijen, 2001），即使在最近的幾年裡，歐盟已經逐漸強調，水平式與部會行政單位的能力之重要性。

其他的國際機構，尤其是世界銀行與國際貨幣基金（IMF）等，也慢慢地對中歐與東歐地區等各國政府機構增加壓力，要求加速行政發展的進行。世界銀行在近期，開始促進公共行政的開發，國際貨幣基金組織亦然，只是程度較輕，只是若要斷言，這些國際組織能否對這些國家，造成顯著的影響，仍言之太早。然而，應該注意的是，這些國際組織，尤其是世界銀行的努力，多普遍集中於改善公共行政的管理，合理化中央政府的結構[7]，以及發展出具公平性，而且可永續發展的獎勵系統。之前我們曾經指出的某些核心議題，其對於公共行政發展的成功與否，則是扮演了關鍵性的角色。從此方向來看，世界銀行的努力，極可能是本區域未來的行政發展能否成功的重要媒介。

---

6 請參考所謂SIGMA基線標準（baseline criteria）中的定義（SIGMA, 1999）。

7 尤其是拉脫維亞，更是如此。

我們可從中學到什麼教訓？

　　我們可從後共產主義國家至今的公共行政改革與發展，不是十分順利的經驗裡，得出許多不同的教訓：首先，行政改革的過程中，往往低估了此區域的國家中，所面臨公共行政體系上，基本上的問題；於是，針對改變所提出的解決方案，往往太過簡化，而政治人物又多漫不經心，便造成了改革前五年失敗的主要原因。當政治機構進行改革之際，並且開始運作，行政單位便受到冷落。其二，即使對於體制所面臨的問題，皆能適時適地提出解決正確的診斷方法，同時也能說服政治人物，讓其相信改革終究是不可或缺的，但所服下的藥方，卻不是正確的解藥，或者至少沒有以正確的順序進行改革。對於文官服務相關的立法，其設計與採用方面，若沒有先針對行政體系的根本問題著手，那麼根據過去的經驗證明，此改革策略的力道就不夠充足，再加上人事聘用與升遷的干預權，是大多數的政治人物不願放棄的權利，更加惡化了改革的狀況。直到最近幾年，此區域內的一些國家，才開始嘗試採取較全面性的改革措施，使用一種以上類型的改革工具，並針對多類型的問題進行改革。於是，在某些國家的最初結果，如保加利亞及哈薩克斯坦共和國，以及較輕程度，如波蘭與斯洛伐克等，則顯示出改革的進展是可能的，以及包括改革者與專家顧問，都因此從中學到某些教訓。然而，同時應該強調的是，上述的四個國家之中，有三個國家的改革過程，高度地容易受到政治改變而影響。過去的經驗必須顯示出，究竟一開始的改革，能否「撐得住」內外的壓力而持續進行。即使在哈薩克斯坦共和國，所擔負的風險可能較不顯著，其改革政策的永續性，仍是無法受到充分的保障。

　　此一不十分令人興奮的事實之存在，使我們不得不認為，政治領袖仍是國家行政改革進步能否持續的關鍵條件。而可以確定的是，對於此區域的行政改革之需求與複雜程度，絕對比十年前，存有更多等待我們去了解與發掘的空間，而且這絕對是全面性的現象，不是單一事件。然而，持續努力教育政治人物，讓他們了解，行政改革對他們絕對是有利而無害，而若早在十年以前，便能針對後共產國家，進行行政改革的檢視，則將營造出更多成功的形象，有時甚至能避免更多改革失敗的案例發生。

註：本章所提出的意見與分析，純粹是展現作者個人的看法，並不代表任何世界銀行的官方意見或是觀點。

參考文獻

Czarnecki, R. (2000) *Building a Professional and Meritbased Civil Service: The Experience of Poland*. Warsaw. Office of Civil Service.

Dimitrova, A.L. (2001) 'Governance by Enlargement? The Case of the Administrative Capacity Requirement in the EU's Eastern Enlargement'. Paper presented at the ECPR General Conference, 6–8 September 2001, University of Kent at Canterbury.

Meyer-Sahling, J. (2001) 'Methodological Frameworks for the Study of Politico-Administrative Relations and their Applicability in Post-Communist States', in T. Verheijen (ed.), *Politico-Administrative Relations, Who Rules?* Bratislava, NISPAcee. pp. 45–64.

Nunberg, B. (1998) *The State After Communism*. Washington, DC: World Bank.

Sootla, G. (2001) 'Evolutions of Roles of Politicians and Civil Servants during the Post-Communist Transition in Estonia', in T. Verheijen (ed.), *Olitico-Administrative Relations, Who Rules?* Bratislava, NISPAcee. pp. 109–47.

UNDP (1997) *The Shrinking State*. New York: UNDP/ RBEC.

UNDP (2001) *Rebuilding State Structures, Methods and Approaches*. Bratislava: UNDP/RBEC.

Vass, L. (2001) 'Civil service Development and Politico- Administrative Relations in Hungary', in T. Verheijen, (ed.), *Politico-Administrative Relations, Who Rules?* Bratislava: NISPAcee. pp. 147–75.

Verheijen, T. (1995), *Constitutional Pillars for New Democracies*. Leiden: DSWO Press.

Verheijen, T. and Coombes, D. (1998) *Innovations in Public Management*. Cheltenham: Edward Elgar Publishers.

Verheijen, T. (1999) *Civil Service Systems in Central and Eastern Europe*. Cheltenham: Edward Elgar.

Verheijen, T. (2000) *Administrative Capacity Building for EU Membership*. A Race against Time? WRR Working Paper 109. The Hague: WRR.

Verheijen, T. (2001) *Politico-Administrative Relations, Who Rules?* Bratislava: NISPAcee.

第二十六章　拉丁美洲國家的公共行政與政府部門的改革

Jorge Nef
任文姍 / 譯

本章希望能從過去20年，經濟、社會與政治等領域所出現的廣泛改變，針對拉丁美洲國家公共部門的重組狀況，做一簡短的描述。行政改革可能帶動新的世界趨勢，然而相關的環境、結果，以及造成的效果則因不同的區域與國家而有所差距，並且受到當時的模式、歷史遺產與國家—社會之間的關係等因素而影響。本區域內，大多數的公共行政分析師多認為，行政體系與政治具有不可分離的關係；也就是說，行政體系的任何改變，必須視為乃是受到特殊的政治利益所主導，並且對於國家與社會之間的關係，具有特別的政治意義。

於是，我們將在此提出六項基本的問題加以探討。首先，拉丁美洲國家的行政結構，文化與行為上的哪些改變，可視為過去20年經濟與政治改革的成果？第二，行政體系究竟能展現何種程度的法治—理性（legal-rational）的特質？第三，在提供人民服務方面，公共行政是否因上述的改革而變得更有能力，以及／或是更加有效率？第四，政府機關是否，或多或少的程度上，以客戶或是服務為導向？第五，政府的廉潔度（public probity）如何？更詳盡地說，政府的貪腐行為是否有任何的改善？最後一點，則是公共行政對於國家與地區的發展，能造成何種程度的貢獻？

針對上述的問題，即使在不同的國家之間，會產生極大的差異性，但其中仍存有充分的共通性（Burns, 1998: 71），可協助研究者將各個國家加以分類，尤其是相對於已開發的北美洲國家。一般的慣例，拉丁美洲的範圍被視為，包圍18個西班牙語系國家，並以包括巴西與海地。但其中並未將那些加勒比海的「新來者」，同時也隸屬於美洲國家組織（the Organization of American States, OAS）會員的小型國家包含在內。如何建立一個嚴格且精確展現拉丁美洲公共行政之整體特色的「典範」，不是一件容易的工作。然而，針對此區域內的各種行政機關，我們可大致將其所展現的結構、行為與態度的特質等外形加以描述。這些政府機關，包含了中央政府部門裡不同層級的國家行政單位，功能分散的機關，以及地域性分散的單位，如中央與地方政府等。同樣的，如何正確的分辨政府部門與民營部會，以及他們的文化，尤其在具權力的菁英階層之間，傾向的交錯

關係，是相當的重要（Mills, 1957）。

拉丁美洲公共行政的歷史遺產

從殖民統治時代，拉丁美洲地區的公共行政發展，便經歷了引導的轉變。此地區經過1850年代至1880年代由國家建立的拖延階段，1880年代至1930年代的早期制度化時代，1930年代至1970年代的官僚政治，以及1970年代至1980年代中期的獨裁主義（authoritarianism）等階段。在後期階段，技術官僚（technocratic）與軍國主義（militaristic）治國的價值，主導了國家與社會之間的關係。然而，在過去的15年內，國家制度轉變成有限度的民主制度，在某種程度上，已經降低了所謂「羅馬禁衛軍」（praetorian guards）的影響，亦即是指官僚獨裁（the bureaucratic autocrats）。連同來看，新自由主義的經濟改革，則更進一步地重新塑造國家所扮演的角色：政府機關的規模受到縮減，同時也降低過去集中在社會─經濟等領域的發展。除了上述的諸多挑戰，公共部門也同樣面臨新興的社會運動，以及日益複雜且跨國化類型的政治與經濟發展。

我們如果希望深刻的了解拉丁美洲國家的公共行政發展，就必須針對長期的循環週期加以探索（Braudel, 1980）。此外，行政改革與變化的研究，就本質上來說，是歷史性的分析，也就是說，只要研究過去的發展，就能對未來可能的狀況有所了解。新世界的產生（The New World），乃是馬德里與里斯本的屬地（Jaguaribe, 1964）。其所誕生的是一個模擬的，儀式化的行政體系。即使如此，今日看似「極具現代化」但實際卻是精神分裂模式的拉丁美洲行政體制之行為，可回溯到其在殖民地時代，表面順從，但卻不屈服的傳統所導致而成（Moreno, 1969）。

此區域於西元1800年代早期所出現的獨立，與其是新世界獨裁（New World aristocrats），廣泛的民族國家主義與自由理念的伸張，倒不如說乃是歐洲國家之間衝突與強權政治下的結果（Keen, 1992）。拉丁美洲的解放（Emancipation），並非來自於資產階級革命（bourgeois revolution）與國內自發性的自由、平等、公民權或是有效的公民權責（effective citizenship）等理念。其與殖民帝國的切割，雖然過程相當困難而且充滿暴力，但殖民主義的受益者，仍能夠保持其原有的財產與權力之完整。

來自於歐洲與北美國家的憲法與法律形式，往往只是模仿下的「現代化」衡量棒，並不具有實質上的公共服務精神。而政府的工作，大部分成為對掌權派系或執政階級會員的忠誠度表達，而不是一個中立、具代表性且負責的官僚體制之顯現。即使，從1880年代開始，政府文官與軍隊的重要幹部便開始努力於專業化的建立，此一看來超黨派的

國家公僕，充其量只是一群傑出人才（elitist stratum），而非一般百姓所容易接觸到的。官僚與獨裁的傳統慣例與政治極社會的順序相互交錯，只具有法治—理性的表面，其骨子裡仍維持著世襲的傳統。對於獨裁主義（authoritarianism）、形式主義（formalism）、世襲主義（patrimonialism）、惟利是圖（venality）等相互交錯且似乎矛盾的傳統態度，彼此並存，而且帶有普遍主義傾向（universalistic orientation）的獨特文化，蔓延在此一新興的統治階層（incipient state class）。在此所描述的意識形態的混合（ideological amalgam），其特色尤其可出現在拉丁美洲的中產階級中，最典型的派系之一，亦即軍官團體，明顯可見。

行政國家

　　如同以上討論，仰賴於出口經濟（the export economy），統治者與被統治者之間所訂定的社會契約，在美國大蕭條期間瓦解；而1929年至1934年間的經濟衰退大災難，則對拉丁美洲國家造成兩種後果。一方面，實際上在所有的國家裡，對於衝突經理人（conflict-managers），以及終極執法者（enforcers of last resort）的角色（作為菁英特權的最終保護者）扮演，軍隊提高了相當的比重。而另一方面，在相對開發程度較高的國家（如阿根廷、巴西、烏拉圭、智利與墨西哥等），此巨大的經濟衰退，擴大了政府調停與代理的功能，尤其對於藉由經濟管理以仲裁社會衝突，多由中等階級控制，且相對上，自制化的國家更是如此。於是，除了早期的法律與秩序；國家的教育；社會與福利等功能外，增加了另一個新的任務：那就是經濟發展。而隨之出現的，是一個以技術專家治國，生產為導向的官僚體制，伴隨著更具傳統的世襲政治與法治—理性的中央行政體制。此一強大民粹色彩的「妥協政府」（state of compromise），其本身特色之展現，在於建立多個具有計畫、法規、財政方面等廣大功能的半國營集團，其涵蓋的領域有能源、工業、交通與行銷等多樣化的發展。同時，它也代表了誘導性發展的凱因斯政策，亦即進口替代的工業化時期（Import Substitution Industrialization, ISI）（Furtado, 1976）的來臨。然而，對於開發程度較輕的國家，當政府的執政總指揮，仍握在軍隊管理者的手上，文官的服務效率，仍是相當的低劣，而且大多數仍維持世襲家族的傳統。但即使是上述的妥協政府，其存活的壽命仍是相當的短暫。伴隨著慢性的財政赤字、通貨膨脹，以及經濟發展的癱瘓等現象，正代表著誘導性發展政策的筋疲力盡與勞資關係的緊張增加等訊號出現，這就是冷戰時期的出現。下層階級（lower-class）對社會的不滿，所出現的挑釁動作不斷擴大並增強，而受到進口替代的工業化的支持，所引發的民粹現象，同時間受到意識形態光譜的兩端所攻擊。政治與行政上缺乏機動性、停頓以及惡性通貨膨脹，彼此之間相互侵蝕，讓狀況更加惡化。政府合法性的危機，影響了相對上較具制度化的行政國

家，而受到冗長軍隊管理的國家，則面臨被控制的危機（Cox, 1982）──產生以武力控制的壓制性工具之無能。

　　在聯合國（UN）第一個十年發展（First Development Decade 1960-1970）內容裡，針對古巴革命所做出的遲來反應，就是美國贊助的「進步聯盟」（Alliance for Progress（1961）），希望藉由協助其相關發展，試圖穩定此區域的動亂狀況。利用現代化，作為反暴亂的方法，其策略的部分就是，發展行政管理與行政發展（Perez-Salgado, 1997; Nef and Dwivedi, 1981）。而外國援助、專業化與發展規劃，則在拉丁美洲地區的行政體制，試圖脫胎換骨的努力中，扮演重要的角色。在美國國際開發援助署（United States Aid for International Development, USAID）的贊助下，愈來愈多拉丁美洲的學生與新兵逐漸接觸到美國的做事方法。而西歐的協助，也遵循相似的路徑。許多贊助的金錢相繼投入，以進行國內教育、土地農業（agrarian），以及稅務改革等計畫的執行，同時還包括有，根據科學管理以及預算、組織與方法論等計畫之相關原則，從事文官體制的訓練與合理化。這些文官體制的改革，乃是根據誘導發展（發展行政管理）以及官僚模型至上（行政發展）等邏輯加以進行。然而更重要的是，伴隨著國家安全與反暴亂，所需的國家安全工具之現代化與重新裝備（Barber and Ronning, 1966）。文官體制的改革，雖然出現大幅度的進行，但多數仍然沒有切中目標，「技術性」、零星的、徹底轉型的國家安全工具，已行政體系造成巨大且長期性的衝擊。伴隨著自由思想改良主義的失敗，軍官與國家安全學說占據了主要的舞台，以確保內部及區域現狀的維持。

　　客觀上，儘管只是表面上的虛飾，1970年代的軍隊政權，在破壞拉丁美洲國家危險不安的主權方面上，不只扮演寄生的角色，同時也具有其工具性的功能。就長期而言，也證明了此「暴力管理者」（managers of violence），是一個沒有能力處理衝突與發展的管理者（Burns, 1986）。然而，軍隊政權仍然持續對拉丁美洲國家的本質進行大幅度的改造，同時包括後者分別與公民社會及美洲體系（the Inter American system）之間的關係。在1980年代，美國贊助的民主轉型活動，以及所謂的華盛頓共識（Washington consensus）（Vilas, 2000），正好就出現於上述影響深遠的變革期間（Black, 1998）。

　　正如同1975年的李維茲報告（the Linowitz Report）所清楚描繪指出，當軍權控制在搖晃欲倒的債權負擔與錯誤的國家管理中掙扎之際，西方世界的評論開始感受到，此政權制度乃是他們的經濟與政治利益能否存活的一大負擔。於是，一個由地區性超級大國監督指揮，仔細規劃的政權轉移及所產生的限制性民主，因此而誕生（Nef, 1998）。此一「迴轉」（return），設有嚴格的限制與制約條件。整體而言，受益於數十年來的軍權體制，此限制性的民主，維持了相當程度的社會──經濟與政治力，唯獨排除的是激進團體與中下階層為主的大眾部門。而退場制度的安全建立，則是為了確保過程與中央的獨

裁領土，或是對新的制度性安排所作的保險政策。此「低強度」的民主，同時也保存了獨裁時代，基本的新自由主義經濟議題。拉丁美洲從古老所傳下的主要精神，乃是一個「接受者的政權」，其主要的目標就是管理財政的破產，以及促進國際貨幣基金（IMF）所產生的結構性調整配套（Vilas, 1995）之產生。

　　不完整的移轉、受限制的民主及接受者的政權，此三者對於拉丁美洲國家的行政體系，造成相當程度的影響。而私有化、預算削減、政府瘦身、撤銷管制以及去國家化等——尤其在社會與開發區域方面——已降低了國家施政的範疇與功能。於是，一方是利潤與個人的獲利，另一方面則是國家的利益，此兩者在新意識形態領域裡的區別，變得日漸模糊，而公共服務的概念，則顯得愈來愈不具關聯性。除此之外，隨著政府文官的地位與薪資水準日益低落，非法經濟的猖獗，如毒品交易（Lee, 1988），行政體系的貪腐不斷惡化，甚至連政府與行政單位的最高階層都無法豁免。在這些惡化的情況下，為了讓公共行政具有說明力、負責任、普遍性、有效果，客戶導向，而且減少貪污等所作的外在誘導努力，就如同1960年代的發展行政命令一樣，徒具形式化，並不具有任何實質的效果。

公共行政的結構內容

　　以上討論歷史性的持續與間斷，已經造成了許多而且往往是相互矛盾的特質之共同存在。其中包括來自國內外的影響，多次嘗試的改革與失敗，以及持續不斷的危機。之後將描述關於歷史留給後人的遺產本身，則明白的顯示出三個深遠且互相連結的結構性矛盾壓力。

　　第一個結構性的矛盾壓力乃是，介於擴張的社會期待與萎縮的經濟能力之間，持續出現而且無法解決的緊張壓力。對於拉丁美洲新興市場與全球經濟秩序的恢復等所有相關的談話，仍被歸類成極端的孱弱，並且呈現不穩定的成長；第二個壓力則是，介於「有」（haves）及「沒有」（have-nots）之間。受限的盈餘產生，混合了財富與收入不均的極端形式，已經降低了共識型的衝突管理之可能性。事實上，就人口的資源平衡與最低收入分配而言，拉丁美洲區域是全球中，唯一同時具有上述兩種矛盾現象的區域。當現代的社會衝突，並未向外展現冷戰時期的革命性對抗精神的顛覆特質，就無法平息社會的動亂現象。隨著基本面的原因持續存在，那麼，不論一般大眾與菁英的關係，出現如何明顯的改變，上述的緊張壓力，仍將持續存在。此一不安定的傾向，連結出第三種系統化的緊張：亦即介於主權形式化與依賴事實之間的張力。拉丁美洲的各個國家，其

政治系統對於政治行為者，相關事件及政策進行更加危險的政治控制等滲透。而它們的經濟基礎，仍是建立在一個扭曲且受到外生因素影響的發展模式，伴隨著經濟的繁榮與破產週期，再加上大量的負債包袱、現存的制約性限制及快速的跨國化等因素，使得其狀況變得更加複雜化。此外，外在的支持者——包含政治、軍事與經濟上等方面，其對於內部合法性薄弱的政治系統，必須提供充足的支持（Easton, 1957）。

民眾對於政府的希望幻滅，以及無意義的限制性民主的狀況，是普遍存在於此一區域。如果國家不能夠維持政治與經濟上的主權，保護人民的生命與財富，捍衛民主並確保人民的參與——那麼，簡單的說，人權的存在與否，此一基本的生存理由，就不由得令人質疑了。此外，普遍存在的新自由主義的意識形態與政策的配套，降低了國家對於商業利益保護的角色重要性，而無論公共部門的效率，效益及透明化程度如何，也沒有太多揮灑的空間。新公共行政管理的規定，伴隨著私有化、政府瘦身、撤銷管制、在地化及委外採購等必然產生的諸多現象，即使缺乏強有力的合法政治秩序與團體，仍然具有潛在性的動搖效果。除此以外，缺乏一個業已存在的凝聚力及強大的公民社會，行政現代化的工程僅僅只是空洞目標的一個工具。

行政文化

拉丁美洲區域內，政府公僕對於公共服務的態度，深植在對社會普遍出現的緊張，所反應的政府公務的疏離傾向。此一行政文化，構成了公共組織內，所展現的諸多衝突特質間，一個合理化的調適與功能化，對於這些傾向，所作的概略解釋檔案，將提出一個重疊的多樣性文化「層次」。

從遠的來看，拉丁美洲的行政文化，展現出極為重要的全球性，以及達成使命的導向等特質。畢竟，拉丁美洲正好落在西方文化的領域之內。其憑藉公共行政管理，以追求效率、效能、技術革新，以及廉潔等目標，則普遍存在相關的理論與談話內容。然而，實務上，拉丁美洲的行政文化，其核心成份則是定義為對於歸屬的堅持與權力的販賣。其主要的族群，尤其是延伸的家族與朋友，在社交生活扮演基礎的角色，即使在都市的所謂「現代化」範圍與組織生活中之內。世襲主義、套交情、共子關係等現象的持續，則是內建式黨派意識的最佳證明。除此之外，還包括了整體層次的本質，透明度的缺乏，以及環繞公共部門功能的表現，對於陌生者的不信賴感。

在拉丁美洲，從國家的起源開始，其國家階級的分類，來自於官員所持有的正式官職，而產生的「地位官場」（status-officialdom）（Morstein-Marx, 1963: 63）。任何官

僚（即使是民營企業的白領職員）或是官員，不管這些職務的本身，是否令人覺得名譽受到影響，這些人員都算是個「大人物」。而在階級式的社會秩序裡，被標籤為中等階級者，其被賦予的是某種程度的尊敬與被認可。這也解釋了行政行為裡，展現的極端形式主義（the extreme formalism）。演繹法（deductive law）的儀式主義（Ritualism）、極端法理主義（hyper-legalism），以及語言的法規編纂（codification）（植基於民法與羅馬法），造成政府官員的行為與外在對於官員的期盼，仰賴於詳盡的規範詮釋。於是，基本上的雙重標準便因而產生：一個對於外來者的公共「面向」，以及內部人員的例外的一個私密空間（Riggs, 1967）。同樣的情形也適用於時間上的使用：延遲、等待與緩慢等，都是選擇性被用來定義權力與階級之間關係的重要性。

在上述的形式主義籠罩下，反常的出現了一個高度運作的自主現象。很明顯地，形式主義與黨派意識皆紛紛潰堤。前者成為一個逃避責任的機制，或者是為了其強大的保守主義與對人民的冷漠感受加以辯護。此一矛盾現象的反面則是，改變了人民公僕的角色，成為屏棄個人的喜好，以及促進對於現有規範的例外產生。此一例外主義（exceptionalism），則是引起了復發性的裙帶關係、貪污腐敗（corruption）、恩惠任命（patronage）以及公權力等的濫用。

政府官員對於國家與社會之間關係的看法，受到微弱的捐客與代表大部分社會大眾相對於政府的協會所影響。此現象增強了一個幾乎「自然」形式的統合主義（corporatism）與權力主義（authoritarianism）（Malloy, 1977）。除此之外，對於一個根深蒂固，菁英份子組成的社會—經濟結構的認知，也提昇了對於專制政治的自我觀念，而官僚體系雖然在社會衝突裡，扮演調停與仲裁的角色（Heady, 1984），卻只承擔極度受限範圍的責任。對於「外來者」與「內部者」之間，也有極深的分裂存在。侍從主義、世襲主義，對於到處存在的「影響力」之使用，以及軍權干涉的事件持續發生等，加深了後述的特質。雖然白領的軍方與文官階層（state classes），並不屬於那些擁有土地，金融與商業的寡頭政治菁英的一部分，政府官員仍然停留在菁英所設限的框框之中，甚至其中的少數，得以晉升成為上等階級的成員。其與基本上就缺乏的民主實務，以及各政府之間的關聯，使得政府公務人員傾向於採取任意橫行的態度，並且忽視社會大眾的真實訴求。此一針對外來者所出現的惡意行為，尤其是對於較低階層的社會大眾之現象，不只存在於政府部門，同時也普遍出現於民營企業。

拉丁美洲地區大多數的行政結構與流程，不論是地域上的層級或是功能方面的運作，都大幅度地集中於最高當局。此一機制上的雛型，便是中央極權制（centralism）的類型之一（Veliz, 1980）。除了墨西哥、委內瑞拉、巴西與阿根廷等國家屬於有限形式的聯邦制之外，大部分的國家都採取單一體制（unitary）。除此之外，對於領土化

（territorialization）與地方化（localization）的嘗試，並不必然能讓政府的行政單位更加地負責任、民主化及「接近民意」。此一中央極權制度，更為明白的顯示出，行政─立法關係的模式。而毫無例外的，政府的形式乃是以總統為主導，而在制衡（check and balances）的效果上，立法仍是一相對薄弱的工具。而衍生自美國總統制與英國國會體制，所謂的議會掌控與國會權威至上等概念，並無法得到足夠的保衛。而無論字典或辭彙裡，都找不到「責任承擔」（accountability）之類的字語。一直到最近幾年，「責任承擔」這個字才開始出現，但一般的作者，仍選擇使用英文成語。行政人員的價值、行為與期待，多傾向於反應高階極權者，對於公共事務的定義。決策的制定，通常仍是流向「最高階權力」者；而相對的責任，也由最高階權力者所負擔（Campos, 1967）。如同以上所提，雖然運作上的自治，是相當常見的現象，但對於指派代理，仍是不常見的。於是，運作上如何取得協調，是極端困難的一件事。相對的，也更加促進中央集權發展的政治現象。

拉丁美洲公共部門的意識形態「軟體」（software），乃是一個專注、文化傳入與社會化的持續過程之結果，其結構上的誘因是既含蓄且誘人的。而源自於國際科技合作領域的改革計畫與其他的革新，被採納的程度必須是適合現存的文化模式。於是，對於政府行政的多元觀點，彼此互相存在，但卻不必然能夠相互融合成一文化的合成體。對於行政文化的再成長，其主要的工具，在於基層，包括家庭、教育體系、同儕群體，以及與政府部門的直接經驗。正如之前指出，政府文官（civil servants）的基礎層級分類，乃在於中產階級（middle strata）。就像是因果的累積（circular causation）：中等階級產生政府員工，一旦成為白領職員，所擁有的是中產階級的屬性。階級的區分，在拉丁美洲地區具有相當的重要性，而社會認同（social identity），則包括了血統、鄰里、教育、嗜好、性別、民族性與語言的一統合性功能。教育體系，尤其在中學及大學或以上（tertiary level），具有極高的排他性與歧視程度。高中與大學的教育，通常便決定了進入社會後，就職所可能扮演的角色。而更進一步的特殊訓練，可能在中學之後，像是公職學校或是朝向政府行政職位生涯的發展才開始。這些教育機構的專業學術課程，多集中於法律、商業及經濟等領域，同時也針對公共行政領域，進行更為精密面向的研讀。所有這些專業，其特色都具有強大且多半不具批判力的社會工程之傾向。而除了上述計畫性的聲明（programmatic declarations）之外，僅有少數的國家，其中包括北美、英國與歐陸地區等國家，發展出一行政管理的類別（administrative class）（Heady, 1984）。許多觀察研究者則指出：哥斯大黎加、烏拉圭及智利等三個國家的例子，算是較接近「中立」、「高效率」及相對上「透明度」高的行政官僚體制。但就算如此，當我們進一步審慎檢查時，仍發現這些案例帶有相當多的問題。

　　在軍隊的案例中，中學部及以上層級的軍官學校（officer academy），提供了一清楚主體的學理與團隊精神（esprit de corps）的特徵性。國家安全與反暴亂（counter-insurgency）的學理，所定義出一個極為反民主（antidemocratic）與極端保守主義的（ultraconservative）世界觀，而且高度仰賴於北方世界的意識形態與物質方面的資助。事實上，包括軍官與外在全體選區的選民（constituencies），皆施行的乃是對於國內的政治過程，所施加的一種理性的控制（rational control），或者是「超級權力」（metapower）（Baumgartner et al., 1977）。在國家主義的外表下，大部分的保安武力（security forces），其範圍僅包括本身的國家之內。老百姓與軍隊的角色則明顯地被加以分開，軍事專業多被定義為，對於武力、機構自主性，垂直整合、嚴格、保密、高度跨國整合、制度性傲慢（institutional arrogance）、隔離，以及企業識別等工具的控制（Black, 1986）。隨著國家的發展性功能，包括設計上與自然的逐漸萎縮，國家安全管理，以及上述的財富管理人的職務，已經演化成國家最表面的功能（Nef and Bensabat, 1992）。當冷戰結束，國家安全的內容也重新被加以定義，以配合其他的考量：如對於毒品，「恐怖主義」的「戰爭」，或是任何適用於國家安全武力的機制性利益，至高權力的相關事件。

組織的特性

　　組織生命的主要特色，乃是本章所提及，世襲與官僚傾向，同時肩並肩的共生共存。於是，國家的行政機器，便不能被視為僅是政策執行的工具。雖然高度的零碎，但也是一個重要的社會—政治行為者，其同樣與社會政治秩序的維繫相關聯，具有多樣性的潛在功能。另外則是組織性的混合體：從「建築」的觀點，拉丁美洲的公共行政，展現出確實存在的結構與實務的一個複雜性的重疊。其中有的可追溯至早期的殖民地與後獨立時期，其他的則是較近期所發展的組織再造、政策導向與政治的忠誠度。

　　此一組織性傳奇，最為引人注目的是，傳承於凱因斯集權式行政國家（the Keynesian administrative state）的諸多機關與行為。在拉丁美洲，相對上的一些已開發國家中，政府所參與的範疇與深度，令人印象相當深刻。其中包括了群體教育、健保、社會安全、房屋供給、大眾信貸、經銷管理局以及商業壟斷、公共事業公司（尤其是電力、水力與下水道等）、大眾運輸（包括火車、海運與航空公司）、策略性工業企業管理（如水泥、鋼鐵、碳化氫、石油與航空），以及其他如電影製業等。而在智利、哥斯大黎加、烏拉圭、巴西、墨西哥及委內瑞拉等，便有許多由國家發展組織贊助並成立的國有企業，或是由政府出資或借貸的半民營創投企業（ventures）。雖然這許多的企業與行為，在政府結構性調整的政策下，多半被私有化，或是因購併而消失，但其中仍然有為數不少的

企業繼續存在。成功的國營企業，如墨西哥的石油壟斷企業、哥斯大黎加的電力與電信國有企業，或是智利銅礦企業集團等，都歷經了私有化的風波而僥倖存活下來。許多的案例，不是自由化的腳步太慢，就是政府機制性與企業所代表的象徵性太強而無法私有化。

第三種表面特質──其實已在本文關於文化的章節中討論──指的是法律主義（legalism）在組織性生活的各個面向中，所造成的強大影響力。有一設計詳盡且極相似的憲法與行政公法，以及豐富的法律體系，針對拉丁美洲各個面向的官僚體系進行實際的規範。而法律主義與形式主義，實際上是公共行政同義字的名詞。政府機關乃是正式的組織，其來源、使命、代理政權（instrumentalities）以及操作的方法（modus operandi）等，清楚地描述於法律規定裡；尤其在公證人（notary publics）針對每個行為或意圖，加以證實的社會裡，此一特性更為強烈。

第四個重要的特質，則是軍隊的自治與安全的設備（唯一例外的國家，是沒有任何軍隊武力的哥斯大黎加）。不論是意圖或目的，任何備有武器的官僚體制，本質上就是在國家的領土裡，自成一個國家。除此之外，還有許多威權主義者（authoritarian），藉由源自於官僚威權主義（bureaucratic authoritarism）時代的非軍事公共服務，以包圍那些不在有效政治掌控的領土範圍。其他的例子，如智利的主要國有銅礦企業集團，其籌集的錢，極大部分（利益的9%）直接流入部隊。而在其他例子裡（巴西與智利），軍隊則是自行整合成「軍隊─企業複合體」，其中包含了獲利極高的國際軍備銷售。

第五點，拉丁美洲的國家公共行政，一個重要且持久的特點就是兩種行政體系的正式左右共治，一個是中央集權，另一個則是地方分權。所謂中央集權，或者「財政」工具，是在政府執行長的指揮與預算控制下，由財政部長、機關與相關服務所組成。這些單位通常是根據主要的目的而分為各個部門，並且在政府公共服務立法的總原則下運作。其他的單位則是地方性的部會，由半自治的政府掌控以及統制的機關，其功能上提供地方分權的服務，以及各種國有企業及公司所組成。所謂「自治」部門，其明顯的一個成份，在於地方分權，以及包含地方政府與行政機關。這些地方分權的政府單位，乃是依據特別立法所發給的特許執照，賦予相關的運作、法令、預算及人事各方面，獨立於中央的體制，而有些案例，甚至是根據私法（private law）的條例進行運作。直到最近，這兩個部門之間的人事分配，已大致相似，只有在預算領域，地方部門所分配的部分，仍是高於中央行政機關。然而，近幾年以來，還是出現了一些顯著的改變。功能上的地方分權（decentralization），已漸漸被私有化、撤消管制規定及政府瘦身所取代。同時，在地方化的旗幟下，版圖分散的機關（尤其是自治區），其數量不斷增加，而所擔

負的功能也日益重要。[1]

　　最後的一點，則是各式各樣更新的平行化功能的制度化（institutionalization），加上更常見的平行化操作系統——也就是說，包含規劃、預算、財政與人事管理，以及法律與會計控管等（比如說，審計長辦事處（the Comptroller General's office）。大部分的這些新成立的機關，都屬於協調性質的單位，垂直地從傳統部門化的部會與政府機關切割。而這些較新的結構，其類型之一就是那些處理新興議題，如環境、私有化、促進出口與公民社會（也就是「社會大眾」）的整合，或是性別平等之類的議題。另一個整合型功能的類型，則是那些屬於行政與制度改革本身相關的議題。自從1990年代起，幾乎所有拉丁美洲區域的政府，都開始進行公共部門現代化相關策略性計畫的實施工程。

　　為了達成此一命令，首長層級的機關紛紛成立。有些案例，例如：在阿根廷，便成立直接隸屬於部長級的公共管理與現代化機關，同時還附屬辦事處以對抗貪腐；而在墨西哥，則是在總統Fox所領導的國家行動黨（National Action Party, PAN）執政下，創立一相類似的機關計畫。在大部分的國家裡，所設立於部會內與部會之間的機關委員會，主管電腦化與科技創新、品質控管、計畫評估、使用者滿意度、績效評量及去官僚化等功能，已經存在超過一個世紀之久。此類的案例，如智利的國家現代化部間委員會（Inter-ministerial Committee for the Modernization of the State），便設有廣大的使命，並且隸屬於政府行政首長的策略性部會（the strategic Ministry of the Secretary General of Government）組織內。

---

1 針對多個國家分別在國家行政，功能性與區域性分權的行政於1991與1997年的變化所做出的比較表：

國家*	(A) 國家行政		(B) 功能的		(C) 地方地		變化的百分比(A)	(C) 地方	變化的百分比 C
	1991	1997	1991	1997	1991	1997	1991-1997	1991-1997	1991-1997
阿根廷	534	462	242	51	1159	1317	-13.5	-89.0	13.6
智利	120	134	56	37	23	23	11.7	-32.3	0.0
哥斯大黎加	127	133	6	3	6	8	4.7	-50.0	33.3
尼加拉瓜	89	81	15	11	41	47	-9.0	-26.6	14.6
委內瑞拉	238	197	99	28	193	208	-17.3	-71.8	2.3

＊圖形所指出的乃是數以千計的公職人員並且以絕對值表示。如果這些數值的計算乃是以人口或是經濟活躍人口的比例，將產生更大的跌落或是增加的更少。而「地方」這一欄，則根據資料取得到的部分，包含了直轄市，省轄市，或是兩者皆有。

資料來源：CLAD/SIARE，網址為：http://www.clad.org.ve/siareweb

不同於發展行政，此一醒目標題下所作的「合理化」努力，目前採取的行政現代化方法，其特性之一乃是針對公共部門，採用一個較廣的定義。除了中央機關，行政改革的目標涵蓋了地方政府、司法制度與私有化的過程。大部分的國家，尤其是巴西、阿根廷、保加利亞、智利、哥倫比亞、巴拿馬、厄瓜多爾及多明尼加共和國等，都已建立相對的機關以及完成計畫的制定，以轉移或下放政府的功能至地方社區（the communal level）。這些地區性的發展辦公室與署秘書處（under-secretariats），同時也被要求，必須在地方政府層級上，提昇相關的行政技能，並且建立管理能力。除此以外，為了不讓政治觀察者一再對於過去冗長且惡化的司法流程詬病，許多的努力也相繼投入，以改善司法制度的現代化，簡化相關的流程，並且試圖讓司法程序更為快捷且透明。最後要針對的則是，如何將政府國有部門民營化的議題。這是制度改革上，一個主要的意識形態，以及包含在附著於負債解除的制約性財政原則。此一實務背後所要加以討論的，乃是關於如何形成一個「組織精簡且效率提昇」（leaner but meaner）的政府，其中法規與領導力，取代了直接擁權或是管理。而所有的國家，為了達成此一效果，都陸續建立相關的機制，以加速私有化的過程（以委員會的形式）。

改革的動力：過程與效果

拉丁美洲國家大部分的行政改革，不是經由外在誘導，就是外在行為者的強力協助而成（Wharlich, 1978）。殖民時期的改革，地方菁英對於現代化的訴求，國際代表團與諮詢專家的出現，例如：1920年代的凱默勒代表團（the Kemmerer Commission）、發展行政局（Crowther and Flores, 1984），以及以結構調整計畫（structural adjustment programs, SAPs）為訴求，和今日的新公共管理等，都是極為恰當的案例。而其中關於內部行政改革的例子越則來越少而且片段，甚至大量的地方化，以及多數的結果是中斷而不再繼續。而類似的案例，就是之前所提及，第一次世界大戰後，有限社會福利與醫療保險的福利國家之發展，其超越了歐洲與北美相關國家，至少一個世紀之久（Mesa-Lago and Witte, 1992）的發展。另外，就是1930年代時期，進口代替的工業化（Import Substitution Industrialization, ISI），此乃拉丁美洲經濟委員會（ECLA）及其他區域性機構工作中，唯一具有編碼化及理論化的經驗。第三個例子則是源自於革命性變革的劇烈重組之極罕見的嘗試，如古巴（1960s），以及尼加拉瓜（Nicaragua）失敗的桑地諾（Sandinista）實驗政權。除了表面上的說法，在面臨巨大的國際危機（international conjunctures），以及幾乎不可能成功的勝算（odds）等現況下，使得這些經驗成為即興之作。Reme Dumont曾經

暗示，認為此一管理類型，乃是「創作型的混亂」（creative chaos）。最後，一個最令人不可思議的例外，則是實施一整套微型經驗（micro experiences）的自治動員，譬如中美洲與巴西的基督教社區（the Christian Base Communities），如今已不存在的智利人民經濟組織（Popular Economic Organizations）、祕魯的（Nef, 1991）自治都市社區（self-managed urban communities），以及巴西至今仍維持運作的無土地農民運動（Landless Rural Workers' Movement (Movimento dos Trabalhadores Rurais Sem Terra, MST)）（Robles, 2000; MST, 2001）。

　　無論是內在或外在的誘導，拉丁美洲的所有行政改革，常見的共通點，乃是清楚的政治特質（Marini Ferreira, 1999）。此類的改革，不論使用何種技術語言，其最後的分析則是強度，弱度，屬於整合型，或者挑戰現有的能力關係。除此之外，這些行政改革，都是以組織與管理的名詞，進行運作一個範圍更廣的政治、社會與經濟計畫。

　　1990年代的行政現代化所取決的國內與國際環境，以及計畫的目標，與1960年代的結構性改革有極大的不同。現今的西方世界（甚至一個世紀前），所展現出的國際合作性策架構之精神，則是特色明顯的新自由主義，而非凱因斯主義。包括南方共同市場（MERCOSUR）、北美自由貿易協定（NAFTA），以及美國自由貿易協定（FTA）的提議等，都是新型的區域性環境之一部分。最重要的成功因素，在於市場本身，而非諸多的規劃與政府的干預，雖然此一政策轉換，取決於強大政府的執行力，是極矛盾的一種說法。冷戰後的拉丁美洲，經由外在機構的代理下，歷經了一個轉型期，成為一個有限，而且並不十分透明形式的民主過程。這些國家，同時都擔負了龐大且無法管理的外債重擔。而國際金融社會與國際性的單位，則使用債務─管理（debt-management），以對拉丁美洲這些國家設下相當嚴格的條件。後者包括：開放市場政策與制度化的改革等諸多措施，以求達成總體經濟的平衡，相對於負債的減輕。

　　對於目前許多行政改革的施行方針，正是這些結構性調整政策的內容。而對於結構調整計畫（SAPs）的整套新自由主義措施，其所造成行政上的必然結果（administrative corollary），正是所謂的新公共管理之模範（Ormond and Loffler, 1999）。後者經由Osborne和Gaebler等學者的大作，政府再造，而在美國聲名大譟（Jones and Thompson, 1999）。然而，其精髓可追溯到1980年代出現在英國、紐西蘭、澳洲與加拿大等國家的保守主義行政改革（the conservative administrative reforms），這些國家將當時所謂的「新保守主義」，相關的議題賦予實質化。此一行政改革的必然結果，便是將政府服務，推動成為公共管理的運動（Bonifacio, 1995）。瘦身之後的政府單位，公開性地變得更負責任且透明化，並讓政府無論在提供本身單位的服務，或是與民營以及／或是自願性的組織之間的合夥關係，化身成一個更具效率的機構，這種種的改變都是為了獲得「更好」的行政體制所

採取的措施。上述的諸多現象，都是範圍更為廣大的新自由主義意識形態下的基本原理（Nef and Robles, 2000）。在此一模式，國家主要扮演的角色是輔助性質，也就是說，政府主要的指引是，確保市場的功能運作正常以及保護私有財產。其基本的「社會契約」（social contract），乃是後福特時代（post-Fordian），其所代表的意思就是降低並片段化勞工關係系統中，工人所扮演的角色，取而代之的是，提昇國內外資本的明確支配權。對於人民與國家的主權概念，則被資本的主權所取而代之。這也說明了，在勞工、賦稅以及社會福利等面向所採取的政策。

　　如同世界上大部分的區域，連同上述所提及的沿線地區，整個拉丁美洲在過去的兩個世紀內，對於國家的角色，有了嶄新的定義。此一說法的解釋，可從其本身所展現的，介於兩種模型之間的轉移。其一是凱因斯的「行政國家」，其主要的目標乃是達到國家的發展。另一個模型，則是「接收者」國家（the 'receiver' state），其主要的角色則是結構調整的管理，其次要性角色是負責緩和發展的實施。此類的發展所提及的目標計畫，乃是針對那些借助於微型信貸（micro-credit）、能力建設（capacity building）等類的措施，採取正統的經濟政策。此一轉變，正如同前面所提及，伴隨著1970年代官僚威權主義的重新建構（bureaucratic authoritarian restructuring），並且大幅度受其影響而加快轉變的腳步。

　　自從「回歸民主」（return to democracy）的口號開始出現，公共部門所涵蓋的範疇與規模就日益地減少。[2]此一目標，乃藉由許多行動的停止（closures）及私有化，尤其

2 比較圖表，根據CLAD所提供介於1987年與1998-99年的資料為基礎進行計算，顯示出政府文官公職聘雇相對於經濟活躍人口（the economically active population EAP）而言，乃是朝向減低的趨勢發展。

	政府文官		%	% EAP		%
國家	1987	1998/1999	change	1990	1999	Change
阿根廷*	1.973	1.829	-7.3	14.53	12.23	-26.0
委內瑞拉	975	374	-61.7	—	—	
墨西哥*	3.751	4.422	17.8	19.46	18.38	1.0
哥斯大黎加*	272	146	-46.4	13.95	11.20	-19.8
智利	215	172	-20.0	2.09	1.60	-44.9
巴拿馬	157	136	-13.3	—	—	
烏拉圭*	272	230	-15.5	18.12	16.14	-11.00

*對於阿根廷的觀察資料乃是1991-97年；墨西哥為1990-96年；哥斯大黎加為1990-98年；以及烏拉圭則為1995-98年。
資料來源：CLAD 2001:http:// www.clad.org.ve//siareweb

在公共事業、健保、社會安全以及教育等領域，還有外包給民營企業的方法而達成。於是，便出現許多民營企業，以承接那些被政府所綁架的客戶（captive clienteles），取代政府提供的低彈性（low elasticity）服務的功能：如年金管理基金（Pension Management Funds, AFPs）；「健保服務（health service）單位」，如健康管理組織與衛生單位等。

民營化紀錄所顯示出的混合結果，其範圍從更佳的品質與服務的合理化（rationalization of service），延伸至更為有效的成本控制與利潤空間，以及情況的排除與明確顯示下降的品質，涵蓋範圍，以及取得困難性日增等。其中有些例子，則提供促進現代化的動力，改善的標準，並產生新的投資來源，甚至提供更便宜且品質更佳的產品（例如：有一陣子，電信業案例就曾經出現上述的狀況）。然而，仍有許多案例（如能源電力事業），就曾經出現以政府的成本與廣泛的詐欺，而至多取得投機的侵占之結果。政府文官的組織瘦身，已經導致有限服務契約與民間業務顧問的人事大量增生。同時，也代表世襲主義（patrimonialism）的復活（Robin, 1995）。常見的現象是，藉由人事約聘與外聘所產生官方的瘦身機構，所出現的平行化結構。而更常見的是，此一「短暫」結構，演化成伴隨著恩庇政治起伏，所持續存在的侍從主義現象，於是，正如同學校老師及其他文職人員出現的例子：失業、勞工弱勢及日漸減少的收入等問題，已經對拉丁美洲地區的服務品質與人力安全上，產生毒害的效果。

財政管理也逐漸成為公共行政的主要舞台。一方面，政府計畫的財政基礎，已經出現大幅度的縮減，另一方面，預算的過程也被合理化。預算的縮減已然開始，以求達到財政平衡，以及促進結構調節政策的管理。就制度上而言，作為行政過程的主要角色及管理者，財政部已經將此現象轉變成其所欲達到的第一目標。這些部會逐漸表現出，中央銀行以及國際金融機構，如國際貨幣基金、世界銀行或是美洲開發銀行（the Inter-American Development Bank）等，至高無上的權力。

除了民營化與財政管理等總體議題之外，新公共管理的行政改革，也達到相當了不起的成就，尤其在「微型」（micro）與效益導向等面向的行政改革。其中最讓人矚目的成功行動不外是，致力於合理化的行政流程、去官僚化及電腦化等服務所付出的努力成果。在所有完成的行為裡，最明確的成功例子就是對於行政流程的合理化、去官僚化及電腦化服務的努力。在許多的國家中，對於政府的行政品質，以及提供社會大眾服務所需的時間，已經出現了極明顯的改善。上述狀況，同時也出現於執照的授權，證書的申請批准，所得稅的申報，以及繁瑣的公文流程改善等。然而，更實質上的結構性改革，則沒有得到太多的成果，僅達到有限的成績（諸如在地化），以及純粹表面上的改變，或者是不具任何的效益，甚至出現更糟的情況。此一真實的現象，已經促使對於拉丁美洲國家的一些參與者，以及改革流程的分析師，需要針對新型的公共管理原則，

並以社會走向的制度化改革版本為主，重新加以定義。許多則指出，歐洲的社會民主及學者Anthony Giddens所著的《第三條路：社會民主的更新》（*The Third Way*）（Giddens, 1998），乃是新自由主義的經濟與意識形態上正統說法的另一選擇。根據此觀念，拉丁美洲發展事業管理中心（Centro Latinoamericano de Administración para el Desarrollo, CLAD）本身的文件指出，「一個針對拉丁美洲量身定做的新型公共管理」（CLAD, 1999），構成了一個對於行政模型重新建構的要求。它並提議，以人類的面孔進行市場改革的「第三條路」（third way）：也就是說，將人放在最前面，重新活化公民社會，並強調如何達成一個積極且民主化的國家。

結論

　　此一解釋性且暫時性的探索，讓我們得以對上述的行政文化、結構與功能及較大型的社會與政治次序之間的關係，進行若干假設。同時，對於此類的改革模式與策略，其間的動態關係，提供合理的臆測，大致上，我們可將之歸納成六大建議：

1. 拉丁美洲的行政體系反應出，各種不同國家的現實，以及常見的區域性趨勢等指導原則與複雜程度。後者包括了持續性的依賴度，嚴謹且片面的社會化結構，習慣性的經濟弱點、微弱且不穩定的成長、社會邊緣化、低程度的體制化以及敏銳的社會偏極化等現象。上述的狀況轉換成高度的模糊與不確定性。此區域的行政變化，與其說是配合其宣稱的「技術性」改革目標，倒不如說是配合環境所做出的改變。表面上，此地區已經出現了結構上的轉變，然而舊有的行政文化與行為仍持續存在著，與其造成大幅度的重組，倒不如以混合性的調適替代。這樣的政治經濟改革，已被刻劃成維持國內與區域性的現有狀況的一種偏見。

2. 不同於其他的周邊區域，長期以來，拉丁美洲國家的行政體系所展現的是，官僚體制形式性的特色，而其持續性的改革，更是為了保護這些獨特的特質。然而，在此描述的環境下，對於「法治─合法性」（legal-rational）特質的存在，並不構成任何實質性的指標，更不用說是對於回應性，有效性或是民主應盡的責任等的預測。更確切的說，法治─合法性模式的程序，往往隱藏了一個「模擬的」官僚體系的真實性（Gouldner, 1954），而複雜的程序與技術上的分接，則是朝向議題不解決與非議題解決的不正常組合發展。拉丁美洲的公共行政發展，就是一極特殊的衍生產品。作為一個防護性的中央─邊陲區域性與全球性秩序的反應，拉丁美洲的公共行政發展，趨向於追求已開發社會所製造的流行、祕訣及解決方法而行。從此觀點來看，拉丁

美洲的公共行政發展，無論是動機、問題的辨識與解決的藥方等，都是外生的現象
（Crowther and Flores, 1984）。而從標準答案與解決方案的有利位置，進行麻煩與問題
的定義之趨勢，則提供了確實的機械性與批判性方法。此區域的科學性與技術性機
構，對於社會工程（social engineering）普遍模式的複製所產生的興趣，遠大於針對大
範圍——且政治性爭議——等議題進行解決。然而技術性的合作，卻沒有出現較好的
進展。

3. 在過去的兩個世紀裡，「去官僚化」、「去族群化」（de-cluttering）降低等待的時間，
以及削減公務冗長的流程，出現表面上的改善。伴隨著此一發展的同時則是，管制規
定的鬆綁，以及政府文官體系規模的縮小，以及許多政府的相關功能陸續轉移、交由
民營機關負責。1980年代，不完整的民主化轉移，債務危機，以及結構性的調節等，
已經改變了公共政策的內容與媒介手段（instrumentalities）（Nef, 1997）。此區域的行
政體系，已經直接地受到今日的環境，與西方社會與國際機構的解決之道，所進行的
現代化努力而衍生的挑戰所影響。然而，此一改變，實質上並沒有造成太大的效益，
更談不上對社會大眾的「服務」上，能否造成任何效率上的改進；或者是對於行政實
務與行為上，達到任何深遠的轉換程度。

4. 同樣的道理，適用於政府對於社會大眾對於行政反應程度的問題之需求。從狹窄的技
術性觀點來看，將服務人民轉換成對「客戶」的服務，並無法實質上改變服務的品
質。拉丁美洲國家的主要問題，在於缺乏人民對於公共領域的實質參與。而諷刺的
是，當社會期盼公共部門能解決問題，並提供更多的服務等相關需求日益增強時，國
家工具卻逐漸地萎縮。實際上所發生的狀況是，對於現有政治體系以及官僚系統，就
解決人民日常生活中的基本問題，缺乏足夠的能力所引發的挫折感，進而出現革命性
的行為。

5. 從此來看，對於控制貪腐的無力現象，就是一個指標性的象徵，而的確也是現今，
從基本上的解決之道。拉丁美洲的行政實務，向來就是針對實體環境、經濟、社會
體系、政治組織與文化本身，沈浸在一個包含價值、行為以及方向的大型文化矩陣
之中。而拉丁美洲國家的貪腐程度，不只是公開的現象，而是系統化的發展。而對
於資源的萃取（resource extraction）、獨占式個人主義（possessive individualism）、非
倫理家庭主義（amoral familism）、薄弱的公民意識（civic consciousness），以及取法
「現代」的趨勢等掠奪性的態度（通常受到外債所激起），則形成一種倫理上雙重標
準的保守心態。而且同時也產生不負責任，以及缺乏預測與制定策略性政策轉移的
能力（與意願）。行政改革，雖然促進了民營化，造成國家的角色漸微、撤銷管制
（deregulation）、政府瘦身（downsizing）、委外採購（outsourcing）及形式的地方分

權等現象的產生，但卻無法解決分配不均，及民主缺乏等基本問題，以及濫用對於此區域的行政結構與實務改革的支持力量。這些現象，同時也引發了官員貪污的行為（Robin, 1995）。

6. 從歷史上來看，拉丁美洲的行政經驗，在經歷過無數次現代化嘗試的失敗，與週期性的危機，才形成今日的雛形。其所產生的結果是，一個延長的制度化發展不充分的情形。同時也造成，拉丁美洲今日持續存在著，靜止不動的一個自我滿足的預言（Adie and Poitras, 1974）。若是沒有從政治與制度上加以發展，就算針對實際發生的議題，如貧窮、失業或有效公民素質的缺乏等加以解決，行政改革—即使受到現今公共部門現代化的趨勢所影響—仍只是偶發的狀況（epiphenomena）（Martner, 1984）。今日對於發展—以及民主化等改革潮流的貢獻—多半沒有針對主要的重點加以解決，比如對於市場力量，政府的主要命令只是加以保護，而不是促進其發展（更不用提及民主了）。

任何深遠的行政改革，包含了結構上與態度上（以及價值）的改變。對於行政重組，「現代化」等等之類所做出的努力，首先需要針對的，無論是直接或是間接的方式，是辨識出此一區域內，關於行政文化的本質與民主的相關議題，或者是民主的缺乏等現象。在某種程度上，行政文化是由不同的成份所形成，具有動力且融合性的特質。但是，最重要的，文化是一個媒介，而不是改變的障礙物（Maturana and Varela, 1980）。其所包含的是，影響公共政策與行政的種子，而這些種子將會引起對於環境、經濟、社會、政治與意識形態的多重架構因素（contextual factors）的一種關鍵性的覺醒（Freire, 1971）。介於自由主義與民主之間的矛盾（Macpherson, 1977），則存在於拉丁美洲地區，政府治理問題的主要核心。如果缺乏真實的政治民主式的改革，任何的行政現代化，往往都只是沒有結果的運動而已。

參考文獻

Adie, Robert and Poitras, Guy (1974) *Latin America. The Politics of Immobility*. Englewood Cliffs, NJ: Prentice–Hall. pp. 250–71.

Barber, William and Ronning, Neale (1966) *Internal Security and Military Power: Counterinsurgency and Civic Action in Latin America*. Columbus, OH: Ohio State University Press. pp. 217–45.

Baumgartner, Thomas, Burns, Tom and DeVille, Philippe (1977) 'Reproduction and Transformation of Dependency Relationships in the International System. A Dialectical Systems Perspective', *Proceedings of the Annual North American Meeting of the Society for General Systems Research*. pp. 129–36.

Black, Jan (1998) 'Participation and the Political Process: The Collapsible Pyramid,' in Jan Black, Latin America. *Its Problems and its Promise. A Multidisciplinary Introduction*. Boulder, CO: Westview Press. p. 226.

Black, Jan (1986) *Sentinels of the Empire: the United States and Latin American Militarism*. New York: Greenwood Press.

Bonifacio, Jose Alberto (1995) 'Modernizacion del servicio civil en el contexto de la reforma estatal', *Revista centroamericana de Administracion Publica, Nos. 28 and 29* (January–June), pp. 5–26.

Braudel, Fernand (1980) 'History and the Social Sciences: the longue duree', in *Fernand Braudel, On History*. Chicago: University of Chicago Press. pp. 25–54.

Burns, E. Bradford (1986) *Latin America. A Concise Interpretative History*, 4th edn. Englewood Cliffs, NJ: Prentice–Hall. pp. 96–101, 134–53, 313–24.

Burns, E. Bradford (1998) 'The Continuity of the National Period,' in Jan Black (ed.), *Latin America. Its Problems and its Promise. A Multidisciplinary Introduction*. Boulder, CO: Westview Press. pp. 70–6, 77–8.

Campos, Roberto de Oliveira (1967) 'Public Administration in Latin America', in Nimrod Raphaeli (ed.), *Readings in Comparative Public Administration*. Boston, MA: Alwyn and Bacon. pp. 286–7.

CLAD's Scientific Council (1999) 'A New Public Management for Latin America'. CLAD Document in Revista del CLAD, *Reforma y Democracia*, No. 13 (February).

Cox, Robert (1982) 'Gramsci, Hegemony and International Relations: An Essay on Method', *Millennium: Journal of International Relations*, 12 (2): 162–75.

Crowther, Win and Flores, Gilberto (1984) 'Problemas latinoamericanos en administracion publica y dependencia de soluciones desde Estados Unidos', in Gilberto Flores and Jorge Nef (eds), *Administracion Publica: Perspectivas Criticas. San Jose*, Costa Rica: ICAP. pp. 59–89.

Easton, David (1957) 'An Approach to the Analysis of Political Systems', *World Politics*, 9 (3): 384–5.

Freire, Paulo (1971) Pedagogy of the Oppressed. New York: Herder and Herder.

Freire, Paulo (1976) *Education, the Practice of Freedom*. London: Writers and Readers Publishing Cooperative.

Furtado, Celso (1976) *Economic Development of Latin America*, 2nd edn. Cambridge: Cambridge University Press. pp. 107–17.

Giddens, Anthony (1998) *The Third Way: the Renewal of Social Democracy*. Cambridge: Polity Press; Walden, MA: Blackwell.

Gil, Barry, Rocamora, Joel and Wilson, Richard (1993) *Low Intensity Democracy: Political Power in the New World Order*. London: Pluto Press, pp. 3–34.

Gouldner, Alvin (1954) *Patterns of Industrial Bureaucracy*. Glencoe, IL: The Free Press. pp. 117–30.

Heady, Farrel (1984) *Public Administration. A Comparative Perspective*, 3rd edn. New York: Marcel Dekker. pp. 174–221, 338–42.

Jaguaribe, Helio (1964) *Desarrollo economico y desarrollo politico*. Buenos Aires: EUDEBA, pp. 122–9.

Jones, Lawrence and Thompson, Fred (1999) 'Un modelo para la nueva gerencia publica: leciones de los sectores publico y privadO' , *Revista del CLAd Reforma y Democracia* (Caracus), 14 (June) (electronic version, pp. 1–26).

Keen, Benjamin (1992) *A History of Latin America, 4th edn*. Boston: Houghton-Mifflin. pp. 158–62, 182–3.

Kliksberg, Bernardo (1987) 'Nuevas fronteras tecnologicas en materia de gerencia en America Latina' *Revista de la CEPAL*, No. 31 (April): 179–99.

Lee, Rensselaer W. (1988) 'Dimensions of the South American Cocaine Industry,' Journal of Interamerican Studies, 30 (3): 87–104.

Macpherson, Crawford Brough (1977) *The Life and Times of Liberal Democracy*. Oxford: Oxford University Press.

Malloy, James (1977) 'Authoritarianism and Corporatism in Latin America: the Modal Pattern', in James Malloy (ed.), *Authoritarianism and Corporatism in Latin America*. Pittsburgh: Pittsburgh University Press. pp. 3–19.

Marini Ferreira, Caio, Marcio (1999) 'Crise e reforma do estado: uma questao de cuidadania e valorizacao do servidor'. *Rio de Janeiro: Escola Nacional de Administracao Publica*, pp. 1–37.

Martner, Gonzalo (1984) 'El papel de la reforma administrative en la estrategia del desarrollO' , in Bernardo Kliksberg (ed.), *La reforma de la administracion publica en America Latina. Elementos para una evaluacion. Alcala de Henares*, Spain: Instituto Nacional de Administracion Publica. p. 62.

Maturana, Humberto and Varela, Francisco (1980) *Autopoiesis and Cognition. The Realization of the Cognitive*. Boston and Dordrecht: T. Reidell. (Boston Studies in the Philosophy of Science, Vol. 42.)

Mesa-Lago, Carmelo and Witte, Lothar (1992) 'Regimenes previsionales en el Cono Sur y en el area andina', *Nueva Sociedad*, No. 122 (November– December): 19–34.

Mills, C. Wright (1957) *The Power Elite*. New York: Oxford University Press. pp. 3–29.

Moore, Barrington (1966) *Social Origins of Dictatorship and Democracy. Lord and Peasant in the Making of the Modern World*. Boston, MA: Beacon Press. pp. xvii.

Moreno, Francisco Jose (1969) *Legitimacy and Stability in Latin America. A Study of Chilean Political Culture*. New York: New York University Press. pp. 34–7.

Morstein-Marx, Fritz (1963) 'The Higher Civil Service as an Action Group in Western Political Development', in Joseph LaPalombara (ed.), *Bureaucracy and Political Development*. Princeton, NJ: Princeton University Press. p. 63.

MST (Landless Rural Workers Movement) (2001) Manifesto, 'Fundamental Principles for the Social and Economic Transformation of Brazil', *Journal of Peasant Studies*, 28 (2): 153–61.

Nef, Jorge (1991) 'Development Crisis and State Crisis: Lessons from Latin American Experience', in O.P. Dwivedi and P. Pitil (eds), *Development Administration in Papua New Guinea*. Boroko: ADCOL-PNG. pp. 10–33.

Nef, Jorge (1997) 'Estado, poder y politicas sociales: una vision critica,' in Raul Urzua (ed.), *Cambios sociales y politica publicas en America Latina*. Santiago: Andros. pp. 233–62.

Nef, Jorge (1998) 'The Politics of Insecurity,' in Jan Black (ed.), *Latin America. Its Problems and its Promise. A Multidisciplinary Introduction*. Boulder, CO: Westview Press. pp. 239–40.

Nef, J. and Bensabat, R. (1992) '"Governability" and the Receiver State in Latin America: Analysis and Prospects', in Archibald Ritter, Maxwell Cameron and David Pollock (eds), *Latin America to the Year 2000. Reactivating Growth, Improving Equity, Sustaining Democracy*. New York: Praeger. pp. 171–5.

Nef, J. and Dwivedi, O.P (1981) 'Development Theory and Administration: A Fence Around an Empty Lot?', *The Indian Journal of Public Administration*, XXVIII (1): 42–66.

Nef, Jorge and Robles, Wilder (2000) 'Globalization, Neoliberalism and the State of Underdevelopment in the New Periphery', *Journal of Developing Societies*, XVI (1): 27–48.

Nun, Jose (1968) 'A Middle-Class Phenomenon: The MiddlE-Class Military Coup,' in James Petras and Maurice Zeitlin (eds), *Latin America: Reform or Revolution? A Reader*. Greenwich, CT: Fawcett. pp. 145–85.

Ormond, Derry and Loffler, Elke (1999) 'Nueva Gestion Publica Que tomar y que dejar?', Revista del CLAD. Reforma y Democracia, No. 11 (February): 141–72.

Perez Salgado, Ignacio (1997) 'El papel de la cooperacion tecnica internacional en el proceso de modernizacion del Estado y la gestion en America latina', *Revista del CLAD*. Reforma y Democracia, No. 8 (July): 247–70.

Riggs, Fred (1967) 'The Sala Model: An Ecological Approach to the Study of Comparative Administration', in Nimrod Raphaeli (ed.), *Readings in Comparative Public Administration*. Boston, MA: Alwyn and Bacon. pp. 415–16.

Robin, Theobald (1995) 'Globalization and the Resurgence of the Patrimonial State', *International Review of Administrative Sciences*, 61 (3): 424.

Robles, Wilder (2000) 'Beyond the Politics of Protest: The Landless Rural Workers Movement of Brazil', *Canadian Journal of Development Studies*, XXI (3): 657–91.

Veliz, Claudio (1980) *The Centralist Tradition of Latin America*. Princeton, NJ: Princeton University Press.

Vilas, Carlos (1995) 'Economic Restructuring, Neoliberal Reforms, and the Working Class in Latin America,' in Sandor Halebsky and Richard Harris (eds), *Capital, Power, and Inequality in Latin America*. Boulder, CO: Westview Press. pp. 137–63.

Vilas, Carlos (2000) 'Mas alla del Consenso de Washington? Un enfoque desde la politica de algunas propuestas del Banco Mundial sobre reforma administrativa', *Revista del CLAD*. Reforma y Democracia, No. 18 (October): 25–76.

Wharlich, Beatriz (1978) 'The Evolution of Administrative Science in Latin America', *International Review of Administrative Sciences*, No. 12: 70–92.

第二十七章　現代政府的課責

Robert Gregory
陳志瑋 / 譯

PART *13*

課責即是控制

在1990年代中期的英國，有一項重大的政治爭議來自受刑人管理和王室各大臣的不同課責觀（Barker, 1998; Polidano, 1999）。在美國，則是因為挑戰者號（Challenger）太空梭災難事件後，才喚醒對於課責議題的重視（Romzek and Dubnick, 1987）。到更晚近，美國核子動力潛艇格林維爾號（USS Greenville）撞沈日本拖網漁船愛媛號（Ehime）的事件，引發大眾對於格林威爾號指揮官有關課責的關注；在加拿大，由於曼尼托巴兒童心臟外科計畫的缺失，導致12名孩童死亡（Manitoba Health, 2001）；在紐西蘭，有14位民眾因為政府部門興建的野外觀景平台倒塌而罹難（Gregory, 1998。這些只是眾多個案中的少數，它們不必然顯示政府體系和過程愈來愈趨向失靈，但卻顯示有愈來愈多民眾對課責表達廣泛而密切的關注。

很少有字眼像「課責」一樣，在現代政府的說詞中受到大量使用。這個字眼繼續引發大量的學術論辯及實務上的應用。它很快地在市井小民和大眾傳播媒體觀察者之間傳播著，但誠如Thomas提醒我們的，它依然是「一個難以理解的現象」（1998: 387）。

這個字眼涵蓋許多不同意義，而且常和其他密切相關的觀念被普遍使用著，特別是回應性（responsiveness）、回覆性（answerability）、錯誤和責備（fault and blame）。它常被錯誤地被當成責任性（responsibility）的同義詞（下文將再說明）。如同前述例子所顯示，課責議題最常在事情出差錯，而且當政府機關有過錯的時候被提起，此時會有特定的機構或個人被要求「負起責任」（held to account）。Romzek和Ingraham（2000）稱此為「抓到你了」（gotcha）的心態，這裡的課責含有某種「獵巫」的意義，一旦事情出錯，就開始鎖定住那些有罪的、應被責備的人。

這個態度反映出課責和控制的同義性，就像Klitgaard（1997: 500）所列的公式：$C = M + D - A$，也就是貪腐（corruption）等於獨占（Monopoly）加上裁量（discretion）減去課責（accountability）。當公權力遭到濫用或誤用，以及當用而不用時，政治人物或官員

（或兩者同時）或許會在課責的名義下被認為怠忽職守，而很可能因此遭到懲罰。就像Thomas指出的：「防止潛在的權力濫用，乃是當代政府採取各種課責措施和安排的終極目標……」（1998: 348）。這些措施一方面希望能在憲法層次上適當地使用民選的政治權力，另方面希望能透過該項權力的運用，讓既定的政策目標能獲得彼此協調、有系統而且有計畫的官僚執行。悠久的西方政治思想史證實也支持課責這項概念在自由民主政治制度中的核心地位，但這個概念對所有現代的、官僚化的政府（包括極權體制在內），也都同樣擁有核心地位。

　　由於當公權力和權威被濫用或誤用時，課責的關注最為顯著，因而使得這個概念出現負面意涵。當政府行動（actions）或不行動（inactions）的結果，被普遍認為有害整個政治體，或有害其中特定的團體或個人時，公共論述就很有可能使用到這個名詞。就像Klitgaard，當人們相信課責已經消失或所剩無幾時，他們就會頻繁地表達對「它」的關心。這裡通常的意思是，某些人或組織正在不當地逃避三件中的至少一件事情（如果不是三者皆有的話）：他們對於解釋事件和環境的需要；他們自己在其中的串通關係；或者對該串通關係的責備或懲罰。因此，一旦事情不對勁時就需要課責，「該開鍘了」。

　　當政府體系的運作看來不錯時（例如：有成效地、經濟地、效率地、人道地、公正地），就比較少聽到對課責的要求。但是我們常聽到「該開鍘了」的要求，卻不常要求給有功的人們戴上冠冕。那些行使公權力的人可能為了1%的差錯而立即遭到處罰，同時卻沒有因為99%正確的事而獲得獎勵。

　　課責無可避免地變成一種控制的要求，意謂著政府的政策制定常更致力於避免錯誤的結果產生，而較不在意達成最佳的成果。誠如Lucas所表示：

　　課責是一種品質管制的型態。我們避免了真正的瑕疵品，但必須放棄真正的良品。我們值得付出代價以避免不良政府的大惡，但同時總會有一些問題存在，例如我們是否沒有過於限制裁量權，以及我們是否過度保障，卻付出代價讓決策者不可能免除他們的職責，也阻礙了以其他方法可以充分避免的危險。（1976: 84）

　　政府體制和過程的研究也許比較能說明如何防止錯誤的事情發生（以及一旦發生時的矯正之道），卻較無法告訴我們如何帶來傑出的成就。有如此多政府所執行的任務，向來在政治上就是爭論不休，而在技術上也無法確定，它們要不斷地改變公民的行為，這些和製造有形的「產品」是不同的，例如：我們大抵了解如何防止監獄受刑人脫逃，卻不太能確保如何防止他們出獄後再犯；我們比較知道如何花費掉福利津貼，卻不太了解如何防止兒童虐待。

　　因為這些原因，西方民主國家的公家機關在課責的名義下，遭受過多的外加制度與法令措施。這些包括立法過程和委員會、憲法的和其他的基本法令規章（例如權利法案）、官方資訊和隱私條款、申訴官（ombudsmen）、議會審計單位等，更不用說還有新聞媒體在公共事務上所扮演的「看門狗」角色。這些是「官樣文章」的其中一些主要來源，不但限制了官僚的權威，而且使得許多公共組織變得規避風險，或約束導向（constraint-driven）（Kaufman, 1977; Wilson, 1989）。這就是為何政治人物和官員關心著「隱藏他們的背面」，首要之務就是堅持程序上的規定和正確性，因為他們知道他們若無法達成通常較困難、較模糊與較不確定的成果，比起那些根據具體程序所得到的準確事務而言，他們比較不會受到懲罰。這就像在一個有效追求組織目標的團體中，大約有90%的組織成員不能被信任一樣。

課責和責任的區別

　　在一般的說法中，課責和責任這兩個名詞常就像同義詞一樣被使用，但實際並非如此。兩者相較，課責是一種政治和組織內部管理的事務，但責任常常指的是道德衝突和有關生死的議題。

　　誠如Uhr（1993）所解釋的，政府課責的詞源可追溯到公共資金的花用，應該加以查對與控制的要求。照字面來看，納稅人的金錢支出應該嚴格地釐清責任。政府財務會計（financial accounting）的正式程序就是來自這項要求。不過，會計的觀念不只用於控制金錢使用，而且也用在時間、能源和其他辦公資源的花費控制，以及裁量權的控制上。Aucoin和Heintzman（2000）稱此為「課責即保障」（accountability as assurance）。在這樣的情況下，課責的核心觀念已經在政治與官僚這兩個領域，都比回覆性更確保控制性並提供了保障性。

客觀的責任：課責即回覆性

　　課責即回覆性的觀念，是由Mosher（1968）在概念上區別他所謂客觀責任（objective responsibility）和主觀責任（subjective responsibility）所提出來。客觀責任是指行使公權力者所運作的一種正式制度架構。它可以看成一張正式地圖或組織圖，其中描繪了憲法和組織的回覆線（line of answerability），或以代理理論（agency theory）的術語來說，也就是一種委託人與代理人關係的連接鏈，它們構成了憲法和組織權威的正式結構。例如：在西敏寺（Westminister）的議會內閣制當中，部長責任（ministerial responsibility）的理論說

明了一種正式的安排架構，其中行政官員對部長們有回覆義務，而部長們則對議會有回覆義務，因而（但不單是經由這條正式的管道）也對擁有主權的公民負有回覆義務。在美國總統制下，制度上行政部門和立法部門相互分離，聯邦的行政官僚（透過內閣）對總統負有回覆義務，藉此來對大眾負責，至於國會議員則直接對大眾負有回覆義務。

客觀責任主要是指某人在執行指定任務時，對擁有相對權威與資源的另一人負有回覆性。這需要政治人物或官僚等行為者，就他們的行動來對特定他人進行報告，而接受報告者則擁有權利和能力來監督其表現以便給予適度獎懲，而且要回答這些報告者所提出相關問題，包括：決策如何及為何做成、如何行使裁量，以及如何採取行動等。

就課責即回覆性的概念來說，有兩個實際問題的主要源頭和此有關。首先，誠如Romzek和Ingraham（2000）所闡述的，課責有著多樣的型態。他們指出了四種：行政的（hierarchical）、法律的（legal）、專業的（professional）和政治的（political）。個別來看，這些類型分別強調效率、法治、專業和回應四種不同價值。行政課責關係的特點，是對於那些工作自主性不高的個人施予密切監督；法律關係伴隨著外來組織（例如立法機關和法院）的詳盡監督；專業關係是對那些所謂適當行為有著內部規範，因而具有高度操作自主性的特徵；至於政治類型則給予管理者可以選擇回應性，而回應對象主要是針對重要的利害關係人，例如民選官員、一般大眾，或顧客團體。有時候我們稱最後一種型態為「雙元課責」（dual accountability），意思是官員的回覆性既是針對特定的「顧客」團體，而且也要對上級長官負起正式課責的責任。Romzek和Ingraham指出：「公共管理者面對多元期望，而且同時在數種課責關係下工作的這個事實，產生出來的一項重大挑戰就是如何管理不同的課責體系。」行政機關平常就要在一個或兩個這樣的體系下運作，但同時較少或完全不使用其他類型。但在危機、失靈或改革的時刻，不同類型的使用順序就會出現改變。

同樣地，Stone（1995）認為在西敏寺的體系下，部長責任做為「行政課責的指導原則」，將和課責的五項「次要」概念彼此扞格，而後者是來自幾項彼此關聯且長期促發行政變革的產物。這些概念符合不同組合的制度安排，但它們彼此卻有衝突的可能。他認定的西敏寺型態民主國家所提出的五項概念分別是：議會控制（parliamentary control）、管理主義（managerialism）、司法／準司法審查（judicial/quasi-judicial review）、選區關係（constituency relations）以及市場（market）。議會控制是傳統上西敏寺體制對課責的理解，它提供了部長責任的信條所在。誠如後文將討論的，近年來「管理主義」的課責概念已在議會內閣制民主國家獲得許多注目，例如英國、澳大利亞與紐西蘭。公共行政的司法審查過程已經慢慢在議會民主國家中顯著增加，且這在歷史上也一直是西歐司法制度的一項核心特徵。課責做為一種選區關係，很接近前面所提到的「雙元課

責」，它不僅呈現「往上」對部長及議會的課責，而且也「往下」及「水平」地對同儕與其他相關團體課責。市場課責來自改革者近年來推動讓許多公共機關在提供財貨和服務的方式上，能夠更加「顧客導向」（customer-driven）（也就是更「回應」），就像英國在1990年代早期所引進的公民約章（Citizen's Charter）（Doern, 1993; Lewis and Birkenshaw, 1993; Pierre, 1998）。它也是「第三者政府」（third party）的核心概念，涉及愈來愈普遍的公共服務契約外包，而這項發展充滿著對政府機關與服務提供者雙方在公共課責議題的關注（例如：請參見Kettl, 1993; Martin, 1995）。

課責即回覆性的第二個問題是真實性。如果課責是透過資訊，經組織層級往上流動而得，那麼監督者（委託人）若要確認下屬（代理人）所提報告的真實性，常常是非常困難，有時甚至是不可能的，特別當監督不是立即而直接，以及當回覆性是在事件發生過才進行時，更是如此。舉例來說，在巡邏車值勤的員警，當然會在如何安排工作時間的問題上進行裁量，他們往往無法直接被上司監督，上司則必須依賴員警事前或事後提出的報告，才能知道他們的行事狀況。上司如果需要知道真正發生的實況，就會導致往往非正式的監督方式。

主觀責任與個人的道德選擇

真實性與信任的議題，是Mosher指出主觀責任這第二個觀念所引發。課責即回覆性這種透過正式規定管道的想法太過狹隘，而且常常無法和公共行政的真正經驗現實進行很好的連結。

不像客觀責任或課責做為回覆性的概念，Mosher的主觀責任概念，未將焦點放在政治人物和官員們透過回報行動，所進行的外部、正式的程序，而是在這些行動的道德層面上。它是一種心理導向的觀念，焦點放在政治人物與行政人員主觀感受到各種義務責任，所出現的道德衝突與選擇。課責即正式回覆性這項概念，因而是責任的必要而非充分要素，其中個人有道德義務必須誠實且公開地對其行動決策進行回答（解釋、說明）。但回覆性就本身而言，不太能說明在彼此衝突的義務上，要在道德上負起什麼樣行使裁量選擇權的責任（有些人可能認為，包括透過掩飾以保護真實性以外價值的選擇）。

負責的觀念並不擔保正式課責過程下的真實性。相反地，它承認每個人都知道的事情，例如掩蓋事實的投機欲望、將最佳想法放在不好的結果上、在無止盡追求政治利益的過程中致力於欺騙行為等。另一方面，它確認了真實的回覆性，最終有賴於那些被課責者的道德特質；它也確認課責義務需要負責任地加以實現。

當某個人要負起責任——也就是說，一旦因為失誤而導致該被責難與懲罰時，課責

和責任的觀念就會變得混淆。Bovens（1998: 28-31）稱此為「責任即課責」（responsibility-as-accountability）或「被動責任」（passive responsibility）。誠如他所指出，這種情況的負起責任，表示四種要素的每一種都必須出現：「你不是應該負起責任，就是不需要負起責任。這沒有中間地帶存在，你不能是『有點』或『相當』要負起責任，而且你也不能指某人要負起一點責任。」這項懷抱人類行為（行動或非行動）要素的觀念，導致一個有害或可恥的後果或情境；個人行為和造成傷害之間的因果連結；必須有個人的義務存在；和代理人之間的關係，特別是當某人對他人的行動（非行動）負有課責義務時。

　　因此，政治人物或行政人員可以被完全課責卻不負起責任。例如：納粹官員可能需要完全而公開的課責、完全按照程序規定行事、誠實向上報告，但同時他們在追求邪惡目的時，本身做為工具上的共犯角色，卻極度不用負起責任。個人或許公允且據實報告其行動，卻在他們的無能或不可靠方面不用負責。或他們也許在執行任務時的能力和可靠性深獲信任，但他們在有關工作上的道德正當性，卻無能或不願進行個人反省式的判斷。在談到文官所需的心智態度與道德特質時，Setphen K. Bailey（1964）周到地挑出這個概念在個人德行或特性方面所涵蓋的某些特質。

　　有鑑於課責主要關注的是讓官僚組織運作得更有效率與效能，負責任個人與團體行動的道德層面，天生可能就會違反官僚的控制。組織成員一般都因為服從而不會由於言辭批判而得到獎賞。誠如C. P. Snow曾經宣稱的：

　　　當你思索到人類悠久而憂鬱的歷史時，你會發現許許多多駭人聽聞的罪行，是以服從之名而非造反之名所犯下的……。但質疑的責任不在於當你活在一個有組織社會之間時的一種支持。[1]

　　官僚組織運用許多細緻方法，來讓組織成員對道德感受力覺得麻痺，而且讓他們難以投入於反省式的判斷，但後者本來是個人負責行為的核心，可以讓一個人為自己立下組織服從的界線。四十年來，Stanley Milgram的實驗依然存在詮釋的可能性（Milgram, 1974; Miller, 1986）。但官僚課責和責任的議題，若沒有嚴肅地參考這些實驗，就不可能獲得充分的討論。然而大多數政府官員，無論選擇是否正視，都應該努力面對道德與倫理上的衝突。

1　引自一場對美國科學促進協會（American Association for the Advancement of Science）的演講，1960年12月27日於紐約；《紐約時報》（*The New York Times*）1960年12月28日第十四版報導，並引述自Frankel (1962: 152)。

「無人統治」

Hannah Arendt（1963: 289）描述官僚體制是「無人統治」（the rule of Nobody）。一位紐西蘭前衛生局長在回答一項全國廣播電台的訪問時，典型表達了這項敘述背後的情緒，因為他在失敗的全國性子宮頸癌篩檢計畫中所扮演的角色。[2]

訪問者：難道沒有人要對婦女的遭遇負起責任？

前局長：我可以體會人們有這種感受。不過我看到的問題在於，假如我們可以怪罪於某個人，那麼很多人會鬆了一口氣並且說：「啊！我們抓到這個該被怪罪的人了。因為一切都已過去，所以現在沒事了。」這不是我們現在所處的情況。這是一項複雜的計畫，十五年來已經有一大堆人牽涉其中。在衛生體系或重新改造這個體系的方向上，已經有許多改變……有些人可能稱它是錯誤。這個體系的人員，在重要職位上進進出出，某種程度上我們所有人都負有一種集體責任，除非我們一起檢討發生哪些事情、哪些地方出差錯，並試著從中學習教訓，否則只是責備某人然後悄悄離開，只會錯失了問題重點。

這個回答相當能說明Thomas（2001: 23）所提出課責即「責備」與課責即「學習」（一種改善模式）的區分。前者近似Romzek和Ingraham所指的「抓到你了」的心態，普遍表現為一旦事情嚴重出錯，民眾便要求找出該受責備的人，然後加以懲罰。

Thomas指出這種回溯式的課責「懲罰模式」，在議會體制中常表現為要求部長大臣辭職，而這和更值得嚮往的學習模式，可能會產生扞格。Dowding和Won-Taek Kang（1998）指出，英國各部會大臣辭職的數目，截至1997年的前半個世紀出現大量增加的現象，包括性醜聞、政策異議和個性不合等，都是辭職的常見原因。有人指稱因為某些地區的部長很少辭職，所以部長責任已經失去動力，此說法其實忽略了這項信條在政治與行政行為上施加強有力紀律的真正影響。

對於課責和責任（這兩個名詞經常在公共討論中合併使用）的政治爭論，產生許多面對大眾的姿態，其中多數是一旦事情出錯，理性上想逃避責備和懲罰的欲望。這種姿態常表現出犬儒主義式的樣子，因此很少能獲得民眾對政治機構的敬意。在西敏寺體系中，部長責任的理論在測定責任即課責的問題上（這和「回覆性即課責」有所區別），

2　摘錄自紐西蘭廣播（Radio New Zealand）的訪談，National Programme, 2 May 2001.

經常是產生的困境和所釐清的問題一樣多。如此一來，這個信條於是演變成一種簡便的說法，也就是一旦事情出錯，部長和官員除了要確保不會再發生第二次外，就沒有道德責任了。這樣的部長責任主要（如果不是全部）變成技術上的矯正：「個別部長責任的憲法原理，主要是要求部長在議會答詢，然後改正錯誤。」（Palmer and Palmer, 1997: 72）

因此，有更多理由透過各種不同形式（或許只是象徵性的）來顯示自我犧牲的偉大姿態。這類姿態可能包括正式道歉、優惠性補償給付以及個人辭職，全部只是做為消除民眾疑慮的工具，儘管有所矛盾，也是做為政府體系中極度不講究人情的一種最終人道作為。

這類議題展現出政府體系中「使人們能課責」觀念的根本困境。在公共政策制定的複雜世界中，要追究因和果是極為困難的事情；所有內在和外在因素都會結合起來產生結果，這些結果很少具有限度，而且又會隨著時間而改變。權力、權威、資源和風險都是共享的；「合產」（co-production）無可避免會取代生產（production）、官僚組織依據定義是集體的而非個人的系統；由政治判斷驅動的正式政策評估，通常和科學上的深思熟慮一樣多；此外，特定個人對政策「成敗」的貢獻，很少能確定地表現出來。最重要的，政府服務在準市場內愈來愈多的「外源化」（out-sourcing）或契約化（contractualization），從個人角度很容易與要求課責（quests for accountability）進行調和的想法，根本一點也不明確。

主要挑戰在於如何發展出兼顧集體和個人課責與責任的實際作法與民眾期望。這或許和議會內閣制的政治特質較為相容：政務人員是集體地與個別地受議會及選民課責；在類似美國的總統制則較不相容：民眾更傾向將焦點放在個別政務人員的課責上。無論何種情況，一方面我們都不容易調和「懲罰的」以及「個人的」課責途徑，另方面則是不易調和「矯正的」和「集體的」課責途徑。

「課責的難題」：一項長存的辯論

有關互相衝突之道德義務的議題，不斷出現在Harmon（1995）所稱的「課責的難題」（the paradox of accountability）中。這出自我們已經提過的兩個課責觀點：課責即（僅是）客觀責任，以及課責即主觀責任，其具體意義是個人能充分了解其選擇和行動的道德層面。Harmon區別了「硬」理性主義和「軟」理性主義。前者出自邏輯實證論者（logical-positivist）對事實和價值、手段和目的之區辨，它主張理性—直線控制的機械模式，將政府行動的目的，明確而直接地連結到實現工具，也就是官僚機器上。另方面，

軟理性主義雖然認知到，硬理性主義將課責概念視為組織和政治控制的想法，具有一般的正確性，但他們認為政治過程（呈現出行政上追求政治目的）充滿著許多不確定、模糊和偶發性。所有這些都無可避免地使那些涉入這個過程的相關公共權威當局，要行使裁量權才行。

硬理性主義由上而下的官僚層級控制（課責）概念，對官員活動構成了一項重要限制，因此可以合理說是一種有助於維持工具效能感和政治正當性的重要想像。但從另一層意義來說，這大部分是不切實際的。相對地，軟理性主義承認行政和管理裁量權的不可避免，並且以共存觀點來看公務員，不將他們看成技術上的工具和無關道德的官員，而是可對其行動負有個人責任，也具有自主性的道德個體。

Harmon的課責難題認為，假如政府官員只單獨針對政治人物所設目標的達成與否受到課責，那麼他們單純做為政治人物工具而言，就不能對他們的行動後果要求負起個人責任。這個論點受到紐倫堡大審（Nuremberg Trials）的排斥。另一方面，軟理性主義的觀點認為：因為官員本身就是政治行為者，他們透過必然行使的裁量權而涉入公共目標的塑造，因此他們的工具性課責並不完全，且政治權威也是受到侵蝕的。

在公共行政的歷史上，這一直是長存不歇的議題，而且也成為有發展性的理論爭辯泉源。難題所呈現的第一種觀點，是19世紀末直到20世紀前半葉興起的根本所在，在盎格魯美國的傳統，以及在歐陸支撐起整個公共行政的行政法傳統，它成為專業、政治「中立」文官的基礎概念。在這個概念中，公務員受到韋伯官僚與政治理論的強大影響，而要就他們能否有效率、經濟、有效能地執行民選政治人物所指示的公共政策目標，所衡量出來的技術能力程度要求課責。他們的課責是根據他們服從於體制上、憲法上和法律上規定的規則和過程（他們在其間執行他們的業務）來加以確保。因此從最純粹的意義來看，他們並不從事塑造公共目標的政治（價值負載的）任務，身為代理人，他們只對他們的政治委託人負責。

如今眾所周知的「政治─行政二分」（politics-administration dichotomy）概念之重要性，受到Woodrow Wilson（1887）和Goodnow（1900）在他們對當代專業治理影響深遠的主張中強調著。它幫助激發出Taylor（1911）所推動的「科學管理」理念。它也是Finer（1941）在他們著名筆戰中，回應Friedrich（1940）的關鍵。Friedrich認為政府行政中興起的專業主義，伴隨著行政裁量與複雜性的成長，顯示為了確保行政責任（或課責）而加諸的正式與外控機制，即使仍有必要，也已經不再足夠。相對地，負責任的官方行動，有賴於官員們也能回應那些民眾覺得平淡無奇的技術知識。對Friedrich而言，如同後來的Appleby（1949）一樣，只從概念上區別政策和行政在實務上是維持不久的：「公共政策在形成同時也在執行，就像是它在執行同時也在形成」（Friedrich, 1940: 6）。Friedrich似

乎比Finer更能預知政府的專業權力和影響力在20世紀後期的成長，因為Finer的回應是堅稱正式外控的首要性。

　　大約在Friedrich和Finer論戰的十年後，另兩位在組織與公共行政理論的後起之秀，Herbert Simon（1952）和Dwight Waldo（1952）繼續拾起劍鋒。基於事實與價值、政策與行政的決策區分，Simon投入於實證主義式的行政科學，但Waldo對此提出挑戰。根據Waldo的觀點，行政學不應被視為一種科學，因為行政人員所做的選擇充滿價值，所以無法將其隔離在政治或政策的領域之中。此外，以他要求從純粹、具科學根基的觀點來看，效率已經對民主過程造成威脅。

　　數十年來，這些論戰不斷在學術殿堂中引發迴響。與此同時，政治人物和行政人員則要在日漸複雜的政策環境中，努力對付各式各樣的政策議題。我們雖然有辦法對課責和責任進行學術上的定義，但其現實意義主要都來自政治互動的爭議世界。

　　感受「課責問題」的最普遍回應，通常來自硬理性主義的學派。官僚控制的正式機制變得更嚴格，希望能迎合行使裁量權過程中引發的各種更嚴苛的偶發事件。行政裁量的範圍和官僚運作手冊的厚度之間，存有一種正相關。這個律則構成了官僚社會學家所稱，但應該是由Merton（1940）提出的「目標錯置」（goal displacement）的內涵。課責的手段變成目的本身；規定和控制似乎會自我增強；有效的目的被不可欲的結果及負面結果取代（Hood et al., 1999）。

　　雖然某人的繁文縟節是「另一個人珍視的防衛措施」（Kaufman, 1977: 4），但官僚體制所具備的處處約束、重重規定的普遍形象，幾乎在每個地方都被證明成為大家奚落與改革者鎖定對象的來源。大多數西方民主國家在整個20世紀都付出不少努力，希望對這項本質棘手的議題上，更有意識地在這行政難題的兩端找到新平衡。這些努力包括美國羅斯福（Franklin Roosevelt）總統在1937年設立的布朗洛委員會（Brownlow Committee），以及杜魯門（Truman）政府期間設立的兩次胡佛委員會（Hoover Commission）；1968年富爾頓委員會（Fulton Committee）建議設立的英國文官部（Civil Service）；1962年加拿大成立的葛蕾斯科委員會（Glassco Commission）；1976年澳大利亞政府行政科姆斯委員會（Coombs Commission on Australian Government Administration）；1993年美國高爾（Gore）的國家績效評估（National Performance Review）；以及1994年英國的「續階」（Next Step）計畫。各種管理上的錦囊妙計充斥著諸如PPBS、MBO、ZBB和TQM等字母縮寫；以及廣大的改革運動（無論其壽命如何短促），例如新公共行政（New Public Administration）希望能將平等、正義，而非效率與經濟，做為制度化的實務承諾。發展於企業界的管理途徑，在新公共管理（New Public Management, NPM）於1980年代來臨之前，更早就被應用在公部門了。

　　然而，企業規劃無法令人滿意地解決其固有難題。理性控制需要陳述明確的目標，但組織效能卻不斷受到以下現實的傷害：一個快速變遷、不確定以及受政治影響的環境。因此有個難題：如果目標須被清楚陳述，以確保課責且有效的績效，那麼在面臨普遍的社會變遷下，多久需要修改這項目標，以免它們變得過時而且阻礙（而非有助於）有效的行政？另如果它們需要不斷變動，為何第一次就要清楚地陳述出來？公共政策的目標經常是「多重、衝突與模糊」（Wildavsky, 1979: 215）的這個事實，和理性之惡（rationalistic vice）一樣是政治上所需。此外，在面臨變遷的真正危急關頭，對於經過深思熟慮的課責，是沒有任何理性上的「行話」可以有效取代的（Thomas, 1996）。

　　有效能的政治人物和官僚，依本能都了解這個難題。他們認知到加諸他們身上的限制，而透過正式「規劃」做出反應，但又將這個計畫放在最下面的抽屜，然後依照面臨的「情境需要」（situational imperatives）來處理他們的工作（Wilson, 1989: 169）。

　　將課責和責任視為一體兩面是有幫助的，一面限制績效，另一面則是增加績效。誠如Uhr（1993: 4）指出：

　　課責是指服從於權威，而責任是授權與獨立。課責是一條帶子的反面，那麼責任就是這條帶子的正面。如果課責是為了盡量減少錯誤施政，那麼責任就是要讓好的政府極大化。

　　換言之，基於正當理由的高度信任所做出負責任的前瞻承諾，至少和能課責的事後控制一樣值得追求，而後者假定甚至助長了不信任。

新公共管理的影響

　　興起於1980年代和1990年代的新公共管理運動，傾向將關注焦點放在課責而非責任上。立基於制度經濟學（institutional economics）的理論基礎，它運用公共選擇理論、代理理論和交易成本分析，再加上管理理論，而重新塑造了公共體制。這些改革已經獲得許多國家、不同層級的政府，並以非常多樣的組合要素所採用。諸如美國、澳洲、紐西蘭、英國、泰國、瑞士、瑞典和巴西等國，都熱心地擁抱各種新公共管理的理念，其他國家如挪威、法國和德國（特別是在聯邦層級），則較沒有這麼熱誠。美國關注著政府官員在行政權與立法權分立架構下從事運作的課責問題，至於直接向一般大眾負責的半自主政府機關（quasi-autonomous government agencies），也成為明顯的爭論議題，凡此都

強烈地影響了這項運動。誠如Thomas（1998: 368）指出：

美國官僚體制更多元、可穿透以及公開的本質，導致對個別文官的個人責任之重視，也導致官僚權威在運作時，對於公開性的偏好。這和議會內閣制重視匿名，並堅決主張內部決策應該守密的情況剛好相反。

新公共管理試圖從傳統韋伯式的、規則約束的官僚體制，轉變為成果導向的組織。它試圖釋放出創新的管理能力，讓它較不受到順服取向的控制機制要求所限制。但它也帶來自己的難題：「讓管理者管理」（let managers manage），以及「令他們管理」（make them manage）。

這個思想學派，看來幾乎受困於如何擴大政府課責的技術論辯。新公共管理提到如何確保其管理系統將「產出」連結到「成果」，以及政府的預算過程如何能更有效地結合前面兩者；提到如何在政務人員、行政主管和管理者之間明確描繪出義務和責任；提到公共政策在追求策略和運作目標時，如何「調和」地更好；提到明訂運作目標以及評估其績效時的複雜性；提到如何讓法律上的契約安排，可以同時對高階主管及公共財貨和服務的「外源化」獲得最佳設計；提到主管績效如何進行最佳評估；以及提到所有這些努力如何讓管理者更能獲得組織績效的課責。簡言之，新公共管理產生許多微觀管理（micro-management）的過程。

硬理性主義學派中的新公共管理運動，扎根在正統經濟學理論的邏輯實證論基礎之上。它在追求成果導向的公共管理時，承諾要更加精確、清晰、確定及「透明」，伴隨的是管理者「被釋放」去管理，而沒有無謂的規則枷鎖順服，也不用在嚴格的課責機制下「被要求」去做。此時身為顧客的公民被「授權賦能」，得以進行某種程度的選擇，以迫使那些提供財貨和服務者，能對顧客有更大的回應性（直接課責）。

在某些議會內閣制民主國家，例如英國、澳大利亞和紐西蘭，代理理論被用來取代部長和過去常任文官首長之間的「關係契約」（relational contracts），也就是根據契約來任命（contractual appointments）固定任期的部門主管。這種作法是由一套複雜的機制在支持，其中各項規則與流程的設計，不僅讓高層公務員依照個人績效，而且也要根據他們所領導之機關的一般表現，來加以直接課責。在紐西蘭這個實現新公共管理最重要的國家，高層官員的契約任命就是為了驅散那些圍繞在部長責任周邊的所謂「迷霧」（Palmer, 1987: 56）。政務人員將就政策「成果」的達成度來負起責任，並據此受議會課責。各部門主管將根據成功獲得成果所認為必要的部門「產出」，來接受所屬部長的課責。然而，這樣的區別通常被證明過於武斷，而不太能清楚劃分出各自的責任。另外，

由於這種作法鼓勵將焦點放在可衡量的和有形的產出，而非較不能量化、較模糊的成果，以致增加目標錯置的情況。

新公共管理的理論庫很少提到責任的性質，而它的機械性和技術性的傾向，創造出人為的二分，例如政策與管理、產出和成果、購買者和擁有者，凡此似乎脫離了政治權與行政權彼此有機起伏的現實。令人懷疑的是，在官僚兩難的平衡中，它堅決地從官僚課責的程序設置，轉而較偏向有效的政策實現上。管理裁量和課責兩者之間的抵換關係，一般作法是較偏好後者。複雜的績效評估程序和契約主義中的守法文化，所產生的交易成本，至少也和前述規則導向的官僚體系所產生的交易成本相當。

因為公共組織是公共的而非因為是官僚的，所以繁文縟節不斷增加的傾向並不令人驚訝。以控制做為課責手段會優先於重大的方案，因為無論要達成何種成果，都必須在限制下進行，以便守護諸如公平、無私、公開、回應、誠實、平等、效率與經濟等價值。在產生真正成果導向的政府體系之外，大致上新公共管理其實只是以另一種形式來取代官僚控制。Schlick（1996）站在評論者而非反對新公共管理宗旨的立場，發現紐西蘭在實現指定的課責要求上，可能已出現了一種「清單心態」（checklist mentality）。

計算或探索？

新公共管理的理性主義基礎已經產生出一種動力，希望衡量所有事物，即使這些事物在本質上不容易測量。然而，相信由於政治及行政／管理績效，以及政策「成果」可以被一種愈來愈精確的方式來衡量，使得課責的程度將被擴大的這種信念，已經產生相反結果。被衡量的事物都是最容易衡量的事物，而非政府能力或政策成果中最重要的面向。政治人物和官員可能受到不需承擔責任或不相干成果的嚴格課責（Schön, 1983）。長存的問題依舊：大致正確是否比準確地錯誤更好？T. S. Eliot的詞曲可被改寫為：「我們在課責中所失去的責任在哪裡？我們在回覆性中失去的課責在哪裡？」[3]

對於精確成果的要求，也沒有考慮到政治對不確定成果可能會有的偏好。如同

---

3 修改自1934年「岩石」（The Rock）的詩：
　我們在知識中失去的智慧在哪裡？
　我們在資訊中失去的知識在哪裡？
　原文為：
　Where is the wisdom we have lost in knowledge?
　Where is the knowledge we have lost in information?

Thomas所問：「部長和公務員在公告他們的政策與計畫缺失時，其利益和成本是什麼？國會議員、利益團體和媒體，難道不會將焦點更放在不完美處，而不是放在成功處嗎？」（1998: 380）

　　結構主義／量化途徑當然是維持有權者被課責的必要手段。但我們需要更多。儘管Lindblom（1959, 1990）沒有直接處理公共政策制定的課責議題，但他說明了為何課責無法被確保，而且可能由於過度投入於績效衡量而遭到破壞。相對地，他主張一種多面向而折衷的「探索」（probing）形態，以幫助確保公權力可以被負責任地行使。

　　Harmon（1995: 195）了解官員們不得違反法定政治限制的重要性，這也是課責即控制的觀念。但這些將課責架構設定為「在合力發現哪些行為值得從事的過程中，互相詮釋人們行動的一種對話」。類似觀點也可以在Aucoin和Heintzman所提課責的第三個目的（有別於控制和再保證）中找到：「在追求治理與公共管理的不斷改善中，去鼓勵和促進學習」，他們了解這三個目的之間存在的緊張關係，而主張若要追求不斷改善，需要「負責審計、調查與評估公共服務管理的人員，能了解那些影響產出和成果之實現的限制，並了解文官不太能或無法控制的事物」（2000: 45, 54）。組織理論家Chris Argyris（1980, 1990）討論了課責難題的另一個面向：「提供更公開資訊的要求，如何激發出更有創意的隱匿資訊方法，以及組織的防禦，如何遏止了從錯誤中學習以及回應與適應變遷環境的能力。一旦與明確、計算式的（如果不是懲罰式的）途徑相較，就可了解上述這些想法似乎有點模糊。

　　將課責視為要求不斷改善的觀念，是要透過最大可能範圍的制度安排──從議會審查與辯論、官方資訊的分享、行政法的考察、公民特許權和公民投票、新聞調查、學術研究等等，來處理有關政策的形貌、範圍、目的和影響等各方面公共論述的能力。它所欠缺可衡量的精確性，則是以幫助長期的知情「公共判斷」做為補償（參閱Yankelovich, 1991）。

迎接新的課責挑戰

　　Stone（1995: 523）指出：「行政課責多重選項的認定……引發有關如何在不同課責體系中進行選擇，以及如何在無損於不同類型行政作業之效能的情況下，結合起來使課責極大化等問題。」deLeon（1998: 554）同樣也表示：「政府的挑戰是在每一個行動領域中認定出各種不同的任務環境，並且運用最適合該場合的課責機制。」

　　沒有所謂的放諸四海而皆準，而且對這些複雜議題而言，也無法一言以蔽之。20世

紀最後十年出現公共財貨和服務大幅轉變到契約式的「外源化」；採用市場與準市場途徑進行服務提供；「無固定結構組織」（adhocracy）增加，而有愈來愈多國家行政機關與他們各自所屬的政務官之間，保持「若即若離」的關係；普遍出現所謂「影子國家」（shadow state）或「空洞化國家」（hollow state）的現象（Wolch, 1990; Rhodes, 1994）；以及電子化政府技術的發展。

裁量權的成長，使得公權力行使時愈來愈需要高度的負責任行動。但依賴於正式的課責程序，就像其本質一樣，是不可能確保這些水準的。單單依賴它們只會減損而不會增加負責任行動的程度。我們需要確立新穎、更正面的安排與期望，誠如Aucoin和Heintzman（2000）所認為，在課責即控制與核對，以及課責即政府績效的不斷改善兩者之間，保持持續進行對話關係。Robert Behn大力擁護民主課責的新典範：「創造出某種新的合作體制，可以促進為績效而課責」，以便抵銷過於強烈地專注於為「財政和公平」，而受法規枷鎖的課責（2001: 217）。

John Uhr（1993: 13）對課責的描述無疑是正確的：「它或許是最基本但最棘手的政治概念之一。」有鑑於這個名詞的意義和實際應用，是如此無窮盡地在不同的政府管轄地區進行著，因此更多結構和法制創新與改革都會以它的名號進行。但「課責的問題」本質上是「桀敖」而非「馴服」的（Rittel and Webber, 1973），因此它是混亂、複雜與矛盾，而非清楚定義、邏輯一致與直線發展的。它們要在變動不居的環境中耗費時間解決，而非解決後就一勞永逸。

未來焦點將會放在立法機構及其人員的能力、資訊公開的法制、申訴官、新聞媒體，以及官僚控制的全套機制上，以確保公權力能夠合法行使。有些支持者會強調確保課責的機械性及結構性手段，但其他人會重視更有機的途徑，以確保政府權威的行使，是交給擁有良好品格，而且處於充滿著強烈倫理誠實文化的體制中的人來行使（參見OECD/PUMA, 1996）。

在追求這個目標時，很重要的是要將課責視為多面向責任觀念下的一個要素，只是兩者經常處於矛盾關係中。Weber的「責任倫理」，係針對需要以個人道德與政治選擇來調和非人性官僚現實的人來講，就很具有啟發意義。在一個愈來愈根據管理學原理運作下的當代政府體系中，它幫助我們更了解課責和責任之間的關係。狹義對課責的關注，可能抑制我們對於如何擴大責任的反思。行使公權力的政治人物和官員需要制度空間，讓他們在其中做為道德上負責的個人去思考和行動，而不僅是憲法和層級體系兩者結合做為優先地位的代理人而已。

20世紀提供了充沛的證據，顯示無論是何種型態的官僚體系，都傾向於協助追求無人情味的目的，而阻礙對人文的需求。因此，課責的議題就像責任的議題一樣，和技術

行政學

上的本質一樣，都具備著道德與倫理的意義，並且對於構成健全民主關係所需的政治人物、官僚和公民之間之信任，將帶來直接的衝撞。

註：我很感謝Paul Thomas對本章初稿的評論。

參考文獻

Appleby, Paul (1949) *Policy and Administration*. University, AL: University of Alabama Press.

Arendt, Hannah (1963) *Eichmann in Jerusalem: A Report on the Banality of Evil*. Harmondsworth: Penguin.

Argyris, Chris (1980) 'Making the Undiscussable and its Undiscussability Discussable', *Public Administration Review*, 40 (May/June): 205–13.

Argyris, Chris (1990) *Overcoming Organizational Defences: Facilitating Organizational Learning*.Boston, MA: Allyn and Bacon.

Aucoin, Peter and Heintzman, Ralph (2000) 'The Dialectics of Accountability for Performance in PublicManagement Reform', *International Review of Administrative Sciences*, 66 (1): 45–55.

Bailey, Stephen K. (1964) 'Ethics and the Public Service', *Public Administration Review*, 24 (December): 234–43.

Barker, Anthony (1998) 'Political Responsibility for UK Prison Security – Ministers Escape Again', *Public Administration*, 76 (1): 1–23.

Behn, Robert (2001) *Rethinking Democratic Accountability*. Washington, DC: Brookings Institution.

Bovens, Mark (1998) *The Quest for Responsibility: Accountability and Citizenship in Complex Organisations*. Cambridge: Cambridge University Press.

deLeon, Linda (1998) 'Accountability in a "Reinvented" Government', *Public Administration*, 76 (3): 539–58.

Doern, G. (1993) 'UK Citizen's Charter: Origins and Implementation in Three Agencies', *Policy and Politics*, 21 (1): 17–29.

Dowding, Keith and Won-Taek Kang (1998) 'Ministerial Resignations, 1945–97', *Public Administration*, 76 (3): 411–29.

Eliot, T.S. (1934) 'Choruses from "The Rock"', *in Collected Poems, 1909–1962*. London: Faber and Faber (1963).

Finer, Herman (1941) 'Administrative Responsibility in Democratic Government', *Public Administration Review*, 1 (Summer): 335–50.

Frankel, Charles (1962) *The Democratic Prospect*. New York: Harper and Row.

Friedrich, Carl J. (1940) 'Public Policy and the Nature of Administrative Responsibility', *Public Policy*, 1: 3–24.

Goodnow, Frank (1900) *Politics and Administration*. New York: Macmillan.

Gregory, Robert (1998) 'Political Responsibility for Bureaucratic Incompetence: Tragedy at Cave Creek', *Public Administration*, 76 (3): 519–38.

Harmon, Michael M. (1995) *Responsibility as Paradox: A Critique of Rational Discourse on Government*. London: Sage.

Hood, C., Scott, C., James, O., Jones, G. and Travers, T. (1999) *Regulation Inside Government: WastE-Watchers, Quality Police, and Sleaze-Busters*. Oxford: Oxford University Press.

Kaufman, Herbert (1977) *Red Tape: Its Origins, Uses, and Abuses*. Washington, DC: Brookings Institution.

Kettl, Donald F. (1993) Sharing Power: *Public Governance and Private Markets*. Washington, DC: Brookings Institution.

Klitgaard, Robert (1997) 'Cleaning Up and Invigorating the Civil Service', *Public Administration and Development*, 17: 487–509.

Lewis, N. and Birkenshaw, P. (1993) *When Citizens Complain: Reforming Justice and Administration*. Buckingham: Open University Press.

Lindblom, Charles E. (1959) 'The Science of Muddling *Through'*, *Public Administration Review*, 19 (2): 79–88.

Lindblom, Charles E. (1990) *Inquiry and Change: The Troubled Attempt to Understand and Shape Society*. New Haven, CT: Yale University Press.

Lucas, J.R. (1976) *Democracy and Participation*. Harmondsworth: Penguin.

Manitoba Health (2001) *The Report of the Review and Implementation Committee for the Report of the Manitoba Pediatric Cardiac Surgery Inquest*. Winnipeg: Government of Manitoba.

Martin, John (1995) 'Contracting and Accountability', in Jonathan Boston (ed.), *The State Under Contract*. Wellington: Bridget Williams Books.

Merton, Robert K. (1940) 'Bureaucratic Structure and Personality', *Social Forces*, 17: 560–8.

Milgram, Stanley (1974) *Obedience to Authority: An Experimental View*. New York: Harper and Row.

Miller, A.G. (1986) *The Obedience Experiments: A Case Study of Controversy in Social Science*. New York: Praeger.

Ministry of Health (2001) *Report of the Ministerial Inquiry into the Under-Reporting of Cervical Smear Abnormalities in the Gisborne Region*, Wellington: Ministry of Health.

Mosher, Frederick C. (1968) *Democracy and the Public Service*. New York: Oxford University Press.

OECD/PUMA (1996) *Public Management Occasional Papers: No. 14 – Ethics in the Public Service: Current Issues and Practice*. Paris: Organization of Economic Co-operation and Development.

Palmer, Geoffrey (1987) *Unbridled Power: An Interpretation of New Zealand's Constitution and Government*, 2nd edn. Auckland: Oxford University Press.

Palmer, Geoffrey and Palmer, Matthew (1997) *Bridled Power: New Zealand Government Under MMP*. Auckland: Oxford University Press.

Pierre, Jon (1998) 'Public Consultation and Citizen Participation: Dilemmas of Policy Advice', in B. Guy Peters and Donald Savoie (eds), *Taking Stock: Assessing Public Sector Reforms*. Montreal and Kingston: Canadian Centre for Management Development/ McGill–Queen's University Press.

Polidano, Charles (1999) 'The Bureaucrat Who Fell Under a Bus: Ministerial Responsibility, Executive Agencies and the Derek Lewis Affair in Britain', *Governance*, 12 (2): 201–29.

Rhodes, Rod (1994) 'The Hollowing Out of the State: The Changing Nature of the Public Service in Britain', *The Political Quarterly*, 65 (2): 138–51.

Rittel, H.W. and Webber, M.M. (1973) 'Dilemmas in a General Theory of Planning', *Policy Sciences*, 4 (2): 155–69.

Romzek, Barbara S. and Dubnick, Melvin J. (1987) 'Accountability in the Public Sector: Lessons from the *Challenger Tragedy*', *Public Administration Review*, 47 (3): 227–38.

Romzek, Barbara S. and Ingraham, Patricia W. (2000) 'Cross Pressures of Accountability: Initiative, Command, and Failure in the Ron Brown Plane Crash', *Public Administration Review*, 60 (3): 240–53.

Schick, Allen (1996) 'The Spirit of Reform: Managing the New Zealand State Sector in a Time of Change'. A report prepared for the State Services Commission and the Treasury, Wellington, NZ.

Schon, Donald A. (1983) *The Reflective Practitioner: How Professionals Think in Action*. New York: Basic Books.

Simon, Herbert A. (1952) 'Development of Theory of Democratic Administration: Replies and Comments', *American Political Science Review*, 46: 494–6.

Stone, Bruce (1995) 'Administrative Accountability in the "Westminster" Democracies: Towards a New Conceptual Framework', *Governance*, 8 (4): 505–26.

Taylor, Frederick W. (1911) *Principles of Scientific Management*. New York: W.W. Norton.

Thomas, Paul G. (1996) 'Beyond the Buzzwords: Coping With Change in the Public Sector', *International Review of Administrative Sciences*, 62: 5–29.

Thomas, Paul G. (1998) 'The Changing Nature of Accountability', in B. Guy Peters and Donald Savoie (eds), *Taking Stock: Assessing Public Sector Reforms*. Montreal and Kingston: Canadian Centre for Management Development/McGill–Queen's University Press.

Thomas, Paul G. (2001) 'The Institutional Context and the Search for Accountability', in Manitoba Health, *The Report of the Review and Implementation Committee for the Report of the Manitoba Pediatric Cardiac Surgery Inquest*. Winnipeg: overnment of Manitoba. Ch. 2.

Uhr, John (1993) 'Redesigning Accountability: From Muddles to Maps', *Australian Quarterly*, Winter: 1–16.

Waldo, Dwight (1952) 'Development of Theory of Democratic Administration' and Replies and Comments], *American Political Science Review*, 46: 81–103, 501–3.

Wildavsky, Aaron (1979) *Speaking Truth to Power: The Art and Craft of Policy Analysis*. Boston, MA: Little, Brown.

Wilson, James Q. (1989) *Bureaucracy: What Government Agencies Do and Why They Do It*. New York: Basic Books.

Wilson, Woodrow (1887) 'The Study of Administration', *Political Science Quarterly*, 2 (June): 481–506.

Wolch, Jennifer R. (1990) *The Shadow State: Government and Voluntary Sector in Transition*. New York: The Foundation Center.

Yankelovich, Daniel (1991) *Coming to Public Judgment: Making Democracy Work in a Complex World*. Syracuse, NY: Syracuse University Press.

第二十八章　在混亂世界中負責任地行動：個人倫理與行政責任

Linda deLeon
陳志瑋 / 譯

PART **13**

　　雖然「課責」和「責任」這兩個名詞的意義接近，而且常被視為同義字使用，但長久以來公共行政的學者們就一直在兩者間進行區辨。課責被用來指稱個人行為的外控體系，它可以是正式的或非正式的。另一方面，責任則是對於個人內心的信念和感受，所產生行為的一種內部控制。以一般說法而言，「責任」有各種意義上的細微差別。它可以指稱引發某事的能力，Harmon（1995）稱之為代理人（agency）：「瓊斯（Jones）是我們贏過柯林伍德（Collingwood）的主要原因。」它可以指稱一項任務指派（或Harmon使用的「課責」這個名詞），例如「這個禮拜，我要負責打掃茶水間。」[1] 最後，也是公共行政最常使用的意義，它具有義務（obligation）的含意：「我覺得我有責任確保沒人會受傷。」

　　本章將討論以下兩者的連結關係：一方面是行政責任的概念，另一方面是個人價值與倫理。首先，本章提出一套理論架構，來條理化各種組織情境，以及和這些情境相關的各類課責體系；其次，這些不同情境的特徵，產生了會引發特殊類別的倫理問題和反應的議題。本章這一節其中一項重要主題，就是沒有一套人類行為的系統，可以不需要用到外控（課責）或仰仗責任感所加諸的內在限制；第三節將探討倫理的來源；這部份的主題是責任：做為一種思考事物和他人之需要的內在動力，它是一種由多個源頭所形成的綜合體，但主要還是根基於個人對各種社群的歸屬感。最後，本章結語特別關注何種當代趨勢，例如：行政改革，如何對公共行政人員帶來有關倫理、負責任的行動。

---

1 該名詞使用這個意義，有官員可能會正經地說：「我負責這件事，但我不要被責備」（請比較Robert Gregory在本書第四十四章的內容）。

若干問題

　　Carl Friedrich（1940）和Herbert Finer（1941）在他們對有關課責觀點的著名論戰中，描繪出行政的一項關鍵議題：公務員應該對公共福祉懷有強烈的責任感，這是否足夠（Friedrich）？或他們是否也有必要（甚至更重要）接受外在的、正式的控制（Finer）？他們提出的問題仍然非常重要，因為在很多情況下，行政人員的工作無法被嚴密而時常地監督著：他們可能工作於外地（Kaufman, 1960; Lipsky, 1980），或他們具備的專業技術可能超過其上司（Raelin, 1986）。事實上，誠如我們將看到的，在我們希望公部門員工被授權賦能、具創造力、擁有彈性、具有企業家精神——通常被冠以再造和改革的讚美詞彙——等程度內，我們也需要給予他們獨立行動的自由。這表示我們需要信任他們做出合乎公共利益的決策，（某程度上）受到審計日的觀點所限，但（短期來說）也會受到他們自己的內在責任感所限制。

　　Harmon（1995）指出行政責任的矛盾本質：　行政人員的行動沒辦法是他們自己個人意向，又同時是他們所需回應之他人（上司、民選官員及民意代表、公民）之意志的結果。雖然在有利的條件下，這兩者可能彼此加強，但問題仍然在於一般民主理論下，個人道德無法提供為行政正當性的基礎（Redford, 1969）。事實上，個人和組織責任的衝突，常引發公務員的倫理問題。Cooper（1998）在他的《負責任的行政人員》（*The Responsible Administrators*）書中，就以此做為他的主題，來分析行政人員可能面對的各種責任之競爭。這些包括三種「責任和德性的領域」，例如追求公共利益的義務，認可過程和程序的義務，以及對同事的義務（Cooper, 1987）。Cooper避去提供任何合乎倫理的「正確」解答或行動，而是要求行政人員讓每個倫理選項通過四道篩檢關卡：道德規則 [2]、倫理原則、預先練習辯護（「如果預定行動變成公共知識，它將會被如何看待？」），以及預先自我評估（「如果我如此行動，我自己的感受如何？」）。

一個理論架構

　　顯然地，即使是最具有強制力的組織，如果需要單獨在外控的基礎上來獲得服從

2　Cooper將道德規則定義為「我們視為道德指引的公理或俗諺」（1998: 9）。它超越簡單表達好惡的層次，但還沒到倫理分析和後倫理反思（一種世界觀的發展，它允許我們回答「為何我要有道德？」的問題）的層次。

性，也將無法運作良好。此時，控制者將需要太多時間和心力來監督行為並強制服從性。此外，對下屬而言，壓抑自然衝動而不斷地謹守界線，也須投入許多心力才行。另一方面，讓人們在可預測的、想要的方式來信任他人，就會產生團體凝聚力和個人創造力的雙重感受，而且許多可欲的組織成果（生產力、創造力），就會從中產生。基於這個原因，組織理論家不斷地認為：「信任」是大部分組織過程能否產生效能的基本前提，[3]就像托爾斯泰（Tolstoi）的名言：「快樂婚姻都是相似的」，也適用在組織層級的版本上。

在一個寬鬆的意義上，外控和內控或許存有一種抵換關係。當人們被信任可以負責任地行動時，就不需太多規則、不需太嚴密的監督，而且也不太需要進行懲罰。當然了，如果人們未能負責任地行動，就會對他們施加限制，以便讓他們保持在可接受的範圍內。

在早期一系列論文中，我運用了一套架構來進行工作情境的分類，它根據的是組織理論家James Thompson（1967; Thompson and Tuden, 1959）的作品。組織任務可以根據兩個面向來分類：引導行動的目標是清楚的或衝突的／模糊的，以及所使用的手段（更精確來說，也就是說明如何達到目標的因果關係）是確定的或不確定的。為了簡化起見，我們假定每個面向都是二元變項，因而形成一個四格矩陣（請參見圖28.1）。圖中的名詞稍微更改自Thompson的原始用法，以反映當代學者想要掌握這四格情境所使用的語言，其他不同說法有「組織化的無政府狀態」（organized anarchy）（Cohen and March, 1986），或「垃圾桶」（the garbage can）（Bolman and Deal, 1990; Cohen et al., 1972）。

Romzek和Dubnick（Dubnick and Romzek, 1991; Romzek and Dubnick, 1987, 1991）提出的課責分類型態，也得出相當類似的分類結果，其中認定的兩個面向——課責是內部的或外部的，以及嚴謹或寬鬆的——得出了四種類型：官僚的、法律的、專業的及政治的（參閱圖28.2）。[4]

---

3 這個名詞不斷受到分析上的關注（Fukuyama, 1995; 於the Academy of Management Review, 1998年的專題），顯示有關概念和操作性定義的爭辯，同時也討論了信任的建立和瓦解之過程，以及它對其他組織過程的影響。

4 這兩種類型為何如此相似的理論原因，並非本章討論的重點，但從後續討論中，其妥當性可能會很明顯。

目標（有關可能結果的偏好）

	明確的	模糊或衝突的
確定的	**第一格：層級體系** 經由計算進行決策官僚結構	**第二格：競爭性多元主義** 經由談判進行決策代表性結構
不確定的	**第三格：社群** 經由共識進行決策同僚結構	**第四格：無政府狀態** 經由「靈感」進行決策網絡結構

手段
（因果關係的知識）

圖28.1　決策和組織結構

控制的來源

	內部的	外部的
高度	官僚的	法律的
低度	專業的	政治的

控制的程度

圖28.2　課責的類型

　　在圖28.1的第一格，目標明確而手段確定：所以決策是相對按照常規或慣例而行，此時官僚結構是適當的。在這些擁有指揮鏈的層級體系中，課責的根據是規則和程序，上司的工作就是監督下屬的行為，並獎勵優良、改正錯誤。然而，個人即使在這個地方，也希望能將規則和程序（包括非正式的組織規範）內化，並且可以在不需不斷監督的情況下，讓自我紀律能依照這些而行。

　　在第二格，手段已知，但對於引導行動的目標卻是模糊或衝突的。這類決策系統基本上是政治性的——採取行動前須先選擇一項目標，無論該目標是一種贏者全拿的賽局（競爭性多元主義），或它是透過談判、協商與妥協而得。衝突的各方都想力爭，以便自己的理念、候選者或計畫能贏得優先。在這種決策場域（例子有黨派政治、法律，當然還有職業運動）中，課責就是指遵守遊戲規則。只要不是遊戲規則明文禁止，都允許（甚至期望）參賽者從事任何行為以贏得勝利。外部控制是透過政治或法律監督，它由「仲裁人」（referees）（法庭或其授權的代表）來執行，而且非正式地由觀眾（例如：

利益團體和媒體）來察看比賽並舉報違規。然而，即使在競爭激烈的情況下，參賽者不必然會內化遊戲規則（避免違規），也不必然如此做以保護遊戲本身。後一種苛評可表現在指責走入歧途的運動員，要忍受仰慕者和運動評論家指出他們的行為（即使在運動場之外）已經讓整個運動界蒙羞。

行政組織在兩方面要對政治體系的目標保持負責態度。第一是行政機關的政治任命人員要符合任命機關的需求，他們如果沒有回應於所規劃的目標，便可能遭到罷黜。同樣地，現在有各種技術可對公共管理者帶來非正式的壓力（和正式權威相對，或訴諸於專業標準）。此外，法律課責可同時應用在組織層級——例如：當某學區接受法院監督，以確保該學區遵守法律，或用在個人層級。在美國，個人層次的課責自1970年代以後已經愈來愈普遍：因為公務員過去在執行公務行為時，習慣免於民事訴訟。現在，一旦民眾相信他們的憲法權利因為公務行為而遭到侵害，大部分聯邦與地方政府官員都可能因為造成的傷害而受到訴訟。

在第三格，目標明確但手段不確定。這是傳統專業的領域，例如：在醫界，醫師很明確地希望能挽救生命和保護健康，但由於身體構造的複雜性，使他們難以知道如何最能獲得這個成果。這類情境的課責是寬鬆的，它有賴於完成工作所需的專業正直與可信度。[5]這些專家擁有相當大的行動自由（也就是說，他們較傾向於受到成果的課責，因此給予他們有權對自己的工作方法做出決定），且由於人們預期他們受到專業訓練，因此內化了嚴格的專業行為規範，故即使當他們是在官僚環境下工作也是如此。在出現外部控制的情況下，它是透過同儕意見和（較少見的）專業審查委員會而進行。此外，這些專家可能被要求就他們的行動和結果「提出說明」，以合理化他們的決策和成果。

最後一種類型，此處稱為「無政府的」（可比較deLeon, 1994），出現在目標彼此衝突而手段不確定的情況。Cohen、March和Olsen稱這種決策情境是「垃圾桶」，因為其中各種問題和解決方案（目標和手段）劇烈晃動，直到偶然出現彼此契合的情況，組織行動才有可能。請注意此處使用的「無政府」並非常識上的「無秩序」或「混沌」，而是一種特殊的決策情境。根據Taylor（1982）所述，無政府狀態是指出現以下情況的體系：（1）沒有專門的政治角色（換言之，每個人平等參與制定政治決策），以及（2）不強迫產生集體決策。公共行政出現無政府體系的例子，包括Chisholm（1989）或Radin（1993; Radin and Romzek, 1994）所描述的某些組織網絡（沒有一個傘狀機關擁有凌駕於這些組織之上的職權），以及個人自我管理的組織（例如聯合執業的專業人員）。

---

5 Thomas（2001）指出，人們對醫師和其他專業者所表現出的敬意，近年來出現嚴重流失的情況。他們在相關知識以及在最具利他動機上，都沒有呈現出獨占性。

在「垃圾桶」中，似乎完全沒有課責存在。然而，無政府體系（如國際關係）的理論家指出，有一種行為的外部控制，他們用了一個名詞稱之為「未來之影」（the shadow of the future）（Axelrod and Keohane, 1985）。它的意思就是每一造都有誘因要克制現在不要傷害他人，以免他人明日會同樣報復。不過，Taylor也指出，無政府體系只有建立在不只擔心報復的更加良性基礎上，才能產生穩定而有秩序的狀態：另外還要有共享的規範和價值，以形成成員之間信任與互惠的基礎。（這種責任，本章用來表示行為之內部控制的名詞，因此在無政府狀態將有可能出現，儘管沒有課責存在）。因此，為了成為可行與可欲的狀態，無政府也必須是一種社群的型態。

總之，每一種組織情境——層級體系、競爭性多元主義、社群和無政府狀態，都使用外控方式使行為限制在可接受的範圍內，但每一種類型也需依賴內部控制，也就是個人的責任感。參賽者之間如果沒有某種最低程度的合作，即使是最具強制力的體系也無法運作（Goffman, 1990）。此外，即使在完全競爭市場的無政府狀態，買方和賣方也要在沒有法院強制的情況下，信任對方會實現他們的談判結果和契約規定（Solomon, 1992）。另一方面，如果沒有方法將迷途的參賽者帶回正軌，無論它是一絲不苟的嚴密監督或無形的未來之影，那麼將沒有任何體系可以完全運作。我們有必要將課責和責任加以某種程度的混合，以維持社會、政治和經濟的平衡。

行政責任和個人倫理

如同組織結構有部分是由決策種類所形成，而該決策是它最常見和／或最核心的關鍵功能，另外如同課責體系是由組織結構和功能所形成，組織結構轉而也會影響個人在其中所面對的倫理問題。官僚體系、競爭場域、社群和無政府狀態，多少會產生有不同的倫理反應。

官僚體系

前面討論指出官僚體系的課責是針對規則和程序，並由各個上司進行監督和執行。組織的官僚型態強調道德的規則，「紀律、服從和服務」（deLeon, 1993）；官僚體系內的每一個人對於位居命令鏈之上的人，都有服從的義務。雖然領導者獲得較多關注，但部屬（followership）同樣也是一個重要的概念。Chaleff（1995）形容領導者—部屬的關係是一種「舞蹈」，雙方都享有共同的目的和核心價值（請比較Follete, 1992 [1926]，她指出當工作進行最順暢的狀態，不是在部屬接受領導者命令，而是當雙方都認為自己接受來

自「情勢法則」的「命令」時）。Chaleff表示，勇敢的部屬具備五種勇氣。第一種是承擔責任的勇氣，這意味著他們願意展開價值導向的行動，以矯正或改善組織的內在程序或外在行動。服務的勇氣包括願意承擔額外的責任，以節省領導者的時間和心力，而且一旦領導者和組織受到誤解時，也要能提供支持。另一種勇氣對行為不當的領導者提出挑戰。在受到動盪環境所苦的組織中，參與組織轉型的勇氣表示部屬需要擁護改變，並在應付變局的奮戰持續進行時，能夠支持領導者及團體。最後，無論是由於領導者或組織出現問題、由於領導者沒有效能，甚或領導者雖然開明但由於個人價值導致部屬接受更高的召喚（另請參見Hirschman, 1970，他生動地解釋部屬有關離職、提出意見和保持忠誠的抉擇），一旦必要，部屬都必須有離職的勇氣。

競爭性場域

資本主義、多元的社會充斥著競爭性的場域的例子。運動和競賽提供許多絕佳的類比，其中的黨派政治、法律訴訟程序和經濟市場，都將競爭性互動加以制度化。在競爭狀況，必須有規則（就像在官僚體系一樣）和調節者（仲裁人），以負責找出並停止不當的賽局。對政治、法律和市場來說，規則是經由法律和習慣所設定，而法官則扮演仲裁人的角色。因此，課責是由法律監督而來（參見圖28.2）。

賽局參與者和團隊首領或教練的關係，情況就像是官僚體系中和長官的關係，因為此時是部屬的角色。然而，就個別的競爭者而言，他們的關係就相當不同。賽局中的一項基本道德規則，就是「按照遊戲規則來玩」，但隱含在這個訓誡背後的觀念，也就是凡未被禁止的，就是可允許的——參賽者被期待與被鼓勵做出任何可以贏得勝利的事情，運用他們所有的技巧、權力和巧計，以戰勝敵手。然而，觀眾通常不像參與者（參賽者、教練、仲裁人）如此知道及了解規則，因此他們是經由日常的道德標準進行判斷，有些被允許的比賽可能被視為高度不道德。政治、法律和企業的觀眾都會有這樣的反應：政黨同時從事榮譽的競選活動和「骯髒的謀略」、律師糾纏目擊者並盡可能地運用各種訴訟技巧，而企業競爭者從事間諜活動，有敵意的收購，以及其他各式各樣的卑鄙交易。

不過，還有其他方式可以觀察對立關係。有一本精彩又獨特的書，是由Gallwey（1974）所寫的《網球的靈魂遊戲》（*The Inner Game of Tennis*）。作者將佛教禪宗的想法應用到他的網球比賽中。他指出：心靈平靜和開發單一的關注力是必要的，但更重要的是，以感懷和影響的方式預先思考對手的想法：

眞正的競爭和眞正的合作是一致的。每一位參賽者都想盡全力打敗對方，但這

裡的競爭不是我們要打敗另一個人；它只是一種克服對方所設下障礙的事情。眞正的競爭是沒有人被擊敗的。參賽者雙方都從克服對方所設下障礙的努力中獲得好處。就像兩隻公牛互牴對方頭部，牠們都因此變得更強壯，而且也都發展了對方的能力。（p.123）

確切來說，政治、法律和企業的大型賽局不僅是競爭場域。官僚政治也可能像黨派競爭一樣成爲割喉戰，至於有道德的良心競爭，就像在組織之間的奮戰一樣，也會在組織內部獲益。

社群

由於本章的目的，使我們對兩類社群特別感到興趣。首先是組織本身就是社群（例如小型合作社、聯合執業的專業人員、系所教師等等）。這些團體的特徵是共享的價值、頻繁的直接互動，以及成員間相對平等的地位；第二類社群是專業，也是許多公共行政人員都屬於的類別，它和官僚組織之間的關係是互補或彼此競爭（Ben-David, 1957; Engel, 1970; Hall, 1968, Mosher, 1968: 18; Scott, 1966）。

社群的道德規則是「我為人人，人人為我」（One for all and all for one）（deLeon, 1993）。雖然有許多社群訴諸的願景是凝聚力的團體，它建立在共享的價值上，但這有問題存在。有一項最常被引用的說法，就是社群會壓迫異議，強迫向共享規範加以順服。Burke（1996: 599）聲稱：「基本上，當道德差異性出現：歧異、辯論和道德不一致，（對他們而言）不是民主政治與政治調節的起點，而是失序行為和社會分裂的前兆時，社群主義者……會不喜歡它。」此外，社群可能會出現排他性，甚至透過樹立外敵或驅逐代罪羔羊來緩和緊張情勢，以建立凝聚力。因此，社群體系的重大道德挑戰便是涵蓋性（inclusion）。對行政人員而言，這可能需要打破一個共享但剛愎自用的社群共識開始，也就是對少數團體或外來者產生敵意；它可能需要無畏的領導者帶來一個更正義、更慈悲的社會（Alexander, 1997）。對於專業社群內的行政人員而言，涵蓋性的挑戰意味著尊重多元的意見——願意讓專業開放給所有能達成理想的專業和榮譽的人們——再者，它也意謂著擁有足夠的謙卑態度，以徵求並尊重其他不屬於專家的利害關係人之觀點。

在一個較平凡的層次，社群引發Gilligan所稱的一個名詞：「關懷的倫理」，也就是「一種人際關係活動，它會設想並回應於需要，並透過維護整個關係網路而不遺漏任何一人，來關懷整個世界」（1982: 62）。在組織內，這將伴隨著一個非常強烈的重點於行政仁慈（administrative benevolence）之上（Denhardt, 1991）。Gilligan指出，西方文

化中不同的性別社會化，可能來自於男性和女性接近道德判斷的途徑不同所致。在根據小樣本[6]且常被引用（Moore, 1999; Wilson, 1993; 180n），又具有廣泛影響力的作品中，Gilligan發現女性較可能實現「關懷的倫理」，而男性較容易運用「正義的倫理」（ethic of justice）。[7]

無政府狀態

政治和組織理論家向來就比較重視官僚體系，同時多元主義和社群也大多忽略無政府狀態。然而，至少在理論上屬於完全競爭的國際關係和市場，就是屬於政治學者和經濟學者各自進行廣泛分析的例子。

有幾種無政府結構的型態，近來在公部門和私部門變得愈來愈普遍。在組織的層次，網絡漸漸被用來做為一種彈性的合作結構，它包含數種不同的行為者：組織（Chisholm, 1989; Radin, 1993; Radin and Romzek, 1994）或個人、團體與組織的混合（Heclo, 1978; Meltsner and Bellavita, 1983）。在組織內部，自我引導的工作團隊可能展現出無政府狀態的特徵，儘管在多數情況下，他們有權可以強制進行集體決策（因為進入和離開團隊都受到他們所隸屬的組織所限制）。

在一個無政府狀態中，基本的道德規則是「生存與讓他人生存」（Live and let live）（deLeon, 1993）。這句話表示個人追求他們自己的自我實現（或團體追求他們的集體目標），感到有正面的道德義務；同時也表示他們必須容許其他個人或團體擁有相同的自由度。杜撰的英雄角色，例如Ayn Rand的書，或諸如海明威或畢卡索等無數的藝術家，都提供了這類狀況的例子，那不是一種受多數人明確尊敬的情況。

不像社群體系，無政府狀態較傾向衝突與爭論。他們不必然是混沌的：儘管這個名詞的普遍使用，暗示了他們確實如此；但無政府狀態不會強制進行集體決策的事實，顯示他們不具備正式的課責體系。施加正式的課責機制的困難，乃來自無政府決策情境的本質所致（圖28.1的第四格），它的特徵就是彼此衝突的目標，以及對於手段知識的不確定。這些特質暗示：既然目標彼此衝突，行政人員就無法對「成果」負起責任。且由於人們對手段的了解極為貧乏，所以無人確切知道該如何做，導致行政人員同樣無法針對

---

6 有三份研究形成這本書的基礎：「大學生研究」（college student study）有25位受訪者，「墮胎決策研究」（abortion-decision study）涵蓋29名婦女，以及「權利和責任研究」（rights and responsibilities study）訪談了36個民眾（有一項研究執行了144個民眾的調查）。

7 相對地，Gilligan的研究發現多數男性受訪者出現「正義的倫理」的特徵，所根據的原則例如公平，強調權利而非關係。用本章分析的名詞來說，它同時適用於第一格層級體系和第二格多元主義體系。

「過程」接受課責。

因為正式課責無從進行，非正式控制的重要性相對就變得比較大。我們可以從兩種型態來看非正式的外部控制：同儕壓力和報復行動（未來之影）的預期。運用控制的方法就是參與。為了分享決策、施加壓力，或暗示要展開報復，就有必要在場並完全投入。就像組織員工在危機中一樣，一旦害怕缺席將有厄運降臨，就沒有員工敢放心休假。

無政府狀態不可避免地會非常令人不安，除非所有參與者一律以榮譽、善心和正義的行動對待他們的同事。也就是說，他們必須讓自己的行為接受強烈的內部控制——自我控制——儘管他們無法將個人標準強加於他人之上。比起其他類型，無政府狀態更需要人們擁有強烈的個人倫理規範，一種深深抱持的行政責任感。下一節，我們將討論這種規範的來源。

責任感的來源

每一位個別公務員的責任感，都是許多基本要素的複雜混和。本節將討論其中四種要素：人性、社群價值、專業社會化和個人哲學。這些要素產生無數的組合，然後和組織規範及價值互動，而產生出負責任的公共行政人員。

人性

James Q. Wilson（1993）在他的《道德感》（*The Moral Sense*）一書中，提出一項引起熱烈討論的主張，也就是人類道德的起源，乃是基於人類是社會動物的這個事實（如同達爾文所認為的，任何動物若想要達到像人類一樣的智慧水準，就會發展出意識，請比較Waal, 1996）。他提出四種對人類生存相當實用的基本價值，可以說，這些價值是人類固有的規範：同情、公平、自制與義務。[8]誠如他所說的：

社會性主導了人類，因為個人已經演化到將他們最自我中心的本能，放在某種更高層次的控制之下。家庭對自己小孩的社會化，如果沒有同時兼顧嬰兒時期

---

8 根據Wilson所述，另外的名單還可以加上正直、勇氣或節制，但他選擇「撰寫[同情、公平等]，是因為我對這些價值有話要說」（p. xiii）。

的個人本能，和有利於社會關懷所刺激的中樞神經系統，將不可能成功。（1993:
132）

Wilson還發現了家庭（意指像是約束和管教等經驗）、性別（選擇性別的必要性）和
文化道德感的來源。雖然他的結論認為，或許沒有單一的道德原則可做為道德哲學或政
治哲學的基礎，但Wilson仍然建議應該推動建立或許放諸四海而皆準的道德原則——不僅
從自利的角度來合理化個人的行動而已。所以，個人倫理與道德的第一個來源展現於社
群，也就是說，我們身為社會存在體、人類社群之成員的來源。

社群價值

社群在進行價值的反覆灌輸中是非常有效的。共享宗教信仰的社群就是一個例子；
軍事單位（特別是菁英部隊）、兄弟會和幫派則是其他例子。事實上，專門職業是另一
種社群型態，但由於他們的特殊屬性對工作的世界（包括公共行政）而言具有重要的含
意，因此底下將分開討論。

創建於加州的雅各斯工程公司（Jacobs Engineering）的企業家Joseph J. Jacobs，相當清
楚地說明社群價值如何限制行為，即使在競爭市場的無政府狀態下亦然。換言之，「我
從父母和我生長的黎巴嫩飛地（enclave）所學到，對於人格、道德和虔誠等個人『名
譽』的強烈重視，是培育企業家成就之優勢的源頭」（Jacobs, 1991: 2）。他也訴說在第
二次世界大戰期間，因為戰爭切斷了競爭對手的供給，使他的父親如何有機會從他交易
的貨品中獲利。老雅各斯選擇只供應貨品給固定顧客，而沒有提供他人的需求，以幫助
他的貨品漲價。Jacobs寫道：「這個教訓是很明顯的，因為藉著短期情勢牟取額外利益，
不是一種獲利，而是應該受到譴責的行為。」（p.25）。這種令人讚賞的自制作法，聽眾
就是黎巴嫩裔美國人的社群，而這樣的關懷也常激發Jacobs不遺餘力地修正公司企畫的缺
失，即使沒有任何法律義務必須如此做。「榮譽和原則並不如很多人所想的一樣，以為
無法和企業的成功並行不悖」。（p.27）。

行政人員遠在他們開始工作生涯之之前，當他們開始接納家庭、教會和學校時，就
開始發展他們的倫理與價值。這些社群的影響，早在他們意識到之前，就已經在發展之
初愈加確立；就像水之於魚，大多數人都無可避免擁有成為更大經驗、教育與持續批判
性反省的意識。

專業社會化

在當代一般的社會中，即使是傳統的專業也遭受公信力減損的問題。我們想相信現

代醫學的力量，但我們卻嘲弄道：我們的外科手術或我們兒女的牙齒矯正器，是如何地資助心臟科醫師的巴黎之旅，或牙科醫師的保時捷跑車。

儘管如此，專業的地位仍然相當崇高，因此專業職業在他們之間以及尋求進入該行業的人們之間，具有相當大的力量。

專業容易展現某些特質，例如擁有許多特別的知識，為發展認知知識和實務技能的嚴格訓練，以及專業的文化與倫理規範（Greenwood, 1966），但每一項專業的基本特質有：（1）主張擁有自主的專門知識，以及（2）具備一種「服務理想」（service ideal）（Wilensky, 1964）。服務理想不僅可欲而且有其必要，因為專業人員擁有他們顧客的敏感資訊（Seymour, 1966），而且以社會學家Everett C. Hughes創造的名詞來說，也由於專業具備一種「執照」（license）和「委任」（mandate）。社會給予專業的委任就是在重要事務上，須做出有風險的決策（也就是說，使用的方法是不確定的，例如醫學）。執照是針對非因過失所產生的失敗結果，賦予免受法律制裁的特別豁免地位，而該專業本身有權可以定義何謂不當行為。

隨著當代專業知識的發展，在做為專業人員之間信任基礎方面，專門技能相對變得比理想服務更為重要。我們遵照醫師的囑咐，因為他們比我們更了解我們的身體；我們信任律師（勉強地），因為他們了解法律。然而與此同時，將我們的福祉交到有教養的人們手裡，也表示我們希望相信他們會信守於服務理想：他們會將我們的利益置於他們的利益之上，而且他們會誠摯地刻苦勤勉，不造成傷害又能提供幫助。

對公共行政人員來說，專業社會化出現在專業教育的課程中，並且在職場和專業社團的「社群」中持續進行著。在大多數公共行政的學院中——全國公共事務與行政系所聯合會（National Association of Schools of Public Affairs and Adminstration）認可的所有學校——倫理課程的目標就是要讓學生接觸有系統的倫理論據。他們也開發學生對於重要道德原則的正確評價，例如榮譽、仁慈和正義（Denhardt, 1991）。榮譽意指遵行更高的標準，仁慈結合了行善和促進他人福祉，而正義意謂著公平，並關心他們的權利。此外，該專業（美國公共行政學會）也有一份廣為人知的倫理規範（Van Wart, 1996），在他們的出版品中，這個倫理規範持續受到重大關注。

個人哲學

許多（如果不是大部分）公務員也發展出他們的公共行政規範理論，做為個人哲學的一部分。當然，對許多（或許不是大部分）行政人員而言，個人哲學並不明顯，甚至沒有得到很好的發展；它或許包含彼此矛盾的內容，或是根據不正確的因果理論而來。Piaget描述兒童的道德發展，是從「道德現實主義」（moral realism），一種父母施

加於他們之上的某種道德性，變成一種正義的理念，也就是社會風俗和遊戲規則的產物（Piaget, 1965）。Kohebert（1981）加上一個成人階段，其中個人運用諸如個人尊嚴和平等之抽象觀念，來推理出他們的倫理位置。這種倫理推論的層次之發展，看來不是自然發生（Stewart and Sprinthall, 1991），但它可以經由哲學研究和實務經驗的反省而獲得幫助（Denhardt, 1993，特別是他對於記載行政日誌的指導；Schon, 1983）。然而，更重要的是，這些反省應該有紀律且深入，也就是需根據謹慎而誠實的對觀念和其含意，進行批判性的評價。美國全國公共事務與行政系所聯合會所認可的學院系所，就被要求提供倫理課程，讓學生有結構上的機會，能發展個人哲學以及了解各種備選方案之選擇時的判斷標準。

公共行政人員的當代挑戰

近年來，公共管理改革在全世界許多國家進行著（Kettl, 2000）。以美國提出的國家績效評估（National Performance Review）所使用的字眼來說，其目標就是要改善政府，以「做得更好但花費更少」（Gore, 1993）。這些努力之所以被激發，是因為出現廣泛的意識，認為公共組織需要增加彈性和機動性，以便有創造性地回應已改變，且持續改變的環境。此外，對於政府任務本質的常見觀點（deLeon, 1997），即它們是「棘手的」問題（Rittel and Webber, 1973），其目標彼此衝突，而使用手段不確定。

很重要的一點是要強調：公共問題特別且愈來愈困難的想法，乃是社會建構的產物，因為社會建構的想法不必然和真實情境一致，儘管它們必然受到真實情境影響。不久前，在戰後的世界，西方民主國家多數民眾認為他們對社會目標擁有相當廣泛的共識，他們也相信科學擁有極度未開發的能力，可以找到社會問題的解決方案。然而，隨著時間過去，隨著全國人口的消長變化，加上人們漸漸認清過去震天價響的共識，實際上卻遮掩了沈默的異議聲音，因此有關目標的各種歧異看法愈來愈多。如今，即使共識確實存在，我們也看到了意見的兩極化現象。例如：儘管美國的大眾傳播媒體，將墮胎爭議描述為「重視生命」（pro-life）和「重視選擇權」（pro-choice）兩種觀念的爭議，但民意調查發現，多數美國人其實對這項議題有一致的意見，他們相信墮胎應該合法但不常發生（Posenblatt, 1992）。同樣地，科學已被證實無法解決極端的社會問題，例如犯罪、濫用毒品、家庭暴力、污染等等。最後結果是一般民眾和菁英人士都普遍確信：生命是混沌不清的，而問題是棘手的。

然而，認為所有問題都很「棘手」的信念，在很多情況下可能並不正確；從圖28.1可

以看到還有很多其他類型的問題。所以儘管官僚體制受到廣泛的詆毀（Goodsell, 1994），它仍是一種絕對適合的結構，可透過組織化的方式解決「例行」問題。不過，公共管理目前關注的創造性和企業精神等重點，證明他們相信這些技巧，乃是律定計畫以迎接更具挑戰性議題的根本所在。因此，公共管理改革可視為以下觀點的回應，也就是認為大部分公共問題都落在圖28.1的第三格和第四格。

西敏寺形態的改革中，其中一項關鍵策略就是運用契約，將工作應如何完成的決定責任委付出去，但維持組織或員工對契約條款的課責（「令管理者管理」[making managers manage]）。代理人對成果負有責任，但委託人要面對監督代理人活動所帶來的挑戰，例如資訊不對稱（information asymmetries）（代理人比委託人知道更多有關任務的內容），以及道德危險（moral hazard）（代理人可能沒有將委託人的利益放在心上，反而不顧契約條款的規定而牟取個人利益）。委外是一種適合第三格條件的策略，也就是目標一致，但手段不明確，所以是裁量性的事情。

授權賦能（「讓管理者管理」[letting managers manage]）是第四格的策略。在重視創造性的機關中，最可能由於他們處理的是常常需要創新的非例行性業務，因此允許管理者普遍擁有相當大的自主權，可以決定如何執行他們的工作。一般認為授權賦能除了可以釋放員工的創造力之外，也帶來其他益處：在一個為工作本身而工作已經過時的時代裡，工作者更重視可提供個人成長和有趣活動的職業，甚至更超過對安全、高地位，甚或薪資的重視。

個人和團隊，甚至機關內一個部門的自我管理，是第四格中另一個有助於改善士氣、生產力和革新的策略。自我引導的工作團隊，是指擁有一大塊通常認為屬於管理職能—期程安排、人員指派，甚或雇用、獎懲、績效評估和薪資決定—的團隊（互相依賴而邁向共同目標的團體或個人）。自我管理的概念，在工作單位（團隊）和在整個組織一樣，都高度助長了責任的移往他處，即使在尚未嘗試自我管理的組織，也常有明顯的扁平化現象，消除中間管理者的階層，而擴大其餘管理者的控制幅度，也使得管理者有必要增加他們部屬在工作上的責任。

簡言之，公共管理的當前趨勢，使個人需要承擔比過去更多的責任。然而內部控制和外部控制彼此處於相反關係：增加使用其中一種，跟著就減少使用另一種。這是否意味著課責已經減少，而民眾必須將希望單獨寄託在：行政人員的個人倫理會維持他們具責任感的行為？

從Carl Friedrich開始，那些思考行政責任本質的人們就已經注意到：操縱著個別行政人員裁量性選擇的倫理，不應該只根據純然的個人價值。相對地，他們應該是：個人倫理、專業技術和「適度關心社群內現有偏好」三方面互動的產物（Friedrich, 1940: 403）。

Alexander（1997）區別了三種負責任行政人員的角色版本，這些大致和Friedrich提出的說法彼此呼應。具有專業技術職能的行政人員，是「中立的技術人員」，一切遵從組織規則和程序（並且希望藉此來度過行政和政治的區分）。誠如Alexander所指出的，對於行政人員運用相當多自主權的很多情境而言，這個角色並不適合。行政人員也可以像代表者一樣行使職權，許多地方就像政治上的民意代表一樣，他們可以根據自己的人口特徵或想像進入他們顧客的情境，代表他們服務的對象採取行動（用Friedrich的用語來說，他們可以「適度關懷」社群的多數意見）。或者，負責任的行政人員可以表現像是「有為的受託者」（enlightened trustee）一樣行動，這也是明顯最得到Alexander共鳴的角色。這個角色的倫理是委託人驅動，並且為公共利益而服務。然而，這個建議的一項關鍵，就是重視行政人員和民眾的互動，前者不能只學習並反映民眾的偏好，而也應該讓自己的想法能在這些互動中進行塑造與被塑造。

　　由於Alexander分析責任的焦點是放在種族上，那是美國歷史上最困難、最具有指標性的問題（對其他西方民主國家而言也是個問題，因為移民對其他相對富裕國家製造了多元種族的現象），她問了一個特別重要的問題：除了克服自己的社會化影響，行政人員要如何扮演有為受託者的角色？在種族議題的例子中，行政人員——像其他民眾——是在一個種族主義的社會中被社會化；他們如何激發公共的道德感，以邁向一個較高的種族層次？

　　一個答案的可能性就在行政人員是否願意反映他們自己的主觀價值與倫理，並和他們採取行動所在的社會脈絡之感受性相結合（而且該社群價值能在其中發揮作用）。行政人員和其他人「對話」時（包括民眾和相關同事及合作夥伴），可以就公共政策問題以及所屬組織的反應，創造出彼此的理解。實際上，以行動和反省做為改變這個世界的特點來說，他們可以協助建立社群所賴以存在的共識和共享的價值。而且，隨著接下來的討論所要展現的，當社群存在，無政府模式的自由、創造和彈性，就可能因為仁慈的影響而滋長。

　　在一個無序和充滿問題的世界中，唯有行政人員和民眾共同投入於言而有據的論述和協力行動，行政責任才能達成。總之，這項原則有三點含意應該注意。首先，當協力行動確實進行，而不是在會議室或大眾傳播媒體時，論述才能真正滋長。因此，一個有助於行政責任的倫理，會更重視涵蓋性和有效參與的價值；第二，信任是行政裁量的前提條件，而後者又是企業精神和創新的必要條件。因此，當前行政人員的倫理，必須堅定地立基於榮譽、仁慈和正義，以便贏得民眾信任，並有助於行政行為的正當性；第三，外部控制——無論是正式的或非正式的——都不如內部控制有效率和有效果。因此，有助於民主公共行政的倫理與價值，必須是我們的理論、我們的教學和我們的行為

的持續和集中的焦點。

參考文獻

Alexander, J. (1997) 'Avoiding the issue: Racism and administrative responsibility in public administration', *American Review of Public Administration*, 27 (4): 343–61.

Axelrod, R. and Keohane, R.O. (1985) 'Achieving cooperation under anarchy', *World Politics*, 38 (3): 226–53.

Ben-David, J. (1957) 'The professional role of the physician in bureaucratized medicine: A study in role conflict', *Human Relations*, 10 (2): 255–74.

Bolman, L.G. and Deal, T.E. (1990) *Modern Approaches to Understanding and Managing Organizations*. San Francisco: Jossey–Bass.

Burke, J.P. (1996) 'Responsibility, politics and community', *Public Administration Review*, 56 (6): 596–9.

Chaleff, I. (1995) *The Courageous Follower*. San Francisco: Berrett–Koehler.

Chisholm, D. (1989) *Coordination without Hierarchy*. Berkeley, CA: University of California Press.

Cohen, M.D. and March, J.G. (1986) *Leadership and Ambiguity*, 2nd edn. Boston, MA: Harvard Business School Press.

Cohen, M.D., March, J.G. and Olsen, J.P. (1972) 'A garbage can model of organizational choice', *Administrative Science Quarterly*, 17: 1–25.

Cooper, T.L. (1987) 'Hierarchy, virtue, and the practice of public administration: A perspective for normative ethics', *Public Administration Review*, 47: 320–8.

Cooper, T.L. (1998) *The Responsible Administrator: An Approach to Ethics for the Administrative Role*, 2nd edn. San Francisco: Jossey–Bass.

de Waal, F. (1996) Good Natured: *The Origins of Right and Wrong in Humans and Other Animals*. Cambridge, MA: Harvard University Press.

deLeon, L. (1993) 'As plain as 1, 2, 3 ⋯ and 4: Ethics and organization structure', *Administration and Society,* 25 (3): 293–316.

deLeon, L. (1994) Embracing anarchy: Network organizations and interorganizational networks', *Administrative Theory and Praxis*, 16 (2): 234–53.

deLeon, L. (1997) 'Accountability in a "reinvented" government', *International Journal of Public Administration*, 76 (3): 539–58.

Denhardt, K.G. (1991) 'Unearthing the moral foundations of public administration: honor, benevolence, and justice, in J.S. Bowman (ed.), *Ethical Frontiers in Public Management*. San Francisco: Jossey–Bass. pp. 91–113.

Denhardt, R.B. (1993) *Theories of Public Organization*, 2nd edn. Belmont, CA: Wadsworth.

Dubnick, M.J. and Romzek, B.S. (1991) *American Public Administration: Politics and the Management of Expectations*. New York: Macmillan.

Engel, G.V. (1970) 'Professional autonomy and bureaucratic organization', *Administrative Science Quarterly,* 15: 12–21.

Finer, H. (1941) 'Administrative responsibility in democratic government', *American Political Science*

Review, 1: 335–50.

Follett, M.P. (1992 [1926]) 'The giving of orders', in J.M. Shafritz and A.C. Hyde (eds), *Classics of Public Administration*, 3rd edn. Pacific Grove, CA: Brooks–Cole. pp. 66–74.

Friedrich, C.J. (1940) 'Public policy and the nature of administrative responsibility', Public Policy, 1: 3–24.

Fukuyama, F. (1995) *Trust: The Social Virtues and the Creation of Prosperity*. New York: Free Press.

Gallwey, W.T. (1974) *The Inner Game of Tennis*. New York: Random House.

Gilligan, C. (1982) *In a Different Voice: Psychological Theory and Women's Development*. Cambridge, MA: Harvard University Press.

Goffman, E. (1990) *Asylums*, 2nd edn. New York: Doubleday.

Goodsell, C.T. (1994) *The Case for Bureaucracy,* 3rd edn. Chatham, NJ: Chatham House.

Gore, A. (1993) *From Red Tape to Results: Creating a Government that Works Better and Costs Less*. New York: Penguin Books.

Greenwood, E. (1966) 'The elements of professionalization', in H.M. Vollmer and D.L. Mills (eds), *Professionalization*. Englewood Cliffs, NJ: Prentice–Hall. pp. 9–19.

Hall, R.H. (1968) 'Professionalization and bureaucratization', *American Sociological Review*, 33: 92–104.

Harmon, M.M. (1995) *Responsibility as Paradox*: A Critique of Rational Discourse on Government. Newbury Park, CA: Sage.

Heclo, H. (1978) 'Issue networks and the executive establishment', in A. King (ed.), *The New Political System*. Washington, DC: The American Enterprise Institute for Public Policy. pp. 87–124.

Hirschman, A.O. (1970) *Exit, Voice and Loyalty*. Cambridge, MA: Harvard University Press.

Hughes, E.C. (1959) 'The study of occupations', in R.K. Merton, L. Broom and L.S. Cottrell, Jr (eds), *Sociology Today*. New York: Harper & Row. Vol. II, pp. 442–58.

Jacobs, J.J. (1991) *The Anatomy of an Entrepreneur*. San Francisco: ICS Press.

Kaufman, H. (1960) *The Forest Ranger*. Baltimore, MD: Johns Hopkins University Press.

Kettl, D.F. (2000) *The Global Public Management Revolution*. Washington, DC: Brookings Institution.

Kohlberg, L. (1981) *The Philosophy of Moral Development: Essays on Moral Development*, Vol. I. San Francisco: Harper and Row.

Lipsky, M. (1980) *Street-Level Bureaucracy*. New York: Russell Sage Foundation.

Meltsner, A.J. and Bellavita, C. (1983) *The Policy Organization*. Beverly Hills, CA: Sage.

Moore, M. (1999) 'The Ethics of Care and Justice', *Women and Politics*, 20 (2): 1–16.

Mosher, F.C. (1968) *Democracy and the Public Service*. New York: Oxford University Press.

Piaget, J. (1965) *The Moral Judgment of the Child* (trans. Marjorie Gabain). New York: Free Press.

Radin, B. and Romzek, B. (1994) 'Accountability in an Intergovernmental Arena: New Governance and the National Rural Development Partnership'. Paper presented at the Annual Meeting of the American Political Science Association, New York City, NY.

Radin, B.A. (1993) 'Managing Across Boundaries: The Monday Management Group of the National Initiative on Rural Development'. Paper presented at the National Public Management Research Conference, Madison, Wisconsin.

Raelin, J.A. (1986) *The Clash of Cultures: Managers and Professionals*. Boston, MA: Harvard usiness School Press.

Redford, E.S. (1969) *Democracy in the Administrative State*. New York: Oxford University Press.

Rittel, H. and Webber, M. (1973) 'Dilemmas in a General Theory of Planning', *Policy Sciences*, 4 (2): 155–69.

Romzek, B.S. and Dubnick, M.J. (1987) 'Accountability in the public sector: Lessons from the *Challenger tragedy*', *Public Administration Review*, 47 (3): 227–38.

Romzek, B.S. and Dubnick, M.J. (1991) 'Accountability, Professionalism and Leadership: The Los Angeles Police Department and the Rodney King Beating'. Paper presented at the National Public Management Conference, The Maxwell School, Syracuse University, Syracuse, New York.

Rosenblatt, R. (1992) *Life Itself: Abortion in the American Mind*. New York: Random House.

Schon, D.A. (1983) *The Reflective Practitioner*. New York: Basic Books.

Scott, R.W. (1966) 'Professionals in bureaucracies – areas of conflict', in H.M. Vollmer and D.L. Mills (eds), *Professionalization*. Englewood Cliffs, NJ: PrenticE- Hall. pp. 265–75.

Seymour, F.J.C. (1966) 'Occupational images and norms – teaching', in H.M. Vollmer and D.L. Mills (eds), *Professionalization*. Englewood Cliffs: PrenticE- Hall. pp. 126–9.

Solomon, R.C. (1992) *Ethics and Excellence*. New York: Oxford University Press.

Stewart, D.W. and Sprinthall, N.A. (1991) 'Strengthening ethical judgment in public administration', in J.S. Bowman (ed.), *Ethical Frontiers in Public Management*. Washington, DC: American Society for Public Administration. pp. 243–60.

Taylor, M. (1982) *Community, Anarchy and Liberty*. Cambridge: Cambridge University Press.

Thomas, P.G. (2001) 'The institutional context and the search for accountability', in Manitoba Health, *The Report of the Review and Implementation Committee for the Report of the Manitoba Pediatric Cardiac Surgery Inquest*. Winnipeg: Government of Manitoba. Ch. 2 (www.gov.mb.ca/health/cardiac, accessed 10 October 2001).

Thompson, J.D. (1967) *Organizations in Action*. New York: McGraw–Hill.

Thompson, J.D. and Tuden, A. (1959) 'Strategies, structures and processes of organizational decision', in J.D. Thompson (ed.), *Comparative Studies in Administration*. Pittsburgh: University of Pittsburgh Press.

Van Wart, M. (1996) 'The sources of ethical decision making for individuals in the public sector', *Public Administration Review*, 56 (6): 525–34.

Wilensky, H.L. (1964) 'The professionalization of everyone?', *American Journal of Sociology*, 60 (2): 137–58.

Wilson, J.Q. (1993) *The Moral Sense*. New York: FreePress.

第二十九章　府際管理的工具

Beryl A. Radin
李長晏 / 譯

　　如果這本書是在二十幾年前就已出版的話，那麼現今在府際管理工具的討論上，將會是一件非常容易且相當簡單的事。依此而言，府際管理研究將會把焦點幾乎完全放在不同層級間政府的垂直關係，偶而才去關注水平間政府的關係。在美國文獻中為捕捉這種關係，常以柵隱式聯邦主義——是一種由方案專家或行家所組成的聯盟做為隱喻，這個聯盟是跨越他們原先所服務的政府單位（Wright, 1988: 83）。

　　而發展這種參考架構的最初文獻，是假設研究機構權威當局的傳統途徑仍有存在價值。首先寫到關於府際管理的文章，並沒有把焦點放在系統、結構、政策或方案的改變，而是把重心放在管理的行動上，藉由管理者在政策過程中所扮演的角色，能夠有效地把政策和管理予以結合。這些管理者，包括了來自政府體制內的一些方案與政策專家，以及管理專才。如此許多這類文獻也強調全國政府的角色已逐漸地朝向更扁平且較少由上而下的府際關係研究途徑，事實上，有許多文獻是強調一種由下而上、更具水平途徑來研究這些關係。

　　其次，有一種明確的現象是在許多聯邦系統之中行為者的描述，也會在單一制政治系統中被發現。舉例來說，在英國，不少研究者會去描述在許多城市和民族國家中的特殊利益（Gurr and King, 1987）。很多來自於單一制的社會，經濟和政治變遷所產生的動態變化，其實是與傳統聯邦主義的動態變化是相似。因此，府際管理在單一制或者是聯邦制兩種系統之下，都有可能會出現。

　　透過那些在府際管理領域的先前研究者所建立架構仍然可做為當代分析這個領域的基礎。然而，許多改變卻是發生在最近幾年中，尤其是在府際管理工具討論系絡的設定上，創造出一套不同的限制和需求。在此，有三種不同的改變已發生在過去幾十年中，對於了解這個系絡是相當重要的：

　　1. 跨域活動上的增加；
　　2. 由於跨域活動的改變需要新的管理技能　；
　　3. 用國際觀點來看這些改變。

一種在跨域活動上的增加

公部門的活動領域在21世紀的開端，似乎已經與過去幾十年有相當大的不同。這種已改變的活動領域，對於府際管理的內容有相當的貢獻。

政策轄區正在改變

在早期的府際管理中，許多關係的建立可以依循著一個明確的政策和方案的區隔。舉個例，農村政策可以被定義成農業政策的一部分與其跨越政府層級的關係也只可以在政策領域中發現。然而，在20世紀末，許多國家的農村政策不再只是單單被定義成農業的政策範疇。相當程度上，它更有許多的部門介入其中，包括有經濟發展、健康、教育、住宅以及基礎建設。同樣地，這種走出單一政策世界的情形，也發生於其他的領域，像是藥品政策、犯罪和社會福利。

對於政府角色的觀點正在改變

在過去幾十年中所發生的改變，反映出市民和政府本身在思考民主社會中政府角色的戲劇性變化方向。傳統層級節制式的官僚結構將所有權力集中在組織的高階層，已受到許多批評，而這些批評不只是關於政府的結構，還有他的權力幅度已促成所謂的空洞化政府。這已導致公共機關在一些公共服務遞送上的直接角色有所縮減和公部門責任範圍的縮小。經由民營化和契約外包，使得政府的角色逐漸地普通化，運用公共基金，但是卻依賴著營利組織或非營利組來傳遞服務。空洞化涉及許多的改變，包括像是功能的移轉、專業的流失，還有打破傳統的關係。

各層級政府的相互依賴

最初府際管理的發展，勾勒出一個認知，便是許多政策和方案是需要管理的行動，而且是超越單一的政府層級或是單一的管轄權，這導致一些替代自治的和不同政府當局的途徑出現。許多年來這點是可以確認的，因為愈來愈多的政策已展現各級政府間相互依賴的特性。這點顯示出，多重政府層級在一個方案或政策中同時地出現，而單一層級的政府，在方案的設計，資金的提供，管理和服務遞送上，很少擁有單一的權力和絕對的影響力。

公私相互依賴

這種改變主要是發生在政府結構所產生的變化，它很明顯呈現在，府際管理行動所涉及的不只是來自於公部門或政府機關的行動者。再者，公共部門方案的管理，也涉及了來自於營利部門和非營利部門廣泛的成員。而每個成員在參與政策制定之際，都有其自己的議程和規則。在某些案例中，來自於擁有少量經驗的非營利部門的代表，以有限的權威來約束公部門官員。相反地，公部門官員與這些部門成員沒有互動經驗。

聚焦於績效

關於績效，是與Osborne和Gaebler（1992）年所宣傳的新政府運動，還有一些在州政府和地方政府層級上強調政府再造人士的緊密關聯。新政府運動強調測量結果的重要性。這項修辭風格運用了一個字彙，即強調結果是勝過於輸入、過程，甚至是產出。它把焦點放在使用公部門基金所產生的利益上，以及尋求建立一個架構，從而遠離以過去分配方式為基礎的傳統漸進預算決策制定。它也被使用來做為一種反制失去公共理想性的政府與驅逐在政治光譜上僅具政治象徵意義的政府之方法，但是，當關切績效已成為更風行的話語後，它會採取許多不同的形式，以及完成所有各層級政府的努力。

新管理技能的需要

雖然府際管理強調協商技巧在促進各層級政府關係上的重要性，但是承如前文所描述的諸多改變，已對府際管理者產生了新的需求。管理者已發現到傳統的命令和控制典範，即強調層級節制的最高個人權威，並未能提供一個合適的架構來處理在美國和其他國家一些府際爭議上的主要議題。也無法捕捉到單一制下全國政府和地方政府單位的緊張情勢。這是一個自主與控制的爭議——便是較高層級政府應該賦予較低層級政府多少的權力，以及應該怎麼做才能讓他們完成工作呢？這個正在進行的問題，便是與世界上許多國家屬行分權化發展的程度有密切相關。

過去的幾十年中，府際關係已發展出一項研究途徑，即強調協商、妥協和網絡是決策制定的基本過程，相較於傳統的層級命令與控制途徑將正式結構視為是決策制定的場域，是更為重要的。這個浪潮的重點在於把府際關係的角色，整理成一種相互依賴的途徑。府際關係將焦點置於網際網絡的發展，包括政府和非政府部門行動者，以及沿著一個路徑前進，包括接受獨立且不同屬性的多樣成員、避免長官與部屬的關係、連接政治與永業行動者，以及當面臨到需要有技術性的議題時，可以能夠有適當的專業性，而且要能夠依據任務和目標達成協議（Agranoff, 1986）。府際關係也包括了一個對於非正式關係運用的體認，即使是當結構為中央集權所支配（Gurr and King, 1987; Rhodes, 1988）。

這個途徑包括了當代議題的程序性和實質性的本質。它建議不同的程序必須用來做成決定，而且它也從議題網絡吸取政策的概念。議題網絡概念是由Hugh Heclo所發展的，它是一種網狀的概念，是由具有共同承諾或彼此互賴程度的許多各自獨立的參與者所組成。Heclo（1979）把焦點放在共同利益上，以引起這種聯盟和構成了大量的參與者，可以時常地進出這個網絡。議題網絡途徑，提供了了解在一個過程中不同的利益，以及消弭水平（跨越多元議題）和垂直（減少府際鏈）的方法。它也創建了一個架構，用以回應政策聯盟瞬間性的本質，以及為因應特殊的情況而建造多樣的網絡，同時當這種狀況

改變的時候，網絡就自然消失。

雖然這個途徑已引起了府際管理學者的好奇心，但它並沒有在實務世界中廣泛的應用。府際的對話仍持續地以關注不同的方案、政策或組織為焦點，以及去尋求一個清楚和簡明描述府際角色和責任的方式。這種情形深受不僅重視政府的效率，也聚焦於政府在更廣闊的經濟上所扮演的角色（Painter, 1997）之影響。

在府際議題的爭議上，一直是圍繞著兩個經常矛盾的層次：一般性的、宏觀的且有時候是象徵性的途徑，以及有時候在相同的時間中，卻又是個明確特定的政策途徑。然而這兩者都反映出高度的政治風險，經常是涉及直線權威與分配資源的決定。因此，這種府際的領域經常會遭受到侵害，這點反映出擁有權力的政黨與官員的意識型態與政治議程，而這也對處理那些府際爭議的府際管理者帶來困惑。

新公共管理

以上對影響府際管理的許多變化所作之論述，也和所謂的新公共管理運動的發展與時並進。新公共管理是個全球化發展的產物，主要針對一些跨越全世界發展，影響經濟問題和負面官僚感知所作的一種回應。正如Michael Barzelay所提及的，這些發展呈現出一種在英國、紐西蘭、澳洲、斯堪地那維亞和北美各地中，在國家部門治理和管理上的實質改變（Barzelay, 2001: 3）。雖然這項運動並沒有一些良好原則和實務所組成，但是許多和這項運動相連結的行動作為已對府際管理產生影響，因為他們似乎改變了中央政府和州／省政府或地方政府之間管轄權的平衡問題。有些發展是支持府際管理的改變，強調分權系統和公——私關係。然而，有些是朝向更多中央集權的系統，並且是與府際管理的發展相牴觸的。

而關切績效是新公共管理運動其中的一個面向。而另外一個面向，則是強調授能給那些實際傳遞服務者之重要性。這裡有一個在美國早已存在的問題，是許多國家方案所涉及到錯縱複雜的府際關係。因此在全國政府機關中的許多管理者，紛紛致力於找尋建構這些關係的方法。全國政府機關正要平衡兩個相互競值的規則。一方面，他們企圖要去維持第三者對於全國政府預算使用上的課責性，另外一方面，他們必需在政治和法律實際限制的考量下，提供第三者充裕的空間去使用這些國家政府的預算。在許多方面來說，國家政府層級的績效浪潮，本身也與權力下放策略和國家政府角色的縮減相互牴觸。

府際關係的工具

在美國聯邦系統中政府層級間的相互依賴，以及它們之間所存續的課責／自主與合作／競爭的困境，乃意謂著將焦點逐漸注意在府際關係的工具或手段上，這是有其必要性的。這些工具的出現，是因為來自於許多不同的來源，並且在特定的政府結構和特定的政策領域系絡中，才能夠得到最佳的理解。有些工具主要被用來當成一種集權控制的工具，有些工具則反映出一種地方分權形式的傾向。雖然在面臨一種可預知且一致性的情境時，需要採取由上而下的策略工具加以因應，但是也會因歸究於許多情況的出現是來自於政策或方案的外在環境變化，而使得在運用此一工具時產生困難。

由於府際關係連結複雜性的既存事實下，運用一系列工具是打造府際行動者間最有效工作關係的基礎。以下針對特定的利益來說，有四個廣泛的工具類別：

1. 結構上的；
2. 規劃的；
3. 研究和能力建立的；
4. 行為上的。

結構上的

結構上的問題，是與正式的角色和關係密切有關；權威與領導的型態；法規、政策與規定；以及正式角色、任務和關係分化與整合的機制。在某些案例中，公共服務的實務結構，事實上會提供府際管理的環境。在印度的例子中，印度行政服務的設計本身便是一個聯邦主義的工具。

重組

正式的角色和關係，會在組織的設計與再設計中被型塑和再型塑。權威和領導的型態會被分裂與重建。重新設計，或者是重組，是一個政府為了回應正在變化的需求與優先順序時，經常會拿來使用的工具。重組可以將有關的方案整合在一起，因此會影響到水平的府際關係。他們也可能會增強課對責性／自主權爭論的關注。然而，重組無法解決這些議題。重組可以在一種廣大規模（像是美國尼克森總統的阿希委員會，是關於研究國家政府的組織）或是在一個較漸進的基礎（像是卡特總統的預算管理局內部的改組方案）上進行。一般而言，企圖要去創造一個巨大的部門，其背後乃是預設了這樣的集權化機構，將會改善政府運作和服務傳遞的效率。在美國，有些州的層級在全國政府的誘導下，也進行了一大堆的改組方案。在1970年代，許多州建立了行為健康部門，或者是物質濫用部門，他們相信說他們是處在一個較佳的位置，藉此利用全國政府的補助基

金，並針對這些問題採廣範的途徑加以處理。在英國，則藉由柴契爾政府減少地方在預算配置上的裁量權與重構地方政府以增加集權化。

委員會

委員會是一種結構性的工具，可以被用來處理任何府際的目的。他通常是一種處理水平整合的工具，但經常似乎將權力轉移至中央層級上。然而有一些看法是把委員會當作成一個協調的工具，他們可能是在一種象徵性的層級上運作，結果導致協調變得更加困難。特別在大型的聯邦系統中，跨越方案與政府層級的協調更顯得困難。

協調

協調和效率是結構途徑的研究對象。協調機制是結構整合的工具——透過功能或者地理層級將不同的單位作整合。組織重組所隱含的企圖，是假定協調和效率的增加，將會使得水平和垂直的府際關係在管理上更容易。然而是否會真實發生是有爭議的，不過贊成此種途徑的人是有這樣的主張。

在實務上，協調通常是公開透明的。它容易說也易做，但是其實質的形式確是虛幻的。當部際協調存在成本時，它未必會要求新的撥款或特定的預算項目。不像重組，協調無需經歷政治組成份子疏離化的風險，以及當協調是不需要或嚴重損傷主要利益時，欲進行協調就會變得困難許多。將部際協調的正式機制視為是府際工具而加以適當地應用，則它能發揮強化水平關係的功能。同時它們也能夠強化較高層級政府的能力，以掌握較低層級為方案績效負起責任，並且賦予那些低層級行動者能夠改進績效。

將許多州或省政府（正如在澳大利亞和加拿大所發現的）的政治領袖集結在一起之總理或州長會議，有時也被用來做為一種協調機制。相同地，澳大利亞在1992年所建立的跨政府會議也將州政府與中央政府官員集結起來，採取聯合行動共同處理特定的問題。Scharpf（1997）指出協調的結果可能會涉及到負面的協調（即造成僵局和最低公約數的結果）。

解除管制

法規、政策和管制是控制府際關係的工具；它們是屬於增加課責性以及減少自主性的工具。於是，擺動鐘擺的另一個方向就是解除管制。委託命令是透過了一些管制的結構，針對下層的府際行動者來進行約束。委託命令的移除，則是透過解除管制，或者是透過一些臨時性的試驗，如豁免程序、監管談判或建立新的協調機制（Radin, 1998, 1999, 2001; Radin et al., 1996）。

權力下放和地方分權

有些結構性的工具，像是涉及全國政府將權力授權給州政府，或者是州政府把權力賦予給地方政府。當使用權力下放和地方分權時，就是把鐘擺朝向自主性移動。美國尼

克森總統的新聯邦主義就是嘗試在進行一種權力下放，以及對詹森總統的創造性聯邦主義中央集權信條所做的一種回應。透過這項努力，全國政府部門提供分權化給予區域單位與一般所偏好的全功能性地方政府和民選官員更勝於方案專家（Walker, 1995: 105）。

　　尼克森總統的權力下放是採行一般和特定歲入分享方式，以及嘗試扣留全國政府基金以做為消除方案資源的方法。權力下放的支持者相當願意為了州與地方官員的行政裁量權而向全國政府負起責任。

　　某些州為了致力於府際關係的管理也同樣採取地方分權的方式。使用這種工具，乃涉及到把權力轉讓給地方政府單位。在某些例子中，當州政府被全國政府賦予沒有資源的委任命令時，他們會把這項命令轉讓給地方政府。這項解決機制雖然轉移了府際困境的重任，但是卻無法明確地解決其所造成的府際的困境。

管制和監督

　　管制本身是一個結構性的府際工具，即使全國政府針對州和地方補助金所做的監督程度，在部分上就是一個政治／意識形態的問題。舉例而言，美國在尼克森、雷根和老布希政府時代，執政的意識形態是屬於極小化全國政府的介入與極大化州政府和地方政府的責任。而伴隨此一意識形態而來的綜合補助款和收入分享比起有條件的補助款還要來的較少連結。

　　監督可能會發生在方案的輸入、過程或者是產出的部分。就輸入的條件而言，方案設計時要有明確的形式和要素，並對方案的執行者留下較少的裁量空間。在過程的條件上，則包括如市民參與或計劃的條件需建立在具有確保責任之基礎上，至於產出和結果的條件，則傾向將評估視為是一項課責的工具。

　　評估的必要條件，則不是由立法委任，就是由行政委任所強加。評估完全視其所處位置而定，它可以被視為是一種明智決策制定所需的管理工具，或是被當成一項在管理裁量上無論據的介入行為。評估的條件通常被用來確保接受補助的一方，要能夠有能力去證明資金支出的合理性。這些條件不只是要能夠建立在方案中，而且接受補助者通常也需要為這些補助資金而付出代價。然而，評估也能夠對於部分的州和地方補助款的自主權有所幫助。如果評估是與績效而非輸入或過程有相關（亦即將焦點置於結果和方案影響上），則接受補助者可能被賦予更多的裁量權，以其自身行事方式生產那些結果和影響。

　　過程的必要條件，可以包括市民參與和計畫途徑。市民參與的條件在於提供一種課責形式的機會，並將之強加在方案草創的初期。然而有些會將市民參與視為是一種限制；有些則會將之視為是一種改進方案和避免在執行時產生不必要的衝突。這種與受到決策影響的其他團體成員相互諮詢的理念，是與一般的授能概念相一致；它賦予方案的

顧客與方案的運營者能力。

計畫的必要條件同樣也被用來當成一種過程課責的形式。就像其他的條件一樣，它們也可能被視為是一套限制或一種有效的府際管理工具。計畫過程會允許一個管轄單位去辨識它目前地位的權力，它的目標和改變的策略。這項條件明定過程將公開地發生在來自計畫執行影響下有充分輸入的機會上。如果計畫的草擬是在反映出管轄權的真實地位（而非是順服的文件），則它們將能同時增加自主性和確保課責性。

規劃之工具

用來處理府際困境第二個類別的工具，包括有資源的運用、方案的再設計和補助款的類型。從全國政府的觀點來看，透過提供足夠的資源給州、省、地方或地區，將會使得處理社會和經濟問題上這個目的變得更加容易。在許多案例中，這些資源的出現，是由於州和地方的遊說而生成的。當這個途徑是最能夠回應最新被認定的問題時，有限的資源使得它只能作一般地應用。不同的補助款型式，像是競爭型專案補助款、公式化補助款、配合補助款及綜合補助款至今仍然被當成工具使用。

朝向更廣闊的目的補助款改變

高度明確的類別補助款，是最受限制的，但也是全國政府基金中最具標的類型的。這些補助款的類型——特別是專案補助款，需要有經由全國政府機關認定合適的補助對象。根據這個領域，州政府持續在這個過程中擁有裁量權。在某些案例中，來自於地方的政府單位（或者是私部門）的申請者必須被審核，以及在獲得全國政府補助機關同意之前，先接受來自於州機關的合適建議。然而，正如同一般問題，類別補助款高度地朝向課責面發展。

在美國，綜合補助款主要應用在法律執行、就業訓練，社區發展和社會服務等方面，並且增強州和地方政府官員與全國政府補助者之間關係的處理。當這些途徑似乎是完全屬於府際管理的激進途徑，它會使得系統產生漸進式變革，因為現存的常規是根深蒂固的，且難以修改。

夥伴

作為一種府際工具，夥伴關係通常涉及到在較高層級政府的優先考慮設定與誘因得提供，使其他層級政府可以採取行動完成它。這代表著較少依賴公共官僚來傳遞服務，以及運用更多公共與公共或公共與私人的夥伴關係。夥伴關係乃指涉在一組不同活動中的全國政府、州政府、地方政府，以及私部門的行動。正如Peters所提及的，夥伴關係包括了兩個甚至更多的行動者，至少有一個是公共的；每一位參與者都是主角；在這些行動者之間存在一種長期互動的關係；每個參與者將某些事務帶進這個夥伴關係中，以及

分享他們行動成果的責任（Peters, 1998: 12-13）。

　　傳統上州政府和地方政府在府際領域上就已經存在夥伴關係，這個途徑是把焦點放在創造特定的夥伴關係型態，用以回應府際關係與生俱來的困境。Osborne和Gaebler（1992）指出在夥伴的計畫之下，許多政府之間彼此為了特定的服務而進行分享、交換與簽定契約。此外，資訊，想法和其他資源可能也會在這個夥伴關係下來作分享。打造夥伴關係乃涉及到重新建構在全國政府層級上所面臨到的府際困境。再者，把焦點放在課責與自主性的交換取捨上，這個途徑試圖想要對於課責下定義，於此同時，對於州和地方作更多的授權，如此可以讓他們在聯邦系統中，充滿許多夥伴。

協力

　　協力可能涉及到全國政府基金在州或地方機關的補助上，設定一套以他們有能力一起工作與共享資源的條件限制。而協力通常是建立在一種認知上，即單一機關或是服務系統，已無法對無數的或特殊的服務所產生的需求加以有效地回應。部際協力的理念是夥伴們將會捨棄對於整體資源的控制，而同意採取團體過程、資源整合及共同規劃、執行與評估新的服務。這個計畫性的途徑與結構的工具有相重疊之處，在於它指出了全國政府、州和地方官員間的傳統結構，若要能使府際問題獲得解決，就必須建力新的結構關係。

研究和能力建立工具

　　第三個類別的府際工具，以今日俚語所言，乃意指是授能。授能概念本身乃隱含著如果授能是獲取成功的機會，則必須採取步驟以增加所有層級的管理能力。如此，若沒有適當的授能工具以完成任務，那授能也只是一個空泛的運作。在這個類別之下的特定工具，包括研究、資訊的蒐集、儲藏和擴散及訓練，還有其他能力建立的形式。

研究

　　研究是一種間接的府際管理工具，其目的是在協助人們去了解問題和議題，選項和結果。就某種範圍而言，公共政策的研究是橫跨的，其能有助於促進部際間的協調。有一些研究會產生有用的資訊，依次在全國政府層級下加以運用，其可以增加協商的權力、以及州和地方政府府際行動者的自主性。

資訊的提供

　　全國政府和州政府對那些尋求資訊者而言，通常是情報交換的地方。這些資訊，預期會增進部際間的協調和增強州和地方的裁量權。

能力建立

　　這是府際管理最普遍廣範使用的工具之一。一般而言，它涉及到全國政府與州政

府致力於強化州或地方官員的能力以管理他們自己的方案。中央政府經常提供重要的技術，來協助下層機關的官員，這項的協助，可以用一種補助款或契約的形式，來提供在方案設計、計畫和評估等這三項的訓練或技術的建立。

有兩個能力建立的方式，以及增強州和地方在特定方案領域中的專業知識，首先，它讓補助者可以確信受補助者有額外的技能和能力去管理這些補助款。第二，它能有助於確保課責性，透過管理技能的發展，以促使配合全國政府補助款的要求。

府際關係的行為工具

傳統觀點在看待國家官員的困境，那便是應該允許有多少的自主性，或者是要加諸多少的課責性。課責能夠以一種狹礙的方式來架構，藉此掌握受補助者對於輸入和過程的負起責任。然而，透過一種較寬廣的視框去看這個狀況，便會建議課責應該是為績效而存在，以及自主性乃意指賦予受補助者能力與完成績效所需的工具。這種較寬廣的課責觀點，需要把注意力放在個人和團體溝通的過程，以及衝突管理的過程。

衝突管理

無論使用什麼樣的隱喻來描述府際系統，府際關係一直存在衝突的事實。然而這個議題，不只是企圖要去避免或阻止衝突，而是要去避免掉非必要的衝突和管理衝突，以朝向具有生產力的目的來邁進。

在府際系絡背景下衝突的避免，乃要求注意在特定方案或政策領域中不同行動者間建立共識。行動者被鼓勵去界定和克服一些阻礙的因素，像是不同方案文化下的語言與行話以及機關人員對變革所產生的抵制。

衝突管理可能涉及採取協商的途徑來發布法律與規定，而拒絕採取一種「決定性、喧示性與防衛性」的途徑。美國環境保護機關投入在一種協商式規則制定的過程，已超過十年以上，這個過程被命名為reg-neg。規則協商乃涉及到受影響的團體和機關在已提議的規則上進行一連串的爭辨與討論。這種諮商式途徑所產生的環境規則，較容易為大家所接受。而它也促成環境保護機關（EPA）遠離「決定性、喧示性與防衛性」的途徑。

個人溝通

緊密地與共識建立／衝突管理概念相連結的就是改善政府層級間溝通的理念以作為管理課責／自主困境的方法。處在一個資源稀少與政治不確定的環境中，有效的府際關係是需要進行跨越政府的公開式互動。他們要求國家官員能夠傾聽、管理衝突以及建立共識。從國家到州和地方層級的「命令與控制」之溝通方式，不再被視為是一種管理府際關係的適當方法。

團體溝通

在政策發展上，公聽會是歷史悠久的且正式的團體溝通方式。公聽會提供給政府內部與外部的團體代表，一個公開討論的場所，去表達他們的意見與看法。他們也提供給政府行動者一個方法，去蒐集資訊和型塑意見，使其稍後可以成為政策。公聽會可能是一種傳統的且正式的，或是城鎮會議的形式。如果有人想要重新建構府際的困境，並且把他是視為一種機會而勝過於一種問題，則公聽會可能是建立共識的另一種方法。如果有人把這些議題當成一種狹隘的看法，公聽會可以被視為行使國家影響力的方式。

這四個類別的府際工具，沒有一個是萬靈丹。府際的行動者必須同時地從許多不同的觀點看待這些議題。結構上的、規劃上的、教育的與行為者的途徑，每一種均有其因地制宜的情況。換言之，這些工具的採用存在一種經驗法則即：使用特定工具或多或少要配合其所處的特殊情境，決定採用一個或更多的途徑似乎取決於與特定國家和特定情境的特性是否相符合才是。

一個特別的案例：處理績效

這項討論是強調近來國家機關在處理關於績效和府際管理的議題，所採取的六種不同途徑。由於對美國在此項議題的興趣，所以這個章節都在處理美國的經驗。但是其他國家，特別是英國，也相當地強調績效的測量。有一些績效的途徑，已經被設計成為立法的產物，有些則是來自行政作為的結果。所有這六種途徑均在國家機關的課責性與對州、地方機關的權下放和裁量權之間的緊張關係上做掙扎。這些包括有：績效夥伴關係、誘因、協商式績效測量、將績效目標融入立法中，標準和豁免權的建立。

績效夥伴關係

在過去的十多年左右，有一些國家機關已接納或者至少探索各類方案轉向績效夥伴關係的可能性。當機關認知到他們要在複雜的情境中完成可欲的變遷，能力是有限時，這些夥伴關係，也就變得愈來愈受歡迎。雖然不同機關政府間的夥伴關係，以某些方式存在已行之有年，但是現在所努力的績效導向夥伴關係卻是新的的概念。夥伴關係的意象，是討論到夥伴們如何結合來自於行動者的資源，以完成事先預定的目標。而為了獲取成功的夥伴關係，這種最終目標被預期是可以加以衡量的。

關於績效夥伴關係的設計，有個問題即國家管理者面臨到最令人困擾的問題，便是缺乏對結果的控制。當管理者會控制輸入、過程和產出，但他們卻無法分辨最後成果。

績效夥伴關係，可能涉及國家官員和州或地方之間所做的協定。他們也可能是臨時性或永久性的。

　　這個過程並不是沒有問題，美國的會計總署強調一些他們稱之為科技挑戰的要素：

　・缺乏一些基本資料，用來做為改善測量的基礎；
　・很難將一些結果做量化；
　・很難把方案活動和結果做連結；
　・資源的層級需要發展出一套高品質的績效測量系統。

　　以美國EPA績效夥伴經驗為例說明了，這種績效策略與協議形式仍存在一些問題。例如在這一個案上，國家機關與州政府間的個別協商可能會造成跨國協議的變化。事實上，對某些個別協議是這項機制的優點。然而，其他則是考量來自不同管轄權處置所帶來的變異結果。

　　這項策略通常對負責執行涉及許多政策部門且沒有建立良好資訊系統或甚至資料定義的方案之國家機關，頗具吸引力。在這種情境下，很難建立與儲存績效衡量所需的資料以完成這個途徑的預期。

誘因

　　在過去的幾十年中，當經濟典範已逐漸影響政策，有些政策分析家是把焦點放在使用誘因將之當成一種改變行為方式。誘因是尋求去引導行為，而非控制行為。但是官僚和政治人物傾向喜歡使用直接管制，因為他們相信誘因也需要政府的介入和涉及管制。

　　然而，就某種程度來說，誘因在過去許多配合補助金要求的國家方案上，一直扮演重要的角色。當全國政府提供了資金，當成一些誘因來讓州政府或省政府去提供他們的自有資金，這種配合款的要求，作為一項誘因作用。然而，許多的案例中，績效期望未必總是明確的，特別是來自過去已執行的方案。

　　這種誘因策略的使用，存在許多困境。要確認州或地方政府的行為，與特定的結果之間的關係，是有其困難的。此外，複雜的方案有方案目標和方案預期的排列問題，以及很難在績效標準上達成協議。有些批評誘因策略指出，州或地方政府的管轄權，企圖要去操作這個系統，還有發展符合績效衡量而非達成立法基本期望的政策。其他批評者則是宣稱，這已經發生了，而且這個情勢將不會比之前來的更不同。

協商式績效測量

　　美國州政府和地方政府中最常見的抱怨之一，便是全國政府針對補助金的使用設定

一套條件，而這套條件卻無法配合非國家的管轄權需求。的確，這有一個爭論，那便是把類別補助款轉換成為綜合補助款。綜合補助款在績效條件下，被證明是最困難的補助款形式之一。對於國家官員來說，存在著一個問題即：要如何去平衡綜合補助款（允許州和地方符合他們自己的特殊需求）的彈性，與為了使用那些基金而承擔起更大的課責性。

然而，當某些條件是符合時，在績效測量上達成協議是可能的。許多方案在政治上是不易變動的或缺乏一種廣範不同的專家意見在績效測量過程的應用。此外，先前的工作和資料系統對於許多結果和過程目的上之共識已奠定了基礎：測量可以了解和區分出接受補助款者運用其影響力的目的，以及超出其所能掌握且來自外部因素的控制力。但即使當這些條件是存在的時候，這個協商的過程，仍然是耗費時日的且需要國家機關人員和資源的投入。

將績效目標立法化

在過去的幾年中，美國許多的立法案已經注意績效目標的起草問題。在一些案例中，這些立法已呈現出一個變化，那便是從強調輸入或過程的要求轉移到把焦點放在績效結果上。再者，重新去界定這些由國家部門透過規則發展過程所建立的條件，以便於提早告知績效測量過程如何才是有效的，以及若無法符合這些條件是否將加諸一些懲罰。在起草這兩種立法時，國會已設定核心指標乃是反映出跨國的共同實務，以及那些資料系統是可以作為目標達成的報告之用。

建立標準

在一些案例中，全國政府的角色是在建立一些績效標準，以作為引導著州政府，省政府或地方政府的行為。至少在理論上，這些標準可以是自願的，而且州或是地方有能力去順應，同時不會為了特定全國補助金的資格而受到拘束。在這項策略中國家扮演的角色，包括涉入標準的發展，提供技術上的協助，及有時候尚要贊助處理這些規範和指導方針的會議所需之經費。

柯林頓政府針對閱讀和數學發展一項自願性的全國檢定計畫，便是這個途徑的一個例子。對於這項計畫，特別是由一些州長或是教育的領導者作了一些回應，說明從這個策略中可能衍生的問題。雖然許多州長在1997年時是支持這項行政計畫，其他則是表示對這項議題的憂慮。許多的州也已經有了檢定的制度，而且並沒有想要使用全國性途徑取代他們現有的績效責任制度。仍然有其他對這項考試不安心的人，特別是在衡量成就和其實施範圍的正確性和確實性。

　　這項計畫同樣也揭露了另外的問題，即無論何時應用這項標準策略都可能面臨：害怕資訊的蒐集是透過自己本身立場來評估，且將被不當的使用。這是特別有問題的，因為資訊的蒐集乃意謂著個人層次上成就的說明。隱私的問題和資訊安全的問題，已經被提出且且無法給評論者一個滿意的答覆。

轉移決策權

　　將特定方案補助款的決策權力轉移給州和地方政府，已經存在有好幾年了。當這種轉移決策權已被視為是一種符合個別州獨特需求的方式時，它同樣也與一種研究和發展策略緊密連結在一起，以提供非國家管轄權限範圍內能夠使用新的創新實驗與新的方式來傳遞服務。在美國，這種決策權轉移被認為是一種走向超越過程或投入條件的方式，換句話說，就是給與州和地方機會以其自己的途徑去達成特定的成果。這種轉移決策權威，通常被界定在特定的方案系絡中，而且轉移補助款決策權的標準，也建立在立法或者是執行的規則中。不過，有一些要求是無法被轉移的，像是公民權的要求或文件績效的資訊等。

　　在美國，這些決策權轉移已被廣泛的運用在許多方案領域中，特別像是社會福利，醫療照護，以及工作訓練夥伴法案等。轉移決策權已被用來當成允許州去建立他們自己的途徑以及削減或修正投入或者是過程的條件。許多的決策權轉移需要對預算提出修正——這表示，它不會增加管轄權轉移或全國政府的額外成本。對有些事情而言，這種轉移決策權的過程是一種可用來當作政策改變的例子。然而，對於決策權轉移仍存有些疑慮，便是倉促間所做的補助款決策權轉移卻忽略了預防措施與懲罰條款的建立，因為這種決策權轉移將會產生一種狀況，即沒有人會被監督、監測，以及為補助款決策權轉移負起責任。雖然有一些現存的決策權轉移是強調績效的議題，尤其當他們將評估視為是決策權移轉的條件時，但是應建議加速精簡評估過程的立法工作，否則來自這項改變是不產生任何結果。

結論

　　上述的討論指出府際管理的工具與在公共管理世界的其他改變是緊密相繫的。這兩者在這個世界已同時發生了宏觀的改變及對加諸在府際管理者身上的績效此一新需求感到興趣。而這是在聯邦制和單一制國家所存在的事實。這些需求促使管理者去思考一組可以在不同情況下使用的工具。

　　管理者和管理策略家必須敏銳察覺出不同政策及方案間的差異、涉入的參賽者間的不同、涉及國家和非國家機構的兩個世界的複雜性、以及目標一致或衝突的層面。當我們聚焦於多樣的途徑會發現政府途徑並不常是特別有效的。界定工具的過程應該在特定的方案系絡中加已設計，並敏銳察覺環繞在這些措施周圍的獨特特質。

　　當這個過程展開時，凡事尋求發展府際關係途徑者，都應該考量許多因素。尤其是針對某一個特定情境，並沒有一個型模可以使用來決定適當的途徑，以下清單可針對這種決定的作成提供一個架構。

- ·確定誰負責建立執行的成果；
- ·評估現行的系統是否得以提供執行者機會去重新界定符合他們自身需求的目標；
- ·決定所涉及的政策類型（重分配政策可能比分配性政策及管制型政策更難以處理）；
- ·評估現行用來執行政策方案的工具；
- ·決定所涉及的決策者是否是一般的政府官員或方案專家；
- ·決定國家角色及方案的影響範圍（例如：補助金的層面）；
- ·決定由兩黨所感受到不順服帶來的風險程度；
- ·決定懲罰是否可用於績效不彰者；
- ·評估過去監督關係的歷史（合議或衝突）；
- ·決定跨國實務差異性的層面。

　　然而依據此一清單所得之資訊不一定總會得到特定工具，它提供一個粗略的大綱給方案或政策官員，用來考量什麼樣的途徑範圍應用在一個特定情境才能顯的有意義。一項特殊工具的決定考驗著府際管理者的創意及細心，正如同他們面臨多方的壓力，這僅是現行府際地景實體的一部分。

參考文獻

Agranoff, Robert (1986) *Intergovernmental Management: Human Services Problem-Solving in Six Metropolitan Areas.* Albany, NY: State University of New York Press.

Barzelay, Michael (2001) *The New Public Management: Improving Research and Policy Dialogue.* Berkeley, CA: University of California Press.

Gurr, Ted Robert and King, Desmond (1987) *The State and the City.* Chicago: University of Chicago Press.

Heclo, Hugh (1979) 'Issue Networks and the Executive Establishment', in Anthony King (ed.), *The New*

American Political System. Washington, DC: American Enterprise Institute for Public Policy Research. pp. 87–124.

McDonnell, Lorraine M. and Elmore, Richard F. (1987) *Alternative Policy Instruments*. Philadelphia: The Center for Policy Research in Education.

Osbourne, David and Gaebler, Ted (1992) *Reinventing Government*. Reading, MA: Addison–Wesley.

Painter, Martin (1997)'Reshaping the Public Sector', in Brian Galligan, Ian McAllister and John Ravenhill (eds), *New Developments in Australian Politics*. Melbourne: Macmillan.

Painter, Martin (2001)'Policy Capacity and the Effects of New Public Management', in T. Christenson and P. Lægreid (eds), *New Public Management: The Transformation of Ideas and Practice*. Aldershot: Ashgate.

Peters, B. Guy (1998)'"With a Little Help From Our Friends": Public–Private Partnerships as Institutions and Instruments', in Jon Pierre (ed.), *Partnerships in Urban Governance: European and American Experienc*e. New York: St Martin's Press.

Radin, Beryl A., Agranoff, Robert, Bowman, Ann O' M., Buntz, C. Gregory, Ott, J. Steven, Romzek, Barbara, S. and Wilson, Robert H. (1996) *New Governance for Rural America: Creating Intergovernmental Partnerships*. Lawrence, KS: University Press of Kansas.

Radin, Beryl A. (1998) 'Bridging Multiple Worlds: Central, Regional and Local Partners in Rural Development', in Jon Pierre (ed.), *Partnerships in Urban Governance: European and American Experience*. New York: St Martin's Press.

Radin, Beryl A. (1999)'Bureaucracies as Instruments of Federalism: Administrative Experience from India', in Ian Copland and John Rickard (eds), *Federalism: Comparative Perspectives from India and Australia*. New Delhi: Manohar Press.

Radin, Beryl A. (2001)'Intergovernmental Relationships and the Federal Performance Movement', in Dall W. Forsythe (ed.), *Quicker, Better, Cheaper: Managing Performance in American Government*. Albany, NY: Rockefeller Institute Press.

Rhodes, R.A.W. (1988) *Beyond Westminster and Whitehall: The Sub-central Governments of Britain*. London: Unwin–Hyman.

Salamon, Lester M. and Lund, Michael S. (1989) 'The Tools Approach: Basic Analytics', in Lester Salamon (ed.), *Beyond Privatization: The Tools of Government Action. Washington*, DC: The Urban Institute Press.

Scharpf, Fritz (1997) Games Real Actors Play: *Actor-Centered Institutionalism in Policy Research*. Boulder, CO: Westview Press.

US General Accounting Office (1999) *Environmental Protection: Collaborative EPA-State Effort Needed to Improve New Performance Partnership System*. GAO/RCED-99-171, June 1999.

Walker, David B. (1995) *The Rebirth of Federalism: Slouching Toward Washington*. Chatham, NJ: Chatham House.

Wright, Deil S. (1988) *Understanding Intergovernmental Relations*, 3rd edn. Pacific Grove, CA: Brooks–Cole.

第三十章　多層次治理：它是什麼與如何研究它

Andy Smith
李長晏 / 譯

PART *14*

　　世界上有很多地方，特別是在西歐，現今的政治體制都出現一些特徵，像是在政府層級和單位的疆界與領域之間都出現越來愈多的不確定性。這種不確定性乃是與逐漸增加的互賴式經濟管制所衍生的新公共問題以及針對這些問題所設立的機構性解決方案有關，像是歐盟組織、法國的地方分權、英國的權力下放及西班牙的自治社區等。

　　在政治科學和公共行政中，有相當多的研究都試圖探究因政治和政府本質的變遷，所造成的影響與起源。這一變遷至今仍被視為是一種神話，特別是在中央集權式的民族國家。有很多研究者為了要將他們的發現理論化，因而試著轉而想以治理的概念來闡釋。在這些研究者當中，有人更進一步為了要強調橫跨傳統管轄權界線的政治活動而創造出多層次治理的詞彙。為了要概念化這樣的趨勢，於是強調在政府層級間去權威中心化的權力分享。換言之，它是一種在多重層級權威上的不同政府組合，像是歐洲的國家和次國家結構，為了協力合作而形成的政策網絡。而這種關係的特徵就是建立在彼此資源的互賴性，而非為了稀少資源所作的相互競爭（Hooghe, 1996: 18）。

　　本章一開始我們先回顧關於多層次治理這個詞彙上，已經出現或已使用過的文獻，去檢視該詞彙運行的目標，並確認主要的研究問題以及未來發展趨勢。就像多層次治理本身所指出的那樣，目前一些相關研究已經清楚的認為當代的政治體制必須倚靠政治科學處理從政府到治理概念上的轉換（Campbell et al., 1991）。治理已經被定義（Rhodes, 1999: xvii; 1997: ch. 3）為自我組織化的府際網絡，其特徵如下所述：

1. 組織之間的互相依賴。治理的概念比政府更廣泛，包括非國家行動者。國家界線的變遷（意謂著）界線介於公部門，私部門和志願部門的界線正在發生改變。

2. 網絡成員間的持續性互動，乃是因為資源交換和目標共享協調的必要性。

3. 類似於賽局的互動關係是立基在賽局協商規則的信任和管制，以及網絡利害關係人的同意。

4. 從國家得到重大程度的自治權。網絡並不用對國家負責。他們是自我組織化的。雖然國家在主權地位上不具完全獨占的特權，但是它能夠間接地和部分地

領航網絡。

　　就像上面所顯示的，這樣治理的概念已經挑戰了將政治制度的重要性降至最小的說法（Pierre and Peters, 2000）。然而，這的確是大多數的多層次治理學者所使用的定義。

　　應用多層次此形容詞來描述治理的概念主要有兩個相關的來源，以提供本章第一及第二部分的架構：即是地方治理的研究與歐盟治理的相關研究。雖然許多有用的研究發現指出，多層次治理的概念一方面尚未達到理論化，另一方面則導致研究者在建立研究設計時幾乎不可避免地將產生缺乏經驗性和過度通則化的結論。更精確地說，多層次治理基本上是一個有用的名詞，可用來整合政府實務的一般趨勢，但卻無法產生嚴謹的假設建立與詳細分析。本章在第三部分將採取一種更具分析導向的方法來檢視現行研究將之視為是「黑箱」的多層次治理概念。對此，有一種聲浪要求回到來自政治社會學的兩個基本概念，即制度化和合法性。最後總結出未來研究議程的主要命題。

地方政治與多層次治理

　　從1950年代的北美洲和1960年代的西歐開始，地方政治人物與官員在做決策或建立與運用權力的方法，已逐漸和主流政治科學慢慢融合。在該領域中，主要有兩個方向在支配即是：地區性的權力本身和其連結國家政治系統。簡言之，綜合這些領域的研究都已顯示出不同層級的權力系統都已經各自慢慢地受到挑戰。甚至，在這種評論中所隱含的是針對將國家政治系統視為一種分析上的「自然類型」，已產生一個廣泛的挑戰。

從地方政府到地方治理

　　在地方政府這個標題下，第一位研究地方政府的專家即將重點放在一個或多個特定政治領域（Dahl, 1961），例如一座城市或是一個區域（Sharpe, 1978）。在早先的時間，大多數的學者都認為地方政府的權威是相對單純的。然而，針對政府這個詞彙則出現兩個重要的例外是必須更花心思去檢視的，就是該如何將之解開，轉而設計出更精確的研究問題和工具。

　　首先，國際化是最重要的，在這些例外是因為傳統的因素而出現在早期美國的政治科學中，因為在當時相當重視地方社會中，地方政治家和特定利益代表之間的關係。將概念正式化，例如社區權力，而不是再感嘆「地方政府要做什麼？」或是「誰來統

理？」（Dahl, 1961）等問題最關鍵的研究取向。到了1970年代和1980年代，前述相關研究的興盛轉換到一個新的詞彙上，即所謂「都市政體」（Stone, 1989）和「成長結盟」。在1980年代，一些主要區域仍繼續發展，特別是為了要追隨地方政府積極參與地方化形式的經濟發展的趨勢而來（Le Gales, 1995）。再進一步討論，政治科學所分離出來的部分逐漸也產生一個共識，即地方政府應該不再只是單獨或獨立研究。反之，地方政府的權威和行動則必須要運用到像政策網路的概念來進行分析（Rhodes, 1988, 1997）。而在上述共識產生之後，則開始將相關研究歸類為「網絡政治」（Ansell, 2000）。甚至，在1992年有關地方治理的研究方向也被英國積極的予以形式化，英國主要是藉著由Gerry Stoker（1998）所主持的一個由經濟和社會研究會議所主導的研究方案，進行地方治理的相關研究。雖然身在該相關領域的學者不可能全部都確信這個新治理的概念（Stanyer, 1999）或認為其有相當效用，與多層次治理的相關文獻關係仍然是無庸置疑的。

　　第二個試圖要解開政府概念的例子發生在法國，目的是要活絡地方政治的研究，該國政體的主要施政要點就是實行中央集權與在政治傳統上，不同地區不能實行自治，而必須由中央政府統一管理。一直到1960年代，法國的社會科學才開始驗證這個論證。然而，從研究時期開始，這樣的途徑也受到挑戰，首先是必須面對一些社會學家以及較為多數的政治學家的質疑，進而也發現一些事物，社會學家強調一些地方權重人士必須不能只聽命於法國的中央政府，但是該觀點涉及要創造與維持社會秩序的外觀而必須被迫要面對處理到次要部分的事務（Worms, 1966; Crozier and Thoenig, 1975）。也因為上述原因，即政體中的次要權力是一種錯誤的集權（Grémion, 1976）*。為因應這樣而產生了國際比較分析的概念，政治學家為了研究在一組中型鄉鎮的權力關係而進一步運用了這樣的概念（Mabilieau and Sorbets, 1989）。藉由這個效應的持續發燒，在1982年的地方分權法案，使得法國的政治學家從那時開始運用政府和統理的概念，為的就是強調地方政治的動態性及為何在法國政體中，這些相異點會如此的突顯。

核心—邊陲或府際關係

　　雖然現在在全世界仍較少討論到地方政治應該如何研究，像法國的個案就值得再去探討，因為早期研究的重點是放在地方地區的代表人士（地方有力人士）和其他外部權力來源（特別是國家，像是部長，高級文官和其他市民代表）之間的關係。在法國的「核心與邊陲」和北美的「府際關係」概念化過程當中，外部資源和地方治理的限制等問題已經變成單一國家和比較性研究中逐漸炙熱的討論重點。其實在一些類似的個案裡，這些關係的歷史脈絡應該要受到高度重視。舉例來說，很明顯的法國跟美國的革命運動和結束後的代表談判都是造成不同憲法結構和制度安排的原因。然而，學者也

因而將之劃分成什麼是激發中央，地方和協調者（如地區）等層級的變遷。對有些學者來說，政治變遷是對於經濟變遷的基本回應，例如像是社會的網絡化工業區（Garfoli, 1992）或是全球化資本市場的解制等（Dunsford, 1997）。其他學者則著重在更深層的文化信仰上，這種信仰價值會幫助或阻礙發展與和中央政府的互動關係（Putnam, 1993）。更多元的途徑則將重點放在透過地方菁英份子而促進地方發展，但也可能會導致失敗，在政體中內部和外部界線的政治能力運作已經不再穩定，並且必須處理地方和中央行動者之間連續性的互動和重組（Keating and Loughlin, 1997）。

　　簡言之，長期以來著重在核心—邊陲或是府際關係都隱含著有時候要處理各政府層級之間互動關係所衍生的問題。許多的相關學者都試著轉變治理的概念，或是類似於相同意涵的，都是為了要在研究中納入非政府行動者。許多多層次治理之所以能散佈的原因可能就是各家學者是在地方治理的傳統範疇中進行研究。從1980年代中期之前，一直深植在歐盟之中的議題是從傳統中記取教訓，進而產生多層次治理這個概念。

歐盟和多層次治理

　　更精確來說，多層次治理已經被納入社會科學的辭典中了，其主要是在探討歐洲產生整合的過程，特別是在歐盟的府際關係本質上更為明顯。

歐洲進行整合的原因

　　大約經過15年的時間，在層級變遷的比率仍相當低，一直到1984年到1990年代早期，這段時間的歐洲社群在他們的經濟狀況上經歷了再生的滋味，並且真正包含許多單位或部門的社區層級也開始出現。這個時期則特別著重在兩項協定上。在1987年正式批准的個別歐洲法案（SEA）則再次重申國家領導人並不只是單純做到在社群內部貿易的關稅同盟，免除貿易關稅的承諾，而必須實現1992年12月所協定的單一市場，藉此機制來消除商業之間更多隱藏的障礙。更重要的是，SEA則藉由擴展具備資格多數人的選舉系統而改變研究範圍的方向，所依據的基礎乃是為了制定歐洲共同體的法律規範。承如眾所周知的馬斯特里赫特條約，該條約是由歐盟會員國國家元首於1991年簽署和批准，然第二年就發生一些困難。在許多的其他議題中，歐盟共同協定也制定了歐洲貨幣聯盟的指導方針，並給予歐洲議會更多權力，再創造出歐洲區域委員會並推廣這個概念給歐洲的公民。

　　這個簡短且密集的歐洲整合歷史插曲已經快速地吸引政治科學家的注意，並間接地

提出多層次治理此一名詞。將一段很長的故事濃縮來看，在1990年代早期，當時介於歐盟的學者間所主要討論的議題著重在兩個面向。一個是什麼因素造成在1980年代中期之後，歐洲共同體再次復甦，以及以歐盟整體而言，它的最主要特徵為何。

在以美國為基礎的現實主義者國際關係理論背景的深深影響下，一群學者找尋淡化這種變化的原因，並將之歸納為是歐洲較大會員國的政府菁英所採取的一種有意識與經過商議的決定，特別是法國、德國和英國。根據歐洲整合之自由府際主義論者的觀點，國家領導人已同意放棄一些主權，因為一些歐洲國家的商界領袖都認為他們也必須在支持單一市場的構想上各自面對不同國家的壓力。然而，也有人認為國家政客也是在歐洲部長會議和歐洲會議的重要府際場域中出任重要的角色。歐洲共同體的行政體系和官僚組成是相當清楚的，並不會被視為是因超國家浪潮的變動產生。幾乎不用說，府際主義者的結論是，次級國家的政府形式在單一歐洲法案和歐洲聯盟條約是無法發揮實質的影響力，同時也對歐盟作為一個整體的制度形成之推動與成效不具影響性。總之，為了避免概念的混淆，此一理論最好以「水平的府際主義」稱之，因為它主要是與外交風格的國際間政府關係有關。

至少在1990年代早期，許多歐盟的出版品在相當程度上也回應了府際主義的假設以及結論。實質上，則逐漸出現三種異議的聲音，以及開始慢慢以多層次治理的概念取代超國家主義的概念。第一個反對聲浪是對於水平式的府際主義理論，認為其忽略了歐洲委員會的地位，其實它是相當重要的。簡單來說，府際主義的反對意見全都將矛頭指向委員會內部的代理能力，委員會從運用他們的權力開始制定歐盟的法律條文，並把它當作是一個串連重要行動者聯盟的資源，也形塑了部長會議在處理事情以及決定立法解決方案的制定方式（Pierson, 1996）。

區域和歐洲治理

第二個和第三個針對水平式府際主義理論的反對意見就直接與我們的主題有關了。先前我們關心的是西歐的經濟和政府之間連結的概念化（Scharpf, 1994）。默默的激發了國家與社會間關係的多元主義理論，水平式府際主義者認為政治家和政府官員會諮詢國家利益團體的領導者，當他們在歐盟層級的協調事項中制定他們的偏好和策略時。因此，利益團體領袖對於政治家所提出的國家利益的定義具有相當影響力，但是最後這個理論認為後者總是占上風。主要是因為該理論提供一個國家和社會間關係的新功能主義和新企業主義願景，而府際主義的批評家則主張以經濟，社會和政治菁英來取代即可，因為事實上他們會比水平式府際關係更為獨立，因此國家政府的行政機關經常會出現複雜的偏好和策略。甚至，我們已知的利益團體也會逐漸地受到歐盟各層級的安排，他們

要求必須要考慮到經濟，社會和政治行動者關係的互動，因為他們經常會彼此組成聯盟。簡單來說，歐盟的決策制定是在一種真實的多層次之中，現在可說是歐盟治理的時代（Marks, Scharpf et al., 1996）。

第三個對於歐洲整合的水平式府際主義理論的反對意見則是幾乎完全忽略次國家層級的地位，也就是像區域或地方，行動者等（Marks, 1993; Marks et al., 1996; Hooghe and Marks, 2001）。雖然如此，卻可以承認的是，這些行動者很少或沒有直接管道接近部長理事會和歐洲理事會，因此，他們在歐盟條約的籌備和談判上之影響力也就相對較低，許多將歐盟視為一個相互依存、橫向領域治理空間的理論家，都強調區域代表在其他重要方面所發揮的作用。特別來說，Gary Marks是第一個研究歐盟的政策如何支持較弱勢地區的學者，並為次國家的行動者創造出參與歐盟政策決策和執行的機會。甚至，總結Marks的發現，他可能是第一位創造出多層次治理這個詞彙的學者。

隨著上述「成功」這個名詞之後，有兩個由Marks和他的同事所發展出來的相關面向，是有關於歐盟的次國家關係的問題，也引起了高度的注意。首先是在何種程度上的結構性基金，特別是和歐盟現象的持續深化有關，因而造成或伴隨著在個別的會員國之中，垂直府際（即是核心—邊陲）關係的變化。就像先前的章節所指出的，在許多西歐的國家之中，這些關係都在1980年代末期與20年之前的情況發生重大的改變。Marks的多層次治理途徑在談論結構基金時，並沒有加以迴避，其認為結構基金經常扮演一個使府際關係發生重大改變的因素。Marks強調這種改變意謂著置國家政府官員於不顧，或者是說國家是以一個袖手旁觀的姿態在影響次國家政治。這邊沒有多做詳細介紹，但是要強調的是一系列針對不同的歐盟會員國所進行的實證研究已經表示Marks的結論已經超越了一般在這個領域上較為欠缺的研究（Jeffrey, 1996; Smith, 1997; Smyrl, 1997）。尤其是終止的國家作為政府的一個層級，所涉及的區域發展顯然已經過度膨脹。這個觀點也在Pierre和Peters所共同合著的書——《治理，政治與國家》之中所強調的概念，他們主張在世界上的大多數國家中，國家為了要在一個經濟全球化的時代與逐漸增加的次國家制度的動態過程追求共同利益，而必須要進行重構，進而使得自己具備能夠繼續發展的工具（2000: 196）。

第二個所隱含在Marks對多層次治理途徑的假定乃提出多層次治理與水平式府際關係的交會已經產生，並且這種出現頻繁的趨勢名為「歐洲化」現象。再者，有些學者都將這樣的假設視為檢驗實證研究是否為混合的。某些認為歐盟出現小幅變遷和預設權力平衡立場的人都是描述變動的重要說明。尤其是發生在西班牙和英國的個案，在這些國家中，有一些學者做出相關結論，認為歐洲基金和規範的影響並沒有促進區域的建設，但是卻提供了地方行動者有額外的機會能尋求那些稀少，而且往往受到集中控制的資源

（Bache and Jones, 2000; Martin and Pearce, 1999; Garmise, 1997）。然而，其他的研究也提出由歐洲層級中的多層次治理已經提供了次國家政府更具意義的概念。這樣的案例與德國相較，德國擁有高度制度化的府際結構，並提供較少的否決權給來自國家政府（聯邦）的官員和政治家（Benz, 2000）。甚至，在德國的其他研究也導致研究者們強烈地歸納出所謂二分的推論，即是有關於國家強勢地位和弱勢地位等論述，其實是一條死胡同（Borzel, 1997）。

　　某些歐洲化的研究經由多層次治理概念所產生的最新批評則是將更深層的問題放在其概念的定義上，與健全的研究設計作適當的連結。甚至，就如同Claudio Radaelli所指出的，在評論歐洲化的文獻時，研究的早期階段之後，分析的網格已得到廣泛足以容納廣泛的實證觀察，在這個時候才是像Sartori（1970）所說的在概念上的不斷延伸。對於歐盟觀察家未來所遭遇的挑戰就是必須要試著去更精確地公式化一些概念，並足以抵擋偽造的假說。

探究多層次政治

　　多層次治理是否能夠針對許多涉及歐洲政治的各層級政府提供更精確的描述，以及綜合粗略的研究發現與印象？當然，這個答案乃是依據誰能開始研究和終止多層次治理的概念的推行，並建立比它更適當的研究設計。就學術上的問題來說，在這個主題領域中，從描述到分析，第一個意涵代表讓重點更聚焦在權力關係中變遷的觀察上，以及介於次國家，國家和超國家場域中權力關係的轉變。然而，想要進行實證研究，有大部分都需要透過已知的資料來了解變遷的意涵以及需要花多少適當的時間才可以得到觀察。一個有效的出發點在於能否確立第一個問題就是區分變動的順序：政策工具的修正（舉例來說，區域會議來幫助小型企業）或許可以相異於政治強度，像改變地方政府的稅制或是選舉制度的改變。而解決時間的問題最好的就是利用縱向的研究，即貫時研究，此項研究方法的好處就是它能清楚區分真實變遷和表面變遷，進而能夠提供個體長期的發展趨勢或變化軌跡，研究者得以觀察在某一段期間之內樣本的穩定性或改變情形（Stanyer, 1999: 237）。

　　在劃定變遷的問題的第二個意涵則是重新討論政策和政治間的關係，到底在現在的多層次治理文獻中有什麼隱含的意義。並非是歐盟政策的規劃和執行在限制變更方面的問題，然後在此過程中間接評估政治家的參與，其實應該採用一個更由下而上的途徑使得政治競爭和權力施加能比個別化的政策制定更具長期的效應（Jeffrey,1996）。更精確來

說，研究設計必須要從一個假設來建立，即次國家政治的動態性主要是受到政治競爭，行政部門和立法部門關係，利益團體代表的局部力量所型塑，全部都包含在府際或多層次等面向上。從這個觀點來看，學術界對變遷的質疑是較少有關於領航和公共管理（多層次治理）的，而是與權力分配息息相關，即多層次政治。針對於這個問題，由下而上途徑強調的不只是政策網絡的關係，還需依賴行動者在網絡之間互相協商。而這樣的變動，最佳的運用就是從政治生態學而來的兩種基本概念，即制度性和合法性。

制度化

　　儘管它們仍存有相異點，但歷史學的和社會學的新制度主義也贊成制度是國家和社會規範的範圍，並能塑造出政治行動者如何界定它們的利益以及組織與其他團體的權力關係（Steinmo and Thelen, 1992: 2）。

　　簡言之，制度不單只是另一個變數，制度主義者也主張不僅是單純的制度問題而已。不僅僅是藉由行動者的策略塑造（像理性選擇），也是它們的目標以及藉由調解它們合作和衝突的關係，制度結構能產生政治情勢與政治結果（1992: 9）。

　　據此，制度化可以被界定為一種過程，它不僅是經由制度的建立，而且是長期性的鞏固，以及成為某政體接受的一部分。

　　就實證研究的設計而言，利用這個途徑的方法和定義的主要優勢在於促使研究者去定義因為兩個相異的層次產生的變動所代表的意涵，即特定政策和政體。

　　在特定政策層次的制度結構就是法律，規範，非正式慣例等構成對經濟或行政部門的管制。舉例來說，以葡萄酒生產的政治性而言，相關的制度則包括限制新葡萄樹的栽種，葡萄品質的標準化評估和控制農藥的使用。研究它們的制度化乃意謂著正在找尋爭辯和反對它們隨著時間推移的因素，以及了解妥協這個過程的必要性。鑑於一些法律和規範在國家（葡萄樹栽種）或地方層級（葡萄品質）中是相當重要的，所以歐盟在其治理範圍內制定因應措施（農藥控制），在這個部門，制度化路徑的變項已經強調多層次治理在政策層次上的不調和（Smith, 2003b）。

　　而在政體層次的制度結構很典型地是更為集中的，主要是倚賴某些機制，這些機制能連結各個在行動者和過程的配置結構中的組成要素。溝通管道和互依性的會隨著時間演進在行政機關、立法機關、政黨、特定部門以及利益團體間逐漸制度化。舉例來說，至於在法國的布列塔尼這地方的區域發展，其制度化的結構則是由地方政治家和中央派駐的區域官員形成重要的關係。不過，這樣的配置結構能在這樣一種方式在地方層級中

實現，只是因為它的主導者是同時在國家，歐洲和國際等層級從事溝通協調的工作（經常是有效率的）。例如：有關地方經濟發展的補助金問題，是由地方層次的行動者所結構和控制，並且確信他們的偏好從一開始就在布魯塞爾和巴黎的考慮之下。

簡言之，若將重點放在制度和制度化過程則並不必然會形成研究的連續性和恆久性。反之，它連結了多層次治理概念討論的開端，藉由嚴謹的定義什麼是政治變遷以及它如何被研究。這樣說好了，制度化過程的研究並未提供足夠的標準來確認政治變遷。這種面向的問題需要透過針對新過程的調查研究產生合法性。

合法性

雖然這既複雜又競爭，但政體合法性的問題仍在一開始就表明反對兩種理想的類型。其中，在連續體的一端是一種基於公民或公民代表的共識形成的政體，運用反覆成本效益分析來測試他們是否會接受該種權威。至於連續體的另一端即是在合法性政體之下，市民很少能回應權威當局，相反的，則賦予政體一種社會價值，並鼓勵公民能夠支持或至少能表現出一般的順服（Lagroye, 1985）。雖然這樣的兩分法明顯過於簡略，但它仍然提供了一些依據，可以從某些政體如何變成一般社會所認為的滿意之事，針對前述進行實證調查。標明為合法性，這樣的過程值得去進行研究，為什麼呢？因為過程中涉及政治家和其他在司法管轄權中的行動者，但是也因為某些偏好，決策和行動而產生戲劇化的結果。在依次要發展這兩個觀點時，則要先強烈建議如果選舉確實是代表大多數政治家合法性的面向時，則選舉過程要經過幾個投票日，即每天都身在該體制範圍的行動者之間的互動關係，甚至是更為重要的合法性面向，則值得更進一步去進行研究，而並非只是單單檢閱現存的多層次治理文獻而已。

明確規定決策的管轄權會明顯影響公共干預，形成在多層次政治方面任何針對這個主題的研究都必須涵蓋。沒有天真到會無異議地相信不管是哪一個行動者會公開的明確地表示他們的動機到底為何，這也是這些行動者在參與行動時所表現出其偏好的一種方式。在法國區域化的系絡下，關於地區議會應該如何參與農業政策，某一部門應該被地方分權法排除等問題。文章亦有稍微介紹一個例子，是有關上述多層次面向的應用策略。例如來自法國羅納阿爾卑斯（Rhone-Alpes）地區的議員投入了大量的精力試圖伸張自己的權力，建立一種以特別區域為名稱的政府型式來負責推動新的農村政策，相對地，來自巴耶利德拉薩盧瓦爾（Pays de la Loire）地區的議員則持相反意見，其主張由法國中央政府設定優先議題，推出一種以名為「互補」途徑的方法以避免法國被區域化。

到底應該如何計算，以及合理的管轄權應該是如何，他們不太可能去說服其他公部門決策制定者或是地方公民，除非設法去進行合法性的第二個面向，即「以戲劇化方式

呈現」。雖然大部分都為政治科學家所忽略，但人類學者則相當正確地強調喚起政治的重要性（Abeles, 1989）。以對話，符號和手勢的形式來喚起合法性的面向，乃是訴諸於情感，而非理智。最後，依照成本效益分析的觀點下，任何政體都無法只靠自我的組成要素而獨自存活。因此，許多政治是有關於信任關係的建立與透過教育和溝通將個人社會化的，至少是一般與信任相關聯的規範與實務。

在此關係中，一個特別強烈的動力就是公共行動者在論述和符號的參考的使用方面十分頻繁。也就是說，要廣泛的運用空間和時間的社會表徵觀點。

以社會學角度的定義來看，領域是思想的分類決定了社會團體的集體認同。而以政治分析的角度而言，這對於為了要使自身具有合法性，政治代表機關求助於地區的社會代表團體來說是相當重要的（Faure, 1994）。而以政體中的特定利益而言，像法國存在已久的行政區劃（國家、省、市鎮）則受到新分類的挑戰（歐盟、區、市鎮間再分類）。舉例而言，像是在葡萄酒的部分，在波爾多葡萄酒產地的政治家已經無法建設他們政府的層級。而在法國的朗基多克省，生產者的代表和地區的領導者則相當成功地採用正常的與無異議的葡萄酒政治（Smith, 2003a）。

最後，建立一個制度化和合法性之間的堅固連結在邏輯上幾乎是一種套套邏輯。依照社會學的定義來說，當規範和慣例被視為理所當然，而且被現行的法令和政體所接受的話，他們就會變成制度。然而，這不一定是代表和諧的接受權威就是一定的規則，變遷通常只是一種例外情形。制度化的慣例總是身在衝突之中，並且會不斷產生矛盾。當矛盾變得越大，且衝突越激烈，政體將會失去制度化。並且，在大多數的情況裡，將會再度進行重構。在任何一個時間中，多數政體的相異之處就是還在經歷創新，萎縮以及重建等過程。

結論

雖然並不刻意使用這些詞彙，但本章前面所鋪陳並善用地方和多層次治理的文獻觀點，已經鼓勵政治科學家重視政策制定和政體轉變間的關係。儘管有許多地方分權與地區化的研究，甚至連歐洲整合等都簡明地描述觀察得到的過程和變遷，如果運用得宜，多層次治理的概念可以建構更多分析和促進個案的研究。而使用這種途徑的優點是能確認變遷的次序並無法免除衝突和權力運作。而第二個優點則是使研究者在思考行動者或社會團體從這些轉變中得利之時更為清晰。通常，甚至能在某些個案中詢問多層次治理是否無法創造自己的議程，因此則造成政治家失去更多他們在一開始所宣稱會達到的實

質目標。以更通俗的講法，多層次治理的崛起卻帶給公共行政者兩項挑戰。第一個挑戰是關於政治人物和人民公僕在多層次政體中擔任「領航」公共政策的代表角色。如果所有政策的終結都是因為政府間不同層級代理機關的協調結果，那到底民選政治領袖扮演的角色定位在哪？這些行動者能夠控制和定位化專業官僚人員的工作正如同標準的民主理論所要求的那樣有效率嗎？第二個挑戰則是關於在政府層級和許多涉及這些調解過程的組織之間的介面管理問題。怎麼樣做決策才能再多層次政體中產生合理，一致的執行方式，藉以創造許多空間給次國家政府和公私夥伴關係。舉例來說，歐盟的環境政策該思考的不只是如何落實在布魯塞爾和波爾多葡萄，還要去探詢如何連結部分的政策，像是農業和其他工業的支援。最後，世界貿易協定的重要性眾所皆知，該如何使多層次政體的代表機關間能產生有效的連結與協調是值得思考的課題。

　　結論在於我們已經認知到多層次治理的概念並非是在嚴謹的分析下自動產生，而是幫助實踐者處理某些常見的問題與實際統理多層次世界之間的連結。我們經常習慣將多層次治理視為一種描述性的，而不是一個分析的工具。而藉由加強這個詞彙的所引起的學術爭議問題，運用完善界定的制度性和合法性概念，並著重政治的多層次面向的因果關係，如此一來，才能在其概念輪廓上更為清晰。

參考文獻

Abélès, Marc (1989) *Jours tranquilles en 89. Ethnologie politique d'un departement francais*. Paris: Odile Jacob.

Ansell, Chris (2000) 'The networked polity: regional development in Western Europe', *Governance*, 13 (3): 303–33.

Bache, Ian and Jones, R. (2000) 'Has EU regional policy empowered the regions? A study of Spain and the United Kingdom', *Regional and Federal Studies*, 10 (3): 1–20.

Benz, Arthur (2000) 'Two types of multi-level governance: intergovernmental relations in German and EU regional policy', *Regional and Federal Studies*, 10 (3): 21–44.

Benz, Arthur and Burkard, Eberlein (1999) 'The Europeanization of regional policies: patterns of multilevel governance', *Journal of European Public Policy*, 6 (2): 329–48.

Borzel, Tanya (1997) 'Does European integration really strengthen the state? The case of the Federal Republic of Germany', *Regional and Federal Studies,* 7 (3): 87–114.

Campbell, J., Hollingsworth, J. and Lindberg, Leon (eds) (1991) *Governance of the American Economy*. Cambridge: Cambridge University Press.

Christiansen, Thomas and Jorgenson, Knud Erik (2000) 'Transnational governance "above" and "below" the state: the changing nature of borders in Europe', *Regional and Federal Studies*, 10 (2): 62–77.

Crozier, Michel and Thoenig, Jean-Claude (1975) 'La regulation des systemes organises complexes. Le cas du systeme de decision politico-administratif local en France', Revue francaise de sociologie, 16 (1): 3–32.

Dahl, Robert (1961) *Who Governs? Democracy and Power in an American City.* New Haven, CT: Yale University Press.

Dunsford, Mick (1997) 'The economics of regionalism', in P. Le Gales and C. Lequesne (eds), *Regions in Europe*. London: Routledge.

Faure, Alain (1994) 'Les elus locaux a l'epreuve de la decentralisation', *Revue Francaise de Science Politique*, 44 (3): 462–79.

Garfoli, G. (1992) *Endogenous Development and Southern Europe*. Aldershot: Avebury.

Garmise, Sheri (1997) 'Region-building? The impact of European regional policy on the development of the regional tier in the UK', *Regional and Federal Studies*, 7 (3): 1–24.

Gremion, Pierre (1976) *Le Pouvoir peripherique*. Paris: Seuil.

Hooghe, Liesbet (1996) 'Introduction: Reconciling EUwide policy and national diversity', in L. Hooghe (ed.), *Cohesion Policy and European Integration: Building Multi-level Governance*. Oxford: Oxford University Press. pp. 1–24.

Hooghe, Liesbet and Marks, Gary (2001) *Multi-level Governance*. New York: Rowan and Littlefield.

Hunter, Floyd (1953) *Community Power Structure: A Study of Decision-makers*. Chapel Hill, NC: University of North Carolina Press.

Jeffrey, Charlie (ed.) (1996) 'The regional dimension of the European Union. Towards a third level in Europe?', *Special issue of Regional and Federal Studies*, 6 (2).

Jobert, Bruno (ed.) (1994) *Le Tournant neo-liberal en Europe*. Paris: L'Harmattan.

Keating, Michael and Loughlin, John (eds) (1997) *The Political Economy of the Regionalism*. London: Frank Cass.

Lagroye, Jacques (1985) 'La legitimation', in M. Grawitz and J. Leca (eds), *Traite de science politique*, vol. 1. Paris: Presses Universitaires de France.

Le Gales, Patrick (1995) 'Du gouvernement des villes a la gouverance urbaine', *Revue Francaise de Science Politique*, 45 (1): 57–95.

Le Pape, Yves and Smith, Andy (1999) 'Regionalizations and agricultures : RhonE-Alpes and Pays de la Loire compared', *Regional and Federal studies*, 9 (2): 16–32.

Mabileau, Albert and Sorbets, Claude (1989) *Gouverner les villes moyennes*. Paris: Pedone.

Marks, Gary (1993) 'Structural policy in the European Community', in A. Sbragia (ed.), *Euro-politics*. Washington, DC: Brookings Institution.

Marks, Gary, Hooghe, Liesbet and Blank, K. (1996) 'European integration from the 1980s: statE-centric v. multi-level governance', *Journal of Common Market Studies*, 34 (3): 342–78.

Marks, Gary, Scharpf, Fritz, Schmitter, Philip and Streeck, Wolfgang (1996) *Governance in the European Union*. London: Sage.

Martin, Steve and Pearce, G. (1999) 'Differentiated multilevel governance? The response of British sub-national governments to European integration', *Regional and Federal Studies*, 9 (2): 32–52.

Moravscik, Andy (1993) 'Preferences and power in the European Community: a liberal intergovernmentalist perspective', *Journal of Common Market Studies*, 31: 473–524.

Moravscik, Andy (1998) *The Choice for Europe: Social Purpose and State Power from Messina to Maastricht*. Ithaca, NY: Cornell University Press.

Pierre, Jon and Peters, B. Guy (2000) *Governance, Politics and the State*. London: Macmillan.

Pierson, Paul (1996) 'The path to European integration. A historical institutionalist analysis', *Comparative Political Studies*, 29 (2): 123–63.

Putnam, Richard (1993) *Making Democracy Work*. Civic Traditions in Modern Italy. Princeton, NJ: Princeton University Press.

Radaelli, Claudio (2001) 'The domestic impact of European Union public policy: notes on concepts, methods and the challenge of empirical research', *Politique europeenne*, no. 5: 150–87.

Rhodes, Rod (1988) *Beyond Westminster and Whitehall. The Sub-central Governments of Britain*. London: Unwin–Hyman.

Rhodes, Rod (1997) *Understanding Governance*. Milton Keynes: Open University Press.

Rhodes, Rod (1999) 'Foreward', in Gerry Stoker (ed.), *The New Management of British Local Government*. London: Macmillan.

Sartori, Giovanni (1970) 'Concept misformation in comparative politics', American Political Science Review, 64 (4): 1033–53.

Scharpf, Fritz (1994) 'Community and autonomy: multilevel policy-making in the European Union', *Journal of European Public Policy*, 1 (2): 219–42.

Sharpe, Jim (ed.) (1978) *Decentralist Trends in Western Democracies*. London: Sage.

Smith, Andy (1997) 'Studying multi-level governance: examples from French translations of the structural funds', *Public Administration*, 75 (4): 711–29.

Smith, Andy (2003a) 'Interest groups and territorial governance: the multi-level representation of agriculture in two French regions', in J. Bukowski, S. Piattoni and M. Smyrl (eds), *Territorial Governance*. New York: Rowan and Littlechild.

Smith, Andy (2003b) 'Interest group leadership and territory. The case of wine production in the Bordelais', in H. Baldersheim and J-P. Daloz (eds), *Political Leadership in a Global Age*.

Smyrl, Marc (1997) 'Does European Community regional policy empower the regions?', *Governance*, 10 (3): 287–309.

Stanyer, Jeffrey (1999) 'Something old, something new', in Gerry Stoker (ed.), The New *Management of British Local Government*. London: Macmillan.

Steinmo, Sven and Kathleen, Thelen (1992) 'Historical institutionalism in comparative politics', in Sven Steinmo, Kathleen Thelen and Frank Longstreth (eds), Structuring Politics. Cambridge: Cambridge University Press.

Stone, Clarence (1989) *Regime Politics: Governing Atlanta, 1946–1988*. Lawrence, KS: University of Kansas Press.

Stoker, Gerry (1998) 'Governance as theory: five propositions', *International Social Science Journal*, 15 (2): 17–28.

Worms, Jean-Pierre (1966) 'Le prefet et ses notables', *Sociologie du Travail*, July–Sept: 1–23.

國家圖書館出版品預行編目資料

行政學/ B. Guy Peters, Jon Pierre著 ; 邱明斌等譯.
-- 初版.-- 臺北市：五南, 2010.01
面；公分
譯自：Handbook of public administration
ISBN 978-957-11-5639-2(平裝)
1.行政學
572   98007783

English language edition published by SAGE Publications of London,
Thousand Oaks, New Delhi and Singapore
Introduction and Editorial Arrangement © B.Guy Peters and
Jon Pierre 2007
Chapter 1 © Laurence E. Lynn, Jr 2007
Chapter 2 © Carolyn J. Heinrich 2007
Chapter 3 © Sally Coleman Selden 2007
Chapter 4 © James R.Thompson 2007
Chapter 5 © John Halligan 2007
Chapter 6 © Morten Egeberg 2007
Chapter 7 © Jean-Claude Thoenig 2007
Chapter 8 © Jack H. Knott and Thomas, H. Hammond 2007
Chapter 9 © Fabio Rugge 2007
Chapter 10 © Søren C.Winter 2007
Chapter 11 © Laurence J. O'Toole, Jr 2007
Chapter 12 © Marcia K. Meyers and Susan Vorsanger 2007
Chapter 13 © Jacques Ziller 2007
Chapter 14 © Paul Craig 2007
Chapter 15 © Gary C. Bryner 2007
Chapter 16 © Luc Rouban 2007
Chapter 17 © Bo Rothstein 2007
Chapter 18 © Lois R.Wise 2007
Chapter 19 © Helen Margetts 2007
Chapter 20 © Rita M. Hilton and Philip G. Joyce 2007
Chapter 21 © Leonard Kok 2007
Chapter 22 © Marleen Brans 2007
Chapter 23 © Martin Lodge 2007
Chapter 24 © Theo A.J.Toonen 2007
Chapter 25 © A.J.G.Verheijen 2007
Chapter 26 © Jorge Nef 2007
Chapter 27 © Robert Gregory 2007
Chapter 28 © Linda deLeon 2007
Chapter 29 © Beryl A. Radin 2007
Chapter 30 © Andy Smith 2007
Complex Chinese translation rights © 2010 by Wu-Nan Book Inc.

IPT4

行政學
Handbook of Public Administration

作　　者 ─ B. Guy Peters　Jon Pierre
譯　　者 ─ 邱明斌　任文姍　鄭錫鍇　詹靜芬
　　　　　　陳恆鈞　潘競恆　林子倫　方凱弘
　　　　　　陳志瑋　李長晏
發 行 人 ─ 楊榮川
總 編 輯 ─ 龐君豪
主　　編 ─ 劉靜芬　林振煌
責任編輯 ─ 李奇蓁　蔡卓錦
封面設計 ─ P.Design 視覺企劃
出 版 者 ─ 五南圖書出版股份有限公司
地　　址：106 台北市大安區和平東路二段 339 號 4 樓
電　　話：(02) 2705-5066　傳　　真：(02) 2706-6100
網　　址：http://www.wunan.com.tw
電子郵件：wunan@wunan.com.tw
劃撥帳號：01068953
戶　　名：五南圖書出版股份有限公司
台中市駐區辦公室 / 台中市中區中山路 6 號
電　　話：(04) 2223-0891　傳　　真：(04) 2223-3549
高雄市駐區辦公室 / 高雄市新興區中山一路 290 號
電　　話：(07) 2358-702　傳　　真：(07) 2350-236
法律顧問　元貞聯合法律事務所　張澤平律師
出版日期　2010 年 1 月初版一刷
定　　價　新臺幣 580 元